教育部人文社會科學重點研究基地重大項目
國家古籍整理出版專項經費資助項目

先秦璽印陶文貨幣石玉文字彙纂

白於藍 主編
段 凱 馬 繼 編纂

海峽出版發行集團 | 福建人民出版社
THE STRAITS PUBLISHING & DISTRIBUTING GROUP | FUJIAN PEOPLE'S PUBLISHING HOUSE

圖書在版編目(CIP)數據

先秦璽印陶文貨幣石玉文字彙纂/白於藍主編；段凱，馬繼編纂. --福州 ：福建人民出版社，2021.12

ISBN 978-7-211-08794-5

Ⅰ. ①先… Ⅱ. ①白… ②段… ③馬… Ⅲ. ①古印(考古)－研究－中國②陶文－研究－中國③古錢(考古)－研究－中國④古玉器－研究－中國 Ⅳ. ①K877.64 ②K877.94③K875.64④K876.84

中國版本圖書館 CIP 數據核字(2021)第 258435 號

先秦璽印陶文貨幣石玉文字彙纂

XIANQIN XIYIN TAOWEN HUOBI SHIYU WENZI HUIZUAN

主　　編： 白於藍
編　　纂： 段　凱　馬　繼
特約編輯： 賴炳偉
責任編輯： 林麗萍
出版發行： 福建人民出版社
電　　話： 0591-87533169（發行部）
網　　址： http：// www. fjpph. com
電子郵箱： fjpph7211@126. com
地　　址： 福州市東水路 76 號
郵政編碼： 350001
印　　刷： 福州德安彩色印刷有限公司
地　　址： 福州金山工業區浦上標準廠房 B 區 42 幢
郵政編碼： 350008
開　　本： 787mm×1092mm　1/16
印　　張： 57
插　　頁： 4
字　　數： 1460 千字
版　　次： 2021 年 12 月第 1 版
2021 年 12 月第 1 次印刷
印　　數： 1－2000
書　　號： ISBN 978-7-211-08794-5
定　　價： 300. 00 元

目　録

前　言

在出土先秦古文字材料中，璽印（含封泥）、陶文、貨幣和石玉（含石刻、盟書、玉銘和玉版等）這四種材料原本在戰國文字研究領域處於舉足輕重的地位，同時也具有重要的史料價值，因此歷來都受到學界重視。上世紀五十年代以來，學界對此四種古文字材料的研究從未間斷，從原始材料的集中公佈到進一步的整理和研究都有人做過專門的工作。

本書"璽印"是指璽印和由璽印捺印而成的封泥兩部分。中國古人有收集璽印或製作印譜的傳統，很多璽印是傳世文物，其拓本也很早便有流傳。羅福頤《古璽彙編》（文物出版社，1981年）對古璽印進行過集中整理，該書也是古璽印文字研究材料的主要來源，但該書在釋字方面問題較多，已有吳振武《〈古璽彙編〉釋文訂補及分類修訂》（《古文字論集》初編，香港中文大學，1983年）和施謝捷《〈古璽彙編〉釋文校訂》（《印林》16卷5期，1995年）對該書釋文問題做過校訂。羅福頤《古璽文編》（文物出版社，1981年）一書是在《古璽彙編》的基礎上整理而成的字表，但該書釋字問題同樣較多，吳振武《〈古璽文編〉校訂》（人民美術出版社，2011年）專門做過文字校訂。周曉陸主編的《二十世紀出土璽印集成》（中華書局，2010年）是後來古璽印文字材料公佈較多的一次，所收璽印大多都有科學考古記録，其出土地點、歷史時代等都很明確，對於歷史、考古和文字等學術領域的研究具有重要價值。因古璽向來爲私人藏家所喜愛收藏，所以近現代以來公私單位出版、披露了爲數不少的古璽拓本、照片。據統計共有八十種之多，近三十年來較爲重要的有蕭春源編撰的《珍秦齋古印展》（澳門市政廳，1993年）和《珍秦齋藏印・戰國篇》（澳門基金會出版，2001年）等。曹錦炎《古璽通論》（上海書畫出版社，1997年）和陳光田《戰國璽印分域研究》（嶽麓書社，2016年）則對璽印文字的分域特徵做過研究。先秦封泥方面，六國封泥較爲稀少，主要集中於秦封泥。比較代表性的有孫慰祖《古封泥集成》（上海書店出版社，1994年）和私人藏家楊廣泰編印的《新出封泥彙編》（西泠印社出版社，2010年）一書，其餘則散見於考古、文物類期刊的發掘簡報。

陶文有高明《古陶文彙編》（中華書局，1990年）和王恩田《陶文圖録》（齊魯書社，2006年）對古陶文進行過集中整理，後來呂金成的《夕惕藏陶》（山東畫報出版社，2014年）、《夕惕藏陶續編》（中西書局，2016年）等書對新近出土的陶文也有較爲全面的整理和公佈。高明、葛英會《古陶文字徵》（中華書局，1991年）和王恩田《陶文字典》（齊魯書社，2006年）則分別是在《古陶文彙編》和《陶文圖録》的基礎上整理而成的字表。陳偉武《〈古陶文字徵〉訂補》（《中山大學學報》1995年1期）和周寶宏《古陶文形體研究》（社會科學文獻出版社，2002年）對《古陶文字徵》釋文方面存在的問題進行過校訂。徐在國《新出齊陶文圖録》（學苑出版社，2015年）則對戰國齊陶文進行過整理。

貨幣有汪慶正主編《中國歷代貨幣大系（一）・先秦貨幣》（上海人民出版社，1986年）和《中國錢幣大辭典》編纂委員會編的《中國錢幣大辭典・先秦編》（中華書局，1995年）對古錢幣進行過集中整理。商承祚、王貴忱、譚棣華《先秦貨幣文編》（書目文獻出版社，1983年）、張頷《古幣文編》（中華書局，1986年）以及吳良寶《先秦貨幣文字編》（福建人民出版社，2006年）均爲古貨幣文字字表。其中，《先秦貨幣文字編》後出內容較精，在釋字方面更爲精當。

石玉方面，石刻有郭沫若的《石鼓文研究》和《詛楚文考釋》（《郭沫若全集・考古編卷九》，科學出版社，1982 年）對石鼓文和詛楚文進行過深入研究，徐寶貴《石鼓文整理研究》（中華書局，2008 年）亦對石鼓文字形做過系統整理。盟書爲現代科學發掘所得，其出土地分别爲山西侯馬和河南溫縣。山西省文物工作委員會《侯馬盟書》（文物出版社，1976 年）不僅配有盟書照片，而且配有盟書摹本，書後還將相關文字整理爲字表，研究使用十分方便。溫縣盟書一直沒有大規模整理公佈，其摹本和圖版散見於河南省文物研究所撰寫的《河南溫縣東周盟誓遺址一號坎發掘簡報》（《文物》1983 年第 3 期）和魏克彬撰寫的《侯馬與溫縣盟書中的“嶽公”》（《文物》2010 年第 10 期等）等文。2004 年，艾蘭、邢文主編的《新出簡帛研究》（文物出版社）一書關於溫縣盟書的圖版亦有較大數量的公佈。行氣玉銘較好的拓本和照片見於郭沫若所著《郭沫若全集・考古編卷十》（科學出版社，1982 年），秦駰玉版的照片和摹本則見於李零《秦駰禱病玉版的研究》（《國學研究》第六卷，北京大學出版社，1999 年）一文。

除上述之外，許雄志《秦印文字彙編》（河南美術出版社，2001 年）、李守奎《楚文字編》（華東師範大學出版社，2003 年）、孫剛《齊文字編》（福建人民出版社，2010 年）、湯志彪《三晉文字編》（作家出版社，2013 年）和張振謙《齊魯文字編》（學苑出版社，2014 年）均對四種古文字材料中所見相關古文字字形進行過整理，但此四書均爲地域性質的文字編，並非對四種古文字資料的總體性彙編整理。

目前來看，針對上述四種古文字材料，學界尚未見到有綜合性成體系的整理，相關研究亦十分零散。尤其是近十多年來，隨著出土戰國楚簡古書材料的日漸豐富，戰國楚簡已成爲當前學術研究的焦點，因此學術界對於此四種材料的關注度日漸減弱，相關整理研究工作明顯不足，進展十分緩慢。

本書基本内容是在現有研究的基礎上，充分利用電子化技術，對目前已公佈的璽印、陶文、貨幣和石玉（含石刻、盟書、玉銘和玉版等）這四種先秦古文字材料所進行的全面整理，其中璽印部分所收材料來自《古璽彙編》《古璽彙考》《二十世紀出土璽印集成》《珍秦齋藏印（戰國篇）》《風過耳堂秦印輯録》《秦代印風》和《新出封泥彙編》等大宗材料以及零散著録共 77 種，共收拓片 14126 方；陶文部分所收材料來自《陶文圖録》《新出齊陶文圖録》《夕惕藏陶》和《秦陶文新編》等大宗材料 5 種，共收拓片 16539 方；貨幣部分所收材料來自《中國歷代貨幣大系•先秦貨幣》《三晉貨幣》《齊幣圖釋》和《燕下都東周貨幣聚珍》等 8 種材料，共收拓片 5548 方；石玉部分所收材料爲侯馬盟書、溫縣盟書、中山國出土玉器、秦石鼓文、詛楚文、秦始皇刻石等 15 種著録，共收拓片、摹本 893 方。最終所匯拓片總數共計 37106 方。經剔重、剔僞後選入本書的拓片爲 15182 方，合計單字圖片 24547 片，共出字頭 3882 個。

本書的學術價值主要體現在以下三個方面：一、通過對長期缺乏學界關注的此四種古文字材料中的字形加以集中整理，使讀者能夠對之有更加深入、細緻的瞭解和把握，同時也爲學界更充分更方便地利用提供條件。二、隨著出土戰國古文字材料的日益豐富，目前學界關於戰國文字的研究正處於方興未艾的階段，本書對今後戰國時代其他古文字材料的整理研究亦具有重要的參考價值。三、此四種古文字材料的文字内容多與古代職官、地理和姓氏有關，將之系統整理研究，亦將對相關歷史問題的研究起到一定程度的促進作用。

凡　例

一、　本彙纂所收材料範圍為先秦時期璽印（含封泥）、陶文、貨幣和石玉（含石刻、盟書、玉銘和玉版等）四種。

二、　本彙纂為選字收録，所選字形按照貨幣、璽印、陶文、石玉四種材料為順序，依次排列，收録標準兼顧形體與辭例。

三、　本彙纂主體由正編、合文和附録組成。正編編排體例依循大徐本《説文解字》（陳昌治刻本）字形順序，依次排列。《説文》未見字（包括大徐本《説文解字》新附及小徐本《説文繫傳》多出字）原則上按照隸定形體的總筆畫從少到多依次附於各部首之下，筆畫相同者則按照起筆“橫”、“豎”、“撇”、“點”、“折”為順序依次排列。《説文》未見字於字頭右上側標注“*”。

四、　本彙纂為橫排左起排版，每一字先列字頭，其下羅列字形、出處、時代、國別和辭例，異體字形則重新按照四種材料依次排列。因石玉材料所涉及石刻部分有單獨篇名，故於出處前注出篇名。

五、　本彙纂根據具體材料注出相應時代，個別明顯屬於先秦但難以遽定者用“戰國以前”表示。國別則按照先秦具體國別注出，特殊情況者如能夠確定屬於三晉系，但不能確定屬於具體哪一國的，則用戰國分域概念注為“三晉”；再，能夠確定東西周，但不能確定具體屬於東周還是西周者，用“兩周”或“周王畿”表示。國別未詳或有爭議者用“待考”表示。

六、　釋文中凡涉通假字用圓括弧注出；訛字則隸於應釋字下，先依形隸定，然後用尖括弧注出應釋之字；省形、異寫亦隸於本字之下，先依形隸定，然後用圓括弧注出本字；補字、殘字用方括號依文例補出。

七、　正編釋文中的未識字用“□”表示，未識字附録中則用“△”表示，未識字附録中同條釋文若存在多個未識字，則對應字形用“△”，其餘未識字用“□”表示。

八、　正編釋文殘字、缺字儘量補出，未能補出者，能夠確定字數者用“□”表示，不能確定字數者則用“……”表示。

九、　本彙纂稱引書刊多用簡稱，詳參《引書簡稱表》。

十、　本彙纂稱引著録共有三種形式：1.原書有著録號依原著録號收録，如“珍戰 150”，指採用字形出自《珍秦齋藏印（戰國篇）》第 150 號；2.原書沒有著録號則依頁碼收録，如“秦印風 85 頁”，指採用字形出自《秦代印風》第 85 頁；3.原書頁數過多者為方便讀者檢索將分別録出頁碼和原著録號，前後用小數點隔開，如“璽彙 123.1069”，指採用字形出自《古璽彙編》第 123 頁第 1069 號。

十一、本彙纂所收材料截止 2015 年。

十二、爲便於檢索，書末附筆畫檢字表。

引書簡稱表

（按音序排列）

一、璽印

簡稱	全稱	詳細信息
賓釋	黄賓虹古璽印釋文選	浙江省博物館:《黄賓虹古璽印釋文選》，上海書畫出版社，1995年。
常博	常熟博物館藏印集	錢浚、吴慧虞:《常熟博物館藏印集》，人民美術出版社，1997年。
澂存	澂秋館印存	陳寶琛:《澂秋館印存》，上海書店出版社，1988年。
楚典	楚文物圖典	高至喜:《楚文物圖典》，湖北教育出版社，2000年。
二百	二百蘭亭齋古銅印存	吴雲:《二百蘭亭齋古銅印存》，西泠印社出版社，1983年。
二十	二十世紀出土璽印集成	周曉陸:《二十世紀出土璽印集成》，中華書局，2010年。
風過耳	風過耳堂秦印輯録	趙熊:《風過耳堂秦印輯録》，中國書店出版社，2012年。
伏璽	伏廬璽印	上海書畫出版社:《伏廬璽印》，上海書畫出版社，1996年。
甘印	甘氏集古印正	甘暘:《甘氏集古印正》，西泠印社出版社，2000年。
港續	香港中文大學文物館藏印續集一	王人聰:《香港中文大學文物館藏印續集一》，香港中文大學文物館，1996年。
港印	香港中文大學文物館藏印集	香港中文大學文物館:《香港中文大學文物館藏印集》，1980年。
古萃	古璽漢印集萃	戴山青:《古璽漢印集萃》，廣西美術出版社，2001年。
故目	故宫博物院歷代藝術館陳列品圖目	故宫博物院陳列部:《故宫博物院歷代藝術館陳列品圖目》，文物出版社，1991年。
顧印	顧氏集古印譜	顧從德:《顧氏集古印譜》，西泠印社出版社，2000年。
國輯	國立歷史博物館藏印選輯	何浩天:《國立歷史博物館藏印選輯》，中華叢書編審委員會印行，1978年。
漢叢	漢銅印叢	汪啟淑:《漢銅印叢》，西泠印社出版社，1998年。
漢原	漢銅印原	汪啟淑:《漢銅印原》，西泠印社出版社，1996年。
赫連	赫連泉館古印存	羅振玉:《赫連泉館古印存》，上海書店出版社，1988年。
鶴廬	鶴廬印存	顧榮木:《鶴廬印存》，榮寶齋出版社，1998年。
虹印	黄賓虹集古璽印存	黄賓虹:《黄賓虹集古璽印存》，西泠印社出版社，2009年。

侯地	侯馬喬村墓地（1959–1996）	山西省考古研究所:《侯馬喬村墓地（1959–1996）》，科學出版社，2004 年。
湖集	湖南省博物館藏古璽印集	湖南省博物館:《湖南省博物館藏古璽印集》，上海書店出版社，1991 年。
湖印	湖南古代璽印	陳松長:《湖南古代璽印》，上海辭書出版社，2004 年。
吉出	吉林出土古代官印	張英、任萬舉、羅顯清:《吉林出土古代官印》，文物出版社，1992 年。
吉金	吉金齋古銅印譜	何昆玉:《吉金齋古銅印譜》，上海書店出版社，1989 年。
吉璽	吉林大學藏古璽印選	吉林大學歷史系文物陳列室:《吉林大學藏古璽印選》，文物出版社，1987 年。
吉續	吉金齋古銅印譜續	何昆玉:《吉金齋古銅印譜續》，上海書店出版社，1989 年。
集成	古鉩印精品集成	莊新興:《古鉩印精品集成》，上海古籍出版社，1998 年。
集釋	戰國古璽分域集釋	陳光田:《戰國古璽分域集釋》，廈門大學 2005 年博士學位論文，指導教師：劉釗教授。
集印	集古印譜	故宮博物院:《集古印譜》，海南出版社，2001 年。
鑒菁	鑒印山房藏古璽印菁華	許雄志:《鑒印山房藏古璽印菁華》，河南美術出版社，2006 年。
精吉	吉語璽印（古璽印精品選）	張榮、馬雲賢:《吉語璽印（古璽印精品選）》，北京工藝美術出版社，2001 年。
精私	私璽印（古璽印精品選）	張榮、馬雲賢:《私璽印（古璽印精品選）》，北京工藝美術出版社，2001 年。
魯安	楊魯安藏珍館藏品菁華	呼和浩特市博物館:《楊魯安藏珍館藏品菁華》，文物出版社，2002 年。
美璽	中國美術全集•璽印篆刻	方去疾:《中國美術全集•璽印篆刻》，上海書畫出版社，1989 年。
南博	南京市博物館藏印選	南京市博物館:《南京市博物館藏印選》，上海書店出版社，2005 年。
泥集	古封泥集成	孫慰祖:《古封泥集成》，上海書店出版社，1994 年。
泥略	封泥考略	吴式芬、陳介祺:《封泥考略》，中國書店出版社，1990 年。
秦範	秦漢印範	故宮博物院:《秦漢印範》，海南出版社，2001 年。
秦印風	秦代印風	許雄志:《秦代印風》，重慶出版社，1999 年。
訒存	訒庵集古印存	汪啟淑:《訒庵集古印存》，西泠印社出版社，1999 年。
山新	山東新出土古璽印	賴非:《山東新出土古璽印》，齊魯書社，1998 年。
陝新	陝西新出土古代璽印	伏海翔:《陝西新出土古代璽印》，上海書店出版社，2005 年。
盛世	盛世璽印録	吴硯君:《盛世璽印録》，藝文書院，2013 年。
十舉	十鐘山房印舉	陳介祺:《十鐘山房印舉》，中國書店出版社，1985 年。
十六	十六金符齋印存	吴大澂:《十六金符齋印存》，上海書店出版社，1989 年。
十選	十鐘山房印舉選	上海書畫出版社:《十鐘山房印舉選》，上海書畫出版社，1985 年。

書璽	中國書法全集·先秦璽印卷	劉正成:《中國書法全集》第92卷《先秦璽印卷》，榮寶齋出版社，2003年。
陶彙	古陶文彙編	高明:《古陶文彙編》，中華書局，1990年。
天選	天津市藝術博物館藏古璽印選	天津市藝術博物館:《天津市藝術博物館藏古璽印選》，文物出版社，1997年。
圖續	古圖形璽印彙續集	康殷:《古圖形璽印彙續集》，河北美術出版社，1991年。
魏石	魏石經室古璽印景	周進:《魏石經室古璽印景》，上海書店出版社，1989年。
五千	中華五千年文物集刊•璽印篇	袁旃:《中華五千年文物集刊•璽印篇》，中華五千年文物集刊編輯委員會出版，1985年。
西泠	西泠印社古銅印選	徐敦德:《西泠印社古銅印選》，西泠印社出版社，1999年。
璽彙	古璽彙編	故宫博物院編，羅福頤主編:《古璽彙編》，文物出版社，1981年。
璽考	古璽彙考	施謝捷:《古璽彙考》，安徽大學2006年博士學位論文，指導教師：黄德寬教授。
璽類	中國璽印類編	小林斗盦編，周培彦譯:《中國璽印類編》，天津人民美術出版社，2004年。
璽林	璽印集林	林樹臣:《璽印集林》，上海書店出版社，1991年。
璽通	古璽通論（修訂本）	曹錦炎:《古璽通論（修訂本）》，浙江大學出版社，2017年。
先印	先秦印風	黄惇:《先秦印風》，重慶出版社，1999年。
肖全	中國肖形印大全	温廷寬:《中國肖形印大全》，山西古籍出版社，1995年。
新封泥彙	新出封泥彙編	楊廣泰:《新出封泥彙編》，西泠印社出版社，2010年。
新璽	新見戰國古璽印一一七方	董珊:《新見戰國古璽印一一七方》，《中國古文字研究》第一輯，吉林大學出版社，1999年。
續齊	續齊魯古印攈	郭裕之:《續齊魯古印攈》，上海書店出版社，1989年。
鴨選	鴨雄緑齋藏中國古璽印精選	菅原石廬:《鴨雄緑齋藏中國古璽印精選》，日本美術生活出版社，2004年。
印粹	古印精粹	魏廣君:《古印精粹》，河南美術出版社，1994年。
印展	珍秦齋古印展	蕭春源:《珍秦齋古印展》，澳門市政廳出版，1993年。
印戰	古印集萃•戰國卷	來一石:《古印集萃•戰國卷》，榮寶齋出版社，2000年。
玉萃	古玉印精萃	韓天衡、孫慰祖:《古玉印精萃》，上海書店出版社，1989年。
玉存	古玉印集存	韓天衡、孫慰祖:《古玉印集存》，上海書店出版社，2002年。
樂只	樂只室古璽印存	高絡園:《樂只室古璽印存》，上海書店出版社，1999年。
戰分	戰國鉨印分域編	莊新興:《戰國鉨印分域編》，上海書店出版社，2001年。
珍戰	珍秦齋藏印（戰國篇）	蕭春源:《珍秦齋藏印（戰國篇）》，澳門基金會，2001年。

周選	周叔弢先生捐獻璽印選	天津市藝術博物館:《周叔弢先生捐獻璽印選》，天津人民美術出版社，1984 年。
篆典	中國篆刻大辭典	韓天衡:《中國篆刻大辭典》，上海辭書出版社，2003 年。
篆彙	篆字印彙	傅嘉儀:《篆字印彙》，上海書店出版社，1999 年。
尊集	尊古齋金石集	黃濬:《尊古齋金石集》，上海古籍出版社，1990 年。

二、陶文

簡稱	全稱	詳細信息
秦新	秦陶文新編	袁仲一、劉鈺:《秦陶文新編》，文物出版社，2009 年。
陶録	陶文圖録	王恩田:《陶文圖録》，齊魯書社，2006 年。
夕藏	夕惕藏陶	呂金成:《夕惕藏陶》，山東畫報出版社，2014 年。
新齊	新出齊陶文圖録	徐在國:《新出齊陶文圖録》，學苑出版社，2015 年。
新泰齊陶	新泰出土田齊陶文	山東大學歷史文化學院考古學系等:《新泰出土田齊陶文》，文物出版社，2014 年。

三、貨幣

簡稱	全稱	詳細信息
東亞	東亞錢志	奥平昌洪:《東亞錢志》，東京岩波書店，1938 年。
貨系	中國歷代貨幣大系・先秦貨幣	汪慶正:《中國歷代貨幣大系・先秦貨幣》，上海人民出版社，1988 年。
齊幣	齊幣圖釋	山東省錢幣學會:《齊幣圖釋》，齊魯書社，1996 年。
錢典	古錢大辭典	丁福保:《古錢大辭典》，中華書局，1982 年。
三晉	三晉貨幣——山西省出土刀布圜錢叢考	朱華:《三晉貨幣——山西省出土刀布圜錢叢考》，山西人民出版社，1994 年。
天津	天津市歷史博物館藏中國歷代貨幣・先秦部分	天津市歷史博物館:《天津市歷史博物館藏中國歷代貨幣》第 1 卷《先秦部分》，天津楊柳青畫社，1990 年。
先秦編	中國錢幣大辭典・先秦編	《中國錢幣大辭典》編纂委員會:《中國錢幣大辭典・先秦編》，中華書局，1995 年。
燕下都	燕下都東周貨幣聚珍	石永士、石磊:《燕下都東周貨幣聚珍》，文物出版社，1996 年。

四、石玉

簡稱	全稱	詳細信息
嚳編	中山王嚳器文字編	張守中:《中山王嚳器文字編》，人民美術出版社，2011 年。
法書全集	中國法書全集	《中國法書全集》編輯委員會:《中國法書全集》第 1 卷《先秦秦漢》，文物出版社，2009 年。

郭集	郭沫若全集	郭沫若：《郭沫若全集·考古編》第九卷《〈石鼓文研究〉〈詛楚文考釋〉》，科學出版社，2016年
侯馬	侯馬盟書	山西省文物工作委員會：《侯馬盟書》，文物出版社，1976年。
侯馬叢考續	侯馬盟書叢考續	張頷：《侯馬盟書叢考續》，《古文字研究》第一輯，中華書局，1979年。
秦銘刻選	秦銘刻文字選	上海書畫社：《秦銘刻文字選》，上海書畫社，1976年。
秦墓石磬	秦公大墓石磬殘銘考釋	王輝：《秦公大墓石磬殘銘考釋》，《一粟集》，藝文印書館，2002年。
秦駰玉版研究	秦駰禱病玉版的研究	李零：《秦駰禱病玉版的研究》，《國學研究》第六卷，北京大學出版社，1999年。
三代	三代吉金文存	羅振玉：《三代吉金文存》中華書局，1983年。
釋玉璜箴銘	釋戰國玉璜箴銘	李學勤：《釋玉璜箴銘》，《于省吾教授百年誕辰紀念文集》，吉林大學出版社，1996年。
雙劍誃	雙劍誃古器物圖録	于省吾：《雙劍誃古器物圖録》，中華書局，2009年。
溫縣簡報	河南溫縣東周盟誓遺址一號坎發掘簡報	河南省文物研究所：《河南溫縣東周盟誓遺址一號坎發掘簡報》，《文物》1983年第3期。
新出研	新出簡帛研究	艾蘭、邢文：《新出簡帛研究》，文物出版社，2004年。
“懸書”解	“懸書”解	郝本性、魏克彬：《“懸書”解》，《考古學研究（六）》，科學出版社，2006年。
戰國題銘（中）	戰國題銘概述（中）	李學勤：《戰國題銘概述（中）》，《文物》1959年第8期。

卷一

一

	錢典 326 背　戰國・魏 鑄/一
	錢典 48 背　戰國・趙 邙（代）/一半
	三晉 119 背　戰國・趙 邙（代）/一半
	燕下都 254 背　戰國・魏 尃/一
	虹印 63　戰國・齊 十四年十一月帀（師）紹
	璽彙 123.1069　戰國・三晉 肖軸器容一斗
	璽考 66.2　戰國・齊 爻圜昜里王不□一千
	秦新 1526　戰國・秦 一
	秦新 3047　戰國・秦 一
	秦新 321　戰國・秦 一
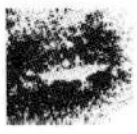	秦新 472　戰國・秦 十一
	秦新 474　戰國・秦 十一
	陶錄 1・6・2　戰國以前・待考 一
	陶錄 4・6・3　戰國・燕 廿一年
	侯馬八五：一三　春秋・三晉 一䜣敢不[拔]丌（其）腹心
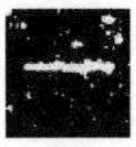	霝雨・石鼓文・郭集　春秋・秦 于水一方
	馬薦・石鼓文・郭集　春秋・秦 □□其一

元

	陶錄 6・326・2　戰國・秦 元賈王氏缶容十斗
	侯馬一六：三　春秋・三晉 敢用一元□□□

天

	璽彙 477.5271　戰國・待考 天
	璽類 394.11　戰國・待考 維天母坊（市）
	陶錄 6・339・1　戰國・秦 并兼天下
	陶錄 6・350・2　戰國・秦 并[兼]天下
	陶錄 6・353・1　戰國・秦 并兼天下
	陶錄 6・353・3　戰國・秦 天[下]

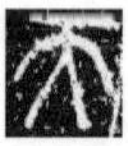	陶錄 6・355・1　戰國・秦 并兼天下
	陶錄 6・355・3　戰國・秦 并兼天下
	陶錄 6・355・4　戰國・秦 并兼天下
	陶錄 6・356・1　戰國・秦 并兼天下
	陶錄 6・376・1　戰國・秦 并兼天下
	陶錄 6・90・5　戰國・秦 天
	會稽刻石・秦銘刻選　秦代 窺（親）軓（巡）天下
	秦墓石磬　春秋・秦 天子匽（宴）喜
	秦墓石磬　春秋・秦 ……㘽（恪）天命
	秦駰玉版研究　戰國・秦 欲事天坨（地）、四亟（極）、三光、山川、神示（衹）、五祀、先祖
	秋淵・詛楚文・郭集　戰國・秦 亦應（膺）受皇天上帝及大沈氒（厥）湫之幾靈德賜
	三代 20.49.1　戰國・中山 復則天
	吾水・石鼓文・郭集　春秋・秦 天子永寍
	亞駝・詛楚文・郭集　戰國・秦 不畏皇天上帝及不（丕）顯大神亞駝之光列（烈）威神

上

	貨系 1244 背　戰國・韓 䰟（魏）/上
	貨系 141　戰國・周王畿 上
	貨系 3445　戰國・燕 左上
	齊幣 163 背　戰國・齊 齊夻（大）氘（刀）/上
	齊幣 165 背　戰國・齊 齊夻（大）氘（刀）/上
	齊幣 166 背　戰國・齊 齊夻（大）氘（刀）/上
	齊幣 272 背　戰國・齊 齊返邦張（長）夻（大）氘（刀）/上
	齊幣 60 背　戰國・齊 節（即）㙐（墨）之夻（大）氘（刀）/上
	齊幣 84 背　戰國・齊 安昜（陽）之夻（大）氘（刀）/上
	錢典 862 背　戰國・齊 齊返邦張（長）夻（大）氘（刀）/上
	先秦編 415　戰國・中山、燕 上
	鶴廬 39.2　戰國・待考 上
	秦印風 85 頁　戰國・秦 上官董（董）
	璽彙 188.1857　戰國・三晉 事（史）上高
	璽彙 357.3858　戰國・三晉 公孫上
	璽彙 445.4909　戰國・三晉 上之㠯（以）身（信）
	璽考 142.1　戰國・三晉 王之上士

	珍戰 150　戰國・楚 臧（臧）芋・敬上・臧（臧）□・訏（信）鉨（璽）
	秦新 1436　戰國・秦 東武居貲上造慶忌
	秦新 3150　戰國・秦 井上官井
	陶錄 2・403・1　戰國・齊 丘齊□上里王陞（升）
	陶錄 2・404・3　戰國・齊 上□里石
	陶錄 2・56・1　戰國・齊 繇巷上□里郤（徐）吉
	陶錄 4・102・2　戰國・燕 上工□
	陶錄 4・145・1　戰國・燕 上
	陶錄 4・145・3　戰國・燕 上
	陶錄 4・145・4　戰國・燕 上
	陶錄 4・146・1　戰國・燕 上
	陶錄 4・146・2　戰國・燕 上
	陶錄 4・146・3　戰國・燕 上
	陶錄 4・146・4　戰國・燕 上
	陶錄 4・37・4　戰國・燕 □匋（陶）攻（工）上
	陶錄 4・38・1　戰國・燕 匋（陶）攻（工）上

	陶錄 5・84・1　戰國・三晉、兩周 上
	陶錄 6・460・4　戰國・秦 上邽工明
	秋淵・詛楚文・郭集　戰國・秦 不畏皇天上帝及大沈氒（厥）湫之光列（烈）威神
	秋淵・詛楚文・郭集　戰國・秦 亦應（膺）受皇天上帝及大沈氒（厥）湫之幾靈德賜
	釋玉璜箴銘　戰國・中山 上㝃（變）下動（動）
	亞駝・詛楚文・郭集　戰國・秦 亦應（膺）受皇天上帝及不（丕）顯大神亞駝之幾靈德賜
	璽彙 490.5430　戰國・待考 上
	鶴廬 56.4　戰國・待考 事（史）堂（上）
	湖印 40.8　戰國・楚 曹堂（上）
	璽彙 109.0900　戰國・三晉 肖（趙）堂（上）
	璽彙 123.1075　戰國・三晉 侯堂（上）
	璽彙 215.2170　戰國・三晉 邲（范）堂（上）
	璽彙 242.2497　戰國・三晉 帕（輡）堂（上）
	璽彙 294.3123　戰國・三晉 虏堂（上）
	璽彙 375.4081　戰國・三晉 𩥉（馬適）堂（上）
	珍戰 55　戰國・三晉 長堂（上）

	侯馬九八：一六　春秋・三晉 堂（上）敢不閛（披）其復（腹）[心]
	侯馬七七：九　春秋・三晉 堂（上）敢不閛（披）丌（其）復（腹）心
	璽彙 359.3884　戰國・燕 公孫壬达（上）
	璽彙 507.5573　戰國・燕 剸（專）达（上）
	璽類 55.13　戰國・待考 司达（上）

帝

	陶錄 6・347・1　戰國・秦 廿六年皇帝盡并兼[天下]
	陶錄 6・348・2　戰國・秦 皇帝
	陶錄 6・348・3　戰國・秦 廿[六]年皇帝盡并兼[天下]
	陶錄 6・350・1　戰國・秦 廿六年皇帝盡[并]兼[天下]
	陶錄 6・351・3　戰國・秦 [皇]帝
	陶錄 6・352・1　戰國・秦 廿六年皇帝盡并兼[天下]
	陶錄 6・354・1　戰國・秦 [皇]帝盡并兼天[下]
	陶錄 6・354・2　戰國・秦 [皇]帝盡并兼天[下]
	陶錄 6・357・1　戰國・秦 [皇]帝
	陶錄 6・358・1　戰國・秦 皇帝[乃]詔
	陶錄 6・358・3　戰國・秦 [皇]帝盡并兼天[下]
	陶錄 6・359・1　戰國・秦 [皇]帝
	陶錄 6・359・4　戰國・秦 [皇]帝乃詔
	陶錄 6・362・1　戰國・秦 [皇]帝乃詔丞相
	陶錄 6・362・2　戰國・秦 [皇]帝乃詔丞相
	陶錄 6・377・2　戰國・秦 皇帝
	陶錄 6・469・2　戰國・秦 廿[六]年皇帝盡并[兼天下]
	會稽刻石・秦銘刻選　秦代 皇帝并（併）宇
	秦墓石磬　春秋・秦 上帝是……
	秋淵・詛楚文・郭集　戰國・秦 求蔑灋（廢）皇天上帝及大神氒（厥）湫之卹祠、圭玉、羲（犧）牲
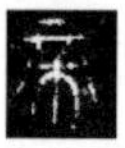	秋淵・詛楚文・郭集　戰國・秦 亦應（膺）受皇天上帝及大沈氒（厥）湫之幾靈德賜
	泰山刻石・秦銘刻選　秦代 皇帝躳聽（聖）
	溫縣簡報 T1 坎 1：3797　春秋・三晉 帝（諦）愢（殛）既（視）女（汝）
	溫縣簡報 T1 坎 1：3863　春秋・三晉 帝（諦）愢（殛）既（視）女（汝）
	巫咸・詛楚文・郭集　戰國・秦 不畏皇天上帝及不（丕）顯大神巫咸之光列（烈）威神
	巫咸・詛楚文・郭集　戰國・秦 求蔑灋（廢）皇天上帝及不（丕）顯大神巫咸之卹祠、圭玉、羲（犧）牲

	巫咸・詛楚文・郭集　戰國・秦 亦應（膺）受皇天上帝及不（丕）顯大神巫咸[之]幾靈德賜

旁

	秦新 1851　戰國・秦 旁

下

	貨系 1237 背　戰國・待考 口/下
	貨系 2466　戰國・趙 下邮（曲）陽/兩
	貨系 2467　戰國・趙 下邮（曲）陽/十一・十二朱
	貨系 3369 背　戰國・燕 明/左下
	貨系 3446　戰國・燕 左下
	貨系 3469 背　戰國・燕 明/左中下
	璽彙 54.0309　戰國・楚 下鄒（蔡）戠（職）攘（襄）
	璽彙 374.4061　戰國・三晉 下匡取水
	璽彙 440.4856　戰國・楚 可㠯（以）正下
	璽彙 440.4857　戰國・楚 可㠯（以）正下
	璽彙 445.4911　戰國・三晉 明上口下
	新封泥彙 1906　戰國・秦 下邽丞印
	新封泥彙 1908　戰國・秦 下邽丞印
	珍戰 12　戰國・三晉 下西閔（門）
	珍戰 125　戰國・待考 絅下
	珍戰 188　戰國・待考 可㠯（以）正下
	秦新 1343　戰國・秦 下邽
	秦新 1346　戰國・秦 下邽
	秦新 1347　戰國・秦 下邽
	秦新 2347　戰國・秦 咸下處疾
	陶録 6・350・2　戰國・秦 并[兼]天下
	陶録 6・355・1　戰國・秦 并兼天下
	陶録 6・355・2　戰國・秦 并兼天下
	陶録 6・355・3　戰國・秦 并兼天下
	陶録 6・355・4　戰國・秦 并兼天下
	陶録 6・358・2　戰國・秦 [廿六]年皇帝盡并兼天下
	陶録 6・376・1　戰國・秦 廿六年[皇帝盡]并兼天下
	陶録 6・473・2　戰國・秦 并兼[天]下

	會稽刻石·秦銘刻選　秦代 窺（親）軓（巡）天下
	三代 20.49.1　戰國·中山 神則下
	三代 20.49.1　戰國·中山 墜（地）丌（其）沓（本）才（在）下
	釋玉璜箴銘　戰國·中山 上㲋（變）下𨊠（動）
	繹山刻石·秦銘刻選　秦代 壹家天下
	璽彙 85.0619　戰國·燕 王迏

示

	貨系 349　戰國·周王畿 示
	貨系 350　戰國·周王畿 示
	貨系 351　戰國·周王畿 示
	秦印風 79 頁　戰國·秦 示□
	秦新 217　戰國·秦 示
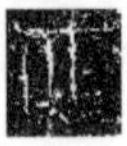	秦新 218　戰國·秦 示
	秦新 909　戰國·秦 示
	秦新 910　戰國·秦 示
	秦新 911　戰國·秦 示

	秦新 912　戰國·秦 示
	陶錄 6·166·1　戰國·秦 示
	陶錄 6·166·2　戰國·秦 示
	陶錄 6·273·4　戰國·秦 示
	陶錄 6·273·6　戰國·秦 示
	秦駰玉版研究　戰國·秦 欲事天㘅（地）、四亟（極）、三光、山川、神示（祇）、五祀、先祖

禮

	秦印風 103 頁　戰國·秦 李禮
	秋淵·詛楚文·郭集　戰國·秦 禮倳（卑）介老，將之㠯（以）自救也
	巫咸·詛楚文·郭集　戰國·秦 禮倳（卑）介老，將之㠯（以）自救殹
	亞駝·詛楚文·郭集　戰國·秦 禮倳（卑）介老，將之㠯（以）自救殹

禄

	風過耳 060　戰國·秦 李禄
	秦印風 110 頁　戰國·秦 駱禄
	秦印風 152 頁　戰國·秦 禄
	秦印風 65 頁　戰國·秦 任禄

	秦印風 90 頁　戰國・秦 賈禄
	璽彙 490. 5423　戰國・秦 禄
	秦新 1318　戰國・秦 安邑禄
	秦新 1529　戰國・秦 咸亭□里禄器
	陶錄 6・460・1　戰國・秦 安邑禄

福

	風過耳 322　戰國・秦 臣福
	秦印風 218 頁　戰國・秦 尹福
	璽彙 426. 4684　戰國・三晉 福壽
	璽彙 426. 4688　戰國・三晉 福壽

神

	秦墓石磬　春秋・秦 左（佐）以靁（靈）神
	秦墓石磬　春秋・秦 左（佐）以靁（靈）神
	秦駰玉版研究　戰國・秦 若明神不□亓（其）行而無辠（罪）□友□
	秋淵・詛楚文・郭集　戰國・秦 告于不（丕）顯大神氒（厥）湫
	秋淵・詛楚文・郭集　戰國・秦 不畏皇天上帝及大沈氒（厥）湫之光列（烈）威神
	三代 20. 49. 1　戰國・中山 適（啻）則神
	巫咸・詛楚文・郭集　戰國・秦 告于不（丕）顯大神巫咸
	巫咸・詛楚文・郭集　戰國・秦 親印不（丕）顯大神巫咸而質焉
	巫咸・詛楚文・郭集　戰國・秦 不畏皇天上帝及不（丕）顯大神巫咸之光列（烈）威神

齋

	秋淵・詛楚文・郭集　戰國・秦 袗以齋盟
	巫咸・詛楚文・郭集　戰國・秦 袗以齋盟
	亞駝・詛楚文・郭集　戰國・秦 袗以齋盟

祭

	秦印風 163 頁　戰國・秦 敦祭尊印

祀

	陶錄 1・38・2　戰國以前・待考 祀
	秦駰玉版研究　戰國・秦 欲事天坨（地）、四亟（極）、三光、山川、神示（祇）、五祀、先祖

祖

	風過耳 285　戰國・秦 彭祖
	秦駰玉版研究　戰國・秦 欲事天坨（地）、四亟（極）、三光、山川、神示（祇）、五祀、先祖

祠

	秋淵・詛楚文・郭集　戰國・秦 求蔑灋（廢）皇天上帝及大神氒（厥）湫之卹祠、圭玉、羲（犧）牲
	巫咸・詛楚文・郭集　戰國・秦 求蔑灋（廢）皇天上帝及不（丕）顯大神巫咸之卹祠、圭玉、羲（犧）牲
	亞駝・詛楚文・郭集　戰國・秦 求蔑灋（廢）皇天上帝及不（丕）顯大神亞駝之卹祠、圭玉、羲（犧）牲

祝

	美璽 104　戰國・楚 祝迅
	秦印風 183 頁　戰國・秦 祝闌
	新封泥彙 2313　戰國・秦 祝印
	侯馬三：二三　春秋・三晉 巫[覡]祝史
	侯馬一八：一　春秋・三晉 祝史[薦]綐（瑞）
	侯馬一五六：二七　春秋・三晉 巫覡祝史歔（薦）綐（瑞）
	侯馬一五六：二四　春秋・三晉 所敢不巫覡祝史歔（薦）綐（瑞）
	秋淵・詛楚文・郭集　戰國・秦 使其宗祝邵（詔）鼛布（佈）憝（檄）
	巫咸・詛楚文・郭集　戰國・秦 使其宗祝邵（詔）鼛布（佈）憝（檄）
	吳人・石鼓文・郭集　春秋・秦 □□大祝
	亞駝・詛楚文・郭集　戰國・秦 使其宗祝邵（詔）鼛布（佈）憝（檄）

社

	秋淵・詛楚文・郭集　戰國・秦 欲剗伐我社稷
	巫咸・詛楚文・郭集　戰國・秦 欲剗伐我社稷
	亞駝・詛楚文・郭集　戰國・秦 欲剗伐我社稷

禍

	會稽刻石・秦銘刻選　秦代 遂起禍殃

禁

	新封泥彙 0666　戰國・秦 青□禁印
	新封泥彙 0680　戰國・秦 上林禁印
	會稽刻石・秦銘刻選　秦代 禁止淫泆（佚）
	嶧山刻石・秦銘刻選　秦代 莫能禁止

祀*

	侯馬七七：九　春秋・三晉 [明]祀（殛）覞（視）之
	侯馬七七：四　春秋・三晉 虘（吾）君亓（其）明祀（殛）覞（視）[之]

祓*

	新出研 WT1　K17：131　春秋・三晉 㠯（以）祓（微）宔（主）偪（福）者

祗*

	侯馬七七：七　春秋・三晉 [明]祗（殛）視（視）之
	侯馬三：二　春秋・三晉 君丌（其）明祗（殛）視（視）之
	侯馬一八一：一　春秋・三晉 君其明祗（殛）視（視）之
	侯馬一九八：三　春秋・三晉 君其明祗（殛）視（視）[之]
	侯馬一六：四　春秋・三晉 盧（吾）君丌（其）明祗（殛）視（視）之
	侯馬一六：一〇　春秋・三晉 [明]祗（殛）視（視）之
	侯馬一五六：八　春秋・三晉 盧（吾）君丌（其）明祗（殛）視（視）之
	侯馬一五六：三　春秋・三晉 魚（吾）君丌（其）盟（明）祗（殛）視（視）之
	侯馬一五六：四　春秋・三晉 盧（吾）君丌（其）明祗（殛）視（視）之
	侯馬一五六：一〇　春秋・三晉 盧（吾）君丌（其）明祗（殛）視（視）之

祿*

	新出研 WT1　K1：3687　春秋・三晉 不（丕）縣（顯）岳（嶽）公大祿（冢）
	新出研 WT1　K1：3690　春秋・三晉 不（丕）顯岳（嶽）公大祿（冢）

三

	貨系 2385 背　戰國・趙 閔（藺）/廿三
	貨系 2386 背　戰國・趙 閔（藺）/廿三
	貨系 2415 背　戰國・趙 閔（藺）/五十三
	貨系 2425 背　戰國・趙 襤（離）石/三
	貨系 2457 背　戰國・趙、魏 家陽/兩•十三
	先秦編 54　戰國・周王畿 三
	燕下都 252 背　戰國・趙 弦（茲）氏/三
	璽彙 50.0290　戰國・齊 墬（陳）補三立（涖）事歲右稟（廩）釜（釜）
	璽彙 50.0291　戰國・齊 奠易（陽）墬（陳）旻（得）三
	秦新 340　戰國・秦 三
	秦新 341　戰國・秦 三
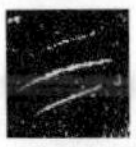	秦新 476　戰國・秦 十三
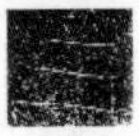	秦新 517　戰國・秦 五三
	陶錄 2・17・2　戰國・齊 陸（陳）補三立事歲右稟釜（釜）
	陶錄 4・112・4　戰國・燕 三觳
	陶錄 4・212・3　戰國・燕 三
	陶錄 6・179・1　戰國・秦 三四

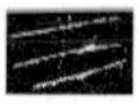	陶錄 6・185・3　戰國・秦 七十三
	秦駰玉版研究　戰國・秦 欲事天坨（地）、四亟（極）、三光、山川、神示（衹）、五祀、先祖

王

	貨系 1998　戰國・三晉 王氏
	貨系 2001　戰國・三晉 王氏
	貨系 2003　戰國・待考 王匀
	貨系 556　戰國・三晉 王氏
	錢典 39　戰國・三晉 巠（野）王
	先秦編 445　戰國・燕 王
	秦印風 72 頁　戰國・秦 王慜
	魏石 12.2　戰國・三晉 𡥈（餘子）妻君王罣
	璽彙 82.0577　戰國・齊 王鄙
	璽彙 437.4822　戰國・三晉 王之上士
	璽彙 444.4898　戰國・待考 王□敬□
	璽彙 505.5562　戰國・燕 㔶（中陽）都吳（虞）王伏
	璽彙 513.5637　戰國・三晉 王疋
	秦新 2938　戰國・秦 樂定王氏九斗
	秦新 3125　戰國・秦 北園王氏缶容十斗
	陶錄 1・77・1　戰國以前・待考 王
	陶錄 1・77・2　戰國以前・待考 王
	陶錄 1・77・3　戰國以前・待考 王
	陶錄 2・226・1　戰國・齊 蒦圆匋（陶）里王佑
	陶錄 2・226・4　戰國・齊 蒦圆匋（陶）里王佑
	陶錄 2・299・1　戰國・齊 王卒左巷城圆□岳里人曰㝵（得）
	陶錄 2・300・2　戰國・齊 王卒左𣪘㓕圆檟（櫃）里五
	陶錄 2・302・3　戰國・齊 王卒左𣪘……五
	陶錄 2・305・2　戰國・齊 王𣪘蔵（苴）里㝵（得）
	陶錄 2・397・1　戰國・齊 丘齊鈖（盆）里王逈（通）
	陶錄 2・397・4　戰國・齊 丘齊鈖（盆）里王□
	陶錄 2・403・1　戰國・齊 丘齊□上里王陞（升）
	陶錄 2・408・1　戰國・齊 丘齊辛里王汩丝逨
	陶錄 2・8・4　戰國・齊 王孫陲（陳）棱立事歲左……

	陶錄 4・192・2　戰國・燕 王
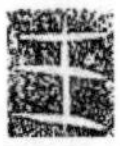	陶錄 4・199・1　戰國・燕 王豆
	陶錄 4・21・3　戰國・燕 無中市王伏
	陶錄 4・211・1　戰國・燕 □城都王伏鍴（瑞）
	陶錄 5・19・2　戰國・三晉、兩周 王復
	陶錄 6・161・4　戰國・秦 王
	陶錄 6・440・1　戰國・秦 王蚖
	陶錄 6・62・1　戰國・秦 王
	陶錄 6・62・3　戰國・秦 王
	陶錄 6・62・6　戰國・秦 王
	陶錄 7・11・2　戰國・待考 王□
	陶錄 7・19・4　戰國・待考 公子□王□
	陶錄 7・5・3　戰國・待考 王疫
	陶錄 7・6・1　戰國・待考 王沽
	夕藏 II 01-6-3　戰國・齊 王殷蔵（苴）里旻（得）
	新齊 0347　戰國・齊 王孫陸（陳）棱再□□京□
	新齊 0381　戰國・齊 王□大蒦圆壽所爲
	新齊 0575　戰國・齊 丘齊平里王庠奭
	會稽刻石・秦銘刻選　秦代 六王専倍
	秦駰玉版研究　戰國・秦 □王室相如
	秋淵・詛楚文・郭集　戰國・秦 又（有）秦嗣王
	巫咸・詛楚文・郭集　戰國・秦 又（有）秦嗣王
	亞駝・詛楚文・郭集　戰國・秦 又（有）秦嗣王
	戰國題銘（中）　戰國・待考 □不□□□邦王□□

皇

	風過耳 307　戰國・秦 皇夫＝（大夫）
	璽彙 141.1282　戰國・三晉 皇猾
	璽彙 141.1283　戰國・三晉 皇迪
	秦新 1317　戰國・秦 安邑皇
	秦新 1355　戰國・秦 安邑皇
	秦新 1358　戰國・秦 安邑皇
	陶錄 6・347・1　戰國・秦 廿六年皇帝盡并兼[天下]

	陶錄 6・347・2　戰國・秦 廿六年皇帝盡并兼[天下]
	陶錄 6・349・2　戰國・秦 皇[帝]
	陶錄 6・350・1　戰國・秦 廿六年皇帝盡[并]兼[天下]
	陶錄 6・352・1　戰國・秦 廿六年皇帝盡并兼[天下]
	陶錄 6・353・2　戰國・秦 立號爲皇帝
	陶錄 6・358・1　戰國・秦 皇帝[乃]詔
	陶錄 6・360・1　戰國・秦 皇帝乃詔丞相
	陶錄 6・377・2　戰國・秦 皇帝
	陶錄 6・379・1　戰國・秦 皇帝
	陶錄 6・469・2　戰國・秦 廿[六]年皇帝盡并[兼天下]
	陶錄 6・469・3　戰國・秦 立號爲皇帝
	侯馬二〇三：一〇　春秋・三晉 皇君之所
	侯馬三：二六　春秋・三晉 皇君之所
	侯馬三：二一　春秋・三晉 皇君之[所]
	侯馬一八：五　春秋・三晉 皇君
	侯馬一六：三　春秋・三晉 不（丕）顯皇君岳（嶽）公
	侯馬一六：三　春秋・三晉 皇君
	侯馬一七九：一三　春秋・三晉 繹之于皇[君]之所
	侯馬一五六：一九　春秋・三晉 繹（繹）之于皇君斎（之所）
	秦墓石磬　春秋・秦 ……皇且（祖）吕（以）……
	秋淵・詛楚文・郭集　戰國・秦 不畏皇天上帝及大沈氒（厥）湫之光列（烈）威神
	秋淵・詛楚文・郭集　戰國・秦 亦應（膺）受皇天上帝及大沈氒（厥）湫之幾靈德賜
	泰山刻石・秦銘刻選　秦代 [今襲號而]金石刻辭不稱始皇帝
	巫咸・詛楚文・郭集　戰國・秦 亦應（膺）受皇天上帝及不（丕）顯大神巫咸[之]幾靈德賜
	繹山刻石・秦銘刻選　秦代 皇帝立國
	繹山刻石・秦銘刻選　秦代 迺今皇帝

玉

	秦印風 165 頁　戰國・秦 成玉人
	秦印風 86 頁　戰國・秦 田玉
	璽彙 156. 1471　戰國・楚 墜（陳）玉
	秦新 2517　戰國・秦 咸禾里玉
	侯馬九二：四七　春秋・三晉 玉敢不閛（披）其腹心吕（以）事其宔（主）

	秋淵・詛楚文・郭集　戰國・秦 敢用吉玉宣璧
	譽編　戰國晚期・中山 它玉虎
	譽編　戰國晚期・中山 吉少玉

璧

	侯馬一六：一三　春秋・三晉 璧敢不閛（披）丌（其）復（腹）心㠯（以）事丌（其）宔（主）
	秦駰玉版研究　戰國・秦 孛=（小子）駰敢以芥（玠）圭、吉璧
	秦駰玉版研究　戰國・秦 壹璧先之
	秋淵・詛楚文・郭集　戰國・秦 敢用吉玉宣璧

琮

	秦印風 63 頁　戰國・秦 琮虎

璋

	璽彙 39.0232　戰國・齊 璋□郙□訐（信）鈢（璽）
	陶錄 2・155・1　戰國・齊 繇巷東匋（陶）里璋
	陶錄 2・155・2　戰國・齊 繇巷東匋（陶）里璋
	陶錄 2・156・1　戰國・齊 繇巷東匋（陶）里璋
	陶錄 2・156・2　戰國・齊 繇巷東匋（陶）里璋
	夕藏 II 05-40-1　戰國・齊 繇巷東匋（陶）里璋

理

	泰山刻石・秦銘刻選　秦代 遠近畢理
	繹山刻石・秦銘刻選　秦代 以開爭理

瑣

	秦印風 141 頁　戰國・秦 瑣衷
	秦印風 143 頁　戰國・秦 狐瑣

珠

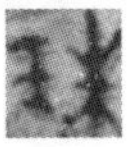	天津 455　戰國・秦 一珠（銖）重一兩•十二

靈

	陶錄 6・441・3　戰國・秦 靈
	陶錄 6・450・1　戰國・秦 □靈
	秋淵・詛楚文・郭集　戰國・秦 亦應（膺）受皇天上帝及大沈氒（厥）湫之幾靈德賜
	巫咸・詛楚文・郭集　戰國・秦 亦應（膺）受皇天上帝及不（丕）顯大神巫咸[之]幾靈德賜
	亞駝・詛楚文・郭集　戰國・秦 亦應（膺）受皇天上帝及大沈氒（厥）湫之幾靈德賜

珂

	十六 31.6　戰國・待考 珂

珊*

	秦墓石磬　春秋・秦 □珊霝□……

瓄*

	璽彙 80.0550　戰國・齊 王瑋（瓄）

瓔*

	集釋 235.12　戰國・三晉 鄗（焦）瓔
	璽彙 78.0528　戰國・三晉 王瓔
	璽彙 152.1425　戰國・三晉 宋瓔
	璽彙 195.1935　戰國・三晉 纍（原）瓔
	璽彙 484.5349　戰國・燕 瓔
	璽彙 515.5665　戰國・楚 雝琝（瓔）
	珍戰 86　戰國・三晉 邘（于）瓔
	陶錄 2・170・4　戰國・齊 中蒦圖里匋（陶）瓔
	陶錄 4・186・1　戰國・燕 瓔□
	陶錄 4・186・2　戰國・燕 瓔
	侯馬一：七四　春秋・三晉 瓔敢不[披其腹心]
	侯馬一五六：二六　春秋・三晉 瓔□自質于君所
	侯馬一五六：二六　春秋・三晉 瓔□……

⿰王豊*

	璽彙 87.0635　戰國・齊 王⿰王豊

气

	港印 148　戰國・待考 气

士

	貨系 232　戰國・周王畿 士
	貨系 236　戰國・周王畿 士
	貨系 237　戰國・周王畿 士
	齊幣 177 背　戰國・齊 齊杏（大）𠛱（刀）/士
	秦印風 243 頁　戰國・秦 忠仁思士
	陝新 203.1750　戰國・待考 王又（有）正士
	璽彙 25.0146　戰國・楚 士尹之鉨（璽）

	璽彙 141.1285　戰國・齊 甘士設
	璽彙 442.4877　戰國・秦 云子思士
	璽彙 491.5436　戰國・待考 入（納）士
	秦新 1442　戰國・秦 □氏居貲公士富
	秦新 1444　戰國・秦 平陰居貲北游公士滕
	陶錄 4・90・4　戰國・燕 匋（陶）工士
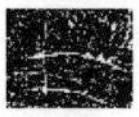	陶錄 6・174・4　戰國・秦 士
	陶錄 6・294・2　戰國・秦 楊氏居貲武德公士契必
	陶錄 6・338・4　戰國・秦 寧士
	陶錄 6・54・3　戰國・秦 □里士五越
	秦駰玉版研究　戰國・秦 東方又（有）士姓（生）
	秋淵・詛楚文・郭集　戰國・秦 奮士盛師
	亞駝・詛楚文・郭集　戰國・秦 奮士盛師

壯

	秦印風 219 頁　戰國・秦 趙壯
	璽彙 54.0308　戰國・燕 左軒僑頁壯
	秦新 1620　戰國・秦 咸鄏里壯
	秦新 1815　戰國・秦 咸鄏里壯
	陶錄 6・3・2　戰國・秦 咸沙□壯
	陶錄 6・93・1　戰國・秦 壯

中

	貨系 1574　戰國・趙 中都/八
	貨系 1581　戰國・趙 中都
	貨系 3061 背　戰國・燕 明/中一
	貨系 3066　戰國・燕 中一
	貨系 3123 背　戰國・燕 明/中千
	齊幣 424　戰國・齊 中/中/中/中/中
	齊幣 425 背　戰國・齊 中/中/中/中
	三晉 74　戰國・趙 中都
	三晉 74　戰國・趙 中都
	燕下都 218　戰國・趙 中陽/二
	燕下都 233　戰國・趙 中都

	二十 68. 二-SP-0115　戰國・燕 某审（中）市王伏
	鶴廬 86.1　戰國・燕 中行□
	秦印風 241 頁　戰國・秦 中精外誠
	璽彙 64.0368　戰國・燕 中軍壴（鼓）車
	璽彙 210.2110　戰國・三晉 邵（弓）中
	璽彙 257.2681　戰國・三晉 中（忠）䏍（信）
	璽彙 259.2702　戰國・待考 中（忠）身（信）
	璽彙 314.3363　戰國・燕 敬中（忠）
	璽彙 325.3496　戰國・燕 审生狗
	璽彙 334.3601　戰國・楚 审（忠）青（精）
	璽彙 484.5351　戰國・燕 中（忠）
	珍戰 235　戰國・待考 中
	秦新 249　戰國・秦 中
	陶錄 2・154・1　戰國・齊 繇巷中匋（陶）里□
	陶錄 2・167・2　戰國・齊 中蒦圆里區□
	陶錄 2・171・1　戰國・齊 中蒦圆里人蘆（蘆）
	陶錄 2・171・4　戰國・齊 中蒦圆里人纓
	陶錄 2・658・1　戰國・齊 繇巷中匋（陶）里□
	陶錄 5・71・2　戰國・三晉、兩周 中官
	陶錄 6・36・4　戰國・秦 咸中原□
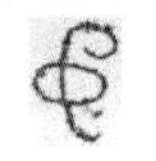	新齊 0169　戰國・齊 陞（陳）中山立㤓
	新齊 0171　戰國・齊 陞（陳）中□□
	新齊 0891　戰國・齊 中蒦圆里人蘆（蘆）
	侯馬叢考續　春秋・三晉 中（忠）[心]事丌（其）宝（主）
	侯馬一〇五：二　春秋・三晉 入于中行寅及邶（比）……之所
	侯馬一五六：二四　春秋・三晉 中……
	侯馬一五六：二五　春秋・三晉 审（中）都比䂓（强）之孫=（子孫）
	秋淵・詛楚文・郭集　戰國・秦 竆者（諸）冥室櫝棺之中
	溫縣簡報 T1 坎 1：1845　春秋・三晉 𨘷敢不忠=〈忎忎（蒸蒸）〉焉中（忠） 心事丌（其）宝（主）
	溫縣簡報 T1 坎 1：1961　春秋・三晉 戻敢不愳=(蒸蒸)焉中(忠)心事丌(其) 宝（主）
	溫縣簡報 T1 坎 1：2857　春秋・三晉 車父[敢]不愳=（蒸蒸）焉中（忠）心事 其宝（主）
	溫縣簡報 T1 坎 1：3216　春秋・三晉 午敢不愳=(蒸蒸)焉中(忠)心事丌(其) 宝（主）

	溫縣簡報 T1 坎 1：3780　春秋・三晉 敢不忎₌（蒸蒸）焉中（忠）心事丌（其）宔（主）
	溫縣簡報 T1 坎 1：3797　春秋・三晉 興敢不悊₌（蒸蒸）焉中（忠）心事丌（其）宔（主）
	溫縣簡報 T1 坎 1：3802　春秋・三晉 喬敢不悊（蒸）焉中（忠）心事丌（其）宔（主）
	溫縣簡報 T1 坎 1：3863　春秋・三晉 瘖敢不悊₌（蒸蒸）焉中（忠）心事丌（其）[主]
	溫縣簡報 T1 坎 1：4499　春秋・三晉 宋敢不惪₌（憂憂）焉中（忠）心事丌（其）宔（主）
	溫縣簡報 T1 坎 1：4585　春秋・三晉 □□不悊₌（蒸蒸）焉中（忠）心事其宔（主）
	吳人・石鼓文・郭集　春秋・秦 中囿孔□

串*

	璽彙 54.0311　戰國・楚 高□串（關）

中

	貨系 2617 背　戰國・齊 齊夻（大）杔（刀）/中
	貨系 2618 背　戰國・齊 齊夻（大）杔（刀）/中
	貨系 2619 背　戰國・齊 齊夻（大）杔（刀）/中
	齊幣 101 背　戰國・齊 安昜（陽）之夻（大）杔（刀）/中
	齊幣 223 背　戰國・齊 齊夻（大）杔（刀）/中
	齊幣 224 背　戰國・齊 齊夻（大）杔（刀）/中
	齊幣 232 背　戰國・齊 齊夻（大）杔（刀）/中
	齊幣 72 背　戰國・齊 節（即）贋（墨）之夻（大）杔（刀）/中
	先秦編 494　戰國・燕 中

屯

	貨系 1666　戰國・韓 屯留
	貨系 1669　戰國・韓 屯留
	貨系 1670　戰國・韓 屯留
	貨系 4044　戰國・魏 共屯赤金
	貨系 4045　戰國・魏 共屯赤金
	貨系 4046　戰國・魏 共屯赤金
	錢典 59　戰國・韓 屯留
	錢典 60　戰國・韓 屯留
	三晉 94　戰國・韓 屯留
	先秦編 274　戰國・韓 屯留
	秦印風 47 頁　戰國・秦 姚屯
	秦墓石磬　春秋・秦 屯（純）魯吉康

每

	侯馬二〇〇：五八　春秋・三晉 每□敢不半(披)丌(其)[腹]心吕(以)事丌（其）宔（主）

坴

	璽彙 326.3502　戰國・燕 坴（陸）骨
	珍戰 44　戰國・待考 坴（陸）腹

熏

	新封泥彙 1956　戰國・秦 熏貝
	新封泥彙 1964　戰國・秦 熏貝

艸

	陶錄 2・249・4　戰國・齊 蒦圆匋（陶）里人艸
	陶錄 2・330・4　戰國・齊 楚亶巷鬪（關）里艸
	陶錄 2・332・2　戰國・齊 楚亶巷鬪（關）里艸
	陶錄 2・334・2　戰國・齊 楚亶巷鬪（關）里艸
	陶錄 2・91・2　戰國・齊 繇巷大匋（陶）里艸
	陶錄 2・91・3　戰國・齊 繇巷大匋（陶）里艸
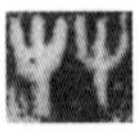	夕藏 Ⅱ 04-17-1　戰國・齊 楚亶巷鬪（關）里艸
	夕藏 Ⅱ 04-17-2　戰國・齊 楚亶巷鬪（關）里艸
	夕藏 Ⅱ 04-17-3　戰國・齊 楚亶巷鬪（關）里艸
	夕藏 Ⅱ 04-17-4　戰國・齊 楚亶巷鬪（關）里艸
	新齊 0664　戰國・齊 楚亶巷鬪（關）里艸
	新齊 0665　戰國・齊 楚亶巷鬪（關）里艸
	新齊 0929　戰國・齊 繇巷大圆里艸

莊

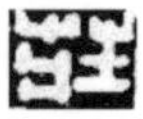	秦印風 112 頁　戰國・秦 莊季
	秦印風 194 頁　戰國・秦 莊文
	盛世 166　戰國・待考 莊公彤印
	陶錄 6・116・1　戰國・秦 宮莊
	會稽刻石・秦銘刻選　秦代 黔首齊莊
	璽彙 30.0176　戰國・齊 武關牆（將）鉨（璽）
	璽彙 161.1529　戰國・三晉 孫牆（莊）
	璽類 123.5　戰國・三晉 肖（趙）牆（莊）
	篆彙 795.10　戰國・齊 武關牆（將）鉨（璽）

莆

	貨系 1539　戰國・魏 莆子
	貨系 1543　戰國・魏 莆子
	三晉 112　戰國・魏 莆子
	三晉 112　戰國・魏 莆子
	三晉 112　戰國・魏 莆子
	三晉 113　戰國・魏 莆子
	侯馬三：一四　春秋・三晉 莆敢不……

藿

	三晉 56　戰國・趙 藿人/五
	三晉 56　戰國・趙 藿人/六
	先秦編 361　戰國・趙 藿人
	璽彙 223. 2268　戰國・三晉 藿赤
	璽彙 223. 2269　戰國・三晉 藿瘦（瘻）
	璽彙 223. 2270　戰國・三晉 藿余
	璽彙 223. 2272　戰國・三晉 藿㝵（得）
	璽類 11. 1　戰國・待考 藿劦
	珍戰 39　戰國・三晉 藿閏（閉）智

肶

	風過耳 232　戰國・秦 肶

蘇

	風過耳 104　戰國・秦 蘇慧
	秦印風 116 頁　戰國・秦 蘇產
	秦印風 197 頁　戰國・秦 蘇臣
	秦印風 66 頁　戰國・秦 蘇媚
	秦新 2527　戰國・秦 蘇生
	秦新 2964　戰國・秦 西奐蘇氏十斗、十斗

芋

	璽彙 222. 2262　戰國・楚 芋㒸（僕）
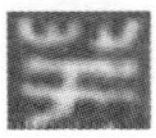	璽彙 225. 2290　戰國・楚 芋咎□
	璽考 237. 9　戰國・三晉 肖（趙）芋
	珍戰 150　戰國・楚 臧（臧）芋・敬上・臧（臧）□・訐（信）鉨（璽）

	陶錄 5・110・3　戰國・三晉、兩周 芋
	陶錄 5・110・4　戰國・三晉、兩周 芋□
	陶錄 5・14・3　戰國・三晉、兩周 芋疋

莒

	齊幣 347 背　戰國・齊 明/鄺（莒）□□
	貨系 3789 背　戰國・齊 明/鄺（莒）冶△□
	貨系 3790 背　戰國・齊 明/鄺（莒）冶㝵（得）
	錢典 1192　戰國・齊 鄺（莒）冶△

蓳

	璽彙 377.4097　戰國・燕 蓳居

蘆

	陶錄 2・171・1　戰國・齊 中蒦圆里人蓎（蘆）
	陶錄 2・172・1　戰國・齊 中隻圆里人蓎（蘆）
	夕藏 II 05-15-1　戰國・齊 蒦圆南里蓎（蘆）
	新齊 0824　戰國・齊 □蒦圆里□蓎（蘆）
	新齊 0891　戰國・齊 中蒦圆里人蓎（蘆）

	璽彙 217.2196　戰國・齊 郘蘆（蘆）

苹

	印戰 26.3　戰國・齊 苹夫₌（大夫）之鉩（璽）

藍

	新封泥彙 2429　戰國・秦 藍田丞印
	陶錄 6・320・1　戰國・秦 藍田
	陶錄 6・458・3　戰國・秦 藍田

蘭

	璽彙 222.2255　戰國・三晉 蕑（蘭）固

蘺

	新封泥彙 1355　戰國・秦 博望蘺園

茝

	秦印風 22 頁　戰國・秦 茝陽少內
	新封泥彙 1124　戰國・秦 茝陽丞印
	秦新 1217　戰國・秦 茝陽癸
	秦新 1220　戰國・秦 茝陽工癸

	秦新 1221　戰國・秦 茝陽癸
	秦新 1225　戰國・秦 茝□癸
	秦新 1226　戰國・秦 茝陽癸
	秦新 1227　戰國・秦 茝陽癸
	秦新 1228　戰國・秦 茝陽工癸
	秦新 1420　戰國・秦 茝
	秦新 1421　戰國・秦 茝
	秦新 1422　戰國・秦 茝
	秦新 1424　戰國・秦 茝
	秦新 2984　戰國・秦 茝
	秦新 3022　戰國・秦 茝
	陶錄 6・396・2　戰國・秦 茝
	陶錄 6・398・2　戰國・秦 茝
	風過耳 069　戰國・秦 蘢茝（茝）

茖

	璽彙 8.0045　戰國・三晉 疋茖䮾（司馬）
	璽彙 319.3421　戰國・三晉 疋茖瓶

薊

	風過耳 274　戰國・秦 葪<薊>鼠

蒦

	二十 49.二-GY-0028　戰國・楚 蒦里貣鉨（璽）

薛

	秦印風 171 頁　戰國・秦 薛義
	秦印風 223 頁　戰國・秦 薛究
	秦印風 224 頁　戰國・秦 薛□

苦

	風過耳 279　戰國・秦 苦成
	秦印風 116 頁　戰國・秦 封苦
	秦印風 213 頁　戰國・秦 毋苦夫

茅

	秦印風 125 頁　戰國・秦 茅配
	秦印風 215 頁　戰國・秦 茅乾滑

	新泰齊陶 HBCS：106　戰國・齊 葉□□□□
	新泰齊陶 HBCS：55　戰國・齊 葉□旻（得）參□
	新泰齊陶 HBCS：85　戰國・齊 葉□旻（得）參□
	新泰齊陶 HBCS：87　戰國・齊 葉□□□□
	新泰齊陶 LFL：5　戰國・齊 葉□旻（得）參□

英

	璽彙 145.1333　戰國・楚 臧（臧）英咎（宛）鉨（璽）
	新封泥彙 2607　戰國・秦 英丞之印
	陶錄 5・15・3　戰國・三晉、兩周 英

萋

	霝雨・石鼓文・郭集　春秋・秦 蓴（萋）

葼

	璽彙 211.2126　戰國・三晉 郙（弗）䓤（葼）
	璽彙 368.3995　戰國・三晉 東埅（野）兗（葼）

芒

	璽彙 15.0089　戰國・三晉 㡩（荽）芒左司工（空）
	璽彙 221.2248　戰國・齊 芒鄰
	璽彙 226.2304　戰國・楚 芒□

芮

	秦印風 56 頁　戰國・秦 王芮
	秦新 1531　戰國・秦 咸亭郈里芮器
	秦新 1926　戰國・秦 咸芮里喜
	秦新 2346　戰國・秦 咸芮里喜
	秦新 2481　戰國・秦 咸芮里喜
	秦新 2726　戰國・秦 咸芮里臣
	陶錄 6・41・1　戰國・秦 咸芮里喜

茬

	陶錄 6・414・3　戰國・秦 茬市
	璽考 319.2　戰國・三晉 枯芓（茬）慶

蒼

	秦印風 169 頁　戰國・秦 陳蒼
	秦印風 68 頁　戰國・秦 茅蒼

	璽彙 114.0967　戰國・三晉 肖（趙）蒼
	璽彙 194.1926　戰國・三晉 郱（并）蒼
	璽彙 221.2245　戰國・韓 □蒼（倉）
	璽彙 370.4023　戰國・三晉 𨌲（淳于）蒼
	秦新 1176　戰國・秦 美陽工蒼
	秦新 1177　戰國・秦 美□工蒼
	秦新 1284　戰國・秦 美□工蒼
	秦新 1361　戰國・秦 美陽工蒼
	秦新 1362　戰國・秦 美陽工蒼
	秦新 2622　戰國・秦 蒼
	陶錄 6・445・1　戰國・秦 胡蒼
	陶錄 6・449・3　戰國・秦 季蒼
	陶錄 6・449・4　戰國・秦 季蒼
	陶錄 6・461・3　戰國・秦 美陽工蒼

萃

	風過耳 152　戰國・秦 楊萃
	秦印風 46 頁　戰國・秦 楚萃
	璽彙 51.0293　戰國・燕 暴都萃車馬
	璽類 18.9　戰國・三晉 㮚（郭）萃
	陶錄 5・11・3　戰國・三晉、兩周 君（尹）萃
	陶錄 5・11・4　戰國・三晉、兩周 □萃

苗

	風過耳 077　戰國・秦 苗御
	秦印風 86 頁　戰國・秦 苗妾

苛

	二十 16. 二-SY-0069　戰國・楚 苛敬
	璽彙 222.2258　戰國・楚 苛朕
	璽彙 303.3230　戰國・楚 苛備
	璽類 15.2　戰國・楚 苛□

蔡

	秦印風 91 頁　戰國・秦 蔡把

薄

	秦印風 75 頁　戰國・秦 李薄

苑

	秦印風 142 頁　戰國・秦 苑贏
	新封泥彙 0220　戰國・秦 東苑丞印
	新封泥彙 1338　戰國・秦 萯陽苑印

菑

	陶錄 6・410・1　戰國・秦 菑亭
	陶錄 6・410・2　戰國・秦 菑亭
	陶錄 6・411・2　戰國・秦 菑亭
	陶錄 6・412・2　戰國・秦 菑亭
	陶錄 6・412・6　戰國・秦 菑亭
	陶錄 6・413・3　戰國・秦 菑亭
	陶錄 6・414・1　戰國・秦 臨菑市
	夕藏 Ⅲ 01-1-3　秦代 菑亭
	夕藏 Ⅲ 01-1-5　秦代 菑亭
	夕藏 Ⅲ 01-1-6　秦代 菑亭

茀

	風過耳 253　戰國・秦 矣茀
	秦印風 97 頁　戰國・秦 駱茀
	侯馬一：九一　春秋・三晉 茀敢不半（披）[其腹]心吕（以）事[其主]

藥

	港續 41.49　戰國・待考 藥畫
	秦印風 165 頁　戰國・秦 藥丹
	璽彙 149.1384　戰國・三晉 藥梁

芟

	陶錄 2・382・1　戰國・齊 楚亭巷蔵（苴）里公芟

茨

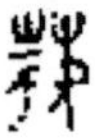	璽彙 79.0543　戰國・三晉 王螢（茨）

蓋

	秦印風 128 頁　戰國・秦 王蓋

若

	風過耳 020　戰國・秦 馮若
	秦新 1711　戰國・秦 咸商里若
	秦新 900　戰國・秦 若當
	秦駰玉版研究　戰國・秦 西東若憃

莜

	璽彙 224.2289　戰國・三晉 莜弦

苴

	璽彙 347.3755　戰國・齊 郉（邢）□蔵（苴）鉨（璽）
	陶錄 2・281・2　戰國・齊 蔵（苴）里乘
	陶錄 2・281・3　戰國・齊 蔵（苴）里乘
	陶錄 2・305・1　戰國・齊 王毁蔵（苴）里旻（得）
	陶錄 2・307・3　戰國・齊 王毁蔵（苴）□旻（得）
	陶錄 2・365・4　戰國・齊 楚章巷蔵（苴）里賹
	陶錄 2・375・4　戰國・齊 楚章巷蔵（苴）里娟（始）
	陶錄 2・376・1　戰國・齊 楚章巷蔵（苴）里娟（始）
	陶錄 2・380・1　戰國・齊 楚章巷蔵（苴）里蒼
	陶錄 2・380・3　戰國・齊 楚章巷蔵（苴）里蒼
	陶錄 2・381・1　戰國・齊 楚章巷蔵（苴）里鹿
	陶錄 2・363・2　戰國・齊 楚章巷蔵（苴）里賹
	陶錄 2・387・3　戰國・齊 楚章巷蔵（苴）里昌
	陶錄 2・389・2　戰國・齊 楚章巷蔵（苴）里□
	陶錄 2・282・2　戰國・齊 蔵（苴）里壬
	陶錄 7・19・1　戰國・待考 蔵（苴）衆□陞坙璽
	夕藏 II 01-6-1　戰國・齊 王毃蔵（苴）里旻（得）
	夕藏 II 01-6-2　戰國・齊 王毃蔵（苴）里旻（得）
	夕藏 II 04-10-1　戰國・齊 楚章巷蔵（苴）里□
	夕藏 II 04-10-2　戰國・齊 楚章巷蔵（苴）里□
	夕藏 II 04-1-1　戰國・齊 楚章巷蔵（苴）里恑（怡）
	夕藏 II 04-1-2　戰國・齊 楚章巷蔵（苴）里恑（怡）
	夕藏 II 04-1-3　戰國・齊 楚章巷蔵（苴）里恑（怡）
	夕藏 II 04-1-4　戰國・齊 楚章巷蔵（苴）里恑（怡）

	夕藏 Ⅱ 04-1-5　戰國・齊 楚𩫏巷蔵（苴）里㥯（怡）
	夕藏 Ⅱ 04-2-1　戰國・齊 楚𩫏巷蔵（苴）里𤜊
	夕藏 Ⅱ 04-2-2　戰國・齊 楚𩫏巷蔵（苴）里𤜊
	夕藏 Ⅱ 04-2-6　戰國・齊 楚𩫏巷蔵（苴）里𤜊
	夕藏 Ⅱ 04-3-1　戰國・齊 楚𩫏巷蔵（苴）里賞
	夕藏 Ⅱ 04-3-2　戰國・齊 楚𩫏巷蔵（苴）里賞
	夕藏 Ⅱ 04-3-3　戰國・齊 楚𩫏巷蔵（苴）里賞
	夕藏 Ⅱ 04-3-5　戰國・齊 楚𩫏巷蔵（苴）里賞
	夕藏 Ⅱ 04-4-3　戰國・齊 楚𩫏巷蔵（苴）里鹿
	夕藏 Ⅱ 04-5-1　戰國・齊 楚𩫏巷蔵（苴）里賹
	新齊 0628　戰國・齊 楚𩫏巷蔵（苴）里賹
	新齊 0629　戰國・齊 楚𩫏巷蔵（苴）里賹
	新齊 0630　戰國・齊 楚𩫏巷蔵（苴）里賹
	新齊 0631　戰國・齊 楚𩫏巷蔵（苴）里賹

蘇

	風過耳 231　戰國・秦 蘇

蕢

	璽彙 68.0410　戰國・三晉 王臾
	璽彙 178.1733　戰國・三晉 事（史）臾

芻

	秦印風 156 頁　戰國・秦 臣芻
	十擧 250.4　戰國・待考 芻
	璽彙 81.0570　戰國・齊 王芻
	璽類 16.15　戰國・待考 邻芻
	先印 127.1　戰國・待考 孫芻

萎

	璽彙 15.0089　戰國・三晉 萿（萎）芒左司工（空）

茻

	港續 76.119　戰國・三晉 茻壘逄

芄

	璽彙 90.0677　戰國・三晉 長芄
	璽彙 225.2294　戰國・三晉 芄嗌帚

芥

	秦印風 176 頁　戰國・秦 芥歐
	秦印風 74 頁　戰國・秦 芥癧
	秦駰玉版研究　戰國・秦 㝋=（小子）駰敢以芥（玠）圭、吉璧

蔥

	集釋 186.152　戰國・三晉 王[illegible]（蔥）
	璽彙 234.2404　戰國・三晉 桃[illegible]（蔥）
	璽考 322.2　戰國・三晉 南宮[illegible]（蔥）

蒙

	秦印風 146 頁　戰國・秦 蒙洋
	秦印風 198 頁　戰國・秦 矦蒙
	會稽刻石・秦銘刻選　秦代 蒙被休經

范

	璽彙 484.5348　戰國・三晉 岀（范）子

荼

	秦印風 142 頁　戰國・秦 張荼

蒿

	璽彙 148.1374　戰國・三晉 樂蒿
	璽彙 48.0283　戰國・楚 薹（蒿）坴（陵）竽鉨（璽）

蓬

	秦印風 209 頁　戰國・秦 蓬昌

蘬

	秦印風 213 頁　戰國・秦 左蘬
	秦印風 62 頁　戰國・秦 義蘬

葆

	陶錄 6・288・4　戰國・秦 葆不津
	陶錄 6・288・5　戰國・秦 葆不津

蕃

	新封泥彙 0253　戰國・秦 蕃丞之印

茸

	秦印風 224 頁　戰國・秦 李茸
	璽彙 301.3207　戰國・燕 茸逪

	璽彙 301.3208　戰國・三晉 茸匽

蘘

	秦新 1992　戰國・秦 左蘳（蘘）
	秦新 1993　戰國・秦 左蘳（蘘）
	秦新 1997　戰國・秦 左蘳（蘘）
	秦新 1998　戰國・秦 左蘳（蘘）

草

	璽彙 44.0259　戰國・齊 右膚（盧）□草翌鉨（璽）
	戰分 114.643　戰國・齊 右膚（盧）□草翌鉨（璽）
	作原・石鼓文・郭集　春秋・秦 □□□草

䓯

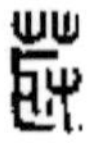	璽彙 79.0549　戰國・三晉 王䓯

萅

	顧印 62.6　戰國・待考 王旽（春）
	湖印 40.1　戰國・三晉 旽（春）佤（狐）臧
	鑒菁 16.30　戰國・三晉 旽（春）欳之雋
	璽彙 1.0005　戰國・三晉 旽（春）安君
	珍戰 75　戰國・楚 旽（春）子

芀*

	盛世 009　戰國・待考 加芀寊鉨

芊*

	秦範卷四 3.3　戰國・秦 芊塙

芄*

	馬薦・石鼓文・郭集　春秋・秦 蓿=（蓿蓿）芄=（芄芄）

芯*

	十六 29.6　戰國・待考 芯

𦬁*

	璽彙 263.2754　戰國・三晉 春𦬁（薛）

𦬿*

	集釋 193.176　戰國・三晉 長𦬿
	璽彙 168.1611　戰國・三晉 曹𦬿
	璽彙 194.1923　戰國・三晉 郬（杜）𦬿

	璽彙 202.2021　戰國・三晉 鄆（董）芊
	璽彙 209.2098　戰國・三晉 邴芊
	璽彙 349.3763　戰國・三晉 屬（司馬）芊
	璽彙 492.5448　戰國・待考 芊

芸*

	璽彙 340.3676　戰國・齊 公芸壽

苙*

	璽彙 106.0873　戰國・燕 長苙
	璽彙 206.2069　戰國・三晉 犢苙

茉*

	十六 21.5　戰國・待考 茉□

苧*

	璽彙 225.2296　戰國・三晉 苻（苧）齒

𦬨*

	貨系 2478　戰國・趙 上𦬨（艾）/一•十二朱
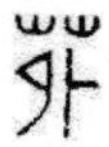	印展 1　戰國・趙 上𦬨（艾）尸（尉）

苿*

	陶録 2・49・4　戰國・齊 苿巷新里□□

茲*

	盛世 110　戰國・待考 茲□

莆*

	書璽 1036　戰國・待考 莆勣

萯*

	璽彙 222.2265　戰國・三晉 萯羝

萗*

	秦印風 199 頁　戰國・秦 徐萗
	璽彙 222.2260　戰國・三晉 萗疢

菴*

	陶録 7・9・4　戰國・待考 更菴

菁*

	璽考 109.2　戰國・三晉 菁牙官
	璽彙 225.2295　戰國・三晉 菁犨（觸）

莘*

	璽彙 222.2259　戰國・三晉 莘坨

莢*

	陶錄 2・291・3　戰國・齊 莢□圆□豆
	陶錄 2・291・4　戰國・齊 莢□圆□豆
	新齊 1251　戰國・齊 莢氏圆□豆
	陶錄 2・291・1　戰國・齊 莢□圆□豆
	陶錄 2・291・2　戰國・齊 莢□圆□豆

菥*

	璽彙 304.3242　戰國・三晉 菥皇

蒂*

	璽彙 259.2707　戰國・三晉 中匀（軍）蒂

莅*

	璽彙 224.2279　戰國・三晉 莅年
	璽考 184.5　戰國・楚 莅大□鉨（璽）

荳*

	璽彙 47.0277　戰國・齊 荳丘事鉨（璽）

莆*

	璽彙 225.2299　戰國・楚 莆幾
	璽考 307.8　戰國・三晉 公孫莆

菖*

	璽彙 322.3454　戰國・待考 菖堨鉨（璽）

蒙*

	璽彙 222.2263　戰國・三晉 蒙（葛）復
	璽彙 222.2264　戰國・三晉 蒙（葛）瞳
	璽考 334.8　戰國・三晉 嗣（司馬）蒙（葛）

萡*

	馬薦・石鼓文・郭集　春秋・秦 萡=（萡萡）芃=（芃芃）

莕*

	風過耳 290　戰國・秦 柖莕
	陶錄 6・436・4　戰國・秦 莕繒

	陶錄 6・436・5　戰國・秦 ⿱艹咎繒
	陶錄 6・437・1　戰國・秦 ⿱艹咎繒
	陶錄 6・437・4　戰國・秦 ⿱艹咎疾
	陶錄 6・437・5　戰國・秦 ⿱艹咎疾
	陶錄 6・438・1　戰國・秦 ⿱艹咎枝
	陶錄 6・452・3　戰國・秦 ⿱艹咎繒
	夕藏 III 01-7-1　秦代 ⿱艹咎疾

蔴*

	盛世 019　戰國・三晉 疋（胥）蔴（靡）啬夫
	璽彙 225.2292　戰國・三晉 蔴和

⿱艹坴*

	湖印 36.3　戰國・楚 邦⿱艹坴（陵）鉨（璽）

菙*

	璽彙 229.2343　戰國・三晉 韓菙（菜）
	璽彙 257.2679　戰國・三晉 忈菙（菜）

薡*

	秦新 2033　戰國・秦 薡
	秦新 2035　戰國・秦 薡
	秦新 2312　戰國・秦 薡

⿱艹享*

	集釋 279.1　戰國・三晉 ⿱艹享筲
	璽彙 221.2250　戰國・三晉 ⿱艹享譙
	璽彙 221.2252　戰國・三晉 ⿱艹享盲

藏*

	璽彙 337.3637　戰國・燕 余藏
	璽彙 489.5413　戰國・三晉 𢊁（藏）

藁*

	璽彙 192.1904　戰國・三晉 睘（袁）藁

薄*

	盛世 219　戰國・待考 公族薄

⿱艹⿰禾亶*

	夕藏 II 04-11-3　戰國・齊 楚𩫖巷⿱艹⿰禾亶里□
	新齊 0611　戰國・齊 楚𩫖巷⿱艹⿰禾亶里⿰豸氐
	新齊 0623　戰國・齊 楚𩫖巷⿱艹⿰禾亶里鹿
	新齊 0645　戰國・齊 楚𩫖巷⿱艹⿰禾亶里⿰忄行
	新齊 0650　戰國・齊 楚𩫖巷⿱艹⿰禾亶里□

蘊*

	璽彙 41.0243　戰國・齊 蘊不□鉨（璽）

蘚*

	秦駰玉版研究　戰國・秦 典灋蘚（鮮）亡

⿱艹稚*

	璽彙 497.5506　戰國・待考 ⿱艹稚

⿱艹亶*

	璽彙 223.2276　戰國・三晉 菩（⿱艹亶）□
	璽彙 223.2277　戰國・三晉 菩（⿱艹亶）扮

莫

	璽彙 80.0554　戰國・三晉 王莫臣
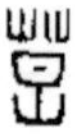	璽彙 140.1279　戰國・燕 刑莫
	璽彙 229.2339　戰國・三晉 韓莫
	璽彙 288.3047　戰國・三晉 ⿱缶田（魏）莫
	璽彙 496.5498　戰國・燕 莫
	會稽刻石・秦銘刻選　秦代 莫不順令
	繹山刻石・秦銘刻選　秦代 莫能禁止

卷二

小

	秦印風 144 頁　戰國・秦 小畀
	新封泥彙 0976　戰國・秦 小廄丞印
	新封泥彙 1945　戰國・秦 小府
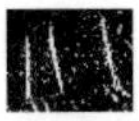	秦新 1368　戰國・秦 小廄
	秦新 1600　戰國・秦 咸郿小穎
	秦新 241　戰國・秦 小遬（速）
	陶錄 6・151・2　戰國・秦 小遬（速）
	陶錄 6・20・1　戰國・秦 咸郿小有
	新齊 1426　戰國・齊 小

少

	貨系 44　戰國・周王畿 少曲市南/正
	貨系 47　戰國・周王畿 少曲市南/丩
	貨系 49　戰國・周王畿 少曲市中/十
	貨系 51　戰國・周王畿 少曲市中/九
	秦印風 22 頁　戰國・秦 茝陽少內
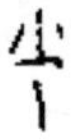	璽彙 96.0753　戰國・三晉 長少
	璽考 294.3　戰國・三晉 少曲縈
	新封泥彙 0695　戰國・秦 少府
	新封泥彙 1782　戰國・秦 少府
	秦新 1661　戰國・秦 咸原少豫
	秦新 1662　戰國・秦 咸原少豫
	秦新 2482　戰國・秦 咸原少□
	秦新 2729　戰國・秦 咸原少忪
	秦新 2730　戰國・秦 咸原少公
	秦新 3217　戰國・秦 咸原少角
	秦新 3318　戰國・秦 咸原少□
	陶錄 6・34・4　戰國・秦 咸原少奄

	陶錄 6・35・1　戰國・秦 咸原少嬰
	陶錄 6・35・2　戰國・秦 咸原少嬰
	陶錄 6・36・2　戰國・秦 咸原少□
	侯馬九八：二一　春秋・三晉 少敢……之命
	绚編　戰國晚期・中山 吉少玉

八

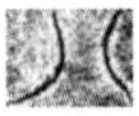	貨系 2378 背　戰國・趙 閔（藺）/十八
	貨系 2403 背　戰國・趙 閔（藺）/卅八
	貨系 2891 背　戰國・燕 明/八
	貨系 90　戰國・周王畿 八
	貨系 999 背　戰國・趙 膚虒（施）/八
	璽彙 509.5597　戰國・待考 八百
	秦新 1371　戰國・秦 左廄容八斗
	秦新 430　戰國・秦 八
	秦新 536　戰國・秦 八十
	陶錄 1・83・1　戰國以前・待考 八
	陶錄 4・2・2　戰國・燕 十七年八月
	陶錄 4・9・2　戰國・燕 廿二年八月
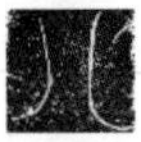	陶錄 5・92・6　戰國・三晉、兩周 八
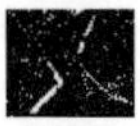	陶錄 6・104・4　戰國・秦 八
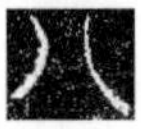	陶錄 6・177・3　戰國・秦 十八
	陶錄 6・186・1　戰國・秦 十六八
	陶錄 6・186・3　戰國・秦 十七八
	秋淵・詛楚文・郭集　戰國・秦 而兼倍十八世[之]詛盟
	亞駝・詛楚文・郭集　戰國・秦 而兼倍十八世之詛盟

分

	貨系 1443　戰國・魏 分布
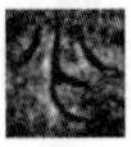	貨系 1446　戰國・魏 分布
	璽彙 318.3411　戰國・待考 分虘□
	璽彙 320.3431　戰國・三晉 分番過
	陶錄 2・180・1　戰國・齊 東蒦圖匋（陶）分□
	陶錄 2・180・2　戰國・齊 東蒦圖匋（陶）分□

	陶錄 2・264・1　戰國・齊 蒦圆魚里分㞢
	陶錄 2・656・4　戰國・齊 □□魚里分㞢
	泰山刻石・秦銘刻選　秦代 貴賤分明
	繹山刻石・秦銘刻選　秦代 分土建邦

尔

	吉續 239.1　戰國・待考 尔（璽）
	璽彙 322.3455　戰國・三晉 室牙止尔
	璽彙 438.4830　戰國・待考 厶（私）公之尔（璽）
	璽彙 473.5225　戰國・待考 尔（璽）
	璽彙 474.5230　戰國・待考 尔（璽）
	璽彙 475.5243　戰國・待考 尔（璽）
	璽彙 475.5245　戰國・待考 尔（璽）
	璽彙 494.5467　戰國・三晉 尔（璽）
	璽彙 508.5578　戰國・三晉 上士尔（璽）
	篆彙 973.4　戰國・待考 尔（璽）

曾

	陶錄 2・391・1　戰國・齊 楚章巷萳里曾
	秦駰玉版研究　戰國・秦 又（有）秦曾孫孓（小子）駰曰

尚

	貨系 1350　戰國・魏 梁（梁）正尚（幣）百尚（當）寽
	貨系 1363　戰國・魏 梁（梁）正尚（幣）百尚（當）寽
	貨系 1364　戰國・魏 梁（梁）正尚（幣）百尚（當）寽
	貨系 1366　戰國・魏 梁（梁）正尚（幣）百尚（當）寽
	貨系 1367　戰國・魏 梁（梁）正尚（幣）百尚（當）寽
	貨系 1368　戰國・魏 梁（梁）正尚（幣）百尚（當）寽
	貨系 1369　戰國・魏 梁（梁）正尚（幣）百尚（當）寽
	貨系 242　戰國・周王畿 尚
	貨系 243　戰國・周王畿 尚
	貨系 245　戰國・周王畿 尚
	港續 134.235　戰國・待考 尚
	港印 168　戰國・待考 尚

	鶴盧 32.2　戰國・待考 尚
	吉金 188.2　戰國・待考 尚
	秦印風 35 頁　戰國・秦 府尚
	璽彙 57.0328　戰國・齊 尚（掌）佫（路）鈢（璽）
	璽彙 232.2375　戰國・三晉 尚（掌）旗
	璽彙 290.3076　戰國・三晉 言尚
	璽彙 311.3328　戰國・齊 墟（坥）尚
	璽彙 460.5059　戰國・待考 尚
	璽彙 460.5064　戰國・待考 尚
	璽彙 460.5065　戰國・待考 尚
	璽彙 460.5067　戰國・待考 尚
	璽彙 461.5071　戰國・待考 尚
	璽彙 461.5073　戰國・秦 尚
	璽彙 488.5397　戰國・待考 尚
	璽彙 499.5527　戰國・待考 尚
	新封泥彙 0691　戰國・秦 尚浴

	新封泥彙 2204　戰國・秦 御弄尚虎
	珍戰 231　戰國・三晉 尚
	秦新 195　戰國・秦 尚
	秦新 682　戰國・秦 右尚
	秦新 683　戰國・秦 右尚
	秦新 685　戰國・秦 右尚
	秦新 686　戰國・秦 右尚
	秦新 687　戰國・秦 右尚
	陶錄 2・48・2　戰國・齊 右敀□巷尚畢里季賰（罟）
	陶錄 2・49・1　戰國・齊 右敀□巷尚畢里季賰（罟）
	陶錄 5・108・5　戰國・三晉、兩周 尚氏
	陶錄 6・197・2　戰國・秦 右司空尚
	陶錄 7・20・6　戰國・待考 尚
	新齊 0349　戰國・齊 左敀□巷尚畢里季賰（罟）
	侯馬六七：二　春秋・三晉 尚敢或內（納）室者
	侯馬六七：二二　春秋・三晉 尚敢

	侯馬六七：二九　春秋・三晉 尚敢內（納）室者
	侯馬六七：五〇　春秋・三晉 尚……
	侯馬六七：五六　春秋・三晉 尚敢或[納室者]
	侯馬六七：五七　春秋・三晉 尚敢[或納]室者
	秦駰玉版研究　戰國・秦 以此爲尚（常）

詹

	璽彙 493.5455　戰國・楚 㐱（詹）
	璽彙 493.5456　戰國・楚 㐱（詹）

介

	秋淵・詛楚文・郭集　戰國・秦 禮倬（卑）介老，將之目（以）自救也
	雙劍誃　戰國・待考 介（夾）鍾右八
	巫咸・詛楚文・郭集　戰國・秦 禮倬（卑）介老，將之目（以）自救殹
	亞駝・詛楚文・郭集　戰國・秦 禮倬（卑）介老，將之目（以）自救殹

公

	貨系 202　戰國・周王畿 公
	貨系 203　戰國・周王畿 公
	貨系 205　戰國・周王畿 公
	貨系 206　戰國・周王畿 公
	貨系 2660 背　戰國・齊 齊夻（大）圻（刀）/公
	貨系 554　戰國・待考 公釿
	齊幣 356　戰國・齊 公
	侯地 330.17　戰國・三晉 公
	秦印風 205 頁　戰國・秦 公孫市
	秦印風 93 頁　戰國・秦 公柏
	璽彙 318.3412　戰國・三晉 公族皐
	璽彙 357.3858　戰國・三晉 公孫上
	璽彙 357.3861　戰國・燕 公孫張
	璽彙 360.3897　戰國・燕 公孫生昜（陽）
	璽彙 360.3900　戰國・燕 公孫安
	璽彙 462.5085　戰國・待考 公
	璽彙 462.5089　戰國・待考 公
	璽彙 462.5093　戰國・待考 公

	璽彙 509.5591　戰國・燕 喬公
	璽考 111.10　戰國・三晉 右公車宦
	璽考 138.9　戰國・三晉 稅公
	秦新 1444　戰國・秦 平陰居貲北游公士滕
	陶錄 2・176・3　戰國・齊 東蒦圖里公孫黜
	陶錄 2・177・1　戰國・齊 東蒦圖里公孫黜
	陶錄 2・26・3　戰國・齊 公
	陶錄 2・36・2　戰國・齊 公豆
	陶錄 2・36・3　戰國・齊 公豆
	陶錄 2・37・1　戰國・齊 公區大蒦圖壽所□
	陶錄 2・39・3　戰國・齊 公區
	陶錄 2・405・2　戰國・齊 丘齊辛里公孫逨（來）□
	陶錄 2・41・1　戰國・齊 公釜（釜）
	陶錄 2・41・3　戰國・齊 公釜（釜）
	陶錄 2・556・1　戰國・齊 東酷里公孫□
	陶錄 2・83・1　戰國・齊 蒦圖南里公孫惝

	陶錄 5・107・5　戰國・三晉、兩周 公
	陶錄 5・53・4　戰國・三晉、兩周 邿（邢）公
	陶錄 5・54・3　戰國・三晉、兩周 邿（邢）公
	陶錄 5・55・1　戰國・三晉、兩周 邿（邢）公
	陶錄 5・55・4　戰國・三晉、兩周 邿（邢）公
	陶錄 5・57・1　戰國・三晉、兩周 公
	陶錄 5・57・3　戰國・三晉、兩周 公
	陶錄 5・58・3　戰國・三晉、兩周 公
	陶錄 5・59・1　戰國・三晉、兩周 公
	陶錄 5・59・4　戰國・三晉、兩周 公
	陶錄 5・60・1　戰國・三晉、兩周 公
	陶錄 6・277・3　戰國・秦 公
	陶錄 7・13・4　戰國・待考 公易右
	陶錄 7・20・4　戰國・待考 公□
	夕藏 Ⅰ 01-3-1　戰國・齊 公區蒦圖匋（陶）里人岳
	夕藏 Ⅰ 01-5-1　戰國・齊 公釜（釜）

	新齊 0364　戰國・齊 公釜（釜）
	新齊 0368　戰國・齊 公豆
	新齊 0905　戰國・齊 東蒦圜里公孫黜
	侯馬六七：二一　春秋・三晉 不（丕）[顯嶽]公大冢
	侯馬六七：六　春秋・三晉 不（丕）顯岳（嶽）公大冢
	侯馬六七：三六　春秋・三晉 不（丕）㬎（顯）[嶽]公大[冢]
	侯馬六七：四四　春秋・三晉 ……公……
	侯馬六七：四五　春秋・三晉 不（丕）㬎（顯）岳（嶽）公大[冢]
	侯馬六七：五二　春秋・三晉 不（丕）顯岳（嶽）公大[冢]
	侯馬六七：一一　春秋・三晉 不（丕）[顯]岳（嶽）公大[冢]
	侯馬叢考續　春秋・三晉 不（丕）㬎（顯）岳（嶽）公
	侯馬叢考續　春秋・三晉 [嶽]公大塚（冢）
	溫縣簡報 T1 坎 1：137　春秋・三晉 不（丕）㬎（顯）岳（嶽）公大塚（冢）
	溫縣簡報 T1 坎 1：2279　春秋・三晉 不（丕）㬎（顯）岳（嶽）公大塚（冢）
	溫縣簡報 T1 坎 1：3211　春秋・三晉 不（丕）㬎（顯）岳（嶽）公大塚（冢）
	溫縣簡報 T1 坎 1：3780　春秋・三晉 不（丕）㬎（顯）岳（嶽）公大塚（冢）

	溫縣簡報 T1 坎 1：4499　春秋・三晉 不（丕）顯岳（嶽）公大塚（冢）
	溫縣簡報 T1 坎 1：4585　春秋・三晉 不（丕）㬎（顯）岳（嶽）公大塚（冢）
	吾水・石鼓文・郭集　春秋・秦 公謂大□
	新出研 WT1　K1：3417　春秋・三晉 不（丕）㬎（顯）岳（嶽）公大塚（冢）
	新出研 WT1　K1：3556　春秋・三晉 不（丕）顯岳（嶽）公大塚（冢）

必

	風過耳 255　戰國・秦 必繹
	秦印風 252 頁　戰國・秦 交仁必可
	璽彙 473.5221　戰國・楚 必正
	璽彙 473.5222　戰國・待考 必正

余

	貨系 2482　戰國・趙 余亡/十•十二朱
	貨系 393　戰國・待考 余
	貨系 60 背　戰國・周王畿 少曲市西/余
	璽彙 141.1291　戰國・燕 余□
	璽彙 171.1651　戰國・三晉 左余（餘）子

	璽彙 235.2417　戰國・三晉 椁（郭）余
	陶錄 4・187・1　戰國・燕 余氏
	陶錄 4・21・1　戰國・燕 余無都鍴（瑞）
	陶錄 6・296・1　戰國・秦 博昌居此（貲）□里不更余
	侯馬一：一　春秋・三晉 余臣敢不半（披）其腹心㠯（以）事其宔（主）
	侯馬一六：三　春秋・三晉 余不敢惕丝（兹）
	秦駰玉版研究　戰國・秦 余亦弗智（知）

弅*

	璽彙 355.3843　戰國・燕 公孫弅

番

	璽彙 172.1655　戰國・三晉 番匽
	璽彙 172.1658　戰國・齊 番厶（私）千（信）
	璽類 130.14　戰國・待考 番角

宷

	風過耳 241　戰國・秦 審
	秦印風 172 頁　戰國・秦 審有
	秦印風 250 頁　戰國・秦 審訫（信）
	秦印風 99 頁　戰國・秦 審登
	會稽刻石・秦銘刻選　秦代 審別職任

悉

	秋淵・詛楚文・郭集　戰國・秦 今又悉興其眾
	巫咸・詛楚文・郭集　戰國・秦 今有（又）悉興其眾
	亞駝・詛楚文・郭集　戰國・秦 今又悉興其眾

半

	貨系 1327　戰國・魏 □半釿
	貨系 2203 背　戰國・趙 忧（代）/一半
	貨系 2205 背　戰國・趙 忧（代）/一半
	貨系 4284　戰國・秦 半兩
	貨系 4292　戰國・秦 半兩
	貨系 4320　戰國・秦 半兩
	秦印風 157 頁　戰國・秦 肙半
	天選 19.1　戰國・待考 半貝（畇）

	璽彙 140.1271　戰國·三晉 半臟
	璽彙 140.1272　戰國·三晉 半暲
	璽彙 140.1274　戰國·三晉 半匝
	璽類 28.3　戰國·待考 半角
	侯馬二〇〇：二六　春秋·三晉 胄敢不半（披）丌（其）復（腹）心⿱ （以）事[其主]
	侯馬二〇〇：二五　春秋·三晉 侯□敢不半（披）丌（其）復（腹）心 台（以）事丌（其）宔（主）
	侯馬二〇〇：三九　春秋·三晉 □豎敢不半（披）丌（其）復（腹）心 台（以）事丌（其）宔（主）
	侯馬二〇〇：四二　春秋·三晉 敢不半（披）丌（其）腹心台（以）事 [其]宔（主）
	侯馬二〇〇：五八　春秋·三晉 每□敢不半（披）丌（其）[復（腹）] 心目（以）事丌（其）宔（主）
	侯馬二〇〇：五七　春秋·三晉 敢不半（披）[其腹心]目（以）[事]丌 （其）宔（主）
	侯馬二〇〇：一八　春秋·三晉 侃敢不半（披）丌（其）復（腹）心目 （以）事丌（其）宔（主）
	侯馬二〇〇：一七　春秋·三晉 敢不半（披）丌（其）[腹]心目（以） 事丌（其）宔（主）
	侯馬九八：二八　春秋·三晉 鸗敢不半（披）[其腹心]
	侯馬一：二九　春秋·三晉 敢不半（披）丌（其）復（腹）心台（以） 事丌（其）宔（主）
	侯馬一：六八　春秋·三晉 宎敢不半（披）其膢（腹）心目（以） 事丌（其）[主]
	侯馬一：六六　春秋·三晉 玫敢不半（披）其復（腹）心目（以） 事丌（其）宔（主）
	侯馬一：五三　春秋·三晉 迷敚敢不半（披）丌（其）腹心目（以） 事丌（其）宔（主）
	侯馬一：五四　春秋·三晉 瘍敢不半（披）丌（其）[腹心]目（以） 事丌（其）宔（主）
	侯馬一：一五　春秋·三晉 敢不半（披）丌（其）[腹]心目（以） 事[其主]
	侯馬一九八：一六　春秋·三晉 半（披）其𦟝（腹）心目（以）事其[主]
	侯馬一五六：七　春秋·三晉 臺卯敢不半（披）復（腹）[心]

⿰丬番*

	風過耳 268　戰國·秦 行⿰丬番
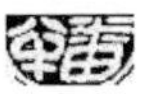	秦印風 134 頁　戰國·秦 恆⿰丬番
	秦印風 149 頁　戰國·秦 張⿰丬番

牛

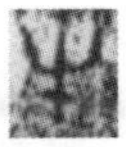	東亞 6·7·1　戰國·齊 牛
	吉出 137.181　戰國·三晉 白牛踏
	集成 47.2　戰國·楚 牛越
	秦印風 232 頁　戰國·秦 牛如意
	十六 4.6　戰國·楚 牛君
	璽彙 134.1205　戰國·三晉 百牛

	璽彙 135.1215　戰國・三晉 牛聖
	璽彙 135.1218　戰國・三晉 牛豕褱
	珍戰 221　戰國・待考 多牛
	秦新 1848　戰國・秦 咸陽市牛
	陶錄 4・65・1　戰國・燕 匋（陶）攻（工）牛
	陶錄 4・66・3　戰國・燕 匋（陶）攻（工）牛
	陶錄 4・66・4　戰國・燕 匋（陶）攻（工）牛
	陶錄 4・67・2　戰國・燕 匋（陶）攻（工）牛
	陶錄 4・67・3　戰國・燕 匋（陶）攻（工）牛
	陶錄 4・68・1　戰國・燕 匋（陶）攻（工）牛
	陶錄 4・68・3　戰國・燕 匋（陶）攻（工）牛
	陶錄 6・12・4　戰國・秦 咸陰市牛
	侯馬一：四六　春秋・三晉 區牛敢不半（披）丌（其）腹心㠯（以）事丌（其）宔（主）
	秦駰玉版研究　戰國・秦 請□□用牛羲（犧）貳、丌（其）齒七

特

	新封泥彙 0870　戰國・秦 特庫丞印
	新封泥彙 0872　戰國・秦 特庫丞印
	車工・石鼓文・郭集　春秋・秦 避（吾）毆（驅）其特

犢

	秦印風 216 頁　戰國・秦 大犢
	璽彙 61.0353　戰國・三晉 句犢（瀆）五都□□
	璽彙 65.0379　戰國・三晉 王犢
	璽彙 144.1320　戰國・三晉 武犢
	璽彙 254.2647　戰國・三晉 瘳犢
	侯馬一九八：三　春秋・三晉 丞相臣纕犢敢不閈（披）[其腹心]

犉

	璽彙 510.5601　戰國・楚 犉公里鉩（璽）

牟

	盛世 201　戰國・待考 菫（董）牟

牲

	璽彙 346.3744　戰國・楚 牫（犧）牲金鉩（璽）
	巫咸・詛楚文・郭集　戰國・秦 求蔑灋（廢）皇天上帝及不（丕）顯大神巫咸之卹祠、圭玉、羲（犧）牲

	亞駝・詛楚文・郭集　戰國・秦 求蔑灋（廢）皇天上帝及不（丕）顯大神亞駝之卹祠、圭玉、羲（犧）牲

牽

	新齊 0023　戰國・齊 陸（陳）怛綮（牽）
	新齊 0024　戰國・齊 □怛綮（牽）
	新齊 0087　戰國・齊 奠昜（陽）陸（陳）旻（得）參綮（牽）
	新泰齊陶 2002XYY⑤W：43　戰國・齊 墓□□旻（得）參綮

牢

	璽彙 233.2386　戰國・三晉 旂（祁）牢
	新封泥彙 2430　戰國・秦 牢印
	陶錄 6・405・2　戰國・秦 河陽牢

牴

	秦新 2474　戰國・秦 牴

犀

	璽彙 262.2736　戰國・三晉 胥（姑陶）犀
	璽彙 362.3927　戰國・三晉 公孫犀坊（璽）

物

	會稽刻石・秦銘刻選　秦代 運理群物

犧

	璽彙 346.3744　戰國・楚 犠（犧）牲金鉨（璽）

⿱夂牛*

	璽彙 306.3262　戰國・三晉 ⿱夂牛亥
	璽彙 309.3300　戰國・三晉 ⿱夂牛亥

犺*

	秦新 1623　戰國・秦 咸完里犺
	秦新 1624　戰國・秦 □⿰完阝里犺
	秦新 1625　戰國・秦 咸⿰完阝里犺
	秦新 1627　戰國・秦 咸⿰完阝里犺
	秦新 1629　戰國・秦 咸⿰完阝里犺
	秦新 1631　戰國・秦 咸⿰完阝里犺
	秦新 1632　戰國・秦 咸⿰完阝里犺

牁*

	十六 3.3　戰國・楚 臧（藏）牁訐（信）鉨（璽）
	璽彙 361.3911　戰國・三晉 公孫牁

𤛛*

	夕藏 Ⅱ 04-29-10　戰國・齊 閞（關）里馬𤛛
	夕藏 Ⅱ 04-29-3　戰國・齊 閞（關）里馬𤛛
	夕藏 Ⅱ 04-29-5　戰國・齊 閞（關）里馬𤛛
	夕藏 Ⅱ 04-29-6　戰國・齊 閞（關）里馬𤛛
	夕藏 Ⅱ 04-29-8　戰國・齊 閞（關）里馬𤛛
	夕藏 Ⅱ 04-29-9　戰國・齊 閞（關）里馬𤛛
	新齊 0695　戰國・齊 閞（關）里馬𤛛
	新齊 0697　戰國・齊 閞（關）里馬𤛛
	新齊 0701　戰國・齊 閞（關）里馬𤛛
	新齊 0703　戰國・齊 閞（關）里馬𤛛

皐*

	鶴廬 67.5　戰國・三晉 長皐
	南博 48.3　戰國・三晉 王皐
	璽彙 235.2421　戰國・三晉 椁（郭）皐
	璽彙 304.3242　戰國・三晉 莦皐

㹅*

	璽彙 93.0717　戰國・三晉 長㹅（恆）
	璽彙 278.2935　戰國・三晉 監㹅（恆）
	璽彙 306.3270　戰國・三晉 㹅（恆）遊

𤘵*

	璽彙 119.1019　戰國・三晉 肖（趙）𤘵

羍*

	璽彙 264.2759　戰國・三晉 君（尹）羍
	璽彙 282.2983　戰國・楚 善羍
	璽類 191.14　戰國・三晉 賈羍
	侯馬一七：一　春秋・三晉 羍……
	侯馬一七九：八　春秋・三晉 羍敢不閛（披）丌（其）[腹心]

隼*

	漢原 228.7　戰國・待考 事（史）隼
	璽彙 111.0929　戰國・三晉 肖（趙）隼
	璽彙 275.2891　戰國・三晉 文是隼

惒*

	秦印風 184 頁　戰國・秦 楊惒
	盛世 178　戰國・秦 卻惒

犨*

	璽彙 79.0540　戰國・三晉 王犨
	璽彙 99.0779　戰國・三晉 長犨

犒*

	印展 24　戰國・三晉 郾（燕）犒
	珍戰 114　戰國・三晉 犒故

犛

	秦新 3313　戰國・秦 犛亭
	秦新 3315　戰國・秦 犛亭
	陶錄 6・383・1　戰國・秦 犛亭
	陶錄 6・383・2　戰國・秦 犛亭

氂

	新封泥彙 0828　戰國・秦 氂丞之印
	新封泥彙 2449　戰國・秦 氂丞之印

斄

	秦印風 204 頁　戰國・秦 張斄

告

	陶錄 4・53・3　戰國・燕 匋（陶）攻（工）告
	秦駰玉版研究　戰國・秦 吾敢告之
	秦駰玉版研究　戰國・秦 故告大口大將軍
	秋淵・詛楚文・郭集　戰國・秦 告于不（丕）顯大神氒（厥）湫
	巫咸・詛楚文・郭集　戰國・秦 告于不（丕）顯大神巫咸
	亞駝・詛楚文・郭集　戰國・秦 告于不（丕）顯大神亞駝

口

	貨系 2787　戰國・中山 口

	貨系 2788　戰國・中山 口
	先秦編 440　戰國・燕 口
	先秦編 59　戰國・周王畿 口
	璽彙 20.0118　戰國・燕 徒口都𢆶（尉）
	璽彙 323.3467　戰國・三晉 猗口

嗌

	貨系 28　戰國・周王畿 嗌
	貨系 469　戰國・周王畿 嗌
	貨系 470　戰國・周王畿 嗌
	貨系 472　戰國・周王畿 嗌
	貨系 473　戰國・周王畿 嗌
	璽彙 163.1551　戰國・三晉 孫九嗌
	璽彙 225.2294　戰國・三晉 艽嗌帬
	侯馬八五：七　春秋・三晉 嗌敢不閛（披）其[腹]心台（以）事其宔（主）
	侯馬九二：四五　春秋・三晉 嗌豯敢不[披其腹心]
	侯馬一九四：二　春秋・三晉 嗌敢不閛（披）其[腹]心

含

	侯馬叢考續　春秋・三晉 自含（今）[以]𡉚（往）
	新出研 WT1　K1：2667　春秋・三晉 自含（今）台（以）𡉚（往）
	新出研 WT1　K1：3105　春秋・三晉 自含（今）台（以）𡉚（往）
	新出研 WT1　K1：3687　春秋・三晉 自含（今）台（以）𡉚（往）
	新出研 WT1　K1：3690　春秋・三晉 自含（今）台（以）𡉚（往）
	新出研 WT1　K14：1367　春秋・三晉 自含（今）台（以）𡉚（往）

喘

	璽彙 71.0444　戰國・三晉 王喘

吸

	秦印風 181 頁　戰國・秦 郭吸

喟

	璽彙 187.1844　戰國・三晉 事（史）喟

名

	秦印風 154 頁　戰國・秦 更名
	會稽刻石・秦銘刻選　秦代 始定刑名

	秦駰玉版研究　戰國・秦 丌（其）名曰陘

吾

	鶴廬 7.2　戰國・齊 吾丘勅
	璽彙 369.4010　戰國・齊 吾丘卿
	新封泥彙 2060　戰國・秦 余吾丞印
	陶錄 2・84・4　戰國・齊 蒦圆南里匋（陶）者帛吾
	秦駰玉版研究　戰國・秦 吾敢告之

君

	貨系 193　戰國・周王畿 君
	貨系 194　戰國・周王畿 君
	貨系 196　戰國・周王畿 君
	貨系 198　戰國・周王畿 君
	貨系 4164　戰國・楚 君
	貨系 4165　戰國・楚 君
	港印 139　戰國・楚 士君子
	顧印 27.11　戰國・楚 奠（鄭）君
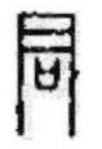	漢原 201.1　戰國・待考 樂君
	秦印風 28 頁　戰國・秦 長安君
	秦印風 28 頁　戰國・秦 昌武君印
	十六 4.6　戰國・楚 牛君
	璽彙 167.1598　戰國・燕 郿（齊）君水
	璽彙 306.3263　戰國・三晉 聿君
	璽彙 424.4664　戰國・三晉 君壽
	璽彙 430.4732　戰國・楚 士君子
	璽彙 439.4841　戰國・三晉 君子之又（右）
	璽彙 439.4843　戰國・楚 君子又（有）志
	璽彙 501.5537　戰國・齊 禾（和）忓（信）君鉨（璽）
	璽考 92.3　戰國・三晉 建安君
	璽考 147.3　戰國・楚 都（著）君之□
	璽類 33.15　戰國・楚 士君子
	肖全 394.1639　戰國・楚 君
	鴨選 1　戰國・齊 盧成君鉨（璽）

	玉萃 11.3　戰國・待考 君壽
	篆彙 1241.8　戰國・待考 卯君
	陶錄 2・650・1　戰國・齊 高君
	侯馬二〇〇：二三　春秋・三晉 盧（吾）君其明亟（殛）覎（視）之
	侯馬二〇〇：二五　春秋・三晉 [吾]君丌（其）明亟（殛）[視]之
	侯馬二〇〇：六二　春秋・三晉 盧（吾）君丌（其）明亟（殛）[視之]
	侯馬二〇〇：六六　春秋・三晉 [吾]君丌（其）明亟（殛）覎（視）之
	侯馬二〇〇：三九　春秋・三晉 盧（吾）君丌（其）明遖（殛）覎（視）之
	侯馬二〇〇：四〇　春秋・三晉 盧（吾）君丌（其）明恆（殛）覎（視）之
	侯馬二〇〇：四一　春秋・三晉 盧（吾）君丌（其）明亟（殛）視之
	侯馬二〇〇：一六　春秋・三晉 君丌（其）……
	侯馬二〇〇：一三　春秋・三晉 盧（吾）君丌（其）明[殛]覎（視）之
	侯馬二〇〇：一五　春秋・三晉 盧（吾）君
	侯馬九二：一五　春秋・三晉 [吾]君
	侯馬七九：三　春秋・三晉 隥（登）及新君弟
	侯馬七七：六　春秋・三晉 君丌（其）明祴（殛）[視之]

	侯馬三：二　春秋・三晉 君丌（其）明祴（殛）覎（視）之
	侯馬三：七　春秋・三晉 盧（吾）君丌（其）明祴（殛）覎（視）[之]
	侯馬三：一〇　春秋・三晉 盧（吾）君
	侯馬三：一七　春秋・三晉 盧（吾）君丌（其）明祴（殛）覎（視）[之]
	侯馬三五：七　春秋・三晉 盧（吾）君
	侯馬一：九八　春秋・三晉 君（群）虖（鏬）
	侯馬一：七〇　春秋・三晉 盧（吾）君丌（其）明恆（殛）覎（視）之
	侯馬一：四五　春秋・三晉 盧（吾）君丌（其）明亟（殛）[視之]
	侯馬一：五　春秋・三晉 [吾]君丌（其）明[殛]覎（視）之
	侯馬一：一〇一　春秋・三晉 及君（群）虖（鏬）明（盟）者
	侯馬一：一六　春秋・三晉 盧（吾）君丌（其）明亟（殛）視之
	侯馬一九四：二　春秋・三晉 盧（吾）君其明亟（殛）覎（視）之
	侯馬一六：二三　春秋・三晉 [吾]君丌（其）明[殛視]之
	侯馬一六：三　春秋・三晉 皇君
	侯馬一六：一　春秋・三晉 君丌（其）明[殛視]之
	侯馬一六：一五　春秋・三晉 君丌（其）明[殛視之]

	侯馬一六二：一　春秋·三晉 盧（吾）君丌（其）明[殛]覞（視）之
	侯馬一五六：二二　春秋·三晉 踐（足）及新君[弟]孫=（子孫）阩（升）
	侯馬一五六：二〇　春秋·三晉 [吾]君丌（其）覞（視）之
	侯馬一五六：二七　春秋·三晉 豎自質于君所
	侯馬一五六：二四　春秋·三晉 繹之皇君之[所]
	侯馬一五六：三　春秋·三晉 魚（吾）君丌（其）盟（明）極（殛）覞（視）之
	侯馬一五六：一九　春秋·三晉 盧（吾）君丌（其）明極（殛）邸（視）之
	侯馬一五四：二　春秋·三晉 君丌（其）……
	汧殹·石鼓文·郭集　春秋·秦 君子漁之
	秋淵·詛楚文·郭集　戰國·秦 昔我先王君穆公及楚成王
	田車·石鼓文·郭集　春秋·秦 君子逌（攸）樂
	巫咸·詛楚文·郭集　戰國·秦 昔我先王君穆公及楚成王
	譽編　戰國晚期·中山 平君

命

	璽彙 44.0261　戰國·三晉 赹□命（令）鉨（璽）
	璽彙 367.3986　戰國·三晉 命（令）狐佗=（它人）
	璽彙 388.4227　戰國·三晉 敬命
	璽彙 388.4229　戰國·三晉 敬命
	璽彙 392.4282　戰國·燕 㥀（慎）命
	珍戰 33　戰國·三晉 命（令）狐瘁
	珍戰 228　戰國·待考 命
	秦新 2977　戰國·秦 大良造庶長游出命曰
	侯馬八八：九　春秋·三晉 ……之命
	侯馬二〇〇：二五　春秋·三晉 定宮平時之命
	侯馬二〇〇：六四　春秋·三晉 定宮平時之命
	侯馬二〇〇：四二　春秋·三晉 定宮平時之命
	侯馬二〇〇：一七　春秋·三晉 定宮平時之命
	侯馬二〇〇：一三　春秋·三晉 定宮平時之命
	侯馬九八：三〇　春秋·三晉 定宮平時之命
	侯馬九二：二七　春秋·三晉 ……之命
	侯馬九二：一五　春秋·三晉 定宮平[時]之命
	侯馬三：六　春秋·三晉 定宮平時之命

	侯馬三：一　春秋・三晉 定宮平陟之命
	侯馬三：一〇　春秋・三晉 [定]宮平[陟]之命
	侯馬三五：三　春秋・三晉 [定宮平]陟之命
	侯馬一：八七　春秋・三晉 定宮平陟之命
	侯馬一：二三　春秋・三晉 ……命
	侯馬一：三　春秋・三晉 定宮平陟之命
	侯馬一六：九　春秋・三晉 [定宮]平待（陟）之命
	侯馬一六：三五　春秋・三晉 [定宮]平陟之命
	侯馬一五六：七　春秋・三晉 三〈二〉宮之命
	侯馬一五六：四　春秋・三晉 定宮平陟之命
	侯馬一五六：一　春秋・三晉 定宮平陟之命
	侯馬一五六：一六　春秋・三晉 定[宮平陟之]命
	秦墓石磬　春秋・秦 ……圂（恪）天命
	溫縣簡報 T1 坎 1：1845　春秋・三晉 圭命自今㠯（以）㞷（往）

召

	集釋 94.7　戰國・燕 召（邵）蒴
	秦印風 31 頁　戰國・秦 召亭之印

唯

	秋淵・詛楚文・郭集　戰國・秦 唯是秦邦之羸眾敝賦、鞈（韐）輸（褕）棧輿
	巫咸・詛楚文・郭集　戰國・秦 唯是秦邦之羸眾敝賦、鞈（韐）輸（褕）棧輿
	亞駝・詛楚文・郭集　戰國・秦 唯是秦邦之羸眾敝賦、鞈（韐）輸（褕）棧輿

和

	漢原 221.4　戰國・待考 和
	秦印風 232 頁　戰國・秦 和午
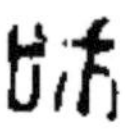	陝新 205.1766　戰國・待考 宜士和眾
	璽彙 427.4691　戰國・待考 和鉨（璽）
	璽彙 464.5107　戰國・待考 和
	秦新 2319　戰國・秦 和
	會稽刻石・秦銘刻選　秦代 和安敦勉

哉

	珍戰 146　戰國・待考 武哉

嗥

	侯馬九八：四　春秋・三晉 及群嗥（虖）明（盟）者
	侯馬九八：一七　春秋・三晉 [群]嗥（虖）[盟]者
	侯馬一：三三　春秋・三晉 及群嗥（虖）明（盟）者

台

	甘印 101.6　戰國・待考 □□台
	湖集 74　戰國・待考 台
	璽彙 311.3332　戰國・待考 台左歐
	侯馬二〇〇：二五　春秋・三晉 侯□敢不半（披）丌（其）復（腹）心台（以）事丌（其）宔（主）
	侯馬二〇〇：三一　春秋・三晉 安敢不半（披）丌（其）腹心台（以）事丌（其）[主]
	侯馬九三：三　春秋・三晉 台（以）事丌（其）宔（主）
	侯馬六七：三六　春秋・三晉 觑自今台（以）坣（往）
	侯馬叢考續　春秋・三晉 台（以）……
	侯馬一：九六　春秋・三晉 午敢不閛（披）丌（其）復（腹）心台（以）事丌（其）宔（主）
	侯馬一：四九　春秋・三晉 老敢不半（披）丌（其）腹心台（以）事丌（其）宔（主）
	侯馬一：一二　春秋・三晉 敢不半（披）丌（其）腹心台（以）事丌（其）宔（主）
	侯馬一五六：四　春秋・三晉 敢不閛（披）丌（其）膓（腹）心台（以）事丌（其）宔（主）
	溫縣簡報 T1 坎 1：3797　春秋・三晉 自今台（以）坣（往）
	溫縣簡報 T1 坎 1：4585　春秋・三晉 自今台（以）迬（往）
	新出研 WT4　K6：250　春秋・三晉 台（以）虘（皆）戟（仇）疸則（賊）夫

咸

	秦印風 19 頁　戰國・秦 咸鄜里竭
	秦印風 29 頁　戰國・秦 咸陽右鄉
	璽彙 496.5492　戰國・待考 咸
	新封泥彙 0916　戰國・秦 咸陽丞印
	秦新 110　戰國・秦 咸陽高櫟陽重臨晉□安邑□
	秦新 113　戰國・秦 咸陽危
	秦新 115　戰國・秦 咸陽賜
	秦新 123　戰國・秦 咸陽笴
	秦新 126　戰國・秦 咸行
	秦新 136　戰國・秦 咸敬
	秦新 145　戰國・秦 咸陽□

	秦新 1530 戰國・秦 咸亭郿里桊器
	秦新 1596 戰國・秦 咸郿里傰
	秦新 1597 戰國・秦 咸郿小有
	秦新 161 戰國・秦 咸訷
	秦新 1619 戰國・秦 咸郿里渓
	秦新 1638 戰國・秦 咸郖里眛
	秦新 1682 戰國・秦 咸亭完里丹器
	秦新 1690 戰國・秦 咸直里繚
	秦新 1801 戰國・秦 咸亭涇里僨器
	秦新 190 戰國・秦 咸陽
	秦新 2348 戰國・秦 咸卜里戎
	秦新 2480 戰國・秦 咸故倉均
	秦新 2522 戰國・秦 咸卜里戎
	秦新 2624 戰國・秦 咸郿里□
	秦新 2637 戰國・秦 咸亭右里道器
	秦新 2667 戰國・秦 咸陽巨巻
	秦新 2672 戰國・秦 咸陽巨巻
	秦新 2674 戰國・秦 咸陽巨巻
	秦新 2699 戰國・秦 咸廣里高
	秦新 2740 戰國・秦 咸郖里□
	秦新 2757 戰國・秦 咸□
	陶錄 6・458・1 戰國・秦 咸陽工崖
	會稽刻石・秦銘刻選 秦代 咸化廉清
	秦墓石磬 春秋・秦 百樂咸奏
	秦墓石磬 春秋・秦 百樂咸奏
	繹山刻石・秦銘刻選 秦代 咸思攸長

呈

	甘印 70.10 戰國・待考 呈（逞）志
	集印卷三 44.4 戰國・待考 呈（逞）志
	璽彙 412.4517 戰國・楚 呈（逞）志
	璽彙 412.4520 戰國・楚 呈（逞）志
	珍戰 141 戰國・楚 亡（無）恃呈（逞）志

	侯馬三：一九　春秋・三晉 甬（通）呈（歂）之孫₌（子孫）
	侯馬一：九七　春秋・三晉 呈敢不[拔]丌（其）[腹心]

啻

	貨系 153　戰國・周王畿 啻
	貨系 154　戰國・周王畿 啻
	貨系 157　戰國・周王畿 啻
	貨系 158　戰國・周王畿 啻
	貨系 159　戰國・周王畿 啻
	先秦編 154　戰國・周王畿 啻
	璽彙 300.3198　戰國・楚 啻（適）庶
	璽彙 300.3199　戰國・楚 啻（適）才

吉

	貨系 2640 背　戰國・齊 齊夻（大）戺（刀）/吉
	貨系 3263 背　戰國・燕 明/中吉
	貨系 4120 背　戰國・燕 一刀/吉
	齊幣 113 背　戰國・齊 齊夻（大）戺（刀）/吉
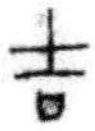	齊幣 114 背　戰國・齊 齊夻（大）戺（刀）/吉
	齊幣 115 背　戰國・齊 齊夻（大）戺（刀）/吉
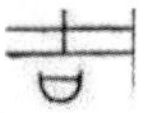	齊幣 49 背　戰國・齊 節（即）䵘（墨）之夻（大）戺（刀）/吉
	二十 100.二-SP-0378　戰國・齊 吉員
	鶴廬 43.4　戰國・待考 吉
	璽彙 155.1457　戰國・齊 塦（陳）吉
	璽彙 253.2635　戰國・三晉 行大吉
	璽彙 286.3033　戰國・楚 奠（鄭）吉
	璽彙 335.3619　戰國・三晉 事（史）吉
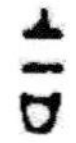	璽彙 426.4689　戰國・楚 吉生
	璽彙 441.4867　戰國・三晉 大吉昌內
	璽彙 459.5056　戰國・待考 吉
	璽彙 494.5471　戰國・三晉 吉
	肖全 425.1816　戰國・待考 大吉昌內
	珍戰 226　戰國・三晉 吉
	秦新 1802　戰國・秦 咸亭陽安吉器

	陶錄 2·2·2　戰國·齊 ……□內王……陞（陳）吉□……京……
	侯馬九二：二二　春秋·三晉 吉月敢不閛（披）丌（其）復（腹）心㠯（以）事丌（其）宔（主）
	侯馬三〇三：一　春秋·三晉 卜㠯（以）吉筭（筮）
	侯馬一：九　春秋·三晉 吉月敢不半（披）丌（其）腹心台（以）事丌（其）宔（主）
	秦墓石磬　春秋·秦 隹（惟）四年八（八月）初吉甲申
	秋淵·詛楚文·郭集　戰國·秦 敢用吉玉宣璧
	巫咸·詛楚文·郭集　戰國·秦 敢用吉玉宣璧
	譽編　戰國晚期·中山 吉之玉

周

	貨系 160　戰國·周王畿 周
	貨系 161　戰國·周王畿 周
	貨系 636　戰國·東周 東周
	貨系 637　戰國·東周 東周
	貨系 638　戰國·東周 東周
	貨系 639　戰國·東周 東周
	風過耳 210　戰國·秦 周贅
	秦印風 178 頁　戰國·秦 周杜
	璽彙 133. 1186　戰國·三晉 周勳（勝）
	璽彙 133. 1191　戰國·三晉 周駜
	璽彙 133. 1195　戰國·三晉 周事
	璽彙 286. 3028　戰國·齊 周□
	秦新 1906　戰國·秦 左周
	秦新 1911　戰國·秦 周
	秦新 2509　戰國·秦 周
	陶錄 6·87·1　戰國·秦 周
	陶錄 6·87·4　戰國·秦 周
	會稽刻石·秦銘刻選　秦代 周覽遠方
	秦駰玉版研究　戰國·秦 周世既叟（沒）

唐

	貨系 2257　戰國·韓 唐是
	貨系 2261　戰國·韓 唐是/十
	三晉 127　戰國·韓 唐是

	風過耳 073　戰國・秦 呂唐
	風過耳 106　戰國・秦 馮唐
	秦印風 165 頁　戰國・秦 唐爲
	秦印風 233 頁　戰國・秦 唐
	璽彙 25.0147　戰國・齊 啺（唐）攻（工）帀（師）鍴（璽）
	璽彙 296.3142　戰國・齊 啺（唐）茈
	璽類 42.9　戰國・齊 啺（唐）□

呇

	璽彙 173.1669　戰國・燕 昜（陽）呇
	璽彙 260.2713　戰國・燕 良生呇
	璽彙 357.3860　戰國・燕 公孫呇

吁

	璽彙 370.4019　戰國・三晉 鮮（鮮）吁（于）瘍
	璽彙 478.5279　戰國・三晉 吁

嘅

	秦新 145　戰國・秦 咸陽嘅
	秦新 147　戰國・秦 咸陽嘅
	陶錄 6・146・1　戰國・秦 咸嘅
	陶錄 6・146・2　戰國・秦 咸嘅
	陶錄 6・146・3　戰國・秦 工嘅

各

	璽彙 303.3228　戰國・魏 上各（洛）埘（府）
	璽彙 313.3355　戰國・三晉 各遁
	會稽刻石・秦銘刻選　秦代 各載其名
	田車・石鼓文・郭集　春秋・秦 □出各亞□
	新出研 WT1　K17：129　春秋・三晉 各（恪）質（慎）丌（其）直（德）
	新出研 WT1　K17：131　春秋・三晉 各（恪）質（慎）丌（其）直（德）
	璽彙 480.5308　戰國・燕 峇（各）
	璽彙 480.5309　戰國・燕 峇（各）

否

	會稽刻石・秦銘刻選　秦代 善否陳前

咼

	璽彙 284.3009　戰國・三晉 賈咼

吠

	璽彙 351.3785　戰國・三晉 𤔲=（司馬）吠

呀

	璽彙 507.5565　戰國・楚 黄呀

⿱出口*

	璽考 153.2　戰國・楚 ⿱出口（造）廈（府）訐（信）鉨（璽）
	璽類 231.2　戰國・楚 ⿱出口（造）又（有）臣

𠮷*

	陶錄 4・103・1　戰國・燕 正四𠮷（轂）

咤*

	璽彙 129.1148　戰國・齊 高咤□鉨（璽）

哃*

	璽彙 143.1306　戰國・三晉 成哃

啞*

	璽彙 335.3620　戰國・齊 啞君

⿰爿咸*

	十六 3.3　戰國・楚 ⿰爿咸（臧）牱訐（信）鉨（璽）
	璽彙 145.1330　戰國・楚 ⿰爿咸（臧）昜（陽）
	璽彙 156.1464　戰國・齊 塦（陳）⿰爿咸（臧）
	璽彙 363.3934　戰國・齊 ⿰爿咸（臧）孫黑鉨（璽）
	璽考 204.2　戰國・楚 ⿰爿咸（臧）秎（稽）大
	珍戰 148　戰國・楚 ⿰爿咸（臧）穌
	陶錄 2・258・1　戰國・齊 匋（陶）里人減（臧）之豆
	陶錄 2・316・1　戰國・齊 楚亶巷閞（關）里減（臧）
	陶錄 2・418・3　戰國・齊 高闖（閭）椇里曰減（臧）
	陶錄 2・419・3　戰國・齊 高闖（閭）椇里曰減（臧）
	陶錄 2・419・4　戰國・齊 高闖（閭）椇里曰減（臧）
	陶錄 2・420・1　戰國・齊 高闖（閭）椇里曰減（臧）
	陶錄 2・420・2　戰國・齊 高闖（閭）椇里曰減（臧）

	陶錄 2・422・1　戰國・齊 塙闈（間）桯里曰臧（臧）
	陶錄 2・669・2　戰國・齊 高闈（間）桯里曰臧（臧）
	陶錄 2・681・1　戰國・齊 匋（陶）里人臧（臧）之豆
	新齊 0679　戰國・齊 楚郭巷關（關）里臧（臧）
	新齊 0680　戰國・齊 楚郭巷關（關）里臧（臧）
	新齊 0870　戰國・齊 圞里人臧（臧）之豆
	新齊 0967　戰國・齊 左南郭巷辛圞里臧（臧）
	新齊 0992　戰國・齊 塙闈（間）桯里曰臧（臧）
	新齊 0993　戰國・齊 塙闈（間）桯里曰臧（臧）
	新齊 1208　戰國・齊 子裵子里曰臧（臧）

嘽*

	侯馬一五六：二五　春秋・三晉 嘽自質于君所
	侯馬一五六：二五　春秋・三晉 嘽頵（沒）嘉之身及孫=（子孫）

凵

	陶錄 4・45・1　戰國・燕 匋（陶）攻（工）凵
	陶錄 4・45・2　戰國・燕 匋（陶）攻（工）凵
	陶錄 4・45・4　戰國・燕 匋（陶）攻（工）凵

噩

	二十 49.二-GY-0031　戰國・楚 噩（鄂）宦夫=（大夫）鉨（璽）
	璽彙 61.0352　戰國・齊 獏（貘）鄀噩（鄂）丘鄡（縣）昌里坿（府）

單

	盛世 016　戰國・待考 單父右户（尉）
	璽彙 336.3632　戰國・燕 單□
	璽彙 336.3633　戰國・待考 單肝
	璽彙 377.4099　戰國・燕 郾（燕）白（伯）甘（邯）單（鄲）

⿱罒家*

	陶錄 4・46・1　戰國・燕 匋（陶）攻（工）⿱罒家
	陶錄 4・46・2　戰國・燕 匋（陶）攻（工）⿱罒家
	陶錄 4・46・3　戰國・燕 匋（陶）攻（工）⿱罒家
	陶錄 4・46・4　戰國・燕 匋（陶）攻（工）⿱罒家
	陶錄 4・47・1　戰國・燕 匋（陶）攻（工）⿱罒家

哭

	陶錄 4・13・1　戰國・燕 左匋（陶）君（尹）鑵疋哭鍴左匋（陶）……□匋（陶）攻（工）臃
	陶錄 4・18・1　戰國・燕 左匋（陶）君（尹）鑵疋哭鍴左匋（陶）倈湯敀國左匋（陶）攻（工）佳
	陶錄 4・181・2　戰國・燕 ……哭……

喪

	鶴廬 98.6　戰國・三晉 喪（桑）閔（門）坿（府）
	秦印風 36 頁　戰國・秦 喪尉
	璽彙 306.3271　戰國・三晉 喪丁
	璽彙 306.3272　戰國・三晉 喪柅
	璽考 110.2　戰國・魏 喪（相）昜（陽）官

走

	盛世 150　戰國・待考 走馬文印
	新封泥彙 2314　戰國・秦 走士
	馬薦・石鼓文・郭集　春秋・秦 走

趨

	新封泥彙 1766　戰國・秦 容趨丞印

趫

	風過耳 041　戰國・秦 侯趫
	風過耳 240　戰國・秦 趫

越

	秦印風 135 頁　戰國・秦 上官越人
	秦印風 187 頁　戰國・秦 王越
	秦印風 235 頁　戰國・秦 越
	秦新 154　戰國・秦 越
	陶錄 6・159・2　戰國・秦 越
	陶錄 6・159・4　戰國・秦 越
	陶錄 6・54・3　戰國・秦 □里士五越

趞

	秦印風 177 頁　戰國・秦 王趞
	秦印風 89 頁　戰國・秦 任趞

趚

	車工・石鼓文・郭集　春秋・秦 麀鹿趚=（趚趚）

起

	風過耳 292　戰國・秦 隨起
	秦印風 87 頁　戰國・秦 枝起
	璽彙 364.3952　戰國・燕 長生起
	璽彙 377.4100　戰國・燕 郾（匽）白（伯）起
	璽考 239.5　戰國・三晉 宋起
	陶錄 4・181・4　戰國・燕 起
	陶錄 4・26・4　戰國・燕 左宮起
	陶錄 6・455・2　戰國・秦 起
	會稽刻石・秦銘刻選　秦代 遂起禍殃
	繹山刻石・秦銘刻選　秦代 兵不復起

趩

	車工・石鼓文・郭集　春秋・秦 其來趩=（趩趩）

趍

	秦印風 152 頁　戰國・秦 趍
	鑾車・石鼓文・郭集　春秋・秦 趍=（趍趍）□馬

趙

	風過耳 195　戰國・秦 趙耽
	風過耳 198　戰國・秦 趙蚖
	秦印風 180 頁　戰國・秦 趙坨（地）
	秦印風 73 頁　戰國・秦 趙貣
	秦新 2934　戰國・秦 趙
	陶錄 6・328・3　戰國・秦 趙氏十斗
	侯馬八五：二　春秋・三晉 敢又（有）志復趙尼及丌（其）孫=（子孫）
	侯馬八五：二七　春秋・三晉 趙尼及其子孫
	侯馬二〇〇：二六　春秋・三晉 而敢又（有）志復趙尼及丌（其）子孫于晉邦之[墜（地）]者
	侯馬二〇〇：六九　春秋・三晉 而敢又（有）志復趙尼及丌（其）子孫于晉邦之墜（地）者
	侯馬二〇〇：四五　春秋・三晉 趙尼及丌（其）子孫
	侯馬二〇〇：五八　春秋・三晉 而敢又（有）志復趙尼及丌（其）子[孫于]晉邦之墜（地）者
	侯馬二〇〇：五九　春秋・三晉 而⌈敢⌉又（有）志⌈復⌉趙⌈尼及其子孫⌉
	侯馬二〇〇：一六　春秋・三晉 趙尼及丌（其）[子孫于]晉邦之墜（地）者
	侯馬九八：一一　春秋・三晉 趙尼及丌（其）[子孫]

	侯馬九二：二九　春秋・三晉 趙尼及丌（其）子孫
	侯馬三：二八　春秋・三晉 趙𨚕（喬）及丌（其）孫=（子孫）
	侯馬三：二一　春秋・三晉 敢諭（偷）出入于趙尼之所
	侯馬三：一二　春秋・三晉 而敢又（有）志復趙尼及丌（其）孫=（子孫）
	侯馬三：一六　春秋・三晉 而敢又（有）志復趙尼及丌（其）孫=（子孫）
	侯馬三：一一　春秋・三晉 趙尼及丌（其）子孫
	侯馬三六：二　春秋・三晉 趙尼及丌（其）[子孫]
	侯馬三五：九　春秋・三晉 趙尼及丌（其）孫=（子孫）
	侯馬一：九　春秋・三晉 而敢又（有）志復趙尼及丌（其）子孫于晉邦之墬（地）者
	侯馬一：六五　春秋・三晉 而敢又（有）志復趙尼及丌（其）子孫
	侯馬一：四一　春秋・三晉 又（有）志復趙尼之子[孫]于晉邦之墬（地）者
	侯馬一：一七　春秋・三晉 而敢又（有）志復趙尼及丌（其）子孫于晉邦之[地]者
	侯馬一九四：六　春秋・三晉 趙尼
	侯馬一九五：一　春秋・三晉 而敢又（有）志[復]趙尼及丌（其）孫=（子孫）
	侯馬一六：二二　春秋・三晉 趙尼
	侯馬一六：二一　春秋・三晉 而敢又（有）志復趙尼及丌（其）子孫比痥之子孫
	侯馬一六：三八　春秋・三晉 而敢又（有）[志]復趙尼及丌（其）孫=（子孫）
	侯馬一五六：二二　春秋・三晉 敢諭（偷）出入于趙尼之所
	侯馬一五六：二五　春秋・三晉 趙𨚕（喬）及丌（其）孫=（子孫）
	侯馬一五六：二一　春秋・三晉 敢諭（偷）出入于趙尼之所
	侯馬一五六：一　春秋・三晉 而敢又（有）志復趙尼及丌（其）孫=（子孫）

趠

	侯馬一五六：一　春秋・三晉 趠敢不閛（披）丌（其）腹心㠯（以）事丌（其）宔（主）

⿺走虒

	秦印風 71 頁　戰國・秦 州⿺走虒

⿺走圭

	秦新 1576　戰國・秦 咸郿里⿺走圭
	陶錄 6・17・4　戰國・秦 咸郿里⿺走圭
	陶錄 6・18・1　戰國・秦 咸郿里⿺走圭
	陶錄 6・18・2　戰國・秦 咸郿里⿺走圭
	陶錄 6・18・3　戰國・秦 咸郿里⿺走圭
	陶錄 6・18・4　戰國・秦 咸郿里⿺走圭

	侯馬九二：一　春秋・三晉 趌[敢披其腹心]㠯（以）事丌（其）宔（主）

趡

	風過耳 284　戰國・秦 女趡

趄

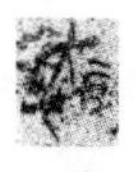	法書全集　戰國晚期・中山 [掄]行（珩）與趄子，匽（燕）吉
	秦墓石磬　春秋・秦 龏（共）趄（桓）是嗣
	譽編　戰國晚期・中山 趄子

趙

	侯馬八五：二　春秋・三晉 趙歜之孫₌（子孫）
	侯馬九八：二六　春秋・三晉 趙（趙）……
	侯馬九八：一二　春秋・三晉 趙歜之子孫
	侯馬九二：二三　春秋・三晉 趙……
	侯馬九二：四三　春秋・三晉 趙……
	侯馬九二：一五　春秋・三晉 趙趧之孫₌（子孫）
	侯馬三：二　春秋・三晉 趙歜之孫₌（子孫）
	侯馬三：九　春秋・三晉 趙（趙）歜之孫₌（子孫）
	侯馬三：六　春秋・三晉 趙歜之子……
	侯馬三：五　春秋・三晉 趙歜之孫₌（子孫）
	侯馬探八②：二　春秋・三晉 趙歜
	侯馬探八②：一　春秋・三晉 趙趧之子孫
	侯馬一八五：八　春秋・三晉 趙歜之孫₌（子孫）
	侯馬一九八：七　春秋・三晉 趙……
	侯馬一九八：四　春秋・三晉 趙歜子孫
	侯馬一九八：一二　春秋・三晉 趙歜之孫₌（子孫）
	侯馬一九四：四　春秋・三晉 趙（趙）歜之孫
	侯馬一六：九　春秋・三晉 趙歜之孫₌（子孫）
	侯馬一六：三一　春秋・三晉 趙歜之孫₌（子孫）
	侯馬一六二：一　春秋・三晉 又（有）志復趙趧
	侯馬一五六：二六　春秋・三晉 趙歜之孫₌（子孫）
	侯馬一五六：二三　春秋・三晉 趙歜
	侯馬一五六：四　春秋・三晉 趙歜之子孫
	侯馬一五六：一九　春秋・三晉 趙（趙）□之孫₌（子孫）

	侯馬一五六：一〇　春秋・三晉 ⿺走甬歆之孫=（子孫）
	侯馬一五六：一六　春秋・三晉 ⿺走甬（通）……
	侯馬一五六：一一　春秋・三晉 ⿺走甬（通）歆之子孫

趐*

	璽彙 310.3313　戰國・三晉 趐朱
	璽彙 485.5361　戰國・楚 趐

⿺走尃*

	汧殹・石鼓文・郭集　春秋・秦 逕=（逕逕）⿺走尃=（博博）

⿺走敫*

	汧殹・石鼓文・郭集　春秋・秦 其斿（游）⿺走敫=（⿺走敫⿺走敫）

⿺走兹*

	田車・石鼓文・郭集　春秋・秦 其□⿺走兹=（⿺走兹⿺走兹）

⿺走樂*

	田車・石鼓文・郭集　春秋・秦 多庶⿺走樂=（⿺走樂⿺走樂）

⿺走賣*

	車工・石鼓文・郭集　春秋・秦 其來⿺走賣=（⿺走賣⿺走賣）

⿺走憲*

	車工・石鼓文・郭集　春秋・秦 ⿺走憲=（⿺走憲⿺走憲）㲋=（㲋㲋）

止

	貨系 520　戰國・周王畿 止
	風過耳 140　戰國・秦 王止
	璽彙 108.0895　戰國・三晉 肖（趙）止
	會稽刻石・秦銘刻選　秦代 禁止淫泆（佚）
	田車・石鼓文・郭集　春秋・秦 遳（吾）戎止阩
	繹山刻石・秦銘刻選　秦代 莫能禁止

⿱尚止

	璽彙 339.3666　戰國・齊 ⿱尚止亡（無）鐵（斁）

歫

	風過耳 236　戰國・秦 歫
	秦印風 147 頁　戰國・秦 楊歫

前

	古萃 109.1　戰國・三晉 長前

	會稽刻石・秦銘刻選　秦代 善否陳前

歸

	秦印風 222 頁　戰國・秦 馬歸
	秦印風 227 頁　戰國・秦 郭遏（歸）
	盛世 111　戰國・待考 長𢔶（歸）
	侯馬一：五一　春秋・三晉 歸（歸）敢不半（拔）其腹心目（以）事其宔（主）

疌

	秦印風 174 頁　戰國・秦 姚疌

正*

	璽彙 298.3173　戰國・燕 正章
	璽彙 298.3175　戰國・燕 正瘂
	璽彙 298.3177　戰國・燕 正让（上）

⿱大正*

	珍戰 149　戰國・齊 鄭⿱大正

⿰弓正*

	侯馬一五六：二四　春秋・三晉 [比]⿰弓正之孫=（子孫）

⿸尸正*

	陶錄 1・61・4　戰國以前・待考 ⿸尸正

⿱艹正*

	璽類 19.3　戰國・待考 ⿱艹正都

⿱癶正*

	戰國題銘（中）　戰國・待考 □不⿱癶正□□□□□□齊六□□巫武平□□□□□里

⿱高正*

	侯馬探八②：二　春秋・三晉 肖（趙）⿱高正（喬）及丌（其）孫=（子孫）

⿰爿正*

	顧印 37.1　戰國・三晉 事（史）⿰爿正（臧）
	鶴廬 110.2　戰國・待考 ⿰爿正（臧）疕
	鶴廬 117.6　戰國・三晉 𢆶（平）⿰爿正（臧）鉨（璽）
	璽彙 113.0951　戰國・三晉 肖（趙）⿰爿正（臧）
	璽彙 368.3990　戰國・三晉 夏后⿰爿正（臧）

⿰氵⿸厂正*

	侯馬一九五：七　春秋・三晉 ⿰氵⿸厂正陽……

塦*

	侯馬七七：一六　春秋・三晉 塦昜敢不……

登

	鶴廬 88.1　戰國・三晉 登（鄧）畫
	秦印風 219 頁　戰國・秦 下沱登
	璽彙 194.1929　戰國・楚 登（鄧）癸
	璽彙 195.1931　戰國・楚 登（鄧）土
	秦新 1934　戰國・秦 左登
	侯馬三：二三　春秋・三晉 登及丌（其）新君弟孫₌（子孫）
	侯馬三：二一　春秋・三晉 登及丌（其）新君弟孫₌（子孫）
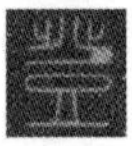	繹山刻石・秦銘刻選　秦代 登于繹山
	侯馬八八：一三　春秋・三晉 隥（登）及丌（其）新君弟孫₌（子孫）
	侯馬七九：三　春秋・三晉 隥（登）及新君弟
	侯馬一五六：二〇　春秋・三晉 隥（登）及新君弟孫₌（子孫）
	侯馬一五六：二一　春秋・三晉 隥（登）及丌（其）新君弟孫₌（子孫）
	侯馬一五六：一九　春秋・三晉 隥（登）及丌（其）新君弟孫₌（子孫）

癹

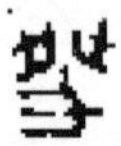	璽彙 20.0115　戰國・魏 壚（鹽）成（城）癹（發）弩
	璽彙 92.0702　戰國・三晉 長癹（發）
	璽彙 244.2529　戰國・楚 諺畀癹（發）
	尊集 302.3　戰國・楚 四水癹（發）
	侯馬一五六：二二　春秋・三晉 閔（藺）癹（發）
	侯馬一五六：二〇　春秋・三晉 閔（藺）癹（發）之孫₌（子孫）

步

	秦印風 86 頁　戰國・秦 步強
	璽彙 171.1643　戰國・楚 郘（吕）步

歲

	集印卷六 28.15　戰國・三晉 萬歲
	秦印風 249 頁　戰國・秦 萬歲
	秦印風 249 頁　戰國・秦 萬歲
	秦印風 90 頁　戰國・秦 晉歲
	璽彙 42.0248　戰國・齊 歲昉訐（信）鉨（璽）

	璽彙 49.0289　戰國・齊 墜（陳）窶立（蒞）事歲安邑京釜（釜）
	璽彙 342.3698　戰國・齊 歲齊訐（信）鉨（璽）
	璽彙 404.4425　戰國・三晉 千歲
	璽彙 404.4426　戰國・三晉 千歲
	璽彙 405.4427　戰國・三晉 千歲
	璽彙 405.4428　戰國・三晉 千歲
	印戰 22.6　戰國・齊 歲昉訐（信）鉨（璽）

此

	璽彙 517.5684　戰國・燕 王慼（慎）明此
	陶錄 5・65・1　戰國・三晉、兩周 此丌母絎（紵）湎（醬）□
	侯馬六七：二　春秋・三晉 敢不逹（率）從此明（盟）質之言
	侯馬六七：二二　春秋・三晉 敢不逹（率）從此明（盟）[質之言]
	侯馬六七：二〇　春秋・三晉 敢不從此明（盟）質之言
	侯馬六七：二三　春秋・三晉 敢不逹（率）從此明（盟）[質]之言
	侯馬六七：三〇　春秋・三晉 [敢]不逹（率）從此明（盟）[質]之言
	侯馬六七：四　春秋・三晉 敢不逹（率）從此明（盟）質之言
	侯馬六七：五八　春秋・三晉 明（盟）[質]
	侯馬六七：五二　春秋・三晉 敢不逹（率）從此明（盟）質之言
	侯馬六七：五三　春秋・三晉 明（盟）質之言
	繹山刻石・秦銘刻選　秦代 刻此樂石

正

	貨系 1352　戰國・魏 梁（梁）正尚（幣）百尚（當）寽
	貨系 1365　戰國・魏 梁（梁）正尚（幣）百尚（當）寽
	貨系 1366　戰國・魏 梁（梁）正尚（幣）百尚（當）寽
	貨系 1367　戰國・魏 梁（梁）正尚（幣）百尚（當）寽
	貨系 1368　戰國・魏 梁（梁）正尚（幣）百尚（當）寽
	貨系 1369　戰國・魏 梁（梁）正尚（幣）百尚（當）寽
	先秦編 215　戰國・魏 梁（梁）正尚（幣）百尚（當）寽
	鶴廬 21.4　戰國・待考 正行亡（無）曲
	秦印風 244 頁　戰國・秦 正行
	十舉 53.3　戰國・待考 正行亡（無）厶（私）
	璽彙 52.0295　戰國・楚 勿正閘（關）鉨（璽）

	璽彙 150.1397　戰國・三晉 宋正
	璽彙 363.3939　戰國・齊 正孫□鉨（璽）
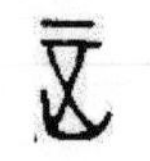	璽彙 400.4371　戰國・楚 正行
	璽彙 433.4766　戰國・三晉 正行亡（無）曲
	璽彙 434.4785　戰國・三晉 正行亡（無）曲
	璽彙 435.4792　戰國・三晉 正行亡（無）厶（私）
	璽彙 441.4864　戰國・楚 可目（以）正曲
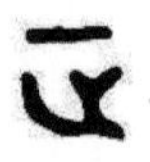	璽彙 443.4893　戰國・三晉 王又（有）正士
	璽彙 488.5400　戰國・待考 正
	璽彙 513.5637　戰國・三晉 王正
	璽彙 518.5702　戰國・待考 必正
	秦新 1858　戰國・秦 斗正
	秦新 2309　戰國・秦 正
	秦新 2311　戰國・秦 正
	侯馬三：一九　春秋・三晉 邯=（邯鄲）重正之孫=（子孫）
	秦駰玉版研究　戰國・秦 淨可以爲正

是

	貨系 411　戰國・周王畿 是
	貨系 412　戰國・周王畿 是
	貨系 413　戰國・周王畿 是
	貨系 414　戰國・周王畿 是
	三晉 127　戰國・韓 唐是
	三晉 97　戰國・韓 同是
	三晉 97　戰國・韓 同是
	三晉 98　戰國・韓 同是
	璽彙 275.2897　戰國・三晉 文是戌
	璽彙 276.2903　戰國・三晉 文是沟
	璽彙 276.2905　戰國・三晉 文是瘁
	璽彙 276.2907　戰國・三晉 文是瓔
	璽彙 277.2916　戰國・三晉 文是以
	璽彙 277.2920　戰國・三晉 文是綽
	璽類 33.4　戰國・待考 文是忎（慎）

	珍戰 32　戰國・三晉 文是目（相）女（如）
	陶録 5・20・1　戰國・三晉、兩周 文是猶
	陶録 5・20・2　戰國・三晉、兩周 文是猶
	陶録 6・328・1　戰國・秦 紀是（氏）
	而師・石鼓文・郭集　春秋・秦 滔₌（滔滔）是孌（熾）
	侯馬二〇〇：二〇　春秋・三晉 麻（摩）臺（夷）非（彼）是（氏）
	侯馬二〇〇：一　春秋・三晉 麻（摩）臺（夷）非（彼）是（氏）
	侯馬六七：一六　春秋・三晉 [摩]臺（夷）非（彼）是（氏）
	侯馬三四〇：一　春秋・三晉 ……㠯（以）是……
	侯馬一五六：四　春秋・三晉 麻（摩）臺（夷）非（彼）是（氏）
	侯馬一五四：三　春秋・三晉 [摩夷]非（彼）是（氏）
	秋淵・詛楚文・郭集　戰國・秦 是繆（戮）力同心
	秋淵・詛楚文・郭集　戰國・秦 唯是秦邦之羸眾敝賦、鞈（韐）輸（褕）棧輿
	巫咸・詛楚文・郭集　戰國・秦 是繆（戮）力同心
	巫咸・詛楚文・郭集　戰國・秦 唯是秦邦之羸眾敝賦、鞈（韐）輸（褕）棧輿
	吳人・石鼓文・郭集　春秋・秦 求□又（有）是
	亞駝・詛楚文・郭集　戰國・秦 是繆（戮）力同心
	亞駝・詛楚文・郭集　戰國・秦 唯是秦邦之羸眾敝賦、鞈（韐）輸（褕）棧輿

趧

	璽彙 369.4011　戰國・楚 愇（趧）宋

迹

	會稽刻石・秦銘刻選　秦代 本原事逨（迹）
	秋淵・詛楚文・郭集　戰國・秦 將欲復其腴（兇）逨（迹）
	泰山刻石・秦銘刻選　秦代 從臣思逨（迹）
	巫咸・詛楚文・郭集　戰國・秦 將欲復其腴（兇）逨（迹）
	璽彙 375.4080　戰國・三晉 驈₌（馬適）朿（迹）

逹

	侯馬六七：二　春秋・三晉 敢不逹（率）從此明（盟）質之言
	侯馬六七：二三　春秋・三晉 敢不逹（率）從此明（盟）[質]之言
	侯馬六七：二五　春秋・三晉 敢不逹（率）從此明（盟）質之言
	侯馬六七：二一　春秋・三晉 敢不逹（率）從此明（盟）愿（質）之言
	侯馬六七：三　春秋・三晉 敢不逹（率）從此明（盟）愿（質）之言

	侯馬六七：三六　春秋・三晉 敢不逵（率）從此明（盟）[質]之[言]
	侯馬六七：三七　春秋・三晉 敢不逵（率）從此明（盟）[質]之言
	侯馬六七：三四　春秋・三晉 敢不逵（率）從此明（盟）質之言
	侯馬六七：三一　春秋・三晉 敢不逵（率）從此明（盟）[質]之言
	侯馬六七：四　春秋・三晉 敢不逵（率）從此明（盟）質之言
	侯馬六七：四四　春秋・三晉 [敢]不逵（率）從此明（盟）質之言
	侯馬六七：五六　春秋・三晉 敢不逵（率）[從]此明（盟）質之言

巡

	璽彙 101.0806　戰國・三晉 長巡
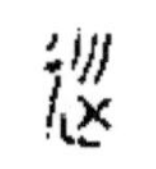	璽彙 117.0997　戰國・三晉 肖（趙）巡
	璽彙 192.1899　戰國・三晉 邢（邢）巡
	璽彙 370.4022　戰國・三晉 鮮₌（鮮于）巡
	三代 20.49.1　戰國・中山 巡（順）則生

徒

	鶴廬 80.6　戰國・待考 鄣（南郭）徒
	湖集 4　戰國・燕 迧都左司徒鉨（璽）
	秦印風 211 頁　戰國・秦 公孫徒得
	山新 162　戰國・待考 司徒爵
	璽彙 2.0010　戰國・燕 鄸（易）都司徒
	璽彙 3.0013　戰國・燕 坪（平）險（陰）都司徒
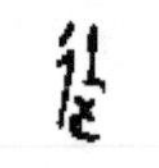	璽彙 252.2620　戰國・三晉 逸徒
	璽彙 349.3761　戰國・三晉 司徒熵（燗）
	新封泥彙 1856　戰國・秦 徒淫丞印
	玉萃 7.4　戰國・三晉 又（右）司徒
	陶錄 4・119・1　戰國・燕 匋（陶）徒
	陶錄 4・15・1　戰國・燕 右匋（陶）攻（工）徒
	陶錄 4・162・4　戰國・燕 徒
	陶錄 4・211・4　戰國・燕 湯都司徒鉨（璽）
	侯馬九八：二〇　春秋・三晉 徒敢不閛（披）[其腹心]
	鑾車・石鼓文・郭集　春秋・秦 徒馭（御）孔庶
	溫縣簡報 T1 坎 1：1845　春秋・三晉 而敢與則（賊）爲徒
	溫縣簡報 T1 坎 1：3211　春秋・三晉 而敢與賊爲徒者

	溫縣簡報 T1 坎 1：3780　春秋・三晉 而敢與則（賊）爲徒者
	新出研 WT1　K1：3858　春秋・三晉 而敢與賊爲徒者

延

	璽彙 253.2626　戰國・燕 延（征）生𤰈

隨

	風過耳 292　戰國・秦 隨起
	集釋 227.145　戰國・三晉 事遀（隨）
	秦印風 195 頁　戰國・秦 司馬隨
	璽彙 44.0263　戰國・楚 郰隨迖（逐）鉨（璽）

述

	璽彙 37.0221　戰國・楚 听述（遂）之鉨（璽）
	璽彙 58.0333　戰國・楚 �門述（遂）
	珍戰 2　戰國・楚 述（遂）保之鉨（璽）
	秋淵・詛楚文・郭集　戰國・秦 述（遂）取衙（吾）邊城新郢
	巫咸・詛楚文・郭集　戰國・秦 述（遂）取衙（吾）邊城新郢
	亞駝・詛楚文・郭集　戰國・秦 述（遂）取衙（吾）邊城新郢

遵

	會稽刻石・秦銘刻選　秦代 皆遵軌度
	泰山刻石・秦銘刻選　秦代 遵奉遺詔

適

	風過耳 217　戰國・秦 馬適很印
	秦印風 185 頁　戰國・秦 馬適詡
	溫縣簡報 T1 坎 1：3797　春秋・三晉 興适（適）宋
	侯馬叢考續　春秋・三晉 啻（諦）……
	溫縣簡報 T1 坎 1：1845　春秋・三晉 啻（諦）恆（殛）硯（視）女（汝）
	溫縣簡報 T1 坎 1：3216　春秋・三晉 啻（諦）亟（殛）硯（視）女（汝）
	溫縣簡報 T1 坎 1：3780　春秋・三晉 啻（諦）恆（殛）硯（視）女（汝）
	溫縣簡報 T1 坎 1：3802　春秋・三晉 啻（諦）遖（殛）硯（視）女（汝）
	溫縣簡報 T1 坎 1：4499　春秋・三晉 啻（諦）亟（殛）硯（視）女（汝）
	溫縣簡報 T1 坎 1：4585　春秋・三晉 帝（諦）恆（殛）「視汝」

過

	風過耳 310　戰國・秦 過印

	秦印風 211 頁　戰國・秦 戰過
	璽彙 201.2004　戰國・三晉 鄆（董）過
	侯馬六七：五四　春秋・三晉 過自今㠯（以）[往]

進

	秦印風 76 頁　戰國・秦 進欬
	璽彙 76.0510　戰國・三晉 王進
	秦新 585　戰國・秦 宮進
	秦新 587　戰國・秦 宮進
	璽彙 354.3822　戰國・燕 司馬隹（進）

造

	秦新 2977　戰國・秦 大良造庶長游出命曰
	陶錄 2・194・3　戰國・齊 蒦圆匋（陶）里人造
	陶錄 2・195・2　戰國・齊 蒦圆匋（陶）里人造
	陶錄 2・195・3　戰國・齊 蒦圆匋（陶）里人造
	陶錄 2・195・4　戰國・齊 蒦圆匋（陶）里人造
	陶錄 2・663・1　戰國・齊 蒦圆匋（陶）里人造

	夕藏 II 05-54-1　戰國・齊 蒦圆匋（陶）里人造
	新齊 0841　戰國・齊 蒦圆匋（陶）里人造
	璽彙 22.0131　戰國・楚 敨（造）府（府）之鉨（璽）
	陶錄 4・26・1　戰國・燕 左宮敨（造）
	陶錄 4・7・1　戰國・燕 廿二年正月左匋（陶）肃（尹）左匋（陶） 倈湯敀國左匋（陶）攻（工）敨（造）
	陶錄 4・8・1　戰國・燕 左匋（陶）肃（尹）鑈疋哭鍴左匋（陶） 倈湯敀國左匋（陶）攻（工）敨（造）

速

	車工・石鼓文・郭集　春秋・秦 麀鹿速₌（速速）
	風過耳 317　戰國・秦 遬（速）印
	秦印風 172 頁　戰國・秦 陳遬（速）
	秦印風 180 頁　戰國・秦 乘馬遬（速）印
	陶錄 6・151・2　戰國・秦 小遬（速）
	陶錄 6・151・3　戰國・秦 小遬（速）
	陶錄 6・323・4　戰國・秦 □遬（速）
	陶錄 6・53・4　戰國・秦 咸重成遬（速）

迅

	美璽 104　戰國・楚 祝迅
	璽彙 164. 1567　戰國・楚 絑迅

适

	璽彙 516. 5677　戰國・齊 □适（适）
	夕藏 II 05-32-1　戰國・齊 繇巷大匋（陶）里适（适）

逆

	風過耳 127　戰國・秦 王逆皮
	秦印風 219 頁　戰國・秦 田逆
	侯馬一九八：四　春秋・三晉 逆敢不閛（披）亓（其）復（腹）心台（以）事亓（其）[主]
	三代 20. 49. 1　戰國・中山 逆則死
	繹山刻石・秦銘刻選　秦代 討伐亂逆

迎

	秦印風 203 頁　戰國・秦 姚迎

遇

	秦印風 57 頁　戰國・秦 任遇
	璽彙 210. 2118　戰國・三晉 毛阝（毛）遇
	璽類 210. 10　戰國・待考 郢遇
	新齊 0290　戰國・齊 陳遇立事
	新齊 0855　戰國・齊 蒦圆圆里人遇
	侯馬一八五：一　春秋・三晉 偶（遇）之行道

逢

	秦印風 185 頁　戰國・秦 逢虎
	秦印風 230 頁　戰國・秦 逢襄
	吳人・石鼓文・郭集　春秋・秦 埶寓（遇）逢
	侯馬三：二六　春秋・三晉 閔（藺）伐及亓（其）孫=（子孫）夆（逢）之行道不之殺者

迪

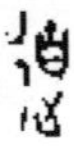	新璽 10　戰國・三晉 夏迪

通

	盛世 086　戰國・待考 甬（通）罣
	璽彙 176. 1713　戰國・齊 郛（梁）通
	陶錄 2・397・1　戰國・齊 丘齊紛（盆）里王迵（通）

	陶錄 2・397・2　戰國・齊 丘齊紒（盆）里王迵（通）
	陶錄 6・19・1　戰國・秦 咸郿里迵（通）
	侯馬一七九：二〇　春秋・三晉 通（逋）[歿]
	會稽刻石・秦銘刻選　秦代 陰通閒（間）使
	新出研 WT4　K5：12　春秋・三晉 而尚敢復迵（通）與長（張）戌、長（張）瘶
	侯馬九六：九　春秋・三晉 𨑒（逋）歿

徙

	璽彙 56.0322　戰國・齊 □□𡱝（徙）盧（鹽）金鉩（璽）
	璽彙 123.1066　戰國・三晉 肖（趙）痄遅（徙）
	璽彙 509.5592　戰國・燕 長生遅（徙）
	璽彙 514.5652　戰國・燕 帛遅（徙）
	吉璽 1.1　戰國・齊 遷（徙）盧（鹽）之鉩（璽）
	璽彙 34.0198　戰國・齊 昜（陽）都邑□遷（徙）盧（鹽）之鉩（璽）
	璽彙 288.3055　戰國・三晉 魏（魏）盍遅（徙）

遷

	秦印風 153 頁　戰國・秦 遷
	秦印風 210 頁　戰國・秦 投遷

運

	會稽刻石・秦銘刻選　秦代 運理群物
	泰山刻石・秦銘刻選　秦代 治道運行

返

	貨系 2575　戰國・齊 齊返邦鋹（長）夻（大）朊（刀）
	貨系 2576　戰國・齊 齊返邦鋹（長）夻（大）朊（刀）
	貨系 2577　戰國・齊 齊返邦鋹（長）夻（大）朊（刀）
	貨系 2584　戰國・齊 齊返邦鋹（長）夻（大）朊（刀）/日
	貨系 2585　戰國・齊 齊返邦鋹（長）夻（大）朊（刀）/朊（刀）
	貨系 2586　戰國・齊 齊返邦鋹（長）夻（大）朊（刀）/工
	齊幣 272　戰國・齊 齊返邦鋹（長）夻（大）朊（刀）/上
	齊幣 280　戰國・齊 齊返邦鋹（長）夻（大）朊（刀）/卜
	錢典 856　戰國・齊 齊返邦鋹（長）夻（大）朊（刀）/日
	錢典 862　戰國・齊 齊返邦鋹（長）夻（大）朊（刀）/上
	璽彙 269.2825　戰國・燕 𩏂（南郭）生返

還

	璽彙 516.5681　戰國・齊 還□鈢（璽）

選

	璽彙 214.2167　戰國・三晉 郳（范）選

逮

	璽彙 101.0802　戰國・三晉 長逮
	霝雨・石鼓文・郭集　春秋・秦 舫舟囟逮

達

	秦印風 229 頁　戰國・秦 王達
	魏石 3.5　戰國・待考 四達訢（信）鈢（璽）
	璽彙 145.1340　戰國・燕 衛生達
	璽彙 166.1592　戰國・楚 魯達
	璽彙 331.3563　戰國・齊 羊達
	璽彙 364.3948　戰國・燕 王生達
	璽彙 482.5331　戰國・楚 達
	先印 97.2　戰國・待考 左司達鈢（璽）
	陶錄 2・206・2　戰國・齊 蒦圆匋（陶）里人達
	陶錄 2・206・4　戰國・齊 蒦圆匋（陶）里人達
	陶錄 2・207・1　戰國・齊 蒦圆匋（陶）里人達
	陶錄 2・207・2　戰國・齊 蒦圆匋（陶）里人達
	陶錄 2・237・2　戰國・齊 蒦圆匋（陶）里邦達
	夕藏 Ⅱ 05-47-1　戰國・齊 蒦圆匋（陶）里人達
	泰山刻石・秦銘刻選　秦代 訓經宣達
	新出研 WT1　K17：131　春秋・三晉 達事亓（其）宔（主）敢不忢=（蒸蒸） 焉閈（披）復（腹）心

逯

	秦印風 138 頁　戰國・秦 李逯虒

迵

	璽彙 58.0335　戰國・楚 郢壀（職）迵（通）敂（捕）
	璽考 175.6　戰國・楚 迵（通）敂（捕）覜（盜）則（賊）

迷

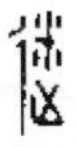	璽彙 153.1435　戰國・三晉 富迷
	侯馬一：五三　春秋・三晉 迷敢不半（披）亓（其）腹心吕（以） 事亓（其）宔（主）

連

	湖印 35.1　戰國・楚 連囂（敖）
	秦印風 67 頁　戰國・秦 連蚖
	璽彙 196.1952　戰國・齊 郐（徐）連期

逋

	秦新 1573　戰國・秦 咸郿里逋
	秦新 2711　戰國・秦 咸郿里逋

遺

	秦印風 131 頁　戰國・秦 王遺
	秦印風 56 頁　戰國・秦 遺
	泰山刻石・秦銘刻選　秦代 遵奉遺詔

遂

	秦印風 216 頁　戰國・秦 毛遂
	秦印風 236 頁　戰國・秦 遂
	秦印風 57 頁　戰國・秦 遂疢
	會稽刻石・秦銘刻選　秦代 遂登會稽
	會稽刻石・秦銘刻選　秦代 遂起禍殃
	秦新 1435　戰國・秦 東武敍（遂）贛榆烏

逃

	會稽刻石・秦銘刻選　秦代 妻爲逃嫁

追

	會稽刻石・秦銘刻選　秦代 追道高明
	繹山刻石・秦銘刻選　秦代 追念亂世

逐

	璽彙 105.0850　戰國・燕 長逐
	璽彙 44.0263　戰國・楚 郰隨达（逐）鉩（璽）

遒

	璽彙 335.3611　戰國・楚 李遒

近

	盛世 130　戰國・三晉 近盱
	會稽刻石・秦銘刻選　秦代 遠近畢清
	泰山刻石・秦銘刻選　秦代 遠近畢理

迩

	湖印 41.7　戰國・楚 迩（邇）
	璽彙 473.5218　戰國・待考 迩（邇）

迂

	璽彙 478.5281　戰國・待考 迂

逞

	侯馬九二：六　春秋・三晉 逞敢不閛（披）丌（其）腹心㠯（以）事丌（其）宔（主）

遠

	會稽刻石・秦銘刻選　秦代 周覽遠方
	泰山刻石・秦銘刻選　秦代 遠近畢理
	泰山刻石・秦銘刻選　秦代 其於久遠也
	繹山刻石・秦銘刻選　秦代 寴（親）軱（巡）遠方

遼

	田車・石鼓文・郭集　春秋・秦 遊（吾）以隮于遼
	作原・石鼓文・郭集　春秋・秦 乍（作）遼乍（作）□
	鑾車・石鼓文・郭集　春秋・秦 遼溼陰陽

	錢典 82　戰國・趙 平备（原）
	璽彙 106.0862　戰國・三晉 長弟（夷）备（遼）
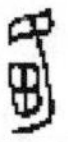	璽彙 125.1097　戰國・三晉 侯弟（夷）备（遼）
	陶錄 5・75・4　戰國・三晉、兩周 备（遼）

道

	風過耳 247　戰國・秦 道
	秦印風 158 頁　戰國・秦 新道
	璽彙 316.3388　戰國・三晉 又（有）道
	秦新 1601　戰國・秦 咸□里道
	陶錄 6・23・4　戰國・秦 咸鄜里道
	陶錄 6・313・2　戰國・秦 西道
	陶錄 6・314・1　戰國・秦 西道
	陶錄 6・314・3　戰國・秦 西道
	陶錄 6・465・3　戰國・秦 西道
	陶錄 6・7・2　戰國・秦 咸亭右里道器
	侯馬九一：五　春秋・三晉 見之行道弗[殺]

	侯馬三：二六　春秋・三晉 閔（藺）伐及丌（其）孫=（子孫）徫（逢）之行道不之殺者
	侯馬三：二五　春秋・三晉 閔（藺）伐及孫=（子孫）禺（遇）之行道而弗[殺]
	侯馬一五六：二〇　春秋・三晉 寓（遇）之行道弗殺
	侯馬一五六：二六　春秋・三晉 見之行道者不……
	侯馬一五六：二四　春秋・三晉 見之行道而弗殺者
	侯馬一五六：一九　春秋・三晉 絔見之行道而弗殺
	秋淵・詛楚文・郭集　戰國・秦 今楚王熊相康回無道
	亞駝・詛楚文・郭集　戰國・秦 今楚王熊相康回無道
	繹山刻石・秦銘刻選　秦代 孝道顯明

邍

	秦印風 195 頁　戰國・秦 邍更

迒

	璽彙 274. 2883　戰國・燕 贠（文）迒

邊

	會稽刻石・秦銘刻選　秦代 外來侵邊
	秋淵・詛楚文・郭集　戰國・秦 述（遂）取倍（吾）邊城新郢
	秋淵・詛楚文・郭集　戰國・秦 且復略我邊城
	巫咸・詛楚文・郭集　戰國・秦 以倍〈偪（逼）〉倍（吾）邊競（境）
	亞駝・詛楚文・郭集　戰國・秦 且復略我邊城

逼

	璽彙 4. 0021　戰國・燕 逼都右司徒

迄

	霝雨・石鼓文・郭集　春秋・秦 流迄滂=（滂滂）

迢

	璽彙 162. 1540　戰國・三晉 孫迢
	璽彙 311. 3323　戰國・三晉 㬎迢
	璽類 55. 10　戰國・待考 㬎迢

辿*

	鑒菁 20. 39　戰國・三晉 投辿

这*

	璽彙 30. 0177　戰國・齊 牆（將）和这（如）闢（關）

迊*

	璽類 37.8　戰國・齊 右稟（廩）迊宲䅽鉩（璽）
	陶錄 5・32・1　戰國・三晉、兩周 迊豆
	陶錄 5・32・2　戰國・三晉、兩周 迊豆
	陶錄 5・33・2　戰國・三晉、兩周 迊豆

远*

	陶錄 5・32・3　戰國・三晉、兩周 迊豆
	陶錄 5・32・4　戰國・三晉、兩周 迊豆
	陶錄 5・33・1　戰國・三晉、兩周 迊豆

迂*

	鑾車・石鼓文・郭集　春秋・秦 迂□如虎

迖*

	璽彙 252.2619　戰國・三晉 迖（工）官

迗*

	璽彙 373.4055　戰國・三晉 成公迗

迪*

	鶴廬 110.1　戰國・待考 吳迪
	璽彙 141.1283　戰國・三晉 皇迪
	璽彙 238.2456　戰國・三晉 椁（郭）迪
	璽類 56.5　戰國・待考 事（史）迪
	鑾車・石鼓文・郭集　春秋・秦 迪（陳）禽□□

迌*

	南博 48.2　戰國・待考 王迌
	璽彙 377.4106　戰國・燕 彝（夷）吳（吾）迌

迚*

	秦印風 173 頁　戰國・秦 張迚

迠*

	玉存 14.78　戰國・待考 迠

迡*

	港續 45.58　戰國・三晉 郪（董）迡
	璽彙 279.2939　戰國・三晉 監迡

⿺辶孚*

	侯馬七九：三 春秋·三晉 比鑿、比⿰彳孚（孚）及丌（其）孫₌（子孫）
	侯馬三：二一 春秋·三晉 比鑿、比⿰彳孚（孚）及丌（其）孫₌（子孫）
	侯馬一五六：二三 春秋·三晉 比⿰彳孚（孚）及丌（其）孫₌（子孫）
	侯馬一五六：二五 春秋·三晉 比⿺辶孚（孚）及孫

遇*

	璽彙 117.1000 戰國·三晉 肖（趙）遇
	璽彙 238.2455 戰國·三晉 椁（郭）遇

⿺辶叟*

	璽彙 270.2833 戰國·燕 䡟（南郭）⿺辶叟
	璽彙 376.4094 戰國·燕 喬生⿺辶叟

⿺辶备*

	陶錄 4·207·2 戰國·燕 ⿺辶备

⿺辶亟*

	侯馬八五：七 春秋·三晉 明⿺辶亟（殛）覞（視）之
	侯馬二〇〇：一七 春秋·三晉 [吾]君丌（其）明⿺辶亟（殛）覞（視）之
	侯馬一：八二 春秋·三晉 丌（其）明⿺辶亟（殛）覞（視）之
	侯馬一：六 春秋·三晉 𡊄（吾）君丌（其）明⿺辶亟（殛）覞（視）之
	侯馬一五六：二〇 春秋·三晉 則永⿺辶亟（殛）覞（視）之
	溫縣簡報 T1 坎 1：1961 春秋·三晉 啻（諦）⿺辶亟（殛）覞（視）女（汝）
	溫縣簡報 T1 坎 1：3802 春秋·三晉 啻（諦）⿺辶亟（殛）覞（視）女（汝）

逿*

	璽彙 117.0999 戰國·三晉 肖（趙）逿

⿺辶鬼*

	陶錄 2·229·4 戰國·齊 蒦圆匋（陶）里人⿺辶鬼
	陶錄 2·230·1 戰國·齊 蒦圆匋（陶）里人⿺辶鬼

⿺辶爰*

	夕藏 II 04-18-1 戰國·齊 楚𩫏巷䦎（關）里⿺辶爰
	夕藏 II 04-18-2 戰國·齊 楚𩫏巷䦎（關）里⿺辶爰

遞*

	湖集 80 戰國·三晉 遞疾
	陶錄 6·321·4 戰國·秦 杜遞

遛*

	璽彙 101.0805　戰國・三晉 長遛
	璽彙 158.1490　戰國・三晉 畋遛
	璽考 322.5　戰國・三晉 鄲₌（邯鄲）遛

退*

	璽通 194.455　戰國・趙 上堂（黨）退（遽）司馬

逼*

	吉璽 10.50　戰國・待考 □逼
	鑒菁 9.16　戰國・三晉 郐（徐）逼
	璽彙 76.0506　戰國・三晉 王逼
	璽彙 101.0804　戰國・三晉 長逼
	璽彙 130.1155　戰國・三晉 石逼
	璽彙 237.2438　戰國・三晉 椁（郭）逼
	璽彙 272.2859　戰國・三晉 庚逼
	璽彙 352.3803　戰國・三晉 鄗（司馬）逼
	璽考 249.9　戰國・三晉 長逼

遊*

	陶錄 2・135・1　戰國・齊 大蒦圆里遊

𨘢*

	璽彙 509.5596　戰國・三晉 采𨘢麌

德

	秦新 1443　戰國・秦 楊氏居貲武德公士契必
	會稽刻石・秦銘刻選　秦代 德惠攸長

復

	璽彙 76.0509　戰國・三晉 王復
	璽彙 117.0995　戰國・三晉 肖（趙）復
	璽彙 200.1992　戰國・三晉 鄞（董）復
	璽彙 222.2263　戰國・三晉 蓋（葛）復
	璽彙 276.2909　戰國・三晉 文是復
	珍戰 54　戰國・三晉 長復
	陶錄 5・19・1　戰國・三晉、兩周 王復
	陶錄 5・19・2　戰國・三晉、兩周 王復

	侯馬八五：二　春秋・三晉 敢不闢（披）丌（其）復（腹）心台（以）事丌（其）宔（主）
	侯馬八五：七　春秋・三晉 敢又（有）[志]復趙尼及其子孫
	侯馬二〇〇：二六　春秋・三晉 胄敢不半（披）丌（其）復（腹）心吕（以）事[主]
	侯馬二〇〇：二六　春秋・三晉 而敢又（有）志復肖（趙）尼及丌（其）子孫于晉邦之[地]者
	侯馬二〇〇：二七　春秋・三晉 而敢又（有）志復趙尼及丌（其）子孫于晉邦之[地]者
	侯馬二〇〇：二三　春秋・三晉 詨敢不闢（披）其復（腹）心台（以）事其宔（主）
	侯馬二〇〇：二三　春秋・三晉 而敢又（有）志復[趙]尼及其子孫
	侯馬二〇〇：六六　春秋・三晉 而敢又（有）志復趙尼及丌（其）孫₌（子孫）于晉邦[之地]者
	侯馬二〇〇：六四　春秋・三晉 而敢又（有）志復趙尼及丌（其）孫于晉邦之墬（地）者
	侯馬二〇〇：三九　春秋・三晉 而敢又（有）志復肖（趙）尼及丌（其）子孫于晉邦之墬（地）者
	侯馬二〇〇：四六　春秋・三晉 敢不闢（披）其復（腹）心吕（以）事[其]宔（主）
	侯馬二〇〇：四一　春秋・三晉 而敢又（有）志復趙尼及丌（其）子孫于晉邦之墬（地）者
	侯馬二〇〇：五八　春秋・三晉 而敢又（有）志復趙尼及丌（其）子[孫于]晉邦之墬（地）者
	侯馬二〇〇：五九　春秋・三晉 [敢]不半（披）丌（其）復（腹）心
	侯馬二〇〇：五四　春秋・三晉 [敢]不[披]丌（其）復（腹）心吕（以）事丌（其）[主]
	侯馬二〇〇：一〇　春秋・三晉 而敢又（有）志復趙尼及其子孫于晉邦之墬（地）者

	侯馬九八：二四　春秋・三晉 [敢]不闢（披）丌（其）復（腹）心吕（以）[事其主]
	侯馬九二：九　春秋・三晉 [披其]復（腹）心吕（以）事丌（其）宔（主）
	侯馬九二：五　春秋・三晉 敢又（有）[志]復……
	侯馬九六：一　春秋・三晉 而敢又（有）志復……
	侯馬七七：一　春秋・三晉 [敢]不闢（披）其復（腹）心吕（以）[其主]
	侯馬三：二〇　春秋・三晉 而或復入（納）之于晉邦之墬（地）者
	侯馬三：一　春秋・三晉 而敢又（有）志復趙尼[及其]孫₌（子孫）
	侯馬三：一七　春秋・三晉 敢又（有）志復趙尼及丌（其）子孫
	侯馬三：一三　春秋・三晉 而敢又（有）志復趙尼及其孫₌（子孫）
	侯馬三五：一一　春秋・三晉 復（腹）心
	侯馬四九：一　春秋・三晉 而敢又（有）志復趙尼及丌（其）子孫
	侯馬探八②：一　春秋・三晉 而敢又（有）志復趙尼及[其子孫]
	侯馬一：二八　春秋・三晉 敢不闢（披）丌（其）復（腹）心吕（以）事丌（其）宔（主）
	侯馬一：二〇　春秋・三晉 [敢]不半（披）丌（其）復（腹）心吕（以）事丌（其）[主]
	侯馬一：九　春秋・三晉 而敢又（有）志復趙尼及丌（其）子孫于晉邦之墬（地）者
	侯馬一：九六　春秋・三晉 午敢不闢（披）丌（其）復（腹）心台（以）事丌（其）宔（主）

	侯馬一：九三　春秋・三晉 敢不半（披）丌（其）復（腹）心台（以）事丌（其）宔（主）
	侯馬一：六六　春秋・三晉 玖敢不半（披）其復（腹）心㠯（以）事丌（其）宔（主）
	侯馬一：六五　春秋・三晉 而敢又（有）志復趙尼及丌（其）子孫
	侯馬一：六一　春秋・三晉 而敢又（有）志復內（納）趙尼及丌（其）子孫于晉邦之墜（地）者
	侯馬一：七六　春秋・三晉 黝敢不閛（披）丌（其）復（腹）[心]
	侯馬一：七七　春秋・三晉 復（腹）[心]
	侯馬一：三三　春秋・三晉 復（腹）心
	侯馬一：四四　春秋・三晉 敢不閛（披）丌（其）復（腹）心㠯（以）事丌（其）宔（主）
	侯馬一：五六　春秋・三晉 又（有）志復趙□及其子[孫]
	侯馬一：一六　春秋・三晉 [敢]不半（披）丌（其）復（腹）心㠯（以）事丌（其）宔（主）
	侯馬一：一七　春秋・三晉 而敢又（有）志復趙尼及丌（其）子孫于晉邦之[地]者
	侯馬一：一五　春秋・三晉 而敢又（有）志復……
	侯馬一八〇：一　春秋・三晉 又（有）志復[趙]尼及其[子孫]
	侯馬一九八：八　春秋・三晉 而敢又（有）志復[趙尼及]丌（其）子孫
	侯馬一九四：四　春秋・三晉 痤（狂）夫敢不閛（披）丌（其）復（腹）心㠯（以）事丌（其）宔（主）
	侯馬一六：一三　春秋・三晉 而敢又（有）志復趙尼[及其子]孫

	侯馬一五六：二　春秋・三晉 復趙尼及丌（其）子孫
	侯馬一五六：二七　春秋・三晉 而或復入（納）之于晉邦之墜（地）者
	侯馬一五六：九　春秋・三晉 薦入敢不閛（披）丌（其）復（腹）心㠯（以）事其[主]
	侯馬一五六：三　春秋・三晉 並敢不閛（披）其復（腹）心㠯（以）事丌（其）宔（主）
	侯馬一五六：三　春秋・三晉 而敢又（有）旹（志）復趙尼及丌（其）孫=（子孫）
	秦駰玉版研究　戰國・秦 已吾復（腹）心以下至于足□之病
	秦駰玉版研究　戰國・秦 能自復如故
	秦駰玉版研究　戰國・秦 而復（覆）華大山之陰陽
	秋淵・詛楚文・郭集　戰國・秦 將欲復其䝯（兇）速（迹）
	秋淵・詛楚文・郭集　戰國・秦 且復略我邊城
	三代 20.49.1　戰國・中山 [illegible]（長）則復
	巫咸・詛楚文・郭集　戰國・秦 將欲復其䝯（兇）速（迹）
	新出研 WT1　K17：131　春秋・三晉 達事丌（其）宔（主）敢不悆=（蒸蒸）焉閛（披）復（腹）心
	亞駝・詛楚文・郭集　戰國・秦 將欲復其䝯（兇）速（迹）
	亞駝・詛楚文・郭集　戰國・秦 且復略我邊城
	繹山刻石・秦銘刻選　秦代 兵不復起

往

	璽彙 295.3141　戰國・三晉 圭（往）谷
	侯馬六七：二九　春秋・三晉 自今台（以）迬（往）
	侯馬六七：二一　春秋・三晉 自今台（以）迬（往）
	溫縣簡報 T1 坎 1：1961　春秋・三晉 自今台（以）迬（往）
	溫縣簡報 T1 坎 1：2857　春秋・三晉 自今台（以）迬（往）
	溫縣簡報 T1 坎 1：4585　春秋・三晉 自今台（以）迬（往）
	新出研 WT1　K1：3556　春秋・三晉 自今台（以）迬（往）

微

	作原・石鼓文・郭集　春秋・秦 □□□微

徐

	秦印風 203 頁　戰國・秦 徐荊
	秦印風 222 頁　戰國・秦 徐非人
	秦印風 67 頁　戰國・秦 徐馮
	秦新 1304　戰國・秦 杜徐
	陶錄 6・446・3　戰國・秦 徐罛
	陶錄 6・447・1　戰國・秦 徐罛
	陶錄 6・447・2　戰國・秦 徐罛
	陶錄 6・452・2　戰國・秦 徐罛

徲

	侯馬二〇三：九　春秋・三晉 麻（摩）徲（夷）非（彼）[氏]

後

	珍戰 144　戰國・三晉 宋逯（後）

待

	侯馬一六：九　春秋・三晉 平待（陟）之命

復

	璽彙 335.3617　戰國・楚 旨迶（退）

後

	璽彙 16.0096　戰國・趙 弋（代）労（強）弩後牆（將）
	璽彙 52.0296　戰國・齊 左□後
	侯馬二〇三：九　春秋・三晉 既質之後
	侯馬二〇三：一一　春秋・三晉 之後

	侯馬七九：五　春秋・三晉 之後
	侯馬三：二八　春秋・三晉 之後
	侯馬三：二六　春秋・三晉 [既]質之後
	侯馬一八：五　春秋・三晉 之後
	侯馬一九四：一一　春秋・三晉 既質後
	侯馬一七九：一八　春秋・三晉 既質之後
	侯馬一五六：一九　春秋・三晉 既質之後
	譽編　戰國晚期・中山 敢謁後尗（淑）賢者
	繹山刻石・秦銘刻選　秦代 如後嗣爲之者

很

	風過耳 217　戰國・秦 馬適很印
	秦印風 45 頁　戰國・秦 王很
	盛世 164　戰國・秦 馬適很印

得

	風過耳 101　戰國・秦 石得
	鑒菁 22.42　戰國・燕 公孫得
	秦印風 188 頁　戰國・秦 蓳（董）得
	璽彙 135.1212　戰國・三晉 牛得
	璽彙 141.1290　戰國・燕 余得
	新封泥彙 2342　戰國・秦 賈得
	秦新 43　戰國・秦 得
	陶錄 6・128・1　戰國・秦 得
	陶錄 6・128・2　戰國・秦 得
	陶錄 6・128・6　戰國・秦 得
	陶錄 6・129・1　戰國・秦 得
	陶錄 6・129・2　戰國・秦 得
	陶錄 6・129・3　戰國・秦 得
	陶錄 6・129・6　戰國・秦 得
	陶錄 6・130・2　戰國・秦 得
	陶錄 6・130・3　戰國・秦 得
	陶錄 6・238・5　戰國・秦 宮得
	陶錄 6・292・1　戰國・秦 贛揄（榆）得

	陶錄 6・84・4　戰國・秦 得
	陶錄 7・8・4　戰國・待考 □旻（得）
	會稽刻石・秦銘刻選　秦代 子不得母
	秦駰玉版研究　戰國・秦 而不得氒（厥）方
	貨系 3790 背　戰國・齊 明/鄘（莒）冶旻（得）
	貨系 3791 背　戰國・齊 明/鄘冶旻（得）
	齊幣 346 背　戰國・齊 明/鄘冶旻（得）
	璽彙 123. 1074　戰國・三晉 侯旻（得）
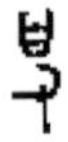	璽彙 208. 2087　戰國・三晉 郄（狄）旻（得）
	璽彙 233. 2393　戰國・三晉 梲（樅）旻（得）
	璽彙 286. 3029　戰國・三晉 周旻（得）
	璽彙 295. 3135　戰國・三晉 旻（得）
	璽彙 333. 3593　戰國・齊 干旻（得）
	璽彙 397. 4339　戰國・三晉 旻（得）結（志）
	陶錄 2・13・1　戰國・齊 闇閉（閒）陸（陳）旻（得）平陵縣廩 豆㪷臧□□
	陶錄 2・13・2　戰國・齊 平墜（陵）陸（陳）旻（得）不□主畚 （釜）

	陶錄 2・14・1　戰國・齊 平墜（陵）陸（陳）旻（得）不□主畚 （釜）
	陶錄 2・15・2　戰國・齊 癗者陸（陳）旻（得）再左里毁京豆
	陶錄 2・305・1　戰國・齊 王毁蔵（苴）里旻（得）
	陶錄 2・306・3　戰國・齊 王毁蔵（苴）里旻（得）
	陶錄 2・478・2　戰國・齊 豆里旻（得）
	陶錄 2・479・1　戰國・齊 豆里旻（得）
	陶錄 2・479・3　戰國・齊 豆里旻（得）
	陶錄 2・480・3　戰國・齊 豆里旻（得）
	陶錄 2・482・4　戰國・齊 豆里旻（得）
	陶錄 2・531・2　戰國・齊 衰子里旻（得）
	陶錄 2・731・5　戰國・齊 旻（得）
	陶錄 2・732・3　戰國・齊 旻（得）
	陶錄 2・733・4　戰國・齊 旻（得）
	陶錄 2・734・6　戰國・齊 旻（得）
	陶錄 5・25・2　戰國・三晉、兩周 □旻（得）□
	陶錄 7・20・1　戰國・待考 □旻（得）

	陶錄 7・5・1　戰國・待考 宋旻（得）
	夕藏 II 07-16-2　戰國・齊 豆里旻（得）
	新齊 0072　戰國・齊 平险（陉）陞（陳）旻（得）
	新齊 0073　戰國・齊 平陸（陉）陞（陳）旻（得）
	新齊 0087　戰國・齊 蒦昜（陽）陞（陳）旻（得）参䌳（牽）
	新齊 0089　戰國・齊 蒦昜（陽）陞（陳）旻（得）参京
	新齊 0093　戰國・齊 蒦昜（陽）陞（陳）旻（得）参朔
	新齊 0096　戰國・齊 蒦昜（陽）陞（陳）旻（得）参□
	新齊 0127　戰國・齊 葉□旻（得）□□
	新齊 0330　戰國・齊 痯者陞（陳）旻（得）再左里𣪘京豆
	新齊 1050　戰國・齊 豆里旻（得）
	新齊 1312　戰國・齊 旻（得）
	新泰齊陶 2002XYY⑤W：17　戰國・齊 □□旻（得）参□
	新泰齊陶 2002XYY⑤W：35　戰國・齊 閶闬陞（陳）旻（得）立紬
	礜編　戰國晚期・中山 監罟又（囿）臣公乘旻（得）守丘

徇

	風過耳 293　戰國・秦 徇邦
	風過耳 294　戰國・秦 徇且

律

	秦印風 169 頁　戰國・秦 夤律

御

	秦印風 67 頁　戰國・秦 趙御
	璽彙 294.3127　戰國・齊 御棱
	新封泥彙 1071　戰國・秦 御羞
	新封泥彙 2078　戰國・秦 御府丞印
	泰山刻石・秦銘刻選　秦代 丞相臣斯、臣去疾、御史夫₌（大夫）臣德昧死言
	繹山刻石・秦銘刻選　秦代 丞相臣斯、臣去疾、御史夫₌（大夫）臣德昧死言
	瑯琊臺刻石・秦銘刻選　秦代 丞相臣斯、臣去疾、御史夫₌（大夫）臣德昧死言
	港續 74.115　戰國・三晉 命（令）狐汻（御）寇
	璽彙 204.2040　戰國・三晉 鄞（董）不迕（御）
	印粹 18.6　戰國・待考 埒迕（御）

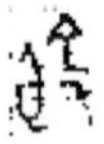	璽彙 185. 1818　戰國・三晉 事（史）馭（御）
	璽彙 207. 2082　戰國・三晉 鄦（魚）馭（御）
	印展 22　戰國・三晉 毛馭（御）厶（私）㚸（璽）
	霝雨・石鼓文・郭集　春秋・秦 徒馭（御）□
	鑾車・石鼓文・郭集　春秋・秦 徒馭（御）孔庶
	車工・石鼓文・郭集　春秋・秦 遳（吾）馬既同
	車工・石鼓文・郭集　春秋・秦 即遨（吾）即時
	吾水・石鼓文・郭集　春秋・秦 遳（吾）其□導（道）
	吳人・石鼓文・郭集　春秋・秦 遳（吾）其□□
	秦印風 198 頁　戰國・秦 御（御）印

徇*

	陶錄 2・50・1　戰國・齊 黍郡巷臧里王徇貽
	新齊 0975　戰國・齊 黍郡巷臧里王徇貽

徆*

	秦印風 200 頁　戰國・秦 贊徆
	秋淵・詛楚文・郭集　戰國・秦 述（遂）取徆（吾）邊城新郢
	秋淵・詛楚文・郭集　戰國・秦 徆（吾）不敢曰"可"
	秋淵・詛楚文・郭集　戰國・秦 以偪（逼）徆（吾）邊競（境）
	巫咸・詛楚文・郭集　戰國・秦 述（遂）取徆（吾）邊城新郢
	巫咸・詛楚文・郭集　戰國・秦 徆（吾）不敢曰"可"
	巫咸・詛楚文・郭集　戰國・秦 以倍〈偪（逼）〉徆（吾）邊競（境）
	亞駝・詛楚文・郭集　戰國・秦 述（遂）取徆（吾）邊城新郢
	亞駝・詛楚文・郭集　戰國・秦 徆（吾）不敢曰"可"
	亞駝・詛楚文・郭集　戰國・秦 以偪（逼）徆（吾）邊競（境）

徝*

	秦新 2417　戰國・秦 徝
	陶錄 6・91・1　戰國・秦 徝
	陶錄 6・91・2　戰國・秦 徝
	陶錄 6・91・4　戰國・秦 徝

徾*

	作原・石鼓文・郭集　春秋・秦 徾=（秩秩）卣（攸）罟

徫*

	侯馬九二：二三　春秋・三晉 群徫（𩏑）明（盟）者

徤*

	璽類 55.7　戰國・楚 郘徤

廷

	秦印風 203 頁　戰國・秦 廷女
	盛世 010　戰國・待考 弫強廷鉨
	新封泥彙 0881　戰國・秦 廷尉之印
	新封泥彙 1183　戰國・秦 中廄廷府
	秦墓石磬　春秋・秦 ……廷鋘（鎮）滯（靖）

延

	陶錄 6・68・6　戰國・秦 延

建

	港印 26　戰國・待考 于建
	秦印風 104 頁　戰國・秦 張建
	秦印風 124 頁　戰國・秦 楊建
	秦印風 178 頁　戰國・秦 楊建
	璽彙 148.1375　戰國・三晉 樂建
	璽彙 177.1720　戰國・三晉 事（史）建
	秦新 1233　戰國・秦 杜建
	陶錄 6・320・3　戰國・秦 □建
	繹山刻石・秦銘刻選　秦代 分土建邦
	璽彙 59.0338　戰國・楚 建昜（陽）識
	璽彙 83.0596　戰國・燕 王建
	璽彙 173.1671　戰國・燕 建昜（陽）
	璽考 92.3　戰國・三晉 建安君

㢟

	璽類 214.2　戰國・三晉 鄆（董）㢟
	印粹 20.1　戰國・三晉 鄆（董）㢟

延

	秦印風 185 頁　戰國・秦 闐延

行

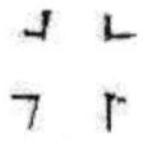	貨系 2462　戰國・趙 南行昜（唐）/兩
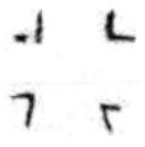	貨系 2463　戰國・趙 南行昜（唐）/十二朱
	貨系 2531 背　戰國・齊 節（即）䍐（墨）之夻（大）𠂤（刀）/大行
	貨系 2532 背　戰國・齊 節（即）䍐（墨）之夻（大）𠂤（刀）/大行
	貨系 2622 背　戰國・齊 齊夻（大）𠂤（刀）/行
	貨系 2623 背　戰國・齊 齊夻（大）𠂤（刀）/行
	齊幣 43 背　戰國・齊 節（即）䍐（墨）之夻（大）𠂤（刀）/大行
	齊幣 45 背　戰國・齊 節（即）䍐（墨）之夻（大）𠂤（刀）/大行
	書璽 1487　戰國・待考 士行
	璽彙 253. 2630　戰國・楚 行𤕫（臧）
	璽彙 283. 2987　戰國・三晉 賈行
	璽彙 427. 4694　戰國・待考 行□
	璽彙 433. 4766　戰國・三晉 正行亡（無）曲
	周選 45. 2　戰國・待考 行
	秦新 131　戰國・秦 行
	陶錄 2・704・3　戰國・齊 行
	陶錄 2・704・6　戰國・齊 行
	陶錄 2・705・3　戰國・齊 行
	陶錄 2・707・5　戰國・齊 行
	陶錄 6・143・1　戰國・秦 咸行
	陶錄 6・143・2　戰國・秦 咸行
	陶錄 6・143・3　戰國・秦 行
	陶錄 6・187・1　戰國・秦 將行內者
	法書全集　戰國晚期・中山 □行與趙子匽吉
	侯馬三：二二　春秋・三晉 見之行[道]
	侯馬一九四：一二　春秋・三晉 見之行道
	侯馬一〇五：二　春秋・三晉 中行寅
	侯馬一五六：二〇　春秋・三晉 寓（遇）之行道弗殺
	秦駰玉版研究　戰國・秦 若明神不□丌（其）行而無辠（罪）□友□

術

	秦印風 225 頁　戰國・秦 陳術

街

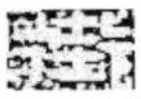	秦印風 37 頁　戰國・秦 街鄉

衛

	鑒菁 1.1　戰國・楚 篙（筑）邦衞（率）鉨（璽）
	秋淵・詛楚文・郭集　戰國・秦 衛（率）者（諸）侯之兵
	巫咸・詛楚文・郭集　戰國・秦 衛（率）者（諸）侯之兵
	亞駝・詛楚文・郭集　戰國・秦 衛（率）者（諸）侯之兵

衞

	秦印風 164 頁　戰國・秦 尤衞
	秦印風 99 頁　戰國・秦 趙衞□
	璽彙 145.1334　戰國・燕 衞陞（防）
	璽彙 145.1339　戰國・燕 衞生肖
	陶錄 6・288・1　戰國・秦 衞
	陶錄 6・288・2　戰國・秦 衞

齒

	二十 79. 二-SP-0192　戰國・齊 宎齒
	風過耳 263　戰國・秦 番齒
	璽彙 110.0912　戰國・三晉 肖（趙）齒
	璽彙 220.2239　戰國・齊 郿齒忏（信）鉨（璽）
	璽彙 224.2288　戰國・燕 範齒
	璽彙 365.3964　戰國・燕 西方齒
	玉存 12.65　戰國・楚 齒訢
	珍戰 42　戰國・三晉 椁（郭）齒
	秦駰玉版研究　戰國・秦 請□□用牛羲（犧）貳、丌（其）齒七

齮

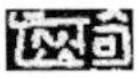	秦印風 160 頁　戰國・秦 公孫齮

齰

	秦印風 153 頁　戰國・秦 齰
	盛世 158　戰國・待考 趙齰私印

齝

	陶錄 2・92・2　戰國・齊 繇巷大匋（陶）里犲（齝）
	陶錄 2・92・3　戰國・齊 繇巷大匋（陶）里犲（齝）

齕

	璽彙 113.0956　戰國・三晉 肖（趙）齕

⿰齒善*

	陶錄 6・21・3　戰國・秦 咸郿里⿰齒善
	陶錄 6・21・4　戰國・秦 咸郿里⿰齒善

牙

	璽彙 68.0412　戰國・三晉 王牙
	璽彙 242.2503　戰國・三晉 韡牙
	秦新 1446　戰國・秦 闌陵居貲便里不更牙
	陶錄 2・92・1　戰國・齊 繇巷大匋（陶）里牙
	陶錄 5・111・4　戰國・三晉、兩周 □牙
	陶錄 5・14・1　戰國・三晉、兩周 亞牙
	陶錄 6・293・1　戰國・秦 闌陵居貲便里不更牙

犄

	風過耳 155　戰國・秦 楊犄
	璽彙 499.5528　戰國・待考 犄

⿰牙四*

	陶錄 6・159・5　戰國・秦 ⿰牙四

足

	璽彙 113.0946　戰國・三晉 肖（趙）足
	玉萃 26.4　戰國・待考 卂足
	侯馬九六：九　春秋・三晉 足……
	秦駰玉版研究　戰國・秦 已吾复（腹）心以下至于足□之病
	侯馬三：二〇　春秋・三晉 踐（足）丌（其）新君弟孫=（子孫）
	侯馬探八②：二　春秋・三晉 比愍（恣）、比癲、欧（足）及丌（其）新君弟孫
	侯馬一七九：一四　春秋・三晉 比愍（恣）、比癲、郙詨……欧（足）之孫=（子孫）
	侯馬一五六：二六　春秋・三晉 比愍、比癲、欧（足）及丌（其）新君弟孫=（子孫）
	侯馬一五六：二五　春秋・三晉 踐（足）及丌（其）新君弟孫=（子孫）
	侯馬一五六：一九　春秋・三晉 欧（足）及新君弟孫=（子孫）
	侯馬三：二三　春秋・三晉 踐（足）及丌（其）新君[弟子孫]
	侯馬一五六：二八　春秋・三晉 踐（足）及丌（其）新[弟子孫]
	侯馬一五六：二二　春秋・三晉 踐（足）及新君[弟]孫=（子孫）阩（升）

	侯馬一五六：二三　春秋・三晉 踐（足）及丌（其）孫=（子孫）
	侯馬一五六：二一　春秋・三晉 踐（足）及新君弟孫=（子孫）

踦

	璽彙 174.1684　戰國・三晉 奇踦

跪

	璽彙 94.0724　戰國・燕 長跪
	璽彙 134.1203　戰國・三晉 牛跪
	璽彙 203.2034　戰國・三晉 郠（董）跪
	璽彙 350.3784　戰國・三晉 㱾（司馬）跪

路

	秦印風 117 頁　戰國・秦 路敁（鬘）
	秦印風 155 頁　戰國・秦 路
	秦印風 72 頁　戰國・秦 路夫
	秦印風 156 頁　戰國・秦 路得
	璽彙 25.0148　戰國・齊 路右攻（工）币（師）
	秦駰玉版研究　戰國・秦 路車四馬
	集釋 279.3　戰國・三晉 洛（路）身角
	璽彙 57.0328　戰國・齊 尚（掌）洛（路）鉩（璽）

蹙

	集釋 271.8　戰國・三晉 司寇壓（蹙）
	璽彙 122.1059　戰國・三晉 肖（趙）壓（蹙）

蹕*

	秦印風 117 頁　戰國・秦 王蹕

疋

	貨系 1951　戰國・待考 烏疋
	三晉 78　戰國・待考 烏疋
	三晉 78　戰國・待考 烏疋
	三晉 78　戰國・待考 烏疋
	璽彙 8.0045　戰國・三晉 疋茖㱾（司馬）
	璽彙 190.1871　戰國・三晉 郪（史）疋
	璽彙 305.3260　戰國・三晉 疋（胥）于甘
	珍戰 138　戰國・待考 古疋

	陶錄 4・13・1　戰國・燕 左匋（陶）看（尹）饚疋哭鍴左匋（陶）……□匋（陶）攻（工）臃
	陶錄 4・16・3　戰國・燕 ……饚疋哭鍴□湯敀國
	陶錄 4・8・1　戰國・燕 左匋（陶）看（尹）饚疋哭鍴左匋（陶）倈湯敀國左匋（陶）攻（工）敨（造）
	陶錄 5・14・3　戰國・三晉、兩周 芋疋
	陶錄 7・1・4　戰國・待考 □疋□

臬

	璽彙 143.1308　戰國・三晉 成臬

龠

	二十 18. 二-SY-0090　戰國・楚 龠容

龢

	秦墓石磬　春秋・秦 ……煌龢盄（淑）
	秦墓石磬　春秋・秦 允龢又（有）靇（靈）殸（磬）

冊

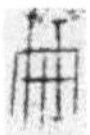	貨系 229　戰國・周王畿 冊
	貨系 230　戰國・周王畿 冊
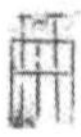	先秦編 95　戰國・周王畿 冊

嗣

	秋淵・詛楚文・郭集　戰國・秦 又（有）秦嗣王
	泰山刻石・秦銘刻選　秦代 陲（垂）于後嗣
	巫咸・詛楚文・郭集　戰國・秦 又（有）秦嗣王
	繹山刻石・秦銘刻選　秦代 如後嗣爲之者

卷三

嚣

	璽彙 28.0164　戰國・楚 葙（湘）坙（陵）莫嚣（敖）
	璽考 322.1　戰國・楚 若嚣（敖）𠱩鉩（璽）

器

	二十 140.二-GP-0011　戰國・待考 朱器
	秦印風 35 頁　戰國・秦 市器
	璽彙 123.1069　戰國・三晉 肖動器容一斗
	璽彙 519.5707　戰國・秦 王戎兵器
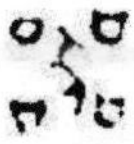	璽類 66.4　戰國・韓 滎陽倉器
	璽通 62.88　戰國・三晉 陽成（城）㾰（倉）器
	新封泥彙 2146　戰國・秦 御府器府
	秦新 1377　戰國・秦 咸亭當柳昌器
	秦新 1528　戰國・秦 咸亭完里丹器
	秦新 1529　戰國・秦 咸亭□里祿器
	秦新 1531　戰國・秦 咸亭郿里芮器
	秦新 1534　戰國・秦 咸亭完里丹器
	秦新 1681　戰國・秦 咸亭完里丹器
	秦新 1806　戰國・秦 咸亭東里倕器
	秦新 1807　戰國・秦 咸亭完里丹器
	秦新 2838　戰國・秦 咸亭完里丹器
	陶錄 5・42・1　戰國・三晉、兩周 陽城㾰（倉）器
	陶錄 5・43・1　戰國・三晉、兩周 陽城㾰（倉）器
	陶錄 5・43・2　戰國・三晉、兩周 陽城㾰（倉）器
	陶錄 5・43・4　戰國・三晉、兩周 陽城㾰（倉）器
	陶錄 5・44・1　戰國・三晉、兩周 陽城㾰（倉）器
	陶錄 5・60・3　戰國・三晉、兩周 朱器
	陶錄 6・12・1　戰國・秦 咸亭㒸陽醜器
	陶錄 6・3・1　戰國・秦 咸亭沙壽□器

	陶錄 6·3·3　戰國·秦 咸亭沙里榮器
	陶錄 6·4·1　戰國·秦 咸亭陽安吉器
	陶錄 6·4·3　戰國·秦 咸亭陽安騂器
	陶錄 6·5·3　戰國·秦 咸陽涇里忿器
	陶錄 6·5·4　戰國·秦 咸陽涇里忿器
	陶錄 6·6·1　戰國·秦 咸亭當柳恚器
	陶錄 6·7·4　戰國·秦 咸亭右里道器
	陶錄 6·8·1　戰國·秦 咸亭郿里絭器

舌

	陶錄 4·35·4　戰國·燕 匋（陶）攻（工）舌

干

	貨系 3442　戰國·燕 左干
	錢典 333　戰國·趙 干闘（關）
	秦印風 220 頁　戰國·秦 干欺
	璽彙 333.3593　戰國·齊 干㝵（得）
	秦新 2539　戰國·秦 干左

	陶錄 4·53·4　戰國·燕 匋（陶）攻（工）干
	陶錄 4·63·1　戰國·燕 匋（陶）攻（工）干

谷

	陶錄 2·560·4　戰國·齊 東酷里坴谷丘惌

㕯

	璽彙 207.2077　戰國·三晉 鄡（焦）㕯

商

	集釋 249.1　戰國·三晉 商沽
	秦印風 189 頁　戰國·秦 商忌
	秦印風 51 頁　戰國·秦 周商
	新封泥彙 0675　戰國·秦 商印
	樂只 12.1　戰國·楚 春商
	秦新 2626　戰國·秦 咸商里宣
	秦新 3302　戰國·秦 商
	陶錄 2·398·1　戰國·齊 丘齊鈖（盆）里王商
	陶錄 2·398·2　戰國·齊 丘齊鈖（盆）里王商

	陶録 6・461・1　戰國・秦 商昌
	陶録 6・51・1　戰國・秦 咸商里若
	秦墓石磬　春秋・秦 瀟=（瀟瀟）氒（厥）商

句

	貨系 276　戰國・周王畿 句
	貨系 415　戰國・周王畿 句
	璽彙 59.0340　戰國・三晉 句（穀）丘關
	璽彙 87.0644　戰國・齊 王句椒
	璽彙 379.4130　戰國・燕 肖（趙）上・厶（私）句
	璽考 317.5　戰國・楚 夏句（后）克
	陶録 5・3・1　戰國・三晉、兩周 馬句
	陶録 5・3・2　戰國・三晉、兩周 馬句
	秦駰玉版研究　戰國・秦 句（苟）令小子駰之病日复

拘

	秋淵・詛楚文・郭集　戰國・秦 拘圉其叔父
	巫咸・詛楚文・郭集　戰國・秦 拘圉其叔父
	亞駝・詛楚文・郭集　戰國・秦 拘圉其叔父

笱

	秦印風 180 頁　戰國・秦 笱康
	秦印風 186 頁　戰國・秦 王笱
	秦印風 223 頁　戰國・秦 丙笱
	秦印風 68 頁　戰國・秦 笱競

鉤

	鶴廬 64.2　戰國・待考 王釚（鉤）
	璽彙 497.5503　戰國・楚 鉛（鉤）

丩

	貨系 3385 背　戰國・燕 明/左丩
	貨系 46 背　戰國・周王畿 少曲市南/丩
	陶録 2・112・1　戰國・齊 繇巷大匋（陶）里丩
	陶録 2・113・1　戰國・齊 繇巷大匋（陶）里丩
	新齊 0210　戰國・齊 陳丩立事丁

堵*

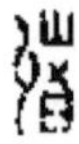	璽彙 151.1410　戰國・三晉 宋堵

古

	貨系 3262　戰國・燕 中古
	貨系 435　戰國・周王畿 古
	港續 123.214　戰國・待考 古
	璽彙 459.5050　戰國・待考 古
	珍戰 138　戰國・待考 古疋
	陶錄 4・141・1　戰國・燕 古
	陶錄 4・141・2　戰國・燕 古
	陶錄 4・167・1　戰國・燕 古
	陶錄 6・453・1　戰國・秦 古
	陶錄 6・89・1　戰國・秦 古
	陶錄 6・89・2　戰國・秦 古
	陶錄 6・89・3　戰國・秦 古
	陶錄 6・89・5　戰國・秦 古
	而師・石鼓文・郭集　春秋・秦 古我來□
	雙劍誃　戰國・待考 古（姑）先（洗）齊厚左十
	雙劍誃　戰國・待考 古（姑）先（洗）右六
	繹山刻石・秦銘刻選　秦代 自泰古始

十

	貨系 1165 背　戰國・三晉 平州/十六
	貨系 2447 背　戰國・趙 藺（離）石/五十
	貨系 2467 背　戰國・趙 下邮（曲）陽/十一•十二朱
	貨系 2470 背　戰國・趙 上專（博）/十二朱
	貨系 2506 背　戰國・齊 齊之夻（大）屄（刀）/十
	貨系 94　戰國・周王畿 十
	齊幣 276 背　戰國・齊 齊返邦張（長）夻（大）屄（刀）/十□
	虹印 63　戰國・齊 十四年十一月帀（師）紹
	虹印 63　戰國・齊 十四年十一月帀（師）紹
	秦新 1762　戰國・秦 十
	秦新 1767　戰國・秦 十

	陶錄 1・37・1　戰國以前・待考 十
	陶錄 4・2・1　戰國・燕 十六年十月左匋（陶）看（尹）倈臘毀 相室左匋（陶）攻（工）剸
	陶錄 4・9・4　戰國・燕 十八年十二月右匋（陶）看（尹）倈敔 毀戢
	陶錄 6・177・2　戰國・秦 十七
	陶錄 6・177・3　戰國・秦 十八
	陶錄 6・177・4　戰國・秦 十九
	陶錄 6・182・3　戰國・秦 六十
	陶錄 6・182・4　戰國・秦 十六
	秋淵・詛楚文・郭集　戰國・秦 而兼倍十八世[之]詛盟
	溫縣簡報 T1 坎 1：3802　春秋・三晉 十五年
	溫縣簡報 T1 坎 1：4499　春秋・三晉 十五年
	新出研 WT1　K1：3858　春秋・三晉 十二月

千

	貨系 2732　戰國・中山 千
	貨系 3124　戰國・燕 中千
	貨系 3331　戰國・燕 左千
	貨系 3332　戰國・燕 左千
	先秦編 479　戰國・燕 千
	風過耳 336　戰國・秦 千金
	風過耳 375　戰國・秦 千金
	秦印風 249 頁　戰國・秦 千歲
	璽彙 172.1658　戰國・齊 番厶（私）千（信）
	璽彙 323.3466　戰國・燕 □□・千萩（秋）
	璽彙 405.4431　戰國・三晉 千秋
	璽彙 406.4441　戰國・三晉 千秋
	璽彙 407.4454　戰國・待考 千秋
	璽彙 409.4475　戰國・燕 千丏（萬）
	璽彙 430.4736　戰國・三晉 又（有）千萬
	璽彙 431.4743　戰國・三晉 千百牛
	璽彙 431.4746　戰國・三晉 千百牛
	璽彙 435.4794　戰國・待考 宜又（有）千萬
	璽彙 445.4910　戰國・三晉 千羊百牛

	璽通 43.37　戰國・三晉 千秋百萬昌
	續齊 44.1　戰國・待考 千丏（萬）
	珍戰 220　戰國・待考 千牛
	周選 50.1　戰國・待考 又（有）千白（百）萬
	陶錄 4・198・4　戰國・燕 八千
	陶錄 6・104・5　戰國・秦 千
	陶錄 6・171・2　戰國・秦 千
	陶錄 6・282・4　戰國・秦 千
	陶錄 6・282・5　戰國・秦 千

肸

	陶錄 4・30・2　戰國・燕 左宮肸

博

	虹印 89　戰國・待考 邴博
	璽彙 187.1837　戰國・三晉 事（史）博
	篆彙 194.5　戰國・待考 司馬博
	陶錄 6・295・2　戰國・秦 博昌去疾
	陶錄 6・296・1　戰國・秦 博昌居此（貲）□里不更余

廿

	貨系 2381 背　戰國・趙 閃（藺）/廿
	貨系 2384 背　戰國・趙 閃（藺）/廿二
	貨系 2387 背　戰國・趙 閃（藺）/廿四
	貨系 2392 背　戰國・趙 閃（藺）/廿九
	貨系 2443 背　戰國・趙 蘺（離）石/廿七
	貨系 2473 背　戰國・趙 梠/廿・兩
	貨系 3380 背　戰國・燕 明/左廿
	燕下都 223 背　戰國・趙 西都/廿
	燕下都 223 背　戰國・趙 晉昜（陽）/廿八
	秦新 1772　戰國・秦 廿
	秦新 1773　戰國・秦 廿三
	秦新 1917　戰國・秦 右廿六
	秦新 493　戰國・秦 廿
	秦新 496　戰國・秦 廿

	秦新 934　戰國・秦 廿
	繹山刻石・秦銘刻選　秦代 廿有六年

卅

	貨系 2393 背　戰國・趙 閔（藺）/卅
	貨系 2395 背　戰國・趙 閔（藺）/卅二
	貨系 2398 背　戰國・趙 閔（藺）/卅六
	貨系 2400 背　戰國・趙 閔（藺）/卅六
	貨系 2401 背　戰國・趙 閔（藺）/卅七
	貨系 2403 背　戰國・趙 閔（藺）/卅八
	燕下都 208 背　戰國・趙 俎（茲）氏半/卅一
	燕下都 221 背　戰國・趙 平匋/卅一
	秦新 500　戰國・秦 卅
	陶錄 1・70・4　戰國以前・待考 卅
	會稽刻石・秦銘刻選　秦代 卅有七年
	作原・石鼓文・郭集　春秋・秦 爲卅里

世

	秦駰玉版研究　戰國・秦 周世既叟（沒）
	秋淵・詛楚文・郭集　戰國・秦 而兼倍十八世[之]詛盟
	亞駝・詛楚文・郭集　戰國・秦 而兼倍十八世之詛盟
	繹山刻石・秦銘刻選　秦代 世無萬數

言

	貨系 1376　戰國・魏 言（圁）昜（陽）二釿
	貨系 1378　戰國・魏 言（圁）昜（陽）一釿
	貨系 1389　戰國・魏 言（圁）半釿
	貨系 3998　戰國・趙 言（圁）刀
	貨系 3999　戰國・趙 言（圁）刀
	貨系 4000　戰國・趙 言（圁）刀
	貨系 4001　戰國・趙 言（圁）刀
	貨系 4002　戰國・趙 言（圁）刀
	秦印風 252 頁　戰國・秦 慎言敬原
	璽彙 290. 3076　戰國・三晉 言尚

	璽彙 303.3231　戰國・楚 言維
	璽彙 315.3375　戰國・三晉 □言
	珍戰 204　戰國・三晉 言身（信）
	侯馬六七：二　春秋・三晉 敢不逵（率）從此明（盟）質之言
	侯馬六七：二〇　春秋・三晉 敢不從此明（盟）質之言
	侯馬六七：四七　春秋・三晉 [盟質]之言
	侯馬六七：四四　春秋・三晉 不逵（率）從此明（盟）質之言
	侯馬六七：五六　春秋・三晉 敢不逵（率）[從]此明（盟）質之言
	泰山刻石・秦銘刻選　秦代 丞相臣斯、臣去疾、御史夫₌（大夫）臣德昧死言

語

	璽彙 190.1878　戰國・三晉 和誋（語）痯
	璽彙 291.3083　戰國・三晉 五帣（帯）誋（語）

談

	陶錄 2・228・2　戰國・齊 蒦圆匋（陶）里人談
	陶錄 2・229・1　戰國・齊 蒦圆匋（陶）里人談
	陶錄 2・229・2　戰國・齊 蒦圆匋（陶）里人談
	陶錄 2・229・3　戰國・齊 蒦圆匋（陶）里人談
	陶錄 6・152・1　戰國・秦 談留
	陶錄 6・152・3　戰國・秦 談留

謂

	吾水・石鼓文・郭集　春秋・秦 公謂大□

請

	新封泥彙 1762　戰國・秦 請璽
	新封泥彙 1764　戰國・秦 請璽
	泰山刻石・秦銘刻選　秦代 臣昧死請
	繹山刻石・秦銘刻選　秦代 臣昧死請

謁

	新封泥彙 0895　戰國・秦 西方謁者
	新封泥彙 0896　戰國・秦 西方謁者
	礜編　戰國晚期・中山 敢謁後尗（淑）賢者

許

	風過耳 046　戰國・秦 許手

	秦印風 230 頁　戰國・秦 許昌
	陶錄 6・409・4　戰國・秦 許市
	璽彙 163.1546　戰國・三晉 孫詃（許）
	璽類 78.3　戰國・三晉 事（史）詃（許）

讎

	風過耳 177　戰國・秦 張讎
	秦印風 101 頁　戰國・秦 張讎
	陶錄 2・178・1　戰國・齊 東蒦圆讎
	陶錄 2・178・2　戰國・齊 東蒦圆讎
	新齊 0908　戰國・齊 東蒦圆讎
	新齊 0909　戰國・齊 東蒦圆讎

諸

	陶錄 6・350・2　戰國・秦 諸侯黔首[大安]
	陶錄 6・355・4　戰國・秦 諸[侯]
	陶錄 6・356・1　戰國・秦 諸侯黔首[大安]
	陶錄 6・364・3　戰國・秦 諸侯黔首大安
	陶錄 6・364・4　戰國・秦 諸侯黔首[大安]
	陶錄 6・366・1　戰國・秦 諸侯黔首大安
	陶錄 6・376・1　戰國・秦 廿六年[皇帝盡]并兼天下，諸[侯黔首大安]
	陶錄 6・473・2　戰國・秦 [侯]黔[首大安]

誦

	會稽刻石・秦銘刻選　秦代 從臣誦烈
	繹山刻石・秦銘刻選　秦代 群臣誦略

訓

	鶴廬 116.5　戰國・待考 訓（順）
	璽彙 220.2236　戰國・楚 □訓
	璽彙 295.3130　戰國・楚 競（景）訓
	璽考 216.8　戰國・楚 肖（趙）訓

諭

	侯馬八六：一　春秋・三晉 敢諭（偷）出入于趙尼[之所]
	侯馬七九：一　春秋・三晉 敢諭（偷）……
	侯馬三：二一　春秋・三晉 敢諭（偷）出入于趙尼之所

	侯馬一五六：二六　春秋・三晉 敢諭（偷）出[入]

闇

	秦新 2632　戰國・秦 咸亭闇里馮器
	陶録 2・13・1　戰國・齊 闇閒（間）陸（陳）旻（得）平陵縣廩豆稻臧□□
	陶録 6・51・3　戰國・秦 咸闇里晐
	新齊 0081　戰國・齊 闇閒（間）陸（陳）旻（得）立繮
	新齊 0082　戰國・齊 闇閒（間）陸（陳）旻（得）立牓
	新泰齊陶 2002XYY⑤W：35　戰國・齊 闇閒陸（陳）旻（得）立繙
	新泰齊陶 2002XYY⑤W：41　戰國・齊 闇閒（間）□旻（得）立牓

謀

	會稽刻石・秦銘刻選　秦代 内飾詐謀

識

	秦印風 128 頁　戰國・秦 李不識
	秦印風 180 頁　戰國・秦 不識
	璽彙 59.0338　戰國・楚 建昜（陽）識

謹

	璽彙 116.0983　戰國・三晉 肖（趙）謹
	璽彙 139.1266　戰國・三晉 辛謹
	璽彙 201.2006　戰國・三晉 鄆（董）謹
	陶録 4・204・2　戰國・燕 謹
	陶録 5・20・3　戰國・三晉、兩周 郾謹

信

	先秦編 610　戰國・秦 文信
	先秦編 620 背　戰國・秦 文/文信/文信/□
	鶴廬 83.3　戰國・待考 倀信
	秦印風 155 頁　戰國・秦 信
	秦印風 245 頁　戰國・秦 中（忠）信
	璽彙 32.0191　戰國・燕 剛险（陰）都信匽（㫩）左
	璽彙 304.3248　戰國・燕 者信
	秦印風 245 頁　戰國・秦 中（忠）信
	秦新 1612　戰國・秦 咸鄙里信

	璽彙 134.1201　戰國・楚 周午訐（信）
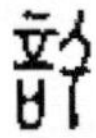	璽彙 172.1664　戰國・楚 訐（信）士
	璽彙 197.1954　戰國・齊 郐（徐）腊訐（信）鉨（璽）
	璽彙 342.3703　戰國・楚 周□訐（信）鉨（璽）
	璽彙 478.5283　戰國・待考 訐（信）
	璽彙 479.5287　戰國・齊 訠（信）
	璽彙 517.5685　戰國・燕 王生訠（信）
	璽類 71.15　戰國・燕 訠（信）鉨（璽）
	泥集 5.19　戰國・趙 誫（信）巻（垸）

誠

	秦印風 241 頁　戰國・秦 中精外誠
	秦印風 241 頁　戰國・秦 中精外誠
	會稽刻石・秦銘刻選　秦代 男女絜（潔）誠

諱

	侯馬六七：三八　春秋・三晉 不諱自今㠯（以）坓（往）

誥

	陶錄 4・40・1　戰國・燕 匋（陶）攻（工）𢍢（誥）

詔

	秦印風 32 頁　戰國・秦 詔發
	新封泥彙 2265　戰國・秦 詔事丞印
	陶錄 6・357・1　戰國・秦 [乃]詔[丞相]
	陶錄 6・360・2　戰國・秦 [乃]詔丞相
	陶錄 6・361・1　戰國・秦 乃詔丞相狀綰灋度[量則]
	陶錄 6・372・2　戰國・秦 乃詔丞相狀綰灋度量則
	陶錄 6・378・1　戰國・秦 乃詔丞相
	陶錄 6・472・1　戰國・秦 乃詔丞[相]
	侯馬探八②：二　春秋・三晉 詔（邵）𡋲（型）之孫=（子孫）
	侯馬一七九：一三　春秋・三晉 詔（邵）𡍬（型）及丌（其）孫=（子孫）
	瑯琊臺刻石・秦銘刻選　秦代 臣請具刻詔書金石刻因明白矣
	繹山刻石・秦銘刻選　秦代 戎臣奉詔

詁

	鶴廬 68.3　戰國・燕 雎詁
	璽彙 102.0824　戰國・燕 長詁・千萩（秋）
	璽彙 137.1243　戰國・燕 喬詁

諫

	秦範卷三 30.6　戰國・三晉 王諫
	璽彙 116.0985　戰國・三晉 肖（趙）諫
	璽類 73.5　戰國・三晉 賈諫

訢

	秦範卷二 35.8　戰國・燕 訢閔湏
	璽彙 357.3867　戰國・燕 公孫訢
	陶錄 4・36・1　戰國・燕 匋（陶）攻（工）訢
	陶錄 4・36・2　戰國・燕 匋（陶）攻（工）訢
	陶錄 4・36・3　戰國・燕 匋（陶）攻（工）訢

說

	港印 43　戰國・三晉 宗說
	璽彙 102.0822　戰國・三晉 長說（說）
	璽彙 225.2293　戰國・三晉 莧說（說）

計

	璽彙 24.0138　戰國・楚 計官之鉩（璽）
	璽彙 24.0140　戰國・楚 計官之鉩（璽）
	璽彙 245.2534　戰國・楚 計坪

諉

	陶錄 6・105・2　戰國・秦 諉

詡

	秦印風 150 頁　戰國・秦 詡
	秦印風 185 頁　戰國・秦 馬適詡

諓

	璽考 203.6　戰國・楚 臧（臧）諓

護

	風過耳 183　戰國・秦 張護
	陶錄 7・12・3　戰國・待考 護貞帛

譽

	璽考 322.10　戰國・三晉 奻竘舉（譽）
	陶錄 2・435・1　戰國・齊 塙閱（間）豆里人匋（陶）者曰舉（譽）
	陶錄 2・615・4　戰國・齊 城圖譽（譽）
	陶錄 2・616・1　戰國・齊 城圖譽（譽）
	陶錄 2・616・2　戰國・齊 城圖譽（譽）
	陶錄 2・616・4　戰國・齊 城圖譽（譽）
	陶錄 2・617・1　戰國・齊 城圖譽（譽）
	陶錄 2・618・2　戰國・齊 城圖譽（譽）
	陶錄 2・618・3　戰國・齊 城圖譽（譽）
	陶錄 2・618・4　戰國・齊 城圖譽（譽）
	夕藏 II 02-8-1　戰國・齊 城圖譽（譽）
	新齊 0525　戰國・齊 城圖譽（譽）

謝

	秦印風 83 頁　戰國・秦 謝季

訝

	陶錄 2・133・2　戰國・齊 大匋（陶）里迓
	陶錄 2・133・4　戰國・齊 大匋（陶）里迓
	陶錄 2・196・4　戰國・齊 蒦圆匋（陶）里人迓
	陶錄 2・361・2　戰國・齊 闢（關）里人曰迓
	陶錄 2・361・3　戰國・齊 闢（關）里人曰迓
	陶錄 2・440・4　戰國・齊 豆里迓
	陶錄 2・442・1　戰國・齊 豆里迓
	陶錄 2・442・4　戰國・齊 豆里迓
	陶錄 2・444・4　戰國・齊 豆里迓
	陶錄 2・550・2　戰國・齊 孟常匋（陶）里人迓
	陶錄 2・659・1　戰國・齊 蒦圆匋（陶）里人迓
	陶錄 2・667・3　戰國・齊 孟常匋（陶）里人迓
	陶錄 2・701・5　戰國・齊 ……迓
	陶錄 4・204・1　戰國・燕 比迓
	陶錄 4・44・3　戰國・燕 匋（陶）攻（工）迓

	夕藏 II 07-21-1 戰國・齊 豆里迓
	夕藏 II 07-21-2 戰國・齊 豆里迓
	夕藏 II 07-21-5 戰國・齊 豆里迓
	夕藏 II 07-5-1 戰國・齊 塙閱（閭）里迓
	新齊 0852 戰國・齊 蒦圆匋（陶）里人迓
	新齊 1123 戰國・齊 豆里迓
	新齊 1124 戰國・齊 豆里迓
	新齊 1125 戰國・齊 豆里迓
	新齊 1126 戰國・齊 豆里迓
	新齊 1127 戰國・齊 豆里迓
	新齊 1128 戰國・齊 豆里迓
	新齊 1129 戰國・齊 豆里迓
	新齊 1132 戰國・齊 豆里迓
	新齊 1174 戰國・齊 孟常匋（陶）里人迓

講

	風過耳 120 戰國・秦 王講
	秦印風 172 頁 戰國・秦 郭講
	秦印風 54 頁 戰國・秦 王講

譊

	二十 11. 二-SY-0020 戰國・三晉 肖（趙）譊
	秦範卷三 30.7 戰國・三晉 王譊
	秦印風 166 頁 戰國・秦 譊姊
	秦印風 47 頁 戰國・秦 宋譊之印
	璽彙 102.0821 戰國・三晉 長譊
	璽彙 116.0987 戰國・三晉 肖（趙）譊
	璽彙 184.1803 戰國・三晉 事（史）譊
	陶錄 5・19・4 戰國・三晉、兩周 賦譊

謷

	風過耳 229 戰國・秦 謷
	風過耳 252 戰國・秦 □謷

詑

	賓釋 戰國・三晉 陽成詑

	璽彙 367.3978　戰國・三晉 窹（空桐）訑

詛

	侯馬一〇五：一　春秋・三晉 ……詛蠱……
	秋淵・詛楚文・郭集　戰國・秦 而兼倍十八世[之]詛盟
	秋淵・詛楚文・郭集　戰國・秦 敢數楚王熊相之倍盟犯詛
	巫咸・詛楚文・郭集　戰國・秦 而兼倍十八世之詛盟
	巫咸・詛楚文・郭集　戰國・秦 敢數楚王熊相之倍盟犯詛
	亞駝・詛楚文・郭集　戰國・秦 而兼倍十八世之詛盟
	亞駝・詛楚文・郭集　戰國・秦 敢數楚王熊相之倍盟犯詛

誖

	會稽刻石・秦銘刻選　秦代 殄熄暴悖
	侯馬一：五九　春秋・三晉 譒（誖）敢不閛（披）丌（其）復（腹）心台（以）[事其主]

䜌

	璽彙 245.2535　戰國・三晉 䜌（欒）紿
	璽彙 245.2539　戰國・楚 䜌（欒）敢
	璽類 75.4　戰國・待考 䜌（欒）□
	篆彙 1690.1　戰國・待考 伯䜌氏
	秦墓石磬　春秋・秦 寵（肇）尃（敷）䜌（蠻）

註

	陶錄 2・157・1　戰國・齊 䌛巷東匋（陶）里註
	陶錄 2・157・2　戰國・齊 䌛巷東匋（陶）里註
	新齊 0949　戰國・齊 䌛巷東圖里註
	新齊 0950　戰國・齊 䌛巷東圖里註

譆

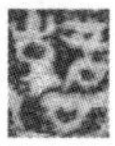	夕藏 II 05-68-1　戰國・齊 大蒦圆匋（陶）者譆

詯

	璽彙 267.2801　戰國・燕 [illegible]（南郭）詯

講

	秦印風 135 頁　戰國・秦 趙講
	璽彙 184.1804　戰國・三晉 事（史）講

讙

	風過耳 235　戰國・秦 讙

	秦印風 150 頁　戰國・秦 謹
	秦印風 220 頁　戰國・秦 顔謹

誤

	秦印風 193 頁　戰國・秦 王誤

訬

	璽彙 77.0515　戰國・三晉 王訬
	璽彙 205.2051　戰國・三晉 郢訬

詐

	會稽刻石・秦銘刻選　秦代 內飾詐謀

讘

	璽彙 79.0545　戰國・燕 王聑（讘）

訶

	璽彙 262.2741　戰國・三晉 盇訶

訏

	璽彙 245.2532　戰國・齊 訏絵

諯

	風過耳 034　戰國・秦 韓諯
	璽彙 307.3276　戰國・三晉 繇諯

讓

	璽彙 184.1799　戰國・三晉 事（史）讓
	璽彙 296.3151　戰國・三晉 □讓
	璽考 288.6　戰國・三晉 長讓
	璽類 451.8　戰國・待考 奭讓
	陶錄 6・448・1　戰國・秦 □讓
	陶錄 6・448・3　戰國・秦 □讓

譙

	吉璽 10.52　戰國・待考 監譙
	璽彙 125.1091　戰國・三晉 侯譙
	璽彙 152.1419　戰國・三晉 宋譙
	璽彙 173.1668　戰國・燕 昜（陽）譙
	璽彙 184.1800　戰國・三晉 事（史）譙

誶

	璽彙 482.5332　戰國・燕 誶

詘

	風過耳 316　戰國・秦 詘印

誅

	會稽刻石・秦銘刻選　秦代 義威誅之
	玉萃 19.2　戰國・楚 戝（誅）磿膉

討

	繹山刻石・秦銘刻選　秦代 討伐亂逆

詬

	璽彙 46.0274　戰國・楚 詢（詬）里進鉨（璽）
	璽類 77.10　戰國・待考 竒詢（詬）

諜

	秦印風 94 頁　戰國・秦 楊諜

詎

	璽彙 478.5282　戰國・燕 詎

訙*

	璽彙 33.0194　戰國・齊 詹（譫）訙㲉鉨（璽）
	璽類 76.10　戰國・三晉 𤔲₌（司馬）訙
	璽類 76.9　戰國・待考 訙官都

試*

	秦新 1894　戰國・秦 左試
	秦新 1982　戰國・秦 左試
	秦新 1984　戰國・秦 左試
	秦新 1989　戰國・秦 左試
	秦新 2356　戰國・秦 左試
	秦新 2363　戰國・秦 左試
	秦新 2384　戰國・秦 左試

訮*

	溫縣簡報 T1 坎 1：137　春秋・三晉 弜敢不𩰪〈訮（蒸）〉焉中（忠）心事 丌（其）宔（主）

訨*

	秦印風 250 頁　戰國・秦 審訨（信）

	秦印風 250 頁　戰國・秦 審訨（信）

脂*

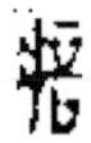	璽彙 253.2630　戰國・楚 行脂（臧）
	璽彙 335.3612　戰國・待考 □脂（臧）

詋*

	秦印風 204 頁　戰國・秦 任詋
	璽彙 128.1131　戰國・三晉 高詋
	璽彙 272.2861　戰國・三晉 庚詋

註*

	璽彙 319.3428　戰國・三晉 大（太）弔（叔）註

証*

	璽彙 2.0008　戰國・楚 上贛（贛）君之証（謂）鉨（璽）

誧*

	秦新 160　戰國・秦 誧
	秦新 163　戰國・秦 誧
	秦新 164　戰國・秦 誧
	秦新 165　戰國・秦 誧
	秦新 168　戰國・秦 誧
	秦新 170　戰國・秦 誧
	秦新 171　戰國・秦 誧
	秦新 172　戰國・秦 誧

詈*

	璽彙 359.3892　戰國・燕 公孫詈

誁*

	侯馬一：八九　春秋・三晉 誁敢不半（披）丌（其）[腹]心[以事]丌（其）宔（主）

誀*

	璽彙 102.0819　戰國・三晉 長誀
	璽類 77.11　戰國・三晉 粤（平）誀

詨*

	風過耳 166　戰國・秦 殷詨
	港續 48.64　戰國・秦 橋（喬）詨
	港續 136.239　戰國・待考 詨

	侯馬二〇〇：二三　春秋・三晉 詨敢不閛（披）其復（腹）心台（以）事其宔（主）
	侯馬三：二七　春秋・三晉 郙詨之孫=（子孫）
	侯馬三：二三　春秋・三晉 郙詨之孫=（子孫）
	侯馬一八五：四　春秋・三晉 郙詨之孫=（子孫）
	侯馬一五六：二四　春秋・三晉 郙詨之孫=（子孫）
	侯馬一五六：二五　春秋・三晉 郙詨之孫=（子孫）

詛*

	璽彙 318. 3416　戰國・燕 詛生諫
	璽考 286. 1　戰國・三晉 長詛
	璽類 77. 5　戰國・待考 詛□

諺*

	璽彙 244. 2527　戰國・待考 △□
	璽彙 244. 2529　戰國・楚 諺畀癹（發）

誙*

	璽彙 245. 2530　戰國・齊 誙事
	璽彙 245. 2531　戰國・齊 誙事

諻*

	璽彙 357. 3859　戰國・燕 公孫諻（諻）
	璽類 78. 10　戰國・待考 公孫諻（諻）

誏*

	璽彙 184. 1798　戰國・三晉 事（史）誏
	璽類 77. 15　戰國・燕 公孫誏

謔*

	璽考 172. 1　戰國・楚 謔夜之鉨（璽）

諫*

	璽彙 329. 3546　戰國・燕 □諫
	璽彙 478. 5284　戰國・燕 諫
	璽類 73. 8　戰國・燕 韓（南郭）諫
	陶錄 4・34・2　戰國・燕 左宮諫
	陶錄 4・43・2　戰國・燕 匋（陶）攻（工）諫
	陶錄 4・43・3　戰國・燕 匋（陶）攻（工）諫

⿰言帚*

	璽彙 213.2155　戰國・三晉 郜⿰言帚

諄*

	陶錄 2・551・3　戰國・齊 孟常匋（陶）里諄

諹*

	璽彙 502.5548　戰國・楚 羊坿（府）諹客

⿰言頁*

	盛世 020　戰國・待考 右宮⿰言頁

⿰言兩*

	港印 93　戰國・燕 公孫⿰言兩
	璽彙 102.0823　戰國・燕 長⿰言兩
	璽彙 377.4098　戰國・燕 剔生⿰言兩

譥*

	璽彙 197.1963　戰國・三晉 郾（燕）譥

譮*

	璽彙 33.0194　戰國・齊 諳（譮）訦𣪘鉨（璽）

善

	港印 121　戰國・三晉 善壽
	赫連 99.4　戰國・待考 善
	璽彙 282.2983　戰國・楚 善羊
	璽彙 282.2985　戰國・楚 善何
	璽彙 291.3088　戰國・三晉 善獻
	璽彙 414.4541　戰國・三晉 善壽
	璽彙 487.5388　戰國・三晉 善
	璽彙 496.5501　戰國・齊 善
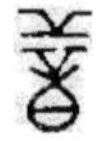	璽彙 508.5581　戰國・齊 善
	周選 42.1　戰國・待考 善
	秦新 1538　戰國・秦 咸郿里善
	秦新 1539　戰國・秦 咸□里善
	秦新 1540　戰國・秦 咸郿里善
	秦新 1553　戰國・秦 咸郿里善
	秦新 1555　戰國・秦 咸郿里善

	陶録 2・426・3　戰國・齊 塙（高）�（閭）里善
	陶録 4・39・1　戰國・燕 匋（陶）攻（工）善
	陶録 4・39・3　戰國・燕 匋（陶）攻（工）善
	新齊 1020　戰國・齊 塙（高）閚（閭）里善
	新齊 1021　戰國・齊 塙（高）閚（閭）里善
	會稽刻石・秦銘刻選　秦代 善否陳前

競

	盛世 145　戰國・待考 競之私印
	璽彙 295.3131　戰國・楚 競（景）訓
	秋淵・詛楚文・郭集　戰國・秦 宣奓競彾
	秋淵・詛楚文・郭集　戰國・秦 以偪（逼）衙（吾）邊競（境）
	巫咸・詛楚文・郭集　戰國・秦 宣奓競彾
	巫咸・詛楚文・郭集　戰國・秦 以倍〈偪（逼）〉衙（吾）邊競（境）
	亞駝・詛楚文・郭集　戰國・秦 宣奓競彾
	亞駝・詛楚文・郭集　戰國・秦 以偪（逼）衙（吾）邊競（境）

音

	港續 85.138　戰國・待考 愼（慎）音（言）
	集釋 285.1　戰國・三晉 □音
	璽彙 393.4288　戰國・燕 愼（慎）音（言）
	璽彙 492.5450　戰國・三晉 音（言）鉊（信）
	璽考 237.6　戰國・三晉 肖（趙）音
	陶録 4・39・4　戰國・燕 匋（陶）攻（工）音
	秦墓石磬　春秋・秦 氒（厥）音□₌鎗₌（鎗鎗）

章

	集釋 203.21　戰國・三晉 吳章
	秦印風 92 頁　戰國・秦 張章
	璽彙 107.0878　戰國・燕 長章
	璽彙 244.2521　戰國・燕 狾章
	璽彙 332.3584　戰國・三晉 赤章斟
	璽彙 355.3842　戰國・燕 公孫章
	珍戰 87　戰國・三晉 郘（呂）章

	秦新 3219　戰國・秦 咸直里章
	陶錄 6・252・1　戰國・秦 宮章
	陶錄 6・252・6　戰國・秦 宮章
	陶錄 6・303・3　戰國・秦 新城章
	陶錄 6・463・1　戰國・秦 新城章
	侯馬一六：三七　春秋・三晉 章敢不閛（披）丌（其）[腹心以]事[其主]
	侯馬一五六：二〇　春秋・三晉 盦章自質于君所
	侯馬一五六：二〇　春秋・三晉 章頒（沒）嘉之身
	會稽刻石・秦銘刻選　秦代 顯陳舊章
	鑾車・石鼓文・郭集　春秋・秦 戎徒如章
	秋淵・詛楚文・郭集　戰國・秦 箸（書）者（諸）石章（璋）
	巫咸・詛楚文・郭集　戰國・秦 箸（書）者（諸）石章（璋）
	亞駝・詛楚文・郭集　戰國・秦 箸（書）者（諸）石章（璋）

竟

	秦印風 105 頁　戰國・秦 竟印

童

	秦印風 153 頁　戰國・秦 童
	秦印風 178 頁　戰國・秦 王童
	璽彙 140.1277　戰國・三晉 童休
	璽彙 140.1278　戰國・齊 童斟
	秦新 2065　戰國・秦 童

妾

	秦印風 200 頁　戰國・秦 妾□
	秦印風 86 頁　戰國・秦 苗妾
	璽彙 496.5491　戰國・楚 妾
	侯馬一九八：一〇　春秋・三晉 妾與……

僕

	秦印風 113 頁　戰國・秦 僕央
	璽彙 330.3551　戰國・齊 □僕
	璽類 71.12　戰國・待考 左僕訐（信）鉨（璽）
	新齊 0031　戰國・齊 北亭陸（陳）喜僕

	新齊 0109 戰國・齊 蕖陸（陳）旻（得）参僕
	新齊 0164 戰國・齊 陸（陳）戠立事僕
	新齊 0174 戰國・齊 陸（陳）□□事僕
	新齊 0175 戰國・齊 陸（陳）□立事僕
	新齊 0176 戰國・齊 陸（陳）□事僕
	新齊 0220 戰國・齊 □□□僕
	新齊 0221 戰國・齊 □□参僕
	新齊 0245 戰國・齊 □□□□僕
	新泰齊陶 2002XYY⑤W：100 戰國・齊 □□事僕
	新泰齊陶 2002XYY⑤W：16 戰國・齊 □□旻（得）参僕
	新泰齊陶 2002XYY⑤W：18 戰國・齊 □陸（陳）□参僕
	新泰齊陶 2002XYY⑤W：19 戰國・齊 □陸（陳）□□僕
	新泰齊陶 2002XYY⑤W：22 戰國・齊 □陳□□僕
	新泰齊陶 2002XYY⑤W：39 戰國・齊 □閖陸（陳）□立僕
	新泰齊陶 2002XYY⑤W：49 戰國・齊 北章陸（陳）喜僕
	新泰齊陶 2002XYY⑤W：55 戰國・齊 □章□□僕

	新泰齊陶 HBCS：122 戰國・齊 陸（陳）□立事僕
	新泰齊陶 HBCS：133 戰國・齊 □□□僕
	鶴廬 69.6 戰國・三晉 在（淄）丘⿰亻臣（僕）
	集釋 284.13 戰國・三晉 邘（于）⿰亻臣（僕）
	璽彙 155.1461 戰國・楚 塦（陳）⿱⺮臣（僕）
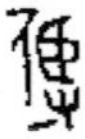	璽彙 190.1875 戰國・三晉 禾⿰亻臣（僕）
	璽彙 193.1907 戰國・三晉 圣（采）⿰亻臣（僕）
	璽彙 242.2500 戰國・楚 帕（輡）⿱⺮臣（僕）
	璽彙 292.3100 戰國・待考 粟⿰亻臣（僕）
	璽彙 305.3251 戰國・待考 □⿰亻臣（僕）
	璽彙 328.3527 戰國・楚 穆⿱⺮臣（僕）
	璽彙 497.5512 戰國・楚 ⿱⺮臣（僕）
	樂只 4.2 戰國・待考 塦（陳）⿱⺮臣（僕）

奉

	貨系 505 戰國・周王畿 奉
	璽彙 109.0898 戰國・三晉 肖（趙）奉

	侯馬一〇五：二 春秋・三晉 無卹之韓子所不□奉……
	會稽刻石・秦銘刻選 秦代 後敬奉灋
	新出研 WT4 K6：250 春秋・三晉 中（忠）心台（以）奉事其宔（主）竣
	繹山刻石・秦銘刻選 秦代 戎臣奉詔

丞

	秦印風 28 頁 戰國・秦 雝丞之印
	新封泥彙 0113 戰國・秦 安臺丞印
	新封泥彙 0146 戰國・秦 北宮宦丞
	新封泥彙 0162 戰國・秦 大倉丞印
	新封泥彙 0180 戰國・秦 大官丞印
	新封泥彙 0588 戰國・秦 南宮郎丞
	新封泥彙 1339 戰國・秦 比陽丞印
	陶錄 6・339・1 戰國・秦 乃詔丞相狀綰灋度量則，不壹歉疑者，皆明壹[之]
	陶錄 6・361・1 戰國・秦 乃詔丞相狀綰
	陶錄 6・362・1 戰國・秦 乃詔丞相
	陶錄 6・363・1 戰國・秦 [乃]詔丞相狀綰灋度量則
	陶錄 6・372・2 戰國・秦 乃詔丞相狀綰灋度量則
	陶錄 6・379・1 戰國・秦 [乃]詔丞相
	瑯琊臺刻石・秦銘刻選 秦代 丞相臣斯、臣去疾、御史夫₌（大夫）臣德昧死言
	汧殹・石鼓文・郭集 春秋・秦 丞₌（烝烝）皮（彼）淖淵
	繹山刻石・秦銘刻選 秦代 丞相臣斯、臣去疾、御史夫₌（大夫）臣德昧死言

奐

	秦新 2963 戰國・秦 西奐蘇氏十斗
	秦新 2964 戰國・秦 西奐蘇氏十斗、十斗
	侯馬二〇〇：一五 春秋・三晉 而敢或兌（變）改助及奐
	侯馬二〇〇：二五 春秋・三晉 而敢或兌（變）改助及奐
	侯馬二〇〇：七 春秋・三晉 而敢或敓（變）改助[及]奐
	侯馬二〇〇：三二 春秋・三晉 而敢或[變改]助及奐
	侯馬二〇〇：四〇 春秋・三晉 敢或兌（變）改助及奐
	侯馬二〇〇：五 春秋・三晉 而敢或兌（變）改助及奐
	侯馬九八：二六 春秋・三晉 兌（變）改勮（助）及奐
	侯馬七七：四 春秋・三晉 或兌（變）改助及奐

	侯馬三：二　春秋・三晉 而敢或兊（變）改[助及]奐
	侯馬三：一六　春秋・三晉 而敢或兊（變）改助及奐
	侯馬一：八　春秋・三晉 ……及奐
	侯馬一：九九　春秋・三晉 ……及奐
	侯馬一：六二　春秋・三晉 兊（變）改助及奐
	侯馬一：六九　春秋・三晉 或兊（變）改助及奐
	侯馬一：六四　春秋・三晉 而敢或兊（變）改助及奐
	侯馬一：三二　春秋・三晉 或兊（變）改助及奐
	侯馬一：三六　春秋・三晉 而敢或兊（變）改助及奐
	侯馬一：一五　春秋・三晉 而敢或兊（變）改助及奐
	侯馬一九八：五　春秋・三晉 而敢或兊（變）改助及奐
	侯馬一六：二六　春秋・三晉 而敢或兊（變）改[助]及奐
	侯馬一五六：一　春秋・三晉 而敢或兊（變）改助及奐

弇

	璽彙 426.4682　戰國・待考 弇□
	秦新 3138　戰國・秦 弇□

睪

	侯馬三：二三　春秋・三晉 睪（繹）之于皇君[之所]
	侯馬三：二四　春秋・三晉 睪（繹）之于皇君[之所]

畀

	秦印風 167 頁　戰國・秦 畀（綦）毋齒

弄

	貨系 503　戰國・周王畿 弄
	貨系 504　戰國・周王畿 弄
	集釋 277.4　戰國・三晉 弄敢
	秦印風 22 頁　戰國・秦 弄狗廚印
	璽彙 296.3144　戰國・三晉 弄腏
	璽彙 296.3145　戰國・三晉 弄處
	新封泥彙 0989　戰國・秦 陽御弄印
	新封泥彙 1998　戰國・秦 陽御弄印

戒

	十六 39.4　戰國・待考 戒之

	璽彙 28.0163　戰國・楚 喬戒之鉨（璽）
	璽彙 137.1238　戰國・燕 喬戒
	璽彙 472.5206　戰國・楚 戒

兵

	璽彙 136.1225　戰國・燕 喬兵
	璽彙 519.5707　戰國・秦 王戎兵器
	印粹 20.4　戰國・待考 王兵
	秦新 1338　戰國・秦 都船兵
	陶錄 4・98・2　戰國・燕 匋（陶）兵
	秋淵・詛楚文・郭集　戰國・秦 衛（率）者（諸）侯之兵
	巫咸・詛楚文・郭集　戰國・秦 衛（率）者（諸）侯之兵
	亞駝・詛楚文・郭集　戰國・秦 衛（率）者（諸）侯之兵
	繹山刻石・秦銘刻選　秦代 兵不復起

龔

	秦印風 170 頁　戰國・秦 孔龔
	璽類 84.1　戰國・楚 馬龔

	秦墓石磬　春秋・秦 龔（共）趄（桓）是嗣
	秦墓石磬　春秋・秦 ……寤（寢）龔雒
	秦墓石磬　春秋・秦 ……龔雒

具

	而師・石鼓文・郭集　春秋・秦 具□□復
	而師・石鼓文・郭集　春秋・秦 □具肝來
	而師・石鼓文・郭集　春秋・秦 尖=（小大）具□
	繹山刻石・秦銘刻選　秦代 請具刻詔書金石刻因明白矣

奔*

	陶錄 6・278・1　戰國・秦 奔□
	陶錄 6・278・2　戰國・秦 奔□

昇*

	貨系 283　戰國・周王畿 昇
	貨系 284　戰國・周王畿 昇
	貨系 285　戰國・周王畿 昇

畀*

	璽彙 70.0435　戰國・三晉 王畀
	璽彙 213.2148　戰國・三晉 郘畀
	璽彙 375.4082　戰國・三晉 𩣵（馬適）畀坏（璽）

畁*

	港印 96　戰國・三晉 比畁
	鶴廬 67.4　戰國・待考 畁慶坏（璽）
	璽彙 295.3140　戰國・三晉 畁竘

⿱卲廾*

	璽彙 326.3503　戰國・楚 李⿱卲廾

⿱非廾*

	貨系 501　戰國・周王畿 ⿱非廾
	貨系 502　戰國・周王畿 ⿱非廾

⿱⿰米目廾*

	璽彙 516.5671　戰國・楚 弼⿱⿰米目廾

⿱林廾

	秦印風 105 頁　戰國・秦 姚攀
	盛世 184　戰國・待考 趙攀

樊

	秦印風 56 頁　戰國・秦 趙樊

共

	貨系 188　戰國・魏 共
	貨系 189　戰國・魏 共
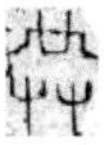	貨系 4036　戰國・魏 共
	貨系 4038　戰國・魏 共
	貨系 4042　戰國・魏 共
	貨系 4046　戰國・魏 共屯赤金
	三晉 144　戰國・魏 共
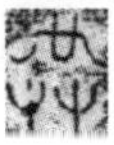	三晉 144　戰國・魏 共
	三晉 144　戰國・魏 共屯赤金
	十六 33.6　戰國・待考 共（恭）

	璽彙 96.0749　戰國・燕 長共
	璽彙 179.1741　戰國・三晉 事（史）共
	璽彙 190.1880　戰國・三晉 共粥
	璽彙 465.5130　戰國・楚 共（恭）
	璽彙 466.5135　戰國・待考 共（恭）
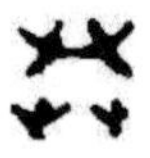	璽彙 467.5143　戰國・待考 共（恭）
	璽彙 467.5145　戰國・待考 共（恭）
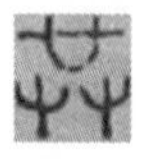	璽彙 465.5129　戰國・待考 共（恭）
	珍戰 243　戰國・三晉 共（恭）
	秦新 1206　戰國・秦 鄓陽共
	秦新 1295　戰國・秦 都共工渼
	陶錄 4・98・1　戰國・燕 上匋（陶）共
	陶錄 5・44・6　戰國・三晉、兩周 共

龔

	璽彙 316.3390　戰國・三晉 龏（龔）
	璽彙 316.3391　戰國・三晉 龏（龔）
	虹印 200　戰國・待考 龏（龔）

異

	秦印風 137 頁　戰國・秦 公耳異
	秦印風 167 頁　戰國・秦 楊異
	璽彙 166.1584　戰國・齊 邾（朱）異
	璽彙 305.3254　戰國・三晉 異耳
	陶錄 2・750・3　戰國・齊 異里旻（得）
	陶錄 2・751・3　戰國・齊 異里旻（得）
	陶錄 2・751・4　戰國・齊 異里旻（得）
	鑾車・石鼓文・郭集　春秋・秦 避（吾）☐允異

戴

	秦印風 129 頁　戰國・秦 戴糗
	秦印風 175 頁　戰國・秦 戴黑
	秦印風 226 頁　戰國・秦 戴昌
	璽彙 315.3376　戰國・楚 峕（戴）翰
	璽彙 324.3487　戰國・楚 峕（戴）唐

	璽類 81.3　戰國・待考 旹（戴）童□

罨

	侯馬八五：三五　春秋・三晉 勿罨兄弟
	侯馬九一：一　春秋・三晉 罨敢不[披]

與

	貨系 2480　戰國・趙 邔與/十二朱
	二十 107.二-SP-0440　戰國・齊 虘與之坾（璽）
	璽彙 308.3297　戰國・三晉 馬正與
	璽彙 368.3997　戰國・三晉 西郊與
	溫縣簡報 T1 坎 1：1845　春秋・三晉 而敢與則（賊）爲徒
	溫縣簡報 T1 坎 1：1961　春秋・三晉 敢與賊爲徒者
	溫縣簡報 T1 坎 1：2279　春秋・三晉 而敢與則（賊）爲徒者
	溫縣簡報 T1 坎 1：3211　春秋・三晉 而敢與賊爲徒者
	溫縣簡報 T1 坎 1：3216　春秋・三晉 而敢與賊徒者
	溫縣簡報 T1 坎 1：3780　春秋・三晉 而敢與則（賊）爲徒者
	溫縣簡報 T1 坎 1：3802　春秋・三晉 而敢與戝（賊）爲徒者

	溫縣簡報 T1 坎 1：3863　春秋・三晉 而敢戝（賊）爲徒者

興

	璽彙 308.3290　戰國・三晉 □興
	璽彙 333.3586　戰國・楚 所興
	侯馬三：二五　春秋・三晉 比慭、比興、歫及新君弟孫=（子孫）
	侯馬一五六：二二　春秋・三晉 比慭、比興之孫=（子孫）
	侯馬一五六：二四　春秋・三晉 比興
	溫縣簡報 T1 坎 1：3797　春秋・三晉 興敢不懘=（蒸蒸）焉中（忠）心事丌（其）宔（主）
	巫咸・詛楚文・郭集　戰國・秦 今有（又）悉興其眾

𦥑*

	璽彙 96.0743　戰國・三晉 長𦥑

𦥑*

	璽彙 96.0744　戰國・燕 長𦥑
	璽彙 190.1874　戰國・三晉 秠（稍）𦥑

𦥑*

	鴨選 20　戰國・待考 𦥑𦥑

要

	璽彙 138.1250　戰國・楚 黃要

革

	璽彙 292.3103　戰國・三晉 革罿（釋）痯
	珍戰 6　戰國・楚 □革

鞄

	璽彙 329.3544　戰國・齊 鞊（鞄）□
	陶錄 2・285・4　戰國・齊 鞊（鞄）里匋（陶）耳

鞏

	秦印風 135 頁　戰國・秦 鞏目
	秦印風 191 頁　戰國・秦 鞏佗
	秦印風 203 頁　戰國・秦 鞏光

鞮

	秦印風 123 頁　戰國・秦 李鞮

鞠

	秦印風 168 頁　戰國・秦 鞠毋塱

鞁

	璽彙 251.2612　戰國・待考 □鞁（鞁）
	璽彙 346.3748　戰國・楚 邸（越）鞁（鞁）訐（信）鈢（璽）

靳

	風過耳 053　戰國・秦 靳說
	盛世 211　戰國・待考 靳悍
	陶錄 6・324・1　戰國・秦 華成靳氏五斗

鞱

	璽彙 290.3073　戰國・三晉 鞀（鞱）勳（勝）

勒

	田車・石鼓文・郭集　春秋・秦 鋚勒馮₌（馮馮）

鞭

	璽彙 67.0399　戰國・三晉 王鞭
	璽彙 144.1319　戰國・齊 盛鞭
	璽彙 178.1727　戰國・三晉 事（史）鞭
	璽考 338.2　戰國・三晉 鮴（鮮）邘（于）鞭

	陶錄 4・34・1　戰國・燕 左匋（陶）鞭
	陶錄 4・35・1　戰國・燕 匋（陶）攻（工）鞭
	陶錄 4・35・2　戰國・燕 匋（陶）攻（工）鞭
	陶錄 4・35・3　戰國・燕 匋（陶）攻（工）鞭

鞅

	秦印風 148 頁　戰國・秦 王鞅
	秦印風 154 頁　戰國・秦 王鞅

鞀*

	秦印風 207 頁　戰國・秦 鞀婢

鞎*

	璽彙 328. 3531　戰國・楚 咎（皋）鞎

鞈*

	璽彙 172. 1661　戰國・齊 鄱（番）鞈訐（信）鈢（璽）

鞧*

	秋淵・詛楚文・郭集　戰國・秦 唯是秦邦之羸眾敝賦、鞼（襘）鞧（褕）棧輿
	巫咸・詛楚文・郭集　戰國・秦 唯是秦邦之羸眾敝賦、鞼（襘）鞧（褕）棧輿
	亞駝・詛楚文・郭集　戰國・秦 唯是秦邦之羸眾敝賦、鞼（襘）鞧（褕）棧輿

鞼*

	秋淵・詛楚文・郭集　戰國・秦 唯是秦邦之羸眾敝賦、鞼（襘）鞧（褕）棧輿
	巫咸・詛楚文・郭集　戰國・秦 唯是秦邦之羸眾敝賦、鞼（襘）鞧（褕）棧輿
	亞駝・詛楚文・郭集　戰國・秦 唯是秦邦之羸眾敝賦、鞼（襘）鞧（褕）棧輿

鬲

	貨系 326　戰國・周王畿 鬲
	貨系 327　戰國・周王畿 鬲
	貨系 328　戰國・周王畿 鬲
	貨系 329　戰國・周王畿 鬲
	貨系 332　戰國・周王畿 鬲
	貨系 335　戰國・周王畿 鬲
	集釋 200. 29　戰國・三晉 侯鬲
	集釋 235. 16　戰國・三晉 貴鬲
	秦新 2514　戰國・秦 咸陽巨鬲
	陶錄 1・44・2　戰國以前・待考 鬲

	陶録 6・44・4　戰國・秦 咸陽巨鬲

鬵

	秦印風 61 頁　戰國・秦 史鬵

鬴

	璽彙 50. 0290　戰國・齊 陞（陳）棤三立（莅）事歲右稟（廩）釜（釜）
	璽考 42. 3　戰國・齊 公釜（釜）公釜（釜）
	陶録 2・1・1　戰國・齊 陞（陳）向立事歲𦫵之主釜（釜）□
	陶録 2・13・2　戰國・齊 平墜（陵）陞（陳）旻（得）不□主釜（釜）
	陶録 2・14・1　戰國・齊 平墜（陵）陞（陳）旻（得）不□主釜（釜）
	陶録 2・14・3　戰國・齊 平墜（陵）陞（陳）旻（得）不□主釜（釜）
	陶録 2・14・4　戰國・齊 平墜（陵）陞（陳）旻（得）不□主釜（釜）
	陶録 2・16・3　戰國・齊 陞（陳）……事……釜（釜）……
	陶録 2・17・2　戰國・齊 陞（陳）棤三立事歲右稟釜（釜）
	陶録 2・20・4　戰國・齊 ……左戠均京釜（釜）
	陶録 2・34・4　戰國・齊 公釜（釜）
	陶録 2・41・4　戰國・齊 公釜（釜）
	陶録 2・646・1　戰國・齊 陞（陳）寠立事歲安邑京釜（釜）
	陶録 2・7・2　戰國・齊 句華門陞（陳）棱再鄗廩均京釜（釜）䍐
	夕藏 Ⅰ 01-5-1　戰國・齊 公釜（釜）
	夕藏 Ⅰ 03-12-1　戰國・齊 釜（釜）
	新齊 0295　戰國・齊 事歲之釜（釜）
	新齊 0344　戰國・齊 陞（陳）棱再立事左里戠京釜（釜）
	新齊 0350　戰國・齊 昌櫅（齊）陞（陳）圁（固）南右戠京釜（釜）
	新齊 0364　戰國・齊 公釜（釜）
	新齊 0364　戰國・齊 公釜（釜）
	新齊 0365　戰國・齊 公釜（釜）

鬳

	璽彙 263. 2746　戰國・燕 鬳（獻）□
	璽彙 263. 2749　戰國・燕 鬳（獻）弜（強）

鬻

	璽彙 113. 0955　戰國・三晉 肖（趙）粥
	璽彙 169. 1621　戰國・三晉 鄭粥

	璽彙 190.1880　戰國・三晉 共粥

鬻

	侯馬一五二：四　春秋・三晉 餌（鬻）敢……之命

孚

	璽彙 59.0339　戰國・楚 北孚東曲
	璽彙 111.0922　戰國・三晉 肖（趙）孚
	璽考 334.9　戰國・三晉 䮷（司馬）孚□

爲

	貨系 535　戰國・周王畿 爲
	貨系 536　戰國・周王畿 爲
	貨系 537　戰國・周王畿 爲
	貨系 538　戰國・周王畿 爲
	秦印風 165 頁　戰國・秦 唐爲
	秦印風 196 頁　戰國・秦 徐爲
	璽彙 83.0593　戰國・秦 王爲
	璽考 139.6　戰國・三晉 萬山欽爲
	秦新 3351　戰國・秦 蘇解爲
	陶錄 6・353・2　戰國・秦 [諸侯]黔首大安，立號爲皇帝
	陶錄 6・357・1　戰國・秦 立[號]爲[皇]帝
	陶錄 6・357・2　戰國・秦 [諸侯]黔首大安，立號爲皇帝
	陶錄 6・357・3　戰國・秦 立號爲皇[帝]
	陶錄 6・357・4　戰國・秦 立號爲皇[帝]
	陶錄 6・358・1　戰國・秦 [立號]爲皇帝
	陶錄 6・359・1　戰國・秦 立[號]爲[皇]帝
	陶錄 6・360・1　戰國・秦 [立號]爲皇帝
	陶錄 6・361・1　戰國・秦 [立號]爲[皇帝]
	陶錄 6・361・2　戰國・秦 立號爲[皇帝]
	陶錄 6・362・3　戰國・秦 [立號]爲[皇]帝
	侯馬一〇五：二　春秋・三晉 ……爲……
	會稽刻石・秦銘刻選　秦代 行爲辟方
	秦駰玉版研究　戰國・秦 爲刑（形）瀍氏（是）
	秦駰玉版研究　戰國・秦 以此爲尚（常）

	秋淵・詛楚文・郭集　戰國・秦 毋相爲不利
	溫縣簡報 T1 坎 1：137　春秋・三晉 而[敢]與賊爲徒者
	溫縣簡報 T1 坎 1：1845　春秋・三晉 而敢與則（賊）爲徒
	溫縣簡報 T1 坎 1：3211　春秋・三晉 而敢與賊爲徒者
	溫縣簡報 T1 坎 1：3780　春秋・三晉 而敢與則（賊）爲徒者
	溫縣簡報 T1 坎 1：3802　春秋・三晉 而敢與戝（賊）爲徒者
	溫縣簡報 T1 坎 1：4585　春秋・三晉 而敢與則（賊）爲徒者
	巫咸・詛楚文・郭集　戰國・秦 毋相爲不利
	亞駝・詛楚文・郭集　戰國・秦 毋相爲不利
	作原・石鼓文・郭集　春秋・秦 爲卅里

蝨*

	璽彙 273.2867　戰國・待考 厎蝨

耴

	風過耳 153　戰國・秦 楊耴

埶

	吳人・石鼓文・郭集　春秋・秦 埶寓（遇）逢

孰

	秦駰玉版研究　戰國・秦 孰敢不精

䵼

	鑾車・石鼓文・郭集　春秋・秦 害車䵼（載）行
	秦墓石磬　春秋・秦 钕（鉏）虎（鋙）䵼入
	秦墓石磬　春秋・秦 ……钕（鉏）虎（鋙）䵼入
	秦墓石磬　春秋・秦 又（有）譏（𩟍）䵼……又（有）𩆜（靈）
	吳人・石鼓文・郭集　春秋・秦 䵼（載）西䵼（載）北

又

	古萃 76.3　戰國・待考 又（有）
	陝新 196.1657　戰國・待考 又（有）
	璽彙 316.3386　戰國・待考 又（有）道
	璽彙 436.4806　戰國・三晉 宜又（有）百萬
	璽彙 439.4846　戰國・三晉 上士之又（右）
	璽彙 446.4924　戰國・三晉 又（有）上下曲生
	珍戰 174　戰國・三晉 宜又（有）百萬

	陶錄 1・54・5　戰國以前・待考 又
	陶錄 1・54・6　戰國以前・待考 又
	陶錄 5・98・3　戰國・三晉、兩周 又
	侯馬二〇〇：四一　春秋・三晉 而敢又（有）志復趙尼及丌（其）子孫于晉邦之墜（地）者
	侯馬九八：六　春秋・三晉 敢又（有）志復……
	侯馬三：二　春秋・三晉 而敢又（有）志[復]趙尼及丌（其）子孫=
	侯馬三：一六　春秋・三晉 而敢又（有）志復趙尼及丌（其）孫=（子孫）
	侯馬一：三〇　春秋・三晉 又（有）[志]
	侯馬一：一三　春秋・三晉 又（有）志
	侯馬一：一五　春秋・三晉 又（有）志
	侯馬一九五：一　春秋・三晉 而敢又（有）志[復]趙尼及丌（其）孫=（子孫）
	侯馬一六：二三　春秋・三晉 而敢又（有）志復趙尼及丌（其）[子]孫
	侯馬一六：三　春秋・三晉 十又一月
	侯馬一六：三四　春秋・三晉 又（有）[志]
	侯馬一六：一三　春秋・三晉 而敢又（有）志復趙尼[及其子]孫
	侯馬一五六：四　春秋・三晉 而敢又（有）恃（志）復趙尼及丌（其）子孫
	侯馬一五六：一〇　春秋・三晉 又（有）志
	汧殹・石鼓文・郭集　春秋・秦 瀳（砅）又（有）鮺=（小魚）
	秦墓石磬　春秋・秦 又（有）蠘（虪）諬羕（漾）
	秋淵・詛楚文・郭集　戰國・秦 今又悉興其眾
	田車・石鼓文・郭集　春秋・秦 其□又（有）旃
	巫咸・詛楚文・郭集　戰國・秦 又（有）秦嗣王
	吳人・石鼓文・郭集　春秋・秦 求□又（有）是
	譽編　戰國晚期・中山 監罟又（囿）臣公乘旻（得）守丘
	亞駝・詛楚文・郭集　戰國・秦 又（有）秦嗣王

右

	貨系 3481　戰國・燕 右
	貨系 3485　戰國・燕 右一
	貨系 3499 背　戰國・燕 明/右四
	貨系 3500 背　戰國・燕 明/右五
	貨系 3504 背　戰國・燕 明/右五
	貨系 3512 背　戰國・燕 明/右六

	貨系 3531 背　戰國・燕 明/右九
	貨系 3587 背　戰國・燕 明/右丏
	貨系 3591 背　戰國・燕 明/右厶
	貨系 3652 背　戰國・燕 明/右乙
	貨系 3654 背　戰國・燕 明/右乙
	貨系 3706 背　戰國・燕 明/右二
	秦印風 27 頁　戰國・秦 高陵右尉
	璽彙 11.0063　戰國・齊 王□右司馬鉨（璽）
	璽彙 260.2716　戰國・三晉 右庫
	璽彙 374.4066　戰國・三晉 右行忎（慎）
	璽彙 415.4553　戰國・待考 右（有）生
	璽彙 508.5584　戰國・楚 右邑
	璽考 111.10　戰國・三晉 右公車宧
	璽類 37.8　戰國・齊 右稟（廩）迊戾䆊鉨（璽）
	印戰 54.1　戰國・秦 右庶長之鉨（璽）
	珍戰 124　戰國・三晉 右□

	秦新 2553　戰國・秦 宮右
	秦新 2821　戰國・秦 右叚
	秦新 670　戰國・秦 右司空昧
	秦新 683　戰國・秦 右尚
	秦新 949　戰國・秦 右□
	陶錄 2・22・4　戰國・齊 右匋（陶）
	陶錄 4・1・1　戰國・燕 十六年四月右匋（陶）肙（尹）倈敨𣪘 戠右匋（陶）攻（工）徒
	陶錄 4・15・3　戰國・燕 右匋（陶）攻（工）丑
	陶錄 4・17・2　戰國・燕 右匋（陶）攻（工）
	陶錄 4・29・2　戰國・燕 右宮㒳
	陶錄 4・31・3　戰國・燕 右宮叜
	陶錄 4・5・1　戰國・燕 廿一年八月右匋（陶）肙（尹）倈疾𣪘 戠右匋（陶）攻（工）湯
	陶錄 6・110・1　戰國・秦 麗山飤（食）官右
	陶錄 7・13・4　戰國・待考 公易右
	陶錄 7・18・3　戰國・待考 右監
	陶錄 7・2・4　戰國・待考 右□

	新齊 0383　戰國・齊 左酷右㝩
	新齊 0385　戰國・齊 右学（掌）客京
	雙劍誃　戰國・待考 介（夾）鍾右八
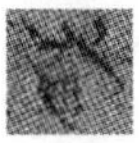	新出研 WT4　K5：12　春秋・三晉 左右繆（勠）力爲一
	璽彙 412.4514　戰國・三晉 圣（有）志

叉

	秦駰玉版研究　戰國・秦 吉叉（瑑）以告於嶂（華）大山

父

	貨系 1208　戰國・待考 城父
	二十 18.二-SY-0088　戰國・楚 成（城）父猷宋
	璽類 90.11　戰國・待考 父老
	珍戰 207　戰國・三晉 士父
	侯馬二〇〇：一　春秋・三晉 直（德）父敢不半（披）其復（腹）心台（以）事其宔（主）
	侯馬二〇三：一〇　春秋・三晉 白（伯）父叔父
	侯馬一五六：二一　春秋・三晉 及白（伯）父叔父兄弟孫₌（子孫）
	秋淵・詛楚文・郭集　戰國・秦 拘圉其叔父

	溫縣簡報 T1 坎 1：2857　春秋・三晉 車父[敢]不慙₌（蒸蒸）焉中（忠）心事其宔（主）

燮

	港續 35.38　戰國・待考 左燮
	璽彙 308.3286　戰國・三晉 燮巨梁

曼

	璽彙 143.1316　戰國・三晉 成曼

夬

	秦印風 214 頁　戰國・秦 夬齒

尹

	貨系 422　戰國・待考 尹
	秦印風 205 頁　戰國・秦 尹豎
	秦印風 77 頁　戰國・秦 尹□
	璽彙 142.1298　戰國・三晉 尹□
	璽彙 142.1300　戰國・楚 尹宋

䲜

	集釋 144.9　戰國・楚 龍䲜

	璽彙 30.0174　戰國・齊 武關䖒
	璽彙 142.1302　戰國・三晉 胡暑䖒
	珍戰 113　戰國・三晉 䖒褎
	陶錄 5・30・4　戰國・三晉、兩周 䖒□
	新齊 0979　戰國・齊 曹不□䖒丘巷
	新齊 0980　戰國・齊 曹不□䖒丘巷
	新齊 1223　戰國・齊 䖒里安
	新齊 1226　戰國・齊 䖒里□
	侯馬一：七九　春秋・三晉 䖒敢不半（披）丌（其）[腹心]

及

	璽彙 427.4697　戰國・三晉 及人
	侯馬八六：一　春秋・三晉 歨及丌（其）新君弟孫₌（子孫）
	侯馬八五：一〇　春秋・三晉 及群……
	侯馬二〇〇：二八　春秋・三晉 而敢[有]志復趙尼及丌（其）子孫于晉邦之墜（地）者
	侯馬二〇〇：二九　春秋・三晉 而敢或𠈇（變）改助及奐
	侯馬二〇〇：二六　春秋・三晉 ……及襖（奐）
	侯馬二〇〇：二七　春秋・三晉 而敢又（有）志復趙尼及丌（其）子孫于晉邦之[地]者
	侯馬二〇〇：二三　春秋・三晉 而敢又（有）志復[趙]尼及其子孫
	侯馬二〇〇：二四　春秋・三晉 [趙]尼及丌（其）子孫于[晉邦之]墜（地）者
	侯馬二〇〇：二四　春秋・三晉 及[群]虖（罅）明（盟）者
	侯馬二〇〇：二五　春秋・三晉 而敢或𠈇（變）改助及奐
	侯馬二〇〇：六二　春秋・三晉 𠈇（變）改[助]及[奐]
	侯馬二〇〇：六〇　春秋・三晉 [趙]尼及其子[孫]
	侯馬二〇〇：六六　春秋・三晉 而敢又（有）志復趙尼及丌（其）孫₌（子孫）于晉邦[之地]者
	侯馬二〇〇：六三　春秋・三晉 ……及奐
	侯馬二〇〇：三八　春秋・三晉 及丌（其）群虖（罅）明（盟）者
	侯馬二〇〇：三三　春秋・三晉 而[敢]或𠈇（變）改助及奐
	侯馬二〇〇：三五　春秋・三晉 助及奐
	侯馬二〇〇：四二　春秋・三晉 及群虖（罅）明（盟）者
	侯馬二〇〇：四九　春秋・三晉 而敢或𠈇（變）改助及[奐]
	侯馬二〇〇：四〇　春秋・三晉 及群虖（罅）明（盟）者
	侯馬二〇〇：四三　春秋・三晉 及群虖（罅）明（盟）者

	侯馬二〇〇：五六　春秋・三晉 敢或[變]改助及[奐]
	侯馬二〇〇：一　春秋・三晉 而敢又（有）志復趙尼及其子孫于晉邦之墜（地）者
	侯馬二〇〇：一〇　春秋・三晉 而敢又（有）志復趙尼及其子孫于晉邦之墜（地）者
	侯馬二〇〇：一六　春秋・三晉 趙尼及丌（其）[子孫]
	侯馬二〇〇：一六　春秋・三晉 及群[虖]明（盟）者
	侯馬二〇〇：一七　春秋・三晉 而敢又（有）志復趙尼及丌（其）子孫于[晉]邦之墜（地）者
	侯馬九八：六　春秋・三晉 比悳（德）及丌（其）子孫
	侯馬九八：一二　春秋・三晉 趙歜及子孫
	侯馬九二：二二　春秋・三晉 [趙]尼及丌（其）孫=（子孫）
	侯馬九六：二　春秋・三晉 [趙]尼及其子孫=
	侯馬九一：五　春秋・三晉 及丌（其）孫=（子孫）
	侯馬七九：三　春秋・三晉 陞（登）及新君弟
	侯馬七七：九　春秋・三晉 醜（醜）及丌（其）[子孫]
	侯馬七七：五　春秋・三晉 [趙]尼及丌（其）子孫
	侯馬七七：一　春秋・三晉 而敢又（有）志復趙尼及丌（其）子孫
	侯馬三：二　春秋・三晉 比悳（德）及丌（其）孫=（子孫）

	侯馬三：二八　春秋・三晉 及丌（其）孫=（子孫）
	侯馬三：三　春秋・三晉 而敢[或]覍（變）改助及奐
	侯馬三：五　春秋・三晉 而敢又（有）志復趙尼及丌（其）[子孫]
	侯馬三：一　春秋・三晉 史醜（醜）及丌（其）孫=（子孫）于晉邦之墜（地）者
	侯馬三：一二　春秋・三晉 史醜（醜）及丌（其）孫=（子孫）
	侯馬三：一〇　春秋・三晉 史醜（醜）及丌（其）[子孫]
	侯馬三：一六　春秋・三晉 而敢或覍（變）改助及奐
	侯馬三：一七　春秋・三晉 [而]敢又（有）志復趙尼及丌（其）子孫
	侯馬三：一五　春秋・三晉 及[其]子孫
	侯馬三五：二　春秋・三晉 及群虖（虖）明（盟）[者]
	侯馬五〇：一　春秋・三晉 及群虖（虖）明（盟）者
	侯馬一：二九　春秋・三晉 及群虖（虖）明（盟）者
	侯馬一：二三　春秋・三晉 及群虖（虖）明（盟）[者]
	侯馬一：六　春秋・三晉 而敢又（有）志復趙尼及丌（其）子孫于晉邦之墜（地）
	侯馬一：六六　春秋・三晉 而敢或覍（變）改助及襖（奐）
	侯馬一：三　春秋・三晉 及丌（其）子孫

	侯馬一：三七　春秋・三晉 及丌（其）子[孫]
	侯馬一：三一　春秋・三晉 [而]敢又（有）志復趙尼及[其]子孫于晉邦之墬（地）[者]
	侯馬一：五　春秋・三晉 及群虖（罅）明（盟）者
	侯馬一：五五　春秋・三晉 助及襖（奐）
	侯馬一：一〇四　春秋・三晉 及平陟之命
	侯馬一：一七　春秋・三晉 而敢又（有）志復趙尼及丌（其）子孫于晉邦之[地]者
	侯馬一：一四　春秋・三晉 及群虖（罅）明（盟）者
	侯馬一九八：二　春秋・三晉 助及襖（奐）
	侯馬一九四：八　春秋・三晉 及群……
	侯馬一九四：一一　春秋・三晉 頞（沒）嘉之身及丌（其）孫=（子孫）
	侯馬一九五：七　春秋・三晉 比直（德）及子孫
	侯馬一六：三〇　春秋・三晉 史醜（醜）及丌（其）子孫于晉邦之墬（地）者
	侯馬一六：三三　春秋・三晉 比悳（德）及丌（其）孫=（子孫）
	侯馬一六二：一　春秋・三晉 及群虖（罅）明（盟）者
	侯馬一七九：一五　春秋・三晉 及丌（其）孫=（子孫）
	侯馬一五六：二二　春秋・三晉 及白（伯）父叔父[兄]弟孫=（子孫）

	侯馬一五六：二二　春秋・三晉 及亓（其）新君弟孫=（子孫）
	侯馬一五六：二三　春秋・三晉 史醜（醜）及丌（其）孫=（子孫）
	侯馬一五六：二一　春秋・三晉 史醜（醜）及丌（其）孫=（子孫）
	侯馬一五六：一九　春秋・三晉 比痥及丌（其）子乙及白（伯）父弔（叔）父
	侯馬一五六：一九　春秋・三晉 閔（藺）伐及孫=（子孫）
	汧殹・石鼓文・郭集　春秋・秦 隹（維）槖（紉）楊及柳
	秋淵・詛楚文・郭集　戰國・秦 昔我先王君穆公及楚成王
	秋淵・詛楚文・郭集　戰國・秦 不畏皇天上帝及大沈氒（厥）湫之光列（烈）威神
	秋淵・詛楚文・郭集　戰國・秦 求蔑灋（廢）皇天上帝及大神氒（厥）湫之卹祠、圭玉、羲（犧）牲
	秋淵・詛楚文・郭集　戰國・秦 及郲、長、𡡉
	秋淵・詛楚文・郭集　戰國・秦 亦應（膺）受皇天上帝及大沈氒（厥）湫之幾靈德賜
	巫咸・詛楚文・郭集　戰國・秦 昔我先王君穆公及楚成王
	巫咸・詛楚文・郭集　戰國・秦 不畏皇天上帝及不（丕）顯大神巫咸之光列（烈）威神
	巫咸・詛楚文・郭集　戰國・秦 求蔑灋（廢）皇天上帝及不（丕）顯大神巫咸之卹祠、圭玉、羲（犧）牲
	巫咸・詛楚文・郭集　戰國・秦 及郲、長、𡡉
	巫咸・詛楚文・郭集　戰國・秦 亦應（膺）受皇天上帝及不（丕）顯大神巫咸[之]幾靈德賜

	亞駝・詛楚文・郭集　戰國・秦 昔我先王君穆公及楚成王
	亞駝・詛楚文・郭集　戰國・秦 不畏皇天上帝及不（丕）顯大神亞駝之光列（烈）威神
	亞駝・詛楚文・郭集　戰國・秦 求蔑灋（廢）皇天上帝及不（丕）顯大神亞駝之卹祠、圭玉、羛（犧）牲
	亞駝・詛楚文・郭集　戰國・秦 及郲、長、婡
	亞駝・詛楚文・郭集　戰國・秦 亦應（膺）受皇天上帝及不（丕）顯大神亞駝之幾靈德賜

秉

	會稽刻石・秦銘刻選　秦代 男秉義程

反

	貨系 1425　戰國・魏 甫（蒲）反（坂）一釿
	貨系 1426　戰國・魏 甫（蒲）反（坂）一釿
	貨系 1427　戰國・魏 甫（蒲）反（坂）一釿
	貨系 1428　戰國・魏 甫（蒲）反（坂）一釿
	貨系 1429　戰國・魏 甫（蒲）反（坂）一釿
	三晉 137　戰國・魏 甫（蒲）反（坂）一釿
	璽彙 370.4020　戰國・三晉 鮮（鮮）于反
	新封泥彙 1754　戰國・秦 蒲反（坂）丞印
	秦新 933　戰國・秦 蒲反（坂）
	陶錄 4・110・4　戰國・燕 二觳反
	陶錄 4・111・3　戰國・燕 三觳反匋（陶）□
	陶錄 4・114・1　戰國・燕 二觳反
	陶錄 4・115・3　戰國・燕 二觳反
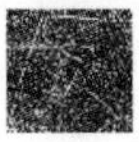	陶錄 6・111・1　戰國・秦 □官□反（飯）一斗
	陶錄 6・111・2　戰國・秦 麗山反
	秦駰玉版研究　戰國・秦 忡=（忡忡）反昃（側）

叔

	風過耳 063　戰國・秦 李叔
	秋淵・詛楚文・郭集　戰國・秦 拘圉其叔父
	巫咸・詛楚文・郭集　戰國・秦 拘圉其叔父
	亞駝・詛楚文・郭集　戰國・秦 拘圉其叔父

叟

	秦駰玉版研究　戰國・秦 周世既叟（沒）

取

	秦印風 110 頁　戰國・秦 賈取
	璽彙 312.3338　戰國・三晉 取女
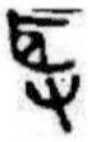	璽彙 374.4061　戰國・三晉 下匡取水
	印戰 20.3　戰國・三晉 下匡取水
	秦新 2977　戰國・秦 取杜才（在）酆邱到潏
	秋淵・詛楚文・郭集　戰國・秦 述（遂）取衙（吾）邊城新郢
	巫咸・詛楚文・郭集　戰國・秦 述（遂）取衙（吾）邊城新郢

叚

	新封泥彙 1300　戰國・秦 桓叚
	新封泥彙 1301　戰國・秦 桓叚
	陶錄 6・68・4　戰國・秦 右叚

友

	侯馬八五：九　春秋・三晉 沓（友）敢不閛（披）丌（其）腹[心以]事丌（其）宔（主）
	秦駰玉版研究　戰國・秦 若明神不□丌（其）行而無辠（罪）□友□

度

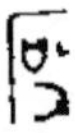	璽彙 301.3211　戰國・三晉 度質
	陶錄 6・363・1　戰國・秦 瀍度量則
	陶錄 6・367・1　戰國・秦 [乃]詔丞相狀綰瀍度量則
	陶錄 6・367・2　戰國・秦 瀍度量則
	陶錄 6・368・1　戰國・秦 [乃]詔丞相狀綰瀍度量則
	陶錄 6・369・1　戰國・秦 瀍度量則
	陶錄 6・370・4　戰國・秦 [瀍]度[量]則
	陶錄 6・371・2　戰國・秦 瀍度量則
	陶錄 6・372・1　戰國・秦 瀍度量則
	陶錄 6・372・2　戰國・秦 乃詔丞相狀綰瀍度量則
	陶錄 6・469・4　戰國・秦 瀍度量[則]
	陶錄 6・470・2　戰國・秦 [瀍]度量[則]
	陶錄 6・471・3　戰國・秦 [瀍]度[量則]
	會稽刻石・秦銘刻選　秦代 皆遵軌度

罗*

	陶錄 4・31・3　戰國・燕 右宮罗
	陶錄 4・31・4　戰國・燕 右宮罗

复*

	璽彙 296. 3147　戰國・三晉 复（作）遒
	璽彙 296. 3148　戰國・三晉 复（作）歐

夋*

	鶴廬 75. 6　戰國・待考 □夋
	璽彙 366. 3971　戰國・三晉 啬（上官）夋
	璽考 314. 9　戰國・三晉 丌（綦）母（毋）夋
	璽類 469. 8　戰國・三晉 啬（上官）夋

敘*

	侯馬六七：三六　春秋・三晉 敘自今台（以）坒（往）

賈*

	礜編　戰國晚期・中山 丌（其）臼浉（醬）賈（賈）

卑

	璽彙 327. 3525　戰國・齊 烏卑
	璽彙 340. 3677　戰國・齊 卑□貼
	璽類 439. 1　戰國・楚 卑雁之鉩（璽）
	侯馬八五：七　春秋・三晉 卑不守二宮者
	侯馬二〇〇：二九　春秋・三晉 卑不守二宮者
	侯馬二〇〇：二七　春秋・三晉 卑不守二宮者
	侯馬二〇〇：二三　春秋・三晉 卑不守二宮者
	侯馬二〇〇：三九　春秋・三晉 卑不守二宮者
	侯馬二〇〇：三五　春秋・三晉 卑……
	侯馬二〇〇：一六　春秋・三晉 卑不㝉（守）二宮者
	侯馬二〇〇：一七　春秋・三晉 卑不守二宮[者]
	侯馬二〇〇：一三　春秋・三晉 卑不守二宮者
	侯馬九二：五　春秋・三晉 卑不守二宮者
	侯馬三：二　春秋・三晉 卑不守二宮者
	侯馬三：四　春秋・三晉 卑不守二宮者

	侯馬三：一三　春秋・三晉 卑不守二宮者
	侯馬三五：七　春秋・三晉 卑不守二[宮者]
	侯馬一：三七　春秋・三晉 卑不守[二]宮者
	侯馬一：五五　春秋・三晉 卑不守二宮者
	侯馬一：一七　春秋・三晉 卑不守二宮者
	侯馬一九八：二一　春秋・三晉 卑……
	侯馬一六：二〇　春秋・三晉 卑[不守二]宮者
	侯馬一六：一七　春秋・三晉 卑不守二宮者
	侯馬一五二：一　春秋・三晉 卑不守二宮[者]
	侯馬一五六：三　春秋・三晉 卑不守二宮者
	侯馬一五六：四　春秋・三晉 卑不守二宮者

史

	貨系 553　戰國・周王畿 史
	秦印風 61 頁　戰國・秦 史鶩
	秦印風 79 頁　戰國・秦 史改
	璽彙 507.5569　戰國・秦 史脊
	新封泥彙 1724　戰國・秦 內史之印
	侯馬三：一　春秋・三晉 史醜（醜）及丌（其）孫=（子孫）于晉邦之墬（地）者
	侯馬一五六：二二　春秋・三晉 而敢不巫覡[祝]史歔（薦）綐（瑞）
	侯馬一五六：一六　春秋・三晉 史醜（醜）
	繹山刻石・秦銘刻選　秦代 丞相臣斯、臣去疾、御史夫=（大夫）臣德昧死言
	鑒菁 12.23　戰國・三晉 史槐
	書璽 543　戰國・三晉 鄡（縣）史（吏）
	璽彙 53.0301　戰國・三晉 昌鯢涱（長）史
	璽彙 186.1833　戰國・三晉 史把
	侯馬八五：三　春秋・三晉 史醜（醜）及丌（其）[子]孫于晉邦之墬（地）者
	侯馬八五：一八　春秋・三晉 史䰩（醜）及丌（其）子[孫]
	侯馬八五：一六　春秋・三晉 史醜（醜）
	侯馬九八：四　春秋・三晉 史[醜]及丌（其）孫=（子孫）
	侯馬九八：一九　春秋・三晉 史隋
	侯馬七九：六　春秋・三晉 史醜（醜）
	侯馬三：二一　春秋・三晉 巫覡祝史

	侯馬一八五：二　春秋・三晉 祝史歔（薦）繞（瑞）
	侯馬一九八：三　春秋・三晉 史醜（醜）
	侯馬一九四：一一　春秋・三晉 巫覡祝史
	侯馬一六：二一　春秋・三晉 史醜（醜）及丌（其）子孫于晉邦之墬（地）者
	侯馬一六：一四　春秋・三晉 史醜（醜）及丌（其）孫=（子孫）于晉邦[之地]
	侯馬一五六：二四　春秋・三晉 史醜（醜）及丌（其）孫=（子孫）
	侯馬一五六：三　春秋・三晉 史醜(醜)及孫=(子孫)于晉邦之墬(地)者
	侯馬一五六：一　春秋・三晉 史醜（醜）及丌（其）孫=（子孫）于晉邦之墬（地）者

事

	鶴廬 11.1　戰國・待考 敬事
	鑒菁 26.51　戰國・三晉 事君必□
	秦印風 155 頁　戰國・秦 慎事
	秦印風 246 頁　戰國・秦 敬事
	秦印風 29 頁　戰國・秦 南鄉喪事（史）
	璽彙 180.1757　戰國・三晉 事（史）武
	璽彙 183.1796　戰國・三晉 事（史）竘
	璽彙 184.1803　戰國・三晉 事（史）譊
	璽彙 185.1817　戰國・三晉 事（史）狂
	璽彙 186.1827　戰國・三晉 事（史）猶
	璽彙 216.2188　戰國・楚 郚事
	璽彙 338.3655　戰國・楚 敬事
	璽彙 381.4150　戰國・燕 敬事
	璽彙 383.4172　戰國・三晉 敬事
	璽彙 385.4193　戰國・燕 敬事
	璽彙 470.5186　戰國・待考 事
	珍戰 68　戰國・三晉 事（史）㴱（淵）
	陶錄 2・17・2　戰國・齊 陸（陳）楠三立事歲右稟釜（釜）
	陶錄 2・3・3　戰國・齊 內蕈陸（陳）齎参立事左里𣪕京區
	陶錄 2・6・3　戰國・齊 平陸（陵）陸（陳）㝵（得）立事歲郯公
	陶錄 2・8・4　戰國・齊 王孫陸（陳）棱立事歲左……
	陶錄 5・14・4　戰國・三晉、兩周 事（史）可
	陶錄 5・17・1　戰國・三晉、兩周 事（史）□

	侯馬一九八：一六　春秋・三晉 半（披）其𩓐（腹）心吕（以）事其[主]
	侯馬一九四：四　春秋・三晉 瘽（狂）夫敢不閛（披）丌（其）復（腹）心吕（以）事丌（其）宔（主）
	侯馬一九五：一　春秋・三晉 敢不閛（披）丌（其）复（腹）心台（以）事丌（其）宔（主）
	侯馬一六：九　春秋・三晉 弜（強）梁敢不閛（披）丌（其）[腹]心吕（以）事丌（其）宔（主）
	侯馬一六：一一　春秋・三晉 事（史）醜（醜）及其子[孫]
	侯馬一五六：二　春秋・三晉 逆敢不閛（披）其復（腹）心台（以）事其宔（主）
	侯馬一五六：九　春秋・三晉 薦入敢不閛（披）丌（其）復（腹）心吕（以）事其[主]
	會稽刻石・秦銘刻選　秦代 以事合從
	霝雨・石鼓文・郭集　春秋・秦 □□其事
	秦墓石磬　春秋・秦 極（亟）事于秦
	溫縣簡報 T1 坎 1：1845　春秋・三晉 瀵敢不忎=〈忎忎（蒸蒸）〉焉中（忠）心事丌（其）宔（主）
	溫縣簡報 T1 坎 1：3211　春秋・三晉 黑敢不悊=（蒸蒸）焉中（忠）心事丌（其）宔（主）
	溫縣簡報 T1 坎 1：3797　春秋・三晉 興敢不悊=（蒸蒸）焉中（忠）心事丌（其）宔（主）
	新出研 WT1　K14：1367　春秋・三晉 事丌（其）宔（主）

支

	風過耳 300　戰國・秦 支渴
	新封泥彙 1262　戰國・秦 左礜桃支

肄

	璽彙 465.5120　戰國・秦 肄
	璽彙 507.5572　戰國・秦 夫=（大夫）肄
	陶錄 6・305・3　戰國・秦 宜陽肄
	陶錄 6・305・4　戰國・秦 宜陽肄

肅

	風過耳 130　戰國・秦 王肅
	秦印風 114 頁　戰國・秦 王肅

聿

	璽彙 306.3263　戰國・三晉 聿君
	侯馬二〇〇：二八　春秋・三晉 而敢不聿（盡）從嘉之明（盟）
	侯馬一：八七　春秋・三晉 而敢不聿（盡）從嘉之明（盟）
	侯馬一：六七　春秋・三晉 而敢不聿（盡）從□之明（盟）
	侯馬一：四〇　春秋・三晉 而敢不聿（盡）從嘉之明（盟）
	侯馬一九四：二　春秋・三晉 而敢不聿（盡）……之明（盟）

書

	風過耳 001　戰國・秦 □秦□書
	風過耳 242　戰國・秦 書
	璽彙 112. 0935　戰國・三晉 肖（趙）書
	璽彙 245. 2541　戰國・三晉 佃書
	璽彙 470. 5187　戰國・三晉 書
	璽考 239. 6　戰國・燕 宋生書
	璽類 95. 7　戰國・三晉 椁（郭）書
	陶錄 6・321・1　戰國・秦 枸邑書
	陶錄 6・321・3　戰國・秦 □邑書
	侯馬一六：三　春秋・三晉 不帥從□書之言
	泰山刻石・秦銘刻選　秦代 請具刻詔書金石刻因明白矣
	繹山刻石・秦銘刻選　秦代 請具刻詔書金石刻因明白矣

畫

	鶴廬 88. 1　戰國・三晉 登（鄧）畫
	璽彙 69. 0429　戰國・三晉 王畫
	璽彙 146. 1343　戰國・三晉 孟畫
	秦新 2119　戰國・秦 □畫

晝

	盛世 138　戰國・三晉 晝夕敬事

隶

	璽彙 235. 2411　戰國・三晉 校（楠）隶
	璽類 213. 13　戰國・三晉 郛（秀）隶
	珍戰 66　戰國・三晉 事（史）隶思坏（璽）

臤

	鑒菁 19. 36　戰國・待考 臤（賢）士人
	璽彙 357. 3864　戰國・燕 公孫臤
	璽彙 365. 3955　戰國・燕 長生臤

豎

	鶴廬 69. 1　戰國・三晉 椁（郭）豈（豎）
	秦印風 208 頁　戰國・秦 董（董）豎
	秦印風 221 頁　戰國・秦 丁豎

	訒存 55.3　戰國・三晉 亙（恆）豎（豎）
	璽彙 70.0440　戰國・三晉 王豎（豎）
	璽彙 229.2342　戰國・三晉 韓豎（豎）
	陶錄 4・32・1　戰國・燕 右宮豎（豎）
	陶錄 5・37・6　戰國・三晉、兩周 豎（豎）
	侯馬二〇〇：三九　春秋・三晉 豎（豎）敢不半（披）丌（其）復（腹）心台（以）事丌（其）宔（主）
	侯馬一：九二　春秋・三晉 豎敢不[披]丌（其）[腹]心[以事]丌（其）宔（主）
	侯馬一五六：二七　春秋・三晉 豎（豎）自質于君所
	侯馬一五六：二七　春秋・三晉 豎（豎）敢[不]……

臣

	貨系 199　戰國・周王畿 臣
	貨系 201　戰國・周王畿 臣
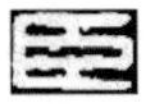	風過耳 322　戰國・秦 臣福
	港續 61.89　戰國・韓 長臣
	鑒菁 17.33　戰國・楚 邜（趙）臣
	秦印風 197 頁　戰國・秦 蘇臣
	秦印風 23 頁　戰國・秦 中宮臣官
	璽彙 123.1070　戰國・三晉 侯臣
	璽彙 199.1987　戰國・三晉 郵（董）臣
	璽彙 234.2399　戰國・三晉 析臣
	秦新 1673　戰國・秦 咸陽巨臣
	秦新 2722　戰國・秦 咸臣西辟
	陶錄 6・240・4　戰國・秦 宣臣
	侯馬一：八七　春秋・三晉 臣敢不半（披）丌（其）腹心㠯（以）事丌（其）宔（主）
	侯馬一：一　春秋・三晉 余臣敢不半（披）其腹心㠯（以）事其宔（主）
	侯馬一五六：二三　春秋・三晉 臣自質君之所
	瑯琊臺刻石・秦銘刻選　秦代 丞相臣斯、臣去疾、御史夫₌（大夫）臣德昧死言
	泰山刻石・秦銘刻選　秦代 丞相臣斯、臣去疾、御史夫₌（大夫）臣德昧死言
	譽編　戰國晚期・中山 監罟又（囿）臣公乘旻（得）守丘
	繹山刻石・秦銘刻選　秦代 戎臣奉詔
	繹山刻石・秦銘刻選　秦代 丞相臣斯、臣去疾、御史夫₌（大夫）臣德昧死言
	繹山刻石・秦銘刻選　秦代 臣昧死請

臧

	貨系 644　戰國・周王畿 臧
	貨系 645　戰國・周王畿 安臧
	貨系 649　戰國・周王畿 安臧
	貨系 653　戰國・周王畿 安臧
	貨系 666　戰國・周王畿 安臧
	湖印 40.1　戰國・三晉 吔（春）佩（狐）臧
	鑒菁 221.附錄 1　戰國・三晉 行臧
	璽彙 85.0611　戰國・秦 王臧
	璽彙 253.2628　戰國・三晉 行臧
	秦新 75　戰國・秦 宮臧
	秦新 79　戰國・秦 宮臧
	秦新 81　戰國・秦 宮臧
	秦新 82　戰國・秦 宮臧
	秦新 85　戰國・秦 宮臧
	陶錄 6・125・2　戰國・秦 宮臧

㱿

	盛世 227　戰國・待考 㱿牛

殹

	秦印風 164 頁　戰國・秦 上官殹印
	盛世 161　戰國・待考 公殹尊斯
	霝雨・石鼓文・郭集　春秋・秦 汧殹泊=（泊泊）
	汧殹・石鼓文・郭集　春秋・秦 汧殹沔=（沔沔）
	巫咸・詛楚文・郭集　戰國・秦 禮俾（卑）介老，將之㠯（以）自救殹
	亞駝・詛楚文・郭集　戰國・秦 禮俾（卑）介老，將之㠯（以）自救殹

段

	秦新 1613　戰國・秦 咸郿里段
	秦新 1614　戰國・秦 咸郿里段

毅

	盛世 232　戰國・待考 義毅

伇*

	秦墓石磬　春秋・秦 伇（鉏）虎（鋙）𧾷入

般*

	璽彙 497.5511　戰國・待考 般

殷*

	陶錄 2・305・1　戰國・齊 王殷蔵（苴）里旻（得）
	夕藏 II 01-6-2　戰國・齊 王殷蔵（苴）里旻（得）
	夕藏 II 01-6-3　戰國・齊 王殷蔵（苴）里旻（得）
	夕藏 II 01-6-4　戰國・齊 王殷蔵（苴）里旻（得）
	夕藏 II 01-6-5　戰國・齊 王殷蔵（苴）里旻（得）
	新齊 0418　戰國・齊 王殷蔵（苴）里旻（得）

嗀*

	侯馬二〇〇：二八　春秋・三晉 嗀（鑿）敢不半（披）丌（其）[腹]心 㠯（以）事丌（其）宔（主）
	侯馬一九四：一二　春秋・三晉 比嗀（鑿）、比衍（寽）及丌（其）孫 =（子孫）
	侯馬一七九：一四　春秋・三晉 比嗀（鑿）
	侯馬一五六：一九　春秋・三晉 比嗀（鑿）、比狩（寽）及丌（其）孫 =（子孫）

𣫌*

	璽彙 185.1819　戰國・三晉 事（史）𣫌

	璽彙 512.5631　戰國・三晉 賈𣫌

殺

	璽彙 126.1104　戰國・三晉 高殺
	璽彙 275.2901　戰國・三晉 文是殺
	侯馬二〇三：一一　春秋・三晉 所敢不巫……殺是（氏）……
	侯馬三：二六　春秋・三晉 閔（藺）伐及丌（其）孫=（子孫）夆（逢） 之行道不之殺者
	侯馬一八：五　春秋・三晉 見之行[道]而□殺者
	侯馬一八五：二　春秋・三晉 行道不殺
	會稽刻石・秦銘刻選　秦代 殺之無辠（罪）

寸

	譽編　戰國晚期・中山 文寸（肘）

寺

	秦印風 25 頁　戰國・秦 寺從市府
	秦印風 35 頁　戰國・秦 寺工
	璽彙 477.5266　戰國・三晉 寺人
	新封泥彙 0768　戰國・秦 寺庫丞印

	新封泥彙 0811　戰國・秦 寺工丞璽
	新封泥彙 0823　戰國・秦 寺工之印
	秦新 1037　戰國・秦 寺
	秦新 1329　戰國・秦 寺工毋死
	陶録 6・234・4　戰國・秦 寺相
	陶録 6・258・1　戰國・秦 寺水
	陶録 6・259・1　戰國・秦 寺水
	陶録 6・259・2　戰國・秦 寺水
	陶録 6・259・3　戰國・秦 寺水
	陶録 6・259・4　戰國・秦 寺水
	陶録 6・259・5　戰國・秦 寺水
	陶録 6・259・6　戰國・秦 寺水
	陶録 6・260・1　戰國・秦 寺水
	陶録 6・260・2　戰國・秦 寺水
	陶録 6・260・3　戰國・秦 寺水
	陶録 6・260・4　戰國・秦 寺水

	陶録 6・261・2　戰國・秦 寺水
	陶録 6・261・3　戰國・秦 寺水
	陶録 6・261・6　戰國・秦 寺水
	陶録 6・262・2　戰國・秦 寺水
	陶録 6・262・3　戰國・秦 寺水
	陶録 6・263・1　戰國・秦 寺水
	陶録 6・263・2　戰國・秦 寺水
	陶録 6・263・3　戰國・秦 寺水
	陶録 6・264・1　戰國・秦 寺嬰
	陶録 6・264・2　戰國・秦 寺顛
	侯馬二〇三：五　春秋・三晉 [定宮平]寺（陟）之命
	侯馬九二：一一　春秋・三晉 而敢又（有）寺（志）復趙[尼]及丌（其）子孫
	侯馬六七：四四　春秋・三晉 寺自今吕（以）[往]
	侯馬七五：六　春秋・三晉 [有]寺（志）復（復）趙尼及其子孫
	侯馬三：八　春秋・三晉 [定]宮平寺（陟）之令（命）者
	侯馬一：九四　春秋・三晉 敢又（有）寺（志）

	侯馬一：六三　春秋・三晉 又（有）寺（志）
	侯馬一六：三六　春秋・三晉 而敢有寺（志）復肖（趙）尼及丌（其）孫₌（子孫）
	田車・石鼓文・郭集　春秋・秦 秀（摺）弓寺射

將

	秦印風 179 頁　戰國・秦 將匠安
	秦印風 20 頁　戰國・秦 銍粟將印
	秦印風 24 頁　戰國・秦 右廏將馬
	新封泥彙 1603　戰國・秦 廏事將馬
	秦新 3352　戰國・秦 將行內者
	秦駰玉版研究　戰國・秦 故告大□大將軍
	秋淵・詛楚文・郭集　戰國・秦 將欲復其䝿（兇）速（迹）
	巫咸・詛楚文・郭集　戰國・秦 將欲復其䝿（兇）速（迹）

尋

	三晉 129　戰國・三晉 尾尋

尃

	貨系 2469　戰國・趙 上尃（博）/十九•兩
	貨系 2470　戰國・趙 上尃（博）/十二朱
	貨系 2471　戰國・趙 下尃（博）/十五•兩
	燕下都 254　戰國・三晉 尃/一
	璽彙 39. 0229　戰國・楚 尃室之鉨（璽）
	會稽刻石・秦銘刻選　秦代 六王尃倍
	秦墓石磬　春秋・秦 竈（肇）尃（敷）緣（蠻）
	繹山刻石・秦銘刻選　秦代 乃降尃惠

導

	甘印 64. 8　戰國・待考 王孫導
	新封泥彙 1472　戰國・秦 氏導丞印
	吾水・石鼓文・郭集　春秋・秦 遊（吾）其□導（道）
	作原・石鼓文・郭集　春秋・秦 導□我嗣
	作原・石鼓文・郭集　春秋・秦 □□盩導（道）

皮

	貨系 2187　戰國・魏 皮氏/十
	貨系 2188　戰國・魏 皮氏

	貨系 2195　戰國・魏 皮氏/一
	貨系 2196　戰國・魏 皮氏/一
	貨系 2199　戰國・魏 皮氏/一
	貨系 2202　戰國・魏 皮氏/十
	三晉 115　戰國・魏 皮氏
	三晉 115　戰國・魏 皮氏
	先秦編 230　戰國・魏 皮氏
	秦印風 111 頁　戰國・秦 李皮
	盛世 134　戰國・待考 皮筲
	璽彙 291.3089　戰國・三晉 甘皮
	璽類 101.6　戰國・三晉 窬（空桐）皮
	馬薦・石鼓文・郭集　春秋・秦 皮
	汧殹・石鼓文・郭集　春秋・秦 丞₌（烝烝）皮（彼）淖淵
	作原・石鼓文・郭集　春秋・秦 帥（率）皮（彼）阪□

攴

	貨系 530　戰國・周王畿 攴

啟

	風過耳 287　戰國・秦 啟鼂
	秦印風 163 頁　戰國・秦 張啟方
	秦印風 173 頁　戰國・秦 啟陵
	璽彙 105.0861　戰國・三晉 長攸（啟）封
	璽彙 338.3657　戰國・秦 □啟
	先印 25.5　戰國・待考 啟

敏

	璽彙 78.0534　戰國・三晉 王敃（敏）
	璽彙 97.0760　戰國・燕 長敃（敏）

敃

	璽彙 302.3216　戰國・三晉 西敃（敃）

效

	風過耳 134　戰國・秦 干效
	秦印風 250 頁　戰國・秦 效上士
	璽彙 479.5293　戰國・燕 效

故

	秦印風 30 頁　戰國・秦 脩故亭印
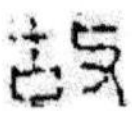	新封泥彙 0351　戰國・秦 故導丞印
	珍戰 114　戰國・三晉 犒故
	秦新 2480　戰國・秦 咸故倉均
	秦駰玉版研究　戰國・秦 能自复如故
	秦駰玉版研究　戰國・秦 故告大□大將軍

政

	秦印風 156 頁　戰國・秦 高政力
	璽彙 117.1003　戰國・三晉 肖（趙）政
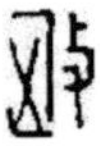	璽類 103.9　戰國・待考 王政
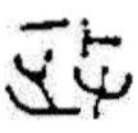	珍戰 217　戰國・三晉 政
	陶錄 7・11・6　戰國・待考 □政
	侯馬二〇〇：五一　春秋・三晉 政敢不半（披）丌（其）復（腹）心㠯（以）事丌（其）宔（主）
	侯馬九六：八　春秋・三晉 甘（邯）[鄲]郵（董）政之子孫
	侯馬九一：五　春秋・三晉 邯鄲郵（董）政之孫₌（子孫）
	侯馬一七九：一六　春秋・三晉 邯鄲郵（董）政之孫₌（子孫）
	侯馬一五六：二六　春秋・三晉 鄁₌（邯鄲）郵（董）政之孫₌（子孫）
	侯馬一五六：一九　春秋・三晉 鄁₌（邯鄲）郵（董）政之孫₌（子孫）
	新出研 WT4　K6：212　春秋・三晉 郵（董）政

數

	秋淵・詛楚文・郭集　戰國・秦 敢數楚王熊相之倍盟犯詛
	巫咸・詛楚文・郭集　戰國・秦 敢數楚王熊相之倍盟犯詛
	亞駝・詛楚文・郭集　戰國・秦 敢數楚王熊相之倍盟犯詛
	繹山刻石・秦銘刻選　秦代 世無萬數

敞

	秦印風 164 頁　戰國・秦 任敞
	盛世 175　戰國・待考 王敞

改

	秦印風 116 頁　戰國・秦 王改
	秦印風 183 頁　戰國・秦 于改
	秦印風 229 頁　戰國・秦 高改

	侯馬二〇〇：一七　春秋・三晉 [而]敢或䆊（變）改助及奐
	侯馬三：八　春秋・三晉 而敢或䆊（變）改助及奐
	侯馬三：二　春秋・三晉 而敢或䆊（變）改[助及]奐
	侯馬三：九　春秋・三晉 而敢或䆊（變）改助及𧜎（奐）
	侯馬三：六　春秋・三晉 而敢或䆊（變）改助及奐
	侯馬三：三　春秋・三晉 而敢[或]䆊（變）改助及奐
	侯馬三：五　春秋・三晉 而敢或䆊（變）改[助及]奐
	侯馬三：一　春秋・三晉 而敢或䆊（變）改助及𧜎（奐）
	侯馬三：一六　春秋・三晉 而敢或䆊（變）改助及奐
	侯馬三：一七　春秋・三晉 而敢或䆊（變）改助及𧜎（奐）
	侯馬三：一三　春秋・三晉 而敢或䆊（變）改助及𧜎（奐）
	侯馬三：一五　春秋・三晉 [變]改助及𧜎（奐）
	侯馬三：一一　春秋・三晉 而敢或[變]改[助]及奐
	侯馬四九：一　春秋・三晉 而敢或䆊（變）改助及𧜎（奐）
	侯馬一：八八　春秋・三晉 而敢或䆊（變）改助及[奐]
	侯馬一：八〇　春秋・三晉 而敢或䆊（變）改助及奐
	侯馬一：八七　春秋・三晉 而敢或改䆊（變）助及奐
	侯馬一：八四　春秋・三晉 而敢或䆊（變）改助[及奐]
	侯馬一：八一　春秋・三晉 而敢或䆊（變）改助[及]奐
	侯馬一：二八　春秋・三晉 而敢或䆊（變）改助及奐
	侯馬一：九　春秋・三晉 而敢或䆊（變）改助及奐
	侯馬一：六六　春秋・三晉 而敢或䆊（變）改助及𧜎（奐）
	侯馬一五六：一　春秋・三晉 而敢或䆊（變）改助及奐
	秋淵・詛楚文・郭集　戰國・秦 外之則冒改氒（厥）心

變

	秋淵・詛楚文・郭集　戰國・秦 變輸盟剌（約）
	巫咸・詛楚文・郭集　戰國・秦 變輸盟剌（約）
	亞駝・詛楚文・郭集　戰國・秦 變輸盟剌（約）

更

	秦印風 167 頁　戰國・秦 程更
	秦印風 214 頁　戰國・秦 白更
	璽彙 65.0371　戰國・三晉 王更

	秦新 1446　戰國・秦 蘭陵居貲便里不更牙
	秦新 1448　戰國・秦 犕□楷（貲）□□不更滕
	陶錄 6・296・1　戰國・秦 博昌居此（貲）□里不更佘
	陶錄 6・297・2　戰國・秦 東武東閒居貲不更□
	陶錄 6・299・2　戰國・秦 東武不更□□
	陶錄 6・443・3　戰國・秦 練更
	陶錄 7・9・4　戰國・待考 更菴

敶

	璽彙 162.1541　戰國・燕 孫塦（敶）
	璽彙 293.3113　戰國・齊 鎣塦（敶）

救

	璽類 491.6　戰國・秦 救申
	盛世 218　戰國・秦 救敬
	秋淵・詛楚文・郭集　戰國・秦 禮俾（卑）介老，將之㠯（以）自救也
	巫咸・詛楚文・郭集　戰國・秦 禮俾（卑）介老，將之㠯（以）自救殹
	亞駝・詛楚文・郭集　戰國・秦 禮俾（卑）介老，將之㠯（以）自救殹

	璽彙 374.4067　戰國・三晉 右行捄（救）

敚

	港印 79　戰國・三晉 舒敚

斁

	璽彙 130.1159　戰國・三晉 石斁
	璽彙 135.1220　戰國・三晉 牛斁
	璽彙 185.1820　戰國・三晉 事（史）斁
	玉萃 17.1　戰國・齊 郐（徐）斁
	珍戰 43　戰國・三晉 箅斁
	珍戰 45　戰國・三晉 曲盉（猛）斁

赦

	風過耳 258　戰國・秦 鼂赦（赦）

攸

	璽彙 196.1946　戰國・齊 郐（徐）攸
	璽彙 410.4496　戰國・三晉 攸（修）身
	璽彙 410.4498　戰國・待考 攸（修）身

	會稽刻石・秦銘刻選　秦代 德惠攸長
	繹山刻石・秦銘刻選　秦代 咸思攸長

敫

	璽彙 371.4026　戰國・齊 敦（淳）于敫

敦

	鶴廬 143.5　戰國・齊 敦（淳）于康
	秦印風 33 頁　戰國・秦 敦浦
	璽彙 88.0646　戰國・秦 王敦狐
	璽彙 371.4026　戰國・齊 敦（淳）于敫
	陶錄 2・165・4　戰國・齊 中蒦圜里敦（淳）于向
	新齊 0896　戰國・齊 中蒦圜里敦（淳）于向
	會稽刻石・秦銘刻選　秦代 和安敦勉

寇

	港續 73.114　戰國・燕 司寇章
	吉璽 12.63　戰國・三晉 司寇在（士）
	璽彙 11.0065　戰國・楚 司寇之鉨（璽）
	璽彙 12.0067　戰國・三晉 侌險司寇
	璽彙 12.0068　戰國・趙 侌（陰）垍（館）司寇
	璽彙 354.3832　戰國・三晉 司寇卯
	璽彙 355.3834　戰國・三晉 司寇勵
	璽考 98.4　戰國・三晉 武憲司寇
	秦新 1242　戰國・秦 寇
	陶錄 4・28・1　戰國・燕 左宮寇
	侯馬二〇三：三　春秋・三晉 司寇
	侯馬二〇三：一〇　春秋・三晉 司寇結
	侯馬九六：八　春秋・三晉 司寇結及丌（其）[子孫]
	侯馬九一：五　春秋・三晉 司寇
	侯馬七九：三　春秋・三晉 [司]寇結
	侯馬七五：八　春秋・三晉 司寇結及丌（其）孫=（子孫）
	侯馬三：二一　春秋・三晉 司寇鸞之孫=（子孫）
	侯馬一九四：四　春秋・三晉 司寇鸞之孫
	侯馬一九四：一　春秋・三晉 司寇結

	侯馬一九四：一一　春秋・三晉 司寇鸗之孫=（子孫）
	侯馬一九五：二　春秋・三晉 司寇結
	侯馬一九五：七　春秋・三晉 [司]寇結及丌（其）孫=（子孫）于晉邦之[地]者
	侯馬一七九：一四　春秋・三晉 司寇鸗之孫=（子孫）
	侯馬一五六：二二　春秋・三晉 司寇鸗及孫=（子孫）
	侯馬一五六：二〇　春秋・三晉 司寇結之孫=（子孫）
	侯馬一五六：二七　春秋・三晉 [司]寇鸗之孫=（子孫）
	侯馬一五六：二三　春秋・三晉 司寇結及丌（其）孫=（子孫）
	侯馬一五六：二一　春秋・三晉 司寇結及丌（其）孫=（子孫）

攻

	湖印 40.2　戰國・齊 鄙攻（工）帀（師）鉨（璽）
	秦印風 230 頁　戰國・秦 攻角
	璽彙 25.0148　戰國・齊 路右攻（工）帀（師）
	璽彙 26.0150　戰國・齊 東武成（城）攻（工）帀（師）鉨（璽）
	璽考 57.2　戰國・齊 相攻（工）帀（師）鉨（璽）
	陶錄 4・1・1　戰國・燕 十六年四月右匋（陶）君（尹）俫敚毀貲右匋（陶）攻（工）徒

	陶錄 4・101・3　戰國・燕 匋（陶）攻（工）
	陶錄 4・118・3　戰國・燕 左攻□
	陶錄 4・12・2　戰國・燕 匋（陶）攻（工）臓
	陶錄 4・15・3　戰國・燕 右匋（陶）攻（工）丑
	陶錄 4・15・4　戰國・燕 左匋（陶）攻（工）秦
	陶錄 4・20・1　戰國・燕 左匋（陶）君（尹）鏞疋
	陶錄 4・205・3　戰國・燕 匋（陶）攻（工）□
	陶錄 4・205・4　戰國・燕 匋（陶）攻（工）□
	陶錄 4・208・3　戰國・燕 匋（陶）攻（工）□
	陶錄 4・35・2　戰國・燕 匋（陶）攻（工）鞭
	陶錄 4・36・3　戰國・燕 匋（陶）攻（工）訢
	陶錄 4・41・4　戰國・燕 匋（陶）攻（工）伏
	陶錄 4・47・3　戰國・燕 匋（陶）攻（工）臣
	陶錄 4・48・1　戰國・燕 匋（陶）攻（工）得
	陶錄 4・48・2　戰國・燕 匋（陶）攻（工）得
	陶錄 4・5・1　戰國・燕 廿一年八月右匋（陶）君（尹）俫疾毀貲右匋（陶）攻（工）湯

	陶錄 4・58・3　戰國・燕 匋（陶）攻（工）坐
	陶錄 4・63・4　戰國・燕 匋（陶）攻（工）秦
	陶錄 4・65・2　戰國・燕 匋（陶）攻（工）牛
	陶錄 4・7・1　戰國・燕 左陶攻（工）敨（造）
	陶錄 4・71・2　戰國・燕 匋（陶）攻（工）昌
	陶錄 4・72・2　戰國・燕 匋（陶）攻（工）昌
	陶錄 4・72・3　戰國・燕 匋（陶）攻（工）昌
	陶錄 4・73・1　戰國・燕 匋（陶）攻（工）昌
	陶錄 4・74・1　戰國・燕 匋（陶）攻（工）昌
	陶錄 4・74・3　戰國・燕 匋（陶）攻（工）昌
	陶錄 4・74・4　戰國・燕 匋（陶）攻（工）昌
	陶錄 4・76・1　戰國・燕 匋（陶）攻（工）昌
	陶錄 4・77・1　戰國・燕 匋（陶）攻（工）昌
	陶錄 4・8・1　戰國・燕 左匋（陶）君（尹）鏞疋哭鍴左匋（陶） 倈湯貽國左匋（陶）攻（工）敨（造）
	陶錄 4・83・1　戰國・燕 匋（陶）攻（工）午
	陶錄 4・83・2　戰國・燕 匋（陶）攻（工）上
	陶錄 4・88・3　戰國・燕 匋（陶）攻（工）乙
	陶錄 4・89・2　戰國・燕 匋（陶）攻（工）乙
	新齊 1238　戰國・齊 六辛攻里□

敔

	霝雨・石鼓文・郭集　春秋・秦 其奔其敔（敔）

鈙

	鑒菁 218. 附錄 1　戰國・楚 鈙鉻

畋

	璽彙 46. 0270　戰國・楚 畋鉨（璽）
	璽彙 157. 1483　戰國・三晉 畋隼
	璽彙 158. 1488　戰國・三晉 畋慶
	璽彙 158. 1495　戰國・三晉 畋赤
	璽彙 159. 1505　戰國・燕 畋腹
	璽彙 159. 1507　戰國・燕 畋興
	璽彙 159. 1509　戰國・燕 畋生胼
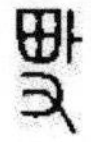	玉萃 18. 2　戰國・待考 畋李=（餘子）

陶錄 4・23・3 戰國・燕
左宮畋

陶錄 4・89・3 戰國・燕
畋軌

牧

秦印風 114 頁 戰國・秦
右牧

攷*

珍戰 80 戰國・三晉
攷□

弢*

璽彙 362.3923 戰國・齊
㳻（公孫）坣弢

故*

璽彙 86.0632 戰國・齊
王故

璽彙 132.1185 戰國・齊
吳故之鉨（璽）

敀*

璽彙 338.3655 戰國・楚
敀事

牧*

珍戰 92 戰國・待考
庚牧居

秌*

璽考 204.2 戰國・楚
臧（臧）秌（稽）大

敂*

璽彙 45.0268 戰國・楚
敂左馬鉨（璽）

敃*

璽類 46.7 戰國・待考
□厰（嚴）敃鉨（璽）

敘*

璽彙 346.3749 戰國・楚
方正敘芝

璽類 488.3 戰國・三晉
公孟敘

陶錄 2・173・2 戰國・齊
蒦圆中里人敘旨

陶錄 2・173・4 戰國・齊
□□中里人敘旨

陶錄 2・660・4 戰國・齊
中蒦圆里司馬敘旨

新齊 0902 戰國・齊
中蒦圆里馬敘旨

敗*

璽彙 87.0643 戰國・齊
王敗豕

璽類 5.6 戰國・齊
王敗豕訐（信）鉨（璽）

敂*

	璽彙 357. 3863　戰國・燕 公孫敂
	璽彙 508. 5576　戰國・燕 司馬敂

⿰豆攵*

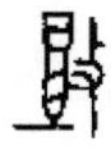	璽彙 291. 3090　戰國・三晉 ⿰豆攵（豆）胙

⿰單攵*

	璽彙 518. 5706　戰國・齊 輔匕（弼）⿰單攵封（邦）

⿰魚攵*

	鴨選 4　戰國・楚 魰（漁）鉨（璽）

⿰參攵*

	璽彙 302. 3214　戰國・三晉 ⿰參攵糕

⿰啻攵*

	璽彙 336. 3626　戰國・齊 坊（市）⿰啻攵
	侯馬三：一　春秋・三晉 ⿰啻攵敢不閛（披）亓（其）復（腹）心己（以）事川（共）宔（主）

⿰會攵*

	璽彙 166. 1587　戰國・齊 邾（朱）⿰會攵
	璽彙 509. 5594　戰國・楚 ⿰會攵

𢿬*

	夕藏 II 05-23-1　戰國・齊 繇巷大匋（陶）里𢿬

⿰膚攵*

	侯馬七五：八　春秋・三晉 ⿰膚攵（薦）綐（瑞）
	侯馬三：二二　春秋・三晉 巫覡祝史⿰膚攵（薦）綐（瑞）
	侯馬一八：三　春秋・三晉 [巫]覡祝史⿰膚攵（薦）綐（瑞）
	侯馬一七九：一六　春秋・三晉 巫覡祝史⿰膚攵（薦）[瑞]
	侯馬一五六：二二　春秋・三晉 而敢不巫覡[祝]史⿰膚攵（薦）綐（瑞）
	侯馬一五六：二〇　春秋・三晉 而敢不巫覡[祝]史⿰膚攵（薦）綐（瑞）
	侯馬一五六：一九　春秋・三晉 所敢不巫覡祝史⿰膚攵（薦）綐（瑞）

敟*

	書璽 290　戰國・齊 左⿰稟攵（廩）□坈（璽）
	璽彙 52. 0300　戰國・齊 左桁（衡）⿰稟攵（廩）木
	璽彙 167. 1597　戰國・齊 齊⿰稟攵（廩）
	陶錄 2・17・1　戰國・齊 陳枳忐左⿰稟攵（廩）

	陶錄 2・23・1　戰國・齊 左斁（廩）□璽

斂*

	璽彙 357.3862　戰國・燕 公孫斂
	陶錄 4・43・4　戰國・燕 匋（陶）攻（工）斂

教

	秦印風 242 頁　戰國・秦 相教
	秦印風 242 頁　戰國・秦 相教
	秦墓石磬　春秋・秦 或教自上

斅

	秦印風 159 頁　戰國・秦 靳募學佴

卜

	貨系 2759　戰國・中山 卜
	齊幣 107 背　戰國・齊 安昜（陽）之夻（大）刀（刀）/卜
	齊幣 108 背　戰國・齊 安昜（陽）之夻（大）刀（刀）/卜
	齊幣 32 背　戰國・齊 齊之夻（大）刀（刀）/卜
	齊幣 33 背　戰國・齊 齊之夻（大）刀（刀）/卜
	先秦編 478　戰國・燕 卜
	先秦編 482　戰國・燕 卜
	璽彙 139.1264　戰國・三晉 卜紀不
	璽彙 465.5128　戰國・魏 卜正
	珍戰 18　戰國・三晉 卜夫₌（大夫）
	陶錄 1・20・3　戰國以前・待考 卜
	陶錄 6・37・1　戰國・秦 咸卜里戎
	陶錄 6・37・3　戰國・秦 咸卜里戎
	陶錄 6・37・4　戰國・秦 咸卜里戎
	陶錄 6・38・1　戰國・秦 咸卜里□
	侯馬三〇三：一　春秋・三晉 卜𠃝（以）吉筭（筮）

貞

	璽彙 63.0363　戰國・燕 湶（泉）谷山金貞鍴（瑞）
	璽彙 64.0367　戰國・燕 右朱（廚）貞鍴（瑞）
	陶錄 2・127・1　戰國・齊 繇巷大匋（陶）里貞
	陶錄 2・127・2　戰國・齊 繇巷大匋（陶）里貞

	陶錄 2・127・4　戰國・齊 繇巷大匋（陶）里貞
	陶錄 2・130・1　戰國・齊 大匋（陶）里貞
	陶錄 2・167・3　戰國・齊 中蒦圆里貞
	陶錄 7・12・3　戰國・待考 護貞帛
	新齊 0978　戰國・齊 □里巷□里貞
	會稽刻石・秦銘刻選　秦代 倍死不貞

占

	陶錄 2・81・3　戰國・齊 蒦圆南里人不占
	陶錄 2・81・4　戰國・齊 蒦圆南里人不占
	夕藏 II 05-7-1　戰國・齊 蒦圆南里人不占

兆

	貨系 3665 背　戰國・燕 右/兆
	古萃 81.4　戰國・待考 兆千章

⿰義卜*

	侯馬二〇〇：二一　春秋・三晉 ⿰義卜敢不半（披）其[腹]心㠯（以）事其宔（主）

用

	貨系 2725　戰國・中山 用
	漢原 127.7　戰國・待考 王用
	漢原 223.5　戰國・待考 用
	侯馬一六：三　春秋・三晉 敢用一元□□□
	秦駰玉版研究　戰國・秦 □□用貳羲（犧）、羊、豢
	秋淵・詛楚文・郭集　戰國・秦 敢用吉玉宣璧
	巫咸・詛楚文・郭集　戰國・秦 敢用吉玉宣璧
	吳人・石鼓文・郭集　春秋・秦 而□獻用

甫

	貨系 1425　戰國・魏 甫（蒲）反（坂）一釿
	貨系 1426　戰國・魏 甫（蒲）反（坂）一釿
	貨系 1427　戰國・魏 甫（蒲）反（坂）一釿
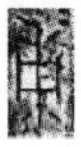	貨系 1428　戰國・魏 甫（蒲）反（坂）一釿
	貨系 1429　戰國・魏 甫（蒲）反（坂）一釿
	三晉 137　戰國・魏 甫（蒲）反（坂）一釿

	天津 51 戰國・魏 甫（蒲）反（坂）一釿

爻

	貨系 2014 戰國・待考 土爻
	貨系 2018 戰國・待考 □爻
	貨系 2019 戰國・韓 爻
	璽考 66.2 戰國・齊 爻圖昜里王不□一千
	秦新 279 戰國・秦 爻

爾

	璽彙 287.3036 戰國・三晉 賦爾（璽）

爽

	盛世 151 戰國・待考 呂爽之印

卷四

目

	貨系 428　戰國・周王畿 目
	錢典 640　戰國・周王畿 目
	秦印風 227 頁　戰國・秦 郭目
	書璽 1237　戰國・待考 般目
	璽類 215. 12　戰國・三晉 鄃（魚）目
	陶錄 2・463・1　戰國・齊 豆里疾目
	陶錄 2・463・3　戰國・齊 豆里疾目
	陶錄 2・463・4　戰國・齊 豆里疾目
	陶錄 2・464・1　戰國・齊 豆里疾目
	陶錄 2・464・4　戰國・齊 豆里疾目
	陶錄 2・465・1　戰國・齊 豆里疾目
	陶錄 2・465・2　戰國・齊 豆里疾目
	夕藏 II 07-15-1　戰國・齊 豆里疾目
	新齊 1034　戰國・齊 豆里疾目

盼

	陶錄 6・50・4　戰國・秦 咸新安盼

眂

	璽彙 61. 0350　戰國・魏 右庫眂（視）事
	璽彙 279. 2946　戰國・三晉 夜眂
	璽類 400. 5　戰國・待考 盍眂

盱

	貨系 431　戰國・周王畿 盱
	風過耳 167　戰國・秦 殷盱
	盛世 130　戰國・三晉 近盱
	璽彙 113. 0954　戰國・三晉 肖（趙）盱
	陶錄 5・27・1　戰國・三晉、兩周 史盱
	陶錄 5・27・2　戰國・三晉、兩周 史盱

睘

	貨系 4067　戰國・秦 半睘
	璽彙 192.1903　戰國・三晉 睘（縣）史（吏）
	璽彙 192.1904　戰國・三晉 睘（袁）蘘
	礨編　戰國晚期・中山 它睘（環）

睽

	秦墓石磬　春秋・秦 上帝是睽

眛

	秦新 1043　戰國・秦 寺眛
	秦新 1638　戰國・秦 咸郭里眛
	秦新 669　戰國・秦 右司空眛
	秦新 670　戰國・秦 右司空眛
	秦新 671　戰國・秦 右司空眛

睦

	秦印風 70 頁　戰國・秦 張睦

相

	秦範卷五 19.6　戰國・三晉 相里適
	秦印風 242 頁　戰國・秦 相念
	盛世 026　戰國・待考 相氏家印
	璽彙 117.1005　戰國・三晉 肖（趙）旦（相）女（如）
	璽彙 204.2041　戰國・三晉 �（董）相女（如）
	璽彙 301.3210　戰國・三晉 □相
	璽彙 416.4562　戰國・三晉 相室
	璽類 5.9　戰國・待考 王旦（相）女（如）
	璽類 241.14　戰國・三晉 相室
	鴨選 15　戰國・三晉 宋相女（如）
	珍戰 60　戰國・三晉 王相女（如）
	尊集 310.3　戰國・待考 相林
	陶錄 6・351・4　戰國・秦 [乃]詔[丞]相
	陶錄 6・360・2　戰國・秦 [乃]詔丞相
	陶錄 6・362・1　戰國・秦 乃詔丞相狀[綰]

	陶錄 6・367・1　戰國・秦 [乃]詔丞相狀綰灋度量則
	陶錄 6・367・2　戰國・秦 [乃詔丞]相狀綰灋度量則
	陶錄 6・368・1　戰國・秦 [乃]詔丞相狀綰灋度量則
	陶錄 6・372・2　戰國・秦 乃詔丞相狀綰灋度量則
	陶錄 6・378・1　戰國・秦 乃詔丞相
	陶錄 6・470・2　戰國・秦 [乃]詔[丞]相狀綰
	秦駰玉版研究　戰國・秦 □王室相如
	秋淵・詛楚文・郭集　戰國・秦 今楚王熊相康回無道
	釋玉璜箴銘　戰國・中山 相會（合）禾（和）同
	巫咸・詛楚文・郭集　戰國・秦 以底楚王熊相之多辠（罪）
	亞駝・詛楚文・郭集　戰國・秦 以底楚王熊相之多辠（罪）
	繹山刻石・秦銘刻選　秦代 丞相臣斯、臣去疾、御史夫₌（大夫）臣德昧死言

督

	秦印風 226 頁　戰國・秦 督光

看

	璽彙 364.3946　戰國・燕 王生旃（看）
	陶錄 4・2・2　戰國・燕 右陶尹倈旃（看）

矘

	秦印風 194 頁　戰國・秦 狐矘

眚

	盛世 099　戰國・三晉 弔（叔）□眚
	璽彙 306.3265　戰國・三晉 眚寞
	鑾車・石鼓文・郭集　春秋・秦 眚車𩊚（載）行

睩

	顧印 30.5　戰國・三晉 孫睩
	璽彙 262.2740　戰國・三晉 盍睩

盲

	璽彙 171.1647　戰國・齊 左盲

眦*

	鶴廬 107.3　戰國・三晉 長眦

眗*

	璽彙 131.1162　戰國・燕 石眗（眗）

眸*

	夕藏 II 05-12-1　戰國・齊 □圜□里□眸

眲*

	陶錄 7・3・3　戰國・待考 □□眲

眽*

	璽彙 97.0764　戰國・三晉 長眽

豚*

	璽考 222.4　戰國・三晉 肖（趙）豚

背*

	秦印風 116 頁　戰國・秦 王背

瞽*

	秦印風 100 頁　戰國・秦 石瞽
	秦印風 45 頁　戰國・秦 瞽
	璽彙 260.2721　戰國・三晉 孔瞽

瞍*

	璽彙 53.0306　戰國・齊 □瞍斆計（信）鉨（璽）

瞭*

	秦印風 129 頁　戰國・秦 任瞭

眀

	璽彙 305.3261　戰國・三晉 疋（胥）于眀
	璽類 113.5　戰國・待考 王眀

省

	璽彙 94.0721　戰國・三晉 長省
	璽彙 246.2553　戰國・楚 㑥省
	璽彙 328.3536　戰國・楚 □省
	侯馬九二：三九　春秋・三晉 眚敢不閛（披）丌（其）[腹心]
	會稽刻石・秦銘刻選　秦代 宣省習俗
	會稽刻石・秦銘刻選　秦代 飾省宣義
	新出研 WT4　K6：212　春秋・三晉 執（韓）省
	新出研 WT4　K6：315　春秋・三晉 執（韓）省

自

	鑒菁 30.58　戰國・三晉 自敬

	璽彙 424.4657 戰國・三晉 自曲
	珍戰 202 戰國・三晉 自悉（愛）
	陶錄 4・98・3 戰國・燕 巫上匋（陶）自□
	侯馬八六：一 春秋・三晉 自質于君所
	侯馬六七：二二 春秋・三晉 買自今邑（以）𡉚（往）
	侯馬六七：二〇 春秋・三晉 自今台（以）𡉚（往）
	侯馬六七：二一 春秋・三晉 自今台（以）進（往）
	侯馬六七：四六 春秋・三晉 自今邑（以）𡉚（往）
	侯馬六七：五二 春秋・三晉 盍自今台（以）𡉚（往）
	侯馬六七：五七 春秋・三晉 自今邑（以）𡉚（往）
	侯馬六七：一五 春秋・三晉 沽自今邑（以）𡉚（往）
	侯馬七九：二 春秋・三晉 自質于君所
	秦墓石磬 春秋・秦 或教自上
	溫縣簡報 T1 坎 1：3780 春秋・三晉 自今邑（以）𡉚（往）
	溫縣簡報 T1 坎 1：3802 春秋・三晉 自今台（以）𡉚（往）
	溫縣簡報 T1 坎 1：4585 春秋・三晉 自今台（以）進（往）

	巫咸・詛楚文・郭集 戰國・秦 禮俾（卑）介老，將之邑（以）自救殹
	亞駝・詛楚文・郭集 戰國・秦 禮俾（卑）介老，將之邑（以）自救殹

扃

	珍戰 117 戰國・三晉 胳（閭）扃

皆

	陶錄 6・339・1 戰國・秦 皆明壹之
	陶錄 6・365・2 戰國・秦 皆明壹之
	陶錄 6・373・3 戰國・秦 皆明壹之
	陶錄 6・373・4 戰國・秦 皆明壹之
	陶錄 6・374・1 戰國・秦 皆[明壹之]
	陶錄 6・473・1 戰國・秦 皆明壹之
	會稽刻石・秦銘刻選 秦代 皆遵軌度
	新出研 WT4 K6：211 春秋・三晉 䫉（皆）戢（仇）疸則（賊）夫
	新出研 WT4 K6：250 春秋・三晉 台（以）䫉（皆）戕（仇）疸則（賊）大

魯

	國輯 15.2 戰國・待考 韇（南郭）魯

	璽彙 166.1592　戰國・楚 魯達
	璽彙 233.2392　戰國・燕 楊魯
	璽彙 507.5566　戰國・燕 魯伏
	秦墓石磬　春秋・秦 屯（純）魯吉康

者

	吉璽 8.43　戰國・三晉 者浻（海）
	秦印風 145 頁　戰國・秦 者虖
	秦印風 191 頁　戰國・秦 李壽者
	璽彙 26.0153　戰國・齊 䣆者（褚）帀（師）鉨（璽）
	璽彙 304.3238　戰國・三晉 者（諸）余玢
	印戰 33.2　戰國・楚 者（諸）侯之遊（旅）
	陶錄 2・143・3　戰國・齊 大蒦圆匋（陶）者□
	陶錄 2・15・2　戰國・齊 痞者陸（陳）旻（得）再左里𣪘京豆
	陶錄 2・4・2　戰國・齊 因者陸（陳）齎再……
	陶錄 2・61・2　戰國・齊 蒦圆南里匋（陶）者□
	陶錄 6・187・1　戰國・秦 將行内者

	陶錄 6・339・1　戰國・秦 不壹歉疑者
	陶錄 6・365・2　戰國・秦 [不]壹歉疑者
	陶錄 6・369・2　戰國・秦 不壹歉疑者
	陶錄 6・373・2　戰國・秦 [不]壹歉疑者
	陶錄 6・374・2　戰國・秦 不壹歉疑者
	陶錄 6・472・4　戰國・秦 [不]壹歉疑者
	陶錄 6・473・1　戰國・秦 [不]壹歉疑者
	侯馬二〇〇：二〇　春秋・三晉 及群虖（罅）明（盟）者
	侯馬二〇〇：六二　春秋・三晉 ……者
	侯馬二〇〇：三八　春秋・三晉 而敢又（有）[志復趙]尼及丌（其）子孫于[晉]邦之墜（地）者
	侯馬二〇〇：三〇　春秋・三晉 ……者
	侯馬二〇〇：四二　春秋・三晉 及群虖（罅）明（盟）者
	侯馬二〇〇：四一　春秋・三晉 不守二宫者
	侯馬二〇〇：一六　春秋・三晉 [于]晉邦之墜（地）者
	侯馬二〇三：五　春秋・三晉 ……及……者
	侯馬九八：六　春秋・三晉 [于晉]邦之墜（地）者

	侯馬九二：四　春秋・三晉 [卑]不守二宮者
	侯馬七五：二　春秋・三晉 明（盟）者
	侯馬三：六　春秋・三晉 卑不守二宮者
	侯馬三：一九　春秋・三晉 中者（都）匕（比）弘（強）
	侯馬三：一六　春秋・三晉 卑不守二宮者
	侯馬三：一三　春秋・三晉 卑不守二宮者
	侯馬三五：二　春秋・三晉 敢又（有）志復趙尼[及其子孫于晉邦之地]者
	侯馬一：四二　春秋・三晉 卑[不]守二宮者
	侯馬一：一〇一　春秋・三晉 [趙]尼及丌（其）子孫于晉邦之墬（地）者
	侯馬一：一三　春秋・三晉 [不守]二宮者
	侯馬一九八：一七　春秋・三晉 [群]虖（罅）明（盟）者
	侯馬一九五：二　春秋・三晉 [晉邦]之墬（地）者
	侯馬一六：八　春秋・三晉 史醜（醜）及丌（其）子孫于晉邦之墬（地）者
	侯馬一六：五　春秋・三晉 [卑]不守二宮者
	侯馬一六：一五　春秋・三晉 史醜（醜）及丌（其）孫₌（子孫）[于晉邦之]墬（地）者
	侯馬一五六：二六　春秋・三晉 中者（都）比弘（強）
	侯馬一五六：三　春秋・三晉 卑不守二宮者
	侯馬一五六：一　春秋・三晉 及群虖（罅）明（盟）者
	侯馬一五六：一八　春秋・三晉 及丌（其）子孫于晉邦之墬（地）者
	侯馬一五六：一四　春秋・三晉 [不守]二宮者
	秋淵・詛楚文・郭集　戰國・秦 箸（書）者（諸）石章（璋）
	泰山刻石・秦銘刻選　秦代 者（諸）產得宜
	溫縣簡報 T1 坎 1：137　春秋・三晉 而[敢]與賊爲徒者
	巫咸・詛楚文・郭集　戰國・秦 竄者（諸）冥室櫝棺之中
	亞駝・詛楚文・郭集　戰國・秦 竄者（諸）冥室櫝棺之中
	繹山刻石・秦銘刻選　秦代 群臣從者

智

	貨系 375　戰國・周王畿 智
	貨系 378　戰國・周王畿 智
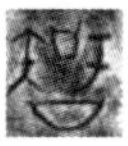	貨系 379　戰國・周王畿 智
	貨系 382　戰國・周王畿 智
	秦印風 251 頁　戰國・秦 毋智

翥

	風過耳 257　戰國・秦 不翥
	秦印風 210 頁　戰國・秦 王翥

翏

	漢叢 39.8　戰國・楚 翏□遊（旅）鉨（璽）
	璽彙 313.3356　戰國・燕 翏生□
	秦新 1199　戰國・秦 臨晉翏
	秦新 1239　戰國・秦 臨晉翏
	陶錄 6・306・2　戰國・秦 臨晉翏
	陶錄 6・306・4　戰國・秦 臨晉翏
	陶錄 7・16・1　戰國・齊 翏忐
	陶錄 7・16・2　戰國・齊 翏忐
	陶錄 7・16・3　戰國・齊 翏忐
	陶錄 7・16・4　戰國・齊 翏忐
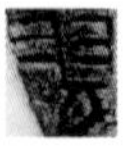	新齊 1242　戰國・齊 翏忐
	陶錄 4・179・1　戰國・燕 翏枚
	陶錄 4・179・2　戰國・燕 翏枚

翣

	璽彙 219.2228　戰國・三晉 郟翣

翌*

	璽彙 44.0259　戰國・齊 右庯（盧）□草翌鉨（璽）
	戰分 114.643　戰國・齊 右庯（盧）□草翌鉨（璽）

羿*

	璽彙 287.3041　戰國・三晉 羿沽
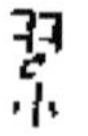	璽彙 322.3459　戰國・三晉 羿覓

翚*

	璽彙 158.1487　戰國・三晉 畋翚
	璽彙 281.2972　戰國・三晉 胎（閭）翚

翾*

	珍戰 79　戰國・三晉 武翾

隹

	二十 59.二-SP-0029　戰國・燕 左宮巨隹
	璽彙 294.3118　戰國・三晉 㮚余隹
	璽彙 341.3693　戰國・齊 㢊奔隹鉨（璽）
	璽彙 356.3846　戰國・燕 公孫隹
	璽類 116.6　戰國・燕 公孫隹
	霝雨・石鼓文・郭集　春秋・秦 隹（維）舟以行
	汧殹・石鼓文・郭集　春秋・秦 隹（維）鱮隹（維）鯉
	汧殹・石鼓文・郭集　春秋・秦 隹（維）鱮隹（維）鯉
	秦墓石磬　春秋・秦 隹（惟）四年佾（八月）初吉甲申
	吾水・石鼓文・郭集　春秋・秦 日隹（維）丙申

雒

	新封泥彙 1769　戰國・秦 上雒丞印
	新封泥彙 1774　戰國・秦 上雒丞印
	秦新 3303　戰國・秦 雒亭

雉

	新封泥彙 2270　戰國・秦 雉丞之印
	田車・石鼓文・郭集　春秋・秦 麀鹿雉兔

雛

	秦印風 171 頁　戰國・秦 張雛

離

	秦印風 109 頁　戰國・秦 臣離
	秦印風 97 頁　戰國・秦 離印

雕

	秦新 3306　戰國・秦 雕陰
	秦新 3307　戰國・秦 雕陰

雁

	秦印風 159 頁　戰國・秦 雁眾私印
	璽類 92.1　戰國・楚 卑雁之鉨（璽）
	璽類 439.1　戰國・楚 卑雁之鉨（璽）

	陶錄 2・64・4　戰國・齊 蒦圆南里蒼
	陶錄 2・66・1　戰國・齊 蒦圆南里□
	陶錄 2・68・1　戰國・齊 蒦圆南里人悊（怙）
	陶錄 2・68・3　戰國・齊 蒦圆南里人悊（怙）
	陶錄 2・69・1　戰國・齊 蒦圆南里人悊（怙）
	陶錄 2・72・1　戰國・齊 蒦圆南里人□
	陶錄 2・74・1　戰國・齊 蒦圆南里人□
	陶錄 2・77・1　戰國・齊 蒦圆南里人螽（蛪）
	陶錄 2・78・1　戰國・齊 蒦圆南里人螽（蛪）
	陶錄 2・80・1　戰國・齊 蒦圆南里人螽（蛪）
	陶錄 2・80・3　戰國・齊 蒦圆南里人螽（蛪）
	陶錄 2・81・2　戰國・齊 蒦圆南里人僁
	陶錄 2・82・1　戰國・齊 蒦圆南里人□
	陶錄 2・82・2　戰國・齊 蒦圆南里人□
	陶錄 2・82・4　戰國・齊 蒦圆南里人狘
	陶錄 2・85・1　戰國・齊 蒦圆南里司馬倘
	陶錄 2・85・3　戰國・齊 蒦圆南里人信
	陶錄 2・86・1　戰國・齊 蒦圆南里人紂
	陶錄 2・86・4　戰國・齊 蒦圆南里人□
	陶錄 2・87・2　戰國・齊 蒦圆南里人迂
	夕藏 II 05-10-1　戰國・齊 蒦圆南里人幰
	夕藏 II 05-54-1　戰國・齊 蒦圆匋（陶）里人造
	夕藏 II 05-61-2　戰國・齊 蒦圆匋（陶）里……
	新齊 0786　戰國・齊 蒦圆南里人螽（蛪）
	新齊 0798　戰國・齊 蒦圆南里螽（蛪）
	新齊 0850　戰國・齊 蒦圆圆里人學
	新齊 0955　戰國・齊 繇巷蒦圆南圆里□
	新出研 WT4　K5：12　春秋・三晉 蒦自今台（以）峑（往）

藋

	璽彙 39.0230　戰國・楚 藋₌（藋觀）之鉨（璽）
	璽彙 70.0432　戰國・三晉 王藋
	璽彙 109.0899　戰國・三晉 肖（趙）藋

	璽彙 146.1342　戰國・三晉 孟萑
	璽彙 225.2291　戰國・三晉 萑壬

舊

	陶錄 2・114・1　戰國・齊 繇巷大匋（陶）里舊
	會稽刻石・秦銘刻選　秦代 顯陳舊章

蔑

	璽彙 160.1515　戰國・三晉 孫蔑
	秋淵・詛楚文・郭集　戰國・秦 求蔑灋（廢）皇天上帝及大神氒（厥）湫之卹祠、圭玉、羲（犧）牲
	巫咸・詛楚文・郭集　戰國・秦 求蔑灋（廢）皇天上帝及不（丕）顯大神巫咸之卹祠、圭玉、羲（犧）牲
	亞駝・詛楚文・郭集　戰國・秦 求蔑灋（廢）皇天上帝及不（丕）顯大神亞駝之卹祠、圭玉、羲（犧）牲

羊

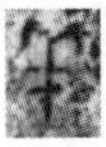	貨系 320　戰國・周王畿 羊
	天津 7　戰國・待考 羊
	先秦編 111　戰國・周王畿 羊
	魯安 104.284　戰國・待考 千羊
	十六 20.5　戰國・待考 □羊
	璽彙 332.3583　戰國・三晉 白羊齒
	璽彙 407.4462　戰國・三晉 千羊
	璽彙 502.5548　戰國・楚 羊坿（府）諹客
	陶錄 4・193・3　戰國・燕 羊
	新齊 1402　戰國・齊 羊
	秦駰玉版研究　戰國・秦 □□□及羊、豢
	秦駰玉版研究　戰國・秦 □□用貳羲（犧）、羊、豢

羔

	貨系 323　戰國・周王畿 羔
	貨系 324　戰國・周王畿 羔
	先秦編 145　戰國・周王畿 羔
	秦印風 124 頁　戰國・秦 橋羔

羝

	貨系 549　戰國・待考 羝
	陝新 198.1688　戰國・三晉 君（尹）羝
	璽彙 214.2169　戰國・三晉 邰羝

	璽彙 366.3973　戰國・三晉 窬（空桐）羝

羒

	璽彙 223.2277　戰國・三晉 蕃（藘）羒
	璽彙 272.2856　戰國・三晉 庚羒

羘

	珍戰 76　戰國・三晉 羘疠（病）

羥

	秦印風 54 頁　戰國・秦 李羥
	秦新 3119　戰國・秦 大羥
	秦新 566　戰國・秦 大羥
	秦新 567　戰國・秦 大羥
	秦新 568　戰國・秦 大羥
	秦新 569　戰國・秦 大羥
	秦新 570　戰國・秦 大羥

羸

	秋淵・詛楚文・郭集　戰國・秦 唯是秦邦之羸眾敝賦、鞈（襘）輸（褕）棧輿
	巫咸・詛楚文・郭集　戰國・秦 唯是秦邦之羸眾敝賦、鞈（襘）輸（褕）棧輿
	亞駝・詛楚文・郭集　戰國・秦 唯是秦邦之羸眾敝賦、鞈（襘）輸（褕）棧輿

羣

	貨系 325　戰國・周王畿 群
	璽彙 27.0160　戰國・楚 群栗客鉨（璽）
	侯馬八五：二四　春秋・三晉 及群虖（罅）[盟者]
	侯馬八五：一四　春秋・三晉 及群虖（罅）明（盟）者
	侯馬二〇〇：二　春秋・三晉 及群虖（罅）明（盟）者
	侯馬二〇〇：二〇　春秋・三晉 及群虖（罅）明（盟）者
	侯馬二〇〇：三八　春秋・三晉 及亓（其）群虖（罅）明（盟）者
	侯馬二〇〇：四二　春秋・三晉 及群虖（罅）明（盟）者
	侯馬二〇〇：四〇　春秋・三晉 及群虖（罅）明（盟）者
	侯馬二〇〇：四一　春秋・三晉 及群虖（罅）明（盟）者
	侯馬二〇〇：一　春秋・三晉 及群虖（罅）明（盟）者
	侯馬二〇〇：一六　春秋・三晉 及群[罅]明（盟）者
	侯馬九二：二〇　春秋・三晉 及群……

	侯馬九二：三三　春秋・三晉 及群虜（鏄）明（盟）者
	侯馬九二：三四　春秋・三晉 及群虜（鏄）[盟者]
	侯馬七五：六　春秋・三晉 及群虜（鏄）明（盟）者
	侯馬三：二四　春秋・三晉 及群虜（鏄）明（盟）者
	侯馬三：一九　春秋・三晉 及群虜（鏄）明（盟）者
	侯馬三：一〇　春秋・三晉 及群虜（鏄）明（盟）者
	侯馬三：一六　春秋・三晉 及群虜（鏄）明（盟）者
	侯馬三：一五　春秋・三晉 及群虜（鏄）明（盟）者
	侯馬三：一一　春秋・三晉 及群虜（鏄）明（盟）[者]
	侯馬三五：二　春秋・三晉 及群虜（鏄）明（盟）[者]
	侯馬三五：九　春秋・三晉 及群虜（鏄）明（盟）者
	侯馬一：二五　春秋・三晉 及群虜（鏄）明（盟）者
	侯馬一：七　春秋・三晉 及群虜（鏄）……
	侯馬一：四九　春秋・三晉 群虜（鏄）明（盟）者
	侯馬一：五　春秋・三晉 及群虜（鏄）明（盟）者
	侯馬一九四：四　春秋・三晉 及群虜（鏄）明（盟）者

	侯馬一九五：一　春秋・三晉 及群虜（鏄）明（盟）者
	侯馬一六：二七　春秋・三晉 及群虜（鏄）明（盟）者
	侯馬一六：三四　春秋・三晉 及群虜（鏄）盟者
	侯馬一六：一〇　春秋・三晉 及群虜（鏄）明（盟）者
	侯馬一六：一七　春秋・三晉 及群虜（鏄）明（盟）[者]
	侯馬一七九：一　春秋・三晉 及群虜（鏄）明（盟）者
	侯馬一五六：二一　春秋・三晉 及群虜（鏄）明（盟）者
	侯馬一五六：三　春秋・三晉 及群虜（鏄）明（盟）者
	侯馬一五六：一　春秋・三晉 及群虜（鏄）明（盟）者
	侯馬一五六：一九　春秋・三晉 及群虜（鏄）明（盟）者
	會稽刻石・秦銘刻選　秦代 群臣誦功
	繹山刻石・秦銘刻選　秦代 群臣從者
	侯馬一九八：四　春秋・三晉 群虜（鏄）明（盟）者
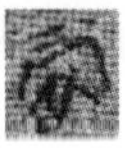	新出研 WT4　K6：160　春秋・三晉 群則（賊）夫
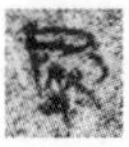	新出研 WT4　K6：250　春秋・三晉 群則（賊）夫

羌

	秦印風 217 頁　戰國・秦 羌孟
	秦印風 95 頁　戰國・秦 羌敬
	璽彙 68.0413　戰國・三晉 王羌
	璽彙 291.3091　戰國・三晉 羌（敬）中
	璽彙 318.3409　戰國・三晉 羌□
	璽彙 481.5320　戰國・待考 羌
	璽彙 481.5321　戰國・楚 羌
	肖全 426.1823　戰國・待考 羌
	陶錄 5・109・1　戰國・三晉、兩周 京羌
	陶錄 5・109・2　戰國・三晉、兩周 京羌

葥*

	璽彙 498.5519　戰國・楚 葥

犟*

	陶錄 2・200・1　戰國・齊 蒦圆匋（陶）里人犟雖
	陶錄 2・200・2　戰國・齊 蒦圆匋（陶）里人犟雖
	陶錄 2・200・4　戰國・齊 蒦圆匋（陶）里人犟雖
	陶錄 2・201・2　戰國・齊 蒦圆匋（陶）里人犟雖
	陶錄 2・201・3　戰國・齊 蒦圆匋（陶）里人犟雖

集

	礜編　戰國晚期・中山 集玭₌（它玉）

鳥

	風過耳 085　戰國・秦 橋（喬）鳥
	風過耳 086　戰國・秦 橋（喬）鳥
	鶴廬 118.2　戰國・待考 鄢鳥
	秦新 1886　戰國・秦 鳥
	秦新 2741　戰國・秦 咸重成鳥

鷄

	秦印風 227 頁　戰國・秦 殷雞
	秦印風 83 頁　戰國・秦 張雞

鴦

	璽彙 78.0533　戰國・三晉 王鴦

⿰目鳥

	秦印風 93 頁　戰國・秦 臣睢
	秦印風　戰國・秦 王睢
	璽彙 85.0617　戰國・燕 王睢

鳴

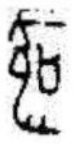	港印 18　戰國・三晉 秦鳴
	璽彙 67.0404　戰國・三晉 王鳴
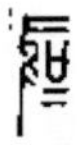	璽彙 198.1976　戰國・三晉 郾（燕）鳴
	作原・石鼓文・郭集　春秋・秦 祇=（祇祇）鳴□

⿰鳥攵*

	璽彙 373.4052　戰國・三晉 枯（苦）成⿰鳥攵
	璽彙 513.5645　戰國・三晉 郢⿰鳥攵

⿰鳥毛*

	璽彙 201.2005　戰國・三晉 動（董）⿰鳥毛

⿰鳥白*

	璽彙 119.1018　戰國・三晉 肖（趙）⿰鳥白
	璽彙 200.1994　戰國・三晉 動（董）⿰鳥白

鳤*

	璽彙 337.3644　戰國・楚 ⿰鳥白（鳤）定

鷗*

	璽彙 244.2523　戰國・三晉 鷗慶

烏

	貨系 1951　戰國・待考 烏疋
	貨系 1953　戰國・韓 烏邔
	貨系 1954　戰國・韓 烏邔
	三晉 78　戰國・韓 烏疋
	三晉 78　戰國・韓 烏疋
	三晉 78　戰國・韓 烏疋
	秦印風 167 頁　戰國・秦 烏丁
	秦印風 203 頁　戰國・秦 烏眗閭
	璽彙 229.2346　戰國・三晉 軌（韓）烏
	秦新 1237　戰國・秦 烏氏工昌

	秦新 1345　戰國・秦 烏氏援
	陶録 6・319・2　戰國・秦 烏氏工昌
	侯馬八五：二二　春秋・三晉 烏敢不閛（披）[其腹心]
	璽考 171.2　戰國・楚 鴅（烏）呈（程）之鉨（璽）
	二十 155.二-GP-0144　戰國・楚 於王既正
	璽彙 239.2461　戰國・三晉 椁（郭）忓於
	泰山刻石・秦銘刻選　秦代 其於久遠也
	繹山刻石・秦銘刻選　秦代 流血於野

舄

	璽彙 44.0260　戰國・齊 虘其舄鉨（璽）

焉

	秋淵・詛楚文・郭集　戰國・秦 親卬大沈氒（厥）湫而質焉
	溫縣簡報 T1 坎 1：3216　春秋・三晉 午敢不悊₌（蒸蒸）焉中（忠）心事丌（其）宔（主）
	溫縣簡報 T1 坎 1：3780　春秋・三晉 敢不忎₌（蒸蒸）焉中（忠）心事丌（其）宔（主）
	溫縣簡報 T1 坎 1：3863　春秋・三晉 瘖敢不慙₌（蒸蒸）焉中（忠）心事丌（其）[主]
	溫縣簡報 T1 坎 1：4585　春秋・三晉 不悊₌（蒸蒸）焉中（忠）心事其宔（主）

	巫咸・詛楚文・郭集　戰國・秦 親卬不（丕）顯大神巫咸而質焉
	亞駝・詛楚文・郭集　戰國・秦 親卬不（丕）顯大神亞駝而質焉
	溫縣簡報 T1 坎 1：2182　春秋・三晉 鄱朔敢不愻₌（蒸蒸）鳀（焉）中（忠）心事丌（其）宔（主）
	溫縣簡報 T1 坎 1：2279　春秋・三晉 䞃（韓）佴（仟）敢不愻₌（蒸蒸）鳀（焉）中（忠）心[事其主]

畢

	秦印風 103 頁　戰國・秦 畢擔
	秦印風 139 頁　戰國・秦 畢朵
	璽彙 33.0195　戰國・齊 畢□左𣪘
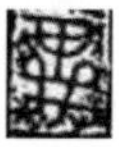	陶録 2・48・1　戰國・齊 右𣪘□巷尚畢里季𦋹（罟）
	陶録 2・48・2　戰國・齊 右𣪘□巷尚畢里季𦋹（罟）
	陶録 2・48・4　戰國・齊 右𣪘□巷尚畢里季𦋹（罟）
	新齊 0349　戰國・齊 左𣪘□巷尚畢里季𦋹（罟）
	會稽刻石・秦銘刻選　秦代 遠近畢清
	璽類 338.8　戰國・楚 畢（畢）點
	玉萃 27.1　戰國・待考 畢（畢）恾

糞

	璽彙 479.5290　戰國・待考 糞

棄

	貨系 507　戰國・周王畿 棄
	秦印風 195 頁　戰國・秦 棄疾
	秦印風 44 頁　戰國・秦 王棄
	璽彙 106.0872　戰國・燕 長棄
	璽彙 153.1428　戰國・三晉 宋棄疾
	璽彙 157.1485　戰國・燕 畋棄
	陶錄 2・438・1　戰國・齊 豆里畜（棄）疾擴
	陶錄 2・438・3　戰國・齊 豆里畜（棄）疾擴
	陶錄 2・438・4　戰國・齊 豆里畜（棄）疾擴
	陶錄 2・439・1　戰國・齊 豆里畜（棄）疾擴
	陶錄 2・439・2　戰國・齊 豆里畜（棄）疾擴
	陶錄 2・439・3　戰國・齊 豆里畜（棄）疾擴
	陶錄 2・674・4　戰國・齊 豆里畜（棄）疾擴
	陶錄 2・675・1　戰國・齊 豆里畜（棄）疾擴
	新齊 0959　戰國・齊 東酷里□適（棄）瘀（疾）
	陶錄 2・101・1　戰國・齊 繇[巷]夻（大）匋（陶）里適（棄）疾
	陶錄 2・101・2　戰國・齊 繇[巷]大匋（陶）里適（棄）疾

再

	陶錄 2・10・3　戰國・齊 華門陸（陳）棱再左里殷京區
	陶錄 2・653・1　戰國・齊 因堵□齎再……殷京□
	新齊 0200　戰國・齊 陸（陳）匽再侄
	新齊 0217　戰國・齊 陸（陳）□再
	新齊 0330　戰國・齊 瘔者陸（陳）旻（得）再左里殷京豆
	新齊 0339　戰國・齊 華門□棱再左□殷京□
	新齊 0344　戰國・齊 陸（陳）棱再立事左里殷京釜（釜）
	新泰齊陶 2002XYY⑤W：124　戰國・齊 陸（陳）□再□

爯

	貨系 4209　戰國・楚 郢爯
	貨系 4210　戰國・楚 郢爯

	貨系 4225　戰國・楚 郢爯
	貨系 4228　戰國・楚 郢爯
	先秦編 24　戰國・楚 郢爯
	盛世 125　戰國・三晉 狐爯
	璽彙 325. 3501　戰國・楚 爯傑
	夕藏 II 04-22-1　戰國・齊 楚𩫏巷闘（關）里爯

幺

	貨系 318　戰國・周王畿 幺
	齊幣 442　戰國・齊 幺
	陶錄 6・85・5　戰國・秦 幺
	陶錄 6・85・6　戰國・秦 幺

𢆶

	貨系 763　戰國・趙 𢆶（兹）氏半/十
	三晉 37　戰國・趙 𢆶（兹）氏
	三晉 45　戰國・趙 𢆶（兹）氏半/二
	三晉 46　戰國・趙 𢆶（兹）氏半/廿
	燕下都 196　戰國・趙 北𢆶（兹）釿
	燕下都 196　戰國・趙 北𢆶（兹）釿
	燕下都 196　戰國・趙 北𢆶（兹）釿
	燕下都 208　戰國・趙 𢆶（兹）氏半/卌四
	燕下都 208　戰國・趙 𢆶（兹）氏半/□
	燕下都 208　戰國・趙 𢆶（兹）氏半/卅一
	燕下都 208　戰國・趙 𢆶（兹）氏半/五四
	燕下都 252　戰國・趙 𢆶（兹）氏/三
	陶錄 2・408・1　戰國・齊 丘齊辛里王汩𢆶逨
	陶錄 2・408・2　戰國・齊 丘齊辛里王□𢆶□
	陶錄 7・13・2　戰國・待考 𢆶寅
	陶錄 7・13・3　戰國・待考 𢆶寅
	新齊 0578　戰國・齊 丘齊辛里王汩𢆶逨（來）
	車工・石鼓文・郭集　春秋・秦 弓𢆶（兹）以寺
	侯馬一六：三　春秋・三晉 余不敢惕𢆶（兹）
	侯馬一六：三　春秋・三晉 ……𢆶（兹）……

幽

	秋淵・詛楚文・郭集　戰國・秦 幽㓃（約）㛍（親）戚
	亞駝・詛楚文・郭集　戰國・秦 幽㓃（約）㛍（親）戚

幾

	璽彙 225.2299　戰國・楚 䏌幾
	秋淵・詛楚文・郭集　戰國・秦 亦應（膺）受皇天上帝及不（丕）顯大神巫咸之幾靈德賜
	巫咸・詛楚文・郭集　戰國・秦 亦應（膺）受皇天上帝及不（丕）顯大神巫咸[之]幾靈德賜
	亞駝・詛楚文・郭集　戰國・秦 亦應（膺）受皇天上帝及不（丕）顯大神巫咸之幾靈德賜

惠

	會稽刻石・秦銘刻選　秦代 德惠攸長
	繹山刻石・秦銘刻選　秦代 乃降專惠

疐

	陶錄 6・11・1　戰國・秦 咸鄏里疐
	秦墓石磬　春秋・秦 乍疐配天

玄

	南博 49.2　戰國・待考 事（史）玄
	璽彙 96.0748　戰國・三晉 長玄
	璽彙 198.1969　戰國・三晉 郾（燕）玄
	璽考 312.9　戰國・三晉 玄羊都

茲

	泰山刻石・秦銘刻選　秦代 登茲[泰]山

予

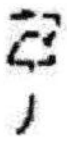	甘印 69.7　戰國・待考 生予

舒

	港印 79　戰國・三晉 舒敚
	璽彙 512.5633　戰國・楚 舒訮
	璽彙 512.5634　戰國・楚 舒青
	璽類 154.15　戰國・待考 □侯舒鉩（璽）
	璽類 405.11　戰國・待考 舒義

爰

	秦印風 235 頁　戰國・秦 爰
	璽彙 349.3769　戰國・三晉 𤔲=（司馬）爰

受

	璽彙 212.2141　戰國・三晉 鄱（潘）受
	璽彙 307.3274　戰國・燕 北宮受
	秦墓石磬　春秋・秦 ……受沬（眉）壽無疆
	秦墓石磬　春秋・秦 受沬（眉）……
	秋淵・詛楚文・郭集　戰國・秦 應（膺）受皇天上帝及大沈𠂔（厥）湫之幾靈德賜
	巫咸・詛楚文・郭集　戰國・秦 亦應（膺）受皇天上帝及不（丕）顯大神巫咸[之]幾靈德賜
	吳人・石鼓文・郭集　春秋・秦 曾受其䧹（庸）
	亞駝・詛楚文・郭集　戰國・秦 亦應（膺）受皇天上帝及不（丕）顯大神亞駝之幾靈德賜

爭

	繹山刻石・秦銘刻選　秦代 以開爭理

寽

	貨系 1335　戰國・魏 梁（梁）亢釿五十尚（當）寽
	貨系 1336　戰國・魏 梁（梁）亢釿五十尚（當）寽
	貨系 1337　戰國・魏 梁（梁）亢釿五十尚（當）寽
	貨系 1340　戰國・魏 梁（梁）亢釿五十尚（當）寽/亢
	貨系 1341　戰國・魏 梁（梁）亢釿五十尚（當）寽/亢
	貨系 1343　戰國・魏 梁（梁）亢釿百尚（當）寽
	貨系 1344　戰國・魏 梁（梁）亢釿百尚（當）寽
	貨系 1346　戰國・魏 梁（梁）亢釿百尚（當）寽
	貨系 1347　戰國・魏 梁（梁）亢釿百尚（當）寽
	貨系 1348　戰國・魏 梁（梁）亢釿百尚（當）寽
	貨系 1365　戰國・魏 梁（梁）正尚（幣）百尚（當）寽
	侯馬八八：一二　春秋・三晉 比寽及丌（其）[子孫]
	侯馬九一：五　春秋・三晉 比寽之孫₌（子孫）
	侯馬三：二〇　春秋・三晉 比鑿、比寽及丌（其）孫₌（子孫）
	侯馬一七九：一五　春秋・三晉 比寽及丌（其）孫₌（子孫）
	侯馬一五六：二一　春秋・三晉 比鑿、比寽及丌（其）孫₌（子孫）

敢

	集釋 277.4　戰國・三晉 弄敢
	秦印風 79 頁　戰國・秦 楊敢
	璽彙 104.0848　戰國・三晉 長敢

	璽彙 245.2539　戰國・楚 䜌（欒）敢
	璽彙 317.3404　戰國・三晉 少曲敢
	璽考 338.8　戰國・燕 大敢□
	陶錄 2・429・3　戰國・齊 塙□不敢
	陶錄 2・429・4　戰國・齊 塙閔（間）不敢
	陶錄 2・430・1　戰國・齊 塙閔（間）不敢
	陶錄 2・430・4　戰國・齊 塙閔（間）不敢
	陶錄 4・185・1　戰國・燕 敢
	陶錄 4・185・2　戰國・燕 敢
	侯馬二〇〇：二九　春秋・三晉 而敢或𠨧（變）改助及奂
	侯馬二〇〇：二九　春秋・三晉 而敢又（有）志
	侯馬二〇〇：三一　春秋・三晉 安敢不半（披）丌（其）腹心台（以）事丌（其）[主]
	侯馬二〇〇：四六　春秋・三晉 而敢[不盡]從……明（盟）
	侯馬二〇〇：一六　春秋・三晉 而敢又（有）[志]
	侯馬二〇〇：一七　春秋・三晉 而敢不盡從嘉明（盟）
	侯馬二〇〇：一七　春秋・三晉 [而]敢或𠨧（變）改助及奂

	侯馬九二：六　春秋・三晉 遑敢不閛（披）丌（其）腹心目（以）事丌（其）宔（主）
	侯馬九二：一一　春秋・三晉 [而]敢不盡從復之[盟]
	侯馬九二：一一　春秋・三晉 而敢又（有）寺（志）復趙[尼]及丌（其）子孫
	侯馬三：八　春秋・三晉 而敢或𠨧（變）改助及奂
	侯馬三：二　春秋・三晉 鑃敢不閛（披）丌（其）復（腹）心目（以）事丌（其）宔（主）
	侯馬三：六　春秋・三晉 敢不閛（披）丌（其）復（腹）心目（以）事丌（其）宔（主）
	侯馬三五：二　春秋・三晉 敢又（有）志復趙尼[及其子孫]
	侯馬探一二③：一　春秋・三晉 而敢不盡從嘉之明（盟）
	侯馬一：七八　春秋・三晉 而敢不𦘔（盡）從嘉之[盟]
	侯馬一：七八　春秋・三晉 而敢又（有）志
	侯馬一：一三　春秋・三晉 而敢又（有）志
	侯馬一八五：八　春秋・三晉 敢俞（偷）出入于……
	侯馬一九五：一　春秋・三晉 而敢或𠨧（變）改助[及]䙵（奂）
	秦駰玉版研究　戰國・秦 吾敢告之
	秦駰玉版研究　戰國・秦 孰敢不精
	溫縣簡報 T1 坎 1：1845　春秋・三晉 𨑹敢不𢘓₌〈𢘓𢘓（蒸蒸）〉焉中（忠）心事丌（其）宔（主）

	巫咸・詛楚文・郭集　戰國・秦 俉（吾）不敢曰“可”
	巫咸・詛楚文・郭集　戰國・秦 敢數楚王熊相之倍盟犯詛

䶜*

	作原・石鼓文・郭集　春秋・秦 導□我䶜

叞

	集釋 85.35　戰國・秦 王甬（叞）

歺

	錢典 84　戰國・三晉 平歺

殃

	會稽刻石・秦銘刻選　秦代 遂起禍殃

殄

	會稽刻石・秦銘刻選　秦代 殄熄暴悖

殩*

	璽彙 212.2144　戰國・三晉 邸（邸）殩

殭*

	侯馬二〇〇：二三　春秋・三晉 麻（摩）殭（夷）非（彼）[氏]
	侯馬二〇〇：　　春秋・三晉 虞（吾）君其明亟（殛）覞（視）之， 麻（摩）殭（夷）非（彼）氏

死

	璽彙 107.0883　戰國・燕 長死
	秦新 1330　戰國・秦 寺工毋死
	侯馬一七九：一八　春秋・三晉 所見而不之死者
	會稽刻石・秦銘刻選　秦代 倍死不貞
	泰山刻石・秦銘刻選　秦代 丞相臣斯、臣去疾、御史夫₌（大夫）臣 德昧死言

氣*

	璽彙 175.1701　戰國・三晉 郲（梁）氣

冎

	秦印風 212 頁　戰國・秦 孔別
	會稽刻石・秦銘刻選　秦代 審別職任

骨

	璽彙 70.0430　戰國・三晉 王骨
	璽彙 173.1672　戰國・燕 昜（陽）骨
	璽彙 326.3506　戰國・燕 膚（獻）骨

體

	泰山刻石・秦銘刻選　秦代 男女體順

骴

	璽彙 370.4013　戰國・齊 閱（間）丘胔（骴）
	陶錄 2・230・4　戰國・齊 蒦圆匋（陶）里人胔（骴）
	陶錄 2・231・1　戰國・齊 蒦圆匋（陶）里人胔（骴）
	陶錄 2・231・2　戰國・齊 蒦圆匋（陶）里人胔（骴）
	陶錄 2・231・3　戰國・齊 蒦圆匋（陶）里人胔（骴）
	陶錄 2・232・4　戰國・齊 蒦圆匋（陶）里人胔（骴）
	夕藏 Ⅱ 05-53-1　戰國・齊 蒦圆匋（陶）里人胔（骴）
	夕藏 Ⅱ 05-9-1　戰國・齊 蒦圆南里人胔（骴）
	新齊 0837　戰國・齊 蒦圆圆里人胔（骴）

髏*

	璽彙 495.5489　戰國・待考 髏

髹*

	璽彙 320.3432　戰國・待考 髹臣

肌

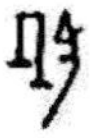	璽彙 240.2471　戰國・三晉 枱（臺）肌
	璽考 283.3　戰國・三晉 長肌
	璽類 227.10　戰國・待考 勈（范）肌

膚

	三晉 66　戰國・趙 膚虒（施）
	燕下都 213　戰國・趙 膚虒（施）/二
	燕下都 213　戰國・趙 膚虒（施）/四
	燕下都 213　戰國・趙 膚虒（施）半/七
	燕下都 213　戰國・趙 膚虒（施）半
	燕下都 213　戰國・趙 膚虒（施）半
	燕下都 228　戰國・趙 膚虒（施）/四

脰

	璽彙 517.5691　戰國・燕 司寇脰

脾

	陶錄 6・161・3　戰國・秦 脾

	侯馬一九四：一一　春秋・三晉 而或腹（復）入（納）之于晉邦之中者
	侯馬一九五：一　春秋・三晉 敢不閛（披）丌（其）腹心台（以）事丌（其）宔（主）
	侯馬一六：一　春秋・三晉 而敢又（有）志腹（復）趙尼及丌（其）子孫
	侯馬一六：一七　春秋・三晉 而敢又（有）志腹（復）趙尼及丌（其）[子孫]
	侯馬三：一三　春秋・三晉 敢不閛（披）其䨱（腹）心已（以）事丌（其）[主]
	侯馬四九：一　春秋・三晉 [弜]梁敢不閛（披）丌（其）䨱（腹）心已（以）事丌（其）宔（主）
	侯馬一六：二八　春秋・三晉 敢不閛（披）丌（其）䨱（腹）心已（以）[事]丌（其）[主]
	侯馬一五六：一五　春秋・三晉 閛（披）丌（其）䨱（腹）心已（以）[事其]宔（主）
	侯馬一六：三一　春秋・三晉 喜敢不閛（披）丌（其）䨱（腹）心已（以）事丌（其）宔（主）

脽

	鶴廬 76.6　戰國・待考 亮脽
	秦印風 46 頁　戰國・秦 脽狀
	璽彙 131.1165　戰國・三晉 吳脽

肖

	璽彙 115.0981　戰國・三晉 肖（趙）恖
	璽彙 116.0992　戰國・三晉 肖（趙）墬（地）
	璽彙 117.0997　戰國・三晉 肖（趙）巡
	璽彙 118.1014　戰國・三晉 肖（趙）猲
	璽彙 119.1020　戰國・三晉 肖（趙）胖（朕）
	璽彙 122.1057　戰國・三晉 肖（趙）痍
	璽彙 145.1339　戰國・燕 衛生肖
	璽彙 379.4130　戰國・燕 肖（趙）上・厶（私）句
	璽考 211.1　戰國・三晉 肖（趙）赤
	陶錄 5・22・1　戰國・三晉、兩周 肖（趙）坥
	陶錄 5・22・2　戰國・三晉、兩周 肖（趙）旗
	陶錄 5・22・3　戰國・三晉、兩周 肖（趙）平
	侯馬二〇〇：八　春秋・三晉 而敢又（有）志復肖（趙）尼及其子孫于晉邦之墬（地）者
	侯馬二〇〇：二五　春秋・三晉 而敢又（有）志復肖（趙）尼[及其]子孫于晉邦之墬（地）[者]
	侯馬九二：一六　春秋・三晉 肖（趙）尼及其子孫
	侯馬叢考續　春秋・三晉 肖（趙）軺
	侯馬探八②：二　春秋・三晉 敢綸（偷）出入于肖（趙）尼之所
	侯馬探八②：二　春秋・三晉 肖（趙）朱之孫＝（子孫）

	侯馬一：二四　春秋・三晉 肖（趙）……
	侯馬一八：一　春秋・三晉 肖（趙）朱之孫₌（子孫）
	侯馬一六：三六　春秋・三晉 而敢有寺（志）復肖（趙）尼及丌（其）孫₌（子孫）
	侯馬一五六：二二　春秋・三晉 肖（趙）朱及孫₌（子孫）
	侯馬一五六：二二　春秋・三晉 肖（趙）喬及孫₌（子孫）
	侯馬一五六：二〇　春秋・三晉 肖（趙）朱及丌（其）孫₌（子孫）
	侯馬一五六：二六　春秋・三晉 肖（趙）朱及孫₌（子孫）
	侯馬一五六：二六　春秋・三晉 肖（趙）喬及丌（其）孫₌（子孫）
	侯馬一五六：二三　春秋・三晉 敢[偷]出入于肖（趙）尼之所
	侯馬一五六：五　春秋・三晉 而敢又（有）志復肖（趙）尼及其子孫

脱

	秦印風 91 頁　戰國・秦 東門脱

臠

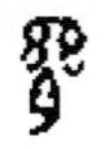	璽彙 68.0415　戰國・三晉 王臠
	璽彙 199.1983　戰國・三晉 郢臠
	汧殹・石鼓文・郭集　春秋・秦 臠之𦉢₌（𦉢𦉢）

腄

	風過耳 178　戰國・秦 張腄

臘

	風過耳 029　戰國・秦 臺（郭）臘
	秦印風 129 頁　戰國・秦 臺（郭）臘
	璽彙 249.2588　戰國・三晉 泪臘

胙

	璽彙 108.0896　戰國・三晉 肖（趙）胙
	璽彙 212.2134　戰國・三晉 鄅（禹）胙

隋

	鶴廬 108.1　戰國・三晉 長陏（隋）
	秦印風 52 頁　戰國・秦 趙隋
	秦印風 98 頁　戰國・秦 王隋
	璽彙 264.2769　戰國・三晉 肎（尹）陏（隋）
	璽類 477.9　戰國・三晉 牛陏（隋）
	侯馬九八：一九　春秋・三晉 史隋敢……之命

胡

	風過耳 271　戰國・秦 胡傷
	鶴廬 90.2　戰國・三晉 胡女□
	秦印風 94 頁　戰國・齊 胡類
	璽彙 239.2464　戰國・三晉 椁（郭）胡昜（傷）
	璽彙 341.3691　戰國・齊 □胡安鉨（璽）
	璽類 124.7　戰國・待考 胡忤
	新封泥彙 1558　戰國・秦 胡丞之印
	秦新 1940　戰國・秦 左胡
	秦新 1941　戰國・秦 左胡
	秦新 1942　戰國・秦 左胡
	秦新 1943　戰國・秦 左胡
	秦新 1945　戰國・秦 左胡
	秦新 1949　戰國・秦 胡
	秦新 1951　戰國・秦 胡
	秦新 1952　戰國・秦 胡
	秦新 1957　戰國・秦 左胡
	秦新 1958　戰國・秦 胡
	秦新 1960　戰國・秦 胡
	秦新 1961　戰國・秦 胡
	秦新 1962　戰國・秦 胡
	秦新 1963　戰國・秦 胡
	秦新 2394　戰國・秦 胡
	秦新 2401　戰國・秦 左胡
	秦新 2403　戰國・秦 左胡
	秦新 2548　戰國・秦 左胡
	陶錄 6・445・2　戰國・秦 胡蒼

胥

	秦印風 49 頁　戰國・秦 杜胥
	璽彙 215.2177　戰國・齊 郘胥
	樂只 1.1　戰國・齊 公乘胥
	陶錄 6・168・1　戰國・秦 胥

脡

	陶録 2・26・4　戰國・齊 王脡市豆
	陶録 2・26・5　戰國・齊 王脡市□
	陶録 2・26・6　戰國・齊 王脡市豆

脂

	璽彙 140.1273　戰國・三晉 半脂
	璽彙 262.2735　戰國・三晉 㝐（姑陶）不脂
	璽彙 366.3972　戰國・三晉 㝐=（空桐）脂

腏

	璽彙 296.3144　戰國・三晉 弄腏

䐄

	璽彙 281.2971　戰國・三晉 䐄（閻）狂
	璽彙 282.2974　戰國・三晉 䐄（閻）栖

肥

	風過耳 114　戰國・秦 王肥
	璽彙 243.2507　戰國・燕 韀肥

肙*

	魏石 12.2　戰國・三晉 夈（餘子）妻肙王罣
	璽彙 264.2761　戰國・三晉 肙（尹）向子
	璽彙 265.2772　戰國・三晉 肙（尹）隋（隋）
	璽彙 266.2786　戰國・待考 肙（尹）弗
	陶録 4・16・1　戰國・燕 左匋（陶）肙（尹）鑵疋哭
	陶録 4・2・2　戰國・燕 十七年八月右匋（陶）肙（尹）
	陶録 4・20・1　戰國・燕 左匋（陶）肙（尹）鑵疋
	陶録 4・4・1　戰國・燕 □二年十一月左匋（陶）肙（尹）
	陶録 5・10・3　戰國・三晉、兩周 肙（尹）晉
	陶録 5・11・1　戰國・三晉、兩周 肙（尹）駒（騎）
	陶録 5・11・2　戰國・三晉、兩周 肙（尹）駒（騎）
	陶録 5・11・3　戰國・三晉、兩周 肙（尹）萃
	陶録 5・12・1　戰國・三晉、兩周 肙（尹）邻
	陶録 5・12・2　戰國・三晉、兩周 肙（尹）□
	陶録 5・12・3　戰國・三晉、兩周 肙（尹）策

	陶錄 5·13·1　戰國·三晉、兩周 ⿱尹月（尹）
	新泰齊陶 HBCS：115　戰國·齊 陳⿱尹月

⿰月可*

	魯安 106.290　戰國·待考 孔⿰月可

⿰月石*

	璽彙 301.3206　戰國·三晉 市（師）⿰月石
	陶錄 2·649·1　戰國·齊 矢⿰月石

肯*

	璽彙 254.2646　戰國·三晉 瘳崩（肯）
	篆彙 1695.1　戰國·三晉 郾（燕）崩（肯）

⿰月立*

	璽彙 260.2711　戰國·三晉 利⿰月立

⿰月皮*

	璽彙 78.0529　戰國·三晉 王⿰月皮

胴*

	璽彙 205.2055　戰國·三晉 郅（任）胴

⿰月它*

	夕藏 Ⅰ 02-2-1　戰國·齊 □⿰月它□□丁
	新齊 0205　戰國·齊 陸（陳）⿰月它立事丁
	新齊 0206　戰國·齊 陸（陳）⿰月它立事杊
	新泰齊陶 HBCS：113　戰國·齊 □⿰月它□事杊
	新泰齊陶 HBCS：26　戰國·齊 陸（陳）⿰月它立事丁

⿰月出*

	璽彙 113.0952　戰國·三晉 肖（趙）⿰月出

胼*

	港印 1　戰國·三晉 于胼

⿰月自*

	璽彙 206.2072　戰國·三晉 郶（竇）⿰月自
	璽彙 263.2753　戰國·三晉 弩⿰月自

⿰月朱*

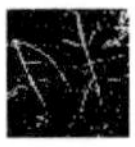	陶錄 5·70·3　戰國·三晉、兩周 ⿰月朱□

胥*

	璽彙 165.1580　戰國・三晉 郱（朱）胥

脞*

	璽彙 152.1424　戰國・三晉 宋脞

朕*

	璽彙 119.1020　戰國・三晉 肖（趙）胖（朕）
	璽彙 222.2258　戰國・楚 苛朕
	璽彙 244.2524　戰國・三晉 狢（貉）胖（朕）
	璽彙 319.3420　戰國・待考 采陽胖（朕）
	璽彙 333.3588　戰國・三晉 □脞（朕）
	璽考 208.5　戰國・三晉 肖（趙）脞（朕）

胸*

	新泰齊陶 HBCS：2　戰國・齊 陸（陳）怛膀
	新泰齊陶 HBCS：3　戰國・齊 陸（陳）怛膀

脎*

	國輯 19.2　戰國・待考 □脎
	璽彙 268.2815　戰國・燕 韓（南郭）脎

胬*

	璽彙 141.1282　戰國・三晉 皇胬

胄*

	鑒菁 220. 附錄 5　戰國・待考 褱（懷）胄
	璽彙 131.1166　戰國・三晉 吳胄
	珍戰 109　戰國・三晉 桃胄

胥*

	璽彙 302.3225　戰國・齊 胥賣

腋*

	璽考 288.7　戰國・三晉 長腋
	璽類 128.13　戰國・待考 江腋

脤*

	秦印風 112 頁　戰國・秦 笵脤

膀*

	新泰齊陶 2002XYY⑤W：1　戰國・齊 葉陸（陳）旻（得）參膀

	秦印風 166 頁　戰國・秦 張利
	秦印風 27 頁　戰國・秦 利陽右尉
	秦印風 50 頁　戰國・秦 張利
	璽彙 260.2710　戰國・三晉 利高
	秦新 2578　戰國・秦 利
	秦新 2760　戰國・秦 □□利志
	陶錄 6・329・4　戰國・秦 任巨利
	侯馬一〇五：二　春秋・三晉 不利于
	侯馬一〇五：一　春秋・三晉 利于
	秋淵・詛楚文・郭集　戰國・秦 毋相爲不利
	巫咸・詛楚文・郭集　戰國・秦 毋相爲不利
	亞駝・詛楚文・郭集　戰國・秦 毋相爲不利
	繹山刻石・秦銘刻選　秦代 利澤長久

初

	秦墓石磬　春秋・秦 隹（惟）四年八（八月）初吉甲申
	秦墓石磬　春秋・秦 初吉
	繹山刻石・秦銘刻選　秦代 惟初在昔

則

	璽考 175.6　戰國・楚 迵（通）敀（捕）覜（盜）則（賊）
	陶錄 6・367・2　戰國・秦 瀍度量則
	陶錄 6・367・3　戰國・秦 [瀍度量]則
	陶錄 6・367・4　戰國・秦 [瀍度量]則
	陶錄 6・368・2　戰國・秦 [瀍度量]則
	陶錄 6・369・1　戰國・秦 瀍度量則
	陶錄 6・372・1　戰國・秦 瀍度量則
	陶錄 6・372・2　戰國・秦 瀍度量則
	陶錄 6・471・1　戰國・秦 [瀍]度量則
	侯馬叢考續　春秋・三晉 ……則……
	侯馬七五：八　春秋・三晉 則永亟（殛）現（視）之
	侯馬三：二八　春秋・三晉 則永亟（殛）[視之]
	侯馬三：一九　春秋・三晉 則[永]亟（殛）[視之]
	侯馬一九五：八　春秋・三晉 則永亟（殛）現（視）之

	侯馬一七九：二〇　春秋・三晉 則永[殛視之]
	侯馬一七九：一三　春秋・三晉 則永[殛]覒（視）之
	侯馬一五六：二二　春秋・三晉 則永亟（殛）覒（視）之
	侯馬一五六：二五　春秋・三晉 賊（則）永亟（殛）覒（視）女（汝）
	秋淵・詛楚文・郭集　戰國・秦 外之則冒改氒（厥）心
	三代 20.49.1　戰國・中山 定則固
	溫縣簡報 T1 坎 1：2279　春秋・三晉 而敢與則（賊）爲徒者
	溫縣簡報 T1 坎 1：3780　春秋・三晉 而敢與則（賊）爲徒者
	溫縣簡報 T1 坎 1：3797　春秋・三晉 而敢與戝（賊）爲徒者
	溫縣簡報 T1 坎 1：3802　春秋・三晉 而敢與戝（賊）爲徒者
	溫縣簡報 T1 坎 1：3863　春秋・三晉 而敢戝（賊）爲徒者
	溫縣簡報 T1 坎 1：4499　春秋・三晉 敢[與]戝（賊）爲徒者
	吾水・石鼓文・郭集　春秋・秦 嘉尌則里（理）
	新出研 WT1　K1：3417　春秋・三晉 而敢與戝（賊）爲徒者
	新出研 WT1　K14：636　春秋・三晉 而敢與則（賊）爲徒者
	新出研 WT4　K6：211　春秋・三晉 群則（賊）夫所不猒者
	新出研 WT4　K6：315　春秋・三晉 目（以）癗（皆）戭（仇）疸則（賊）夫
	溫縣簡報 T1 坎 1：1845　春秋・三晉 而敢與則（賊）爲徒
	溫縣簡報 T1 坎 1：4585　春秋・三晉 而敢與則（賊）爲徒者

剛

	秦印風 197 頁　戰國・秦 王剛

刻

	秦印風 212 頁　戰國・秦 呂刻
	會稽刻石・秦銘刻選　秦代 請刻此石
	泰山刻石・秦銘刻選　秦代 請具刻詔書金石刻因明白矣
	泰山刻石・秦銘刻選　秦代 請具刻詔書金石刻因明白矣
	繹山刻石・秦銘刻選　秦代 刻此樂石
	繹山刻石・秦銘刻選　秦代 今襲號而金石刻辭不稱始皇帝

列

	秦印風 193 頁　戰國・秦 王皮列
	秋淵・詛楚文・郭集　戰國・秦 不畏皇天上帝及大沈氒（厥）湫之光列（烈）威神
	巫咸・詛楚文・郭集　戰國・秦 不畏皇天上帝及不（丕）顯大神巫咸之光列（烈）威神

	亞駝・詛楚文・郭集　戰國・秦 不畏皇天上帝及不（丕）顯大神亞駝之光列（烈）威神

剸

	秋淵・詛楚文・郭集　戰國・秦 克剸楚師

制

	泰山刻石・秦銘刻選　秦代 作制明[法]
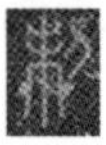	繹山刻石・秦銘刻選　秦代 制曰

剔

	璽彙 309.3306　戰國・燕 剢（剔）生角
	璽彙 324.3488　戰國・燕 剢（剔）生□

刏*

	貨系 2615　戰國・齊 齊杏（大）刏（刀）/生
	齊幣 121　戰國・齊 齊杏（大）刏（刀）/昌
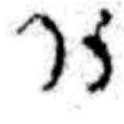	齊幣 125　戰國・齊 齊杏（大）刏（刀）/昌
	齊幣 127　戰國・齊 齊杏（大）刏（刀）/昌
	齊幣 130 背　戰國・齊 齊杏（大）刏（刀）/刏（刀）
	齊幣 139 背　戰國・齊 齊杏（大）刏（刀）/刏（刀）
	齊幣 145　戰國・齊 齊杏（大）刏（刀）/安
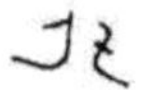	齊幣 163　戰國・齊 齊杏（大）刏（刀）/上
	齊幣 238　戰國・齊 齊杏（大）刏（刀）/刀
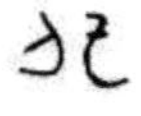	齊幣 241　戰國・齊 齊杏（大）刏（刀）/刀
	新齊 0977　戰國・齊 賈里巷圖里刏（刀）

刯*

	秦印風 210 頁　戰國・秦 笵刯

剋*

	秦印風 56 頁　戰國・秦 王剋

剢*

	巫咸・詛楚文・郭集　戰國・秦 欲剢伐我社稷
	亞駝・詛楚文・郭集　戰國・秦 欲剢伐我社稷

剬*

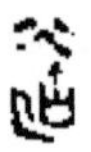	璽彙 81.0562　戰國・燕 王剬
	璽彙 269.2826　戰國・燕 𩏩（南郭）剬
	璽彙 517.5686　戰國・燕 王生剬

剌*

	璽彙 79.0539　戰國・燕 王剌

罰*

	璽彙 173.1666　戰國・燕 土罰
	璽彙 315.3371　戰國・燕 栗市（師）罰
	璽類 130.10　戰國・燕 公孫罰
	珍戰 61　戰國・燕 王罰

剖*

	書璽 628　戰國・三晉 亩（廩）剖
	璽彙 311.3327　戰國・魏 亩（廩）剖

劁*

	璽彙 180.1755　戰國・三晉 事（史）劁
	珍戰 74　戰國・三晉 宋劁

耤

	顧印 73.5　戰國・待考 成公耤
	秦印風 229 頁　戰國・秦 井耤

角

	貨系 337　戰國・周王畿 角
	貨系 338　戰國・周王畿 角
	二十 101. 二-SP-0387　戰國・齊 田角
	秦印風 230 頁　戰國・秦 任角
	璽彙 178.1728　戰國・三晉 事（史）角
	璽彙 242.2495　戰國・三晉 輅角
	珍戰 36　戰國・三晉 桐=（桐木）角
	秦新 1609　戰國・秦 咸郿里角
	秦新 1900　戰國・秦 角
	秦新 1974　戰國・秦 右角
	秦新 2283　戰國・秦 角
	秦新 2561　戰國・秦 右角
	秦新 2603　戰國・秦 角
	秦新 2614　戰國・秦 角
	秦新 3203　戰國・秦 右角

	秦新 3217　戰國・秦 咸原少角
	陶錄 7・9・3　戰國・待考 王角
	車工・石鼓文・郭集　春秋・秦 騂＝（騂騂）角弓
	侯馬二〇〇：二〇　春秋・三晉 角敢不半（披）丌（其）復（腹）心己（以）事丌（其）宔（主）

觭

	風過耳 018　戰國・秦 馮觭
	風過耳 355　戰國・三晉 鄭䚗（觭）
	鶴廬 93.1　戰國・三晉 侯䚗（觭）
	集釋 193.177　戰國・三晉 長觭
	秦印風 53 頁　戰國・秦 □觭
	璽彙 158.1496　戰國・三晉 畋䚗（觭）
	璽彙 188.1850　戰國・三晉 事（史）䚗（觭）
	璽彙 375.4073　戰國・三晉 上厽（秀）䚗（觭）

觸

	鶴廬 102.5　戰國・三晉 邙隼（觸）
	璽彙 89.0664　戰國・三晉 長隼（觸）
	璽彙 209.2101　戰國・三晉 郝隼（觸）
	陶錄 5・23・3　戰國・三晉、兩周 賈隼（觸）

觟

	風過耳 234　戰國・秦 觟

觜

	秦新 1448　戰國・秦 觜□楷（貲）□□不更滕

解

	秦印風 170 頁　戰國・秦 解印
	秦印風 206 頁　戰國・秦 解罜
	秦印風 231 頁　戰國・秦 解延□
	秦新 3351　戰國・秦 蘇解爲

⿰角壽

	風過耳 100　戰國・秦 單⿰角壽
	盛世 216　戰國・待考 單⿰角壽

觳

	璽彙 238.2451　戰國・三晉 椁（郭）觳

	璽彙 256.2664　戰國・三晉 恢觳

鸞

	貨系 2483　戰國・趙 鸞/十二朱
	侯馬八六：一　春秋・三晉 司寇鸞之孫=（子孫）
	侯馬九八：二八　春秋・三晉 鸞敢不半（披）[其腹心]
	侯馬九一：五　春秋・三晉 司寇鸞之孫=（子孫）
	侯馬七五：八　春秋・三晉 鸞之孫=（子孫）
	侯馬三：二〇　春秋・三晉 司寇鸞之孫=（子孫）
	侯馬一八五：二　春秋・三晉 司寇鸞之孫=（子孫）
	侯馬一八五：一　春秋・三晉 司寇鸞之孫=（子孫）
	侯馬一九四：一一　春秋・三晉 司寇鸞之孫=（子孫）
	侯馬一九五：七　春秋・三晉 司寇鸞之孫=（子孫）
	侯馬一九五：一　春秋・三晉 司寇鸞之孫=（子孫）
	侯馬一五六：二〇　春秋・三晉 司寇鸞之孫=（子孫）
	侯馬一五六：二七　春秋・三晉 [司]寇鸞之孫=（子孫）
	侯馬一五六：二三　春秋・三晉 司寇鸞及丌（其）孫=（子孫）
	侯馬一五六：二四　春秋・三晉 司寇鸞之孫=（子孫）
	侯馬一五六：二一　春秋・三晉 司寇鸞之孫=（子孫）
	侯馬一九四：四　春秋・三晉 司寇鸞之孫
	侯馬二〇三：八　春秋・三晉 司寇鸞之孫=（子孫）
	侯馬三：二一　春秋・三晉 司寇鸞之孫=（子孫）
	侯馬三：二三　春秋・三晉 司寇鸞之孫=（子孫）

觲*

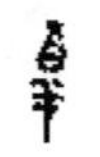	璽彙 320.3435　戰國・三晉 觲陽戲

觿*

	璽彙 113.0957　戰國・三晉 肖（趙）觿

美

	新封泥彙 1680　戰國・秦 美陽丞印
	秦新 1174　戰國・秦 美陽工□
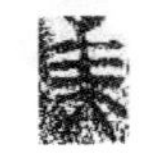	秦新 1175　戰國・秦 美陽工蒼
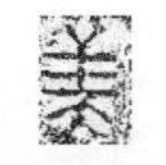	秦新 1176　戰國・秦 美陽工蒼
	秦新 1179　戰國・秦 美陽工蒼

	秦新 1283　戰國・秦 美陽工蒼
	秦新 1321　戰國・秦 美
	秦新 1361　戰國・秦 美陽工蒼
	秦新 1362　戰國・秦 美陽工蒼
	陶錄 6・382・1　戰國・秦 美亭
	陶錄 6・382・2　戰國・秦 美亭
	陶錄 6・382・3　戰國・秦 美亭
	秦駰玉版研究　戰國・秦 羲（犧）豭既美

卷五

竹

	貨系 315　戰國・周王畿 竹
	貨系 316　戰國・周王畿 竹
	陶錄 1・82・1　戰國以前・待考 竹
	陶錄 7・8・1　戰國・待考 司左□竹

筍

	盛世 105　戰國・三晉 筍迲（去）痯

節

	貨系 2532　戰國・齊 節（即）𡐨（墨）之夻（大）氏（刀）/大行
	貨系 2568　戰國・齊 節（即）𡐨（墨）夻（大）氏（刀）
	齊幣 290　戰國・齊 節（即）𡐨（墨）夻（大）氏（刀）/□
	齊幣 49　戰國・齊 節（即）𡐨（墨）之夻（大）氏（刀）/吉
	齊幣 52　戰國・齊 節（即）𡐨（墨）之夻（大）氏（刀）/氏（刀）
	齊幣 53　戰國・齊 節（即）𡐨（墨）之夻（大）氏（刀）/氏（刀）
	齊幣 61　戰國・齊 節（即）𡐨（墨）之夻（大）氏（刀）/工
	璽類 133.3　戰國・齊 節（即）墨之丌坤（市）士
	璽彙 292.3105　戰國・齊 𥫗（節）援

筡

	風過耳 319　戰國・秦 筡印
	璽彙 97.0757　戰國・三晉 長筡
	璽彙 210.2116　戰國・三晉 郜筡
	璽彙 223.2267　戰國・三晉 藋筡
	璽彙 283.2988　戰國・三晉 賈筡

籍

	秦印風 190 頁　戰國・秦 公□籍

簡

	田車・石鼓文・郭集　春秋・秦 四（駟）介既簡

等

	秦印風 47 頁　戰國・秦 賈等

笵

	秦印風 208 頁　戰國・秦 笵（范）脅
	秦印風 216 頁　戰國・秦 笵（范）欺
	秦印風 60 頁　戰國・秦 笵（范）賀
	秦印風 77 頁　戰國・秦 笵（范）平
	陶錄 6・442・1　戰國・秦 笵（范）舍
	陶錄 6・442・2　戰國・秦 笵（范）舍
	陶錄 6・442・3　戰國・秦 笵（范）舍
	陶錄 6・442・4　戰國・秦 笵（范）舍
	陶錄 6・443・2　戰國・秦 笵（范）舍
	風過耳 013　戰國・秦 笆（范）柏
	風過耳 014　戰國・秦 笆（范）朔
	秦印風 158 頁　戰國・秦 笆（范）佁子□
	秦印風 95 頁　戰國・秦 笆（范）帶

符

	秦印風 170 頁　戰國・秦 符夥

筮

	風過耳 157　戰國・秦 陽筮
	侯馬三〇三：一　春秋・三晉 卜吕（以）吉筭（筮）
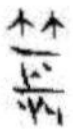	侯馬三四〇：一　春秋・三晉 ……筭（筮）……
	侯馬一九四：三　春秋・三晉 筭（筮）敢不閛（披）丌（其）復（腹）心吕（以）事丌（其）宔（主）
	侯馬一七：一　春秋・三晉 ……筭（筮）……

簟

	侯馬一：五七　春秋・三晉 簋（簟）[敢披其腹]心吕（以）事丌（其）宔（主）

箸

	秋淵・詛楚文・郭集　戰國・秦 箸（書）者（諸）石章（璋）
	巫咸・詛楚文・郭集　戰國・秦 箸（書）者（諸）石章（璋）
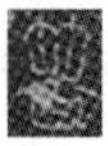	繹山刻石・秦銘刻選　秦代 以箸經紀

篕

	陝新 1.001　戰國・燕 䢅都左司馬毆

	璽彙 6.0035　戰國・齊 司馬殹鉨（璽）
	璽彙 7.0041　戰國・齊 右司馬殹
	璽彙 8.0043　戰國・齊 司馬殹鉨（璽）
	璽彙 33.0194　戰國・齊 諂（譫）訙殹鉨（璽）
	璽彙 33.0195　戰國・齊 畢□左殹
	璽彙 342.3705　戰國・齊 倁殹□鉨（璽）
	璽彙 501.5539　戰國・齊 司馬殹鉨（璽）
	印粹 2.1　戰國・齊 敝陵（陵）右司馬殹鉨（璽）
	陶錄 2・11・1　戰國・齊 陸（陳）棱再立事左里殹京釜（釜）
	陶錄 2・23・4　戰國・齊 左殹
	陶錄 2・24・1　戰國・齊 ……狀……左里殹
	陶錄 2・24・2　戰國・齊 左里殹
	陶錄 2・24・3　戰國・齊 左里殹
	陶錄 2・297・3　戰國・齊 王卒左殹臧陽樍（樍）□□
	陶錄 2・6・2　戰國・齊 □櫅（齊）□圈（固）南左里殹京區
	陶錄 4・210・3　戰國・燕 右陶尹倈□殹

	陶錄 4・6・3　戰國・燕 倈疾殹
	新齊 0330　戰國・齊 𤵸者陸（陳）旻（得）再左里殹京豆
	新齊 0340　戰國・齊 □門陸（陳）□再左里殹京釜（釜）

策

	璽彙 234.2409　戰國・三晉 □策
	陶錄 5・12・3　戰國・三晉、兩周 君（尹）策
	陶錄 5・12・4　戰國・三晉、兩周 □策
	陶錄 5・4・2　戰國・三晉、兩周 中莢（策）瓦

竽

	璽彙 60.0346　戰國・楚 竽鉨（璽）

算

	秦印風 122 頁　戰國・秦 算

笑*

	二十 9.二-SY-0001　戰國・待考 言芺（笑）
	秦印風 79 頁　戰國・秦 隗芺（笑）

笴*

	秦新 123　戰國・秦 咸陽笴

⿱竹百*

	集釋 279.1　戰國・三晉 蕐⿱竹百
	璽彙 124.1081　戰國・三晉 侯⿱竹百

笪*

	圖續 47.1　戰國・待考 墜（陳）笪

筏*

	陶錄 4・31・2　戰國・燕 右宮馬筏

⿱竹目*

	泥集 2.5　戰國・齊 脺（宰）戠（職）⿱竹目鉨（璽）
	璽彙 27.0156　戰國・齊 清墜（陵）□戠（職）⿱竹目帀（師）
	璽彙 55.0314　戰國・齊 東奠戠（職）⿱竹目

筬*

	錢典 1194　戰國・齊 筬冶屯

箣*

	風過耳 039　戰國・秦 侯箣

箅*

	集釋 278.4　戰國・三晉 箅宏

箓*

	璽彙 293.3106　戰國・齊 箓唇（辰）
	璽彙 293.3107　戰國・齊 箓貼

篢*

	璽考 111.1　戰國・魏 篢棆宦

簞*

	璽彙 293.3110　戰國・三晉 簞耿
	珍戰 43　戰國・三晉 簞戮

篚*

	齊幣 417 背　戰國・齊 篚□

篍*

	璽彙 79.0542　戰國・三晉 王篍

篨*

	璽彙 135.1216　戰國・三晉 牛篨
	璽彙 351.3790　戰國・三晉 𤔲₌（司馬）篨

篕*

	汧殹・石鼓文・郭集　春秋・秦 其篕氏鮮

簹*

	天選 11.2　戰國・楚 簹鉨（璽）

箕

	秦印風 90 頁　戰國・秦 箕□
	貨系 1604　戰國・趙 北笄（箕）
	璽彙 293.3108　戰國・三晉 笄（箕）山
	貨系 2863　戰國・中山 其
	秦印風 204 頁　戰國・秦 郭其奴
	璽彙 44.0260　戰國・齊 虘其𠂤鉨（璽）
	侯馬二〇〇：二三　春秋・三晉 𡩥（吾）君其明亟（殛）覗（視）之
	侯馬二〇〇：一一　春秋・三晉 𡩥（吾）君其明亟（殛）覗（視）之麻（摩）𡰥（夷）非（彼）氏
	侯馬二〇三：八　春秋・三晉 䰩（醜）及其孫₌（子孫）
	侯馬九八：二六　春秋・三晉 及其子孫
	侯馬九八：二五　春秋・三晉 敢不閛（披）其[腹心]
	侯馬九八：一六　春秋・三晉 敢不閛（披）其[腹心]
	侯馬九二：一六　春秋・三晉 肖（趙）尼及其子孫
	侯馬九六：五　春秋・三晉 君其明亟（殛）[視之]
	侯馬三：一五　春秋・三晉 敢不閛（披）其復（腹）心㠯（以）事[其主]
	侯馬一：七　春秋・三晉 而敢又（有）志復趙尼其孫子于晉邦之墬（地）者
	侯馬一：三八　春秋・三晉 趙尼及其子孫
	侯馬一：三一　春秋・三晉 𡩥（吾）君其明亟（殛）覗（視）之
	侯馬一：四七　春秋・三晉 逆敢不閛（披）[腹]心㠯（以）事其宔（主）
	侯馬一：一　春秋・三晉 𡩥（吾）君其明亟（殛）覗（視）之
	侯馬一：一三　春秋・三晉 敢不半（披）其[腹]心㠯（以）事[其]宔（主）
	侯馬一：一三　春秋・三晉 𡩥（吾）君其[明殛]覗（視）之
	侯馬一：一一　春秋・三晉 𡩥（吾）君其明亟（殛）覗（視）之
	侯馬一九四：五　春秋・三晉 敢不閛（披）其[腹心]

	侯馬一九四：五　春秋・三晉 [司]寇結及其孫=（子孫）
	侯馬一六：一六　春秋・三晉 而敢有志[復]趙尼及其子孫
	侯馬一六二：二　春秋・三晉 [敢]不閛（披）其[腹]心[以事]丌（其）宔（主）
	鑾車・石鼓文・郭集　春秋・秦 四馬其寫
	馬薦・石鼓文・郭集　春秋・秦 □□其一
	秋淵・詛楚文・郭集　戰國・秦 將欲復其腿（兇）速（迹）
	泰山刻石・秦銘刻選　秦代 其於久遠也
	溫縣簡報 T1 坎 1：4585　春秋・三晉 悊=（燕燕）焉中（忠）心事其宔（主）
	巫咸・詛楚文・郭集　戰國・秦 今有（又）悉興其眾
	新出研 WT4　K6：315　春秋・三晉 藎（藎）敢不閛（披）中（忠）心奉事其宔（主）竣
	亞駝・詛楚文・郭集　戰國・秦 使其宗祝邵（詔）鬐布（佈）愍（檄）
	作原・石鼓文・郭集　春秋・秦 亞（猗）箬（儺）其華

丌

	貨系 1083　戰國・趙 大丌
	貨系 1605　戰國・趙 北丌（箕）
	燕下都 237　戰國・趙 北丌（箕）
	璽彙 43.0253　戰國・齊 會丌（其）野鉨（璽）
	璽彙 369.4001　戰國・三晉 丌（綦）母（毋）直
	璽彙 429.4716　戰國・燕 敬丌（其）上
	璽彙 429.4721　戰國・燕 敬丌（其）上
	璽彙 472.5203　戰國・待考 丌
	秦新 219　戰國・秦 丌
	陶錄 2・33・2　戰國・齊 節（即）墨之丌市工
	陶錄 4・155・3　戰國・燕 丌
	陶錄 5・30・1　戰國・三晉、兩周 丌匋（陶）
	陶錄 5・30・2　戰國・三晉、兩周 丌匋（陶）
	陶錄 5・30・3　戰國・三晉、兩周 丌匋（陶）
	新齊 1394　戰國・齊 丌
	侯馬八八：一二　春秋・三晉 司寇結及丌（其）[子孫]
	侯馬八六：一　春秋・三晉 比直（德）及丌（其）孫
	侯馬二〇〇：二八　春秋・三晉 麆（吾）君丌（其）明亟（殛）睍（視）之，麻（摩）臺（夷）非（彼）氏
	侯馬二〇〇：二七　春秋・三晉 而敢又（有）志復趙尼及丌（其）子孫于晉邦之[地]者

字形	出處
	侯馬二〇〇：六二　春秋・三晉 [及]丌（其）子孫于晉邦之[地]者
	侯馬二〇〇：六二　春秋・三晉 ⿱虍魚（吾）君丌（其）明亟（殛）[視之]
	侯馬二〇〇：六六　春秋・三晉 [吾]君丌（其）明亟（殛）⿰目見（視）之
	侯馬二〇〇：三九　春秋・三晉 ⿱虍魚（吾）君丌（其）明⿺辶亟（殛）⿰目見（視）之
	侯馬二〇〇：三一　春秋・三晉 君丌（其）[明殛]⿰目見（視）之
	侯馬二〇〇：四〇　春秋・三晉 ⿱虍魚（吾）君丌（其）明⿰忄亟（殛）⿰目見（視）之
	侯馬二〇〇：四一　春秋・三晉 ⿱虍魚（吾）君丌（其）明亟（殛）視之
	侯馬二〇〇：五四　春秋・三晉 [吾]君丌（其）……
	侯馬二〇〇：一〇　春秋・三晉 㠯（己）敢不⿵門半（披）其復（腹）心㠯（以）事丌（其）宔（主）
	侯馬二〇〇：一〇　春秋・三晉 ⿱虍魚（吾）君丌（其）明亟（殛）⿰目見（視）之
	侯馬二〇〇：一七　春秋・三晉 而敢又（有）志復趙尼及丌（其）子孫于[晉]邦之墜（地）者
	侯馬九六：八　春秋・三晉 司寇結及丌（其）[子孫]
	侯馬七九：三　春秋・三晉 及丌（其）孫=（子孫）
	侯馬七五：二　春秋・三晉 [及]丌（其）孫=（子孫）
	侯馬三：八　春秋・三晉 而敢又（有）志復趙尼及丌（其）子孫
	侯馬三：二　春秋・三晉 [史]醜（醜）及丌（其）孫=（子孫）于晉邦之[地者]

字形	出處
	侯馬三：二六　春秋・三晉 閔（藺）伐及丌（其）孫=（子孫）⿰彳夆（逢）之行道不之殺者
	侯馬三：二七　春秋・三晉 及丌（其）孫=（子孫）
	侯馬三：四　春秋・三晉 ⿱虍魚（吾）君丌（其）明⿰礻亟（殛）⿰目見（視）之
	侯馬三：一〇　春秋・三晉 ⿱虍魚（吾）君丌（其）……
	侯馬三六：一　春秋・三晉 趙尼及丌（其）子[孫]于晉邦之[地]
	侯馬三五：七　春秋・三晉 [敢]不⿵門半（披）丌（其）腹心
	侯馬三五：七　春秋・三晉 [趙]尼及丌（其）子孫
	侯馬三五：一　春秋・三晉 敢不半（披）丌（其）腹[心]
	侯馬五〇：一　春秋・三晉 [史]醜（醜）及丌（其）孫=（子孫）
	侯馬五〇：一　春秋・三晉 ⿱虍魚（吾）君丌（其）……
	侯馬一：八四　春秋・三晉 丌（其）明亟（殛）⿰目見（視）之
	侯馬一：二　春秋・三晉 敢不半（披）丌（其）復（腹）心㠯（以）事其[主]
	侯馬一：九　春秋・三晉 ⿱虍魚（吾）君丌（其）明⿰忄亟（殛）⿰目見（視）之
	侯馬一：九三　春秋・三晉 [吾]君丌（其）明亟（殛）⿰目見（視）之
	侯馬一：九五　春秋・三晉 文敢不[披其腹]心㠯（以）事丌（其）宔（主）
	侯馬一：九五　春秋・三晉 ⿱虍魚（吾）君丌（其）明亟（殛）⿰目見（視）之

	侯馬一：七九　春秋・三晉 覰敢不半（披）丌（其）[腹心]
	侯馬一：七〇　春秋・三晉 虘（吾）君丌（其）明悏（殛）覗（視）之
	侯馬一：一〇一　春秋・三晉 [吾君]丌（其）明亟（殛）[視]之
	侯馬一：一六　春秋・三晉 而敢又（有）志復趙尼及丌（其）子孫于晉邦之墜（地）者
	侯馬一：一七　春秋・三晉 而敢又（有）志復趙尼及丌（其）子孫于晉邦之[地]者
	侯馬一：一四　春秋・三晉 虘（吾）君丌（其）明亟（殛）覗（視）之
	侯馬一八五：三　春秋・三晉 丌（其）盟（明）遖（殛）覗（視）之
	侯馬一六：三五　春秋・三晉 趙尼及丌（其）子孫
	侯馬一六：一五　春秋・三晉 史醜（醜）及丌（其）孫₌（子孫）
	侯馬一七九：一四　春秋・三晉 虘（吾）君丌（其）明亟（殛）覗（視）[之]
	侯馬一五六：二九　春秋・三晉 比衍（寽）及丌（其）孫₌（子孫）
	侯馬一五六：二〇　春秋・三晉 邵坓（型）及丌（其）孫₌（子孫）
	侯馬一五六：二七　春秋・三晉 [及]丌（其）新君弟孫₌（子孫）
	侯馬一五六：二三　春秋・三晉 隥（登）及丌（其）新君弟孫₌（子孫）
	侯馬一五六：二三　春秋・三晉 閔（藺）舍及丌（其）孫₌（子孫）
	侯馬一五六：二四　春秋・三晉 比愍、比興、踐（足）及丌（其）新……

	侯馬一五六：二四　春秋・三晉 虘（吾）君丌（其）明亟（殛）覗（視）之
	侯馬一五六：二一　春秋・三晉 虘（吾）君丌（其）明亟（殛）覗（視）之
	侯馬一五六：二一　春秋・三晉 虘（吾）君丌（其）覗（視）之
	侯馬一五六：一九　春秋・三晉 絹見之行道而弗[殺]，虘（吾）君丌（其）覗（視）之
	秦駰玉版研究　戰國・秦 請□□用牛羲（犧）貳、丌（其）齒七
	三代 20.49.1　戰國・中山 天丌沯（本）才（在）上
	溫縣簡報 T1 坎 1：137　春秋・三晉 弜敢不怣〈丞—蒸〉焉中（忠）心事丌（其）宔（主）
	溫縣簡報 T1 坎 1：1845　春秋・三晉 䢺敢不怣₌〈丞丞（蒸蒸）〉焉中（忠）心事丌（其）宔（主）
	溫縣簡報 T1 坎 1：3211　春秋・三晉 黑敢不懲₌（蒸蒸）焉中（忠）心事丌（其）宔（主）
	溫縣簡報 T1 坎 1：3802　春秋・三晉 喬敢不懲（蒸）焉中（忠）心事丌（其）宔（主）
	溫縣簡報 T1 坎 1：3863　春秋・三晉 瘖敢不懲₌（蒸蒸）焉中（忠）心事丌（其）[主]
	新出研 WT1　K1：2667　春秋・三晉 加噩敢不丞₌（蒸蒸）焉忠（忠心）事丌（其）而宔（主）
	新出研 WT1　K1：3690　春秋・三晉 竭敢不怣₌（蒸蒸）焉忠₌（忠心）事丌（其）宔（主）
	新出研 WT1　K1：3858　春秋・三晉 亥敢不懲₌（蒸蒸）焉中（忠）心事丌（其）宔（主）
	新出研 WT1　K14：1367　春秋・三晉 [披其腹]心事丌（其）宔（主）
	譽編　戰國晚期・中山 丌（其）臼䣽（醬）鬻（賈）

典

	秦印風 19 頁　戰國・秦 顫里典
	秦駰玉版研究　戰國・秦 典瀗蘚（鮮）亡

畀

	秦印風 144 頁　戰國・秦 小畀
	璽彙 244. 2529　戰國・楚 詼畀癹（發）

巽

	貨系 4134　戰國・楚 巽
	貨系 4136　戰國・楚 巽
	貨系 4137　戰國・楚 巽
	貨系 4141　戰國・楚 巽
	貨系 4144　戰國・楚 巽
	貨系 4145　戰國・楚 巽
	貨系 4146　戰國・楚 巽
	貨系 4147　戰國・楚 巽
	璽彙 27. 0161　戰國・楚 鑄巽客鉨（璽）
	璽彙 286. 3023　戰國・三晉 賈巽
	陶錄 5・40・3　戰國・三晉、兩周 巽

奠

	秦範卷二 35. 2　戰國・待考 奠（鄭）君
	璽彙 168. 1617　戰國・三晉 奠（鄭）・岡敬
	璽彙 507. 5568　戰國・三晉 奠（鄭）□
	陶錄 2・113・4　戰國・齊 繇巷大匋（陶）里奠
	陶錄 2・59・3　戰國・齊 蒦圆南里人奠
	陶錄 2・59・4　戰國・齊 蒦圆南里人奠
	夕藏 II 05-34-1　戰國・齊 繇巷大匋（陶）里奠
	陶錄 2・58・4　戰國・齊 蒦圆南里人奠
	陶錄 2・58・1　戰國・齊 蒦圆南里人奠
	新齊 0802　戰國・齊 蒦圆南里人奠
	新齊 0803　戰國・齊 蒦圆南里人奠
	新齊 0804　戰國・齊 蒦圆南里奠
	侯馬六七：四一　春秋・三晉 奠

岍*

	錢典 299　戰國・三晉 岍子

左

	貨系 2308 背　戰國・燕 安昜（陽）/左
	貨系 2315 背　戰國・燕 安昜（陽）/左十
	貨系 3160　戰國・燕 中左
	貨系 3271 背　戰國・燕 明/左一
	貨系 3273 背　戰國・燕 明/左一
	貨系 3284 背　戰國・燕 明/左三
	貨系 3317　戰國・燕 左廿
	貨系 3333 背　戰國・燕 明/左千
	貨系 3361 背　戰國・燕 明/左刀
	貨系 53　戰國・周王畿 少曲市左
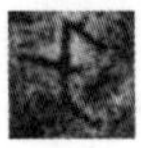	貨系 54　戰國・周王畿 少曲市左
	二十 58. 二-SP-0024　戰國・燕 左宮𨜾
	鶴廬 98.1　戰國・待考 左子
	秦印風 230 頁　戰國・秦 張左
	秦印風 23 頁　戰國・秦 泰上寖左田
	璽彙 7.0037　戰國・齊 左司馬𨑑（竘）
	璽彙 19.0113　戰國・魏 左邑癹（發）弩
	璽彙 171.1644　戰國・三晉 左暲
	璽彙 171.1647　戰國・齊 左肓
	璽彙 171.1650　戰國・燕 左吳（虞）
	璽彙 501.5540　戰國・齊 左司馬𨑑（竘）
	璽考 94.2　戰國・三晉 左𤔲（司馬）
	印戰 20.2　戰國・齊 平陸（阿）左稟（廩）
	陶錄 2・10・4　戰國・齊 華門陸（陳）棱參左里□□□
	陶錄 2・23・1　戰國・齊 左敼（廩）□璽
	陶錄 2・24・2　戰國・齊 左里段
	陶錄 2・24・3　戰國・齊 左里段
	陶錄 2・300・3　戰國・齊 王卒左段臧圖檟（櫃）里五
	陶錄 2・673・1　戰國・齊 王卒左段臧圖蔵（苴）里旦

	陶錄 2・8・3　戰國・齊 王孫陸（陳）棱立事歲左里毀京區
	陶錄 4・14・3　戰國・燕 左匋（陶）……倈……
	陶錄 4・24・3　戰國・燕 左宮巨隼
	陶錄 4・27・3　戰國・燕 左宮田左
	陶錄 4・3・1　戰國・燕 十七年十月左匋(陶)肴(尹)左匋(陶)倈□由毀室
	陶錄 4・30・1　戰國・燕 左宮巨□
	陶錄 4・4・2　戰國・燕 □七年九月左陶尹
	陶錄 7・3・4　戰國・待考 左□
	新齊 0353　戰國・齊 □巷陸（陳）恋左毀櫝（櫨）均（坸）釜（釜）
	而師・石鼓文・郭集　春秋・秦 左□□□
	秦墓石磬　春秋・秦 左（佐）以靁（靈）神
	雙劍誃　戰國・待考 古（姑）先（洗）齊厚左十
	田車・石鼓文・郭集　春秋・秦 左驂旛₌（旛旛）
	新出研 WT4　K5：11　春秋・三晉 左右繆（勠）力爲一

差

	秦印風 131 頁　戰國・秦 差

工

	貨系 249　戰國・周王畿 工
	貨系 2853　戰國・中山 工
	齊幣 179 背　戰國・齊 齊夻（大）朊（刀）/工
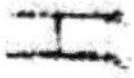	齊幣 183 背　戰國・齊 齊夻（大）朊（刀）/工
	齊幣 61 背　戰國・齊 節（即）䣄（墨）之夻（大）朊（刀）/工
	先秦編 435　戰國・燕 工
	先秦編 55　戰國・周王畿 工
	鑒菁 219. 附錄 3　戰國・魏 郱司工（空）
	璽彙 14. 0080　戰國・三晉 司工（空）
	璽彙 502. 5545　戰國・燕 沶□都司工（空）
	璽考 95. 6　戰國・三晉 司工（空）
	秦新 1131　戰國・秦 高陽工烏
	秦新 1220　戰國・秦 茝陽工癸
	秦新 1228　戰國・秦 茝陽工癸
	秦新 1296　戰國・秦 上邽工明

	秦新 1330　戰國・秦 寺工毋死
	秦新 151　戰國・秦 工暁
	秦新 2454　戰國・秦 工八
	陶錄 4・192・5　戰國・燕 工
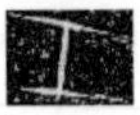	陶錄 5・82・5　戰國・三晉、兩周 工
	陶錄 5・85・4　戰國・三晉、兩周 工
	陶錄 6・106・2　戰國・秦 工
	陶錄 6・106・3　戰國・秦 工
	陶錄 6・300・3　戰國・秦 美陽工蒼
	陶錄 6・300・4　戰國・秦 美陽工蒼
	陶錄 6・309・2　戰國・秦 □□工乘
	陶錄 6・337・2　戰國・秦 工
	陶錄 6・461・4　戰國・秦 美[陽]工蒼
	陶錄 6・464・2　戰國・秦 宜陽工武
	陶錄 6・464・4　戰國・秦 宜陽工緈
	陶錄 7・3・1　戰國・待考 右司工（空）圵（垢）
	車工・石鼓文・郭集　春秋・秦 遻（吾）車既工

式

	會稽刻石・秦銘刻選　秦代 初平瀍式

巨

	二十 57. 二-SP-0015　戰國・燕 右宮巨心
	山新 166　戰國・齊 紀之□巨
	璽彙 308. 3286　戰國・三晉 燮巨梁
	秦新 1673　戰國・秦 咸陽巨臣
	秦新 1677　戰國・秦 咸陽巨戲
	秦新 1678　戰國・秦 咸陽巨戲
	秦新 1685　戰國・秦 □□巨□
	秦新 1686　戰國・秦 咸□巨久
	秦新 2514　戰國・秦 咸陽巨鬲
	秦新 2667　戰國・秦 咸陽巨垄
	秦新 2668　戰國・秦 咸陽巨垄
	秦新 2671　戰國・秦 咸陽巨垄

	秦新 2674　戰國・秦 咸陽巨坴
	秦新 2675　戰國・秦 咸陽巨坴
	秦新 2677　戰國・秦 咸陽巨坴
	秦新 2678　戰國・秦 咸陽巨坴
	秦新 2680　戰國・秦 咸陽巨坴
	秦新 2683　戰國・秦 咸陽巨坴
	秦新 2684　戰國・秦 □□巨坴
	秦新 2685　戰國・秦 咸陽巨坴
	秦新 3149　戰國・秦 任巨利
	陶錄 4・24・3　戰國・燕 左宮巨隼
	陶錄 4・24・4　戰國・燕 右□巨隼
	陶錄 4・30・1　戰國・燕 左宮巨□
	陶錄 6・329・4　戰國・秦 任巨利

堵*

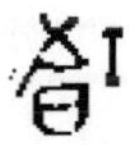	璽彙 21.0124　戰國・三晉 堵成（城）河戶（尉）

巫

	陶錄 4・98・3　戰國・燕 巫上匋（陶）自□
	侯馬二〇三：一一　春秋・三晉 所敢不巫……
	侯馬九六：七　春秋・三晉 巫覡祝[史]
	侯馬九一：五　春秋・三晉 巫覡祝史鳸（薦）[瑞]
	侯馬七九：三　春秋・三晉 巫覡
	侯馬三：二二　春秋・三晉 巫覡祝史觳（薦）綐（瑞）
	侯馬一八：五　春秋・三晉 巫覡[祝]史
	侯馬一九四：一一　春秋・三晉 而所敢不而巫覡祝史[薦瑞]
	侯馬一七九：一四　春秋・三晉 所敢不巫覡祝史觳（薦）綐（瑞）
	侯馬一五六：二二　春秋・三晉 而敢不巫覡[祝]史觳（薦）綐（瑞）
	侯馬一五六：二四　春秋・三晉 所敢不巫覡祝史觳（薦）綐（瑞）
	巫咸・詛楚文・郭集　戰國・秦 求蔑灋（廢）皇天上帝及不（丕）顯大神巫咸之卹祠、圭玉、羲（犧）牲
	戰國題銘（中）　戰國・待考 □不登□□□□□□齊六□□巫武平□□□□□里

覡

	侯馬七九：三　春秋・三晉 巫覡

	侯馬三：二〇　春秋・三晉 而所敢不而巫覡祝史[薦]綐（瑞）
	侯馬三：二四　春秋・三晉 巫覡祝史[薦]綐（瑞）
	侯馬三：二一　春秋・三晉 而所敢不而巫覡祝史[薦瑞]
	侯馬一八：三　春秋・三晉 [巫]覡祝史敵（薦）綐（瑞）
	侯馬一八：五　春秋・三晉 而所敢不而巫覡[祝]史[薦瑞]
	侯馬一九四：一一　春秋・三晉 而所敢不而巫覡祝史[薦瑞]
	侯馬一五六：二六　春秋・三晉 巫覡祝史敵（薦）綐（瑞）
	侯馬一五六：二七　春秋・三晉 巫覡祝史敵（薦）綐（瑞）
	侯馬一五六：二四　春秋・三晉 所敢不巫覡祝史敵（薦）綐（瑞）
	侯馬一五六：二一　春秋・三晉 敢不而巫覡祝史敵（薦）綐（瑞）
	侯馬一五六：一九　春秋・三晉 所敢不巫覡祝史敵（薦）綐（瑞）

甘

	貨系 895　戰國・趙 甘（邯）丹（鄲）
	三晉 36　戰國・趙 甘（邯）丹（鄲）/七
	先秦編 592　戰國・趙 甘（邯）丹（鄲）
	燕下都 185　戰國・趙 甘（邯）丹（鄲）
	燕下都 185　戰國・趙 甘（邯）丹（鄲）/□
	西泠 10.8　戰國・待考 曲甘行□
	璽彙 141.1285　戰國・齊 甘士段
	璽彙 305.3260　戰國・三晉 疋（胥）于甘
	璽彙 331.3567　戰國・齊 甘□
	璽彙 377.4099　戰國・燕 郾（燕）白（伯）甘（邯）單（鄲）
	璽彙 477.5264　戰國・待考 甘
	秦新 2737　戰國・秦 咸甘里廣
	秦新 920　戰國・秦 甘
	秦新 921　戰國・秦 甘
	侯馬三：二四　春秋・三晉 甘（邯）鄲郵（董）政之孫=（子孫）
	侯馬一八五：七　春秋・三晉 甘（邯）丹（鄲）重（董）政

猒

	新出研 WT4　K6：212　春秋・三晉 群則（賊）夫所不猒者
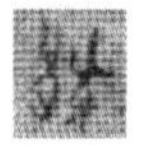	新出研 WT4　K6：315　春秋・三晉 群則（賊）夫所不猒者

甚

	秋淵・詛楚文・郭集　戰國・秦 淫失（佚）甚亂
	巫咸・詛楚文・郭集　戰國・秦 淫失（佚）甚亂
	亞駝・詛楚文・郭集　戰國・秦 淫失（佚）甚亂

旮*

	璽彙 335.3617　戰國・楚 旮迣（退）

省*

	璽彙 60.0348　戰國・楚 省（蜜）鉨（璽）

旹*

	秦墓石磬　春秋・秦 旹

罯*

	璽考 322.1　戰國・楚 若嚚（敖）罯鉨（璽）

曰

	齊幣 439　戰國・齊 曰/曰
	齊幣 439 背　戰國・齊 曰/曰
	陶錄 2・236・1　戰國・齊 蒦圆匋（陶）里曰成
	陶錄 2・414・1　戰國・齊 塙闆（間）棋里曰臑
	陶錄 2・421・1　戰國・齊 高闆（間）棋里曰臧（臧）
	陶錄 2・436・4　戰國・齊 高[間]豆里人匋（陶）者曰日太
	陶錄 2・496・3　戰國・齊 豆里曰土
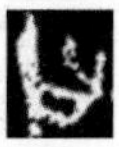	陶錄 2・558・1　戰國・齊 東酷里曰爸忈
	陶錄 6・279・4　戰國・秦 曰
	夕藏 Ⅱ 04-28-2　戰國・齊 闢（關）里曰□
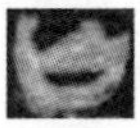	夕藏 Ⅱ 09-2-2　戰國・齊 裒子里曰匽乘
	新齊 1207　戰國・齊 子裒子里人曰縢
	秋淵・詛楚文・郭集　戰國・秦 曰：枼（世）萬子孫，毋相爲不利
	泰山刻石・秦銘刻選　秦代 皇帝曰
	泰山刻石・秦銘刻選　秦代 制曰
	新出研 WT1　K14：572　春秋・三晉 圭命曰

曷

	璽彙 162.1536　戰國・三晉 孔女（毋）曷（害）

沓

	璽彙 293.3111　戰國・三晉 □沓

曹

	璽彙 168.1612　戰國・三晉 曹肙
	璽彙 334.3603　戰國・齊 薛曹
	璽彙 489.5415　戰國・三晉 曹
	璽類 140.6　戰國・三晉 曹□
	陶錄 2・737・5　戰國・齊 曹□
	陶錄 2・738・4　戰國・齊 曹不□
	陶錄 2・738・5　戰國・齊 曹不□
	陶錄 2・739・1　戰國・齊 曹□
	陶錄 6・449・1　戰國・秦 曹繒
	陶錄 6・449・2　戰國・秦 曹繒
	新齊 0980　戰國・齊 曹不□叡丘巷
	新齊 0981　戰國・齊 曹不□
	新齊 1243　戰國・齊 曹□
	秦駰玉版研究　戰國・秦 余身曹（遭）病

乃

	陶錄 6・339・1　戰國・秦 乃詔丞相狀綰瀍度量則，不壹歉疑者，皆明壹[之]
	陶錄 6・359・2　戰國・秦 乃[詔]丞[相]
	陶錄 6・359・4　戰國・秦 乃詔丞[相]
	陶錄 6・360・1　戰國・秦 乃詔丞相
	陶錄 6・360・3　戰國・秦 乃詔丞[相]
	陶錄 6・361・1　戰國・秦 乃詔丞相狀綰瀍[量則]
	陶錄 6・362・2　戰國・秦 乃詔丞相
	陶錄 6・372・2　戰國・秦 乃詔丞相狀綰瀍度量則
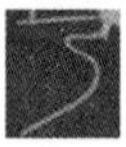	繹山刻石・秦銘刻選　秦代 乃降專惠

逌

	田車・石鼓文・郭集　春秋・秦 君子逌（攸）樂
	作原・石鼓文・郭集　春秋・秦 䟡=（秩秩）逌（攸）罟
	繹山刻石・秦銘刻選　秦代 逌今皇帝

丂

	貨系 2706　戰國・中山 丂
	貨系 2707　戰國・中山 丂
	貨系 2709　戰國・中山 丂
	貨系 2712　戰國・中山 丂
	珍戰 65　戰國・三晉 事（史）丂
	陶錄 2・360・3　戰國・齊 閞（關）里丂

甹

	鶴廬 117.6　戰國・三晉 甹（平）牂（臧）鈢（璽）
	集釋 278.5　戰國・三晉 甹（平）沽
	璽彙 279.2949　戰國・三晉 甹（平）梁
	璽彙 280.2951　戰國・三晉 甹（平）窨（窨）
	璽彙 280.2954　戰國・三晉 甹（平）褱
	璽彙 280.2960　戰國・三晉 甹（平）郘
	璽彙 281.2967　戰國・三晉 甹（平）安
	璽類 77.11　戰國・三晉 甹（平）誀

寧

	貨系 513　戰國・待考 寧
	貨系 514　戰國・待考 寧
	陶錄 6・338・1　戰國・秦 寧秦
	陶錄 6・338・2　戰國・秦 寧秦
	陶錄 6・338・4　戰國・秦 寧士
	陶錄 6・48・4　戰國・秦 □釐□寧

可

	貨系 3677　戰國・燕 右可
	貨系 3678 背　戰國・燕 明/右可
	湖印 43.12　戰國・楚 可㠯（以）正下
	湖印 43.6　戰國・楚 可厶（私）
	秦印風 192 頁　戰國・秦 王冬可
	璽彙 253.2632　戰國・楚 行可
	璽彙 302.3221　戰國・楚 可（何）慯（傷）
	璽彙 440.4854　戰國・楚 可㠯（以）正下

	璽彙 441.4859　戰國・楚 可吕（以）正下
	璽彙 441.4862　戰國・待考 可吕（以）正下
	珍戰 185　戰國・待考 可吕（以）正下
	陶錄 2・136・2　戰國・齊 大蒦圆匋（陶）者可
	陶錄 2・136・3　戰國・齊 大蒦圆匋（陶）者可
	陶錄 2・136・4　戰國・齊 大蒦圆匋（陶）者可
	陶錄 2・548・1　戰國・齊 孟常匋（陶）里可
	陶錄 2・548・2　戰國・齊 孟常匋（陶）里可
	夕藏 II 05-66-1　戰國・齊 大蒦圆匋（陶）者可
	侯馬一九八：一　春秋・三晉 可敢不半（披）丌（其）復（腹）心吕（以）事丌（其）宔（主）
	汧殹・石鼓文・郭集　春秋・秦 其魚隹（維）可（何）
	汧殹・石鼓文・郭集　春秋・秦 可（何）以苞之
	秦駰玉版研究　戰國・秦 吾窮而無柰（奈）之可（何）
	秦駰玉版研究　戰國・秦 潔可以爲灋（法）
	秋淵・詛楚文・郭集　戰國・秦 㐭（吾）不敢曰“可”
	巫咸・詛楚文・郭集　戰國・秦 㐭（吾）不敢曰“可”

	亞駝・詛楚文・郭集　戰國・秦 㐭（吾）不敢曰“可”

奇

	貨系 1723　戰國・魏 奇氏
	貨系 1724　戰國・魏 奇氏
	貨系 1725　戰國・魏 奇氏
	貨系 1726　戰國・魏 奇氏
	三晉 113　戰國・魏 奇氏
	天津 124　戰國・待考 卜奇
	風過耳 044　戰國・秦 胡奇
	璽彙 93.0716　戰國・三晉 長奇
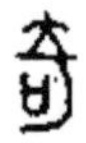	璽彙 174.1680　戰國・三晉 奇加
	璽彙 174.1683　戰國・三晉 奇倂
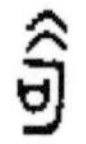	璽彙 174.1685　戰國・三晉 奇慶
	秦新 1693　戰國・秦 咸蒲里奇
	秦新 2691　戰國・秦 咸蒲里奇
	秦新 2697　戰國・秦 咸蒲里奇

	秦新 2701　戰國・秦 咸蒲里奇
	秦新 2703　戰國・秦 咸蒲里奇
	陶錄 4・139・6　戰國・燕 奇
	陶錄 4・181・3　戰國・燕 齒奇

兮

	貨系 2860　戰國・中山 兮
	貨系 2861　戰國・中山 兮

羲

	秦駰玉版研究　戰國・秦 請□□用牛羲（犧）貳、丌（其）齒七
	秦駰玉版研究　戰國・秦 □□用貳羲（犧）、羊、豢
	秋淵・詛楚文・郭集　戰國・秦 求蔑瀍（廢）皇天上帝及大神氒（厥） 湫之卹祠、圭玉、羲（犧）牲
	巫咸・詛楚文・郭集　戰國・秦 求蔑瀍（廢）皇天上帝及不（丕）顯大 神巫咸之卹祠、圭玉、羲（犧）牲
	亞駝・詛楚文・郭集　戰國・秦 求蔑瀍（廢）皇天上帝及不（丕）顯大 神亞駝之卹祠、圭玉、羲（犧）牲

号

	璽彙 45.0269　戰國・楚 旱<号（鄡）>昜（陽）□鉨（璽）

號

	陶錄 6・339・1　戰國・秦 立號爲[皇帝]
	陶錄 6・353・2　戰國・秦 [諸侯]黔首大安，立號爲皇帝
	陶錄 6・357・4　戰國・秦 立號爲皇[帝]
	陶錄 6・361・2　戰國・秦 立號爲[皇帝]
	陶錄 6・363・2　戰國・秦 諸侯黔首大安，立號[爲皇帝]
	陶錄 6・365・1　戰國・秦 [諸侯]黔首大安，立號[爲皇帝]
	陶錄 6・378・2　戰國・秦 [立]號
	瑯琊臺刻石・秦銘刻選　秦代 今襲號而金石刻辭不稱始皇帝
	繹山刻石・秦銘刻選　秦代 上薦高號

于

	貨系 268　戰國・周王畿 于
	貨系 269　戰國・周王畿 于
	貨系 270　戰國・周王畿 于
	先秦編 434　戰國・燕 于
	港印 26　戰國・待考 于建

	鶴盧 143.5　戰國・齊 敦（淳）于康
	秦印風 212 頁　戰國・秦 淳于慶忌
	秦印風 225 頁　戰國・秦 鮮于何
	璽彙 371.4033　戰國・齊 敦（淳）于絅訐（信）
	陶錄 5・17・2　戰國・三晉、兩周 孫于口
	陶錄 6・12・3　戰國・秦 咸陽市于
	新齊 0896　戰國・齊 中蒦圁里敦（淳）于向
	侯馬八五：一　春秋・三晉 史[醜]及丌（其）子[孫]于[晉]邦之[地]
	侯馬二〇〇：二〇　春秋・三晉 而敢又（有）志復趙[尼]及丌（其）子孫于晉邦之[墜（地）]者
	侯馬二〇〇：二四　春秋・三晉 [趙]尼及丌（其）子孫于[晉邦之]墜（地）者
	侯馬二〇〇：三一　春秋・三晉 而敢又（有）志復趙尼及[其]子子〈孫〉于晉邦之墜（地）
	侯馬二〇〇：四〇　春秋・三晉 [敢]又（有）志復趙尼及丌（其）子孫于晉邦之墜（地）者
	侯馬二〇〇：四一　春秋・三晉 而敢又（有）志復趙尼及丌（其）子孫于晉邦之墜（地）者
	侯馬二〇〇：五二　春秋・三晉 [有]志復趙尼及其[子]孫于[晉邦]之[地]
	侯馬二〇〇：一七　春秋・三晉 而敢又（有）志復趙尼及丌（其）子孫于[晉]邦之墜（地）者
	侯馬九二：一二　春秋・三晉 [史]醜（醜）及丌（其）子孫于晉邦之[墜（地）]
	侯馬七九：七　春秋・三晉 敢諭（偷）出入于趙[尼之所]
	侯馬三：二六　春秋・三晉 于皇君之所（之所）
	侯馬三：一三　春秋・三晉 史醜（醜）及其孫₌（子孫）于晉邦之[地者]
	侯馬一：九五　春秋・三晉 ……子[孫]于晉[邦]之[地]
	侯馬一：四　春秋・三晉 而敢又（有）志復趙尼及其子孫于晉邦之墜（地）者
	侯馬一六：三〇　春秋・三晉 史醜（醜）及丌（其）子孫于晉邦之墜（地）者
	侯馬一五六：二八　春秋・三晉 之于
	侯馬一五六：二七　春秋・三晉 而或復入（納）之于晉邦之墜（地）者
	侯馬一五六：二五　春秋・三晉 而或復入（納）之于晉邦之墜（地）者
	侯馬一五六：一　春秋・三晉 史醜（醜）及丌（其）孫₌（子孫）于晉邦之墜（地）者
	霝雨・石鼓文・郭集　春秋・秦 于水一方
	秦墓石磬　春秋・秦 極（亟）事于秦
	秦駰玉版研究　戰國・秦 已吾复（腹）心以下至于足口之病
	巫咸・詛楚文・郭集　戰國・秦 告于不（丕）顯大神巫咸

平

	貨系 1127　戰國・趙 平匋/十三

	貨系 1128　戰國・趙 平匋/十三
	貨系 1129　戰國・趙 平匋/十四
	貨系 1133　戰國・趙 平匋/廿四
	貨系 1750　戰國・韓、趙 平陽
	貨系 1751　戰國・韓、趙 平陽
	貨系 2479　戰國・趙 平臺/厶•十二朱
	錢典 373　戰國・趙 平匋/□
	錢典 83　戰國・趙 平備（原）
	燕下都 220　戰國・趙 平匋/廿三
	燕下都 221　戰國・趙 平匋/卌一
	燕下都 221　戰國・趙 平匋/卌五
	燕下都 232　戰國・趙 平匋/□
	漢叢 67.3　戰國・三晉 司徒平
	秦印風 212 頁　戰國・秦 臣平
	秦印風 28 頁　戰國・秦 陽平君印
	秦印風 30 頁　戰國・秦 安平鄉印
	秦印風 77 頁　戰國・秦 笵（范）平
	璽彙 55.0313　戰國・齊 平坙（阿）左稟（廩）
	璽彙 89.0662　戰國・三晉 長平
	璽彙 177.1714　戰國・三晉 事（史）平
	璽彙 218.2215　戰國・三晉 □平
	璽彙 292.3104　戰國・三晉 平陽
	璽類 417.5　戰國・齊 平墜（陵）縣左稟（廩）鉨（璽）
	新封泥彙 1748　戰國・秦 平陽苑印
	印戰 20.2　戰國・齊 平坙（阿）左稟（廩）
	秦新 1445　戰國・秦 平陽駔
	秦新 1703　戰國・秦 咸沃平賁
	秦新 1704　戰國・秦 咸沃平賁
	秦新 1705　戰國・秦 咸沃平賁
	秦新 1832　戰國・秦 咸陽平□
	秦新 2639　戰國・秦 平市
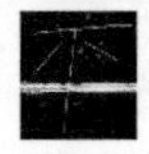	秦新 3244　戰國・秦 平里一石二斗

	陶録 2・13・2　戰國・齊 平墜（陵）陳（陳）𣅀（得）不□主㽙（釜）
	陶録 2・14・2　戰國・齊 平墜（陵）陳（陳）𣅀（得）不□主㽙（釜）
	陶録 2・14・3　戰國・齊 平墜（陵）陳（陳）𣅀（得）不□主㽙（釜）
	陶録 2・5・1　戰國・齊 平門内□𪗉左……𣪘京□
	陶録 4・187・2　戰國・燕 郐（徐）平
	陶録 5・22・3　戰國・三晉、兩周 趙平
	陶録 5・22・4　戰國・三晉、兩周 趙平
	陶録 5・24・3　戰國・三晉、兩周 □平
	陶録 6・295・1　戰國・秦 平陰居貲北游公士滕
	陶録 7・14・4　戰國・待考 平
	夕藏 Ⅰ 01-4-1　戰國・齊 平門内陳（陳）𪗉左里𣪘京區
	新齊 0078　戰國・齊 平険（陉）□□
	新齊 0080　戰國・齊 平険（陉）□□
	新泰齊陶 HBCS：103　戰國・齊 平□□□
	新泰齊陶 HBCS：104　戰國・齊 平陞（陉）陳（陳）𣅀（得）
	新泰齊陶 HBCS：81　戰國・齊 平□□□

	新泰齊陶 XNG：1　戰國・齊 平陽市□
	侯馬八五：三二　春秋・三晉 [定宮]平時
	侯馬二〇〇：二九　春秋・三晉 定宮平時之命
	侯馬二〇〇：六〇　春秋・三晉 [定]宮平時之命
	侯馬二〇〇：六三　春秋・三晉 [定宮]平[時]之[命]
	侯馬二〇〇：三〇　春秋・三晉 定宮及平時[之命]
	侯馬二〇〇：三三　春秋・三晉 ……平……
	侯馬二〇〇：四〇　春秋・三晉 定宮平時之命
	侯馬二〇〇：一六　春秋・三晉 定宮平時[之命]
	侯馬二〇〇：一七　春秋・三晉 定宮平時之命
	侯馬九八：三〇　春秋・三晉 定宮平時之命
	侯馬九二：二二　春秋・三晉 [定宮]平時之命
	侯馬九二：二九　春秋・三晉 [定宮]平時之命
	侯馬三：六　春秋・三晉 定宮平時之命
	侯馬三：一八　春秋・三晉 [定]宮平時之[命]
	侯馬三：一四　春秋・三晉 定宮平[時之命]

	侯馬一：二九　春秋・三晉 定[宮]平[陟之命]
	侯馬一：三　春秋・三晉 定宮平陟之命
	侯馬一：四〇　春秋・三晉 定宮平陟之命
	侯馬一：五五　春秋・三晉 定[宮]平陟之命
	侯馬一九八：八　春秋・三晉 定宮平[陟之命]
	侯馬一九五：一　春秋・三晉 定宮平[陟之命]
	侯馬一六：三　春秋・三晉 定宮平陟之命
	侯馬一七九：二　春秋・三晉 定宮平陟之命
	侯馬一五六：三　春秋・三晉 定宮平陟之命
	會稽刻石・秦銘刻選　秦代 平壹宇內
	秦墓石磬　春秋・秦 四方以鼏（宓）平
	泰山刻石・秦銘刻選　秦代 既平天下
	戰國題銘（中）　戰國・待考 □不登□□□□□□齊六□□巫武平 □□□□□里

𡩡*

	陶錄 2・211・1　戰國・齊 蒦圖匋（陶）里人𡩡
	陶錄 2・211・2　戰國・齊 蒦圖匋（陶）里人𡩡
	新齊 0849　戰國・齊 蒦圖圖里人𡩡
	新齊 0850　戰國・齊 蒦圖圖里人𡩡

旨

	風過耳 261　戰國・秦 淳旨
	璽彙 319.3418　戰國・三晉 旨盧瘦（瘻）
	陶錄 2・173・2　戰國・齊 蒦圖中里人敀旨
	新齊 0902　戰國・齊 中蒦圖里馬敀旨

嘗

	風過耳 325　戰國・秦 百嘗
	秦印風 237 頁　戰國・秦 百嘗
	秦印風 237 頁　戰國・秦 百嘗

喜

	貨系 352　戰國・周王畿 喜
	貨系 353　戰國・周王畿 喜
	風過耳 050　戰國・秦 賈喜
	鶴廬 104.2　戰國・燕 韓（南郭）喜

	秦印風 113 頁　戰國・秦 張喜
	璽彙 67.0395　戰國・燕 王喜
	璽彙 108.0890　戰國・三晉 肖（趙）喜
	璽彙 209.2102　戰國・三晉 郟喜
	璽考 280.9　戰國・三晉 長喜
	璽類 41.6　戰國・待考 周喜
	璽類 143.12　戰國・三晉 賈喜
	陶錄 2・156・4　戰國・齊 繇巷東匋（陶）里喜
	陶錄 4・139・2　戰國・燕 喜
	陶錄 6・41・1　戰國・秦 咸芮里喜
	陶錄 6・41・2　戰國・秦 咸芮里喜
	陶錄 6・41・3　戰國・秦 咸芮里喜
	陶錄 6・42・1　戰國・秦 咸芮里喜
	新齊 0027　戰國・齊 北𩫖陸（陳）喜纆
	新齊 0031　戰國・齊 北𩫖陸（陳）喜僕
	新齊 0033　戰國・齊 北𩫖陸（陳）喜僕

	新齊 0038　戰國・齊 北𩫖陸（陳）喜僕
	新齊 0039　戰國・齊 北𩫖陸（陳）喜丁
	新齊 0046　戰國・齊 北𩫖陸（陳）喜杋
	新齊 0048　戰國・齊 北𩫖陸（陳）喜
	新齊 0053　戰國・齊 □□陸（陳）喜□
	新泰齊陶 2002XYY⑤W：49　戰國・齊 北𩫖陸（陳）喜僕
	新泰齊陶 2002XYY⑤W：50　戰國・齊 北𩫖陸（陳）喜□
	新泰齊陶 2002XYY⑤W：65　戰國・齊 北𩫖陸（陳）喜丁
	新泰齊陶 2002XYY⑤W：83　戰國・齊 □𩫖□喜杋
	新泰齊陶 HBCS：32　戰國・齊 北𩫖陸（陳）喜僕
	侯馬二〇〇：五〇　春秋・三晉 喜敢不閛（披）丌（其）[腹]心㠯（以）[事]丌（其）宔（主）
	侯馬一六：三一　春秋・三晉 喜敢不閛（披）丌（其）䨱（腹）心㠯（以）事丌（其）宔（主）
	秦墓石磬　春秋・秦 天子匽（宴）喜

憙

	秦印風 151 頁　戰國・秦 憙
	秦印風 61 頁　戰國・秦 臣憙

	新封泥彙 1312　戰國・秦 王憙
	秦新 2513　戰國・秦 咸高里憙
	秦新 2515　戰國・秦 咸高里憙
	秦新 2520　戰國・秦 □高□憙

壴

	秦印風 162 頁　戰國・秦 吳壴
	璽彙 64.0368　戰國・燕 中軍壴（鼓）車
	璽彙 477.5274　戰國・齊 壴
	秦新 1080　戰國・秦 宮水壴
	秦新 2133　戰國・秦 壴
	陶錄 5・33・3　戰國・三晉、兩周 右壴（廚）
	陶錄 6・240・1　戰國・秦 宮水壴
	陶錄 6・240・3　戰國・秦 宮水壴
	陶錄 6・92・1　戰國・秦 壴

尌

	秦印風 71 頁　戰國・秦 嬰尌
	作原・石鼓文・郭集　春秋・秦 言=（二日）尌□

彭

	風過耳 285　戰國・秦 彭祖
	秦印風 162 頁　戰國・秦 彭里
	陶錄 5・6・2　戰國・三晉、兩周 彭□
	陶錄 5・6・3　戰國・三晉、兩周 彭悆
	陶錄 7・3・2　戰國・齊 彭□

嘉

	秦印風 202 頁　戰國・秦 枚嘉
	秦印風 73 頁　戰國・秦 趙嘉
	秦新 1946　戰國・秦 左嘉
	秦新 1950　戰國・秦 左嘉
	秦新 2011　戰國・秦 左嘉
	秦新 2386　戰國・秦 左嘉
	秦新 2389　戰國・秦 嘉
	秦新 2390　戰國・秦 左嘉

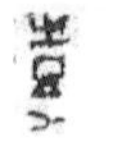	秦新 2486　戰國・秦 左嘉
	秦新 2487　戰國・秦 左嘉
	秦新 2532　戰國・秦 嘉
	陶錄 6・78・6　戰國・秦 嘉
	陶錄 6・79・1　戰國・秦 嘉
	侯馬二〇〇：二四　春秋・三晉 盡從嘉之明（盟）
	侯馬二〇〇：二五　春秋・三晉 而敢不盡從嘉之明（盟）
	侯馬二〇〇：六八　春秋・三晉 而敢不盡從嘉之明（盟）
	侯馬二〇〇：六六　春秋・三晉 而敢不盡從嘉之明（盟）
	侯馬二〇〇：三一　春秋・三晉 而敢不盡[從]嘉之明（盟）
	侯馬二〇〇：五七　春秋・三晉 而敢不盡從嘉之明（盟）
	侯馬二〇〇：五三　春秋・三晉 敢不盡從嘉之明（盟）
	侯馬二〇〇：一　春秋・三晉 而敢不盡從嘉之明（盟）
	侯馬二〇〇：一七　春秋・三晉 而敢不盡從嘉明（盟）
	侯馬九八：二　春秋・三晉 而敢不盡從嘉之明（盟）
	侯馬九八：六　春秋・三晉 而敢不盡從嘉之明（盟）

	侯馬探八②：一　春秋・三晉 盡[從]嘉之明（盟）
	侯馬一：六八　春秋・三晉 [從]嘉之明（盟）
	侯馬一：六二　春秋・三晉 而[敢]不聿（盡）從嘉之明（盟）
	侯馬一：六四　春秋・三晉 而[敢]不盡從嘉[之盟]
	侯馬一：七九　春秋・三晉 不盡[從]嘉[之]明（盟）
	侯馬一：七三　春秋・三晉 而敢不盡從嘉之明（盟）
	侯馬一：三二　春秋・三晉 而敢不盡從嘉之明（盟）
	侯馬一：三一　春秋・三晉 而敢不盡從嘉之明（盟）
	侯馬一：四二　春秋・三晉 而敢不聿（盡）從嘉之明（盟）
	侯馬一：四三　春秋・三晉 而敢不盡從嘉之明（盟）
	侯馬一：五四　春秋・三晉 而敢不盡從嘉之明（盟）
	侯馬一：一八　春秋・三晉 不盡從嘉之明（盟）
	侯馬一：一九　春秋・三晉 從嘉之明（盟）
	侯馬一：一〇四　春秋・三晉 敢不盡從嘉之[盟]
	侯馬一九四：一一　春秋・三晉 頞（沒）嘉之身及丌（其）孫₌（子孫）
	侯馬一六：一二　春秋・三晉 而敢不盡從嘉之明（盟）

	侯馬一七九：二　春秋・三晉 敢不[盡]從嘉[之盟]
	侯馬一七九：七　春秋・三晉 而敢不盡從嘉之明（盟）
	侯馬一五六：五　春秋・三晉 而敢不肀（盡）從嘉之明（盟）
	侯馬一五六：一六　春秋・三晉 敢不盡從嘉之明（盟）
	侯馬一五六：一一　春秋・三晉 而敢不盡從嘉之明（盟）

鼛

	秋淵・詛楚文・郭集　戰國・秦 使其宗祝邵（詔）鼛布（佈）憝（檄）
	巫咸・詛楚文・郭集　戰國・秦 使其宗祝邵（詔）鼛布（佈）憝（檄）
	亞駝・詛楚文・郭集　戰國・秦 使其宗祝邵（詔）鼛布（佈）憝（檄）

豈

	璽彙 271.2850　戰國・三晉 庚豈

豆

	貨系 3671　戰國・燕 右豆
	貨系 3672 背　戰國・燕 明/右豆
	二十 142. 二-GP-0033　戰國・待考 迺豆
	陶錄 2・257・4　戰國・齊 匋（陶）里人臧（臧）之豆
	陶錄 2・258・3　戰國・齊 匋（陶）里人臧（臧）之豆
	陶錄 2・26・6　戰國・齊 王龱市豆
	陶錄 2・29・1　戰國・齊 大市豆罌
	陶錄 2・291・1　戰國・齊 菽□圔□豆
	陶錄 2・36・2　戰國・齊 公豆
	陶錄 2・36・4　戰國・齊 公豆
	陶錄 2・42・2　戰國・齊 主豆
	陶錄 2・42・4　戰國・齊 主豆
	陶錄 2・43・1　戰國・齊 主豆□
	陶錄 2・444・1　戰國・齊 豆里迲
	陶錄 2・445・1　戰國・齊 豆里賹
	陶錄 2・445・4　戰國・齊 豆里賹
	陶錄 2・446・2　戰國・齊 豆里賹
	陶錄 2・450・2　戰國・齊 豆里坴
	陶錄 2・452・3　戰國・齊 豆里坴
	陶錄 2・454・3　戰國・齊 豆里坴

	陶錄 2・455・3 戰國・齊 豆里坐
	陶錄 2・457・4 戰國・齊 豆里坐
	陶錄 2・463・2 戰國・齊 豆里□□
	陶錄 2・465・3 戰國・齊 豆里疾目
	陶錄 2・474・3 戰國・齊 豆里乘
	陶錄 2・497・1 戰國・齊 豆里土
	夕藏 II 07-12-1 戰國・齊 豆里人□
	夕藏 II 07-19-37 戰國・齊 豆里坐
	夕藏 II 07-19-42 戰國・齊 豆里坐
	夕藏 II 07-20-10 戰國・齊 豆里賹
	夕藏 II 07-21-2 戰國・齊 豆里迓
	夕藏 II 07-21-5 戰國・齊 豆里迓
	夕藏 II 07-22-8 戰國・齊 豆里五
	夕藏 II 07-23-1 戰國・齊 豆里七
	夕藏 II 07-25-1 戰國・齊 豆里楨
	夕藏 II 07-25-3 戰國・齊 豆里楨
	夕藏 II 07-25-5 戰國・齊 豆里楨
	夕藏 II 07-28-1 戰國・齊 豆里乘
	夕藏 II 07-30-1 戰國・齊 豆里賞
	夕藏 II 07-31-1 戰國・齊 豆里良
	新齊 1102 戰國・齊 豆里賹

豊

	璽彙 191.1883 戰國・三晉 豊（禮）歇
	譽編 戰國晚期・中山 下豊之

虞

	秦印風 169 頁 戰國・秦 虞年
	秦印風 191 頁 戰國・秦 郭虞

虘

	璽彙 44.0260 戰國・齊 虘其㠯鍴（璽）

虖

	秦印風 145 頁 戰國・秦 者虖
	盛世 181 戰國・待考 茅虖

	秦新 1132　戰國・秦 新城如虜
	秦新 1184　戰國・秦 新城□虜
	陶錄 5・86・2　戰國・三晉、兩周 虜與之
	陶錄 6・305・1　戰國・秦 新城如虜
	陶錄 6・305・2　戰國・秦 新城如虜
	侯馬八八：一　春秋・三晉 及群虖（罅）明（盟）者
	侯馬八五：二　春秋・三晉 及[群]虖（罅）明（盟）者
	侯馬八五：二八　春秋・三晉 及群虖（罅）明（盟）者
	侯馬二〇〇：二八　春秋・三晉 及群虖（罅）明（盟）者
	侯馬二〇〇：二〇　春秋・三晉 及群虖（罅）明（盟）者
	侯馬二〇〇：二三　春秋・三晉 及群虖（罅）明（盟）者
	侯馬二〇〇：六九　春秋・三晉 及群虖（罅）明（盟）者
	侯馬二〇〇：三三　春秋・三晉 及群虖（罅）明（盟）者
	侯馬二〇〇：四二　春秋・三晉 及群虖（罅）明（盟）者
	侯馬二〇〇：四九　春秋・三晉 [及]群虖（罅）盟者
	侯馬二〇〇：四一　春秋・三晉 及群虖（罅）明（盟）者

	侯馬二〇〇：五二　春秋・三晉 及群虖（罅）明（盟）者
	侯馬二〇〇：五四　春秋・三晉 及群虖（罅）[盟]者
	侯馬二〇〇：一一　春秋・三晉 及其群虖（罅）明（盟）者
	侯馬九八：六　春秋・三晉 及群虖（罅）明（盟）[者]
	侯馬九二：二八　春秋・三晉 [及]群虖（罅）明（盟）者
	侯馬九二：三四　春秋・三晉 及群虖（罅）[盟者]
	侯馬七七：八　春秋・三晉 及群虖（罅）[盟者]
	侯馬三：二〇　春秋・三晉 及群虖（罅）明（盟）者
	侯馬三：一　春秋・三晉 及群虖（罅）明（盟）者
	侯馬三：一〇　春秋・三晉 及群虖（罅）明（盟）者
	侯馬三五：八　春秋・三晉 [群]虖（罅）明（盟）[者]
	侯馬探八②：一　春秋・三晉 及群虖（罅）明（盟）者
	侯馬五〇：一　春秋・三晉 及群虖（罅）明（盟）者
	侯馬一：八五　春秋・三晉 群虖（罅）明（盟）者
	侯馬一：二二　春秋・三晉 及群虖（罅）明（盟）[者]
	侯馬一：二四　春秋・三晉 及群虖（罅）明（盟）[者]

	侯馬一：四〇　春秋・三晉 及群虖（鱄）明（盟）者
	侯馬一：五五　春秋・三晉 及群虖（鱄）明（盟）[者]
	侯馬一：一八　春秋・三晉 群虖（鱄）明（盟）者
	侯馬一：一〇　春秋・三晉 及群虖（鱄）明（盟）者
	侯馬一：一三　春秋・三晉 及群虖（鱄）明（盟）者
	侯馬一八五：八　春秋・三晉 [群]虖（鱄）盟者
	侯馬一九八：八　春秋・三晉 及群虖（鱄）明（盟）[者]
	侯馬一九八：一二　春秋・三晉 群虖（鱄）明（盟）者
	侯馬一六二：一　春秋・三晉 及群虖（鱄）明（盟）者
	侯馬一七九：六　春秋・三晉 群虖（鱄）盟者
	侯馬一五六：二　春秋・三晉 及[群]虖（鱄）明（盟）者
	侯馬一五六：二六　春秋・三晉 及群虖（鱄）明（盟）者
	侯馬一五六：一　春秋・三晉 及群虖（鱄）明（盟）者
	侯馬一五六：一二　春秋・三晉 及群虖（鱄）明（盟）者

虐

	會稽刻石・秦銘刻選　秦代 暴虐慫行

虡

	璽考 317.6　戰國・楚 夏句（后）虡
	璽彙 32.0186　戰國・燕 泃都虡（遽）坒（馹）
	璽彙 32.0188　戰國・燕 閔（啟）昜（陽）都虡（遽）坒（馹）
	璽彙 503.5552　戰國・燕 梍湩都虡（遽）坒（馹）
	印粹 7.3　戰國・燕 文安都虡（遽）坒（馹）

虔*

	璽彙 179.1738　戰國・三晉 事（史）虔

盧*

	貨系 1958　戰國・魏 盧（虞）陽
	貨系 1959　戰國・魏 盧（虞）陽
	貨系 1960　戰國・魏 盧（虞）陽
	貨系 1962　戰國・魏 盧（虞）陽
	貨系 1976　戰國・魏 盧（虞）陽
	貨系 1977　戰國・魏 盧（虞）陽
	三晉 116　戰國・魏 盧（虞）陽

	三晉 116　戰國・魏 盧（虞）陽
	燕下都 265　戰國・魏 盧（虞）陽
	燕下都 266　戰國・魏 盧（虞）陽
	新齊 0208　戰國・齊 陸（陳）不盧
	新齊 0209　戰國・齊 陸（陳）不盧
	新泰齊陶 2002XYY⑤W：157　戰國・齊 陸（陳）不盧
	新泰齊陶 2002XYY⑤W：228　戰國・齊 □□盧
	侯馬八八：一　春秋・三晉 盧（吾）君丌（其）明亟（殛）[視之]
	侯馬八五：三五　春秋・三晉 盧（吾）君
	侯馬二〇〇：二九　春秋・三晉 盧（吾）[君其]明亟（殛）睍（視）[之]
	侯馬二〇〇：二〇　春秋・三晉 盧（吾）君丌（其）明亟（殛）睍（視） 之
	侯馬二〇〇：二三　春秋・三晉 盧（吾）君其明亟（殛）睍（視）之
	侯馬二〇〇：六四　春秋・三晉 盧（吾）君
	侯馬二〇〇：四二　春秋・三晉 盧（吾）君
	侯馬二〇〇：四九　春秋・三晉 盧（吾）君[其]明亟（殛）視之
	侯馬二〇〇：一一　春秋・三晉 盧（吾）君其明亟（殛）睍（視）之， 麻（摩）瘥（夷）非（彼）氏

	侯馬二〇三：五　春秋・三晉 盧（吾）[君]
	侯馬九八：一六　春秋・三晉 盧（吾）君
	侯馬九二：一七　春秋・三晉 盧（吾）君
	侯馬九六：三　春秋・三晉 盧（吾）君
	侯馬七七：一五　春秋・三晉 盧（吾）君
	侯馬三：一　春秋・三晉 盧（吾）君丌（其）明極（殛）睍（視） 之
	侯馬三：一六　春秋・三晉 盧（吾）君丌（其）明亟（殛）睍（視） 之
	侯馬一：八　春秋・三晉 盧（吾）君丌（其）明亟（殛）睍（視） 之
	侯馬一：三六　春秋・三晉 盧（吾）君其明亟（殛）睍（視）之
	侯馬一：三四　春秋・三晉 盧（吾）君丌（其）明亟（殛）睍（視） 之
	侯馬一九八：二〇　春秋・三晉 盧（吾）君
	侯馬一九八：一二　春秋・三晉 盧（吾）君
	侯馬一九四：四　春秋・三晉 盧（吾）君丌（其）明亟（殛）睍（視） 之
	侯馬一九五：五　春秋・三晉 盧（吾）[君]
	侯馬一六二：一　春秋・三晉 盧（吾）君丌（其）明[殛]睍（視）之
	侯馬一七九：一　春秋・三晉 盧（吾）[君]

	侯馬一五六：二八　春秋・三晉 盧（吾）［君］
	侯馬一五六：二一　春秋・三晉 盧（吾）君丌（其）明亟（殛）既（視）之
	侯馬一五六：一　春秋・三晉 盧（吾）君丌（其）明極（殛）既（視）之

虎

	風過耳 329　戰國・秦 虎
	秦印風 121 頁　戰國・秦 虎
	新封泥彙 2229　戰國・秦 御弄尚虎
	秦新 1880　戰國・秦 虎
	鑾車・石鼓文・郭集　春秋・秦 迂□如虎
	秦墓石磬　春秋・秦 铅（鉏）虎（鋙）龣入
	礜編　戰國晚期・中山 侯玳＝（它玉）虎

虒

	貨系 991　戰國・趙 膚虒（施）
	貨系 996　戰國・趙 膚虒（施）/二
	燕下都 213　戰國・趙 膚虒（施）/二
	燕下都 213　戰國・趙 膚虒（施）/四

	燕下都 213　戰國・趙 膚虒（施）半/七
	燕下都 213　戰國・趙 膚虒（施）半
	燕下都 228　戰國・趙 膚虒（施）/四
	秦印風 138 頁　戰國・秦 李逯虒
	盛世 208　戰國・待考 索虒

虣*

	秋淵・詛楚文・郭集　戰國・秦 內之則虣（暴）虐（虐）不姑（辜）
	巫咸・詛楚文・郭集　戰國・秦 內之則虣（暴）虐（虐）不辜
	亞駝・詛楚文・郭集　戰國・秦 內之則虣（暴）虐（虐）不辜

虩*

	陶錄 6・105・3　戰國・秦 虩

皿

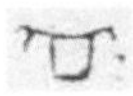	貨系 510　戰國・周王畿 皿
	貨系 511　戰國・周王畿 皿

盛

	二十 19. 二-SY-0098　戰國・楚 盛買

	璽彙 144.1318　戰國・三晉 盛固
	璽彙 144.1319　戰國・齊 盛鞭
	秋淵・詛楚文・郭集　戰國・秦 奮士盛師
	亞駝・詛楚文・郭集　戰國・秦 奮士盛師

盧

	貨系 1216　戰國・三晉 盧氏百浧
	貨系 578　戰國・韓、魏 盧氏
	貨系 580　戰國・韓、魏 盧氏
	貨系 581　戰國・韓、魏 盧氏
	貨系 582　戰國・韓、魏 盧氏
	貨系 584　戰國・韓、魏 盧氏
	貨系 585　戰國・韓、魏 盧氏
	秦印風 232 頁　戰國・秦 維盧
	秦印風 82 頁　戰國・秦 南盧
	盛世 169　戰國・待考 申奇盧
	璽彙 44.0259　戰國・齊 右盧（盧）□草巠鉨（璽）
	璽考 43.4　戰國・齊 左盧（盧）□鉨（璽）
	鴨選 1　戰國・齊 盧成君鉨（璽）
	印粹 6.1　戰國・齊 王盧（盧）堉（埔）鉨（璽）
	印戰 49.5　戰國・齊 右盧（盧）淯（滑）
	戰分 114.643　戰國・齊 右盧（盧）□草巠鉨（璽）

盬

	二十 14.二-SY-0046　戰國・齊 又（右）𠤷
	璽彙 93.0712　戰國・三晉 長𠤷
	璽彙 205.2050　戰國・三晉 邘（于）𠤷
	璽彙 359.3891　戰國・燕 公孫𠤷
	璽類 409.8　戰國・三晉 肖（趙）𠤷
	陶錄 4・47・3　戰國・燕 匋（陶）攻（工）𠤷
	陶錄 4・47・4　戰國・燕 匋（陶）攻（工）𠤷

盄

	秦墓石磬　春秋・秦 ……煌龢盄（淑）

盆

	陶錄 2・397・1　戰國・齊 丘齊鈖（盆）里王迵（通）
	陶錄 2・397・2　戰國・齊 丘齊鈖（盆）里王迵（通）
	陶錄 2・397・4　戰國・齊 丘齊鈖（盆）里王□
	陶錄 2・398・1　戰國・齊 丘齊鈖（盆）里王商
	陶錄 2・398・3　戰國・齊 丘齊鈖（盆）里王商
	陶錄 2・400・1　戰國・齊 丘齊鈖（盆）□守
	陶錄 2・401・1　戰國・齊 下鈖（盆）里安
	陶錄 2・403・4　戰國・齊 丘齊鈖（盆）里……
	陶錄 2・404・4　戰國・齊 鈖（盆）里乘
	新齊 0585　戰國・齊 鈖（盆）里乘

益

	秦印風 213 頁　戰國・秦 聶益耳
	秦印風 96 頁　戰國・秦 王益

盈

	霝雨・石鼓文・郭集　春秋・秦 盈湈濟₌（濟濟）

盡

	陶錄 6・339・1　戰國・秦 廿六年[皇帝]盡并兼天下
	陶錄 6・347・1　戰國・秦 廿六年皇帝盡并兼[天下]
	陶錄 6・347・2　戰國・秦 廿六年皇帝盡并兼[天下]
	陶錄 6・348・3　戰國・秦 廿[六]年皇帝盡并兼[天下]
	陶錄 6・350・1　戰國・秦 廿六年皇帝盡[并]兼[天下]
	陶錄 6・352・1　戰國・秦 廿六年皇帝盡并兼[天下]
	陶錄 6・353・1　戰國・秦 [皇]帝盡并兼天下
	陶錄 6・358・2　戰國・秦 皇帝盡并兼天下
	陶錄 6・377・1　戰國・秦 [皇帝]盡并[兼天下]
	侯馬八五：三四　春秋・三晉 而敢不盡從嘉之明（盟）
	侯馬二〇〇：八　春秋・三晉 而敢不盡從嘉之明（盟）
	侯馬二〇〇：二七　春秋・三晉 而敢不盡從□之明（盟）
	侯馬二〇〇：二五　春秋・三晉 而敢不盡從嘉之明（盟）
	侯馬二〇〇：二一　春秋・三晉 而敢不盡從[嘉]之明（盟）
	侯馬二〇〇：六六　春秋・三晉 而敢不盡從嘉之明（盟）

	侯馬二〇〇：七〇　春秋・三晉 而敢[不]盡從嘉之明（盟）
	侯馬二〇〇：七一　春秋・三晉 而敢不盡從
	侯馬二〇〇：三九　春秋・三晉 而敢不盡從□之明
	侯馬二〇〇：三〇　春秋・三晉 而敢不盡從嘉之盟
	侯馬二〇〇：三七　春秋・三晉 而敢不盡[從]嘉之[盟]
	侯馬二〇〇：四三　春秋・三晉 而[敢]不盡[從]
	侯馬二〇〇：五一　春秋・三晉 而敢不盡從嘉之明（盟）
	侯馬二〇〇：一七　春秋・三晉 而敢不盡從嘉明（盟）
	侯馬九八：一一　春秋・三晉 敢不盡從嘉之明（盟）
	侯馬九二：一八　春秋・三晉 而敢不盡從嘉之明（盟）
	侯馬三：二　春秋・三晉 而敢不盡從嘉之明（盟）
	侯馬三：六　春秋・三晉 而敢不盡從嘉之明（盟）
	侯馬三：七　春秋・三晉 而敢不盡從□之明（盟）
	侯馬三：一二　春秋・三晉 不盡從□□明（盟）
	侯馬探一二③：一　春秋・三晉 而敢不盡從嘉之明（盟）
	侯馬一：二二　春秋・三晉 而敢[不]盡[從]子趙孟之明（盟）

	侯馬一：六六　春秋・三晉 而敢不盡從玫之明（盟）
	侯馬一：七　春秋・三晉 而敢不盡從嘉之明（盟）
	侯馬一：四九　春秋・三晉 而敢不盡從□之明（盟）
	侯馬一：五六　春秋・三晉 而敢不盡從
	侯馬一：一〇四　春秋・三晉 敢不盡從嘉之[盟]
	侯馬一九八：六　春秋・三晉 而敢不盡從
	侯馬一九五：七　春秋・三晉 而敢不盡[從]嘉之明（盟）
	侯馬一九五：一　春秋・三晉 而[敢不]盡[從]嘉之明（盟）
	侯馬一六：五　春秋・三晉 而敢不盡從□之明（盟）
	侯馬一六：一八　春秋・三晉 而[敢]不盡從嘉之明（盟）
	侯馬一六二：二　春秋・三晉 而敢不盡從□之明（盟）
	侯馬一五二：二　春秋・三晉 盡從嘉之明（盟）
	侯馬一五二：一　春秋・三晉 而敢不盡從□之明（盟）
	侯馬一五六：三　春秋・三晉 而敢不盡從嘉之明（盟）
	侯馬一五六：一二　春秋・三晉 而敢不盡從嘉之明（盟）
	侯馬一五六：一五　春秋・三晉 而敢不盡從嘉[之盟]

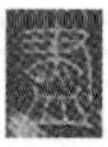	繹山刻石・秦銘刻選　秦代 金石刻盡始皇帝所爲也

盦

	侯馬一五六：二〇　春秋・三晉 盦章自質于君所

盬*

	陶錄 7・18・1　戰國・待考 右盬
	陶錄 7・18・2　戰國・待考 右盬
	陶錄 7・18・3　戰國・待考 右盬

濫*

	璽彙 291. 3086　戰國・三晉 濫（臧）閒
	璽彙 367. 3984　戰國・三晉 相里濫
	璽彙 373. 4051　戰國・三晉 枯（苦）成濫

櫑*

	侯馬一七九：一　春秋・三晉 櫑敢不閈（披）丌（其）復（腹）心㠯（以）事丌（其）宔（主）

去

	風過耳 288　戰國・秦 去疢
	秦印風 114 頁　戰國・秦 去疢
	秦印風 155 頁　戰國・秦 江去疾
	秦印風 209 頁　戰國・秦 姚去疢
	秦新 1439　戰國・秦 博昌去疾
	瑯琊臺刻石・秦銘刻選　秦代 丞相臣斯、臣去疾、御史夫₌（大夫）臣德昧死言
	泰山刻石・秦銘刻選　秦代 丞相臣斯、臣去疾、御史夫₌（大夫）臣德昧死言
	繹山刻石・秦銘刻選　秦代 丞相臣斯、臣去疾、御史夫₌（大夫）臣德昧死言
	秦印風 155 頁　戰國・秦 江迲（去）疾
	盛世 105　戰國・三晉 笱迲（去）痻
	璽彙 105. 0856　戰國・三晉 長䢃（去）疾
	璽彙 105. 0857　戰國・三晉 長迲（去）痻
	璽彙 122. 1062　戰國・三晉 肖（趙）迲（去）痻
	璽彙 213. 2153　戰國・三晉 邒迲（去）疾
	璽彙 508. 5586　戰國・三晉 𤔲（司馬）迲（去）疾
	珍戰 122　戰國・三晉 □迲（去）痻
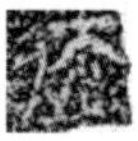	新齊 1257　戰國・齊 陳迲（去）疾器

血

	新齊 1413　戰國・齊 血
	繹山刻石・秦銘刻選　秦代 流血於野

卹

	侯馬一〇五：二　春秋・三晉 無卹之𩠘子所不□奉……
	秋淵・詛楚文・郭集　戰國・秦 求蔑灋（廢）皇天上帝及大神氒（厥）湫之卹祠、圭玉、羲（犧）牲
	巫咸・詛楚文・郭集　戰國・秦 求蔑灋（廢）皇天上帝及不（丕）顯大神巫咸之卹祠、圭玉、羲（犧）牲
	亞駝・詛楚文・郭集　戰國・秦 求蔑灋（廢）皇天上帝及不（丕）顯大神亞駝之卹祠、圭玉、羲（犧）牲

盇

	漢叢 80.5　戰國・待考 盇和
	璽彙 262.2739　戰國・三晉 盇熖（燗）
	璽彙 262.2742　戰國・三晉 盇炱（焌）
	璽類 149.6　戰國・待考 盇聚
	侯馬六七：五二　春秋・三晉 盇自今台（以）坒（往）

主

	秦印風 26 頁　戰國・秦 公主田印
	陶錄 2・13・2　戰國・齊 平墜（陵）陳（陳）旻（得）不□主釜（釜）
	陶錄 2・42・1　戰國・齊 主豆
	陶錄 2・42・4　戰國・齊 主豆
	陶錄 2・43・2　戰國・齊 主豆
	陶錄 2・43・4　戰國・齊 主區
	陶錄 2・46・2　戰國・齊 主釜（釜）・豆里䢅□

丹

	貨系 418　戰國・三晉 丹
	貨系 419　戰國・三晉 丹
	先秦編 592　戰國・趙 甘（邯）丹（鄲）
	燕下都 185　戰國・趙 甘（邯）丹（鄲）
	秦印風 165 頁　戰國・秦 藥丹
	秦印風 220 頁　戰國・秦 高丹
	璽類 149.10　戰國・待考 王丹
	秦新 1528　戰國・秦 咸亭完里丹器
	秦新 1534　戰國・秦 咸亭完里丹器

	秦新 1807　戰國・秦 咸亭完里丹器
	秦新 2621　戰國・秦 咸亭完里丹器
	秦新 2831　戰國・秦 咸亭完里丹器
	秦新 2833　戰國・秦 咸亭完里丹器
	陶録 2・233・1　戰國・齊 蒦圆匋（陶）里人丹
	陶録 2・233・2　戰國・齊 蒦圆匋（陶）里人丹
	陶録 2・233・3　戰國・齊 蒦圆匋（陶）里人丹
	陶録 2・234・1　戰國・齊 蒦圆匋（陶）里人丹
	陶録 2・726・1　戰國・齊 丹□
	陶録 2・726・6　戰國・齊 丹□
	陶録 2・727・2　戰國・齊 丹□
	陶録 2・727・4　戰國・齊 丹□
	陶録 2・727・5　戰國・齊 丹□
	陶録 2・728・4　戰國・齊 丹□
	陶録 2・728・5　戰國・齊 丹□
	陶録 2・729・6　戰國・齊 丹□
	陶録 2・730・5　戰國・齊 丹□
	侯馬一八五：七　春秋・三晉 甘（邯）丹（鄲）重（董）政

彤

	盛世 166　戰國・待考 莊公彤印
	鑾車・石鼓文・郭集　春秋・秦 彤矢□□

青

	秦印風 137 頁　戰國・秦 青肩
	陝新 198.1691　戰國・三晉 青（精）明
	璽彙 145.1335　戰國・燕 衛青
	璽彙 297.3158　戰國・三晉 青（精）中（忠）
	璽彙 423.4643　戰國・三晉 青（精）中（忠）
	璽彙 423.4644　戰國・齊 青（精）中（忠）
	璽彙 423.4651　戰國・三晉 青（精）中（忠）

靜

	秦印風 154 頁　戰國・秦 吴靜
	秦印風 154 頁　戰國・秦 臣靜

井

	秦印風 174 頁　戰國・秦 華井
	秦印風 229 頁　戰國・秦 井耤
	秦新 3133　戰國・秦 井
	陶錄 1・80・3　戰國以前・待考 井
	陶錄 5・83・4　戰國・三晉、兩周 井
	陶錄 5・98・5　戰國・三晉、兩周 井
	陶錄 6・330・1　戰國・秦 井
	陶錄 6・330・2　戰國・秦 井上官井
	陶錄 6・330・2　戰國・秦 井上官井

阱

	二十 141. 二-GP-0022　戰國・三晉 陞（邢）公
	璽彙 285. 3021　戰國・三晉 賈陞（阱）
	璽考 338. 9　戰國・三晉 大蒯陞（阱）
	陶錄 5・53・1　戰國・三晉、兩周 郱（邢）公
	陶錄 5・54・3　戰國・三晉、兩周 郱（邢）公
	陶錄 5・55・1　戰國・三晉、兩周 郱（邢）公
	貨系 2484　戰國・趙 五陞（陘）/十二朱
	侯馬二〇三：九　春秋・三晉 邵陞（型）之[子孫]
	侯馬七五：八　春秋・三晉 邵陞（型）
	侯馬一七九：二〇　春秋・三晉 邵陞（型）
	侯馬一七九：一三　春秋・三晉 詔（邵）陞（型）及丌（其）孫=（子孫）
	侯馬一五六：二一　春秋・三晉 邵陞（型）及丌（其）孫=（子孫）

㓝

	璽彙 140. 1279　戰國・燕 㓝莫
	璽彙 140. 1281　戰國・燕 㓝章
	會稽刻石・秦銘刻選　秦代 始定刑名
	秦駰玉版研究　戰國・秦 爲㓝（形）瀍氏（是）
	秋淵・詛楚文・郭集　戰國・秦 㓝（刑）戮孕婦
	巫咸・詛楚文・郭集　戰國・秦 㓝（刑）戮孕婦
	亞駝・詛楚文・郭集　戰國・秦 㓝（刑）戮孕婦

穽*

	璽彙 14.0083　戰國・齊 □穽司㒼

即

	東亞 3・5　戰國・趙 榆即（次）
	貨系 2476　戰國・趙 鳶（雁）即/一・兩
	貨系 949　戰國・趙 榆即（次）
	貨系 964　戰國・趙 榆即（次）
	三晉 66　戰國・趙 榆即（次）
	天津 85　戰國・趙 榆即（次）
	秦印風 165 頁　戰國・秦 即成
	璽彙 511.5611　戰國・燕 長即
	新齊 0787　戰國・齊 蒦圆南里人即
	霝雨・石鼓文・郭集　春秋・秦 君子即
	秦墓石磬　春秋・秦 即服……

既

	二十 155.二-GP-0144　戰國・楚 於王既正
	車工・石鼓文・郭集　春秋・秦 避（吾）馬既駘（阜）
	侯馬二〇三：九　春秋・三晉 既質之後
	侯馬一五六：一九　春秋・三晉 既質之後
	秦駰玉版研究　戰國・秦 玉□既精
	繹山刻石・秦銘刻選　秦代 既獻泰成

爵

	山新 162　戰國・待考 司徒爵

餴

	璽考 334.10　戰國・三晉 䭾（司馬）餴（饋）

餾

	璽彙 132.1176　戰國・三晉 吳餾

養

	風過耳 124　戰國・秦 王養

飤

	璽彙 36.0212　戰國・楚 流飤之鉩（璽）
	璽彙 48.0286　戰國・齊 譱（善）昜（陽）飤鉩（璽）

	新封泥彙 0572　戰國・秦 麗山飤（食）官
	秦新 627　戰國・秦 麗山飤（食）官左
	秦新 628　戰國・秦 麗山飤（食）官右
	陶録 6・108・1　戰國・秦 麗山飤（食）官左
	陶録 6・108・2　戰國・秦 麗山飤（食）官左
	陶録 6・110・1　戰國・秦 麗山飤（食）官右

餐

	璽彙 353.3812　戰國・三晉 司馬（司馬）飧（餐）

餞

	璽考 330.5　戰國・三晉 司馬＝（司馬）餞

館

	璽彙 237.2443　戰國・三晉 椁（郭）飴（館）
	印展 23　戰國・三晉 郘（尸）飴（館）

饐

	璽彙 202.2019　戰國・三晉 鄞（董）飤（饐）

餲

	璽彙 230.2352　戰國・三晉 韓餲
	珍戰 56　戰國・三晉 長餲

飢*

	珍戰 48　戰國・三晉 肖（趙）飢

飥*

	璽彙 101.0812　戰國・三晉 長飥
	璽彙 237.2444　戰國・三晉 椁（郭）飥
	璽彙 372.4038　戰國・三晉 陽成飥

餇*

	璽彙 292.3094　戰國・三晉 餇紿

餡*

	古萃 186.6　戰國・待考 鄭（齊）餡
	漢原 225.2　戰國・待考 郛（梁）餡
	璽彙 76.0502　戰國・三晉 王餡

截*

	魏石 38.5　戰國・待考 姜截

𩜔*

	侯馬八五：三二　春秋・三晉 [趧]𩜔（𩜔）
	侯馬四九：一　春秋・三晉 趧𩜔（𩜔）之子孫

𩚵*

	璽彙 53.0301　戰國・三晉 昌𩚵粻（長）史

餡*

	秦範卷三 3.3　戰國・三晉 事（史）餡（餡）
	璽彙 101.0811　戰國・三晉 長餡（餡）
	璽彙 186.1826　戰國・三晉 事（史）餡（餡）
	璽彙 370.4018　戰國・三晉 鮮（鮮）于餡（餡）

䭊*

	璽彙 76.0504　戰國・三晉 王䭊
	新璽 9　戰國・三晉 郠（董）䭊

館*

	璽彙 312.3335　戰國・三晉 飷（館）氏产（尉）

饋*

	璽彙 53.0304　戰國・三晉 鄷（曹）逸饋府（府）

鴿*

	璽彙 127.1125　戰國・三晉 高鴿
	璽彙 186.1828　戰國・三晉 事（史）鴿
	璽彙 282.2975　戰國・三晉 胳（閭）鴿

饞*

	璽彙 512.5627　戰國・秦 高饞

合

	會稽刻石・秦銘刻選　秦代 以事合從

侖

	璽彙 59.0341　戰國・韓 侖（綸）守坾（璽）

今

	侯馬六七：二三　春秋・三晉 樂自今台（以）㞷（往）

	侯馬六七：三八　春秋・三晉 不諱自今吕（以）坒（往）
	侯馬六七：三四　春秋・三晉 自今台（以）坒（往）
	侯馬六七：四三　春秋・三晉 弜（強）自今吕（以）[往]
	侯馬六七：五二　春秋・三晉 盍自今台（以）坒（往）
	侯馬六七：五七　春秋・三晉 自今吕（以）坒（往）
	侯馬六七：一〇　春秋・三晉 自今台（以）坒（往）
	侯馬六七：一五　春秋・三晉 沽自今吕（以）坒（往）
	秋淵・詛楚文・郭集　戰國・秦 今楚王熊相康回無道
	溫縣簡報 T1 坎 1：1845　春秋・三晉 圭命自今吕（以）坒（往）
	溫縣簡報 T1 坎 1：3216　春秋・三晉 自今台（以）進（往）
	溫縣簡報 T1 坎 1：3780　春秋・三晉 自今吕（以）坒（往）
	溫縣簡報 T1 坎 1：3863　春秋・三晉 自今台（以）坒（往）
	溫縣簡報 T1 坎 1：4585　春秋・三晉 自今台（以）進（往）
	巫咸・詛楚文・郭集　戰國・秦 今有（又）悉興其眾
	新出研 WT1　K14：572　春秋・三晉 自今台（以）進（往）
	亞駝・詛楚文・郭集　戰國・秦 今楚王熊相康回無道

舍

	秦印風 184 頁　戰國・秦 杔舍
	秦印風 36 頁　戰國・秦 弓舍
	璽彙 199.1989　戰國・三晉 鄆（董）舍
	璽類 442.3　戰國・齊 麇陕□舍坏（璽）
	陶錄 5・99・2　戰國・三晉、兩周 □舍
	陶錄 6・442・1　戰國・秦 笵（范）舍
	陶錄 6・442・2　戰國・秦 笵（范）舍
	陶錄 6・442・3　戰國・秦 笵（范）舍
	陶錄 6・442・4　戰國・秦 笵（范）舍
	陶錄 6・443・2　戰國・秦 笵（范）舍
	陶錄 6・80・5　戰國・秦 舍
	侯馬九一：五　春秋・三晉 閔（藺）舍
	侯馬三：二二　春秋・三晉 閔（藺）舍之孫=（子孫）
	侯馬三：二〇　春秋・三晉 閔（藺）舍之孫=（子孫）
	侯馬一七九：二〇　春秋・三晉 閔（藺）舍之孫=（子孫）

	侯馬一五六：二二　春秋・三晉 閔（藺）舍及孫=（子孫）
	侯馬一五六：二四　春秋・三晉 閔（藺）舍
	侯馬一五六：二一　春秋・三晉 閔（藺）舍之孫=（子孫）

會

	璽彙 43.0253　戰國・齊 會丌（其）野鉩（璽）
	璽彙 489.5409　戰國・待考 會
	會稽刻石・秦銘刻選　秦代 遂登會稽
	璽彙 375.4075　戰國・三晉 馹正邍（會）
	陶錄 5・39・3　戰國・三晉、兩周 京徻（會）

倉

	貨系 261　戰國・周王畿 倉
	貨系 262　戰國・周王畿 倉
	秦印風 38 頁　戰國・秦 私倉
	秦印風 40 頁　戰國・秦 倉
	十擧 20.4　戰國・待考 倉
	璽彙 144.1323　戰國・楚 武倉
	璽彙 504.5555　戰國・齊 邗倉之鉩（璽）
	璽彙 505.5561　戰國・齊 倉事
	璽類 66.4　戰國・韓 滎陽倉器
	新封泥彙 1388　戰國・秦 大倉丞印
	珍戰 222　戰國・韓 倉
	秦新 2480　戰國・秦 咸故倉均
	秦新 593　戰國・秦 都倉
	陶錄 5・42・1　戰國・三晉、兩周 陽城廥（倉）器
	陶錄 5・43・1　戰國・三晉、兩周 陽城廥（倉）器
	陶錄 5・43・2　戰國・三晉、兩周 陽城廥（倉）器
	陶錄 5・43・4　戰國・三晉、兩周 陽城廥（倉）器
	陶錄 5・44・1　戰國・三晉、兩周 陽城廥（倉）器
	陶錄 5・44・2　戰國・三晉、兩周 陽城廥（倉）器
	陶錄 5・46・1　戰國・三晉、兩周 倉
	陶錄 5・46・2　戰國・三晉、兩周 倉
	陶錄 5・75・2　戰國・三晉、兩周 廥（倉）

	陶錄 5・75・3　戰國・三晉、兩周 㿵（倉）
	陶錄 6・50・3　戰國・秦 咸故倉□

入

	璽彙 314.3358　戰國・齊 入（內）府
	陶錄 1・84・6　戰國以前・待考 入
	陶錄 5・93・6　戰國・三晉、兩周 入
	陶錄 6・291・2　戰國・秦 入
	侯馬六七：九　春秋・三晉 尚敢或入（納）室
	侯馬六七：三八　春秋・三晉 或聞宗人兄弟入（納）[室]
	侯馬六七：五三　春秋・三晉 入（納）室
	侯馬六七：五一　春秋・三晉 入……
	侯馬七九：六　春秋・三晉 敢[偷]出入于肖（趙）[尼之所]
	侯馬七九：七　春秋・三晉 而或復入（納）之……
	侯馬七九：三　春秋・三晉 入（納）之于晉邦之[地]
	侯馬七九：一　春秋・三晉 而或[復]入（納）之[于晉邦之地]
	侯馬三：二四　春秋・三晉 復入（納）之于晉邦之墬（地）者
	侯馬三：二一　春秋・三晉 敢諭（偷）出入于趙尼之所
	侯馬一：六一　春秋・三晉 而敢又（有）志復入趙尼及丌（其）子孫于晉邦之墬（地）者
	侯馬一〇五：二　春秋・三晉 [出]入
	侯馬一七九：一四　春秋・三晉 而或復入（納）之于晉邦之墬（地）者
	侯馬一五六：二二　春秋・三晉 敢諭（偷）出入于趙尼之所
	侯馬一五六：二〇　春秋・三晉 敢俞（偷）出入于趙尼之所
	侯馬一五六：二六　春秋・三晉 入（納）之于晉邦中者
	侯馬一五六：二一　春秋・三晉 敢諭（偷）出入于趙尼之所
	侯馬一五六：一九　春秋・三晉 絠自質君所敢諭（偷）出入于肖（趙）尼之所
	秦墓石磬　春秋・秦 ……设虎韰入

內

	貨系 3372 背　戰國・燕 明/左內
	貨系 3374 背　戰國・燕 明/左內三
	貨系 3458　戰國・燕 左內工
	貨系 3633　戰國・燕 右內
	齊幣 150 背　戰國・齊 齊杏（大）甿（刀）/內

	齊幣 152 背　戰國・齊 齊夻（大）朊（刀）/內
	璽彙 441.4867　戰國・三晉 大吉昌內
	秦印風 22 頁　戰國・秦 少內
	秦印風 22 頁　戰國・秦 茝陽少內
	十擧 24.4　戰國・待考 內
	天選 36.4　戰國・燕 大吉昌內
	璽彙 26.0154　戰國・齊 戠（職）內帀（師）鉩（璽）
	璽彙 441.4866　戰國・燕 大吉昌內
	璽彙 445.4912　戰國・三晉 出內（入）大吉
	璽彙 509.5595　戰國・三晉 出內（入）大吉
	璽考 168.4　戰國・楚 安內帀（師）鉩（璽）
	新封泥彙 0624　戰國・秦 內官丞印
	新封泥彙 1723　戰國・秦 內史之印
	秦新 3352　戰國・秦 將行內者
	陶錄 2・2・2　戰國・齊 ……□內王……陸（陳）吉□……京……
	陶錄 2・5・1　戰國・齊 平門內□竇左……殷京□

	侯馬六七：二九　春秋・三晉 尚敢內（納）室
	侯馬六七：二一　春秋・三晉 尚敢或內（納）室者
	侯馬六七：六　春秋・三晉 尚敢或內（納）室者
	侯馬六七：三七　春秋・三晉 尚敢或內（納）室[者]
	侯馬六七：四八　春秋・三晉 內（納）室
	侯馬六七：四二　春秋・三晉 宗人兄弟之內（納）[室者]
	侯馬六七：一〇　春秋・三晉 尚敢或內（納）室者
	侯馬六七：一四　春秋・三晉 內（納）室
	侯馬一〇五：一　春秋・三晉 出內（入）于中行寅之所
	會稽刻石・秦銘刻選　秦代 平壹宇內
	秋淵・詛楚文・郭集　戰國・秦 內之則虣（暴）唐（虐）不姑（辜）
	泰山刻石・秦銘刻選　秦代 昭隔內外
	巫咸・詛楚文・郭集　戰國・秦 內之則虣（暴）唐（虐）不辜
	亞駝・詛楚文・郭集　戰國・秦 內之則虣（暴）唐（虐）不辜

仝

	秦印風 189 頁　戰國・秦 仝宣

	侯馬三〇三：一　春秋・三晉 癸二仝五
	譽編　戰國晚期・中山 公仝，一吉玉

缶

	璽彙 291. 3085　戰國・三晉 臧坛（缶）
	璽彙 489. 5417　戰國・待考 缶
	秦新 3121　戰國・秦 隱成呂氏缶容十斗
	秦新 3122　戰國・秦 隱成呂氏缶容十斗
	秦新 3123　戰國・秦 隱成呂氏缶容十斗
	秦新 3126　戰國・秦 □里□□缶容十斗
	秦新 3127　戰國・秦 下賈王氏缶容十斗
	秦新 3145　戰國・秦 楊氏缶容十斗
	陶錄 2・289・1　戰國・齊 缶里辰
	陶錄 6・325・3　戰國・秦 北□呂氏缶容十斗
	陶錄 6・326・1　戰國・秦 北園王氏缶容十斗

匋

	貨系 1112　戰國・趙 平匋
	貨系 1127　戰國・趙 平匋/十三
	貨系 1140　戰國・趙 匋
	貨系 360　戰國・趙 匋
	貨系 361　戰國・趙 匋
	貨系 362　戰國・趙 匋
	錢典 373　戰國・趙 平匋/□
	三晉 67　戰國・趙 平匋
	燕下都 220　戰國・趙 平匋/廿三
	風過耳 356　戰國・秦 胡匋安
	集釋 235. 11　戰國・三晉 鄦（焦）匋
	秦印風 185 頁　戰國・秦 匋（陶）冉
	璽彙 46. 0272　戰國・齊 匋（陶）都鍦（璽）
	璽彙 261. 2732　戰國・三晉 匋（陶）饜
	璽彙 323. 3468　戰國・三晉 亥匋
	璽考 65. 5　戰國・齊 蒦圆匋（陶）里者
	璽考 66. 1　戰國・齊 蒦圆匋（陶）里人旻（得）

	璽類 154.1　戰國・待考 庳匋
	珍戰 8　戰國・趙 平匋（陶）
	陶録 2・101・1　戰國・齊 繇[巷]夻（大）匋（陶）里逌（棄）疾
	陶録 2・101・2　戰國・齊 繇[巷]大匋（陶）里逌（棄）疾
	陶録 2・102・4　戰國・齊 繇巷大匋（陶）里□
	陶録 2・105・1　戰國・齊 繇巷大匋（陶）里怡
	陶録 2・108・3　戰國・齊 繇巷大匋（陶）里蠿（蜕）
	陶録 2・115・1　戰國・齊 繇巷大匋（陶）里誙
	陶録 2・117・4　戰國・齊 繇巷大匋（陶）里悍
	陶録 2・119・4　戰國・齊 繇巷大匋（陶）里□
	陶録 2・146・2　戰國・齊 大蒦圆匋（陶）者忈
	陶録 2・148・1　戰國・齊 大蒦圆匋（陶）者蠿（蜕）
	陶録 2・149・2　戰國・齊 大蒦圆匋（陶）者蠿（蜕）
	陶録 2・155・1　戰國・齊 繇巷東匋（陶）里璋
	陶録 2・159・2　戰國・齊 繇巷東匋（陶）里大
	陶録 2・160・1　戰國・齊 繇巷東匋（陶）里奭
	陶録 2・161・1　戰國・齊 繇巷東匋（陶）里績
	陶録 2・164・1　戰國・齊 中蒦圆里匋（陶）漸
	陶録 2・170・1　戰國・齊 中蒦圆里匋（陶）□
	陶録 2・180・2　戰國・齊 東蒦圆匋（陶）分□
	陶録 2・184・1b　戰國・齊 蒦圆匋（陶）里人䜌
	陶録 2・184・2　戰國・齊 蒦圆匋（陶）里人䜌
	陶録 2・185・4　戰國・齊 蒦圆匋（陶）里人䜌
	陶録 2・187・3　戰國・齊 蒦圆匋（陶）里人寋
	陶録 2・190・1　戰國・齊 蒦圆匋（陶）里人陞（升）
	陶録 2・190・3　戰國・齊 蒦圆匋（陶）里人陞（升）
	陶録 2・193・1　戰國・齊 蒦圆匋（陶）里人陞（升）
	陶録 2・193・2　戰國・齊 蒦圆匋（陶）里人陞（升）
	陶録 2・194・3　戰國・齊 蒦圆匋（陶）里人造
	陶録 2・195・2　戰國・齊 蒦圆匋（陶）里人造
	陶録 2・197・2　戰國・齊 蒦圆匋（陶）里人慹（怙）
	陶録 2・201・2　戰國・齊 蒦圆匋（陶）里人翆（敦）淮

	陶錄 2・204・4 戰國・齊 蒦圆匋（陶）里人戠
	陶錄 2・206・2 戰國・齊 蒦圆匋（陶）里人達
	陶錄 2・209・3 戰國・齊 蒦圆匋（陶）里人纓
	陶錄 2・218・3 戰國・齊 蒦圆匋（陶）里人璽
	陶錄 2・219・1 戰國・齊 蒦圆匋（陶）里人□
	陶錄 2・219・2 戰國・齊 蒦圆匋（陶）里人□
	陶錄 2・40・2 戰國・齊 公釜（釜）蒦圆匋（陶）里人岳
	陶錄 2・61・3 戰國・齊 蒦圆南里匋（陶）者□
	陶錄 2・62・2 戰國・齊 蒦圆南里匋（陶）者□
	陶錄 2・90・2 戰國・齊 繇巷大匋（陶）里癸
	陶錄 2・91・3 戰國・齊 繇巷大匋（陶）里艸
	陶錄 2・92・1 戰國・齊 繇巷大匋（陶）里牙
	陶錄 2・92・2 戰國・齊 繇巷大匋（陶）里犽（齡）
	陶錄 2・94・3 戰國・齊 繇巷大匋（陶）里安
	陶錄 2・95・1 戰國・齊 繇巷大匋（陶）里犬
	陶錄 2・95・4 戰國・齊 繇巷大匋（陶）里□

	陶錄 2・96・3 戰國・齊 繇巷大匋（陶）里岳
	陶錄 2・97・3 戰國・齊 繇巷大匋（陶）里造
	陶錄 2・99・3 戰國・齊 繇巷大匋（陶）里□
	陶錄 4・1・1 戰國・燕 右匋（陶）攻（工）徒
	陶錄 4・113・3 戰國・燕 五觳匋（陶）□
	陶錄 4・12・1 戰國・燕 左匋（陶）倈
	陶錄 4・12・2 戰國・燕 左匋（陶）……
	陶錄 4・12・2 戰國・燕 匋（陶）攻（工）臙
	陶錄 4・126・2 戰國・燕 匋（陶）工
	陶錄 4・128・1 戰國・燕 匋（陶）工
	陶錄 4・13・1 戰國・燕 左匋（陶）……
	陶錄 4・14・3 戰國・燕 左匋（陶）……倈……
	陶錄 4・15・2 戰國・燕 右匋（陶）攻（工）湯
	陶錄 4・15・3 戰國・燕 右匋（陶）攻（工）丑
	陶錄 4・16・1 戰國・燕 左匋（陶）君（尹）鑵疋哭
	陶錄 4・16・2 戰國・燕 左匋（陶）倈湯叚國

	陶錄 4·2·1　戰國·燕 左匋（陶）君（尹）
	陶錄 4·35·4　戰國·燕 匋（陶）攻（工）舌
	陶錄 4·36·2　戰國·燕 匋（陶）攻（工）訢
	陶錄 4·38·1　戰國·燕 匋（陶）攻（工）上
	陶錄 4·39·4　戰國·燕 匋（陶）攻（工）音
	陶錄 4·40·3　戰國·燕 匋（陶）攻（工）□
	陶錄 4·42·2　戰國·燕 匋（陶）攻（工）□
	陶錄 4·42·3　戰國·燕 匋（陶）攻（工）□
	陶錄 4·44·3　戰國·燕 匋（陶）攻（工）迓
	陶錄 4·47·1　戰國·燕 匋（陶）攻（工）㞒
	陶錄 4·48·2　戰國·燕 匋（陶）攻（工）得
	陶錄 4·49·1　戰國·燕 匋（陶）攻（工）得
	陶錄 4·50·1　戰國·燕 匋（陶）攻（工）得
	陶錄 4·51·3　戰國·燕 匋（陶）攻（工）得
	陶錄 4·57·3　戰國·燕 匋（陶）攻（工）□
	陶錄 4·58·3　戰國·燕 匋（陶）攻（工）坣

	陶錄 4·59·3　戰國·燕 匋（陶）攻（工）僊
	陶錄 4·63·3　戰國·燕 匋（陶）攻（工）土
	陶錄 4·63·4　戰國·燕 匋（陶）攻（工）秦
	陶錄 4·64·3　戰國·燕 匋（陶）攻（工）□
	陶錄 4·65·1　戰國·燕 匋（陶）攻（工）牛
	陶錄 4·65·3　戰國·燕 匋（陶）攻（工）牛
	陶錄 5·69·5　戰國·三晉、兩周 匋（陶）日
	陶錄 7·4·1　戰國·待考 匋（陶）□
	夕藏 Ⅱ 09-9-1　戰國·齊 圚里人匋（陶）者從

矢

	而師·石鼓文·郭集　春秋·秦 弓矢孔庶
	鑾車·石鼓文·郭集　春秋·秦 彤矢□□

射

	風過耳 291　戰國·秦 射快
	秦印風 113 頁　戰國·秦 王射
	秦印風 39 頁　戰國·秦 射官

	車工·石鼓文·郭集　春秋·秦 射其豜蜀
	田車·石鼓文·郭集　春秋·秦 秀（搯）弓寺射

矰

	秦印風 92 頁　戰國·秦 王矰
	璽彙 328.3526　戰國·三晉 矰郪（秦）

侯

	貨系 208　戰國·三晉、周王畿 侯
	貨系 209　戰國·三晉、周王畿 侯
	貨系 210　戰國·三晉、周王畿 侯
	貨系 213　戰國·三晉、周王畿 侯
	風過耳 039　戰國·秦 侯蓊
	風過耳 040　戰國·秦 侯顛
	鶴廬 93.1　戰國·三晉 侯舸（觭）
	鶴廬 101.2　戰國·三晉 侯㴱（淵）
	湖印 41.1　戰國·楚 長訢（信）侯繩
	集釋 200.29　戰國·三晉 侯鬲
	鑒菁 6.11　戰國·三晉 侯成
	秦印風 209 頁　戰國·秦 侯章
	秦印風 20 頁　戰國·秦 邦侯丞印
	秦印風 85 頁　戰國·秦 侯歜
	璽彙 124.1085　戰國·三晉 侯洱
	璽彙 125.1092　戰國·三晉 侯耿
	璽彙 514.5654　戰國·秦 侯疵
	璽類 195.2　戰國·待考 侯邦
	秦新 2272　戰國·秦 侯
	秦新 2275　戰國·秦 侯
	秦新 2278　戰國·秦 侯
	秦新 2495　戰國·秦 侯
	陶錄 6·339·1　戰國·秦 諸侯黔首大安
	陶錄 6·350·2　戰國·秦 諸侯黔首[大安]
	陶錄 6·353·1　戰國·秦 [皇]帝盡并兼天下，諸侯[黔首大安]
	陶錄 6·356·1　戰國·秦 [皇]帝盡并兼天下，諸侯黔首[大安]

	陶錄 6・364・4　戰國・秦 諸侯黔首[大安]
	陶錄 6・366・1　戰國・秦 諸侯黔首大安
	陶錄 6・377・2　戰國・秦 諸侯
	陶錄 6・378・2　戰國・秦 [諸]侯
	陶錄 6・451・2　戰國・秦 [諸]侯
	侯馬二〇〇：二五　春秋・三晉 侯□敢不半（扷）丌（其）復（腹）心台（以）事丌（其）宔（主）
	侯馬三：二一　春秋・三晉 侯敢不頒（沒）嘉之身及丌（其）孫=（子孫）
	秋淵・詛楚文・郭集　戰國・秦 衛（率）者（諸）侯之兵
	巫咸・詛楚文・郭集　戰國・秦 衛（率）者（諸）侯之兵
	譽編　戰國晚期・中山 侯玹=（它玉）虎
	亞駝・詛楚文・郭集　戰國・秦 衛（率）者（諸）侯之兵

煬

	璽彙 362.3921　戰國・齊 孫（公孫）纑（組）煬

矣

	風過耳 253　戰國・秦 矣茀
	瑯琊臺刻石・秦銘刻選　秦代 臣請具刻詔書金石刻因明白矣
	繹山刻石・秦銘刻選　秦代 請具刻詔書金石刻因明白矣

⿱丘矢*

	先秦編 168　戰國・周王畿 ⿱丘矢（疑）

⿰矢市*

	鑾車・石鼓文・郭集　春秋・秦 射之⿰矢市=（⿰矢市⿰矢市）

高

	貨系 1434　戰國・魏 高半釿
	貨系 1906　戰國・韓 高都
	貨系 1907　戰國・韓 高都
	貨系 1908　戰國・韓 高都
	貨系 1909　戰國・韓 高都
	貨系 1911　戰國・韓 高都
	貨系 395　戰國・周王畿 高
	貨系 397　戰國・周王畿 高
	貨系 398　戰國・周王畿 高
	貨系 399　戰國・周王畿 高

	三晉 99　戰國・韓 高都
	三晉 99　戰國・韓 高都
	三晉 99　戰國・韓 高都
	秦印風 220 頁　戰國・秦 高丹
	秦印風 27 頁　戰國・秦 高陵右尉
	璽彙 125.1100　戰國・三晉 高皐
	璽彙 128.1129　戰國・三晉 高䎎
	璽彙 128.1130　戰國・三晉 高鈍
	璽彙 128.1132　戰國・三晉 高歐
	璽彙 128.1137　戰國・三晉 高矢
	璽彙 129.1139　戰國・三晉 高鄥（鄔）官
	璽彙 129.1145　戰國・齊 高東昜（陽）
	璽彙 129.1149　戰國・齊 高坙忓（信）鉨（璽）
	璽彙 512.5628　戰國・秦 高慶
	璽考 51.5　戰國・齊 高宓（密）左宫
	新封泥彙 0281　戰國・秦 高章宦丞

	秦新 110　戰國・秦 咸陽高櫟陽重臨晉□安邑□
	秦新 1450　戰國・秦 左司高瓦
	秦新 1464　戰國・秦 左司高瓦
	秦新 1626　戰國・秦 咸郚里高
	秦新 1839　戰國・秦 咸高里昌
	秦新 2513　戰國・秦 咸高里憙
	秦新 2515　戰國・秦 咸高里憙
	秦新 2620　戰國・秦 咸廣里高
	秦新 2687　戰國・秦 咸廣里高
	秦新 292　戰國・秦 高
	陶錄 2・432・1　戰國・齊 高闞（間）丁
	陶錄 2・433・2　戰國・齊 高間丁
	陶錄 2・433・3　戰國・齊 高間丁
	陶錄 6・188・2　戰國・秦 左司高瓦
	陶錄 6・383・4　戰國・秦 高市
	陶錄 6・463・3　戰國・秦 降高

	夕藏 II 07-10-1　戰國・齊 高閭丁
	夕藏 II 07-10-4　戰國・齊 墝閱（閭）丁
	新齊 0998　戰國・齊 高闠（閭）棋里曰淖（潮）
	會稽刻石・秦銘刻選　秦代 追道高明
	秦墓石磬　春秋・秦 高……

亭

	三晉 129　戰國・三晉 中亭
	秦印風 30 頁　戰國・秦 脩故亭印
	秦印風 35 頁　戰國・秦 市亭
	秦印風 36 頁　戰國・秦 都亭
	璽彙 175. 1694　戰國・三晉 亭瘟
	璽彙 175. 1696　戰國・三晉 亭垍（埴）適
	秦新 1800　戰國・秦 咸亭涇里忿器
	秦新 1801　戰國・秦 咸亭涇里僨器
	秦新 1804　戰國・秦 咸亭沙里禜器
	秦新 3243　戰國・秦 □亭□
	秦新 3301　戰國・秦 阿亭
	秦新 3341　戰國・秦 亭
	秦新 3342　戰國・秦 亭
	陶錄 6・1・1　戰國・秦 咸亭完里丹器
	陶錄 6・1・3　戰國・秦 咸亭完里丹器
	陶錄 6・2・4　戰國・秦 咸亭完里丹器
	陶錄 6・3・1　戰國・秦 咸亭沙壽□器
	陶錄 6・3・3　戰國・秦 咸亭沙里禜器
	陶錄 6・383・1　戰國・秦 犛亭
	陶錄 6・4・1　戰國・秦 咸亭陽安吉器
	陶錄 6・410・1　戰國・秦 菑亭
	陶錄 6・411・5　戰國・秦 菑亭
	陶錄 6・412・1　戰國・秦 菑亭
	陶錄 6・412・2　戰國・秦 菑亭
	陶錄 6・412・3　戰國・秦 菑亭
	陶錄 6・413・1　戰國・秦 菑亭

	陶錄 6・413・4　戰國・秦 莤亭
	陶錄 6・423・4　戰國・秦 亭
	陶錄 6・427・3　戰國・秦 亭久
	陶錄 6・429・1　戰國・秦 亭久
	陶錄 6・431・1　戰國・秦 亭久
	陶錄 6・431・4　戰國・秦 亭久
	陶錄 6・49・1　戰國・秦 咸亭□里兼□
	陶錄 6・6・1　戰國・秦 咸亭當柳恚器
	陶錄 6・7・2　戰國・秦 咸亭右里道器
	陶錄 6・7・4　戰國・秦 咸亭右里道器
	陶錄 6・8・1　戰國・秦 咸亭郿里萲器
	陶錄 6・8・2　戰國・秦 咸亭郿里□器
	陶錄 6・99・2　戰國・秦 亭

同

	貨系 406　戰國・周王畿 同
	貨系 407　戰國・周王畿 同
	貨系 408　戰國・周王畿 同

市

	貨系 44　戰國・周王畿 少曲市南/正
	錢典 796　戰國・周王畿 少曲市南
	先秦編 99　戰國・周王畿 少曲市南
	秦印風 113 頁　戰國・秦 殷市
	秦印風 205 頁　戰國・秦 公孫市
	秦印風 25 頁　戰國・秦 寺從市府
	秦印風 35 頁　戰國・秦 市器
	書璽 657　戰國・秦 代市
	璽彙 50.0292　戰國・燕 遽都市鍰
	璽彙 167.1599　戰國・燕 鄌（齊）市
	璽彙 378.4119　戰國・燕 彝（夷）吳（吾）市臣
	璽彙 507.5570　戰國・燕 甘士市
	璽彙 519.5708　戰國・秦 軍市
	秦新 3215　戰國・秦 雲市

	秦新 3222 戰國・秦 雲市
	秦新 3225 戰國・秦 雲市
	秦新 3229 戰國・秦 市
	秦新 3235 戰國・秦 雲市
	秦新 3240 戰國・秦 雲市
	秦新 3242 戰國・秦 雲市
	秦新 3250 戰國・秦 櫟市
	秦新 3252 戰國・秦 櫟市
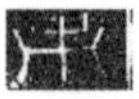	秦新 3328 戰國・秦 鹵市
	秦新 3339 戰國・秦 市
	秦新 3343 戰國・秦 市
	陶錄 2・27・1 戰國・齊 坤（市）
	陶錄 2・31・1 戰國・齊 大坤（市）□月
	陶錄 2・32・1 戰國・齊 不𦸗（邳）坤（市）璽
	陶錄 2・32・4 戰國・齊 不𦸗坤（市）璽
	陶錄 2・35・3 戰國・齊 □墜（陵）坤（市）木璽

	陶錄 5・86・1 戰國・三晉、兩周 䝉（原）陽坤（市）
	陶錄 5・97・4 戰國・三晉、兩周 坤（市）人之鉨（璽）
	陶錄 6・12・3 戰國・秦 咸陽市于
	陶錄 6・409・2 戰國・秦 安陸市亭
	陶錄 6・414・3 戰國・秦 茬市
	陶錄 6・414・4 戰國・秦 東武市
	陶錄 6・414・6 戰國・秦 東武市
	陶錄 6・415・3 戰國・秦 南鄉之市
	陶錄 6・415・4 戰國・秦 南鄉之市
	陶錄 6・422・4 戰國・秦 河市
	陶錄 6・435・6 戰國・秦 市久
	陶錄 6・452・1 戰國・秦 □市
	陶錄 6・55・1 戰國・秦 咸陽市得
	新齊 0356 戰國・齊 不𦸗（邳）坤（市）璽
	二十 147. 二-GP-0074 戰國・齊 眿（市）
	璽彙 40.0235 戰國・齊 宴（晏）眿（市）訐（信）鉨（璽）

	璽彙 297.3154　戰國・三晉 戲肺（市）
	璽彙 310.3321　戰國・三晉 □肺（市）
	璽彙 368.3992　戰國・三晉 東埜（野）肺（市）
	鶴廬 57.4　戰國・三晉 事（史）坊（市）
	書璽 656　戰國・三晉 𡨦（原）陽坊（市）
	璽彙 26.0152　戰國・齊 鄟坊（市）帀（師）鉩（璽）
	璽彙 237.2436　戰國・三晉 榑（郭）坊（市）
	璽彙 273.2868　戰國・三晉 屃坊（市）
	璽考 234.10　戰國・三晉 肖（趙）坊（市）
	璽類 133.3　戰國・齊 節墨之亓坊（市）士
	珍戰 132　戰國・三晉 樂坊（市）

央

	秦印風 160 頁　戰國・秦 高未央
	璽彙 330.3553　戰國・齊 央弜（強）
	新璽 93　戰國・待考 央

𩫏

	風過耳 026　戰國・秦 𩫏（郭）闕
	風過耳 028　戰國・秦 𩫏（郭）悝
	風過耳 029　戰國・秦 𩫏（郭）臘
	吉續 235.3　戰國・燕 東𩫏（郭）□
	秦印風 129 頁　戰國・秦 𩫏（郭）臘
	秦印風 97 頁　戰國・秦 𩫏（郭）闞
	陶錄 2・309・1　戰國・齊 左南𩫏巷辛匋（陶）里慜（怙）
	陶錄 2・311・1　戰國・齊 左南𩫏巷辛匋（陶）里賹
	陶錄 2・312・3　戰國・齊 左南𩫏巷辛匋（陶）里賹
	陶錄 2・313・1　戰國・齊 左南𩫏巷辛匋（陶）里佝
	陶錄 2・320・1　戰國・齊 楚𩫏巷鬭（關）里旦
	陶錄 2・320・4　戰國・齊 楚𩫏巷鬭（關）里旦
	陶錄 2・321・2　戰國・齊 楚𩫏巷鬭（關）里旦
	陶錄 2・324・1　戰國・齊 楚𩫏巷鬭（關）里同
	陶錄 2・330・3　戰國・齊 楚𩫏巷鬭（關）里艸

	陶錄 2・331・1　戰國・齊 楚𩫖巷闗（關）里艸
	陶錄 2・363・1　戰國・齊 楚𩫖巷蔵（苴）里賹
	陶錄 2・363・2　戰國・齊 楚𩫖巷蔵（苴）里賹
	陶錄 2・363・4　戰國・齊 楚𩫖巷蔵（苴）里賹
	陶錄 2・364・2　戰國・齊 楚𩫖巷蔵（苴）里賹
	陶錄 2・364・3　戰國・齊 楚𩫖巷蔵（苴）里賹
	陶錄 2・364・4　戰國・齊 楚𩫖巷蔵（苴）里賹
	陶錄 2・365・1　戰國・齊 楚𩫖巷蔵（苴）里賹
	陶錄 2・365・2　戰國・齊 楚𩫖巷蔵（苴）里賹
	陶錄 2・365・3　戰國・齊 楚𩫖巷蔵（苴）里賹
	陶錄 2・365・4　戰國・齊 楚𩫖巷蔵（苴）里賹
	陶錄 2・366・1　戰國・齊 楚𩫖巷蔵（苴）里賹
	陶錄 2・367・1　戰國・齊 楚𩫖巷蔵（苴）里賞
	陶錄 2・367・4　戰國・齊 楚𩫖巷蔵（苴）里賞
	陶錄 2・368・1　戰國・齊 楚𩫖巷蔵（苴）里賞
	陶錄 2・368・2　戰國・齊 楚𩫖巷蔵（苴）里賞

	陶錄 2・369・4　戰國・齊 楚𩫖巷蔵（苴）里忈
	陶錄 2・370・1　戰國・齊 楚𩫖巷蔵（苴）里姛（始）
	陶錄 2・370・3　戰國・齊 楚𩫖巷蔵（苴）里姛（始）
	陶錄 2・370・4　戰國・齊 楚𩫖巷蔵（苴）里姛（始）
	陶錄 2・371・2　戰國・齊 楚𩫖巷蔵（苴）里姛（始）
	陶錄 2・371・3　戰國・齊 楚𩫖巷蔵（苴）里姛（始）
	陶錄 2・372・1　戰國・齊 楚𩫖巷蔵（苴）里姛（始）
	陶錄 2・373・1　戰國・齊 楚𩫖巷蔵（苴）里姛（始）
	陶錄 2・373・2　戰國・齊 楚𩫖巷蔵（苴）里姛（始）
	陶錄 2・373・4　戰國・齊 楚𩫖巷蔵（苴）里姛（始）
	陶錄 2・374・3　戰國・齊 楚𩫖巷蔵（苴）里姛（始）
	陶錄 2・376・2　戰國・齊 楚𩫖巷蔵（苴）里姛（始）
	陶錄 2・382・1　戰國・齊 楚𩫖巷蔵（苴）里公芰
	陶錄 2・383・2　戰國・齊 楚𩫖巷蔵（苴）里眢
	陶錄 2・384・1　戰國・齊 楚𩫖巷蔵（苴）里□
	陶錄 2・384・3　戰國・齊 楚𩫖巷蔵（苴）里□

	陶錄 2・385・2　戰國・齊 楚𩫖巷葴（苴）里□
	陶錄 2・385・3　戰國・齊 楚𩫖巷葴（苴）里□
	陶錄 2・386・3　戰國・齊 楚𩫖巷葴（苴）里凡
	陶錄 2・387・3　戰國・齊 楚𩫖巷葴（苴）里昌
	陶錄 2・666・2　戰國・齊 左南𩫖巷辛匋（陶）里□
	陶錄 2・683・4　戰國・齊 楚𩫖巷葴（苴）里□
	夕藏 Ⅱ 04-23-3　戰國・齊 楚𩫖巷□□□
	夕藏 Ⅱ 04-26-1　戰國・齊 楚𩫖巷闁（關）里五
	新齊 0027　戰國・齊 北𩫖陞（陳）喜繮
	新齊 0031　戰國・齊 北𩫖陞（陳）喜僕
	新齊 0046　戰國・齊 北𩫖陞（陳）喜杋
	新齊 0048　戰國・齊 北𩫖陞（陳）喜
	新齊 0052　戰國・齊 北𩫖陞（陳）喜□
	新齊 0586　戰國・齊 楚𩫖巷葴（苴）里㚸（始）
	新齊 0587　戰國・齊 楚𩫖巷葴（苴）里㚸（始）
	新齊 0589　戰國・齊 楚𩫖巷葴（苴）里㚸（始）

	新齊 0591　戰國・齊 楚𩫖巷葴（苴）里㚸（始）
	新齊 0592　戰國・齊 楚𩫖巷葴（苴）里㚸（始）
	新齊 0595　戰國・齊 楚𩫖巷葴（苴）里㚸（始）
	新齊 0602　戰國・齊 楚𩫖巷葴（苴）里䝨
	新齊 0605　戰國・齊 楚𩫖巷葴（苴）里䝨
	新齊 0606　戰國・齊 楚𩫖巷葴（苴）里䝨
	新齊 0617　戰國・齊 楚𩫖巷葴（苴）里賞
	新齊 0623　戰國・齊 楚𩫖巷葴（苴）里鹿
	新齊 0628　戰國・齊 楚𩫖巷葴（苴）里賹
	新齊 0629　戰國・齊 楚𩫖巷葴（苴）里賹
	新齊 0631　戰國・齊 楚𩫖巷葴（苴）里賹
	新齊 0636　戰國・齊 楚𩫖巷葴（苴）里賹
	新齊 0645　戰國・齊 楚𩫖巷葴（苴）里㤜
	新齊 0650　戰國・齊 楚𩫖巷葴（苴）里□
	新齊 0673　戰國・齊 楚𩫖巷闁（關）里旦
	新齊 0680　戰國・齊 楚𩫖巷闁（關）里臧（臧）

	新泰齊陶 2002XYY⑤W：49　戰國・齊 北亶陞（陳）喜僕
	新泰齊陶 2002XYY⑤W：50　戰國・齊 北亶陞（陳）喜□
	新泰齊陶 2002XYY⑤W：52　戰國・齊 北亶□□□
	新泰齊陶 2002XYY⑤W：54　戰國・齊 北亶□□□
	新泰齊陶 2002XYY⑤W：55　戰國・齊 □亶□□僕
	新泰齊陶 2002XYY⑤W：60　戰國・齊 北亶陞（陳）喜繮
	新泰齊陶 2002XYY⑤W：61　戰國・齊 北亶□□繮
	新泰齊陶 2002XYY⑤W：65　戰國・齊 北亶陞（陳）喜丁
	新泰齊陶 2002XYY⑤W：67　戰國・齊 北亶陞（陳）喜丁
	新泰齊陶 2002XYY⑤W：68　戰國・齊 北亶陞（陳）喜丁
	新泰齊陶 2002XYY⑤W：69　戰國・齊 北亶□喜丁
	新泰齊陶 2002XYY⑤W：70　戰國・齊 北亶陞（陳）□□
	新泰齊陶 2002XYY⑤W：71　戰國・齊 北亶陞（陳）□□
	新泰齊陶 2002XYY⑤W：73　戰國・齊 北亶□□丁
	新泰齊陶 2002XYY⑤W：82　戰國・齊 □亶□喜粇
	新泰齊陶 HBCS：30　戰國・齊 □亶□□僕
	新泰齊陶 HBCS：32　戰國・齊 北亶陞（陳）喜僕
	新泰齊陶 HBCS：48　戰國・齊 北亶□□□
	新泰齊陶 LFL：13　戰國・齊 北亶陞（陳）□□

京

	貨系 385　戰國・周王畿 京
	貨系 386　戰國・周王畿 京
	貨系 387　戰國・周王畿 京
	貨系 389　戰國・周王畿 京
	貨系 390　戰國・周王畿 京
	貨系 391　戰國・周王畿 京
	錢典 787　戰國・周王畿 京
	二十 142. 二-GP-0028　戰國・三晉 京
	璽彙 47. 0279　戰國・楚 童（鍾）弃（離）京鉨（璽）
	璽彙 291. 3093　戰國・三晉 京市
	肖全 418. 1782　戰國・楚 京
	陶錄 2・10・1　戰國・齊 華門陞（陳）棱再左里殷京釜（釜）

	陶錄 2・11・3　戰國・齊 陲（陳）棱□段京□
	陶錄 2・21・2　戰國・齊 ……歲左□段京□
	陶錄 2・3・2　戰國・齊 內蓴陲（陳）齎參立事左里段京豆
	陶錄 2・6・2　戰國・齊 □樻（齊）□圏（固）南左里段京區
	陶錄 2・646・1　戰國・齊 陲（陳）窴立事歲安邑京釜（釜）
	陶錄 2・7・2　戰國・齊 句華門陲（陳）棱再鄗廩均京釜（釜） 鋻
	陶錄 5・103・6　戰國・三晉、兩周 京聚
	陶錄 5・105・3　戰國・三晉、兩周 京
	陶錄 5・105・6　戰國・三晉、兩周 京
	陶錄 5・106・1　戰國・三晉、兩周 京
	陶錄 5・106・2　戰國・三晉、兩周 京
	陶錄 5・106・6　戰國・三晉、兩周 京
	陶錄 5・34・2　戰國・三晉、兩周 京
	陶錄 5・35・2　戰國・三晉、兩周 京
	陶錄 5・35・3　戰國・三晉、兩周 京
	陶錄 5・35・4　戰國・三晉、兩周 京

	陶錄 5・35・5　戰國・三晉、兩周 京
	陶錄 5・36・1　戰國・三晉、兩周 京
	陶錄 5・36・2　戰國・三晉、兩周 京
	陶錄 5・36・5　戰國・三晉、兩周 京
	陶錄 5・37・1　戰國・三晉、兩周 京
	陶錄 5・37・2　戰國・三晉、兩周 京
	陶錄 5・37・4　戰國・三晉、兩周 京
	陶錄 5・37・5　戰國・三晉、兩周 京
	陶錄 5・38・1　戰國・三晉、兩周 十一年㠯（以）坴（來）・京
	陶錄 5・38・3　戰國・三晉、兩周 十一年㠯（以）坴（來）・京
	陶錄 5・40・6　戰國・三晉、兩周 京昃

就

	風過耳 123　戰國・秦 王就邦
	陶錄 6・11・3　戰國・秦 咸鄏里就
	陶錄 6・92・4　戰國・秦 就
	陶錄 6・93・4　戰國・秦 就

	陶錄 6・93・5　戰國・秦 就
	陶錄 6・93・6　戰國・秦 就

亯

	璽彙 479.5296　戰國・燕 亯
	陶錄 1・44・3　戰國以前・待考 亯

管

	二十 148. 二-GP-0089　戰國・楚 管
	鑒菁 1.1　戰國・楚 管（筑）邦衙（率）鉨（璽）

畐

	璽彙 416.4560　戰國・三晉 大畐（富）

良

	先秦編 171　戰國・周王畿 良
	璽彙 35.0206　戰國・楚 良或（國）之鉨（璽）
	璽彙 205.2052　戰國・三晉 郘良
	璽彙 260.2712　戰國・燕 良懷
	璽彙 333.3592　戰國・燕 雝良
	璽考 334.7　戰國・三晉 𤔲₌（司馬）良
	璽類 272.11　戰國・楚 公良佗
	秦新 2977　戰國・秦 大良造庶長游出命曰
	陶錄 2・490・1　戰國・齊 豆里良
	夕藏 Ⅱ 07-31-1　戰國・齊 豆里良
	侯馬九二：一〇　春秋・三晉 良生敢不閛（披）丌（其）[腹]心𠂤（以）[事]丌（其）宔（主）

亩

	二十 140. 二-GP-0010　戰國・韓 滎陽亩匋（陶）
	璽彙 219.2226　戰國・魏 □亩（廩）剞
	璽彙 311.3327　戰國・魏 亩（廩）剞
	陶錄 5・15・4　戰國・三晉、兩周 亩匋（陶）沱
	陶錄 5・51・3　戰國・三晉、兩周 亩

稟

	璽彙 56.0319　戰國・齊 右稟（廩）
	璽彙 55.0313　戰國・齊 平陴（阿）左稟（廩）
	璽彙 57.0327　戰國・齊 君之稟（廩）

	璽考 45.2　戰國・齊 左稟（廩）之鉨（璽）
	璽類 37.8　戰國・齊 右稟（廩）迊宲䅴鉨（璽）
	陶錄 2・17・2　戰國・齊 陳（陳）棈三立事歲右稟（廩）釜（釜）
	陶錄 2・653・2　戰國・齊 ……華……□稟（廩）釜（釜）

嗇*

	璽類 178.6　戰國・待考 嗇□鉨（璽）

嗇

	盛世 019　戰國・三晉 疋（胥）蔴（靡）嗇夫
	璽彙 18.0108　戰國・三晉 庚肩嗇夫
	璽彙 19.0110　戰國・三晉 左邑余（餘）子嗇夫
	璽彙 19.0112　戰國・三晉 予嗇夫
	陶錄 5・70・2　戰國・三晉、兩周 嗇夫
	新出研 WT4　K5：13　春秋・三晉 及丌（其）嗇夫
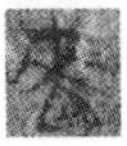	新出研 WT4　K5：15　春秋・三晉 及丌（其）嗇夫

來

	秦新 2978　戰國・秦 周天子使卿大夫辰來致文武之酢（胙）
	陶錄 5・109・3　戰國・三晉、兩周 十一年吕（以）逨（來）
	陶錄 5・38・1　戰國・三晉、兩周 十一年吕（以）逨（來）・京
	陶錄 5・38・3　戰國・三晉、兩周 十一年吕（以）逨（來）・京
	陶錄 5・38・4　戰國・三晉、兩周 十一年吕（以）逨（來）・京
	車工・石鼓文・郭集　春秋・秦 其來趩=（趩趩）
	而師・石鼓文・郭集　春秋・秦 □具肝來
	會稽刻石・秦銘刻選　秦代 外來侵邊
	陶錄 2・2・1　戰國・齊 陸（陳）逨（來）立□……
	陶錄 2・405・2　戰國・齊 丘齊辛里公孫逨（來）□
	新齊 0578　戰國・齊 丘齊辛里王汩兹逨（來）

复

	侯馬二〇〇：六九　春秋・三晉 敢不半（披）丌（其）复（腹）心吕（以）事[其主]
	侯馬二〇〇：五三　春秋・三晉 而敢[有]志复（復）趙尼及丌（其）[子孫]
	侯馬九二：二八　春秋・三晉 敢又（有）[志]复（復）……
	侯馬一：七一　春秋・三晉 有敢不半（披）丌（其）𡕬（腹）心台（以）[事其主]
	侯馬一五六：八　春秋・三晉 弜敢不閛（披）丌（其）夋（腹）心吕（以）事丌（其）宔（主）

	侯馬一五六：一〇　春秋・三晉 敢不閛（披）丌（其）夤（腹）心台（以）事丌（其）宔（主）

夌

	璽彙 308.3287　戰國・三晉 唛（夌）捍

致

	秦新 1542　戰國・秦 咸郿里致
	秦新 1543　戰國・秦 咸郿里致
	秦新 1544　戰國・秦 咸郿里致

憂

	秦駰玉版研究　戰國・秦 爲我慼憂
	秦駰玉版研究　戰國・秦 永戁（歎）憂盩
	溫縣簡報 T1 坎 1：4499　春秋・三晉 宋敢不惪₌（憂憂）焉中（忠）心事丌（其）宔（主）

䕫

	璽彙 2.0008　戰國・楚 上䡵（䕫）君之訨（誦）鉨（璽）

夏

	秦印風 192 頁　戰國・秦 夏侯偃
	璽彙 3.0015　戰國・燕 夏屋都司徒
	璽彙 321.3444　戰國・楚 □夏
	璽彙 367.3988　戰國・三晉 夏侯癸
	璽彙 368.3989　戰國・三晉 夏后□
	新齊 0299　戰國・齊 夏
	秦墓石磬　春秋・秦 夏

韓

	風過耳 033　戰國・秦 韓夫₌（大夫）
	風過耳 034　戰國・秦 韓諯
	秦印風 225 頁　戰國・秦 韓成
	秦印風 55 頁　戰國・秦 韓窯

韐*

	璽彙 315.3376　戰國・楚 峕（戴）韐

弟

	港續 91.149　戰國・三晉 孝弟（悌）
	璽彙 199.1988　戰國・三晉 鄞（董）弟
	侯馬八六：一　春秋・三晉 兄弟孫₌（子孫）

	侯馬八六：一　春秋・三晉 歜及丌（其）新君弟孫=（子孫）
	侯馬八五：三五　春秋・三晉 勿敼兄弟
	侯馬九一：五　春秋・三晉 及新君弟阩（升）
	侯馬六七：二九　春秋・三晉 宗人兄弟
	侯馬六七：二〇　春秋・三晉 宗人兄弟
	侯馬六七：三八　春秋・三晉 宗人兄弟
	侯馬六七：四二　春秋・三晉 宗人兄弟
	侯馬六七：五二　春秋・三晉 [或聞]宗人兄弟內（納）室者
	侯馬六七：一　春秋・三晉 或聞宗人兄弟內（納）室者
	侯馬六七：一三　春秋・三晉 [宗人兄]弟內（納）室者
	侯馬三：二〇　春秋・三晉 踐（足）丌（其）新君弟孫=（子孫）
	侯馬三：二三　春秋・三晉 登及丌（其）新君弟孫=（子孫）
	侯馬三：二四　春秋・三晉 隥（登）及丌（其）新君弟孫=（子孫）
	侯馬三：二一　春秋・三晉 及白（伯）父叔父[兄]弟孫=（子孫）
	侯馬探八②：二　春秋・三晉 阩（升）及丌（其）新君弟孫=（子孫）
	侯馬一八五：三　春秋・三晉 比瘨、歜及丌（其）新君弟
	侯馬一九四：一一　春秋・三晉 及丌（其）新君弟孫=（子孫）
	侯馬一五六：二二　春秋・三晉 及白（伯）父叔父[兄]弟孫=（子孫）
	侯馬一五六：二九　春秋・三晉 及丌（其）白（伯）父[叔]父[兄]弟
	侯馬一五六：二四　春秋・三晉 比瘥之子丌及（其）白（伯）父叔父兄弟孫=（子孫）
	侯馬一五六：一九　春秋・三晉 比瘥及丌（其）子乙及白（伯）父弔（叔）父[兄]弟孫=（子孫）
	侯馬一五六：一九　春秋・三晉 隥（登）及丌（其）新君弟孫=（子孫）

夆

	璽彙 325.3499　戰國・齊 夆唇（辰）
	璽彙 346.3746　戰國・齊 夆商訐（信）鉨（璽）

久

	二十 85.二 SP-0245　戰國・齊 市久
	秦新 1666　戰國・秦 咸陽亭久
	秦新 1674　戰國・秦 咸陽亭久
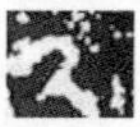	秦新 1809　戰國・秦 咸陽亭久
	陶錄 6・425・3　戰國・秦 槐里市久
	陶錄 6・425・4　戰國・秦 □陽亭久

	陶錄 6・426・1　戰國・秦 臨菑亭久
	陶錄 6・426・3　戰國・秦 成久
	陶錄 6・427・1　戰國・秦 亭久
	陶錄 6・427・2　戰國・秦 亭久
	陶錄 6・427・3　戰國・秦 亭久
	陶錄 6・427・5　戰國・秦 亭久
	陶錄 6・428・1　戰國・秦 亭久
	陶錄 6・428・3　戰國・秦 亭久
	陶錄 6・428・6　戰國・秦 亭久
	陶錄 6・430・1　戰國・秦 亭久
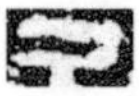	陶錄 6・430・5　戰國・秦 亭久
	陶錄 6・431・1　戰國・秦 亭久
	瑯琊臺刻石・秦銘刻選　秦代 其於久遠也
	泰山刻石・秦銘刻選　秦代 其於久遠也
	繹山刻石・秦銘刻選　秦代 經時不久
	繹山刻石・秦銘刻選　秦代 利澤長久

桀

	璽彙 149. 1387　戰國・三晉 桀莫
	璽彙 149. 1388　戰國・三晉 桀疣

乘

	風過耳 105　戰國・秦 孫乘
	盛世 144　戰國・秦 乘馬綃印
	璽彙 42. 0251　戰國・燕 渝城乘
	璽彙 126. 1107　戰國・三晉 高乘
	璽彙 365. 3961　戰國・燕 東方生乘
	璽彙 486. 5373　戰國・三晉 乘臼（咎）
	璽彙 487. 5386　戰國・燕 乘
	璽彙 516. 5672　戰國・燕 □乘
	璽考 295. 4　戰國・三晉 公乘孫
	陶錄 2・202・4　戰國・齊 蒦圆匋（陶）里人乘
	陶錄 2・474・2　戰國・齊 豆里乘
	陶錄 2・475・2　戰國・齊 豆里乘

	陶錄 2・476・1　戰國・齊 豆里乘
	陶錄 2・534・1　戰國・齊 衺子里曰匿乘
	陶錄 2・534・3　戰國・齊 衺子里曰匿乘
	陶錄 2・534・4　戰國・齊 衺子里曰匿乘
	陶錄 2・535・1　戰國・齊 衺子里曰匿乘
	陶錄 2・535・2　戰國・齊 衺子里曰匿乘
	陶錄 2・536・1　戰國・齊 衺子里曰匿乘
	陶錄 2・537・1　戰國・齊 衺子里曰匿乘
	陶錄 2・678・2　戰國・齊 豆里乘
	夕藏 II 05-56-1　戰國・齊 蒦圆匋（陶）里人乘
	夕藏 II 07-28-1　戰國・齊 豆里乘
	夕藏 II 09-2-1　戰國・齊 衺子里曰匿乘
	新齊 0585　戰國・齊 鈖（盆）里乘
	新齊 1151　戰國・齊 豆里乘
	新齊 1182　戰國・齊 子衺子里曰宜乘
	新齊 1183　戰國・齊 子衺子里曰宜乘

	新出研 WT1　K14：867　春秋・三晉 乘□□=焉中（忠）心事丌（其）宔（主）
	譽編　戰國晚期・中山 監罟又（囿）臣公乘旻（得）守丘
	璽彙 173.1673　戰國・燕 昜（陽）乘
	樂只 1.1　戰國・齊 公乘肙

卷六

木

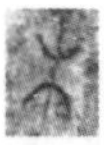	貨系 297　戰國・周王畿 木
	貨系 299　戰國・周王畿 木
	貨系 300　戰國・周王畿 木
	錢典 573　戰國・周王畿 木
	港續 133.234　戰國・待考 木
	璽彙 52.0300　戰國・齊 左桁（衡）敹（廩）木
	先印 56.8　戰國・齊 左桁（衡）正（征）木
	秦新 3246　戰國・秦 木
	陶錄 1・47・1　戰國以前・待考 木
	陶錄 1・47・2　戰國以前・待考 木
	陶錄 2・35・3　戰國・齊 □墜（陵）坤（市）木鋻
	陶錄 2・703・1　戰國・齊 左桀（衡）正（征）木
	陶錄 4・165・3　戰國・燕 木
	陶錄 4・197・3　戰國・燕 木
	侯馬七九：八　春秋・三晉 比木及孫=（子孫）
	侯馬七五：八　春秋・三晉 比木
	侯馬三：二二　春秋・三晉 [比]木
	侯馬一八：四　春秋・三晉 比木及丌（其）孫=（子孫）
	侯馬一九四：一一　春秋・三晉 比木及丌（其）孫=（子孫）
	侯馬一五六：二九　春秋・三晉 比木及丌（其）孫=（子孫）
	侯馬一五六：二〇　春秋・三晉 比木之孫=（子孫）
	侯馬一五六：二三　春秋・三晉 比木及丌（其）孫=（子孫）

橘

	新封泥彙 1615　戰國・秦 橘府
	新封泥彙 1628　戰國・秦 橘府
	新封泥彙 1641　戰國・秦 橘官
	新封泥彙 1643　戰國・秦 橘官

	新封泥彙 1649　戰國・秦 橘印

樝

	陶錄 2・566・1　戰國・齊 城圖樻（樝）里淖（潮）豆
	陶錄 2・570・2　戰國・齊 城圖樻（樝）里坐
	陶錄 2・570・3　戰國・齊 城圖樻（樝）里坐
	陶錄 2・570・4　戰國・齊 城圖樻（樝）里坐
	陶錄 2・572・1　戰國・齊 城圖樻（樝）里坐
	陶錄 2・572・2　戰國・齊 城圖樻（樝）里坐
	陶錄 2・573・1　戰國・齊 城圖樻（樝）里坐
	陶錄 2・575・4　戰國・齊 城圖樻（樝）里坐
	夕藏 Ⅱ 01-1-2　戰國・齊 王卒左毀臧圖樻（樝）里坐
	夕藏 Ⅱ 01-1-4　戰國・齊 王卒左毀臧圖樻（樝）里坐
	夕藏 Ⅱ 01-1-6　戰國・齊 王卒左毀臧圖樻（樝）里坐
	夕藏 Ⅱ 01-1-8　戰國・齊 王卒左毀臧圖樻（樝）里坐
	夕藏 Ⅱ 02-1-1　戰國・齊 城圖樻（樝）里坐
	夕藏 Ⅱ 02-1-13　戰國・齊 樻（樝）里
	夕藏 Ⅱ 02-1-14　戰國・齊 城圖樻（樝）里坐
	夕藏 Ⅱ 02-1-3　戰國・齊 城圖樻（樝）里坐
	夕藏 Ⅱ 02-1-5　戰國・齊 城圖樻（樝）里坐
	新齊 0433　戰國・齊 城圖樻（樝）里淖（潮）豆

梅

	璽彙 336.3625　戰國・齊 耿楳（梅）

杏

	秦新 298　戰國・秦 杏

柰

	陶錄 6・327・1　戰國・秦 柰里雝
	秦駰玉版研究　戰國・秦 吾窮而無柰（奈）之可（何）

李

	風過耳 056　戰國・秦 李恢
	風過耳 061　戰國・秦 李禄
	集釋 141.3　戰國・楚 李□
	秦印風 169 頁　戰國・秦 李疑

	秦印風 180 頁　戰國・秦 李母人
	秦印風 186 頁　戰國・秦 李臺
	秦印風 208 頁　戰國・秦 李款
	秦印風 58 頁　戰國・秦 李㝵（得）
	秦印風 65 頁　戰國・秦 李贊
	秦印風 71 頁　戰國・秦 李閒
	秦印風 76 頁　戰國・秦 李庫
	秦印風 79 頁　戰國・秦 李唐
	盛世 160　戰國・秦 李恆私印
	璽彙 240.2475　戰國・秦 李康
	璽彙 335.3611　戰國・楚 李逌
	玉萃 13.4　戰國・秦 李到
	秦新 2930　戰國・秦 李氏九斗二參

桃

	秦印風 27 頁　戰國・秦 左礜桃支
	璽彙 234.2404　戰國・三晉 桃蘒（蔥）
	新封泥彙 1261　戰國・秦 左礜桃支
	新封泥彙 1850　戰國・秦 桃枳丞印

亲

	貨系 1073　戰國・趙 亲（新）城
	貨系 3994　戰國・趙 言（圁）昜（陽）亲（新）刀
	三晉 54　戰國・趙 亲（新）成（城）
	燕下都 212　戰國・趙 亲（新）城
	燕下都 212　戰國・趙 亲（新）城
	璽彙 426.4690　戰國・三晉 亲坋（璽）
	陶錄 5・103・4　戰國・三晉、兩周 廩匋（陶）亲市

杜

	秦印風 26 頁　戰國・秦 杜陽左尉
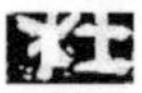	秦印風 72 頁　戰國・秦 杜□臣
	秦印風 73 頁　戰國・秦 杜子
	秦新 1234　戰國・秦 杜遗
	秦新 1304　戰國・秦 杜徐

	秦新 1658　戰國・秦 杜亭
	秦新 2850　戰國・秦 杜亭
	秦新 2851　戰國・秦 杜亭
	秦新 2855　戰國・秦 杜亭
	秦新 2866　戰國・秦 杜亭
	秦新 2885　戰國・秦 杜市
	秦新 2888　戰國・秦 杜市
	秦新 2891　戰國・秦 杜市
	秦新 2893　戰國・秦 杜市
	秦新 2898　戰國・秦 杜市
	秦新 2899　戰國・秦 杜市
	秦新 2902　戰國・秦 杜市
	秦新 2907　戰國・秦 杜市
	秦新 2951　戰國・秦 杜市
	秦新 2953　戰國・秦 杜亭
	秦新 2960　戰國・秦 杜市
	秦新 3314　戰國・秦 杜市
	陶錄 6・459・1　戰國・秦 杜秦

栖

	璽彙 274.2889　戰國・待考 㚇栖
	璽彙 282.2974　戰國・三晉 䏰（閻）栖
	珍戰 52　戰國・三晉 椁（郭）栖

楡

	璽考 111.1　戰國・魏 箕楡宫

椋

	風過耳 281　戰國・秦 椋歜

椶

	作原・石鼓文・郭集　春秋・秦 □□檵（椶）格

椅

	璽彙 379.4127　戰國・燕 罟（古）椅

棫

	作原・石鼓文・郭集　春秋・秦 柞棫其□

栩

	秦印風 53 頁　戰國・秦 栩公

柞

	作原・石鼓文・郭集　春秋・秦 柞棫其□

榗

	璽彙 45.0264　戰國・楚 槩（榗）□公鉩（璽）

櫅

	鶴廬 1.3　戰國・齊 昌櫅（齊）陞（陳）圈（固）南左里段京豆
	璽類 234.6　戰國・待考 櫅（齊）昌
	陶錄 2・5・4　戰國・齊 昌櫅（齊）陞（陳）圈（固）南左里段京區
	陶錄 2・6・2　戰國・齊 □櫅（齊）□圈（固）南左里段京區
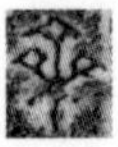	新齊 0348　戰國・齊 昌櫅（齊）陞（陳）圈（固）南左里段京區
	新齊 0350　戰國・齊 昌櫅（齊）陞（陳）圈（固）南右段京釜（釜）
	新齊 0388　戰國・齊 昌櫅（齊）陞（陳）圈（固）南左里段京區

枋

	璽彙 57.0325　戰國・齊 郻門枋

楊

	風過耳 153　戰國・秦 楊玐
	風過耳 155　戰國・秦 楊犄
	秦印風 126 頁　戰國・秦 楊贏
	秦印風 178 頁　戰國・秦 楊臺
	秦印風 66 頁　戰國・秦 楊沽
	秦印風 79 頁　戰國・秦 楊敢
	秦印風 94 頁　戰國・秦 楊嘉
	璽彙 233.2392　戰國・燕 楊魯
	秦新 1389　戰國・秦 楊
	秦新 1390　戰國・秦 楊
	秦新 1441　戰國・秦 楊氏居貲大子
	秦新 2997　戰國・秦 楊
	陶錄 2・259・1　戰國・齊 蒦圆楊里人不□
	陶錄 2・260・1　戰國・齊 蒦圆楊里……
	陶錄 6・294・2　戰國・秦 楊氏居貲武德公士契必

	陶錄 6・327・2　戰國・秦 楊氏缶容十斗
	瑯琊臺刻石・秦銘刻選　秦代 五夫₌（大夫）楊樛
	汧殹・石鼓文・郭集　春秋・秦 隹（維）槖（紉）楊及柳

柳

	貨系 489　戰國・周王畿 柳
	貨系 491　戰國・周王畿 柳
	貨系 493　戰國・周王畿 柳
	秦印風 120 頁　戰國・秦 柳
	秦新 1377　戰國・秦 咸亭當柳昌器
	秦新 2619　戰國・秦 咸亭當柳恚器
	侯馬一：四一　春秋・三晉 仁柳侃敢不侑閛（披）丌（其）復（腹）心台（以）事嘉
	汧殹・石鼓文・郭集　春秋・秦 隹（維）槖（紉）楊及柳

栒

	秦新 1138　戰國・秦 栒邑書
	秦新 1216　戰國・秦 栒邑書

棣

	港續 62.92　戰國・待考 𦚔棣

枳

	新封泥彙 1850　戰國・秦 桃枳丞印
	陶錄 2・17・1　戰國・齊 陳枳忐左敼（廩）

柜

	璽彙 9.0051　戰國・燕 柜昜（陽）都左司馬
	秦新 3017　戰國・秦 柜里滕

槐

	鑒菁 12.23　戰國・三晉 史槐
	秦印風 52 頁　戰國・秦 忌𥝩（槐）
	陶錄 6・425・3　戰國・秦 槐里市久

楮

	璽彙 31.0181　戰國・楚 楮里之鉨（璽）

檀

	秦印風 146 頁　戰國・秦 檀□

櫟

	秦印風 30 頁　戰國・秦 櫟陽鄉印
	新封泥彙 1101　戰國・秦 櫟陽丞印
	新封泥彙 2511　戰國・秦 櫟陽丞印
	秦新 110　戰國・秦 咸陽高櫟陽重臨晉□安邑□
	陶錄 6・384・1　戰國・秦 櫟市
	陶錄 6・384・2　戰國・秦 櫟市
	陶錄 6・384・3　戰國・秦 櫟市
	陶錄 6・384・4　戰國・秦 櫟市

桬

	風過耳 099　戰國・秦 桬□

桐

	集釋 272.13　戰國・三晉 空桐㽏
	西泠 7.8　戰國・三晉 肖（趙）桐

榆

	貨系 949　戰國・趙 榆即（次）
	貨系 950　戰國・趙 榆即（次）
	貨系 963　戰國・趙 榆即（次）
	錢典 248　戰國・三晉 榆即（次）
	風過耳 298　戰國・秦 榆渫
	璽彙 234.2406　戰國・三晉 榆平
	秦新 1435　戰國・秦 東武徐（遂）贛榆戹

松

	貨系 311　戰國・周王畿 松
	貨系 312　戰國・周王畿 松
	貨系 313　戰國・周王畿 松
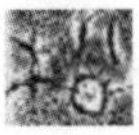	貨系 314　戰國・周王畿 松
	先秦編 126　戰國・周王畿 松
	璽彙 234.2402　戰國・燕 松瘖（痘）

樅

	璽彙 233.2393　戰國・三晉 樅（樅）旻（得）
	珍戰 108　戰國・三晉 樅（樅）沽

	璽彙 251.2608　戰國・待考 樅（樅）䜌（綿）

柏

	風過耳 142　戰國・秦 巍（魏）柏
	風過耳 250　戰國・秦 鄗（閭）柏
	集釋 235.17　戰國・三晉 子柏□
	集釋 241.5　戰國・三晉 柏公疛
	鑒菁 14.26　戰國・三晉 柏子
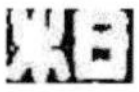	秦印風 115 頁　戰國・秦 李柏
	秦印風 93 頁　戰國・秦 公柏
	璽彙 233.2396　戰國・三晉 柏身

某

	二十 68.二-SP-0115　戰國・燕 某审（中）市王伏
	璽彙 224.2278　戰國・楚 某（梅）□
	陶録 6・25・2　戰國・秦 咸鄏里某
	侯馬一：八六　春秋・三晉 ……某之明（盟）

本

	貨系 2621 背　戰國・齊 齊夻（大）玐（刀）/本
	齊幣 212 背　戰國・齊 齊夻（大）玐（刀）/本
	錢典 963 背　戰國・齊 齊夻（大）玐（刀）/□本
	陶録 6・81・3　戰國・秦 本
	會稽刻石・秦銘刻選　秦代 本原事逨（迹）
	泰山刻石・秦銘刻選　秦代 本原[事業]
	璽類 176.3　戰國・待考 畬（本）
	三代 20.49.1　戰國・中山 天丌畬（本）才（在）上
	三代 20.49.1　戰國・中山 墬（地）丌（其）畬（本）才（在）下

朱

	貨系 2456 背　戰國・趙 宋子/一・十二朱
	貨系 2459 背　戰國・趙 安陽/十二朱•十二
	貨系 2463 背　戰國・趙 南行昜（唐）/十二朱
	貨系 2474 背　戰國・趙 梠/厶•十二朱
	貨系 2480 背　戰國・趙 郔與/十二朱

	貨系 2482 背　戰國・趙 余亡/十•十二朱
	貨系 2488 背　戰國・趙 口/二•十二朱
	先秦編 376 背　戰國・趙 北九門/十二朱（銖）
	鶴廬 99.3　戰國・待考 朱霸
	鶴廬 111.5　戰國・三晉 朱害
	集釋 218.7　戰國・三晉 朱脊
	秦印風 218 頁　戰國・秦 朱頎
	璽彙 64.0367　戰國・燕 右朱（廚）貞鍴（瑞）
	璽彙 236.2427　戰國・三晉 椁（郭）朱
	秦新 2924　戰國・秦 張朱
	陶錄 4・212・5　戰國・燕 朱
	陶錄 5・56・5　戰國・三晉、兩周 朱
	陶錄 5・56・6　戰國・三晉、兩周 朱
	陶錄 5・60・3　戰國・三晉、兩周 朱器
	陶錄 5・61・1　戰國・三晉、兩周 朱
	侯馬二〇三：九　春秋・三晉 趙朱之孫=（子孫）
	侯馬九三：一　春秋・三晉 趙朱之孫=（子孫）
	侯馬七五：八　春秋・三晉 肖（趙）朱之孫=（子孫）
	侯馬三：二一　春秋・三晉 趙朱之孫=（子孫）
	侯馬一九四：一一　春秋・三晉 趙朱之孫=（子孫）
	侯馬一九五：八　春秋・三晉 肖（趙）朱之孫=（子孫）
	侯馬一五六：二六　春秋・三晉 肖（趙）朱及孫=（子孫）
	侯馬一五六：一九　春秋・三晉 肖（趙）朱之孫=（子孫）

株

	鑒菁 8.15　戰國・三晉 株（朱）瘖
	璽彙 233.2397　戰國・三晉 株（朱）參

末

	貨系 303　戰國・周王畿 末
	貨系 304　戰國・周王畿 末
	貨系 305　戰國・周王畿 末
	貨系 307　戰國・周王畿 末

果

	秦印風 122 頁　戰國・秦 果
	秦印風　戰國・秦 上官果
	璽彙 112.0936　戰國・三晉 肖（趙）果
	璽類 42.3　戰國・楚 周果
	陶錄 6・169・3　戰國・秦 果

枝

	風過耳 301　戰國・秦 枝羌
	秦印風 170 頁　戰國・秦 閭枝長左
	秦印風 87 頁　戰國・秦 枝起
	陶錄 6・438・1　戰國・秦 萿枝

條

	盛世 173　戰國・待考 條眉

枚

	秦印風 106 頁　戰國・秦 傅枚
	秦印風 202 頁　戰國・秦 枚嘉
	秦新 1663　戰國・秦 咸重成枚
	陶錄 4・179・1　戰國・燕 枚
	陶錄 4・179・2　戰國・燕 翏枚

朵

	秦印風 139 頁　戰國・秦 畢朵
	秦印風 63 頁　戰國・秦 李朵

柖

	風過耳 290　戰國・秦 柖萿

榣

	璽彙 121.1053　戰國・三晉 肖（趙）系（榣）

樛

	秦印風 120 頁　戰國・秦 樛
	秦印風 197 頁　戰國・秦 高居樛競
	璽彙 247.2559　戰國・燕 任樛
	瑯琊臺刻石・秦銘刻選　秦代 五夫₌（大夫）楊樛

橈

	貨系 4176　戰國・楚 橈比堂（當）折/七展
	貨系 4179　戰國・楚 橈比堂（當）折/七展
	貨系 4183　戰國・楚 橈比堂（當）折/七展
	貨系 4192　戰國・楚 橈比堂（當）折/橈比堂（當）折
	貨系 4192 背　戰國・楚 橈比堂（當）折/橈比堂（當）折
	錢典 249　戰國・楚 橈比堂（當）折/七展
	天津 176　戰國・楚 橈比堂（當）折/七展
	璽彙 485. 5362　戰國・楚 橈

格

	陶錄 5・107・1　戰國・三晉、兩周 格氏
	陶錄 5・107・4　戰國・三晉、兩周 格氏
	陶錄 5・41・1　戰國・三晉、兩周 格氏左司工（空）
	陶錄 5・41・2　戰國・三晉、兩周 格氏右司工（空）
	陶錄 5・41・4　戰國・三晉、兩周 格氏
	陶錄 5・41・5　戰國・三晉、兩周 格氏
	陶錄 5・41・6　戰國・三晉、兩周 格氏

枯

	秦印風 71 頁　戰國・秦 韓枯
	璽彙 373. 4049　戰國・三晉 枯（苦）成臣
	璽彙 373. 4050　戰國・三晉 枯（苦）成戌

樸

	車工・石鼓文・郭集　春秋・秦 遊（吾）歐其樸

楨

	陶錄 2・486・1　戰國・齊 豆里楨
	陶錄 2・487・3　戰國・齊 豆里楨
	陶錄 2・529・3　戰國・齊 衰子里楨
	夕藏 Ⅱ 07-25-2　戰國・齊 豆里楨
	夕藏 Ⅱ 07-25-3　戰國・齊 豆里楨
	夕藏 Ⅱ 07-25-6　戰國・齊 豆里楨
	新齊 1144　戰國・齊 豆里楨
	新齊 1419　戰國・齊 楨

枋

	璽彙 11.0066　戰國・三晉 枋里司寇
	璽彙 104.0841　戰國・三晉 長晶枋

榑

	秦印風 183 頁　戰國・秦 任榑

杲

	秦新 1583　戰國・秦 咸郾里杲
	秦新 1829　戰國・秦 咸郾里杲

榦

	新封泥彙 0260　戰國・秦 榦官丞印

極

	秦墓石磬　春秋・秦 極（亟）事于秦
	繹山刻石・秦銘刻選　秦代 威動（動）四極

植

	侯馬八八：一四　春秋・三晉 [比]植（德）及丌（其）孫₌（子孫）
	侯馬七九：三　春秋・三晉 比植（德）及孫₌（子孫）
	侯馬一五六：二六　春秋・三晉 比橞（德）及丌（其）孫₌（子孫）

樓

	風過耳 070　戰國・秦 樓昌

桓

	秦印風 192 頁　戰國・秦 桓不梁
	新封泥彙 1300　戰國・秦 桓段

牀

	貨系 226　戰國・待考 爿
	貨系 227　戰國・待考 爿
	璽彙 307.3277　戰國・楚 牀慶

櫝

	秋淵・詛楚文・郭集　戰國・秦 竆者（諸）冥室櫝棺之中
	巫咸・詛楚文・郭集　戰國・秦 竆者（諸）冥室櫝棺之中
	亞駝・詛楚文・郭集　戰國・秦 竆者（諸）冥室櫝棺之中

梠

	貨系 2472　戰國・趙 梠/三•兩

	貨系 2473　戰國・趙 桕/廿•兩
	貨系 2474　戰國・趙 桕/厶•十二朱
	璽彙 239. 2466　戰國・三晉 桕（臺）臣
	璽彙 239. 2469　戰國・三晉 桕（臺）章
	璽彙 240. 2471　戰國・三晉 桕（臺）肌
	璽彙 240. 2472　戰國・三晉 桕（臺）不步

栐

	陶錄 5・46・5　戰國・三晉、兩周 栐
	陶錄 5・46・6　戰國・三晉、兩周 栐

槃

	璽彙 87. 0640　戰國・齊 王盤

案

	璽彙 333. 3587　戰國・齊 案胥

楆

	鑒菁 18. 34　戰國・楚 楆齊
	秦印風 102 頁　戰國・秦 楆環
	璽彙 234. 2403　戰國・楚 楆頁

棧

	秋淵・詛楚文・郭集　戰國・秦 唯是秦邦之贏眾敝賦、鞧（褕）輸（褕）棧輿
	巫咸・詛楚文・郭集　戰國・秦 唯是秦邦之贏眾敝賦、鞧（褕）輸（褕）棧輿
	亞駝・詛楚文・郭集　戰國・秦 唯是秦邦之贏眾敝賦、鞧（褕）輸（褕）棧輿

椯

	秦印風 120 頁　戰國・秦 牛椯

椎

	秦印風 206 頁　戰國・秦 令狐椎

樂

	風過耳 172　戰國・秦 樂疥
	秦印風 104 頁　戰國・秦 樂家
	秦印風 174 頁　戰國・秦 田樂
	秦印風 20 頁　戰國・秦 樂陰右尉
	秦印風 239 頁　戰國・秦 民樂
	盛世 170　戰國・待考 五樂期

	璽彙 148.1375　戰國・三晉 樂建
	璽彙 149.1380　戰國・三晉 樂陛
	璽彙 481.5314　戰國・三晉 樂
	璽彙 514.5647　戰國・三晉 樂雩
	新封泥彙 1083　戰國・秦 樂府
	新封泥彙 1267　戰國・秦 左樂丞印
	秦新 2938　戰國・秦 樂定王氏九斗
	陶錄 6・328・5　戰國・秦 樂……斗
	陶錄 7・5・4　戰國・待考 樂□
	陶錄 7・9・6　戰國・待考 □樂
	侯馬探八②：二　春秋・三晉 樂自質于君之所
	侯馬一：一〇四　春秋・三晉 樂敢不半（披）丌（其）[腹心]
	會稽刻石・秦銘刻選　秦代 人樂同則
	秦墓石磬　春秋・秦 百樂咸奏
	田車・石鼓文・郭集　春秋・秦 君子逌（攸）樂
	繹山刻石・秦銘刻選　秦代 刻此樂石
	璽彙 115.0971　戰國・三晉 肖（趙）樂（樂）
	璽彙 250.2595　戰國・三晉 涅樂（樂）
	珍戰 139　戰國・三晉 馬樂（樂）

极

	霝雨・石鼓文・郭集　春秋・秦 极深以□

橋

	風過耳 080　戰國・秦 橋（喬）稱
	風過耳 082　戰國・秦 橋（喬）虎
	風過耳 087　戰國・秦 橋（喬）嬰
	港續 48.64　戰國・秦 橋（喬）詃
	秦印風 48 頁　戰國・秦 橋（喬）欬
	秦印風 57 頁　戰國・秦 橋（喬）贊
	秦印風 85 頁　戰國・秦 橋（喬）綰

梁

	集釋 222.19　戰國・三晉 梁成紹
	璽彙 102.0814　戰國・三晉 長梁

	璽彙 182.1778　戰國・三晉 事（史）梁
	璽彙 265.2779　戰國・三晉 君（尹）梁
	璽彙 514.5656　戰國・三晉 犽梁
	侯馬二〇〇：一二　春秋・三晉 弜（強）梁敢不[披其]腹心㠯（以）事其宔（主）
	侯馬三五：二　春秋・三晉 弜（強）梁敢不閛（披）丌（其）[腹心]
	侯馬四九：一　春秋・三晉 [弜]梁敢不閛（披）丌（其）𩓾（腹）心㠯（以）事丌（其）宔（主）
	侯馬一六：九　春秋・三晉 弜（強）梁敢不閛（披）丌（其）[腹]心㠯（以）事丌（其）宔（主）
	貨系 1335　戰國・魏 梁（梁）亢釿五十尚（當）寽
	貨系 1336　戰國・魏 梁（梁）亢釿五十尚（當）寽
	貨系 1337　戰國・魏 梁（梁）亢釿五十尚（當）寽
	貨系 1339　戰國・魏 梁（梁）亢釿五十尚（當）寽
	貨系 1340　戰國・魏 梁（梁）亢釿五十尚（當）寽/亢
	貨系 1346　戰國・魏 梁（梁）亢釿百尚（當）寽
	貨系 1348　戰國・魏 梁（梁）亢釿百尚（當）寽
	貨系 1350　戰國・魏 梁（梁）正尚（幣）百尚（當）寽
	貨系 1352　戰國・魏 梁（梁）正尚（幣）百尚（當）寽
	貨系 1366　戰國・魏 梁（梁）正尚（幣）百尚（當）寽
	貨系 1368　戰國・魏 梁（梁）正尚（幣）百尚（當）寽
	先秦編 215　戰國・魏 梁（梁）正尚（幣）百尚（當）寽
	璽彙 303.3229　戰國・三晉 梁（梁）丘

校

	秦新 1975　戰國・秦 右校
	秦新 2565　戰國・秦 右校
	秦新 2568　戰國・秦 右校

采

	新封泥彙 0441　戰國・秦 郢采金丞
	新封泥彙 0443　戰國・秦 郢采金丞

橫

	秦印風 109 頁　戰國・秦 郭橫

朾

	秦新 1847　戰國・秦 咸□朾□

棱

	璽彙 353.3813　戰國・齊 司馬棱鈢（璽）
	陶錄 2・10・1　戰國・齊 華門陞（陳）棱再左里𣪘京釜（釜）
	陶錄 2・10・4　戰國・齊 華門陞（陳）棱參左里□□□
	陶錄 2・11・3　戰國・齊 陞（陳）棱□𣪘京□
	陶錄 2・9・1　戰國・齊 華門……棱再左□𣪘京□
	陶錄 2・9・3　戰國・齊 華門□棱再……𣪘京□
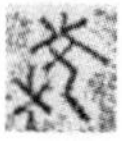	新齊 0336　戰國・齊 華門陞（陳）棱再左里𣪘京釜（釜）
	新齊 0339　戰國・齊 華門□棱再左□𣪘京□
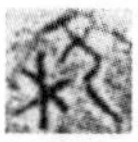	新齊 0342　戰國・齊 □門陞（陳）棱再左里𣪘京釜（釜）
	新齊 0343　戰國・齊 華□□棱再□□𣪘京□
	新齊 0344　戰國・齊 陞（陳）棱再立事左里𣪘京釜（釜）
	新齊 0347　戰國・齊 王孫陞（陳）棱再□□京□

枰

	璽彙 319.3419　戰國・三晉 枰酉都

析

	璽彙 234.2398　戰國・三晉 析癡
	璽彙 234.2399　戰國・三晉 析臣
	陶錄 2・292・1　戰國・齊 辛里□析
	陶錄 2・292・2　戰國・齊 辛里□析

枼

	璽彙 199.1986　戰國・三晉 鄆（董）枼
	珍戰 70　戰國・三晉 鄆（董）枼
	秦駰玉版研究　戰國・秦 枼（世）萬子孫
	秋淵・詛楚文・郭集　戰國・秦 枼（世）萬子孫
	巫咸・詛楚文・郭集　戰國・秦 枼（世）萬子孫
	亞駝・詛楚文・郭集　戰國・秦 枼（世）萬子孫

槱

	戰國題銘（中）　戰國・待考 □□白多□禉（槱）□□□

休

	璽彙 140.1277　戰國・三晉 童休

	璽彙 376.4089　戰國・三晉 馬帀（師）休
	璽彙 488.5404　戰國・待考 休
	陶錄 5・61・2　戰國・三晉、兩周 休
	會稽刻石・秦銘刻選　秦代 蒙被休經
	會稽刻石・秦銘刻選　秦代 光陲（垂）休銘
	秦駰玉版研究　戰國・秦 而靡又（有）鼎（貞）休

棺

	璽彙 310.3312　戰國・三晉 勅梠（棺）
	秋淵・詛楚文・郭集　戰國・秦 寘者（諸）冥室櫝棺之中
	巫咸・詛楚文・郭集　戰國・秦 寘者（諸）冥室櫝棺之中
	亞駝・詛楚文・郭集　戰國・秦 寘者（諸）冥室櫝棺之中

椁

	璽彙 236.2423　戰國・三晉 椁（郭）忎（慎）
	璽彙 236.2426　戰國・三晉 椁（郭）窨（窨）
	璽彙 237.2439　戰國・三晉 椁（郭）逌
	璽彙 237.2440　戰國・三晉 椁（郭）玎
	璽彙 238.2448　戰國・三晉 椁（郭）疥
	璽考 112.8　戰國・三晉 椁（郭）夆₌（餘子）
	陶錄 5・23・2　戰國・三晉、兩周 昌椁

楬

	璽彙 121.1046　戰國・三晉 肖（趙）楬

和*

	鶴廬 115.4　戰國・待考 南和
	璽彙 368.4000　戰國・三晉 門和袄

柄*

	璽彙 32.0190　戰國・燕 妐（容）成（城）都柄鄹左

杜*

	集釋 161.2　戰國・楚 杜

柧*

	璽彙 251.2605　戰國・三晉 縴（績）柧

柁*

	璽彙 312.3334　戰國・三晉 溞柁

	璽彙 511.5616　戰國・三晉 肖（趙）柁

柷*

	港續 19.6　戰國・待考 王柷
	集釋 227.147　戰國・三晉 事（史）柷
	璽彙 173.1677　戰國・燕 昜（陽）生疋
	璽彙 234.2400　戰國・三晉 柷（楚）兄
	璽彙 313.3347　戰國・燕 天疋（租）秦□
	璽彙 514.5658　戰國・三晉 柷（楚）式（飭）
	侯馬六七：三七　春秋・三晉 柷自今已（以）𡉚（往）
	新出研 WT1　K1：3417　春秋・三晉 柷敢不悊=(蒸蒸)焉中(忠)心事丌(其)宔（主）

桁*

	山新 014　戰國・齊 左桁（衡）正（征）木
	璽彙 52.0299　戰國・齊 右桁（衡）正（征）木
	璽彙 52.0300　戰國・齊 左桁（衡）𣪊（廩）木
	璽彙 150.1398　戰國・三晉 宋桁
	先印 56.8　戰國・齊 左桁（衡）正（征）木

	陶錄 2・703・1　戰國・齊 左桁（衡）正（征）木

栒*

	璽彙 206.2067　戰國・楚 邦栒
	璽彙 234.2407　戰國・燕 栒緹
	璽彙 235.2410　戰國・燕 栒青

美*

	璽考 176.3　戰國・楚 美鈦遊（旅）鉨（璽）

栔*

	侯馬七九：三　春秋・三晉 中都比栔之孫=（子孫）
	侯馬一九五：八　春秋・三晉 中都比栔之孫=（子孫）
	侯馬一五六：二五　春秋・三晉 中都比栔之孫=（子孫）

梋*

	璽彙 32.0189　戰國・燕 柦（梋）昜（陽）都昊（遽）星（駔）
	璽彙 276.2910　戰國・三晉 文是梋
	璽類 82.8　戰國・三晉 郈采柦（梋）尸（尉）

梠*

	璽類 176.4　戰國・待考 梠齎訐（信）鉨（璽）

梩*

	賓釋　戰國・待考 梩□
	璽彙 342.3701　戰國・齊 梩□訐（信）鉨（璽）

棈*

	二十 88.二-SP-0274　戰國・齊 墬（陳）棈立事□
	璽彙 50.0290　戰國・齊 墬（陳）棈三立（涖）事歲右稟（廩）釜（釜）
	璽彙 217.2194　戰國・齊 郲棈
	璽彙 235.2411　戰國・三晉 杈（棈）隶
	陶錄 2・17・2　戰國・齊 陸（陳）棈三立事歲右稟釜（釜）
	陶錄 2・529・2　戰國・齊 衰子里棈
	新齊 0211　戰國・齊 陳棈
	新泰齊陶 HBCS：123　戰國・齊 陳棈

桴*

	侯馬探八②：二　春秋・三晉 比[鑋]、比桴（孚）及丌（其）孫=（子孫）
	侯馬一五六：二〇　春秋・三晉 比鑋、比桴（孚）之孫=（子孫）
	侯馬一五六：二四　春秋・三晉 [比]桴（孚）及丌（其）孫=（子孫）

梚*

	璽彙 35.0208　戰國・齊 虍（梚）之鉨（璽）
	璽彙 297.3159　戰國・三晉 虍（梚）丘坿（府）

棋*

	陶錄 2・410・1　戰國・齊 塙閱（閭）棋里曰淖（潮）
	陶錄 2・410・3　戰國・齊 塙闢（閭）棋里曰淖（潮）
	陶錄 2・411・1　戰國・齊 塙闢（閭）棋里曰淖（潮）
	陶錄 2・411・4　戰國・齊 塙闢（閭）棋里曰淖（潮）
	陶錄 2・413・3　戰國・齊 塙闢（閭）棋里曰賠
	陶錄 2・416・2　戰國・齊 塙闢（閭）棋里曰膃
	陶錄 2・418・2　戰國・齊 塙闢（閭）棋里曰臧（臧）
	陶錄 2・418・3　戰國・齊 高闢（閭）棋里曰臧（臧）
	陶錄 2・422・3　戰國・齊 塙閱（閭）棋里曰隻
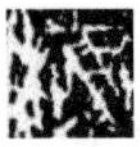	陶錄 2・655・3　戰國・齊 塙閱（閭）棋里曰臧（臧）

	陶錄 2・672・1　戰國・齊 塙闠（閭）棋里曰淖（潮）
	夕藏 Ⅱ 07-2-1　戰國・齊 塙闠（閭）棋里曰賹
	夕藏 Ⅱ 07-2-3　戰國・齊 塙闠（閭）棋里曰賹
	新齊 0983　戰國・齊 塙闠（閭）棋里曰膃
	新齊 0995　戰國・齊 塙闠（閭）棋里曰淖（潮）

格*

	作原・石鼓文・郭集　春秋・秦 □□欆（椶）格

株*

	陶錄 6・47・3　戰國・秦 咸陽株□

榚*

	二十 10. 二-SY-0018　戰國・三晉 鬲（司馬）榚
	璽彙 302.3214　戰國・三晉 数榚

槫*

	璽彙 43.0254　戰國・三晉 左宫鮇槫

𣛕*

	集釋 146.3　戰國・楚 𣛕子

穈*

	璽類 442.3　戰國・齊 穈隍□舍垿（璽）

楘*

	璽彙 340.3679　戰國・齊 公上楘

欇*

	風過耳 265　戰國・秦 市欇
	秦印風 233 頁　戰國・秦 欇

東

	貨系 2281　戰國・東周 東周
	貨系 637　戰國・東周 東周
	貨系 638　戰國・東周 東周
	貨系 639　戰國・東周 東周
	貨系 640　戰國・東周 東周
	盛世 023　戰國・秦 東俟亭印
	璽彙 29.0169　戰國・三晉 上東門尔（璽）
	璽彙 365.3957　戰國・燕 東方□・□

	璽彙 365.3962　戰國・燕 東方興
	璽彙 368.3992　戰國・三晉 東埜（野）坊（市）
	璽彙 368.3994　戰國・三晉 東陽戲₌（戈吾）
	新封泥彙 0222　戰國・秦 東苑丞印
	秦新 1127　戰國・秦 東園□
	秦新 1432　戰國・秦 東武
	秦新 1432　戰國・秦 東閒居貲不更睢
	秦新 1434　戰國・秦 東武羅
	秦新 1436　戰國・秦 東武居貲上造慶忌
	秦新 1437　戰國・秦 東武不更□□
	秦新 1806　戰國・秦 咸亭東里倕器
	陶錄 2・178・2　戰國・齊 東蒦圆餴
	陶錄 2・557・3　戰國・齊 東酷里□
	陶錄 2・558・1　戰國・齊 東酷里曰黿忈
	陶錄 2・559・2　戰國・齊 東酷里安
	陶錄 2・559・3　戰國・齊 東酷里安
	陶錄 5・69・1　戰國・三晉、兩周 東
	陶錄 6・414・4　戰國・秦 東武市
	陶錄 6・414・6　戰國・秦 東武市
	夕藏 Ⅱ 05-75-1　戰國・齊 東蒦圆里人憩
	新齊 0908　戰國・齊 東蒦圆餴
	新齊 0950　戰國・齊 繇巷東圆里詿
	新齊 0953　戰國・齊 繇巷東圆里□
	新齊 0954　戰國・齊 繇巷東圆里痼
	新齊 0957　戰國・齊 繇巷東酷里頙
	新齊 0960　戰國・齊 東酷里圆禹
	新齊 0963　戰國・齊 東酷里公孙夜
	侯馬一六：三　春秋・三晉 東……憯
	秦駰玉版研究　戰國・秦 西東若惷

林

	秦印風 29 頁　戰國・秦 上林郎沱
	尊集 310.3　戰國・待考 相林

	秦新 2725　戰國・秦 咸口里林
	侯馬一五六：二一　春秋・三晉 林自質于君所

楚

	秦印風 46 頁　戰國・秦 楚萃
	璽彙 87.0642　戰國・齊 王楚人
	璽類 178.7　戰國・待考 楚
	秦新 3304　戰國・秦 楚里孫
	陶錄 2・316・1　戰國・齊 楚郭巷關（關）里臧（臧）
	陶錄 2・317・2　戰國・齊 楚郭巷關（關）里臧（臧）
	陶錄 2・319・3　戰國・齊 楚郭巷關（關）里眾
	陶錄 2・320・1　戰國・齊 楚郭巷關（關）里旦
	陶錄 2・321・1　戰國・齊 楚郭巷關（關）里旦
	陶錄 2・321・2　戰國・齊 楚郭巷關（關）里旦
	陶錄 2・323・4　戰國・齊 楚郭巷關（關）里癸
	陶錄 2・324・1　戰國・齊 楚郭巷關（關）里同
	陶錄 2・330・1　戰國・齊 楚郭巷關（關）里艸
	陶錄 2・331・4　戰國・齊 楚郭巷關（關）里艸
	陶錄 2・333・1　戰國・齊 楚郭巷關（關）里艸
	陶錄 2・333・3　戰國・齊 楚郭巷關（關）里艸
	陶錄 2・333・4　戰國・齊 楚郭巷關（關）里艸
	陶錄 2・334・3　戰國・齊 楚郭巷關（關）里艸
	陶錄 2・335・3　戰國・齊 楚郭巷關（關）里五
	陶錄 2・364・1　戰國・齊 楚郭巷蔵（苴）里賹
	陶錄 2・365・1　戰國・齊 楚郭巷蔵（苴）里賹
	陶錄 2・365・3　戰國・齊 楚郭巷蔵（苴）里賹
	陶錄 2・367・4　戰國・齊 楚郭巷蔵（苴）里賞
	陶錄 2・370・4　戰國・齊 楚郭巷蔵（苴）里始（始）
	陶錄 2・372・2　戰國・齊 楚郭巷蔵（苴）里始（始）
	陶錄 2・373・3　戰國・齊 楚郭巷蔵（苴）里始（始）
	陶錄 2・377・2　戰國・齊 楚郭巷蔵（苴）里狐
	陶錄 2・382・1　戰國・齊 楚郭巷蔵（苴）里公芰
	陶錄 2・384・4　戰國・齊 楚郭巷蔵（苴）里口

	陶錄 2・386・3　戰國・齊 楚𩫏巷蔵（莒）里凡
	陶錄 2・389・2　戰國・齊 楚𩫏巷蔵（莒）里□
	陶錄 2・390・4　戰國・齊 楚𩫏巷𦿐里□
	夕藏 II 02-4-14　戰國・齊 城圜楚
	夕藏 II 02-4-19　戰國・齊 城圜楚
	夕藏 II 02-4-20　戰國・齊 城圜楚
	夕藏 II 02-4-21　戰國・齊 城圜楚
	夕藏 II 02-4-28　戰國・齊 城圜楚
	夕藏 II 02-4-30　戰國・齊 城圜楚
	夕藏 II 02-4-33　戰國・齊 城圜楚
	夕藏 II 02-4-46　戰國・齊 城圜楚
	夕藏 II 02-4-48　戰國・齊 城圜楚
	夕藏 II 02-4-55　戰國・齊 城圜楚
	夕藏 II 02-4-57　戰國・齊 城圜楚
	夕藏 II 02-4-8　戰國・齊 城圜楚
	夕藏 II 04-1-2　戰國・齊 楚𩫏巷蔵（莒）里惰（怡）

	夕藏 II 04-1-4　戰國・齊 楚𩫏巷蔵（莒）里惰（怡）
	夕藏 II 04-17-1　戰國・齊 楚𩫏巷闢（關）里艸
	夕藏 II 04-17-4　戰國・齊 楚𩫏巷闢（關）里艸
	夕藏 II 04-20-2　戰國・齊 楚𩫏巷闢（關）里坐
	夕藏 II 04-23-2　戰國・齊 楚𩫏巷闢（關）里眔
	秋淵・詛楚文・郭集　戰國・秦 以底楚王熊相之多辠（罪）
	秋淵・詛楚文・郭集　戰國・秦 昔我先王君穆公及楚成王
	秋淵・詛楚文・郭集　戰國・秦 今楚王熊相康回無道
	秋淵・詛楚文・郭集　戰國・秦 克劑楚師
	秋淵・詛楚文・郭集　戰國・秦 敢數楚王熊相之倍盟犯詛
	巫咸・詛楚文・郭集　戰國・秦 以底楚王熊相之多辠（罪）
	巫咸・詛楚文・郭集　戰國・秦 今楚王熊相康回無道
	巫咸・詛楚文・郭集　戰國・秦 克劑楚師
	巫咸・詛楚文・郭集　戰國・秦 敢數楚王熊相之倍盟犯詛
	亞駝・詛楚文・郭集　戰國・秦 以底楚王熊相之多辠（罪）
	亞駝・詛楚文・郭集　戰國・秦 昔我先王君穆公及楚成王

	亞駝・詛楚文・郭集　戰國・秦 今楚王熊相康回無道
	亞駝・詛楚文・郭集　戰國・秦 克劑楚師
	亞駝・詛楚文・郭集　戰國・秦 敢數楚王熊相之倍盟犯詛

麓

	侯地 269.1　戰國・魏 □□右禁（麓）

⿱林至*

	璽彙 159.1506　戰國・燕 畋⿱林至
	璽彙 270.2838　戰國・燕 義⿱林至
	璽彙 293.3113　戰國・齊 ⿱林至壥（陎）

⿱林帝*

	璽彙 291.3083　戰國・三晉 五⿱林帝（蒂）語（語）
	璽彙 293.3114　戰國・三晉 ⿱林帝疕
	璽彙 293.3115　戰國・三晉 ⿱林帝旗
	璽彙 293.3116　戰國・三晉 ⿱林帝竘
	璽彙 294.3118　戰國・三晉 ⿱林帝余隹

才

	鶴廬 114.3　戰國・齊 墜（陳）才訐（信）鉨（璽）
	璽彙 215.2179　戰國・楚 鄖才
	璽彙 300.3199　戰國・楚 啻（適）才
	秦新 2977　戰國・秦 取杜才（在）酆邱到滈
	三代 20.49.1　戰國・中山 天丌杳（本）才（在）上
	三代 20.49.1　戰國・中山 墜（地）丌（其）杳（本）才（在）下
	新出研 WT1　K1：3105　春秋・三晉 癧才郢敢不忎=（蒸蒸）焉忠=（忠心）事丌（其）宔（主）

⿱茲才*

	鑒菁 220.附錄 4　戰國・燕 ⿱茲才（茲）竘
	璽彙 313.3353　戰國・燕 ⿱茲才（茲）絵

叒

	璽彙 142.1294　戰國・三晉 申若
	璽考 322.1　戰國・楚 若嚻（敖）㽙鉨（璽）
	秋淵・詛楚文・郭集　戰國・秦 兩邦若壹
	巫咸・詛楚文・郭集　戰國・秦 兩邦若壹

	亞駝・詛楚文・郭集　戰國・秦 兩邦若壹

桑

	璽考 164.3　戰國・楚 山桑行宧夫=（大夫）鈢（璽）
	新封泥彙 0670　戰國・秦 桑林

之

	齊幣 101　戰國・齊 安昜（陽）之夻（大）乇（刀）/中
	齊幣 107　戰國・齊 安昜（陽）之夻（大）乇（刀）/卜
	齊幣 22　戰國・齊 齊之夻（大）乇（刀）/上
	齊幣 23　戰國・齊 齊之夻（大）乇（刀）/上
	齊幣 31　戰國・齊 齊之夻（大）乇（刀）/日
	齊幣 43　戰國・齊 節（即）䱷（墨）之夻（大）乇（刀） /大行
	齊幣 52　戰國・齊 節（即）䱷（墨）之夻（大）乇（刀） /乇（刀）
	齊幣 53　戰國・齊 節（即）䱷（墨）之夻（大）乇（刀） /乇（刀）
	齊幣 66　戰國・齊 節（即）䱷（墨）之夻（大）乇（刀） /日
	齊幣 9　戰國・齊 齊之夻（大）乇（刀）/夻（大）昌
	齊幣 92　戰國・齊 安昜（陽）之夻（大）乇（刀）/日
	齊幣 93　戰國・齊 安昜（陽）之夻（大）乇（刀）/日
	吉璽 1.1　戰國・齊 遅（徙）盧（鹽）之鈢（璽）
	秦印風 173 頁　戰國・秦 李澤之
	書璽 393　戰國・燕 䏺都之鈢（璽）
	璽彙 24.0139　戰國・楚 計官正〈之〉鈢（璽）
	璽彙 38.0227　戰國・齊 左稟（廩）之鈢（璽）
	璽彙 219.2218　戰國・齊 邸（越）豫之
	璽彙 295.3137　戰國・齊 申之
	璽彙 437.4822　戰國・三晉 王之上士
	璽彙 501.5538　戰國・楚 司馬之府（府）
	璽類 335.5　戰國・待考 □能之鈢（璽）
	璽類 436.5　戰國・待考 國子之鈢（璽）
	珍戰 182　戰國・待考 厶（私）公之坾（璽）
	陶錄 2・258・3　戰國・齊 匋（陶）里人臧（臧）之豆
	陶錄 2・292・4　戰國・齊 䏧之公豆
	陶錄 4・178・1　戰國・燕 之□長

	陶錄 5・73・1　戰國・三晉、兩周 □兑之□
	陶錄 6・283・4　戰國・秦 之
	陶錄 6・365・2　戰國・秦 [不]壹歉疑者，皆明壹之
	陶錄 6・369・2　戰國・秦 不壹[歉]疑者，皆明壹之
	陶錄 6・373・1　戰國・秦 [不]壹[歉]疑者，皆明壹之
	陶錄 6・373・4　戰國・秦 皆明壹之
	陶錄 6・415・4　戰國・秦 南鄉之市
	陶錄 6・473・1　戰國・秦 [不]壹歉疑者，皆明壹之
	新齊 0869　戰國・齊 圚里人臧（臧）之豆
	侯馬八五：三五　春秋・三晉 勿……之命
	侯馬二〇〇：二九　春秋・三晉 定宮平陟之命
	侯馬二〇〇：二〇　春秋・三晉 盧（吾）君丌（其）明亟（殛）䙴（視）之
	侯馬二〇〇：二三　春秋・三晉 盧（吾）君其明亟（殛）䙴（視）之
	侯馬二〇〇：二五　春秋・三晉 而敢不盡從嘉之明（盟）
	侯馬二〇〇：六八　春秋・三晉 [晉]邦之墜（地）
	侯馬二〇〇：三〇　春秋・三晉 而敢不盡從嘉之盟

	侯馬二〇〇：三一　春秋・三晉 君丌（其）[明殛]䙴（視）之
	侯馬二〇〇：四九　春秋・三晉 盧（吾）君[其]明亟（殛）視之
	侯馬二〇〇：四〇　春秋・三晉 而敢不盡從嘉之明（盟）
	侯馬二〇〇：四四　春秋・三晉 [晉]邦之墜（地）
	侯馬二〇〇：一六　春秋・三晉 晉邦之墜（地）
	侯馬二〇〇：一七　春秋・三晉 定宮平陟之命
	侯馬二〇〇：一四　春秋・三晉 而敢又（有）志膓（復）趙尼及丌（其）子孫于晉邦之墜（地）者
	侯馬二〇三：三　春秋・三晉 [有]之（志）復趙尼及孫=（子孫）
	侯馬九八：三〇　春秋・三晉 定宮平陟之命
	侯馬九二：四　春秋・三晉 [晉邦]之墜（地）
	侯馬九二：一七　春秋・三晉 趙鋥之子
	侯馬九一：二　春秋・三晉 [晉邦]之墜（地）
	侯馬六七：四六　春秋・三晉 明亟（殛）䙴（視）之
	侯馬六七：五　春秋・三晉 明亟（殛）䙴（視）之
	侯馬七七：五　春秋・三晉 及丌（其）子孫于晉邦之[地]
	侯馬三：二　春秋・三晉 而敢不盡從嘉之明（盟）

	侯馬三：二三　春秋・三晉 擇（繹）之于皇君[之所]
	侯馬三：六　春秋・三晉 比瘥之子孫
	侯馬三：五　春秋・三晉 而敢[不盡]從嘉之[盟]
	侯馬三：一四　春秋・三晉 虞（吾）君明亟（殛）睍（視）之
	侯馬一：六四　春秋・三晉 而敢又（有）志復趙尼及丌（其）孫=（子孫）于[晉邦]之墬（地）者
	侯馬一：七九　春秋・三晉 [明]亟（殛）[視]之
	侯馬一：七三　春秋・三晉 丌（其）明[殛]睍（視）之
	侯馬一：三一　春秋・三晉 而敢不盡從嘉之明（盟）
	侯馬一：一四　春秋・三晉 而敢不盡從嘉之明（盟）
	侯馬一九四：八　春秋・三晉 而敢不盡從嘉之明（盟）
	侯馬一六：三七　春秋・三晉 趙歂之[子孫]
	侯馬一六二：一　春秋・三晉 虞（吾）君丌（其）明[殛]睍（視）之
	侯馬一七九：二〇　春秋・三晉 閔（藺）舍之孫=（子孫）
	侯馬一五六：二〇　春秋・三晉 寓（遇）之行道弗殺
	侯馬一五六：三　春秋・三晉 比瘥之孫=（子孫）
	會稽刻石・秦銘刻選　秦代 殺之無辠（罪）

	鑾車・石鼓文・郭集　春秋・秦 射之䧹=（䧹䧹）
	汧殹・石鼓文・郭集　春秋・秦 鰋鯉處之
	秦駰玉版研究　戰國・秦 已吾复（腹）心以下至于足□之病
	秋淵・詛楚文・郭集　戰國・秦 以底楚王熊相之多辠（罪）
	秋淵・詛楚文・郭集　戰國・秦 竆者（諸）冥室櫝棺之中
	秋淵・詛楚文・郭集　戰國・秦 外之則冒改氒（厥）心
	秋淵・詛楚文・郭集　戰國・秦 以盟大神之威神
	巫咸・詛楚文・郭集　戰國・秦 而兼倍十八世之詛盟
	巫咸・詛楚文・郭集　戰國・秦 求蔑灋（廢）皇天上帝及不（丕）顯大神巫咸之卹祠、圭玉、羲（犧）牲
	巫咸・詛楚文・郭集　戰國・秦 禮俾（卑）介老，將之目（以）自救殹
	集釋 227.146　戰國・三晉 事（史）迣（之）
	璽彙 109.0906　戰國・三晉 肖（趙）芷（之）
	璽彙 216.2183　戰國・三晉 鄘（雝）迣（之）
	璽彙 241.2486　戰國・三晉 穌（蘇）迣（之）
	璽彙 321.3451　戰國・三晉 □陽芷（之）

㞷

	貨系 4075　戰國・趙 㞷坪
	陝新 1.002　戰國・燕 㞷（廣）都产（尉）
	璽類 34.2　戰國・趙 㞷（廣）成（城）君
	侯馬六七：二　春秋・三晉 自今㠯（以）㞷（往）
	侯馬六七：二二　春秋・三晉 買自今㠯（以）㞷（往）
	侯馬六七：二七　春秋・三晉 自今㠯（以）㞷（往）
	侯馬六七：三八　春秋・三晉 不諱自今㠯（以）㞷（往）
	侯馬六七：三九　春秋・三晉 [自]今㠯（以）㞷（往）
	侯馬六七：三七　春秋・三晉 柅自今㠯（以）㞷（往）
	侯馬六七：三四　春秋・三晉 自今台（以）㞷（往）
	侯馬六七：五二　春秋・三晉 盍自今台（以）㞷（往）
	侯馬六七：五七　春秋・三晉 自今㠯（以）㞷（往）
	侯馬六七：一七　春秋・三晉 自[今]㠯（以）㞷（往）
	侯馬六七：一五　春秋・三晉 沽自今㠯（以）㞷（往）
	溫縣簡報 T1 坎 1：1845　春秋・三晉 圭命自今㠯（以）㞷（往）
	溫縣簡報 T1 坎 1：2279　春秋・三晉 自今台（以）㞷（往）
	溫縣簡報 T1 坎 1：3780　春秋・三晉 自今㠯（以）㞷（往）
	溫縣簡報 T1 坎 1：3797　春秋・三晉 自今台（以）㞷（往）

師

	二十 56.二-SP-0005　戰國・燕 帀（師）關
	二十 68.二-SP-0114　戰國・燕 帀（師）寅
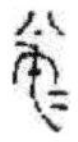	集釋 267.4　戰國・三晉 帀（師）龍
	璽彙 301.3203　戰國・三晉 帀（師）痝
	璽彙 301.3204　戰國・三晉 帀（師）睢
	璽彙 495.5487　戰國・秦 師
	秋淵・詛楚文・郭集　戰國・秦 奮士盛師
	秋淵・詛楚文・郭集　戰國・秦 克劑楚師
	巫咸・詛楚文・郭集　戰國・秦 克劑楚師
	亞駝・詛楚文・郭集　戰國・秦 克劑楚師
	湖印 40.2　戰國・齊 郾攻（工）帀（師）鉩（璽）
	璽彙 26.0150　戰國・齊 東武成（城）攻（工）帀（師）鉩（璽）

	陶錄 2・83・1　戰國・齊 蒦圆南里公孫㹈
	陶錄 2・84・2　戰國・齊 蒦圆南里匋（陶）者余生
	陶錄 2・85・1　戰國・齊 蒦圆南里司馬倘
	陶錄 2・85・2　戰國・齊 蒦圆南里司馬倘
	陶錄 6・315・1　戰國・秦 汧南
	陶錄 6・315・2　戰國・秦 汧南
	陶錄 6・415・4　戰國・秦 南鄉之市
	夕藏 II 05-10-1　戰國・齊 蒦圆南里人憢
	夕藏 II 05-11-1　戰國・齊 蒦圆南里人迓
	夕藏 II 05-15-1　戰國・齊 蒦圆南里蓾（盧）
	夕藏 II 05-19-1　戰國・齊 蒦圆南……
	夕藏 II 05-2-1　戰國・齊 蒦圆南里匋（陶）者□
	夕藏 II 05-4-1　戰國・齊 蒦圆南里匋（陶）者□
	夕藏 II 05-7-1　戰國・齊 蒦圆南里人不占
	夕藏 II 05-8-4　戰國・齊 蒦圆南里人螽
	夕藏 II 05-8-5　戰國・齊 蒦圆南里人螽
	夕藏 II 05-9-1　戰國・齊 蒦圆南里人髂（骴）
	夕藏 II 06-1-1　戰國・齊 左南覃巷辛圆里賶
	新齊 0798　戰國・齊 蒦圆南里螽（蛰）
	新齊 0799　戰國・齊 蒦圆南里綴
	新齊 0955　戰國・齊 繇巷蒦圆南圆里□
	新齊 0968　戰國・齊 左南覃巷辛圆里坐

欶*

	鑾車・石鼓文・郭集　春秋・秦 奉（賁）欶（軟）□□

生

	貨系 2614 背　戰國・齊 齊夻（大）匥（刀）/生
	貨系 2615 背　戰國・齊 齊夻（大）匥（刀）/生
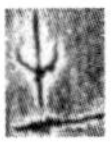	貨系 2616 背　戰國・齊 齊夻（大）匥（刀）/生
	齊幣 219 背　戰國・齊 齊夻（大）匥（刀）/生
	港續 106.179　戰國・待考 昌生
	鶴廬 35.3　戰國・待考 生
	湖印 42.9　戰國・楚 生

	秦印風 125 頁　戰國・秦 生樂
	十擧 25.5　戰國・待考 生
	璽彙 226.2311　戰國・三晉 陽生
	璽彙 308.3291　戰國・三晉 生畐（富）
	璽彙 318.3416　戰國・燕 誼（諠）生諫
	璽彙 341.3688　戰國・燕 浗生異
	璽彙 403.4410　戰國・三晉 富生
	璽彙 446.4924　戰國・三晉 又（有）上下曲生
	璽彙 447.4925　戰國・三晉 士又（有）敬昌生
	璽彙 468.5155　戰國・楚 生
	璽彙 468.5156　戰國・楚 生
	璽彙 469.5174　戰國・待考 生
	璽彙 470.5180　戰國・待考 生
	璽類 429.12　戰國・待考 土生□
	珍戰 225　戰國・待考 生
	陶錄 2・470・1　戰國・齊 豆里魚生
	陶錄 2・471・1　戰國・齊 豆里魚生
	陶錄 2・472・1　戰國・齊 豆里魚生
	陶錄 2・473・2　戰國・齊 豆里魚生
	陶錄 4・137・3　戰國・燕 生□
	陶錄 4・140・1　戰國・燕 生
	陶錄 5・45・3　戰國・三晉、兩周 生
	陶錄 6・100・3　戰國・秦 蘇生
	陶錄 6・238・3　戰國・待考 宮生
	陶錄 6・284・2　戰國・秦 □生
	陶錄 6・457・4　戰國・待考 宮生
	侯馬九二：一〇　春秋・三晉 良生敢不閛（披）丌（其）[腹]心𠂤（以）[事]丌（其）宔（主）
	秦墓石磬　春秋・秦 百生（姓）
	三代 20.49.1　戰國・中山 巡（順）則生

丰

	貨系 2670　戰國・中山 丰
	貨系 2671　戰國・中山 丰

	璽彙 472.5209　戰國・待考 丰
	璽彙 472.5210　戰國・待考 丰
	璽類 184.3　戰國・待考 右工丰
	秦新 1856　戰國・秦 丰
	陶錄 6・454・6　戰國・秦 丰
	新齊 1415　戰國・齊 丰
	侯馬二〇〇：四五　春秋・三晉 丰敢[不披]丌（其）[腹]心台（以）事丌（其）[主]

產

	港印 4　戰國・燕 王產
	秦印風 116 頁　戰國・秦 蘇產
	秦印風 195 頁　戰國・秦 王產
	璽彙 339.3661　戰國・楚 產（顏）價
	秦新 196　戰國・秦 產八
	侯馬二〇〇：八　春秋・三晉 產敢不半（披）其复（腹）心台（以）[事]其宔（主）
	侯馬九八：二九　春秋・三晉 產敢不[披其腹心]
	侯馬九二：一六　春秋・三晉 產敢不[披]其腹心
	侯馬六七：四〇　春秋・三晉 產自今台（以）㞷（往）
	侯馬一六：一六　春秋・三晉 產敢不閈（披）丌（其）[腹]心㠯（以）[事]丌（其）宔（主）

蛵*

	陶錄 2・551・1　戰國・齊 孟常匋（陶）里人蛵
	陶錄 2・551・2　戰國・齊 孟常匋（陶）里人蛵

虩*

	夕藏 Ⅱ 05-3-1　戰國・齊 蒦圆南里匋（陶）者虩

乇

	貨系 2058　戰國・韓 乇（宅）昜（陽）
	貨系 2059　戰國・韓 乇（宅）昜（陽）
	三晉 109　戰國・韓 乇（宅）昜（陽）
	三晉 111　戰國・韓 乇（宅）昜（陽）
	先秦編 272　戰國・韓 乇（宅）昜（陽）
	璽彙 307.3278　戰國・三晉 乇恳

華

	秦印風 174 頁　戰國・秦 華井

	盛世 204　戰國・待考 宋華
	秦印風 74 頁　戰國・秦 □華
	新封泥彙 0387　戰國・秦 華陽丞印
	陶錄 2・10・1　戰國・齊 華門塦（陳）棱再左里段京釜（釜）
	陶錄 2・10・3　戰國・齊 華門塦（陳）棱再左里段京區
	陶錄 2・10・4　戰國・齊 華門塦（陳）棱參左里□□□
	陶錄 2・653・2　戰國・齊 ……華……□稟（廩）釜（釜）
	陶錄 2・9・1　戰國・齊 華門……棱再左□段京□
	陶錄 5・16・4　戰國・三晉、兩周 華廱
	陶錄 6・324・1　戰國・秦 華成靳氏五斗
	新齊 0336　戰國・齊 華門塦（陳）棱再左里段京釜（釜）
	新齊 0338　戰國・齊 華門塦（陳）棱再左里段京區
	新齊 0339　戰國・齊 華門□棱再左□段京□
	新齊 0343　戰國・齊 華□□棱再□□段京□
	新齊 0346　戰國・齊 華門塦（陳）棱參左里□□豆
	作原・石鼓文・郭集　春秋・秦 亞（猗）箬（儺）其華
	秦駰玉版研究　戰國・秦 吉叉（瑤）以告於崋（華）大山

稽

	會稽刻石・秦銘刻選　秦代 遂登會稽

桼

	貨系 4055　戰國・魏 桼垣一釿
	貨系 4058　戰國・魏 桼垣一釿
	貨系 4059　戰國・魏 桼垣一釿
	貨系 4061　戰國・魏 桼垣一釿
	貨系 4062　戰國・魏 桼垣一釿
	貨系 4063　戰國・魏 桼垣一釿
	璽彙 27.0157　戰國・齊 左攻（工）帀（師）戠（職）桼（漆）帀（師）鉩（璽）
	璽彙 56.0324　戰國・魏 桼（漆）丘亩（廩）廟
	陶錄 2・395・2　戰國・齊 丘齊巷桼（漆）彫（雕）里旻（得）
	陶錄 2・395・3　戰國・齊 丘齊□桼（漆）彫（雕）里□
	夕藏 II 03-1-1　戰國・齊 丘齊巷桼（漆）彫（雕）里旻（得）
	新齊 0572　戰國・齊 丘齊巷桼（漆）彫（雕）里旻（得）

束

	鶴廬 110.3　戰國・齊 王政束
	山新 172　戰國・齊 束

葯*

	秋淵・詛楚文・郭集　戰國・秦 變輸盟葯（約）
	秋淵・詛楚文・郭集　戰國・秦 幽葯（約）婈（親）戚
	巫咸・詛楚文・郭集　戰國・秦 變輸盟葯（約）

橐

	秦印風 223 頁　戰國・秦 橐治勝
	秦新 3153　戰國・秦 橐泉宮當

櫜*

	汧殹・石鼓文・郭集　春秋・秦 隹（維）櫜（紉）楊及柳

回

	秋淵・詛楚文・郭集　戰國・秦 今楚王熊相康回無道
	巫咸・詛楚文・郭集　戰國・秦 今楚王熊相康回無道
	亞駝・詛楚文・郭集　戰國・秦 今楚王熊相康回無道

圖

	秦印風 182 頁　戰國・秦 隗圖

國

	二十 46. 二-GY-0009　戰國・三晉 安囚（國）君
	風過耳 282　戰國・秦 令國
	璽彙 290.3078　戰國・三晉 國適
	陶錄 2・25・2　戰國・齊 國
	陶錄 2・25・4　戰國・齊 國
	陶錄 2・25・5　戰國・齊 國
	陶錄 2・26・1　戰國・齊 國
	陶錄 4・18・1　戰國・燕 左匋（陶）君（尹）鐴疋哭鍴左匋（陶） 倈湯設國左匋（陶）攻（工）佳
	陶錄 4・4・1　戰國・燕 □二年十一月
	陶錄 4・8・1　戰國・燕 左匋（陶）君（尹）鐴疋哭鍴左匋（陶） 倈湯設國左匋（陶）攻（工）敀（造）
	陶錄 6・328・2　戰國・秦 安國十斗
	侯馬九八：八　春秋・三晉 國敢不閛（披）其[腹心]
	繹山刻石・秦銘刻選　秦代 皇帝立國

困

	集釋 281.15　戰國・三晉 困石閘
	秦新 1427　戰國・秦 困

圈

	新封泥彙 0585　戰國・秦 麇圈（圈）

囿

	吳人・石鼓文・郭集　春秋・秦 中囿孔□

園

	秦印風 19 頁　戰國・秦 咸陵園相
	新封泥彙 1355　戰國・秦 博望蘼園
	新封泥彙 2238　戰國・秦 御羞陰園
	秦新 1127　戰國・秦 東園□
	秦新 907　戰國・秦 園

因

	陶錄 2・4・2　戰國・齊 因者陸（陳）齎再……
	陶錄 2・653・1　戰國・齊 因堵□齎再……䏝京□
	泰山刻石・秦銘刻選　秦代 請具刻詔書金石刻因明白矣
	繹山刻石・秦銘刻選　秦代 請具刻詔書金石刻因明白矣

固

	風過耳 116　戰國・秦 王固
	湖印 42.5　戰國・楚 固
	集釋 179.2　戰國・三晉 固陽邶□
	十舉 4.1　戰國・待考 固□
	十六 29.3　戰國・待考 固
	璽彙 193.1909　戰國・三晉 垩（采）固
	璽彙 222.2255　戰國・三晉 萰（蘭）固
	陶錄 5・16・2　戰國・三晉、兩周 □固
	侯馬二〇〇：三　春秋・三晉 邯鄲固敢不半（披）丌（其）復（腹） 心己（以）事丌（其）宔（主）
	三代 20.49.1　戰國・中山 定則固
	新出研 WT4　K5：11　春秋・三晉 己（以）固事……

圂

	秦印風 210 頁　戰國・秦 郭圂

	璽彙 367.3985　戰國・三晉 相里圂

団*

	二十 101.二-SP-0393　戰國・齊 団鹿章東里

戉*

	璽彙 371.4036　戰國・三晉 邯戉

因*

	侯馬九二：二九　春秋・三晉 因敢不閛（披）丌（其）[腹]心目（以）[事其主]

圙*

	璽彙 346.3751　戰國・齊 城圙齊
	陶錄 2・166・3　戰國・齊 中蒦圙里□
	陶錄 2・167・2　戰國・齊 中蒦圙里區□
	陶錄 2・172・1　戰國・齊 中隻圙里人蒼
	陶錄 2・178・2　戰國・齊 東蒦圙餴
	陶錄 2・191・3　戰國・齊 蒦圙匋（陶）里人陞（升）
	陶錄 2・194・3　戰國・齊 蒦圙匋（陶）里人造
	陶錄 2・206・1　戰國・齊 蒦圙匋（陶）里人達
	陶錄 2・207・3　戰國・齊 蒦圙匋（陶）里人□
	陶錄 2・224・2　戰國・齊 蒦圙匋（陶）里人岳
	陶錄 2・236・1　戰國・齊 蒦圙匋（陶）里曰成
	陶錄 2・587・1　戰國・齊 城圙罤
	陶錄 2・602・1　戰國・齊 城圙土
	陶錄 2・65・3　戰國・齊 蒦圙南里□
	陶錄 2・68・1　戰國・齊 蒦圙南里人慹（怙）
	陶錄 2・69・3　戰國・齊 蒦圙南里人慹（怙）
	陶錄 2・75・4　戰國・齊 蒦圙南里賹
	陶錄 2・80・2　戰國・齊 蒦圙南里人蠢（蛪）
	陶錄 2・80・3　戰國・齊 蒦圙南里人蠢（蛪）
	陶錄 2・85・3　戰國・齊 蒦圙南里人佶
	夕藏 II 01-1-2　戰國・齊 王卒左毀臧圙櫝（櫨）里坖
	夕藏 II 01-1-5　戰國・齊 王卒左毀臧圙櫝（櫨）里坖
	夕藏 II 02-3-30　戰國・齊 城圙罤
	夕藏 II 02-3-50　戰國・齊 城圙罤

	夕藏 II 02-3-59　戰國・齊 城⿴囗昜眾
	夕藏 II 02-3-61　戰國・齊 城⿴囗昜眾
	夕藏 II 02-4-11　戰國・齊 城⿴囗昜楚
	夕藏 II 02-4-15　戰國・齊 城⿴囗昜楚
	夕藏 II 02-4-19　戰國・齊 城⿴囗昜楚
	夕藏 II 02-4-2　戰國・齊 城⿴囗昜楚
	夕藏 II 02-4-21　戰國・齊 城⿴囗昜楚
	夕藏 II 02-4-24　戰國・齊 城⿴囗昜楚
	夕藏 II 02-4-27　戰國・齊 城⿴囗昜楚
	夕藏 II 02-4-31　戰國・齊 城⿴囗昜楚
	夕藏 II 02-4-38　戰國・齊 城⿴囗昜楚
	夕藏 II 02-4-40　戰國・齊 城⿴囗昜楚
	夕藏 II 02-4-41　戰國・齊 城⿴囗昜楚
	夕藏 II 02-4-44　戰國・齊 城⿴囗昜楚
	夕藏 II 02-4-46　戰國・齊 城⿴囗昜楚
	夕藏 II 02-4-49　戰國・齊 城⿴囗昜楚
	夕藏 II 02-4-8　戰國・齊 城⿴囗昜楚
	新齊 0439　戰國・齊 城⿴囗昜眾
	新齊 0449　戰國・齊 城⿴囗昜眾
	新齊 0454　戰國・齊 城⿴囗昜眾
	新齊 0852　戰國・齊 蒦⿴囗昜匋（陶）里人迓

⿴囗⿰扌古*

	璽彙 341.3685　戰國・齊 □⿴囗⿰扌古（固）
	陶錄 2・509・1　戰國・齊 豆里⿴囗⿰扌古（固）
	陶錄 2・509・3　戰國・齊 豆里⿴囗⿰扌古（固）
	陶錄 2・509・4　戰國・齊 豆里⿴囗⿰扌古（固）
	陶錄 2・510・1　戰國・齊 豆里⿴囗⿰扌古（固）
	陶錄 2・510・3　戰國・齊 豆里⿴囗⿰扌古（固）
	陶錄 2・510・4　戰國・齊 豆里⿴囗⿰扌古（固）
	陶錄 2・511・1　戰國・齊 豆里⿴囗⿰扌古（固）
	陶錄 2・511・3　戰國・齊 豆里⿴囗⿰扌古（固）
	陶錄 2・512・1　戰國・齊 豆里⿴囗⿰扌古（固）

	陶録 2・512・2　戰國・齊 豆里⿴囗故（固）
	陶録 2・513・2　戰國・齊 豆里⿴囗故（固）
	陶録 2・513・4　戰國・齊 豆里⿴囗故（固）
	陶録 2・514・1　戰國・齊 豆里⿴囗故（固）
	陶録 2・514・4　戰國・齊 豆里⿴囗故（固）
	陶録 2・6・1　戰國・齊 昌櫅陲（陳）⿴囗故（固）南左里𣪘京區
	陶録 2・6・2　戰國・齊 □櫅（齊）□⿴囗故（固）南左里𣪘京區
	陶録 2・637・2　戰國・齊 城⿴囗昜⿴囗故（固）
	陶録 2・637・4　戰國・齊 城⿴囗昜⿴囗故（固）
	陶録 2・638・3　戰國・齊 城⿴囗昜⿴囗故（固）
	陶録 2・639・1　戰國・齊 城⿴囗昜⿴囗故（固）
	陶録 2・640・3　戰國・齊 城⿴囗昜⿴囗故（固）
	陶録 2・641・3　戰國・齊 城⿴囗昜⿴囗故（固）
	夕藏 II 02-9-4　戰國・齊 城⿴囗昜⿴囗故（固）
	夕藏 II 02-9-5　戰國・齊 城⿴囗昜⿴囗故（固）
	夕藏 II 07-18-3　戰國・齊 豆里⿴囗故（固）
	夕藏 II 07-18-4　戰國・齊 豆里⿴囗故（固）
	夕藏 II 07-18-7　戰國・齊 豆里⿴囗故（固）
	新齊 0348　戰國・齊 昌櫅（齊）陲（陳）⿴囗故（固）南左里𣪘京區
	新齊 0531　戰國・齊 城⿴囗昜⿴囗故（固）
	新齊 1062　戰國・齊 豆里⿴囗故（固）
	新齊 1063　戰國・齊 豆里⿴囗故（固）

⿴囗馬*

	璽彙 302.3223　戰國・楚 ⿴囗馬（滿）憙
	陶録 2・55・1　戰國・齊 繇巷□里圓（滿）齋
	陶録 2・55・2　戰國・齊 繇巷□里圓（滿）齋
	陶録 2・643・3　戰國・齊 ⿴囗馬（满）乍（作）佋（韶）墳

⿴囗額*

	秦墓石磬　春秋・秦 ……⿴囗額（恪）天命

員

	二十 100. 二-SP-0378　戰國・齊 吉員
	秦印風 81 頁　戰國・秦 員奢

	車工・石鼓文・郭集　春秋・秦 君子員（云）獵
	車工・石鼓文・郭集　春秋・秦 員（云）獵員（云）斿（游）

貝

	貨系 2227　戰國・趙 貝□
	貨系 2229　戰國・趙 貝□
	貨系 2237　戰國・趙 貝□
	貨系 2241　戰國・趙 貝□
	貨系 463　戰國・周王畿 貝
	錢典 662　戰國・周王畿 貝
	璽彙 486. 5378　戰國・待考 貝
	新封泥彙 1957　戰國・秦 熏貝
	秦新 1978　戰國・秦 貝
	秦新 1981　戰國・秦 左貝
	秦新 2542　戰國・秦 左貝
	秦新 2546　戰國・秦 左貝
	秦新 2547　戰國・秦 左貝

	陶錄 6・17・1　戰國・秦 咸鄏里貝
	陶錄 6・17・2　戰國・秦 咸鄏里貝

賢

	秦印風 115 頁　戰國・秦 韓賢
	秦印風 222 頁　戰國・秦 石賢
	璽彙 168. 1609　戰國・三晉 鄏（齊）賢
	鑾車・石鼓文・郭集　春秋・秦 □□多賢
	譽編　戰國晚期・中山 敢諣後未（淑）賢者

賁

	風過耳 211　戰國・秦 莊賁
	新封泥彙 2551　戰國・秦 女賁丞印

賀

	秦印風 60 頁　戰國・秦 笵（范）賀
	秦印風 82 頁　戰國・秦 王賀
	玉萃 20. 5　戰國・待考 番賀

貢

	貨系 432　戰國・周王畿 貢
	貨系 433　戰國・周王畿 貢
	貨系 434　戰國・周王畿 貢

贊

	風過耳 051　戰國・秦 賈贊
	秦印風 133 頁　戰國・秦 胡贊
	秦印風 200 頁　戰國・秦 贊䛅
	秦新 1113　戰國・秦 □贊

齎

	赫連 86.3　戰國・齊 井（邢）齎
	璽彙 81.0573　戰國・齊 王齎
	璽彙 196.1943　戰國・齊 郐（徐）齎
	璽彙 333.3590　戰國・齊 甘事（士）齎
	璽彙 340.3678　戰國・齊 □孫齎
	印展 19　戰國・齊 邿齎
	陶錄 2・4・1　戰國・齊 堵門……齎……毀……
	陶錄 2・4・2　戰國・齊 因者陸（陳）齎再……
	陶錄 2・4・3　戰國・齊 王孫陸（陳）齎左……
	陶錄 2・485・3　戰國・齊 豆里齎
	陶錄 2・5・1　戰國・齊 平門內□齎左……毀京□
	陶錄 2・5・2　戰國・齊 平門內陸（陳）齎左里……
	陶錄 2・55・1　戰國・齊 繇巷□里圁（滿）齎
	陶錄 2・55・2　戰國・齊 繇巷□里圁（滿）齎
	陶錄 2・653・1　戰國・齊 因堵□齎再……毀京□
	夕藏 Ⅰ 01-4-1　戰國・齊 平門內陸（陳）齎左里毀京區
	夕藏 Ⅱ 07-26-1　戰國・齊 豆里齎
	夕藏 Ⅱ 07-26-2　戰國・齊 豆里齎
	新齊 0351　戰國・齊 □門陸（陳）齎□□事左□□□□

貣

	港續 36.39　戰國・三晉 高貣
	鑒菁 14.27　戰國・三晉 郛（梁）貣

	秦印風 73 頁　戰國・秦 趙貣
	璽彙 180.1761　戰國・三晉 事（史）貣
	璽彙 283.2992　戰國・三晉 賈貣

贛

	璽彙 518.5697　戰國・楚 贛
	陶錄 6・292・1　戰國・秦 贛揄（榆）得

賞

	風過耳 326　戰國・秦 百賞
	秦印風 237 頁　戰國・秦 百賞
	璽彙 325.3494　戰國・燕 賞竵
	陶錄 2・367・1　戰國・齊 楚章巷蔵（苴）里賞
	陶錄 2・367・2　戰國・齊 楚章巷蔵（苴）里賞
	陶錄 2・367・3　戰國・齊 楚章巷蔵（苴）里賞
	陶錄 2・367・4　戰國・齊 楚章巷蔵（苴）里賞
	陶錄 2・368・1　戰國・齊 楚章巷蔵（苴）里賞
	陶錄 2・368・2　戰國・齊 楚章巷蔵（苴）里賞
	陶錄 2・521・1　戰國・齊 豆里賞
	陶錄 2・521・4　戰國・齊 豆里賞
	陶錄 2・548・3　戰國・齊 孟常匋（陶）里賞
	陶錄 2・548・4　戰國・齊 孟常匋（陶）里賞
	陶錄 2・701・3　戰國・齊 豆里賞
	陶錄 2・750・2　戰國・齊 賞
	陶錄 7・15・1　戰國・待考 □賞
	夕藏 II 04-3-1　戰國・齊 楚章巷蔵（苴）里賞
	夕藏 II 04-3-2　戰國・齊 楚章巷蔵（苴）里賞
	夕藏 II 04-3-3　戰國・齊 楚章巷蔵（苴）里賞
	夕藏 II 04-3-4　戰國・齊 楚章巷蔵（苴）里賞
	夕藏 II 04-3-6　戰國・齊 楚章巷蔵（苴）里賞
	新齊 0612　戰國・齊 楚章巷蔵（苴）里賞
	新齊 1165　戰國・齊 豆里賞
	新齊 1166　戰國・齊 豆里賞
	新齊 1221　戰國・齊 蔵（苴）里賞

賜

	風過耳 102　戰國・秦 史賜
	十六 14.6　戰國・燕 東方賜
	璽彙 112.0944　戰國・三晉 肖（趙）賜
	璽彙 217.2201　戰國・齊 邱賜
	秦新 112　戰國・秦 咸陽賜
	秦新 115　戰國・秦 咸陽賜
	秦駰玉版研究　戰國・秦 大山又（有）賜
	秋淵・詛楚文・郭集　戰國・秦 亦應（膺）受皇天上帝及不（丕）顯大神巫咸之幾靈德賜
	巫咸・詛楚文・郭集　戰國・秦 亦應（膺）受皇天上帝及不（丕）顯大神巫咸[之]幾靈德賜
	亞駝・詛楚文・郭集　戰國・秦 亦應（膺）受皇天上帝及不（丕）顯大神巫咸之幾靈德賜

贏

	秦印風 126 頁　戰國・秦 楊贏
	秦印風 164 頁　戰國・秦 孟贏
	秦印風 81 頁　戰國・秦 蘇贏

負

	先秦編 308　戰國・三晉 寽負
	璽彙 346.3745　戰國・楚 不（丕）負□鉨（璽）
	璽考 262.7　戰國・三晉 長負
	會稽刻石・秦銘刻選　秦代 負力而驕

貳

	秦駰玉版研究　戰國・秦 請□□用牛羲（犧）貳、丌（其）齒七
	秦駰玉版研究　戰國・秦 □□用貳羲（犧）、羊、豢

賓

	璽彙 311.3324　戰國・三晉 賓□
	璽類 485.8　戰國・待考 辛賓

贅

	風過耳 210　戰國・秦 周贅

質

	璽彙 121.1044　戰國・三晉 肖（趙）質
	璽彙 301.3211　戰國・三晉 度質

	侯馬八八：一四　春秋・三晉 俞自質于[君所]
	侯馬八六：一　春秋・三晉 自質于君所
	侯馬六七：二〇　春秋・三晉 敢不從此明（盟）質之言
	侯馬六七：六　春秋・三晉 敢不逹（率）從此明（盟）質之言
	侯馬六七：三四　春秋・三晉 敢不逹（率）從此明（盟）質之言
	侯馬六七：四四　春秋・三晉 不逹（率）從此明（盟）質之言
	侯馬六七：五三　春秋・三晉 此明（盟）質之言
	侯馬六七：一一　春秋・三晉 此明（盟）質之言
	侯馬七九：二　春秋・三晉 自質于君所
	侯馬三：二〇　春秋・三晉 自質于君所
	侯馬三：二〇　春秋・三晉 既質之後
	侯馬三：二六　春秋・三晉 [既]質之後
	侯馬一八五：一　春秋・三晉 [既]質之後
	侯馬一五六：二三　春秋・三晉 臣自質于君之所
	秋淵・詛楚文・郭集　戰國・秦 親印大沈厥（厥）湫而質焉
	巫咸・詛楚文・郭集　戰國・秦 親印不（丕）顯大神巫咸而質焉

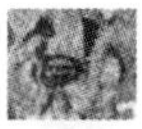	新出研 WT1　K17：129　春秋・三晉 各（恪）質（慎）丌（其）直（德）
	新出研 WT1　K17：131　春秋・三晉 各（恪）質（慎）丌（其）直（德）
	亞駝・詛楚文・郭集　戰國・秦 親印不（丕）顯大神亞駝而質焉

貿

	貨系 476　戰國・周王畿 貿
	貨系 477　戰國・周王畿 貿
	貨系 479　戰國・周王畿 貿
	錢典 792　戰國・周王畿 貿
	璽彙 305.3257　戰國・三晉 貿慧（慧）

費

	秦印風 177 頁　戰國・秦 費㸒

賈

	風過耳 047　戰國・秦 賈蘘
	風過耳 048　戰國・秦 賈非子
	集釋 205.44　戰國・三晉 賈申
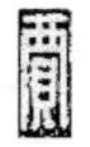	秦印風 171 頁　戰國・秦 楊賈

	新齊 1335　戰國・齊 贅（賕）
	新齊 1337　戰國・齊 贅（賕）
	新齊 1339　戰國・齊 贅（賕）
	新齊 1340　戰國・齊 贅（賕）
	新齊 1341　戰國・齊 贅（賕）
	新齊 1342　戰國・齊 贅（賕）
	新齊 1343　戰國・齊 贅（賕）
	新齊 1344　戰國・齊 贅（賕）
	新齊 1345　戰國・齊 贅（賕）
	新齊 1346　戰國・齊 贅（賕）

貲

	秦新 1432　戰國・秦 東武東閒居貲不更□
	秦新 1446　戰國・秦 闌陵居貲便里不更牙
	陶錄 6・292・2　戰國・秦 □氏居貲公士富
	陶錄 6・293・2　戰國・秦 楊氏居貲大子

貴

	集釋 235.16　戰國・三晉 貴鬲
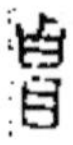	璽彙 180.1751　戰國・三晉 事（史）貴
	璽彙 334.3600　戰國・齊 賈市（師）貴
	璽彙 375.4079　戰國・三晉 ⿱馬啇=（馬適）貴（貴）
	璽彙 404.4424　戰國・秦 富貴
	璽彙 514.5650　戰國・三晉 陽貴
	秦新 1244　戰國・秦 司貴
	陶錄 6・236・6　戰國・秦 右貴
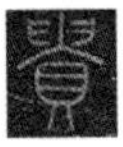	會稽刻石・秦銘刻選　秦代 貴賤並通
	泰山刻石・秦銘刻選　秦代 貴賤分明

賏

	璽彙 351.3796　戰國・三晉 ⿹司鬲（司馬）贔（賏）

⿱止貝*

	陶錄 2・264・3　戰國・齊 蒦圆魚里人⿱止貝
	陶錄 2・264・4　戰國・齊 蒦圆魚里人⿱止貝

⿰貝夫*

	陶錄 2・665・1　戰國・齊 蒦圆匋（陶）里⿰貝夫

⿰貝斤*

	二十 64. 二-SP-0077　戰國・燕 長⿰貝斤
	陶錄 6・247・3　戰國・秦 宮⿰貝斤

貧*

	璽彙 309. 3305　戰國・燕 貧□

⿰貝句*

	璽彙 140. 1276　戰國・齊 半則（⿰貝句）
	璽彙 236. 2431　戰國・三晉 椁（郭）則（⿰貝句）
	璽彙 256. 2665　戰國・三晉 恢則（⿰貝句）
	璽類 191. 3　戰國・三晉 長則（⿰貝句）
	陶錄 2・561・1　戰國・齊 酷里人匋（陶）者⿰貝句
	陶錄 2・561・2　戰國・齊 酷里人匋（陶）者⿰貝句
	陶錄 5・62・4　戰國・三晉、兩周 鄶則（⿰貝句）

貽*

	陶錄 2・50・1　戰國・齊 黍郡巷臧里王徇貽
	新齊 0975　戰國・齊 黍郡巷臧里王徇貽

貼*

	璽彙 82. 0585　戰國・齊 王貼
	璽彙 293. 3107　戰國・齊 箕貼
	璽彙 340. 3677　戰國・齊 卑□貼

⿰貝兒*

	秋淵・詛楚文・郭集　戰國・秦 將欲復其⿰貝兒（兇）速（迹）
	巫咸・詛楚文・郭集　戰國・秦 將欲復其⿰貝兒（兇）速（迹）
	亞駝・詛楚文・郭集　戰國・秦 將欲復其⿰貝兒（兇）速（迹）

⿰貝先*

	夕藏 II 05-49-1　戰國・齊 蒦圆匋（陶）里人⿰貝先

⿱自貝*

	二十 12. 二-SY-0033　戰國・燕 ⿱自貝韓（南郭）
	璽彙 365. 3959　戰國・燕 東方⿱自貝

貨*

	璽彙 22.0127 戰國・楚 大貨（贅）

貫*

	璽彙 251.2611 戰國・齊 紀貫

賬*

	璽類 193.1 戰國・待考 □賬

賒*

	璽彙 61.0351 戰國・楚 賒鉨（璽）

賝*

	璽彙 518.5701 戰國・楚 賝

賣*

	集印卷六 19.1 戰國・齊 □賣訐（信）鉨（璽）
	璽彙 302.3225 戰國・齊 肖賣
	璽彙 342.3702 戰國・齊 扙賣訐（信）鉨（璽）

賹*

	貨系 4094 戰國・齊 賹氏（刀）
	貨系 4095 戰國・齊 賹氏（刀）
	齊幣 304 戰國・齊 賹四氏（刀）
	齊幣 306 戰國・齊 賹六氏（刀）
	齊幣 307 戰國・齊 賹六氏（刀）
	齊幣 308 戰國・齊 賹六氏（刀）
	齊幣 314 戰國・齊 賹六氏（刀）
	齊幣 319 戰國・齊 賹氏（刀）
	璽彙 123.1068 戰國・趙 肖（趙）賹夫句（后）
	璽類 193.2 戰國・待考 □賹
	陶錄 2・311・1 戰國・齊 左南稟巷辛匋（陶）里賹
	陶錄 2・364・4 戰國・齊 楚稟巷蔵（苴）里賹
	陶錄 2・365・1 戰國・齊 楚稟巷蔵（苴）里賹
	陶錄 2・446・1 戰國・齊 豆里賹
	夕藏 II 06-1-2 戰國・齊 左南稟巷辛匋里賹
	夕藏 II 07-20-2 戰國・齊 豆里賹
	夕藏 II 07-2-1 戰國・齊 塙闔（間）棋里曰賹

	夕藏 Ⅱ 07-2-2　戰國・齊 塙間椇里曰賹
	夕藏 Ⅱ 07-8-2　戰國・齊 塙閱（間）賹
	新齊 1102　戰國・齊 豆里賹
	新齊 1104　戰國・齊 豆里賹
	新齊 1109　戰國・齊 豆里賹
	新齊 1113　戰國・齊 豆里賹
	新齊 1114　戰國・齊 豆里賹
	新齊 1116　戰國・齊 豆里賹

邑

	貨系 1259　戰國・魏 安邑二釿
	貨系 1260　戰國・魏 安邑二釿
	貨系 1262　戰國・魏 安邑二釿
	貨系 1267　戰國・魏 安邑二釿
	貨系 1268　戰國・魏 安邑二釿
	貨系 1272　戰國・魏 安邑二釿/安
	貨系 1278　戰國・魏 安邑二釿/安
	貨系 1298　戰國・魏 安邑一釿/安
	貨系 1678　戰國・待考 留邑
	鶴廬 106.5　戰國・三晉 纍（原）邑坿（府）
	秦印風 23 頁　戰國・秦 □邑尉印
	璽彙 34.0198　戰國・齊 昜（陽）都邑□遲（徙）盧（鹽）之鉩（璽）
	璽彙 222.2254　戰國・趙 莫邑彊（疆）
	秦新 1317　戰國・秦 安邑皇
	秦新 1931　戰國・秦 咸邑□頃
	秦新 1933　戰國・秦 咸邑如頃
	陶録 2・646・1　戰國・齊 陳（陳）窶立事歲安邑京釜（釜）
	陶録 6・109・4　戰國・秦 麗邑半斗
	陶録 6・110・4　戰國・秦 麗邑五升
	陶録 6・312・2　戰國・秦 安邑□
	陶録 6・312・3　戰國・秦 安邑工□
	陶録 6・404・1　戰國・秦 馬邑市

邦

	貨系 2547 背　戰國・齊 節（即）臞（墨）之夻（大）厇（刀）/安邦
	貨系 2586　戰國・齊 齊返邦䟫（長）夻（大）厇（刀）/工
	貨系 3945　戰國・趙 邦
	齊幣 276　戰國・齊 齊返邦䟫（長）夻（大）厇（刀）/十□
	齊幣 280　戰國・齊 齊返邦䟫（長）夻（大）厇（刀）/卜
	齊幣 286　戰國・齊 齊返邦䟫（長）夻（大）厇（刀）
	錢典 856　戰國・齊 齊返邦䟫（長）夻（大）厇（刀）/日
	錢典 858　戰國・齊 齊返邦䟫（長）夻（大）厇（刀）/□日
	風過耳 293　戰國・秦 徇邦
	璽彙 24.0143　戰國・楚 新邦官鉨（璽）
	璽彙 57.0329　戰國・燕 眀（朝）悅邦
	璽彙 185.1810　戰國・三晉 事（史）邦
	璽彙 196.1942　戰國・齊 郐（徐）邦
	璽彙 247.2554　戰國・楚 優邦
	璽彙 318.3408　戰國・燕 禹邦身（信）

	璽類 195.4　戰國・韓 長邦
	陶錄 6・303・1　戰國・秦 新城邦
	陶錄 6・303・2　戰國・秦 新城邦
	陶錄 6・463・2　戰國・秦 新城邦
	侯馬二〇〇：二〇　春秋・三晉 而敢又（有）志復趙[尼]及亓（其）子孫于晉邦之[地]者
	侯馬二〇〇：三一　春秋・三晉 而敢又（有）志復趙尼于及[其]子子〈孫〉晉邦之墬（地）
	侯馬二〇〇：五七　春秋・三晉 敢又（有）志[復]趙尼及亓（其）[子孫]于晉邦之墬（地）者
	侯馬二〇〇：一六　春秋・三晉 而敢又（有）[志復]趙尼及亓（其）[子孫于]晉邦之墬（地）者
	侯馬三六：二　春秋・三晉 [晉]邦
	侯馬三五：一一　春秋・三晉 [晉]邦之墬（地）
	侯馬一：一四　春秋・三晉 又（有）志復趙尼及亓（其）子孫于晉邦之墬（地）者
	侯馬一六：九　春秋・三晉 晉邦之[地]者
	侯馬一五六：二　春秋・三晉 晉邦之墬（地）
	侯馬一五六：三　春秋・三晉 史醜（醜）及孫=（子孫）于晉邦之墬（地）者
	侯馬一五六：一　春秋・三晉 史醜（醜）及亓（其）孫=（子孫）于晉邦之墬（地）者
	秋淵・詛楚文・郭集　戰國・秦 兩邦若壹

	巫咸・詛楚文・郭集　戰國・秦 唯是秦邦之羸眾敝賦、鞧（韇）輸（褕）棧輿
	亞駝・詛楚文・郭集　戰國・秦 兩邦若壹
	侯馬八五：二　春秋・三晉 史醜（醜）及丌（其）孫=（子孫）于晉邦[之地]者
	侯馬九三：三　春秋・三晉 晉邦之墜（地）
	侯馬九一：五　春秋・三晉 或復入（納）之于晉邦之墜（地）者
	侯馬三：一五　春秋・三晉 史醜（醜）及其子孫于晉邦之墜（地）者
	侯馬一：三三　春秋・三晉 而敢[有]志復[趙尼]及丌（其）孫=（子孫）于晉邦之墜（地）者
	侯馬一五六：四　春秋・三晉 史醜（醜）及丌（其）孫=（子孫）于晉邦之墜（地）者
	戰國題銘（中）　戰國・待考 □不□□□邦王□□

郡

	新封泥彙 0492　戰國・秦 郡右邸印
	新封泥彙 0527　戰國・秦 郡左邸印
	新封泥彙 0537　戰國・秦 郡左邸印
	新封泥彙 0611　戰國・秦 南郡府丞
	陶錄 2・50・1　戰國・齊 黍郡巷臧里王徇貽
	陶錄 2・50・2　戰國・齊 黍郡巷臧里□□□
	新齊 0975　戰國・齊 黍郡巷臧里王徇貽

都

	貨系 1549　戰國・趙 中都
	貨系 1559　戰國・趙 中都
	貨系 1909　戰國・韓 高都
	三晉 99　戰國・韓 高都
	燕下都 221　戰國・趙 西都
	燕下都 221　戰國・趙 西都
	燕下都 223　戰國・趙 西都/五
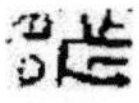	泥集 1.1　戰國・燕 𨑓都右司馬
	陝新 1.001　戰國・燕 𨑓都左司馬䏿
	璽彙 9.0050　戰國・燕 𨑓都左司馬
	璽彙 9.0054　戰國・燕 梍湩都左司馬
	璽彙 10.0059　戰國・燕 庚都右司馬
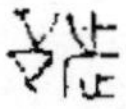	璽彙 14.0082　戰國・燕 □都司工（空）
	璽彙 32.0190　戰國・燕 䉺（容）成（城）都柄鄉左

	璽彙 47.0281　戰國・楚 墬（陳）之新都
	璽彙 51.0293　戰國・燕 纍都萃車馬
	璽彙 239.2460　戰國・三晉 椁（郭）都
	璽彙 303.3237　戰國・三晉 鈛邸（邸）都
	璽彙 471.5196　戰國・三晉 都
	璽彙 502.5543　戰國・燕 泃城都右䮅（司馬）
	璽彙 504.5556　戰國・燕 坪（平）侌（陰）都鍴（璽）
	璽彙 505.5562　戰國・燕 𨜏（中陽）都吳（虞）王伏
	印粹 7.3　戰國・燕 文安都𠳵（遽）呈（駔）
	印戰 12.5　戰國・燕 𨛭（易）都吳（虞）
	珍戰 17　戰國・三晉 □塙（高）都
	篆彙 1513.7　戰國・燕 郱里都𢇛（尉）
	秦新 1281　戰國・秦 都船掩
	秦新 1338　戰國・秦 都船兵
	陶錄 4・21・2　戰國・燕 陽安都王伏鍴（瑞）
	陶錄 4・211・4　戰國・燕 湯都司徒鍴（璽）

	陶錄 6・254・1　戰國・秦 都歐
	陶錄 6・254・4　戰國・秦 都歐
	陶錄 6・257・1　戰國・秦 都船工疕
	陶錄 6・257・2　戰國・秦 都船工疕
	陶錄 6・423・1　戰國・秦 都市
	陶錄 6・432・1　戰國・秦 都市
	陶錄 6・432・5　戰國・秦 都市
	陶錄 6・433・1　戰國・秦 都市
	陶錄 6・433・2　戰國・秦 都市
	陶錄 6・433・3　戰國・秦 都市
	陶錄 6・434・2　戰國・秦 都市
	夕藏 III 01-4-1　秦代 都市
	侯馬九三：一　春秋・三晉 中都邶（比）□
	侯馬九一：五　春秋・三晉 中都比□
	侯馬七九：三　春秋・三晉 中都比桀
	侯馬三：二三　春秋・三晉 中都比桀

	侯馬一：七　春秋・三晉 竺都敢不半（披）其復（腹）心台（以）事其宔（主）
	侯馬一五六：一九　春秋・三晉 中都比桀之孫=（子孫）

郊

	璽彙 368.3997　戰國・三晉 西郊與

邸

	貨系 1810　戰國・趙 邸（邸）
	貨系 2021　戰國・趙 邸（邸）
	二十 60. 二-SP-0044　戰國・三晉 昝邸（邸）
	秦印風 31 頁　戰國・秦 蜀邸倉印
	新封泥彙 0376　戰國・秦 河内邸丞
	侯馬一五六：一九　春秋・三晉 盧（吾）君丌（其）明亟（殛）邸（視）之
	璽彙 212.2144　戰國・三晉 邸（邸）殉
	璽彙 303.3237　戰國・三晉 鈛邸（邸）都

郛

	璽彙 31.0180　戰國・楚 郛里之鉨（璽）
	璽彙 213.2154　戰國・楚 郛（孚）豨

郵

	秦印風 34 頁　戰國・秦 郵印

郚

	十擧 42.4　戰國・待考 𨚕（郚）齒
	璽彙 217.2203　戰國・齊 𨚕（郚）□
	陶錄 2・55・3　戰國・齊 繇巷□圖里𨚕（郚）齊

扈

	盛世 133　戰國・三晉 扈悌

郝

	風過耳 036　戰國・秦 郝（郝）蒼
	風過耳 038　戰國・秦 郝（郝）衷
	秦印風 57 頁　戰國・秦 郝（郝）氏

酆

	新封泥彙 0257　戰國・秦 酆丞
	秦新 2977　戰國・秦 取杜才（在）酆邱到濇

鄭

	鑒菁 10.18　戰國・三晉 鄭墜（地）
	秦印風 54 頁　戰國・秦 鄭夫=（大夫）
	璽彙 169.1618　戰國・三晉 鄭同
	璽彙 169.1622　戰國・三晉 鄭緐
	璽考 246.7　戰國・三晉 長鄭

郜

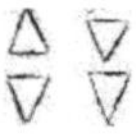	貨系 2277　戰國・三晉 郜
	貨系 2278　戰國・三晉 郜

邽

	新封泥彙 1900　戰國・秦 下邽
	新封泥彙 1910　戰國・秦 下邽右尉
	陶錄 6・310・1　戰國・秦 下邽
	陶錄 6・310・3　戰國・秦 下邽
	陶錄 6・310・4　戰國・秦 下邽
	陶錄 6・460・4　戰國・秦 上邽工明

部

	秦印風 133 頁　戰國・秦 趙部耈
	新封泥彙 1686　戰國・秦 緜者略部

郖

	璽彙 213.2146　戰國・三晉 郖崩（朏）
	璽彙 213.2147　戰國・三晉 郖戠
	璽彙 213.2149　戰國・三晉 郖左車

邛

	鶴廬 102.5　戰國・三晉 邛隼（觸）
	集釋 237.3　戰國・三晉 邛寍
	璽彙 210.2114　戰國・三晉 邛猲
	璽彙 210.2115　戰國・三晉 邛宂

邵

	珍戰 16　戰國・趙 邵（昭）陽都
	侯馬二〇三：九　春秋・三晉 邵埅（型）之[子孫]
	侯馬三：二三　春秋・三晉 邵埅（型）之孫=（子孫）

	侯馬一八五：二　春秋・三晉 邵壁（型）之孫=（子孫）
	侯馬一五六：二〇　春秋・三晉 邵埜（型）及丌（其）孫=（子孫）
	侯馬一五六：二一　春秋・三晉 邵壁（型）及丌（其）孫=（子孫）

鄈

	賓釋　戰國・待考 鄈□

鄥

	貨系 1935　戰國・趙 鄥
	三晉 77　戰國・趙 鄥
	三晉 77　戰國・趙 鄥
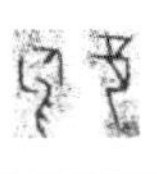	三晉 77　戰國・趙 鄥
	三晉 77　戰國・趙 鄥
	三晉 77　戰國・趙 鄥/二
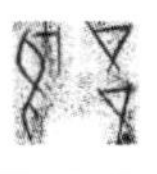	三晉 78　戰國・趙 鄥/六
	燕下都 249　戰國・趙 鄥
	燕下都 249　戰國・趙 鄥
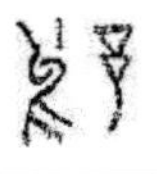	燕下都 249　戰國・趙 鄥

	巫咸・詛楚文・郭集　戰國・秦 及郱、長、婞
	亞駝・詛楚文・郭集　戰國・秦 及郱、長、婞

祁

	貨系 1840　戰國・趙 祁
	貨系 1841　戰國・趙 祁
	錢典 146　戰國・趙 祁
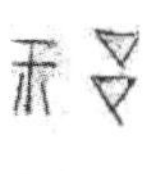	三晉 73　戰國・趙 祁

郱

	古萃 19.8　戰國・秦 鄿猤郱（郱）鉨（璽）
	古萃 72.3　戰國・待考 郱（邢）
	秦印風 120 頁　戰國・秦 郱（邢）
	璽彙 192.1901　戰國・齊 郱（邢）□
	西泠 2.4　戰國・三晉 郱（邢）丘癰
	璽彙 191.1890　戰國・三晉 郱（邢）耵
	璽彙 191.1891　戰國・三晉 郱（邢）謹
	璽類 211.11　戰國・待考 郱（邢）明

鄏

	新封泥彙 1993　戰國・秦 鄏丞之印

邾

	鑒菁 16.31　戰國・三晉 邾（朱）成
	盛世 097　戰國・三晉 司馬邾
	璽彙 165.1579　戰國・三晉 邾（朱）猛（猛）
	璽彙 166.1585　戰國・齊 邾（朱）佗
	璽彙 166.1590　戰國・齊 邾（朱）邦訐（信）鉨（璽）
	印展 25　戰國・三晉 邾（朱）冢
	陶錄 2・405・1　戰國・齊 丘齊辛里邾（朱）大心
	新齊 0577　戰國・齊 丘齊辛里邾（朱）大心

邡

	璽彙 206.2073　戰國・三晉 邡（方）痵
	璽彙 312.3341　戰國・三晉 邡（方）梁鉛

鄱

	璽彙 172.1660　戰國・三晉 鄱（潘）疰
	璽類 202.16　戰國・齊 鄱（潘）賣
	溫縣簡報 T1 坎 1：2182　春秋・三晉 鄱朔敢不悉＝（蒸蒸）覷（焉）中（忠）心事丌（其）宔（主）
	璽彙 17.0098　戰國・齊 罡（嶧）邾（鄱）夫＝（大夫）鉨（璽）

鄞

	璽彙 329.3545　戰國・楚 鄞閒

邴

	集釋 236.4　戰國・三晉 邴昌
	璽彙 209.2098　戰國・三晉 邴芊
	璽彙 218.2209　戰國・齊 邴亡（無）巳（已）

鄶

	陶錄 5・62・3　戰國・三晉、兩周 鄶
	陶錄 5・62・4　戰國・三晉、兩周 鄶則（朐）

邧

	璽彙 212.2135　戰國・三晉 邧（元）詔
	新璽 20　戰國・三晉 邧（元）子

鄒

	秦印風 215 頁　戰國・秦 劉鄒

邿

	璽彙 208. 2096　戰國・齊 邿（寺）醜
	印展 19　戰國・齊 邿齎

郎

	鑒菁 218. 附錄 6　戰國・趙 咎（皋）郎（狼）鄡（縣）南坿（府）
	秦印風 29 頁　戰國・秦 上林郎沱
	璽彙 9. 0049　戰國・趙 咎（皋）郎（狼）左翤（司馬）
	新封泥彙 0560　戰國・秦 郎中丞印
	新封泥彙 0567　戰國・秦 郎中西田
	新封泥彙 0593　戰國・秦 南宮郎丞
	印展 3　戰國・趙 咎（皋）郎（狼）牆（將）行

郯

	璽彙 32. 0190　戰國・燕 訟（容）成（城）都柶郯左

邪

	三晉 48　戰國・趙 邪/□
	三晉 48　戰國・趙 邪/主
	燕下都 196　戰國・趙 邪/刀
	燕下都 197　戰國・趙 邪/二
	燕下都 197　戰國・趙 邪/文
	璽彙 212. 2142　戰國・三晉 邪䆴（窨）

邾

	鑒菁 20. 38　戰國・楚 邾忒
	璽彙 206. 2066　戰國・楚 邾□
	璽彙 206. 2068　戰國・楚 邾□
	陶錄 2・237・2　戰國・齊 蒦圆匋（陶）里邾達
	陶錄 2・237・4　戰國・齊 蒦圆匋（陶）里邾達
	陶錄 5・108・1　戰國・三晉、兩周 邾司工

郭

	風過耳 031　戰國・秦 郭免

	秦印風 105 頁　戰國・秦 郭黿
	秦印風 172 頁　戰國・秦 郭鶩
	秦印風 227 頁　戰國・秦 郭目

郇

	集釋 234.14　戰國・三晉 郇（句）豖
	璽彙 205.2058　戰國・三晉 郇（句）瘀
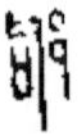	璽彙 205.2061　戰國・三晉 郇（句）涓
	璽彙 206.2063　戰國・三晉 郇（句）閒
	陶錄 2・33・3　戰國・齊 郇（句）市

邱

	璽彙 217.2201　戰國・齊 邱賜
	秦新 2977　戰國・秦 取杜才（在）酆邱到潏

郲

	鶴廬 103.6　戰國・三晉 郲（裘）塙
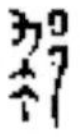	璽彙 209.2104　戰國・三晉 郲（裘）參
	璽彙 217.2204　戰國・齊 郲（裘）疆

郱

	璽彙 194.1926　戰國・三晉 郱（并）蒼

郻

	璽類 206.12　戰國・待考 郻□訐（信）鈢（璽）

郙

	璽彙 39.0232　戰國・齊 璋□郙□訐（信）鈢（璽）

邒*

	璽彙 175.1691　戰國・三晉 邒（丁）湶（滕）

邝*

	璽彙 218.2212　戰國・三晉 邝公子耳

邟*

	貨系 1211　戰國・趙 鄤邟
	貨系 1212　戰國・趙 鄤邟
	侯馬一：四八　春秋・三晉 邟□敢不半（披）丌（其）□心目（以）事丌（其）宔（主）

邞*

	集釋 179.2　戰國・三晉 固陽邞□

⿰土阝*

	吉金 184.6　戰國・待考 ⿰土阝（土）聯
	璽彙 173.1667　戰國・燕 ⿰土阝（土）滕（滕）

⿰弋阝*

	貨系 2203　戰國・趙 ⿰弋阝（代）/一半
	貨系 2204　戰國・趙 ⿰弋阝（代）
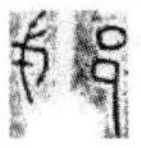	貨系 2205　戰國・趙 ⿰弋阝（代）/一半
	貨系 2206　戰國・趙 ⿰弋阝（代）/一半
	貨系 2207　戰國・趙 ⿰弋阝（代）/一半
	貨系 2209　戰國・趙 ⿰弋阝（代）/一半
	貨系 2211　戰國・趙 ⿰弋阝（代）/一半
	錢典 45　戰國・趙 ⿰弋阝（代）/一半
	錢典 48　戰國・趙 ⿰弋阝（代）/一半
	三晉 119　戰國・趙 ⿰弋阝（代）
	鶴廬 117.3　戰國・三晉 ⿰弋阝（代）志
	璽彙 1.0002　戰國・楚 ⿰弋阝（弋）易（陽）君鉨（璽）
	璽彙 16.0096　戰國・趙 ⿰弋阝（代）弜（強）弩後酒（將）

邢*

	二十 110.二-SP-0469　戰國・齊 不⿱艹⿱圭虫（邢）坤（市）鑍暘（唐）攻（工）帀（師）鉨（璽）
	二十 148.二-GP-0085　戰國・楚 ⿱穴魚邪京鉨（璽）
	古萃 4.4　戰國・齊 不⿱艹⿱圭虫（邢）坤（市）鑍
	集釋 262.4　戰國・三晉 邳（邢）痀
	書璽 339　戰國・齊 不⿱艹⿱圭虫（邢）坤（市）鑍
	璽彙 210.2111　戰國・楚 邢□
	璽彙 210.2112　戰國・楚 邢故訐（信）鉨（璽）
	璽彙 210.2113　戰國・三晉 邳（邢）⿰犭易
	璽類 379.7　戰國・齊 不⿱⺮⿱圭虫（邢）坤（市）鑍
	篆彙 1487.8　戰國・待考 邢邦訐（信）鉨（璽）
	陶錄 2・32・1　戰國・齊 不⿱艹⿱圭虫（邔）坤（市）鑍
	陶錄 2・32・3　戰國・齊 不⿱艹⿱圭虫（邔）市鑍
	陶錄 2・33・1　戰國・齊 不⿱艹⿱圭虫（邔）市鑍
	新齊 0355　戰國・齊 不⿱艹⿱圭虫（邔）市鑍

	新齊 0356　戰國・齊 不薹（邧）坾（市）鑿

⿰及阝*

	璽彙 211.2124　戰國・三晉 ⿰及阝（汲）⿸疒尭

⿰勺阝*

	鑒菁 17.33　戰國・楚 ⿰勺阝（趙）臣
	璽類 60.6　戰國・楚 ⿰勺阝（趙）⿱旦又（得）

⿰如阝*

	璽彙 221.2242　戰國・燕 ⿰如阝得

邔*

	璽彙 209.2108　戰國・三晉 邔（弓）俞頭
	璽彙 210.2110　戰國・三晉 邔（弓）中
	珍戰 107　戰國・三晉 邔（弓）申

祁*

	集釋 240.3　戰國・三晉 祁□
	璽彙 213.2153　戰國・三晉 祁迲（去）疾

⿰而阝*

	港續 56.79　戰國・待考 ⿰而阝恆

⿰比阝*

	侯馬九二：三〇　春秋・三晉 ⿰比阝（比）⿸疒尭之子[孫]
	侯馬九三：一　春秋・三晉 中都⿰比阝（比）□
	侯馬一〇五：二　春秋・三晉 入于中行寅及⿰比阝（比）□
	侯馬一六：三八　春秋・三晉 ⿰比阝（比）⿸疒尭之孫=（子孫）

⿰壬阝*

	港續 42.52　戰國・待考 ⿰壬阝（任）□
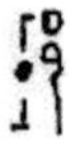	古萃 51.7　戰國・三晉 ⿰壬阝（任）□
	璽彙 205.2054　戰國・三晉 ⿰壬阝（任）裳
	璽彙 205.2056　戰國・齊 ⿰壬阝（任）⿸疒惠

⿰毛阝*

	璽彙 210.2118　戰國・三晉 ⿰毛阝(毛）遇
	璽彙 210.2119　戰國・三晉 ⿰毛阝(毛）義
	璽彙 210.2120　戰國・三晉 ⿰毛阝(毛）娃

邬*

	璽彙 220.2238　戰國・三晉 郮（曲）邬（郇）守

邻*

	陶錄 5・12・1　戰國・三晉、兩周 肙（尹）邻

郈*

	陶錄 6・23・3　戰國・秦 咸郿里郈

郝*

	璽彙 22.0130　戰國・楚 郝（六）行府（府）之鉨（璽）

邦*

	璽彙 215.2176　戰國・三晉 邦（尹）脽

邺*

	湖印 40.5　戰國・楚 邺（越）朝
	璽彙 219.2218　戰國・齊 邺（越）豫之
	璽彙 513.5646　戰國・齊 子邺（越）

邳*

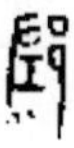	璽彙 171.1653　戰國・三晉 邳（左）貴
	璽彙 172.1654　戰國・三晉 邳（左）愲褱

邰*

	新封泥彙 2401　戰國・秦 邰卿

邱*

	璽彙 11.0061　戰國・燕 酈邱都右司馬
	璽彙 20.0120　戰國・燕 酈邱都尸（尉）

郟*

	璽彙 215.2180　戰國・三晉 郟（英）朸（勝）
	璽彙 215.2181　戰國・三晉 郟（英）習

郙*

	篆彙 1513.7　戰國・燕 郙里都尸（尉）

郋*

	璽彙 213.2150　戰國・三晉 郋（白）痯
	璽彙 213.2151　戰國・三晉 郋（白）聖
	璽彙 213.2152　戰國・三晉 郋（白）犢

邰*

	璽彙 217.2195　戰國・齊 邰正里
	璽彙 217.2196　戰國・齊 邰蘆（蘆）
	璽類 16.15　戰國・待考 邰匑

⿰弗阝*

	貨系 557　戰國・三晉、周王畿 ⿰弗阝釿
	貨系 559　戰國・三晉、周王畿 ⿰弗阝釿/文
	先秦編 142　戰國・三晉、周王畿 ⿰弗阝釿
	璽彙 211.2126　戰國・三晉 ⿰弗阝（弗）茵（菱）
	侯馬八六：一　春秋・三晉 ⿰弗阝詨之孫=（子孫）
	侯馬三：二七　春秋・三晉 ⿰弗阝詨之孫=（子孫）
	侯馬三：二三　春秋・三晉 ⿰弗阝詨之孫=（子孫）
	侯馬三：二一　春秋・三晉 ⿰弗阝詨之孫=（子孫）
	侯馬一九四：一一　春秋・三晉 ⿰弗阝詨之孫=（子孫）
	侯馬一五六：二三　春秋・三晉 ⿰弗阝詨及丌（其）孫=（子孫）

⿰疋阝*

	貨系 2468　戰國・趙 ⿰疋阝陽/厶•兩
	貨系 2480　戰國・趙 ⿰疋阝與/十二朱
	璽彙 218.2206　戰國・齊 ⿰疋阝（疋）□

⿰出阝*

	國輯 15.4　戰國・三晉 鄚（范）□
	盛世 104　戰國・三晉 ⿰出阝（范）脨（脊）尔（鉩）
	璽彙 214.2167　戰國・三晉 鄚（范）選
	璽彙 214.2169　戰國・三晉 ⿰出阝（范）羝
	璽彙 215.2170　戰國・三晉 ⿰出阝（范）堂（上）
	續齊 35.3　戰國・三晉 鄚（范）壬

郕*

	燕下都 281　戰國・周王畿 郕

邸*

	集釋 278.6　戰國・三晉 邸留

⿰亙阝*

	陝新 87.556　戰國・待考 ⿰亙阝（恆）□
	璽彙 212.2136　戰國・三晉 ⿰亙阝（恆）洀

郘*

	璽彙 171.1642　戰國・三晉 郘（呂）肥
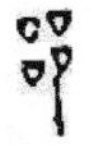	璽類 211.3　戰國・三晉 郘（呂）瘁
	玉存 18.103　戰國・三晉 郘（呂）慶
	珍戰 87　戰國・三晉 郘（呂）章

⿰曲阝*

	貨系 2465　戰國・趙 上⿰曲阝（曲）陽/廿•兩
	貨系 2466　戰國・趙 下⿰曲阝（曲）陽/兩
	貨系 2467　戰國・趙 下⿰曲阝（曲）陽/十一•十二朱
	璽彙 220.2238　戰國・三晉 ⿰曲阝（曲）郛（郇）守

郱*

	集印卷六 25.6　戰國・待考 郱箴
	陶錄 5・54・1　戰國・三晉、兩周 郱公
	陶錄 5・54・2　戰國・三晉、兩周 郱公

⿰兆阝*

	璽彙 217.2194　戰國・齊 ⿰兆阝補

⿰各阝*

	璽彙 211.2128　戰國・三晉 ⿰各阝學
	珍戰 20　戰國・待考 ⿰各阝（郚）坿（府）

⿰向阝*

	貨系 2280　戰國・魏 ⿰向阝

⿰豕阝*

	璽彙 219.2223　戰國・三晉 ⿰豕阝餡

⿰宋阝*

	璽彙 217.2197　戰國・齊 ⿰宋阝慵
	璽彙 217.2198　戰國・齊 ⿰宋阝何

⿰守阝*

	璽彙 219.2219　戰國・齊 ⿰守阝（守）臧

郊*

	貨系 2089　戰國・待考 郊（安）陽

祁*

	侯馬八五：八　春秋・三晉 祁覵敢不閈（披）丌（其）復（腹）心 目（以）事丌（其）宔（主）

⿰王阝*

	新齊 0333　戰國・齊 □□⿰王阝釜（釜）

部*

	秦範卷三 14.2　戰國・三晉 長部
	璽彙 213.2156　戰國・三晉 部從
	璽彙 214.2160　戰國・三晉 部胙
	璽彙 214.2163　戰國・三晉 部亡（無）墬（地）
	璽彙 515.5666　戰國・三晉 部赤
	璽類 350.4　戰國・三晉 部志
	璽類 467.6　戰國・三晉 部軚
	欒只 25.4　戰國・三晉 部直

⿰尸阝*

	印展 23　戰國・三晉 ⿰尸阝（尸）飸（館）

⿰弓阝*

	璽彙 216.2184　戰國・齊 ⿰弓阝（強）逐

⿰車阝*

	璽彙 194.1928　戰國・齊 ⿰車阝（車）癠
	陶錄 4・29・1　戰國・燕 右宮⿰車阝

⿰⿷匚古阝*

	璽彙 185.1812　戰國・三晉 事（史）⿰⿷匚古阝
	璽彙 280.2960　戰國・三晉 甹（平）⿰⿷匚古阝

⿰杢阝*

	鑒菁 9.17　戰國・三晉 ⿰杢阝（杜）鈌
	璽類 211.6　戰國・三晉 ⿰杢阝（杜）帬

⿰土阝*

	璽彙 211.2125　戰國・三晉 監⿰土阝

挪*

	璽彙 219.2227　戰國・韓 挪（制）𠂤（司空）
	陶錄 5・50・3　戰國・三晉、兩周 挪
	陶錄 5・50・5　戰國・三晉、兩周 挪
	陶錄 5・50・6　戰國・三晉、兩周 挪

郥*

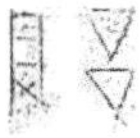	貨系 2250　戰國・三晉 郥
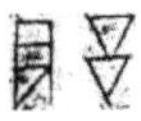	貨系 2251　戰國・三晉 郥
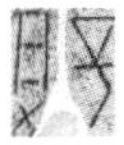	三晉 126　戰國・三晉 郥

郮*

	璽彙 215.2179　戰國・楚 郮才
	璽彙 336.3624　戰國・楚 郮鼻
	璽類 55.7　戰國・楚 郮徣

郹*

	璽彙 220.2240　戰國・燕 郹（吳）纕

郋*

	璽彙 281.2969　戰國・三晉 肙郋
	侯馬八八：一　春秋・三晉 而敢又（有）志復郋（趙）尼[及]比痜之子孫

郢*

	璽彙 218.2216　戰國・燕 郢□
	璽類 210.2　戰國・待考 郢戒厶（私）坸（璽）

郐*

	鑒菁 9.16　戰國・三晉 郐（徐）適
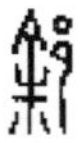	璽彙 195.1941　戰國・三晉 郐（徐）軳（範）
	璽彙 196.1945　戰國・齊 郐（徐）逐
	璽彙 197.1954　戰國・齊 郐（徐）膳訐（信）鉨（璽）
	璽彙 197.1957　戰國・齊 郐（徐）□訐（信）鉨（璽）
	璽彙 218.2210　戰國・三晉 郐（徐）居
	璽類 483.5　戰國・齊 郐（徐）成
	玉萃 17.1　戰國・齊 郐（徐）斁
	陶錄 2・284・1　戰國・齊 □里郐（徐）□

	印戰 12.5　戰國・燕 鄒（易）都吳（虞）

⿰非阝*

	先秦編 463　戰國・燕 ⿰非阝刀

⿰虎阝*

	侯馬四九：二　春秋・三晉 ⿰虎阝繯敢不閈（披）亓（其）復（腹）心目（以）事亓（其）宔（主）

⿰肥阝*

	璽彙 306.3273　戰國・三晉 ⿰肥阝（肥）兔

郲*

	集釋 278.7　戰國・三晉 郲絹（綰）

⿰禾阝*

	璽彙 190.1879　戰國・三晉 ⿰禾阝（和）㒸

郤*

	璽彙 212.2139　戰國・三晉 郤（原）壬

郠*

	璽彙 219.2228　戰國・三晉 郠娶

邰*

	風過耳 149　戰國・秦 邰（閭）丙
	風過耳 250　戰國・秦 郘（閭）柏

⿰侖阝*

	錢典 252　戰國・韓 ⿰侖阝（綸）氏
	書璽 648　戰國・韓 ⿰侖阝（綸）氏

⿰舍阝*

	秦印風 153 頁　戰國・秦 ⿰舍阝
	秦印風 227 頁　戰國・秦 陽成⿰舍阝

鄑*

	璽彙 1.0004　戰國・三晉 鄑襄君
	璽類 82.8　戰國・三晉 鄑采柤（梋）户（尉）

⿰卒阝*

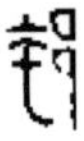	璽彙 185.1815　戰國・三晉 ⿰卒阝旻（得）

⿰夜阝*

	璽彙 45.0265　戰國・齊 ⿰夜阝（掖）坣𡖖鉨（璽）

郿*

	璽彙 31.0182　戰國・秦 咸郿里竭
	秦新 1530　戰國・秦 咸亭郿里絭器
	秦新 1531　戰國・秦 咸亭郿里芮器
	秦新 1538　戰國・秦 咸郿里善
	秦新 1542　戰國・秦 咸郿里致
	秦新 1596　戰國・秦 咸郿里傴
	秦新 1610　戰國・秦 咸郿□□
	秦新 2711　戰國・秦 咸郿里逋
	陶錄 6・10・2　戰國・秦 咸郿里駔
	陶錄 6・10・4　戰國・秦 咸郿里駔
	陶錄 6・14・1　戰國・秦 咸郿里夸
	陶錄 6・17・1　戰國・秦 咸郿里貝
	陶錄 6・17・4　戰國・秦 咸郿里趌
	陶錄 6・18・1　戰國・秦 咸郿里趌
	陶錄 6・18・2　戰國・秦 咸郿里趌

	陶錄 6・18・3　戰國・秦 咸郿里趌
	陶錄 6・19・2　戰國・秦 咸郿里害
	陶錄 6・20・1　戰國・秦 咸郿小有
	陶錄 6・20・2　戰國・秦 咸郿小有
	陶錄 6・21・3　戰國・秦 咸郿里齰
	陶錄 6・21・4　戰國・秦 咸郿里齰
	陶錄 6・22・1　戰國・秦 咸郿里角
	陶錄 6・22・2　戰國・秦 咸郿里倖
	陶錄 6・22・4　戰國・秦 咸郿里泰
	陶錄 6・24・1　戰國・秦 咸郿里紀
	陶錄 6・24・2　戰國・秦 咸郿里壯
	陶錄 6・24・4　戰國・秦 咸郿里綏
	陶錄 6・25・1　戰國・秦 咸郿里彊
	陶錄 6・26・4　戰國・秦 咸郿里竭
	陶錄 6・29・3　戰國・秦 咸郿里臺

⿰朿阝*

	璽彙 209.2101　戰國・三晉 ⿰朿阝隼（觿）
	璽彙 209.2102　戰國・三晉 ⿰朿阝喜
	璽彙 209.2103　戰國・三晉 ⿰朿阝麀（五鹿）

⿰⿱刅木阝*

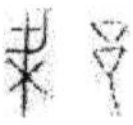	貨系 2151　戰國・魏 ⿰⿱刅木阝（梁）
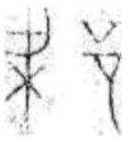	貨系 2152　戰國・魏 ⿰⿱刅木阝（梁）
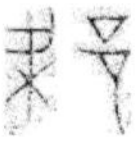	貨系 2153　戰國・魏 ⿰⿱刅木阝（梁）
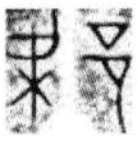	貨系 2155　戰國・魏 ⿰⿱刅木阝（梁）
	貨系 2156　戰國・魏 ⿰⿱刅木阝（梁）
	貨系 2157　戰國・魏 ⿰⿱刅木阝（梁）
	貨系 2158　戰國・魏 ⿰⿱刅木阝（梁）
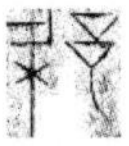	貨系 2165　戰國・魏 ⿰⿱刅木阝（梁）
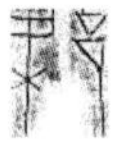	貨系 2174　戰國・魏 ⿰⿱刅木阝（梁）

⿰⿸厂心阝*

	璽彙 309.3304　戰國・三晉 ⿰⿸厂心阝勳（勝）

⿰⿱東土阝*

	陶録 2・553・3　戰國・齊 東酷里⿰⿱東土阝奭
	陶録 2・553・4　戰國・齊 東酷里⿰⿱東土阝奭

⿰胡阝*

	璽彙 218.2214　戰國・三晉 ⿰胡阝（胡）疛

⿰皇阝*

	新封泥彙 0441　戰國・秦 ⿰皇阝采金丞
	新封泥彙 0443　戰國・秦 ⿰皇阝采金丞
	秋淵・詛楚文・郭集　戰國・秦 述（遂）取⿰彳吾（吾）邊城新⿰皇阝
	巫咸・詛楚文・郭集　戰國・秦 述（遂）取⿰彳吾（吾）邊城新⿰皇阝
	亞駝・詛楚文・郭集　戰國・秦 述（遂）取⿰彳吾（吾）邊城新⿰皇阝

⿰負阝*

	貨系 188　戰國・待考 ⿰負阝
	貨系 1873　戰國・待考 ⿰負阝
	貨系 1875　戰國・待考 ⿰負阝
	貨系 1877　戰國・待考 ⿰負阝

	貨系 1878　戰國・待考 郞
	貨系 1879　戰國・待考 郞
	貨系 1885　戰國・待考 郞
	錢典 179　戰國・待考 郞
	三晉 122　戰國・待考 郞
	三晉 122　戰國・待考 郞

⿰重阝*

	集釋 233.64　戰國・三晉 ⿰重阝（董）乔
	璽彙 200.1999　戰國・三晉 ⿰重阝（董）庚
	璽彙 201.2006　戰國・三晉 ⿰重阝（董）謹
	璽彙 201.2008　戰國・三晉 ⿰重阝（董）身
	璽彙 202.2018　戰國・三晉 ⿰重阝（董）砙
	璽彙 202.2025　戰國・三晉 ⿰重阝（董）泪
	珍戰 71　戰國・三晉 ⿰重阝（董）息
	陶錄 5・23・4　戰國・三晉、兩周 ⿰重阝（董）□
	侯馬九六：八　春秋・三晉 甘（邯）[鄲]⿰重阝（董）政之孫
	侯馬叢考續　春秋・三晉 軌（韓）宊、肖（趙）韶、閔（藺）重、⿰重阝（董）□
	侯馬七九：九　春秋・三晉 ⿰重阝（董）癰
	侯馬三：二四　春秋・三晉 甘（邯）鄲⿰重阝（董）政之孫=（子孫）
	侯馬三：二五　春秋・三晉 ⿰重阝（董）雎及孫=（子孫）
	侯馬一七九：一三　春秋・三晉 ⿰重阝（董）癰及丌（其）[子孫]
	侯馬一五六：二九　春秋・三晉 ⿰重阝（董）正（政）[及]孫=（子孫）
	侯馬一五六：二六　春秋・三晉 𨚗=（邯鄲）⿰重阝（董）政之孫=（子孫）
	侯馬一五六：二四　春秋・三晉 邯鄲⿰重阝（董）政孫=（子孫）
	侯馬一五六：二五　春秋・三晉 邯鄲⿰重阝（董）政及丌（其）孫=（子孫）
	侯馬一五六：二一　春秋・三晉 ⿰重阝（董）癰及丌（其）孫=（子孫）
	新出研 WT4　K6：250　春秋・三晉 趙朝、閔（藺）綽、⿰重阝（董）政、敝（麻）戲及群則（賊）夫所不狷[者]
	新出研 WT4　K6：315　春秋・三晉 ⿰重阝（董）政

⿰亮阝*

	璽彙 175.1697　戰國・三晉 ⿰亮阝（亮）遊
	璽彙 175.1698　戰國・三晉 ⿰亮阝（亮）皐

⿰幸阝*

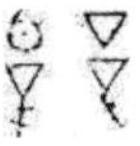	貨系 2213　戰國・趙 ⿰幸阝
	貨系 2214　戰國・趙 ⿰幸阝
	貨系 2217　戰國・趙 ⿰幸阝
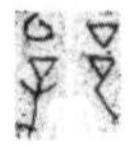	三晉 120　戰國・趙 ⿰幸阝
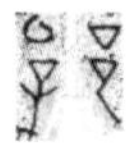	三晉 120　戰國・趙 ⿰幸阝

鄧*

	新齊 1028　戰國・齊 豆里人鄧

⿰柰阝*

	古萃 19.8　戰國・秦 ⿰柰阝猤埶（邦）鉨（璽）
	璽彙 79.0541　戰國・三晉 王⿰柰阝
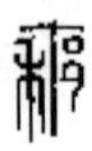	璽彙 132.1177　戰國・三晉 吳⿰柰阝

⿰叀阝*

	璽彙 26.0152　戰國・齊 ⿰叀阝坤（市）帀（師）鉨（璽）
	璽類 194.1　戰國・齊 ⿰叀阝□之鉨（璽）

⿰龠阝*

	璽彙 49.0288　戰國・楚 ⿰龠阝□洰傳鉨（璽）

⿰素阝*

	璽彙 211.2130　戰國・三晉 ⿰素阝（素）疟

⿰虘阝*

	璽彙 220.2239　戰國・齊 ⿰虘阝齒忓（信）鉨（璽）

⿰埶阝*

	新出研 WT1　K1：3105　春秋・三晉 癋才⿰埶阝敢不怸₌（蒸蒸）焉忠₌（忠心） 事丌（其）宔（主）

⿰旹阝*

	璽彙 220.2231　戰國・三晉 ⿰旹阝（時）馬重（童）

⿰㐺阝*

	先印 28.3　戰國・楚 ⿰土昜（陽）⿰㐺阝之述（遂）

⿰系阝*

	璽彙 208.2089　戰國・三晉 ⿰系阝（狄）□
	璽彙 319.3425　戰國・燕 ⿰系阝（狄）安
	璽類 256.13　戰國・三晉 ⿰系阝（狄）疕

鄱*

	集釋 257.22　戰國・三晉 鄱丹

旟*

	陶錄 2・386・1　戰國・齊 楚章巷蔵（苴）里旟
	陶錄 2・386・2　戰國・齊 楚章巷蔵（苴）里旟

鄫*

	璽彙 168.1613　戰國・三晉 鄫（曹）玥（五月）
	璽彙 168.1614　戰國・三晉 鄫（曹）紽
	璽彙 168.1616　戰國・三晉 鄫（曹）逸津
	璽類 216.15　戰國・三晉 鄫（曹）逸鄢（縣）

鄙*

	湖印 40.2　戰國・齊 鄙攻（工）帀（師）鍒（璽）
	璽彙 82.0577　戰國・齊 王鄙

鄀*

	璽考 147.3　戰國・楚 鄀（著）君之□

鄷*

	貨系 1210　戰國・趙 鄷邡

鄻*

	秦新 2214　戰國・秦 鄻

鄸*

	璽彙 129.1139　戰國・三晉 高鄸（鄵）官

郛*

	璽彙 193.1912　戰國・三晉 郛（采）陞<陞（升）>
	璽彙 193.1915　戰國・三晉 郛（采）□漆（淶）

鄦*

	秦印風 228 頁　戰國・秦 鄦（魚）嬰
	璽彙 207.2083　戰國・三晉 鄦（魚）豫
	璽類 215.12　戰國・三晉 鄦（魚）目
	璽類 215.13　戰國・待考 鄦（魚）酉

鄳*

	貨系 1981　戰國・魏 鄳氏

	貨系 1984 戰國・魏 鄂氏
	三晉 100 戰國・魏 鄂氏
	三晉 100 戰國・魏 鄂氏
	三晉 100 戰國・魏 鄂氏
	三晉 100 戰國・魏 鄂氏
	三晉 99 戰國・魏 鄂氏
	燕下都 271 戰國・魏 鄂氏

⿰糸阝*

	貨系 2460 戰國・趙 亡（無）⿰糸阝（終）/十二朱•十三
	三晉 135 戰國・趙 亡（無）⿰糸阝（終）
	璽彙 212.2138 戰國・三晉 ⿰糸阝（終）蒦

⿰⿱缶車阝*

	盛世 131 戰國・三晉 ⿰⿱缶車阝（寶）鮭
	璽彙 206.2070 戰國・三晉 ⿰⿱缶車阝（寶）參
	璽彙 206.2072 戰國・三晉 ⿰⿱缶車阝（寶）胉

⿰蒐阝*

	珍戰 149 戰國・齊 ⿰蒐阝厺

⿰品阝*

	璽彙 215.2177 戰國・齊 ⿰品阝胥

⿰菐阝*

	珍戰 140 戰國・楚 ⿰菐阝（濮）昜（陽）訐（信）鈢（璽）

閭*

	璽彙 482.5330 戰國・齊 閭

⿰焦阝*

	集釋 235.10 戰國・三晉 ⿰焦阝（焦）赤
	璽彙 207.2077 戰國・三晉 ⿰焦阝（焦）肉

⿰畱阝*

	璽彙 211.2132 戰國・三晉 ⿰畱阝讓

⿰茍阝*

	集釋 238.9 戰國・三晉 ⿰茍阝（苟）習

鄗*

	貨系 1815　戰國・韓 鄗
	貨系 1831　戰國・韓 鄗
	貨系 1832　戰國・韓 鄗
	貨系 1834　戰國・韓 鄗
	貨系 1837　戰國・韓 鄗/十
	三晉 80　戰國・韓 鄗
	三晉 80　戰國・韓 鄗
	三晉 80　戰國・韓 鄗
	三晉 80　戰國・韓 鄗
	三晉 80　戰國・韓 鄗
	三晉 80　戰國・韓 鄗
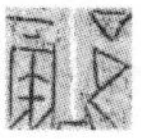	三晉 80　戰國・韓 鄗
	三晉 81　戰國・韓 鄗/二

縊*

	璽彙 211.2122　戰國・三晉 縊（欒）柅（楚）
	璽彙 211.2123　戰國・三晉 縊（欒）諭

鄷*

	璽彙 191.1884　戰國・三晉 鄷（禮）歇

鄺*

	璽彙 209.2106　戰國・三晉 鄺瘍
	璽彙 209.2107　戰國・三晉 鄺武

鄡*

	鑒菁 218. 附錄 6　戰國・趙 咎（皋）郎（狼）鄡（縣）南坿（府）
	璽彙 185.1814　戰國・三晉 鄡（縣）史（吏）
	璽彙 193.1906　戰國・齊 鄡氏鉨（璽）
	璽類 216.15　戰國・三晉 鄫（曹）逸鄡（縣）

鄬*

	璽彙 221.2243　戰國・三晉 鄬（帚）痣

鄨*

	璽彙 211.2129　戰國・三晉 鄨（繁）昃

鄢*

	湖印 39.8　戰國・三晉 鄢□

鄌*

	璽彙 167.1599　戰國・燕 鄌（齊）市
	璽彙 167.1600　戰國・燕 鄌（齊）□
	璽彙 167.1603　戰國・三晉 鄌（齊）餡
	璽彙 168.1609　戰國・三晉 鄌（齊）賢
	璽彙 221.2248　戰國・齊 芒鄌
	璽彙 508.5582　戰國・燕 鄌（齊）伏

駉*

	璽彙 212.2143　戰國・三晉 駉（駒）直

鄱*

	璽彙 61.0352　戰國・齊 獏（貘）鄱韰（鄂）丘鄡（縣）昌里坿（府）
	璽彙 212.2141　戰國・三晉 鄱（潘）受

鄙*

	璽彙 15.0086　戰國・燕 鄙邱都司工（空）

鄶*

	璽彙 167.1596　戰國・三晉 鄶（魯）軥（駕）
	璽考 289.3　戰國・三晉 鼉鄶
	璽類 218.10　戰國・三晉 長鄶

鄉*

	陶錄 2・390・1　戰國・齊 楚章巷萳里鄉
	陶錄 2・390・2　戰國・齊 楚章巷萳里鄉

鄘*

	璽彙 35.0209　戰國・待考 鄘（鄘）坴（陵）之鉨（璽）

鄭*

	璽彙 212.2140　戰國・三晉 鄭（荀）痦

嚴*

	璽彙 218.2213　戰國・三晉 嚴（嚴）勑

鄦*

	貨系 2485　戰國・趙 鄦/十二•十二朱

⿰雝阝*

	璽彙 216.2182　戰國・三晉 監⿰雝阝（雝）
	璽彙 216.2183　戰國・三晉 ⿰雝阝（雝）辿（之）

⿰齊阝*

	貨系 2496　戰國・齊 ⿰齊阝邦
	齊幣 300　戰國・齊 ⿰齊阝夻（大）𠩵（刀）
	璽彙 341.3682　戰國・齊 ⿰齊阝□

⿰鑄阝*

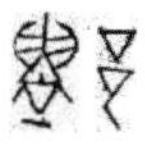	貨系 2264　戰國・三晉 ⿰鑄阝（鑄）
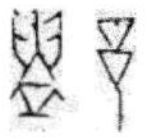	貨系 2265　戰國・三晉 ⿰鑄阝（鑄）
	貨系 2267　戰國・三晉 ⿰鑄阝（鑄）
	錢典 313　戰國・三晉 ⿰鑄阝（鑄）
	錢典 314　戰國・三晉 ⿰鑄阝（鑄）
	三晉 117　戰國・三晉 ⿰鑄阝（鑄）
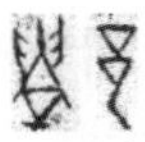	三晉 117　戰國・三晉 ⿰鑄阝（鑄）

𨛜

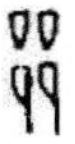	港續 57.81　戰國・待考 𨛜（巷）鼓
	璽彙 208.2094　戰國・三晉 𨛜（巷）□
	印展 27　戰國・三晉 𨛜（巷）瘍

鄉

	秦印風 29 頁　戰國・秦 宜野鄉印
	秦印風 30 頁　戰國・秦 櫟陽鄉印
	秦印風 37 頁　戰國・秦 谿鄉
	陶錄 6・415・4　戰國・秦 南鄉之市
	陶錄 7・10・6　戰國・待考 鄉

巷

	璽彙 33.0196　戰國・齊 輤巷右敀
	璽彙 191.1882　戰國・待考 巷金
	璽類 219.11　戰國・待考 巷□
	秦新 2352　戰國・秦 左巷
	陶錄 2・161・4　戰國・齊 繇巷東匋（陶）里績

	陶錄 2・370・4　戰國・齊 楚章巷蔵（莒）里始（始）
	陶錄 2・373・1　戰國・齊 楚章巷蔵（莒）里始（始）
	陶錄 2・382・3　戰國・齊 楚章巷蘬里瞀
	陶錄 2・387・1　戰國・齊 楚章巷蔵（莒）里閑
	陶錄 2・50・1　戰國・齊 黍郡巷臧里王徇貽
	陶錄 2・50・2　戰國・齊 黍郡巷臧里□□□
	陶錄 2・55・1　戰國・齊 繇巷□里圚（滿）齎
	陶錄 2・672・3　戰國・齊 楚章巷蔵（莒）里賞
	陶錄 2・683・2　戰國・齊 楚章巷蔵（莒）里賹
	陶錄 2・92・1　戰國・齊 繇巷大匋（陶）里牙
	陶錄 2・99・3　戰國・齊 繇巷大匋（陶）里□
	夕藏 Ⅱ 04-1-1　戰國・齊 楚章巷蔵（莒）里恂（怡）
	夕藏 Ⅱ 04-1-3　戰國・齊 楚章巷蔵（莒）里恂（怡）
	夕藏 Ⅱ 05-22-1　戰國・齊 繇巷大匋（陶）里癸
	夕藏 Ⅱ 05-36-2　戰國・齊 繇巷大匋（陶）里□
	新齊 0975　戰國・齊 黍郡巷臧里王徇貽

卷七

日

	貨系 2633 背　戰國・齊 齊夻（大）朊（刀）/日
	齊幣 197 背　戰國・齊 齊夻（大）朊（刀）/日
	齊幣 63 背　戰國・齊 節（即）䣊（墨）之夻（大）朊（刀）/日
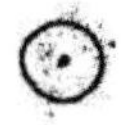	齊幣 64 背　戰國・齊 節（即）䣊（墨）之夻（大）朊（刀）/日
	齊幣 99 背　戰國・齊 安昜（陽）之夻（大）朊（刀）/日
	二十 145. 二-GP-0062　戰國・齊 日司徒
	風過耳 343　戰國・秦 日敬毋治
	風過耳 344　戰國・秦 日敬毋治
	秦印風 240 頁　戰國・秦 日敬毋治
	秦印風 240 頁　戰國・秦 日敬毋治
	璽彙 443. 4888　戰國・秦 日敬毋治
	璽彙 445. 4907　戰國・待考 丁日日心
	璽考 66. 3　戰國・齊 日里□
	新璽 27　戰國・待考 可目（以）正日
	陶録 1・67・3　戰國以前・待考 日
	陶録 1・67・4　戰國以前・待考 日
	陶録 4・53・2　戰國・燕 匋（陶）攻（工）日
	陶録 5・69・5　戰國・三晉、兩周 匋（陶）日
	陶録 6・274・1　戰國・秦 日
	陶録 6・287・2　戰國・秦 日
	新齊 1409　戰國・齊 日
	新齊 1410　戰國・齊 日
	秦駰玉版研究　戰國・秦 句（苟）令小子駰之病日复
	繹山刻石・秦銘刻選　秦代 功戰日作

時

	秦印風 172 頁　戰國・秦 王毋時
	盛世 228　戰國・待考 李時

	陶錄 7・15・6　戰國・待考 □時□□
	車工・石鼓文・郭集　春秋・秦 即避（吾）即時
	繹山刻石・秦銘刻選　秦代 經時不久
	璽彙 398.4343　戰國・三晉 旻（得）峕（時）
	璽類 298.2　戰國・待考 峕（時）相女（如）

早

	新出研 WT1　K14：867　春秋・三晉 𣅿（早）意（諦）䀹（視）之

昧

	璽彙 309.3303　戰國・三晉 姜昧
	陶錄 6・32・4　戰國・秦 咸郘里昧
	泰山刻石・秦銘刻選　秦代 丞相臣斯、臣去疾、御史夫₌（大夫）臣德昧死言
	泰山刻石・秦銘刻選　秦代 臣昧死請
	繹山刻石・秦銘刻選　秦代 丞相臣斯、臣去疾、御史夫₌（大夫）臣德昧死言
	繹山刻石・秦銘刻選　秦代 臣昧死請

昭

	秦印風 210 頁　戰國・秦 顔（顏）昭
	新齊 0279　戰國・齊 □昭（昭）
	泰山刻石・秦銘刻選　秦代 昭隔內外

晉

	貨系 1421　戰國・魏 陰晉一釿
	貨系 1422　戰國・魏 陰晉半釿
	貨系 1424　戰國・魏 陰晉半釿
	三晉 131　戰國・趙 晉陽
	三晉 38　戰國・趙 晉昜（陽）
	三晉 42　戰國・趙 晉昜（陽）半
	先秦編 219　戰國・魏 陰晉半釿
	燕下都 252　戰國・趙 晉陽
	二十 11.二-SY-0024　戰國・三晉 周晉
	秦印風 90 頁　戰國・秦 晉歲
	璽彙 159.1501　戰國・燕 畋晉
	璽類 221.6　戰國・楚 晉□
	秦新 1199　戰國・秦 臨晉翏

	陶錄5・10・3　戰國・三晉、兩周 君（尹）晉
	陶錄6・136・1　戰國・秦 咸陽高櫟陽重臨晉□安邑□
	陶錄6・306・3　戰國・秦 臨晉翏
	侯馬八五：二　春秋・三晉 史醜（醜）及丌（其）孫=（子孫）于晉邦[之地]者
	侯馬八五：三　春秋・三晉 史醜（醜）及丌（其）[子]孫于晉邦之墬（地）者
	侯馬八五：三四　春秋・三晉 晉邦
	侯馬二〇〇：三九　春秋・三晉 而敢又（有）志復肖（趙）尼及丌（其）子孫于晉邦之墬（地）者
	侯馬二〇〇：三一　春秋・三晉 晉邦之墬（地）
	侯馬二〇〇：四七　春秋・三晉 晉[邦]之[地]
	侯馬二〇〇：四一　春秋・三晉 而敢又（有）志復趙尼及丌（其）子孫于晉邦之墬（地）者
	侯馬二〇〇：一六　春秋・三晉 晉邦之墬（地）
	侯馬九二：一四　春秋・三晉 晉邦之墬（地）
	侯馬九六：二　春秋・三晉 晉邦之墬（地）
	侯馬九六：七　春秋・三晉 晉邦
	侯馬七五：一　春秋・三晉 晉邦
	侯馬三：一三　春秋・三晉 史醜（醜）及其孫=（子孫）于晉邦之[地者]

	侯馬三六：一　春秋・三晉 晉邦
	侯馬探八②：三　春秋・三晉 晉邦
	侯馬一：九九　春秋・三晉 晉邦
	侯馬一：九五　春秋・三晉 晉[邦]之[地]
	侯馬一：六　春秋・三晉 晉邦之墬（地）
	侯馬一：一九　春秋・三晉 晉邦
	侯馬一：一七　春秋・三晉 而敢又（有）志復趙尼及丌（其）子孫于晉邦之[地]者
	侯馬一九八：五　春秋・三晉 晉[邦]
	侯馬一九四：一一　春秋・三晉 而或復入（納）之于晉邦之中者
	侯馬一九五：一　春秋・三晉 司寇結及丌（其）孫=（子孫）于晉邦之墬（地）者
	侯馬一六：三〇　春秋・三晉 史醜（醜）及丌（其）子孫于晉邦之墬（地）者
	侯馬一六：三三　春秋・三晉 晉邦之墬（地）
	侯馬一六：五　春秋・三晉 晉邦[之]墬（地）
	侯馬一五六：二四　春秋・三晉 晉[邦]
	侯馬一五六：一　春秋・三晉 史醜（醜）及丌（其）孫=（子孫）于晉邦之墬（地）者
	侯馬一五六：一八　春秋・三晉 晉邦之墬（地）

	秦新 1439　戰國・秦 博昌去疾
	秦新 1839　戰國・秦 咸高里昌
	秦新 2693　戰國・秦 咸陽巨昌
	秦新 3281　戰國・秦 宮昌
	秦新 3292　戰國・秦 宮昌
	陶錄 2・304・1b　戰國・齊 王卒左毆昌里人五
	陶錄 2・5・4　戰國・齊 昌櫅（齊）陸（陳）圂（固）南左里毆京區
	陶錄 2・6・1　戰國・齊 昌櫅陸（陳）圂（固）南左里毆京區
	陶錄 4・164・1　戰國・燕 昌
	陶錄 4・164・2　戰國・燕 昌
	陶錄 4・208・4　戰國・燕 匋（陶）攻（工）昌
	陶錄 4・210・4　戰國・燕 大吉昌內
	陶錄 4・71・1　戰國・燕 匋（陶）攻（工）昌
	陶錄 4・72・2　戰國・燕 匋（陶）攻（工）昌
	陶錄 4・72・4　戰國・燕 匋（陶）攻（工）昌
	陶錄 4・73・1　戰國・燕 匋（陶）攻（工）昌
	陶錄 4・74・1　戰國・燕 匋（陶）攻（工）昌
	陶錄 4・74・4　戰國・燕 匋（陶）攻（工）昌
	陶錄 4・76・1　戰國・燕 匋（陶）攻（工）昌
	陶錄 4・76・3　戰國・燕 匋（陶）攻（工）昌
	陶錄 4・78・1　戰國・燕 匋（陶）攻（工）昌
	陶錄 6・295・2　戰國・秦 博昌去疾
	陶錄 6・296・1　戰國・秦 博昌居此（貲）□里不更余
	陶錄 6・464・3　戰國・秦 宜陽工昌
	新齊 0348　戰國・齊 昌櫅（齊）陸（陳）圂（固）南左里毆京區
	新齊 0350　戰國・齊 昌櫅（齊）陸（陳）圂（固）南右毆京釜（釜）

昱

	集釋 222.17　戰國・三晉 郛（梁）昱

㬎

	侯馬六七：三　春秋・三晉 不（丕）㬎（顯）
	侯馬六七：四三　春秋・三晉 不（丕）㬎（顯）
	侯馬叢考續　春秋・三晉 不（丕）㬎（顯）岳（嶽）公

	侯馬叢考續　春秋・三晉 不（丕）㬎（顯）岳（嶽）公
	溫縣簡報 T1 坎 1：2279　春秋・三晉 不（丕）㬎（顯）岳（嶽）公大塚（冢）
	溫縣簡報 T1 坎 1：3216　春秋・三晉 不（丕）㬎（顯）岳（嶽）公大塚（冢）
	溫縣簡報 T1 坎 1：3780　春秋・三晉 不（丕）㬎（顯）岳（嶽）公大塚（冢）
	溫縣簡報 T1 坎 1：3863　春秋・三晉 不（丕）㬎（顯）岳（嶽）公大塚（冢）
	溫縣簡報 T1 坎 1：4585　春秋・三晉 不（丕）㬎（顯）岳（嶽）公大塚（冢）

暴

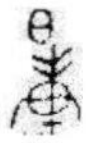	璽彙 51.0293　戰國・燕 暴都萃車馬
	會稽刻石・秦銘刻選　秦代 暴虐恣行
	會稽刻石・秦銘刻選　秦代 殄熄暴悖

昔

	吉璽 3.12　戰國・三晉 長昔
	秋淵・詛楚文・郭集　戰國・秦 昔我先王君穆公及楚成王
	巫咸・詛楚文・郭集　戰國・秦 昔我先王君穆公及楚成王
	亞駝・詛楚文・郭集　戰國・秦 昔我先王君穆公及楚成王
	繹山刻石・秦銘刻選　秦代 惟初在昔

	陶錄 2・394・1　戰國・齊 楚章巷㖈里腊
	陶錄 2・394・3　戰國・齊 楚章巷㖈里腊
	夕藏 II 04-12-1　戰國・齊 楚章巷㖈里腊
	夕藏 II 04-12-2　戰國・齊 楚章巷㖈里腊
	新齊 0655　戰國・齊 楚章巷□里腊

昆

	璽彙 481.5311　戰國・待考 昆
	泰山刻石・秦銘刻選　秦代 [施于]昆[嗣]

晐

	秦印風 83 頁　戰國・秦 申晐

昉

	璽彙 42.0248　戰國・齊 歲昉訐（信）鉨（璽）
	璽彙 196.1951　戰國・齊 郐（徐）昉
	印戰 22.6　戰國・齊 歲昉訐（信）鉨（璽）

昲*

	陶錄 2・619・2　戰國・齊 城圖昲

	陶錄 2・619・3　戰國・齊 城圖昲
	陶錄 2・620・2　戰國・齊 城圖昲
	陶錄 2・621・2　戰國・齊 城圖昲
	陶錄 2・621・3　戰國・齊 城圖昲
	陶錄 2・621・4　戰國・齊 城圖昲
	陶錄 2・623・2　戰國・齊 城圖昲
	陶錄 2・624・4　戰國・齊 城圖昲
	陶錄 2・625・2　戰國・齊 城圖昲
	夕藏 II 02-5-11　戰國・齊 城圖昲
	夕藏 II 02-5-12　戰國・齊 城圖昲
	夕藏 II 02-5-13　戰國・齊 城圖昲
	夕藏 II 02-5-14　戰國・齊 城圖昲
	夕藏 II 02-5-16　戰國・齊 城圖昲
	夕藏 II 02-5-19　戰國・齊 城圖昲
	夕藏 II 02-5-26　戰國・齊 城圖昲
	夕藏 II 02-5-3　戰國・齊 城圖昲
	夕藏 II 02-5-30　戰國・齊 城圖昲
	夕藏 II 02-5-31　戰國・齊 城圖昲
	夕藏 II 02-5-32　戰國・齊 城圖昲
	夕藏 II 02-5-33　戰國・齊 城圖昲
	夕藏 II 02-5-38　戰國・齊 城圖昲
	夕藏 II 02-5-39　戰國・齊 城圖昲
	夕藏 II 02-5-4　戰國・齊 城圖昲
	夕藏 II 02-5-5　戰國・齊 城圖昲
	夕藏 II 02-5-8　戰國・齊 城圖昲
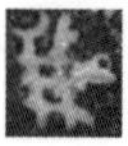	夕藏 II 02-5-9　戰國・齊 城圖昲

⿰日川*

	璽彙 57.0329　戰國・燕 ⿰日川（朝）悅邦

畦*

	陶錄 6・467・2　戰國・秦 □畦

⿱日君*

	璽彙 13.0074　戰國・三晉 ⿱日君亥司寇

	璽彙 142.1302 戰國・三晉 胡⿱日君叡
	璽彙 174.1687 戰國・三晉 郘（奇）⿱日君

晬*

	璽彙 287.3042 戰國・三晉 𨚔（魏）晬

晐*

	璽彙 60.0344 戰國・齊 䑒（獻）郲（雩）晐
	璽彙 326.3513 戰國・齊 彭晐

⿰日隹*

	顧印 49.1 戰國・三晉 長⿰日隹
	璽彙 90.0671 戰國・三晉 長⿰日隹
	璽彙 90.0672 戰國・三晉 長⿰日隹
	璽彙 143.1311 戰國・三晉 成⿰日隹
	璽彙 301.3204 戰國・三晉 帀（師）⿰日隹

⿱日帚*

	集釋 217.51 戰國・三晉 孔⿱日帚
	璽彙 67.0397 戰國・三晉 王⿱日帚
	璽彙 225.2294 戰國・三晉 艽嗌⿱日帚
	玉存 7.33 戰國・三晉 肖（趙）⿱日帚
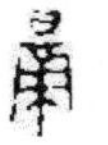	珍戰 136 戰國・三晉 周⿱日帚

暲*

	璽彙 176.1709 戰國・三晉 郊（梁）暲
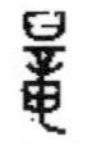	璽彙 204.2044 戰國・三晉 邘（于）暲
	璽彙 222.2264 戰國・三晉 萦（葛）暲
	璽彙 371.4035 戰國・三晉 郙（邯鄲）暲
	璽類 223.13 戰國・待考 牛暲

臧*

	陶錄 2・293・1 戰國・齊 王卒左殷臧圆櫝（櫃）里坌
	陶錄 2・294・2 戰國・齊 王卒左殷臧圆櫝（櫃）里坌
	陶錄 2・296・3 戰國・齊 王卒左殷臧圆櫝（櫃）里坌
	陶錄 2・298・3 戰國・齊 王卒左殷臧圆櫝（櫃）里土
	陶錄 2・301・1 戰國・齊 王卒左殷臧圆櫝（櫃）里五
	陶錄 2・302・1 戰國・齊 王卒左殷臧圆櫝（櫃）里五

	夕藏 Ⅱ 01-1-10　戰國・齊 王卒左設臧圆檟（槙）里坐
	夕藏 Ⅱ 01-1-5　戰國・齊 王卒左設臧圆檟（槙）里坐

暥*

	璽彙 179.1748　戰國・三晉 事（史）暥

旦

	貨系 2681　戰國・中山 旦
	貨系 2682　戰國・中山 旦
	貨系 2683　戰國・中山 旦
	風過耳 321　戰國・秦 旦興印
	璽彙 223.2275　戰國・三晉 雚旦
	璽彙 508.5583　戰國・燕 彝（夷）吳（吾）旦
	秦新 2550　戰國・秦 左旦
	秦新 2555　戰國・秦 左旦
	陶錄 2・320・1　戰國・齊 楚亭巷闘（關）里旦
	陶錄 2・320・2　戰國・齊 楚亭巷闘（關）里旦
	陶錄 2・321・1　戰國・齊 楚亭巷闘（關）里旦
	陶錄 2・321・2　戰國・齊 楚亭巷闘（關）里旦
	陶錄 2・321・4　戰國・齊 楚亭巷闘（關）里旦
	陶錄 2・322・3　戰國・齊 楚亭巷闘（關）里旦
	陶錄 2・757・3　戰國・齊 楚……闘（關）里旦
	陶錄 6・68・3　戰國・秦 左旦
	夕藏 Ⅱ 04-19-1　戰國・齊 楚亭巷闘（關）里旦
	夕藏 Ⅱ 04-19-2　戰國・齊 楚亭巷闘（關）里旦
	新齊 0673　戰國・齊 楚亭巷闘（關）里旦
	侯馬一七九：三　春秋・三晉 旦敢不閛（披）亓（其）復（腹）心台（以）事亓（其）宔（主）

倝

	璽彙 229.2346　戰國・三晉 倝（韓）烏
	璽彙 230.2359　戰國・三晉 倝（韓）竘
	璽彙 231.2363　戰國・三晉 倝（韓）旿
	珍戰 84　戰國・三晉 倝（韓）慧（慧）
	陶錄 4・89・3　戰國・燕 畋倝
	陶錄 6・438・3　戰國・三晉 倝（韓）□

	侯馬叢考續　春秋・三晉 倝（韓）宊
	侯馬一：四五　春秋・三晉 倝（韓）敢不[披]丌（其）[腹心]台（以）事丌（其）宔（主）
	溫縣簡報 T1 坎 1：2279　春秋・三晉 倝（韓）伒（仔）敢不慦=（蒸蒸）鼍（焉）中（忠）心[事其主]

朝

	秦印風 206 頁　戰國・秦 莕朝
	秦印風 57 頁　戰國・秦 李朝
	璽彙 255.2657　戰國・三晉 閔（藺）朝
	珍戰 78　戰國・三晉 孫朝
	秦新 106　戰國・秦 朝
	秦新 109　戰國・秦 宮朝
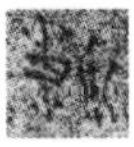	新出研 WT4　K6：250　春秋・三晉 趙朝

韶*

	鑒菁 7.12　戰國・三晉 肖（趙）韶
	璽彙 80.0559　戰國・三晉 王韶
	璽彙 310.3310　戰國・三晉 韶（昭）平
	侯馬叢考續　春秋・三晉 肖（趙）韶

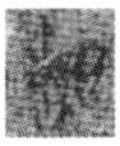	新出研 WT4　K6：211　春秋・三晉 趙韶
	新出研 WT4　K6：212　春秋・三晉 趙韶
	新出研 WT4　K6：315　春秋・三晉 趙韶

翰*

	吾水・石鼓文・郭集　春秋・秦 翰（翰）霥=（霥霥）□

放

	陶錄 2・564・2　戰國・齊 西酷里人同放

旗

	秦印風 94 頁　戰國・秦 張旗
	陝新 85.537　戰國・三晉 旗士
	璽彙 232.2377　戰國・三晉 旗在（士）
	璽彙 232.2379　戰國・三晉 旗在（士）
	璽彙 232.2385　戰國・三晉 旗在（士）
	璽彙 306.3268　戰國・三晉 鋻（劉）旗
	璽彙 416.4569　戰國・三晉 旗在（士）
	璽考 125.7　戰國・三晉 堂（掌）旗

冥

	秋淵・詛楚文・郭集　戰國・秦 寘者（諸）冥室櫝棺之中
	巫咸・詛楚文・郭集　戰國・秦 寘者（諸）冥室櫝棺之中
	亞駝・詛楚文・郭集　戰國・秦 寘者（諸）冥室櫝棺之中

晶

	璽彙 104.0841　戰國・三晉 長晶枋

曐

	璽彙 262.2745　戰國・三晉 曐（星）汨
	璽類 175.4　戰國・待考 曐（星）柉（楚）

曑

	璽彙 90.0673　戰國・三晉 長參
	貨系 567　戰國・韓 參川釿
	貨系 569　戰國・韓 參川釿
	貨系 570　戰國・韓 參川釿
	貨系 576　戰國・韓 參川釿
	貨系 577　戰國・韓 參川釿
	先秦編 178　戰國・韓 參川釿
	故目 50.249　戰國・待考 闔門墜（陳）齎參立事左里的京區
	鶴廬 58.6　戰國・待考 事（史）參
	秦印風 88 頁　戰國・秦 李參
	書璽 334　戰國・齊 奠昜（陽）㝵（得）參
	璽彙 122.1058　戰國・三晉 肖（趙）參
	璽彙 126.1106　戰國・三晉 高參
	璽彙 160.1520　戰國・三晉 孫參
	璽彙 206.2070　戰國・三晉 郮（竇）參
	璽彙 209.2104　戰國・三晉 邾（裘）參
	陶錄 2・10・4　戰國・齊 華門陸（陳）棱參左里□□□
	陶錄 2・3・1　戰國・齊 內郭陸（陳）……參立事……里的……
	陶錄 2・3・2　戰國・齊 內郭陸（陳）齎參立事左里的京豆
	陶錄 2・3・3　戰國・齊 內郭陸（陳）齎參立事左里的京區
	陶錄 2・3・4　戰國・齊 內郭陸（陳）齎參立事□里的京□
	陶錄 6・278・4　戰國・秦 參

	夕藏 Ⅰ 02-3-1 戰國・齊 □陸（陳）旻（得）參牓
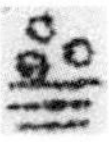	新齊 0087 戰國・齊 奠昜（陽）陸（陳）旻（得）參繄（牽）
	新齊 0093 戰國・齊 奠昜（陽）陸（陳）旻（得）參朔
	新齊 0095 戰國・齊 奠昜（陽）陸（陳）旻（得）參牓
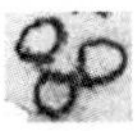	新齊 0106 戰國・齊 葉陸（陳）旻（得）參俓
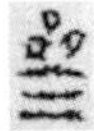	新齊 0109 戰國・齊 葉陸（陳）旻（得）參僕
	新齊 0128 戰國・齊 葉陸（陳）旻（得）參□
	新齊 0135 戰國・齊 葉陳旻（得）參□
	新齊 0346 戰國・齊 華門陸（陳）棱參左里□□豆
	新泰齊陶 2002XYY⑤W：1 戰國・齊 葉陸（陳）旻（得）參牓
	新泰齊陶 2002XYY⑤W：16 戰國・齊 □□旻（得）參僕
	新泰齊陶 2002XYY⑤W：17 戰國・齊 □□旻（得）參□
	新泰齊陶 2002XYY⑤W：9 戰國・齊 □□□參朔
	新泰齊陶 HBCS：101 戰國・齊 墓昜（陽）□旻（得）參朔
	新泰齊陶 HBCS：105 戰國・齊 □□□參僕
	新泰齊陶 HBCS：110 戰國・齊 葉陸（陳）旻（得）參朔
	新泰齊陶 HBCS：45 戰國・齊 □陸（陳）□參朔
	新泰齊陶 HBCS：85 戰國・齊 葉□旻（得）參□
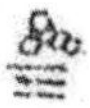	新泰齊陶 XPS：1 戰國・齊 葉陸（陳）□參朔

曟

	璽彙 298.3170 戰國・三晉 产（危）晨
	璽彙 321.3453 戰國・燕 安即（次）生晨
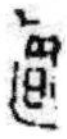	璽彙 378.4114 戰國・燕 彝（夷）吳（吾）晨

疊

	秦新 2633 戰國・秦 咸郿里疊

月

	貨系 286 戰國・周王畿 月
	二十 143.二-GP-0039 戰國・齊 夻（大）坊（市）九月
	秦印風 90 頁 戰國・秦 月黎
	璽彙 146.1353 戰國・三晉 孟月
	璽彙 482.5333 戰國・待考 七月
	陶錄 2・31・1 戰國・齊 大坊（市）□月

	陶錄 4・1・1　戰國・燕 十六年四月右匋（陶）肖（尹）俫散𣪘戠右匋（陶）攻（工）徒
	陶錄 4・210・1　戰國・燕 廿二年三月右匋（陶）肖（尹）俫疾𣪘戠
	陶錄 4・210・2　戰國・燕 廿□年三月
	陶錄 4・6・1　戰國・燕 廿一年八月右……俫疾𣪘……
	陶錄 4・6・2　戰國・燕 廿一年四月左匋（陶）肖（尹）……𣪘國
	陶錄 6・167・4　戰國・秦 月
	侯馬九二：二三　春秋・三晉 吉月敢不閛（披）丌（其）復（腹）心㠯（以）事丌（其）宔（主）
	侯馬一六：四　春秋・三晉 吉月敢不[披其]腹（腹）心㠯（以）事丌（其）宔（主）
	溫縣簡報 T1 坎 1：2182　春秋・三晉 十五年十二月乙未
	溫縣簡報 T1 坎 1：4499　春秋・三晉 十二月乙未

朔

	風過耳 145　戰國・秦 吳朔
	集釋 270.52　戰國・三晉 𤔲（司馬）朔
	璽考 215.9　戰國・三晉 肖（趙）朔
	鴨選 46　戰國・三晉 𤔲（司馬）朔
	新齊 0013　戰國・齊 陞（陳）怛朔
	新齊 0014　戰國・齊 陞（陳）怛朔
	新齊 0093　戰國・齊 奠昜（陽）陞（陳）㝵（得）參朔
	新齊 0115　戰國・齊 葉陳㝵（得）參朔
	新齊 0116　戰國・齊 葉陞（陳）㝵（得）參朔
	新齊 0216　戰國・齊 陞（陳）□□朔
	新泰齊陶 2002XYY⑤W：12　戰國・齊 □陞（陳）□□朔
	新泰齊陶 2002XYY⑤W：139　戰國・齊 陞（陳）怛朔
	新泰齊陶 2002XYY⑤W：14　戰國・齊 □□□□朔
	新泰齊陶 2002XYY⑤W：140　戰國・齊 陞（陳）怛朔
	新泰齊陶 2002XYY⑤W：141　戰國・齊 □□朔
	新泰齊陶 2002XYY⑤W：142　戰國・齊 陞（陳）怛朔
	新泰齊陶 2002XYY⑤W：143　戰國・齊 □□朔
	新泰齊陶 2002XYY⑤W：15　戰國・齊 □□□□朔
	新泰齊陶 2002XYY⑤W：9　戰國・齊 □□□參朔
	新泰齊陶 HBCS：101　戰國・齊 墓昜（陽）□㝵（得）參朔
	新泰齊陶 HBCS：110　戰國・齊 葉陞（陳）㝵（得）參朔

	新泰齊陶 HBCS：119　戰國・齊 陳（陳）恒朔
	新泰齊陶 LFL：6　戰國・齊 □陳（陳）□□朔
	溫縣簡報 T1 坎 1：1961　春秋・三晉 朔
	溫縣簡報 T1 坎 1：3802　春秋・三晉 朔
	溫縣簡報 T1 坎 1：4499　春秋・三晉 朔
	新出研 WT1　K1：3417　春秋・三晉 朔₌（朔月）

朏

	侯馬一六：三　春秋・三晉 朏

霸

	鶴廬 99.3　戰國・待考 朱霸
	秦印風 156 頁　戰國・秦 霸
	玉萃 23.1　戰國・燕 霸昌君

期

	盛世 170　戰國・待考 五樂期
	璽彙 88.0655　戰國・齊 王□期鈢（璽）
	璽彙 196.1952　戰國・齊 郐（徐）連期
	陶錄 2・238・1　戰國・齊 蒦圆匋（陶）里期
	陶錄 2・238・3　戰國・齊 蒦圆匋（陶）里期
	陶錄 2・238・4　戰國・齊 蒦圆匋（陶）里期
	璽彙 264.2766　戰國・三晉 君（尹）期
	璽彙 274.2879　戰國・三晉 □期

肝*

	而師・石鼓文・郭集　春秋・秦 □具肝來

胹*

	璽彙 133.1191　戰國・三晉 周胹
	璽彙 135.1210　戰國・三晉 牛胹

粡*

	顧印 4.3　戰國・三晉 公孫粡
	璽彙 351.3791　戰國・三晉 司馬（司馬）粡

臧*

	陶錄 2・13・1　戰國・齊 閶門（門）陳（陳）旻（得）平陵縣廩 豆佰臧□□
	陶錄 2・50・1　戰國・齊 黍郡巷臧里王徇貽

	陶錄 2・50・2　戰國・齊 黍郡巷⿰月戴里□□□
	陶錄 2・54・2　戰國・齊 繇巷⿰月戴里……
	新齊 0975　戰國・齊 黍郡巷⿰月戴里王徇貽

⿰月畾*

	陶錄 2・414・1　戰國・齊 塙⿵門齊（間）椇里曰⿰月畾
	陶錄 2・414・4　戰國・齊 塙⿵門齊（間）椇里曰⿰月畾
	陶錄 2・416・1　戰國・齊 高⿵門齊（間）椇里曰⿰月畾
	新齊 0984　戰國・齊 塙⿵門齊（間）椇里曰⿰月畾

⿰月墨*

	齊幣 290　戰國・齊 節（即）⿰月墨（墨）夻（大）厇（刀）/□
	齊幣 49　戰國・齊 節（即）⿰月墨（墨）之夻（大）厇（刀）/吉
	齊幣 52　戰國・齊 節（即）⿰月墨（墨）之夻（大）厇（刀）/厇（刀）
	齊幣 53　戰國・齊 節（即）⿰月墨（墨）之夻（大）厇（刀）/厇（刀）
	齊幣 54　戰國・齊 節（即）⿰月墨（墨）之夻（大）厇（刀）/厇（刀）
	齊幣 57　戰國・齊 節（即）⿰月墨（墨）之夻（大）厇（刀）/上
	齊幣 58　戰國・齊 節（即）⿰月墨（墨）之夻（大）厇（刀）/上
	齊幣 61　戰國・齊 節（即）⿰月墨（墨）之夻（大）厇（刀）/工
	齊幣 64　戰國・齊 節（即）⿰月墨（墨）之夻（大）厇（刀）/日
	錢典 1013　戰國・齊 節（即）⿰月墨（墨）之夻（大）厇（刀）

有

	秦印風 172 頁　戰國・秦 審有
	秦印風 252 頁　戰國・秦 勿半非有
	秦新 1597　戰國・秦 咸郿小有
	秦新 1599　戰國・秦 咸郿小有
	秦新 2720　戰國・秦 咸郿小有
	新齊 1246　戰國・齊 有終豆
	侯馬一：七一　春秋・三晉 有敢不半（披）丌（其）㝅（腹）心台（以）[事其主]
	侯馬一六：三六　春秋・三晉 而敢有寺（志）復肖（趙）尼及丌（其）孫₌（子孫）
	侯馬一六：一五　春秋・三晉 而敢有志復[趙]尼及丌（其）孫₌（子孫）
	會稽刻石・秦銘刻選　秦代 卅有七年
	巫咸・詛楚文・郭集　戰國・秦 今有（又）悉興其眾

明

	貨系 2891　戰國・燕 明/八
	貨系 2900　戰國・燕 明/十一
	貨系 2912　戰國・燕 明/乙
	貨系 2921　戰國・燕 明/刀
	貨系 2922　戰國・燕 明/□
	貨系 2932　戰國・燕 明/刀
	貨系 3092　戰國・燕 明/中七
	貨系 3099　戰國・燕 明/中八
	貨系 3356　戰國・燕 明/左刀
	貨系 3389　戰國・燕 明/左□
	齊幣 388　戰國・齊 明/刀
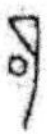	齊幣 389　戰國・齊 明
	齊幣 391　戰國・齊 明
	先秦編 572 背　戰國・燕 文/明
	燕下都 60　戰國・燕 明/乙

	風過耳 207　戰國・秦 鄭明
	集釋 141.6　戰國・楚 重（童）明
	鑒菁 29.57　戰國・三晉 明上
	西泠 10.9　戰國・待考 明下
	璽彙 181.1767　戰國・三晉 事（史）明
	璽彙 290.3074　戰國・待考 青（精）明
	璽彙 402.4394　戰國・三晉 明上
	璽彙 402.4399　戰國・燕 明上
	璽彙 403.4403　戰國・三晉 明上
	璽彙 461.5077　戰國・燕 明
	璽彙 461.5079　戰國・燕 明
	璽彙 461.5082　戰國・燕 明
	璽類 211.11　戰國・待考 郱（邢）明
	鴨選 66　戰國・秦 明上
	陶錄 5・31・4　戰國・三晉、兩周 明逭
	陶錄 6・339・1　戰國・秦 不壹歉疑者，皆明壹之

	陶錄 6・365・2　戰國・秦 [不]壹歉疑者，皆明壹之
	陶錄 6・369・2　戰國・秦 不壹[歉]疑者，皆明壹之
	陶錄 6・370・1　戰國・秦 [不]壹歉疑者，皆明[壹之]
	陶錄 6・371・1　戰國・秦 不壹歉疑者，皆明壹之
	陶錄 6・373・1　戰國・秦 皆明壹之
	陶錄 6・460・4　戰國・秦 上邽工明
	陶錄 6・472・4　戰國・秦 皆明[壹之]
	陶錄 6・473・1　戰國・秦 ……壹歉疑者，皆明壹之……
	侯馬八五：八　春秋・三晉 [群]虖（罅）明（盟）者
	侯馬八五：一三　春秋・三晉 明亟（殛）閱（視）之
	侯馬二〇〇：八　春秋・三晉 而敢不盡從嘉之明（盟）
	侯馬二〇〇：二九　春秋・三晉 而敢不盡從枷（嘉）之明（盟）
	侯馬二〇〇：二〇　春秋・三晉 及群虖（罅）明（盟）者
	侯馬二〇〇：二〇　春秋・三晉 盧（吾）君丌（其）明亟（殛）閱（視）之
	侯馬二〇〇：二三　春秋・三晉 盧（吾）君其明亟（殛）閱（視）之
	侯馬二〇〇：二四　春秋・三晉 盡從嘉之明（盟）

	侯馬二〇〇：二五　春秋・三晉 而敢不盡從嘉之明（盟）
	侯馬二〇〇：二五　春秋・三晉 君丌（其）明亟（殛）[視]之
	侯馬二〇〇：六三　春秋・三晉 [吾]君丌（其）明亟（殛）[視]之
	侯馬二〇〇：六五　春秋・三晉 [吾]君丌（其）明[殛]視之
	侯馬二〇〇：七　春秋・三晉 而敢不盡從嘉之明（盟）
	侯馬二〇〇：三九　春秋・三晉 盧（吾）君丌（其）明逦（殛）閱（視）之
	侯馬二〇〇：四二　春秋・三晉 及群虖（罅）明（盟）者
	侯馬二〇〇：四六　春秋・三晉 盧（吾）[君]其明亟（殛）閱（視）之
	侯馬二〇〇：一六　春秋・三晉 而敢不盡從嘉之明（盟）
	侯馬二〇〇：一六　春秋・三晉 及群[罅]明（盟）者
	侯馬二〇〇：一七　春秋・三晉 而敢不盡從嘉明（盟）
	侯馬二〇〇：一三　春秋・三晉 及[罅]明（盟）者
	侯馬九八：六　春秋・三晉 而敢不盡從嘉之明（盟）
	侯馬九二：二八　春秋・三晉 群虖（罅）明（盟）者
	侯馬九二：一　春秋・三晉 而敢不盡從□之明（盟）
	侯馬六七：三八　春秋・三晉 明亟（殛）閱（視）之

	侯馬六七：四四　春秋・三晉 不逹（率）從此明（盟）質之言
	侯馬六七：五二　春秋・三晉 敢不逹（率）從此明（盟）質之言
	侯馬七七：二　春秋・三晉 [及群]虖（罅）明（盟）[者
	侯馬七七：一五　春秋・三晉 ……之明（盟）
	侯馬七五：三　春秋・三晉 丌（其）明亟（殛）䀢（視）之
	侯馬三：二六　春秋・三晉 則明[殛]䀢（視）之
	侯馬三：一六　春秋・三晉 及群虖（罅）明（盟）者
	侯馬三：一七　春秋・三晉 及群虖（罅）明（盟）者
	侯馬三：一四　春秋・三晉 及群虖（罅）明（盟）者
	侯馬三五：三　春秋・三晉 及□所明（盟）者
	侯馬一：二二　春秋・三晉 而敢[不]盡[從]子趙孟之明（盟）
	侯馬一：二〇　春秋・三晉 而[敢]不盡從嘉之明（盟）
	侯馬一：六〇　春秋・三晉 丌（其）明亟（殛）䀢（視）之
	侯馬一：六一　春秋・三晉 虞（吾）君丌（其）明亟（殛）䀢（視）之
	侯馬一：七一　春秋・三晉 虞（吾）君丌（其）明[殛視之]
	侯馬一：三八　春秋・三晉 虞（吾）君其明亟（殛）䀢（視）之

	侯馬一：三一　春秋・三晉 虞（吾）君其明亟（殛）䀢（視）之
	侯馬一：四〇　春秋・三晉 而敢不𦘔（盡）從嘉之明（盟）
	侯馬一：五　春秋・三晉 及群虖（罅）明（盟）者
	侯馬一：五三　春秋・三晉 虞（吾）君丌（其）明[殛視]之
	侯馬一：五四　春秋・三晉 而敢不盡從嘉之明（盟）
	侯馬一：一八　春秋・三晉 群虖（罅）明（盟）者
	侯馬一：一〇　春秋・三晉 及群虖（罅）明（盟）者
	侯馬一九八：八　春秋・三晉 [從]嘉之明（盟）
	侯馬一九八：三　春秋・三晉 ……之明（盟）
	侯馬一九八：三　春秋・三晉 君其明亟（殛）䀢（視）[之]
	侯馬一九八：一三　春秋・三晉 從嘉之明（盟）
	侯馬一九八：一五　春秋・三晉 明亟（殛）䀢（視）[之]
	侯馬一九五：八　春秋・三晉 ……明（盟）者
	侯馬一九五：八　春秋・三晉 明亟（殛）䀢（視）之
	侯馬一六：二七　春秋・三晉 及群虖（罅）明（盟）者
	侯馬一六：二三　春秋・三晉 及群虖（罅）明（盟）者

	侯馬一六：九　春秋·三晉 及群虖（罅）明（盟）[者]
	侯馬一六：三八　春秋·三晉 盧（吾）君丌（其）明[殛視之]
	侯馬一六：三三　春秋·三晉 盧（吾）君丌（其）明[殛]現（視）之
	侯馬一七九：一三　春秋·三晉 及群虖（罅）明（盟）者
	侯馬一五二：二　春秋·三晉 盡從嘉之明（盟）
	侯馬一五二：二　春秋·三晉 及群虖（罅）明（盟）者
	侯馬一五六：二　春秋·三晉 盧（吾）君其明極（殛）[視之]
	侯馬一五六：四　春秋·三晉 而敢不盡從嘉之明（盟）
	侯馬一五六：四　春秋·三晉 盧（吾）君丌（其）明極（殛）現（視）之
	侯馬一五六：五　春秋·三晉 而敢不聿（盡）從嘉之明（盟）
	侯馬一五六：一　春秋·三晉 而敢不盡從嘉之明（盟）
	侯馬一五六：一七　春秋·三晉 盧（吾）君丌（其）明[殛視之]
	秦駰玉版研究　戰國·秦 若明神不□丌（其）行而無辠（罪）□友□
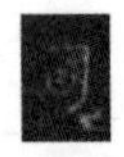	三代 20.49.1　戰國·中山 固則明
	泰山刻石·秦銘刻選　秦代 請具刻詔書金石刻因明白矣
	繹山刻石·秦銘刻選　秦代 孝道顯明

盟

	璽彙 68.0408　戰國·三晉 王盟（盟）
	陶錄 4·60·2　戰國·燕 匋（陶）攻（工）盟（盟）
	侯馬二〇〇：七一　春秋·三晉 盧（吾）君丌（其）盟（明）[殛]視之
	侯馬二〇〇：三〇　春秋·三晉 而敢不盡從嘉之盟
	侯馬二〇〇：四九　春秋·三晉 群虖（罅）盟者
	侯馬二〇〇：一二　春秋·三晉 盧（吾）君其盟（明）亟（殛）視之
	侯馬七七：一四　春秋·三晉 君丌（其）盟（明）[殛視之]
	侯馬七五：五　春秋·三晉 ……盟者
	侯馬三：二三　春秋·三晉 [群]虖（罅）盟者
	侯馬一：二八　春秋·三晉 而敢不盡從枷（嘉）之盟
	侯馬一八五：一　春秋·三晉 及群虖（罅）盟者
	侯馬一五六：二二　春秋·三晉 盧（吾）君丌（其）盟（明）亟（殛）現（視）之
	侯馬一五六：三　春秋·三晉 魚（吾）君丌（其）盟（明）極（殛）現（視）之
	秋淵·詛楚文·郭集　戰國·秦 袗以齋盟
	巫咸·詛楚文·郭集　戰國·秦 變輸盟杓（約）

	亞駝・詛楚文・郭集　戰國・秦 敢數楚王熊相之倍盟犯詛

夕

	先秦編 59　戰國・周王畿 夕
	秦印風 114 頁　戰國・秦 張夕
	吳人・石鼓文・郭集　春秋・秦 朝夕敬□

夜

	集釋 253.15　戰國・三晉 夜絽（綰）
	秦印風 115 頁　戰國・秦 戎夜
	璽彙 279.2947　戰國・三晉 夜閒
	璽彙 339.3658　戰國・楚 恭夜佗
	新齊 0963　戰國・齊 東酷里公孙夜
	泰山刻石・秦銘刻選　秦代 夙興夜寐

夢

	璽彙 124.1079　戰國・三晉 侯夢
	新封泥彙 1280　戰國・秦 左雲夢丞

夗

	璽彙 145.1333　戰國・楚 臧（臧）英𥩟（宛）鉨（璽）

夤

	秦印風 169 頁　戰國・秦 夤律
	盛世 203　戰國・待考 夤貌
	秦新 1705　戰國・秦 咸沃平夤
	秦新 1836　戰國・秦 咸[沃]平夤
	陶錄 2・539・1　戰國・齊 子裒里人夤
	陶錄 2・539・4　戰國・齊 子裒里人夤
	陶錄 2・540・1　戰國・齊 子裒里人夤
	陶錄 2・540・2　戰國・齊 子裒里人夤
	陶錄 2・540・3　戰國・齊 子裒里人夤
	陶錄 2・540・4　戰國・齊 子裒里人夤
	陶錄 2・541・1　戰國・齊 子裒里人夤
	陶錄 2・541・4　戰國・齊 子裒里人夤
	陶錄 2・542・1　戰國・齊 子裒里人夤

	陶錄 2·542·2　戰國·齊 子裒里人㚇
	陶錄 2·542·3　戰國·齊 子裒里人㚇
	陶錄 6·50·1　戰國·秦 咸沃平㚇
	夕藏 Ⅱ 09-4-1　戰國·齊 子裒里人㚇
	新齊 1187　戰國·齊 子裒里人㚇
	新齊 1188　戰國·齊 子裒里人㚇
	新齊 1189　戰國·齊 子裒里人㚇
	新齊 1190　戰國·齊 子裒里人㚇

外

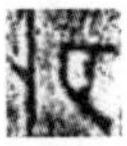	貨系 3022 背　戰國·燕 明/外虡
	貨系 3023 背　戰國·燕 明/外虡
	貨系 3032 背　戰國·燕 明/外虡
	貨系 3033 背　戰國·燕 明/外虡
	貨系 3034 背　戰國·燕 明/外虡
	秦印風 168 頁　戰國·秦 外宅窯
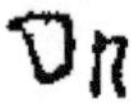	璽彙 63.0365　戰國·燕 外司聖鍴（瑞）
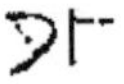	璽彙 302.3215　戰國·楚 外閑（間）
	新封泥彙 0380　戰國·秦 河外（間）府丞
	會稽刻石·秦銘刻選　秦代 外來侵邊
	秋淵·詛楚文·郭集　戰國·秦 外之則冒改氒（厥）心
	泰山刻石·秦銘刻選　秦代 昭隔內外
	巫咸·詛楚文·郭集　戰國·秦 外之則冒改氒（厥）心
	亞駝·詛楚文·郭集　戰國·秦 外之則冒改氒（厥）心

僂*

	陶錄 2·81·2　戰國·齊 蒦圆南里人僂

多

	先秦編 460　戰國·燕 多
	秦印風 176 頁　戰國·秦 蕫（董）多牛
	璽彙 320.3440　戰國·三晉 多閔□
	璽彙 338.3654　戰國·楚 金才多
	璽考 323.5　戰國·三晉 多□臭（焌）
	珍戰 221　戰國·待考 多牛

	秦新 605　戰國・秦 多
	秦新 607　戰國・秦 多
	鑾車・石鼓文・郭集　春秋・秦 □□多賢
	秋淵・詛楚文・郭集　戰國・秦 以底楚王熊相之多辠（罪）
	田車・石鼓文・郭集　春秋・秦 多庶趚=（趚趚）
	巫咸・詛楚文・郭集　戰國・秦 以底楚王熊相之多辠（罪）
	亞駝・詛楚文・郭集　戰國・秦 以底楚王熊相之多辠（罪）

鍒*

	盛世 103　戰國・待考 鍒帛
	璽彙 300.3192　戰國・三晉 鍒留
	璽彙 300.3193　戰國・三晉 鍒語

毌

	錢典 65　戰國・三晉 毌□

函

	璽彙 223.2271　戰國・三晉 藋函
	璽彙 477.5269　戰國・待考 函
	新齊 0936　戰國・齊 緐巷大圞里函

甬

	魯安 105.289　戰國・三晉 蔁（淳于）甬
	侯馬三：一九　春秋・三晉 甬（通）呈（歆）之孫=（子孫）

卣

	十六 16.1　戰國・齊 王卣
	秦新 1879　戰國・秦 卣

栗

	璽彙 39.0233　戰國・齊 子栗子訢（信）鉨（璽）
	璽彙 47.0276　戰國・楚 弋昜（陽）邦栗鉨（璽）
	作原・石鼓文・郭集　春秋・秦 □□□栗

粟

	璽彙 48.0287　戰國・燕 梠湩都米粟鉨（璽）
	璽彙 292.3100　戰國・待考 粟筥
	璽彙 503.5549　戰國・楚 郢粟客鉨（璽）
	璽彙 503.5550　戰國・齊 厶（私）王之粟

齊

	貨系 2497　戰國・齊 齊之吞（大）𠪚（刀）
	貨系 2499　戰國・齊 齊之吞（大）𠪚（刀）/上
	貨系 2601　戰國・齊 齊吞（大）𠪚（刀）/上
	貨系 2659　戰國・齊 齊吞（大）𠪚（刀）/周
	齊幣 114　戰國・齊 齊吞（大）𠪚（刀）/吉
	齊幣 142　戰國・齊 齊吞（大）𠪚（刀）/吞（大）
	齊幣 150　戰國・齊 齊吞（大）𠪚（刀）/內
	齊幣 159　戰國・齊 齊吞（大）𠪚（刀）/立
	齊幣 210　戰國・齊 齊吞（大）𠪚（刀）/禾
	齊幣 22　戰國・齊 齊之吞（大）𠪚（刀）/上
	古萃 186. 9　戰國・待考 齊
	鑒菁 18. 34　戰國・楚 棇齊
	秦印風 217 頁　戰國・秦 李齊
	十舉 43. 5　戰國・待考 □齊立
	璽彙 243. 2511　戰國・燕 猲齊
	璽彙 346. 3751　戰國・齊 城圖齊
	璽彙 356. 3847　戰國・燕 公孫齊
	璽類 234. 5　戰國・待考 壬生齊
	先印 51. 6　戰國・齊 齊立邦鉨（璽）
	陶錄 2・395・2　戰國・齊 丘齊巷桼（漆）彫（雕）里旻（得）
	陶錄 2・395・4　戰國・齊 □齊巷……里……
	陶錄 2・396・2　戰國・齊 丘齊巷鈖（盆）里安
	陶錄 2・397・1　戰國・齊 丘齊鈖（盆）里王迵（通）
	陶錄 2・397・2　戰國・齊 丘齊鈖（盆）里王迵（通）
	陶錄 2・397・4　戰國・齊 丘齊鈖（盆）里王□
	陶錄 2・398・1　戰國・齊 丘齊鈖（盆）里王商
	陶錄 2・398・3　戰國・齊 丘齊鈖（盆）里王商
	陶錄 2・403・3　戰國・齊 丘齊鈖（盆）里王□
	陶錄 2・405・1　戰國・齊 丘齊辛里邾（朱）大心
	陶錄 2・406・1　戰國・齊 丘齊辛里之缶
	陶錄 2・406・2　戰國・齊 丘齊辛里□□

	陶録 2・407・1　戰國・齊 丘齊辛里之者（胡）
	陶録 2・407・3　戰國・齊 丘齊辛里之缶
	陶録 2・408・1　戰國・齊 丘齊辛里王汩丝逨
	陶録 2・408・4　戰國・齊 丘齊鈖（盆）……
	陶録 2・409・1　戰國・齊 丘齊平里王閒
	陶録 2・409・2　戰國・齊 丘齊平里□□
	陶録 2・672・2　戰國・齊 丘齊辛里之□
	陶録 6・88・6　戰國・秦 齊
	夕藏 Ⅱ 03-1-1　戰國・齊 丘齊巷桼（漆）彫（雕）里旻（得）
	新齊 0572　戰國・齊 丘齊巷桼（漆）彫（雕）里旻（得）
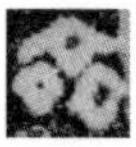	新齊 0575　戰國・齊 丘齊平里王厗奭
	新齊 0578　戰國・齊 丘齊辛里王汩丝逨（來）
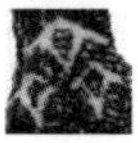	新齊 0579　戰國・齊 丘齊辛里之者（胡）
	新齊 0580　戰國・齊 丘齊辛里之者（胡）
	新齊 0581　戰國・齊 丘齊辛里之者（胡）
	新齊 0582　戰國・齊 丘齊辛里乘
	新齊 0584　戰國・齊 丘齊鈖（盆）□□通
	會稽刻石・秦銘刻選　秦代 黔首齊莊
	雙劍誃　戰國・待考 古（姑）先（洗）齊厚左十
	戰國題銘（中）　戰國・待考 □不봅□□□□□□齊六□□巫武平□□□□□里

朿

	貨系 126　戰國・周王畿 朿
	錢典 748　戰國・周王畿 朿
	錢典 749　戰國・周王畿 朿
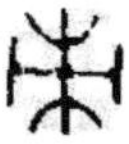	港印 155　戰國・秦 朿
	璽彙 489.5416　戰國・秦 朿

棗

	錢典 150　戰國・魏 酉（酸）棗

鼎

	璽彙 56.0321　戰國・三晉 □□鼎□

鼏

	秦墓石磬　春秋・秦 四方以鼏（宓）平

	巫咸·詛楚文·郭集　戰國·秦 欲剗伐我社稷
	亞駝·詛楚文·郭集　戰國·秦 欲剗伐我社稷

稻

	珍戰 143　戰國·楚 墬（陳）稆（稻）

穎

	秦新 1600　戰國·秦 咸郿小穎

采

	貨系 595　戰國·韓 武采
	貨系 596　戰國·韓 武采
	天津 22　戰國·韓 武采
	璽彙 240.2474　戰國·待考 采（秀）昃
	璽彙 319.3420　戰國·待考 采陽胖（朕）
	璽彙 326.3505　戰國·楚 采（秀）㕂
	璽類 236.12　戰國·待考 郚采
	新齊 0281　戰國·齊 竺采之王□
	侯馬三六：四　春秋·三晉 采自……

康

	鶴廬 143.5　戰國·齊 敦（淳）于康
	璽彙 108.0887　戰國·三晉 肖（趙）康
	璽彙 205.2059　戰國·三晉 郇（句）康
	璽彙 240.2475　戰國·秦 李康
	璽考 229.5　戰國·三晉 肖（趙）康
	珍戰 115　戰國·三晉 投康
	秦墓石磬　春秋·秦 屯（純）魯吉康
	秋淵·詛楚文·郭集　戰國·秦 今楚王熊相康回無道
	吾水·石鼓文·郭集　春秋·秦 □□康₌（康康）
	繹山刻石·秦銘刻選　秦代 黔首康定

稍

	璽彙 190.1874　戰國·三晉 租（稍）𦣻
	璽彙 192.1898　戰國·三晉 帮（邢）租（稍）

年

	虹印 63　戰國·齊 十四年十一月市（師）紹

	秦印風 97 頁　戰國・秦 李年
	璽彙 224.2279　戰國・三晉 蓨年
	璽彙 307.3281　戰國・三晉 百年
	珍戰 200　戰國・待考 百年
	秦新 2977　戰國・秦 四年
	陶錄 4・2・2　戰國・燕 十七年八月
	陶錄 4・210・2　戰國・燕 廿□年三月
	陶錄 4・210・3　戰國・燕 十八年十二月
	陶錄 4・3・1　戰國・燕 十七年十月左匋(陶)肴(尹)左匋(陶)倈□由叚室
	陶錄 4・3・3　戰國・燕 十九年十月右匋（陶）肴（尹）倈敔叚戠
	陶錄 4・4・1　戰國・燕 □二年十一月
	陶錄 4・4・2　戰國・燕 □七年九月左陶尹
	陶錄 4・5・1　戰國・燕 廿一年八月右匋（陶）肴（尹）倈疾叚戠右匋（陶）攻（工）湯
	陶錄 4・7・1　戰國・燕 廿二年正月左匋(陶)肴(尹)左匋(陶)倈湯叚國左匋（陶）攻（工）敔（造）
	陶錄 4・9・2　戰國・燕 廿二年八月
	陶錄 4・9・4　戰國・燕 十八年十二月右匋（陶）肴（尹）倈敔叚戠

	陶錄 5・109・3　戰國・三晉、兩周 十一年㠯（以）逨（來）
	陶錄 5・38・1　戰國・三晉、兩周 十一年㠯（以）逨（來）・京
	陶錄 5・38・3　戰國・三晉、兩周 十一年㠯（以）逨（來）・京
	陶錄 6・339・1　戰國・秦 廿六年[皇帝]盡并兼天下
	陶錄 6・347・1　戰國・秦 廿六年皇帝盡并兼[天下]
	陶錄 6・347・2　戰國・秦 廿六年皇帝盡并兼[天下]
	陶錄 6・348・3　戰國・秦 廿[六]年皇帝盡并兼[天下]
	陶錄 6・348・4　戰國・秦 [廿六]年
	陶錄 6・349・1　戰國・秦 廿六年
	陶錄 6・351・1　戰國・秦 廿[六]年
	陶錄 6・351・2　戰國・秦 廿[六]年
	陶錄 6・351・3　戰國・秦 [廿六]年
	陶錄 6・358・2　戰國・秦 [廿六]年皇帝盡并兼天下
	陶錄 6・379・1　戰國・秦 廿六年皇帝盡[并兼天下]
	陶錄 6・451・1　戰國・秦 [廿六]年
	新齊 1412　戰國・齊 年

	會稽刻石・秦銘刻選　秦代 卅有七年
	秦墓石磬　春秋・秦 隹（惟）四年佾（八月）初吉甲申
	溫縣簡報 T1 坎 1：1961　春秋・三晉 十五年
	溫縣簡報 T1 坎 1：2182　春秋・三晉 十五年十二月乙未
	溫縣簡報 T1 坎 1：3802　春秋・三晉 十五年
	溫縣簡報 T1 坎 1：4499　春秋・三晉 十五年

穀

	風過耳 197　戰國・秦 趙穀
	秦印風 186 頁　戰國・秦 王穀
	璽類 237.8　戰國・待考 鮮于穀

租

	秦印風 235 頁　戰國・秦 租

稅

	璽考 138.9　戰國・三晉 稅公

穌

	甘印 40.2　戰國・待考 穌（蘇）文
	漢原 244.6　戰國・待考 穌（蘇）文
	鶴廬 88.5　戰國・待考 穌（蘇）疠（病）
	集釋 248.19　戰國・三晉 穌（蘇）頭
	鑒菁 219. 附錄 6　戰國・三晉 肖（趙）穌（蘇）
	璽彙 240.2478　戰國・三晉 穌（蘇）巢
	璽彙 240.2480　戰國・三晉 穌（蘇）臭（焌）
	璽彙 241.2487　戰國・三晉 穌（蘇）都
	璽彙 518.5696　戰國・楚 穌（蘇）
	篆彙 1300.11　戰國・待考 穌（蘇）瘇
	陶錄 5・45・4　戰國・三晉、兩周 穌
	陶錄 5・76・2　戰國・三晉、兩周 穌
	侯馬一六：三三　春秋・三晉 穌敢[不]閛（披）丌（其）腹心目（以）事丌（其）[主]

秋

	國輯 4.4　戰國・三晉 千秋
	鶴廬 15.3　戰國・三晉 千秋
	魯安 104.285　戰國・三晉 千秋

	盛世 137　戰國・待考 千秋萬□
	十擧 84.5　戰國・待考 千秋
	璽彙 192.1902　戰國・三晉 郱（邢）秋
	璽彙 405.4430　戰國・三晉 千秋
	璽彙 405.4435　戰國・三晉 千秋
	璽彙 406.4445　戰國・三晉 千秋
	璽彙 406.4446　戰國・三晉 千秋
	璽彙 406.4447　戰國・三晉 千秋
	璽彙 406.4448　戰國・三晉 千秋
	璽彙 406.4449　戰國・三晉 千秋
	璽彙 407.4455　戰國・三晉 千秋
	秦新 2533　戰國・秦 左秋
	侯馬三：三　春秋・三晉 秋敢不閛（披）丌（其）腹心吕（以）事丌（其）宔（主）

秦

	風過耳 089　戰國・秦 秦偣
	風過耳 156　戰國・秦 楊秦
	鶴廬 68.4　戰國・待考 秦垩
	秦印風 132 頁　戰國・秦 □秦
	秦印風 228 頁　戰國・秦 秦類
	璽彙 170.1630　戰國・三晉 秦垩
	璽彙 282.2977　戰國・三晉 胊（閻）秦
	璽彙 356.3853　戰國・燕 公孫秦
	璽彙 494.5475　戰國・待考 秦
	秦新 1303　戰國・秦 杜秦
	秦新 1882　戰國・秦 秦
	秦新 2045　戰國・秦 秦
	秦新 3249　戰國・秦 寧秦
	秦新 3251　戰國・秦 寧秦
	陶錄 4・15・4　戰國・燕 左匋（陶）攻（工）秦
	陶錄 4・63・4　戰國・燕 匋（陶）攻（工）秦
	陶錄 5・18・2　戰國・三晉、兩周 秦宋
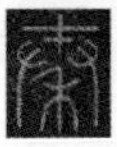	會稽刻石・秦銘刻選　秦代 秦聖臨國

	秦墓石磬　春秋·秦 極（亟）事于秦
	秦駰玉版研究　戰國·秦 又（有）秦曾孫孛=（小子）駰曰
	秋淵·詛楚文·郭集　戰國·秦 又（有）秦嗣王
	秋淵·詛楚文·郭集　戰國·秦 唯是秦邦之羸眾敝賦、鞧（襘）輸（褕）棧輿
	巫咸·詛楚文·郭集　戰國·秦 又（有）秦嗣王
	巫咸·詛楚文·郭集　戰國·秦 唯是秦邦之羸眾敝賦、鞧（襘）輸（褕）棧輿
	亞駝·詛楚文·郭集　戰國·秦 又（有）秦嗣王
	亞駝·詛楚文·郭集　戰國·秦 唯是秦邦之羸眾敝賦、鞧（襘）輸（褕）棧輿

稱

	風過耳 151　戰國·秦 楊稱
	秦印風 68 頁　戰國·秦 橋稱
	泰山刻石·秦銘刻選　秦代 不稱成功[盛德]
	繹山刻石·秦銘刻選　秦代 嗣世稱王
	繹山刻石·秦銘刻選　秦代 不稱始皇帝

程

	秦印風 167 頁　戰國·秦 程更
	秦印風 84 頁　戰國·秦 程□
	會稽刻石·秦銘刻選　秦代 男秉義程

秳*

	秦新 122　戰國·秦 咸陽秳
	陶錄 6·138·4　戰國·秦 咸陽秳
	陶錄 6·139·1　戰國·秦 咸陽秳

⿰禾𠬝*

	璽彙 330.3552　戰國·楚 絲（樂）偖（書）⿰禾𠬝

巢*

	璽彙 240.2478　戰國·三晉 穌（蘇）巢

棨*

	璽彙 369.4002　戰國·三晉 丌（綦）母（毋）棨

積*

	陶錄 6·53·1　戰國·秦 咸重成積

兼

	風過耳 330　戰國·秦 兼仁

	秦印風 115 頁　戰國・秦 姚兼
	秦印風 156 頁　戰國・秦 李兼
	秦新 1798　戰國・秦 咸亭□里兼□
	陶錄 4・22・3　戰國・燕 右□兼
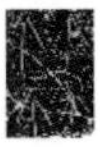	陶錄 5・99・3　戰國・三晉、兩周 兼
	陶錄 6・339・1　戰國・秦 廿六年[皇帝]盡并兼天下
	陶錄 6・353・1　戰國・秦 [皇]帝盡并兼天下
	陶錄 6・353・4　戰國・秦 并兼天[下]
	陶錄 6・355・1　戰國・秦 并兼天下
	陶錄 6・355・3　戰國・秦 并兼天下
	陶錄 6・356・1　戰國・秦 [皇]帝盡并兼天下，諸侯黔首[大安]
	陶錄 6・358・2　戰國・秦 皇帝盡并兼天下
	陶錄 6・358・3　戰國・秦 [皇]帝盡并兼天[下]
	陶錄 6・376・1　戰國・秦 廿六年[皇帝盡]兼并天下
	陶錄 6・473・2　戰國・秦 并兼[天]下
	會稽刻石・秦銘刻選　秦代 兼聽萬事
	秋淵・詛楚文・郭集　戰國・秦 而兼倍十八世[之]詛盟

黍

	貨系 309　戰國・周王畿 黍
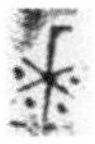	貨系 310　戰國・周王畿 黍
	新齊 0975　戰國・齊 黍郡巷臧里王徇貽

黎

	秦印風 90 頁　戰國・秦 月黎
	泰山刻石・秦銘刻選　秦代 窺（親）輈（巡）遠黎

米

	璽彙 48.0287　戰國・燕 柂湩都米粟鉨（璽）
	秦新 2220　戰國・秦 米
	秦新 2222　戰國・秦 米
	秦新 3148　戰國・秦 石米余

粱

	秦印風 224 頁　戰國・秦 粱兇
	璽彙 231.2373　戰國・三晉 倝（韓）粱

凶

	秦印風 51 頁　戰國・秦 王凶

兇

	秦印風 224 頁　戰國・秦 粱兇
	璽彙 16.0094　戰國・趙 兇（匈）奴相邦

𣏟

	陶錄 7・2・2　戰國・待考 𣏟邑

麻

	璽彙 273.2876　戰國・三晉 麻象
	侯馬八八：一一　春秋・三晉 麻（摩）𡉚（夷）非（彼）是（氏）
	侯馬八五：一七　春秋・三晉 麻（摩）𡉚（夷）非（彼）是（氏）
	侯馬二〇〇：二八　春秋・三晉 䖒（吾）君丌（其）明亟（殛）覞（視）之，麻（摩）𡉚（夷）非（彼）氏
	侯馬二〇〇：二〇　春秋・三晉 麻（摩）𡉚（夷）非（彼）是（氏）
	侯馬二〇〇：二四　春秋・三晉 麻（摩）𡉚（夷）非（彼）是（氏）
	侯馬二〇〇：三三　春秋・三晉 麻（摩）𡉚（夷）非（彼）是（氏）
	侯馬二〇〇：三一　春秋・三晉 麻（摩）[夷彼]是（氏）
	侯馬二〇〇：一〇　春秋・三晉 麻（摩）殪（夷）非（彼）是（氏）
	侯馬九三：二　春秋・三晉 麻（摩）𡉚（夷）非（彼）是（氏）
	侯馬七五：一　春秋・三晉 麻（摩）𡉚（夷）非（彼）[氏]
	侯馬一：八二　春秋・三晉 麻（摩）𡉚（夷）非（彼）[氏]
	侯馬一：二一　春秋・三晉 麻（摩）𡉚（夷）非（彼）是（氏）
	侯馬一：六　春秋・三晉 麻（摩）𡉚（夷）非（彼）是（氏）
	侯馬一：六五　春秋・三晉 麻（摩）𡉚（夷）非（彼）是（氏）
	侯馬一：七三　春秋・三晉 麻
	侯馬一：一四　春秋・三晉 麻（摩）𡉚（夷）非（彼）是（氏）
	侯馬一八五：二　春秋・三晉 麻（摩）𡉚（夷）非（彼）[氏]
	侯馬一九八：一四　春秋・三晉 麻（摩）𡉚（夷）[彼氏]
	侯馬一六：三　春秋・三晉 麻（摩）𡉚（夷）[彼氏]
	侯馬一六：三〇　春秋・三晉 麻（摩）𡉚（夷）非（彼）是（氏）
	侯馬一六：一〇　春秋・三晉 麻（摩）𡉚（夷）[彼氏]
	侯馬一六二：一　春秋・三晉 麻（摩）𡉚（夷）非（彼）是（氏）
	侯馬一五二：一　春秋・三晉 麻（摩）𡉚（夷）非（彼）是（氏）

	侯馬一五六：七　春秋・三晉 麻（摩）[夷彼氏]……
	侯馬一五六：一九　春秋・三晉 麻（摩）臺（夷）非（彼）是（氏）
	溫縣簡報 T1 坎 1：2279　春秋・三晉 麻（摩）臺（夷）非（彼）是（氏）
	溫縣簡報 T1 坎 1：3211　春秋・三晉 麻（摩）臺（夷）非（彼）是（氏）
	溫縣簡報 T1 坎 1：3780　春秋・三晉 麻（摩）臺（夷）非（彼）是（氏）
	溫縣簡報 T1 坎 1：3802　春秋・三晉 麻（摩）臺（夷）非（彼）是（氏）
	新出研 WT1　K1：3105　春秋・三晉 麻（摩）臺（夷）非（彼）是（氏）
	新出研 WT4　K6：315　春秋・三晉 麻戲
	釁編　戰國晚期・中山 麻不胃
	釁編　戰國晚期・中山 麻不胃

尗

	集釋 235.10　戰國・三晉 鄦（焦）尗
	陝新 86.546　戰國・三晉 長尗
	璽彙 90.0680　戰國・三晉 長尗
	璽彙 160.1514　戰國・三晉 孫尗
	璽彙 203.2027　戰國・三晉 郠（董）尗
	璽考 211.1　戰國・三晉 肖（趙）尗
	侯馬二〇〇：二二　春秋・三晉 尗□敢不半（披）丌（其）復（腹）心 㠯（以）事[其主]
	釁編　戰國晚期・中山 敢諣後尗（淑）賢者

家

	貨系 2457　戰國・趙、魏 家陽/兩•十三
	秦印風 104 頁　戰國・秦 樂家
	秦印風 32 頁　戰國・秦 家璽
	秦印風 40 頁　戰國・秦 張氏家印
	盛世 026　戰國・待考 相氏家印
	璽彙 483.5341　戰國・待考 家
	篆彙 288.5　戰國・三晉 家皷
	陶錄 4・139・4　戰國・燕 家乙
	秦駰玉版研究　戰國・秦 三人壹家
	繹山刻石・秦銘刻選　秦代 壹家天下

宅

	貨系 2023　戰國・韓 宅陽

	貨系 2026　戰國・韓 宅陽
	三晉 106　戰國・韓 宅陽
	三晉 107　戰國・韓 宅陽
	三晉 108　戰國・韓 宅陽
	三晉 108　戰國・韓 宅陽
	燕下都 269　戰國・韓 宅陽
	燕下都 269　戰國・韓 宅陽
	燕下都 269　戰國・韓 宅陽
	秦印風 168 頁　戰國・秦 外宅窯
	璽彙 36.0211　戰國・齊 口宅之鉩（璽）
	璽考 316.6　戰國・三晉 厌（縩）氏宅
	陶錄 6・90・2　戰國・秦 宅

室

	貨系 217　戰國・周王畿 室
	貨系 218　戰國・周王畿 室
	貨系 219　戰國・周王畿 室
	貨系 220　戰國・周王畿 室
	貨系 222　戰國・周王畿 室
	湖印 37.4　戰國・楚 中戠（職）室鉩（璽）
	璽彙 1.0003　戰國・燕 俍（長）坪（平）君侣室鉩（璽）
	璽彙 36.0213　戰國・楚 戠（職）室之鉩（璽）
	璽彙 39.0228　戰國・楚 専（簿）室之鉩（璽）
	璽彙 416.4561　戰國・三晉 相室
	璽彙 416.4563　戰國・三晉 相室
	璽類 241.14　戰國・三晉 相室
	新封泥彙 0953　戰國・秦 咸陽工室
	珍戰 5　戰國・楚 竅（藏）室
	陶錄 2・643・4　戰國・齊 令司樂乍（作）太室埴
	陶錄 4・2・1　戰國・燕 十六年十月左匋（陶）君（尹）俫臚毁 相室左匋（陶）攻（工）剸
	陶錄 5・98・4　戰國・三晉、兩周 室
	陶錄 6・468・4　戰國・秦 居室
	侯馬六七：二　春秋・三晉 尚敢或內（納）室[者]

	侯馬六七：二五　春秋・三晉 尚敢[或納]室者
	侯馬六七：九　春秋・三晉 尚敢或入（納）室[者]
	侯馬六七：六　春秋・三晉 而或聞宗人兄弟或内（納）室者
	侯馬六七：三七　春秋・三晉 尚敢或内（納）室[者]
	侯馬六七：五七　春秋・三晉 ……尚敢[或納]室者
	侯馬六七：五三　春秋・三晉 入（納）室者
	侯馬六七：一三　春秋・三晉 弟内（納）室者
	秋淵・詛楚文・郭集　戰國・秦 竄者（諸）冥室櫝棺之中

宣

	秦印風 136 頁　戰國・秦 公宣
	秦印風 189 頁　戰國・秦 全宣
	秦新 1709　戰國・秦 咸商里宣
	秦新 2625　戰國・秦 咸商里宣
	秦新 2626　戰國・秦 咸商里宣
	秦新 2713　戰國・秦 咸郿里宣
	陶錄 6・240・4　戰國・秦 宣臣
	會稽刻石・秦銘刻選　秦代 宣省習俗
	會稽刻石・秦銘刻選　秦代 飾省宣義
	秋淵・詛楚文・郭集　戰國・秦 敢用吉玉宣璧
	巫咸・詛楚文・郭集　戰國・秦 敢用吉玉宣璧
	亞駝・詛楚文・郭集　戰國・秦 敢用吉玉宣璧

向

	貨系 366　戰國・周王畿 向
	秦印風 57 頁　戰國・秦 王向
	璽彙 308.3293　戰國・待考 □向
	秦新 1732　戰國・秦 向
	秦新 1734　戰國・秦 向
	秦新 638　戰國・秦 麗[邑]丘向
	秦新 876　戰國・秦 向鉛
	陶錄 2・165・4　戰國・齊 中蒦圆里敦（淳）于向
	陶錄 2・674・3　戰國・齊 酷里人分向
	陶錄 2・679・3　戰國・齊 凡里向

宛

	秦印風 104 頁　戰國・秦 宛臣
	璽彙 336.3629　戰國・楚 宛戎夫
	新封泥彙 2473　戰國・秦 宛丞之印

宇

	會稽刻石・秦銘刻選　秦代 平壹宇內
	會稽刻石・秦銘刻選　秦代 皇帝并（併）宇

奐

	侯馬八八：二　春秋・三晉 而或覓（變）改助及奐（奂）

盜

	新封泥彙 0651　戰國・秦 盜陽相室
	新封泥彙 1730　戰國・秦 盜陽相室
	侯馬九二：四〇　春秋・三晉 盜敢不……
	吾水・石鼓文・郭集　春秋・秦 天子永盜

定

	風過耳 160　戰國・秦 姚定
	秦印風 156 頁　戰國・秦 路定
	璽彙 289.3061　戰國・三晉 定適
	璽彙 356.3854　戰國・燕 公孫定
	秦新 2606　戰國・秦 定
	秦新 2938　戰國・秦 樂定王氏九斗
	侯馬二〇〇：二五　春秋・三晉 定宮平陟之命
	侯馬二〇〇：六八　春秋・三晉 定宮平陟之[命]
	侯馬二〇〇：三九　春秋・三晉 定宮平陟之命
	侯馬二〇〇：一七　春秋・三晉 定宮平陟之命
	侯馬七七：八　春秋・三晉 定宮[平陟之命]
	侯馬一五六：二　春秋・三晉 定宮平陟之命
	三代 20.49.1　戰國・中山 下則定
	繹山刻石・秦銘刻選　秦代 黔首康定

安

	貨系 1019　戰國・趙 武安/五
	貨系 1022　戰國・趙 武安/八

	貨系 1272 背　戰國・魏 安邑二釿/安
	貨系 1277　戰國・魏 安邑二釿/安
	貨系 1453　戰國・魏 安陰（陰）二
	貨系 1456　戰國・魏 安陰（陰）
	貨系 2066　戰國・趙 安陽
	貨系 2292　戰國・燕 安昜（陽）
	貨系 2296　戰國・燕 安昜（陽）/右
	貨系 2507　戰國・齊 安昜（陽）之㚒（大）𠆻（刀）
	貨系 641　戰國・待考 安周
	貨系 650　戰國・待考 安臧
	貨系 671　戰國・待考 安臧
	齊幣 84　戰國・齊 安昜（陽）之㚒（大）𠆻（刀）/上
	齊幣 92　戰國・齊 安昜（陽）之㚒（大）𠆻（刀）/日
	秦印風 84 頁　戰國・秦 趙安
	璽彙 30. 0178　戰國・楚 安昌里鉨（璽）
	璽彙 40. 0237　戰國・齊 鄋（婁）安訐（信）鉨（璽）

	璽彙 136. 1226　戰國・燕 喬安
	璽彙 154. 1448　戰國・三晉 安□
	璽彙 190. 1870　戰國・三晉 郹（史）安
	璽彙 196. 1944　戰國・齊 郐（徐）安
	璽彙 281. 2967　戰國・三晉 㕸（平）安
	璽彙 399. 4360　戰國・三晉 安官
	璽彙 504. 5559　戰國・楚 閉（閒）安虛鉨（璽）
	玉萃 23. 2　戰國・三晉 襄安君
	秦新 1356　戰國・秦 安邑祿
	秦新 2494　戰國・秦 安
	陶錄 2・401・3　戰國・齊 丘齊鉛（盆）里安
	陶錄 2・503・3　戰國・齊 豆里安
	陶錄 2・504・2　戰國・齊 豆里安
	陶錄 2・504・4　戰國・齊 豆里安
	陶錄 2・646・1　戰國・齊 陞（陳）窶立事歲安邑京畚（釜）
	陶錄 2・94・2　戰國・齊 繇巷大匋（陶）里安

	陶錄 6·325·1　戰國·秦 隱成呂氏缶容十斗
	陶錄 6·325·2　戰國·秦 隱成呂氏缶容十斗
	陶錄 6·325·3　戰國·秦 北□呂氏缶容十斗
	陶錄 6·326·1　戰國·秦 北園王氏缶容十斗
	陶錄 6·326·3　戰國·秦 隱成呂氏缶容十斗
	陶錄 6·327·2　戰國·秦 楊氏缶容十斗

宦

	新封泥彙 0141　戰國·秦 北宮宦丞
	新封泥彙 0144　戰國·秦 北宮宦丞
	新封泥彙 1565　戰國·秦 宦者丞印
	陶錄 6·441·2　戰國·秦 慶宦

宰

	風過耳 171　戰國·秦 尹宰
	璽彙 496.5497　戰國·待考 宰
	新封泥彙 1460　戰國·秦 大宰
	新封泥彙 1462　戰國·秦 大宰
	璽彙 24.0142　戰國·楚 䂞（宰）官之鉨（璽）

守

	秦印風 119 頁　戰國·秦 守
	璽彙 59.0341　戰國·韓 侖（綸）守坎（璽）
	璽彙 249.2589　戰國·三晉 泪守
	璽彙 309.3307　戰國·三晉 守丘
	璽彙 388.4232　戰國·三晉 敬守
	璽彙 479.5298　戰國·待考 守
	璽考 123.1　戰國·魏 上陽守
	陶錄 1·39·2　戰國以前·待考 □守
	陶錄 2·400·1　戰國·齊 丘齊鈖（盆）□守
	侯馬二〇〇：二七　春秋·三晉 卑不守二宮者
	侯馬二〇〇：二五　春秋·三晉 卑不守二宮者
	侯馬二〇〇：六六　春秋·三晉 卑不守二宮者
	侯馬二〇〇：六五　春秋·三晉 不守二宮[者]
	侯馬二〇〇：六一　春秋·三晉 卑不守二宮[者]

	侯馬二〇〇：四九　春秋・三晉 卑[不]守二宮者
	侯馬二〇〇：五八　春秋・三晉 卑不守二宮[者]
	侯馬二〇〇：一六　春秋・三晉 卑不守二宮者
	侯馬二〇〇：一四　春秋・三晉 不守[二]宮者
	侯馬九二：二　春秋・三晉 卑不守二宮者
	侯馬九二：四三　春秋・三晉 [卑]不守二[宮者]
	侯馬九二：一一　春秋・三晉 不守二宮者
	侯馬三：三　春秋・三晉 卑不守二宮者
	侯馬三：一六　春秋・三晉 卑不守二宮者
	侯馬三五：一　春秋・三晉 不守二宮者
	侯馬四九：一　春秋・三晉 卑不守二宮者
	侯馬一：九五　春秋・三晉 不守[二]宮者
	侯馬一：六五　春秋・三晉 卑不守二宮者
	侯馬一：六一　春秋・三晉 卑不守二宮者
	侯馬一：三〇　春秋・三晉 不守二宮者
	侯馬一：三三　春秋・三晉 卑不守[二宮者]
	侯馬一：四〇　春秋・三晉 卑不守二宮者
	侯馬一：五五　春秋・三晉 卑不守二宮者
	侯馬一：一九　春秋・三晉 卑不守二宮者
	侯馬一：一六　春秋・三晉 卑不守二宮者
	侯馬一九八：一五　春秋・三晉 卑不守二[二宮]
	侯馬一九五：一　春秋・三晉 卑不守二宮者
	侯馬一六：三二　春秋・三晉 不守二宮者
	侯馬一七九：九　春秋・三晉 [卑]不守二宮[者]
	侯馬一五二：一　春秋・三晉 卑不守二宮[者]子孫
	侯馬一五六：五　春秋・三晉 卑不守二宮者
	譽編　戰國晚期・中山 監罟又（囿）臣公乘旻（得）守丘

寵

	璽彙 289.3058　戰國・三晉 寵公

宜

	錢典 164　戰國・韓 宜昜（陽）
	錢典 165　戰國・韓 宜陽

	秦印風 23 頁　戰國・秦 宜陽津印
	陝新 205. 1769　戰國・待考 宜千金
	璽彙 365. 3963　戰國・三晉 西方宜
	璽彙 391. 4264　戰國・三晉 宜王
	璽彙 435. 4793　戰國・待考 宜又（有）千萬
	璽彙 435. 4797　戰國・待考 宜又（有）千萬
	璽彙 436. 4806　戰國・三晉 宜又（有）百萬
	璽彙 436. 4809　戰國・三晉 宜又（有）百萬
	璽彙 436. 4810　戰國・三晉 宜又（有）百萬
	珍戰 174　戰國・三晉 宜又（有）百萬
	陶錄 5・83・6　戰國・三晉、兩周 宜
	陶錄 6・305・3　戰國・秦 宜陽肆
	陶錄 6・305・4　戰國・秦 宜陽肆
	陶錄 6・464・2　戰國・秦 宜陽工武
	陶錄 6・464・3　戰國・秦 宜陽工昌
	陶錄 6・464・4　戰國・秦 宜陽工肆
	侯馬二〇〇：三〇　春秋・三晉 宜敢不半（扸）丌（其）復（腹）心目（以）事丌（其）宔（主）
	泰山刻石・秦銘刻選　秦代 者（諸）產得宜

寫

	而師・石鼓文・郭集　春秋・秦 □□其寫
	鑾車・石鼓文・郭集　春秋・秦 四馬其寫

宿

	璽彙 246. 2553　戰國・楚 㑊省
	陶錄 6・448・4　戰國・秦 宿慶

⿱宀丂

	璽彙 479. 5297　戰國・待考 ⿱宀丂

寬

	風過耳 237　戰國・秦 寬

客

	秦印風 64 頁　戰國・秦 趙客
	璽彙 27. 0160　戰國・楚 群栗客鉨（璽）
	璽彙 503. 5549　戰國・楚 郢粟客鉨（璽）

	新齊 0385　戰國・齊 右学（掌）客京

寄

	陶録 5・51・1　戰國・三晉、兩周 寄
	會稽刻石・秦銘刻選　秦代 夫爲寄豭

寓

	秦印風 152 頁　戰國・秦 寓
	璽彙 303.3236　戰國・三晉 宮寓坿（府）守
	璽類 248.5　戰國・待考 寓
	吳人・石鼓文・郭集　春秋・秦 執寓（遇）逢
	侯馬一五六：二〇　春秋・三晉 寓（遇）之行道弗殺

害

	鶴廬 111.5　戰國・三晉 朱害
	秦印風 152 頁　戰國・秦 害
	秦印風 181 頁　戰國・秦 女不害
	吾水・石鼓文・郭集　春秋・秦 害不余□
	繹山刻石・秦銘刻選　秦代 烸（災）害滅除

宋

	貨系 2456　戰國・趙 宋子/一・十二朱
	貨系 368　戰國・周王畿 宋
	貨系 369　戰國・周王畿 宋
	錢典 665　戰國・周王畿 宋
	伏璽 118　戰國・待考 宋昌
	鶴廬 136.1　戰國・齊 宋俶
	湖印 40.14　戰國・楚 宋車
	集釋 213.40　戰國・三晉 宋参
	璽彙 142.1300　戰國・楚 尹宋
	璽彙 150.1394　戰國・三晉 宋褻
	璽彙 152.1423　戰國・三晉 宋熗（爓）
	璽彙 152.1425　戰國・三晉 宋瓔
	鴨選 15　戰國・三晉 宋相女（如）
	陶録 5・18・2　戰國・三晉、兩周 秦宋
	陶録 5・67・1　戰國・三晉、兩周 宋

	陶錄 5·67·2　戰國·三晉、兩周 宋
	陶錄 7·5·1　戰國·待考 宋得
	侯馬九二：一三　春秋·三晉 宋敢不閛（披）[其腹]心
	溫縣簡報 T1 坎 1：3797　春秋·三晉 興奎宋
	溫縣簡報 T1 坎 1：4499　春秋·三晉 宋敢不意₌（憂憂）焉中（忠）心事亓（其）宔（主）

宗

	貨系 216　戰國·周王畿 宗
	錢典 704　戰國·周王畿 宗
	風過耳 304　戰國·秦 宗肩
	秦範卷二 8.5　戰國·三晉 宗緫（紿）
	璽彙 16.0092　戰國·趙 平匋（陶）宗正
	璽彙 154.1440　戰國·三晉 宗昌
	璽彙 425.4678　戰國·三晉 宗昌
	侯馬九二：一二　春秋·三晉 宗丙敢不閛（披）亓（其）[腹]心㠯（以）事亓（其）[主]
	侯馬六七：二八　春秋·三晉 或聞宗人兄弟內（納）室者
	侯馬六七：二〇　春秋·三晉 宗人兄弟
	侯馬六七：二三　春秋·三晉 宗……
	侯馬六七：二五　春秋·三晉 宗人
	侯馬六七：四二　春秋·三晉 宗人兄弟
	侯馬六七：四四　春秋·三晉 宗人
	侯馬六七：五二　春秋·三晉 宗人兄弟內（納）室者
	侯馬六七：一〇　春秋·三晉 宗[人]兄[弟]
	秋淵·詛楚文·郭集　戰國·秦 使其宗祝邵（詔）鼛布（佈）�（檄）
	巫咸·詛楚文·郭集　戰國·秦 使其宗祝邵（詔）鼛布（佈）憝（檄）
	亞駝·詛楚文·郭集　戰國·秦 使其宗祝邵（詔）鼛布（佈）憝（檄）

宔

	璽彙 154.1443　戰國·三晉 宔（主）宨
	璽彙 154.1444　戰國·三晉 宔（主）宨
	陶錄 5·98·1　戰國·三晉、兩周 宔
	侯馬二〇〇：六　春秋·三晉 駕敢不半（披）其腹心㠯（以）事其宔（主）
	侯馬二〇〇：六七　春秋·三晉 ……亓（其）宔（主）
	侯馬二〇〇：六五　春秋·三晉 ……亓（其）宔（主）

	侯馬二〇〇：四二　春秋・三晉 ……敢不半（披）丌（其）腹心台（以）事[其]宔（主）
	侯馬二〇〇：四〇　春秋・三晉 狗敢不半（披）丌（其）腹心㠯（以）事丌（其）宔（主）
	侯馬二〇〇：四六　春秋・三晉 敢不⿵門半（披）其復（腹）心㠯（以）事[其]宔（主）
	侯馬二〇〇：一七　春秋・三晉 敢不半（披）丌（其）[腹]心㠯（以）事丌（其）宔（主）
	侯馬二〇〇：一一　春秋・三晉 悉敢不⿵門半（披）其腹心台（以）事其宔（主）
	侯馬九八：五　春秋・三晉 [披其]腹心台（以）事[其]宔（主）
	侯馬九二：二二　春秋・三晉 吉月敢不⿵門半（披）丌（其）復（腹）心㠯（以）事丌（其）宔（主）
	侯馬三：三　春秋・三晉 秋敢不⿵門半（披）丌（其）腹心㠯（以）事丌（其）宔（主）
	侯馬三：一七　春秋・三晉 [披其腹]心㠯（以）事丌（其）宔（主）
	侯馬五〇：一　春秋・三晉 不⿵門半（披）丌（其）腹心㠯（以）事丌（其）宔（主）
	侯馬一：六五　春秋・三晉 趙□敢不半（披）丌（其）[腹]心㠯（以）事丌（其）宔（主）
	侯馬一：四九　春秋・三晉 老敢不半（披）丌（其）腹心台（以）事丌（其）宔（主）
	侯馬一九五：一　春秋・三晉 敢不⿵門半（披）丌（其）复（腹）心台（以）事丌（其）宔（主）
	侯馬一〇六：二　春秋・三晉 [不]宔〈守〉二宮者
	侯馬一六二：二　春秋・三晉 [敢]不⿵門半（披）其[腹]心[以事]丌（其）宔（主）
	侯馬一五六：二　春秋・三晉 逆敢不⿵門半（披）其復（腹）心台（以）事其宔（主）
	侯馬一五六：四　春秋・三晉 □敢不⿵門半（披）丌（其）⿱复月（腹）心台（以）事丌（其）宔（主）
	侯馬一五六：一五　春秋・三晉 ⿵門半（披）丌（其）⿱𠆢复（腹）心㠯（以）[事其]宔（主）
	溫縣簡報 T1 坎 1：1845　春秋・三晉 𨘢敢不⿱丞心=〈⿱丞心⿱丞心（蒸蒸）〉焉中（忠）心事丌（其）宔（主）
	溫縣簡報 T1 坎 1：3780　春秋・三晉 敢不⿱丞心=（蒸蒸）焉中（忠）心事丌（其）宔（主）
	溫縣簡報 T1 坎 1：3797　春秋・三晉 興敢不⿱⿰臣丞心=（蒸蒸）焉中（忠）心事丌（其）宔（主）
	溫縣簡報 T1 坎 1：4585　春秋・三晉 [敢不]不⿱⿰山丞心=（蒸蒸）焉中（忠）心事其宔（主）
	新出研 WT1　K14：1367　春秋・三晉 [忠]心事丌（其）宔（主）
	新出研 WT1　K17：131　春秋・三晉 㠯（以）祋（微）宔（主）偪（福）者
	侯馬一：九〇　春秋・三晉 [披]丌（其）[腹]心㠯（以）事丌（其）⿱穴主（主）
	侯馬一：一〇　春秋・三晉 □敢不半（披）其复（腹）心㠯（以）事其宔（主）
	侯馬一：九　春秋・三晉 吉月敢不半（披）丌（其）腹心台（以）事丌（其）宔（主）
	侯馬二〇〇：一　春秋・三晉 直（德）父敢不半（披）其復（腹）心台（以）事其宔（主）

⿱宀文*

	璽彙 147.1365　戰國・齊 孟非⿱宀文

⿱宀之*

	新璽 74　戰國・待考 ⿱宀之

宒*

	璽彙 154.1443　戰國・三晉 宔（主）宒
	璽彙 154.1444　戰國・三晉 宔（主）宒

宎*

	璽彙 483.5339　戰國・三晉 宎
	璽彙 483.5342　戰國・三晉 宎
	三代 20.49.1　戰國・中山 宎（天）則逭（畜）

宊*

	陶錄 6・91・5　戰國・秦 宊
	陶錄 6・91・6　戰國・秦 宊

𡧈*

	陶錄 2・518・2　戰國・齊 豆里𡧈

牢*

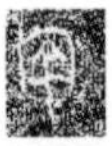	秦新 311　戰國・秦 牢□
	陶錄 6・154・6　戰國・秦 牢人六

宅*

	貨系 1373　戰國・魏 宅二釿
	港續 64.96　戰國・待考 □宅
	港印 37　戰國・三晉 宅它人

宕*

	鶴廬 124.2　戰國・齊 王宕
	秦印風 228 頁　戰國・秦 旦宕

宔*

	鶴廬 41.4　戰國・待考 宔
	璽彙 483.5344　戰國・三晉 宔
	陝新 196.1661　戰國・待考 宔

宆*

	貨系 354　戰國・待考 宆
	貨系 355　戰國・待考 宆
	貨系 356　戰國・待考 宆
	貨系 357　戰國・待考 宆

⿱宀也*

	璽彙 510.5603　戰國・楚 安⿱宀也之鉩（璽）

⿱穴儿*

	秦印風 207 頁　戰國・秦 笵⿱穴儿奴

⿱宀⿱大口*

	貨系 3793 背　戰國・齊 明/鄺冶⿱宀⿱大口（大）刀

⿱宀吉*

	秦新 1816　戰國・秦 咸郿里⿱宀吉
	秦新 1905　戰國・秦 宮⿱宀吉
	秦新 2982　戰國・秦 咸郿里⿱宀吉

⿱宀邑*

	盛世 006　戰國・待考 匀（鈞）州⿱宀邑夫=（大夫）
	書璽 558　戰國・魏 余（餘）子⿱宀邑
	璽彙 17.0097　戰國・楚 下都⿱宀邑夫=（大夫）
	璽彙 17.0099　戰國・楚 上場（唐）行⿱宀邑夫=（大夫）鉩（璽）
	璽彙 260.2718　戰國・三晉 右丞⿱宀邑
	璽考 59.1　戰國・齊 辛⿱宀邑□⿰土市（市）⿰米升
	璽考 162.7　戰國・楚 睢（畦）⿱宀邑
	珍戰 14　戰國・三晉 介單⿱宀邑
	陶錄 2・644・1　戰國・齊 辛⿱宀邑□市⿰米升（升）
	陶錄 2・645・1　戰國・齊 辛⿱宀邑□市

⿱宀艮*

	璽彙 289.3063　戰國・三晉 ⿱宀艮（良）鳴

⿱宀去*

	璽彙 504.5556　戰國・燕 坪（平）⿱宀去（陰）都鉩（璽）

宎*

	侯馬一：六八　春秋・三晉 宎敢不半（披）其膓（腹）心吕（以）事丌（其）[主]
	新出研 WT4　K6：315　春秋・三晉 軐（韓）宎

⿱宀⿰亻先*

	璽彙 213.2154　戰國・楚 郛⿱宀⿰亻先

⿱宀或*

	璽彙 35.0206　戰國・楚 良⿱宀或（國）之鉩（璽）

宊*

	古萃 145.1　戰國・待考 孫宊
	璽彙 96.0745　戰國・燕 長宊
	璽彙 136.1228　戰國・燕 喬宊

㝙*

	鶴廬 104.4　戰國・楚 下鄀行（衡）㝙（麓）
	璽彙 36.0214　戰國・楚 行（衡）㝙（麓）之鉨（璽）

宬*

	璽彙 319.3422　戰國・燕 宬張

宩*

	璽彙 380.4133　戰國・燕 肖（趙）宩

寑*

	秦墓石磬　春秋・秦 ……寑（寢）龏雝
	秦墓石磬　春秋・秦 □□寑（寢）宮

宻*

	侯馬九二：三〇　春秋・三晉 宻兔敢不閛（披）丌（其）[腹心]宮平跱之命

宯*

	集釋 179.5　戰國・三晉 公車宯

㝅*

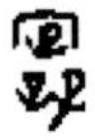	璽彙 248.2569　戰國・三晉 封㝅

寊*

	璽彙 483.5343　戰國・三晉 寊（府）

寘*

	盛世 009　戰國・待考 加芳寘鉨（璽）

㢟*

	侯馬一六：二六　春秋・三晉 㢟敢不閛（披）[其腹心邑事其主]宔（主）

𡧮*

	鶴廬 73.1　戰國・待考 事（史）𡧮
	璽彙 241.2492　戰國・三晉 輅𡧮
	璽彙 306.3265　戰國・三晉 告𡧮
	璽類 327.11　戰國・三晉 駋□𡧮

𡪀*

	璽彙 289.3060　戰國・三晉 𡪀（恙）容

𡩶*

	璽彙 242.2504　戰國・三晉 鑾𡩶
	璽彙 370.4015　戰國・三晉 魰（鮮）于𡩶
	珍戰 90　戰國・待考 鑾𡩶

𡨚*

	璽彙 82.0581　戰國・齊 王𡨚
	璽彙 197.1961　戰國・三晉 郾（燕）𡨚

宬*

	珍戰 5　戰國・楚 宬（藏）室

𡪥*

	璽彙 163.1548　戰國・三晉 孫𡪥（蔑）

𡪄*

	集釋 248.47　戰國・三晉 𡪄（郭）瘖

𡫟*

	秦印風 172 頁　戰國・秦 李𡫟

寰*

	顧印 37.2　戰國・三晉 事（史）𡩋（寰）
	秦範卷三 3.9　戰國・三晉 事（史）𡩋（寰）
	璽彙 301.3202　戰國・三晉 帀（師）𡩋（寰）
	璺編　戰國晚期・中山 珫=（它玉）寰（環）

𡨦*

	璽彙 274.2884　戰國・燕 㚔（文）𡨦

𡪢*

	珍戰 85　戰國・三晉 吳𡪢

宮

	貨系 224　戰國・周王畿 宮
	古萃 143.11　戰國・待考 宮
	秦印風 23 頁　戰國・秦 南宮尚浴
	盛世 240　戰國・待考 宮有百萬

	侯馬一：二〇　春秋・三晉 二宮
	侯馬一：二一　春秋・三晉 定宮平時[之]命
	侯馬一：六　春秋・三晉 不守二宮者
	侯馬一：七一　春秋・三晉 卑不守二宮者
	侯馬一：四五　春秋・三晉 卑不守二宮者
	侯馬一：一九　春秋・三晉 平時定宮
	侯馬一：一三　春秋・三晉 二宮
	侯馬一九五：二　春秋・三晉 定宮平時[之命]
	侯馬一九五：一　春秋・三晉 定宮平[時]……
	侯馬一六：三　春秋・三晉 定宮平時之命
	侯馬一六：三一　春秋・三晉 卑不守二宮者
	侯馬一六：一六　春秋・三晉 卑不守二宮者
	侯馬一五二：一　春秋・三晉 卑不守二宮[者]
	侯馬一五六：四　春秋・三晉 定宮平時之命
	侯馬一五六：一　春秋・三晉 卑不守二宮者
	侯馬一五六：一四　春秋・三晉 二宮

	秦墓石磬　春秋・秦 □□寎（寢）宮
	田車・石鼓文・郭集　春秋・秦 宮車其寫

營

	璽彙 341.3687　戰國・齊 營鏤

呂

	風過耳 072　戰國・秦 呂赤
	集釋 220.6　戰國・三晉 呂□
	秦印風 212 頁　戰國・秦 呂刻
	秦印風 72 頁　戰國・秦 呂趌
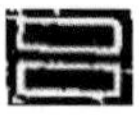	盛世 213　戰國・待考 呂淩
	璽彙 170.1637　戰國・三晉 呂痝
	璽彙 170.1638　戰國・三晉 呂□□
	璽彙 170.1639　戰國・三晉 呂暲
	璽考 277.7　戰國・三晉 長呂
	秦新 2764　戰國・秦 呂
	秦新 3121　戰國・秦 隱成呂氏缶容十斗

	秦新 3122　戰國・秦 隱成呂氏缶容十斗
	秦新 3123　戰國・秦 隱成呂氏缶容十斗
	陶錄 5・111・1　戰國・三晉、兩周 呂佗
	陶錄 5・111・2　戰國・三晉、兩周 呂文
	陶錄 5・7・1　戰國・三晉、兩周 呂憲
	陶錄 5・7・2　戰國・三晉、兩周 呂憲
	陶錄 5・7・3　戰國・三晉、兩周 呂雎（鵙）
	陶錄 5・7・4　戰國・三晉、兩周 呂雎（鵙）
	陶錄 5・8・1　戰國・三晉、兩周 呂□
	陶錄 5・8・2　戰國・三晉、兩周 呂公
	璽彙 518.5699　戰國・秦 膂

躳

	港續 138.243　戰國・待考 躳（信）
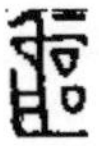	璽彙 257.2681　戰國・三晉 中（忠）躳（信）
	璽彙 257.2682　戰國・三晉 中（忠）躳（信）
	璽彙 312.3341　戰國・三晉 邡（方）梁躳
	璽彙 470.5190　戰國・待考 躳（信）
	珍戰 203　戰國・待考 言躳（信）
	侯馬一五六：二〇　春秋・三晉 章頌（沒）嘉之躳（身）
	泰山刻石・秦銘刻選　秦代 皇帝躳聽（聖）

智*

	陶錄 2・382・3　戰國・齊 楚𩫏巷蘠里智
	陶錄 2・382・4　戰國・齊 楚𩫏巷蔵（苴）里智
	陶錄 2・383・1　戰國・齊 楚𩫏巷蔵（苴）里智

穴

	陶錄 5・89・1　戰國・三晉、兩周 穴

窨

	湖印 39.13　戰國・楚 文是窨（宮）
	璽彙 212.2142　戰國・三晉 邪窨（宮）
	璽彙 236.2426　戰國・三晉 槨（郭）窨（宮）
	璽彙 280.2951　戰國・三晉 甹（平）窨（宮）
	鴨選 28　戰國・三晉 邙窨（宮）

窯

	風過耳 103　戰國・秦 宋窯
	秦印風 55 頁　戰國・秦 韓窯
	璽彙 39. 0231　戰國・楚 田窑（匋）之鉨（璽）

竈

	風過耳 248　戰國・秦 □竈
	秦印風 178 頁　戰國・秦 張竈
	秦墓石磬　春秋・秦 竈（肇）尃（敷）緣（蠻）
	吳人・石鼓文・郭集　春秋・秦 勿竈勿代

窒

	秦印風 72 頁　戰國・秦 王窒

穿

	秦印風 108 頁　戰國・秦 孫穿
	璽彙 65. 0381　戰國・秦 王穿

竇

	璽彙 289. 3062　戰國・三晉 窜（竇）□

空

	秦印風 21 頁　戰國・秦 右司空印
	盛世 025　戰國・待考 道司空印
	新封泥彙 1237　戰國・秦 左司空丞
	陶錄 6・195・1　戰國・秦 右司空嬰
	陶錄 6・195・3　戰國・秦 右司空嬰
	陶錄 6・196・1　戰國・秦 右司空係
	陶錄 6・196・3　戰國・秦 右司空係
	陶錄 6・196・4　戰國・秦 右司空係
	陶錄 6・198・1　戰國・秦 右司空誤
	陶錄 6・198・2　戰國・秦 右司空誤
	陶錄 6・198・4　戰國・秦 右司空眛
	陶錄 6・200・1　戰國・秦 左司空
	陶錄 6・200・3　戰國・秦 左司空
	陶錄 6・201・2　戰國・秦 左司空
	陶錄 6・201・4　戰國・秦 左司空

	陶錄 6・202・1　戰國・秦 左司空
	陶錄 6・202・3　戰國・秦 左司空

窖

	鶴廬 69.4　戰國・待考 粤（平）窨（窖）
	璽彙 110.0913　戰國・三晉 肖（趙）窨（窖）

窬

	秦印風 197 頁　戰國・秦 趙窬

窒

	貨系 223　戰國・周王畿 窒
	古萃 143.9　戰國・待考 窒孫粤
	璽彙 363.3937　戰國・齊 窒孫□
	璽彙 376.4090　戰國・三晉 窒中弗

突

	秦印風 111 頁　戰國・秦 王突
	秦印風 144 頁　戰國・秦 貌突
	秦新 1635　戰國・秦 咸沙里突
	陶錄 6・53・3　戰國・秦 咸重成突

究

	秦印風 223 頁　戰國・秦 薛究

窮

	秦印風 175 頁　戰國・秦 高窮
	秦駰玉版研究　戰國・秦 吾窮而無柰（奈）之可（何）
	泰山刻石・秦銘刻選　秦代 化及無窮

𡧊*

	風過耳 303　戰國・秦 涿𡧊

罙*

	侯馬二〇〇：五　春秋・三晉 罙敢不半（披）丌（其）[腹]心㠯（以）事丌（其）宔（主）

𥤢*

	集印卷六 18.5　戰國・待考 墜（陳）𥤢
	璽彙 516.5673　戰國・三晉 𥤢讋

𥦗*

	秦印風 88 頁　戰國・秦 𥦗隋

窻*

	璽彙 91.0691　戰國・三晉 長窻

⿱穴造*

	璽彙 46.0271　戰國・齊 母⿱穴造（竈）鉨（璽）

窴*

	璽彙 49.0289　戰國・齊 墬（陳）窴立（蒞）事歲安邑京釜（釜）
	陶錄 2・187・1　戰國・齊 蒦圆匋（陶）里人𡫳（窴）
	陶錄 2・188・1　戰國・齊 蒦圆匋（陶）里人𡫳（窴）
	陶錄 2・188・4　戰國・齊 蒦圆匋（陶）里人𡫳（窴）
	陶錄 2・241・1　戰國・齊 蒦圆匋（陶）里□窴
	陶錄 2・646・1　戰國・齊 墬（陳）窴立事歲安邑京釜（釜）

寐

	泰山刻石・秦銘刻選　秦代 夙興夜寐

疾

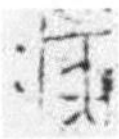	貨系 207　戰國・三晉 疾
	港印 35　戰國・三晉 石法（去）疾
	秦印風 217 頁　戰國・秦 秦疾
	秦印風 80 頁　戰國・秦 楊疾
	璽彙 154.1439　戰國・三晉 宗疾
	璽彙 213.2153　戰國・三晉 邧法（去）疾
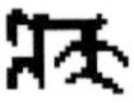	璽彙 254.2643　戰國・三晉 零法（去）疾
	璽彙 366.3966　戰國・燕 西方疾
	璽考 265.8　戰國・三晉 長疾
	璽類 256.3　戰國・待考 王疾
	陶錄 2・100・2　戰國・齊 繇大匋（陶）里去疾
	陶錄 2・101・1　戰國・齊 繇[巷]夻（大）匋（陶）里逌（棄）疾
	陶錄 2・438・1　戰國・齊 豆里畜（棄）疾攘
	陶錄 2・438・3　戰國・齊 豆里畜（棄）疾攘
	陶錄 2・439・1　戰國・齊 豆里畜（棄）疾攘
	陶錄 2・463・1　戰國・齊 豆里疾目
	陶錄 2・464・3　戰國・齊 豆里疾目
	陶錄 2・464・4　戰國・齊 豆里疾目

	陶錄 2·465·2　戰國·齊 豆里疾目
	陶錄 2·465·4　戰國·齊 豆里疾目
	陶錄 2·674·4　戰國·齊 豆里畜（棄）疾攘
	陶錄 2·675·1　戰國·齊 豆里畜（棄）疾攘
	陶錄 4·210·1　戰國·燕 廿二年三月右匋（陶）看（尹）倈疾敀戠
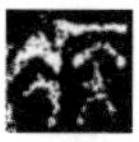	陶錄 4·5·1　戰國·燕 廿一年八月右匋（陶）看（尹）倈疾敀戠右匋（陶）攻（工）湯
	陶錄 4·6·1　戰國·燕 廿一年八月右……倈疾敀……
	陶錄 4·9·2　戰國·燕 廿二年八月
	陶錄 6·437·2　戰國·秦 咎疾
	陶錄 6·437·4　戰國·秦 咎疾
	陶錄 6·437·5　戰國·秦 咎疾
	夕藏 Ⅱ 07-15-1　戰國·齊 豆里疾目
	侯馬八五：二六　春秋·三晉 疾敢不[披其腹心]之命
	泰山刻石·秦銘刻選　秦代 丞相臣斯、臣去疾、御史夫₌（大夫）臣德昧死言

病

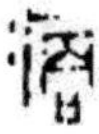	璽彙 204.2039　戰國·三晉 鄞（董）病巳（已）
	璽彙 229.2348　戰國·三晉 韓病
	秦駰玉版研究　戰國·秦 句（苟）令小子駰之病日复
	鶴廬 88.5　戰國·待考 穌（蘇）疠（病）
	璽彙 100.0795　戰國·三晉 長疠（病）
	珍戰 76　戰國·三晉 牂疠（病）

瘣

	璽彙 73.0470　戰國·燕 王疸（瘣）
	璽彙 166.1591　戰國·燕 魯亡（無）疸（畏）

痛

	國輯 16.3　戰國·待考 王痛

瘽

	秦印風 109 頁　戰國·秦 楊瘽
	篆彙 1300.11　戰國·待考 穌（蘇）瘽

疵

	盛世 197　戰國·待考 郝疵
	璽彙 514.5654　戰國·秦 侯疵

癋

	風過耳 016　戰國・秦 馮癋

瘥

	璽彙 211.2130　戰國・三晉 鄯（素）疟（瘥）
	璽彙 375.4078　戰國・三晉 駟正疟（瘥）
	璽彙 386.4199　戰國・三晉 疟（瘥）敬事

瘳

	秦印風 69 頁　戰國・秦 瘳印
	秦印風 75 頁　戰國・秦 王瘳
	盛世 191　戰國・待考 董（董）瘳
	璽彙 254.2644　戰國・三晉 瘳暲
	璽彙 254.2646　戰國・三晉 瘳肻（胐）
	璽類 259.4　戰國・三晉 瘳豫

癡

	璽彙 212.2137　戰國・三晉 鄲（單）癡
	璽彙 234.2398　戰國・三晉 析癡

疠*

	璽彙 497.5507　戰國・待考 疠

疗*

	璽彙 100.0790　戰國・三晉 長疗
	璽彙 352.3805　戰國・三晉 亂（司馬）疗

疚*

	集釋 241.5　戰國・三晉 柏公疚
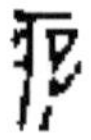	璽彙 73.0468　戰國・三晉 王疚
	璽彙 151.1412　戰國・三晉 宋疚
	璽彙 284.2999　戰國・三晉 賈疚

疲*

	璽彙 139.1262　戰國・三晉 卜疲
	璽類 259.1　戰國・待考 石疲

疰*

	璽彙 172.1660　戰國・三晉 鄱（潘）疰

⿸疒安*

	璽彙 477.5273　戰國・三晉 ⿸疒安

疞*

	璽彙 100.0791　戰國・三晉 長疞

疠*

	璽彙 189.1866　戰國・楚 事（史）疠
	璽類 342.7　戰國・待考 喬疠

⿸疒少*

	港續 52.72　戰國・三晉 椁（郭）⿸疒少

⿸疒夫*

	湖印 40.17　戰國・待考 遽⿸疒夫
	璽彙 100.0794　戰國・三晉 長⿸疒方（病）
	璽彙 119.1026　戰國・三晉 肖（趙）⿸疒夫

⿸疒亢*

	盛世 115　戰國・待考 比⿸疒亢

⿸疒丑*

	二十 76.二-SP-0165　戰國・齊 王⿸疒丑
	魯安 106.291　戰國・三晉 侯⿸疒丑
	璽彙 131.1172　戰國・三晉 吳⿸疒丑

疿*

	盛世 187　戰國・待考 疿它

疳*

	璽彙 162.1544　戰國・三晉 孫疳

痄*

	璽彙 123.1066　戰國・三晉 肖（趙）痄遲（徙）
	璽彙 182.1781　戰國・三晉 事（史）痄
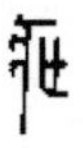	璽彙 284.3000　戰國・三晉 賈痄
	侯馬八五：三二　春秋・三晉 痄敢……

痒*

	璽彙 352.3808　戰國・三晉 䮕（司馬）痒

宿*

	秦範卷三 13.8　戰國・三晉 長宿
	璽彙 352.3800　戰國・三晉 罰（司馬）宿
	陶錄 5・18・3　戰國・三晉、兩周 容宿

痳*

	璽彙 73.0469　戰國・三晉 王痳

痴*

	顧印 37.11　戰國・待考 事（史）瘚（痴）
	集印卷三 3.10　戰國・待考 事（史）瘚（痴）
	璽彙 120.1037　戰國・三晉 肖（趙）瘚（痴）
	璽彙 183.1786　戰國・三晉 事（史）瘚（痴）
	璽彙 282.2981　戰國・三晉 胎（閭）瘚

瓜*

	二十 11. 二-SY-0025　戰國・三晉 吳瓜
	璽彙 373.4056　戰國・三晉 成公瓜
	璽考 233.9　戰國・三晉 肖（趙）瘬（瓜）

	璽考 290.7　戰國・三晉 辛瓜

疘*

	秦印風 50 頁　戰國・秦 李疘

症*

	璽彙 293.3114　戰國・三晉 莽症
	陶錄 5・21・1　戰國・三晉、兩周 事（史）症
	陶錄 5・21・2　戰國・三晉、兩周 事（史）症

疝*

	璽彙 170.1633　戰國・三晉 秦疝

疼*

	二十 15. 二-SY-0055　戰國・楚 埸疼

疴*

	國輯 18.3　戰國・待考 繆疴

疣*

	璽彙 149.1388　戰國・三晉 桀疣
	璽彙 206.2073　戰國・三晉 邡（方）疣

疫*

	璽彙 200.1996　戰國・三晉 鄞（董）疫
	珍戰 64　戰國・三晉 事（史）疫
	侯馬九八：七　春秋・三晉 疫敢不閛（披）[其腹心]
	侯馬一八：五　春秋・三晉 疫自質于[君所]

⿸疒目*

	璽彙 252.2614　戰國・三晉 徒⿸疒目

癔*

	侯馬八八：一　春秋・三晉 輔痣（癔）敢[不披]丌（其）[腹]心
	侯馬六七：一　春秋・三晉 痣（癔）自今㠯（以）㞷（往）

⿸疒圭*

	陶錄 5・16・1　戰國・三晉、兩周 匋（陶）⿸疒圭

⿸疒呈*

	璽彙 234.2402　戰國・燕 松⿸疒呈（⿸疒呈）

⿸疒百*

	璽彙 80.0551　戰國・三晉 王迲（去）⿸疒百
	璽彙 190.1878　戰國・三晉 和語（語）⿸疒百
	璽彙 239.2463　戰國・三晉 椁（郭）迲（去）⿸疒百
	璽彙 352.3807　戰國・三晉 𠚤（司馬）⿸疒百
	珍戰 122　戰國・三晉 □迲（去）⿸疒百

⿸疒夾*

	璽彙 198.1972　戰國・三晉 郾（燕）⿸疒夾
	璽彙 222.2260　戰國・三晉 萗⿸疒夾
	陶錄 2・336・1　戰國・齊 闢（關）里⿸疒夾
	陶錄 2・336・2　戰國・齊 闢（關）里⿸疒夾
	陶錄 2・336・3　戰國・齊 闢（關）里⿸疒夾
	陶錄 2・336・4　戰國・齊 闢（關）里⿸疒夾
	陶錄 2・337・2　戰國・齊 闢（關）里⿸疒夾
	夕藏 II 04-31-1　戰國・齊 闢（關）里⿸疒夾
	夕藏 II 04-31-2　戰國・齊 闢（關）里⿸疒夾

瘒*

	虹印 79　戰國・待考 郑瘒

疛*

	鶴廬 90.5　戰國・三晉 牛疛

㾌*

	璽彙 73.0476　戰國・三晉 王㾌
	璽彙 127.1120　戰國・三晉 高㾌
	璽彙 198.1974　戰國・三晉 郾（燕）㾌
	璽彙 238.2446　戰國・三晉 㙨（郭）㾌
	璽考 315.2　戰國・三晉 巿(工師)㾌
	璽類 210.7　戰國・三晉 部㾌
	侯馬八八：一　春秋・三晉 比㾌之子孫
	侯馬八五：二　春秋・三晉 比㾌之孫=（子孫）
	侯馬九八：三〇　春秋・三晉 比㾌及子孫
	侯馬九八：一　春秋・三晉 比㾌之孫=（子孫）
	侯馬九二：二二　春秋・三晉 比㾌之孫=（子孫）
	侯馬九二：四一　春秋・三晉 比㾌之子[孫]
	侯馬九二：一　春秋・三晉 比㾌之孫=（子孫）
	侯馬九二：一四　春秋・三晉 [比]瘜（㾌）之孫=（子孫）
	侯馬九六：八　春秋・三晉 ……㾌及丌（其）子乙
	侯馬七五：一　春秋・三晉 比㾌之
	侯馬三：二　春秋・三晉 比㾌之孫=（子孫）
	侯馬探八②：一　春秋・三晉 比㾌之子孫
	侯馬一八五：三　春秋・三晉 比瘀（㾌）及丌（其）子乙
	侯馬一九四：四　春秋・三晉 比㾌之孫=（子孫）
	侯馬一六：二　春秋・三晉 比㾌之子孫
	侯馬一五二：三　春秋・三晉 比㾌之孫=（子孫）
	侯馬一五六：二　春秋・三晉 比㾌
	侯馬一五六：二〇　春秋・三晉 比㾌及丌（其）子乙
	侯馬一五六：二三　春秋・三晉 比㾌
	侯馬一五六：三　春秋・三晉 比㾌之孫=（子孫）

瘀*

	秦範卷三 3.13　戰國・待考 事（史）瘀
	十六 4.1　戰國・待考 事（史）瘀

	璽彙 182.1785　戰國・三晉 事（史）痸

⿸疒酉*

	璽彙 16.0095　戰國・齊 ⿸疒酉（將）軍之鉨（璽）

⿸疒戚*

	璽彙 267.2803　戰國・燕 ⿰南𩫖（南郭）⿸疒戚
	璽彙 324.3489　戰國・燕 蜒⿸疒戚

痣*

	璽彙 515.5661　戰國・三晉 穌（蘇）痣
	璽考 237.5　戰國・三晉 肖（趙）痣

疱*

	璽彙 292.3103　戰國・三晉 革睪（釋）疱
	陶錄 2・15・1　戰國・齊 疱者陲（陳）㝵（得）再左里𣪘京豆
	陶錄 2・15・2　戰國・齊 疱者陲（陳）㝵（得）再左里𣪘京豆
	新齊 0330　戰國・齊 疱者陲（陳）㝵（得）再左里𣪘京豆
	新齊 0331　戰國・齊 疱者陲（陳）㝵（得）再左里𣪘京豆

⿸疒忩*

	璽彙 301.3209　戰國・三晉 朝⿸疒忩
	璽彙 344.3726　戰國・齊 ⿰糸公（公孫）⿸疒忩訐（信）鉨（璽）

⿸疒晉*

	璽彙 120.1033　戰國・三晉 肖（趙）⿸疒晉
	璽彙 120.1034　戰國・三晉 肖（趙）⿸疒晉
	溫縣簡報 T1 坎 1：3863　春秋・三晉 ⿸疒晉敢不懃=（蒸蒸）焉中（忠）心事丌（其）[主]

⿸疒忠*

	古萃 172.2　戰國・待考 ⿸疒忠

⿸疒忞*

	璽彙 127.1119　戰國・三晉 高⿸疒忞

⿸疒肥*

	璽彙 245.2533　戰國・燕 □⿸疒肥
	璽彙 254.2645　戰國・三晉 瘳⿸疒肥

⿸疒其*

	璽彙 255.2653　戰國・三晉 ⿸疒斤（⿸疒其）子

𤻮*

	璽彙 74.0482　戰國・齊 王𤻮訐（信）鉨（璽）

瘚*

	璽彙 190.1877　戰國・三晉 和瘚

瘣*

	璽彙 352.3806　戰國・三晉 （司馬）瘣

痽*

	陶錄 4・23・1　戰國・燕 左宮痽
	陶錄 4・23・2　戰國・燕 左宮痽

痦*

	陶錄 2・612・2　戰國・齊 城圖痦
	陶錄 2・613・1　戰國・齊 城圖痦
	陶錄 2・613・3　戰國・齊 城圖痦
	陶錄 2・613・4　戰國・齊 城圖痦
	陶錄 2・614・1　戰國・齊 城圖痦
	陶錄 2・614・3　戰國・齊 城圖痦
	陶錄 2・614・4　戰國・齊 城圖痦
	陶錄 2・615・2　戰國・齊 城圖痦
	陶錄 2・615・3　戰國・齊 城圖痦
	夕藏 II　02-14-1　戰國・齊 城圖痦

𤺐*

	璽彙 100.0796　戰國・三晉 長𤺐
	新出研 WT4　K5：11　春秋・三晉 敢復通與郻（張）戌、郻（張）𤺐
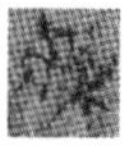	新出研 WT4　K5：13　春秋・三晉 而尚敢復通與郻（張）戌、郻（張）𤺐

𤻊*

	璽彙 100.0798　戰國・燕 長𤻊

𤶻*

	璽彙 266.2788　戰國・燕 君（尹）𤶻

𤸫*

	秦印風 92 頁　戰國・秦 駱𤸫

癠*

	二十 11.二-SY-0019　戰國・三晉 （司馬）癠（癠）

	璽彙 281.2966　戰國・三晉 甹（平）𤻮（癠）

𤻲*

	二十 142.二-GP-0035　戰國・燕 𤻲𠦝（僕）

𤺊*

	璽彙 120.1030　戰國・三晉 肖（趙）𤺊
	璽彙 198.1973　戰國・三晉 郾（燕）𤺊
	璽彙 276.2904　戰國・三晉 文是𤺊
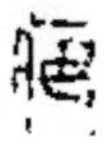	尊集 306.12　戰國・三晉 肖（趙）𤺊

𤺺*

	璽彙 372.4043　戰國・三晉 陽成𤺺

𤺋*

	新出研 WT1　K1：3105　春秋・三晉 𤺋才鄯敢不恭=（蒸蒸）焉忠=（忠心） 事亓（其）宔（主）

瘻*

	璽彙 198.1971　戰國・三晉 郾（燕）瘻
	璽彙 302.3218　戰國・三晉 焜瘻

𤺥*

	璽類 454.6　戰國・待考 黄𤺥

癧*

	秦印風 74 頁　戰國・秦 芥癧

瘨*

	侯馬九六：九　春秋・三晉 比瘨
	侯馬三：二〇　春秋・三晉 比愍、比瘨及亓（其）孫=（子孫）
	侯馬探八②：二　春秋・三晉 比愍（愆）、比瘨、歆（足）及亓（其） 新君弟孫
	侯馬一八五：三　春秋・三晉 比瘨、歆及亓（其）新君弟……郙詨之 孫=（子孫）
	侯馬一五六：二三　春秋・三晉 比瘨及亓（其）孫=（子孫）
	侯馬一五六：一九　春秋・三晉 比諐（愆）、比瘨及亓（其）孫=（子孫）

𤺓*

	璽彙 120.1031　戰國・三晉 肖（趙）𤺓

𤼱*

	璽彙 183.1788　戰國・三晉 事（史）𤼲（𤼱）
	璽彙 238.2447　戰國・三晉 椁（郭）𤼲

⿸疒雚*

	璽彙 202.2015　戰國・三晉 郵（董）⿸疒雚

⿰爿安*

	璽彙 347.3756　戰國・楚 倀⿰爿安

燃*

	秦新 1890　戰國・秦 燃

冠

	璽考 145.2　戰國・三晉 君（尹）余冠之君坥（璽）
	新封泥彙 0681　戰國・秦 尚冠
	新封泥彙 1778　戰國・秦 尚冠

冣

	風過耳 188　戰國・秦 張冣
	秦印風 179 頁　戰國・秦 董（董）冣
	秦印風 206 頁　戰國・秦 陽冣
	盛世 176　戰國・秦 陳冣

冗*

	璽彙 203.2028　戰國・三晉 郵（董）冗
	璽彙 369.4006　戰國・三晉 丌（綦）母（毋）冗

同

	貨系 1584　戰國・韓 同是
	貨系 1585　戰國・韓 同是
	三晉 98　戰國・韓 同是
	三晉 98　戰國・韓 同是
	三晉 98　戰國・韓 同是
	三晉 98　戰國・韓 同是
	三晉 98　戰國・韓 同是
	三晉 98　戰國・韓 同是
	三晉 99　戰國・韓 同是
	三晉 99　戰國・韓 同是
	風過耳 132　戰國・秦 王同
	風過耳 214　戰國・秦 夫₌（大夫）同

	顧印 37.5　戰國・三晉 事（史）同
	秦印風 70 頁　戰國・秦 侯同
	璽彙 90.0674　戰國・燕 長同
	璽彙 169.1618　戰國・三晉 鄭同
	璽彙 291.3082　戰國・三晉 五同
	璽彙 411.4499　戰國・三晉 同心
	珍戰 123　戰國・三晉 右同
	陶錄 2・324・1　戰國・齊 楚𩫏巷闢（關）里同
	陶錄 2・324・2　戰國・齊 楚𩫏巷闢（關）里同
	陶錄 2・324・3　戰國・齊 楚𩫏巷闢（關）里同
	陶錄 2・324・4　戰國・齊 楚𩫏巷闢（關）里同
	陶錄 5・6・1　戰國・三晉、兩周 里同
	夕藏 II 04-25-2　戰國・齊 □□□□里同
	車工・石鼓文・郭集　春秋・秦 避（吾）馬既同
	會稽刻石・秦銘刻選　秦代 人樂同則
	釋玉璜箴銘　戰國・中山 相會（合）禾（和）同
	巫咸・詛楚文・郭集　戰國・秦 是繆（戮）力同心
	亞駝・詛楚文・郭集　戰國・秦 是繆（戮）力同心

同*

	陶錄 2・564・2　戰國・齊 西酷里人同㫃
	侯馬九八：一〇　春秋・三晉 同敢不閛（披）其腹心㠯（以）[其主]

免

	風過耳 031　戰國・秦 郭免

胄

	侯馬二〇〇：二六　春秋・三晉 胄敢不半（披）丌（其）復（腹）心㠯（以）事[其主]

冒

	秋淵・詛楚文・郭集　戰國・秦 外之則冒改氒（厥）心
	巫咸・詛楚文・郭集　戰國・秦 外之則冒改氒（厥）心
	亞駝・詛楚文・郭集　戰國・秦 外之則冒改氒（厥）心

最

	秦印風 143 頁　戰國・秦 畢最

由*

	貨系 436　戰國・周王畿 由
	貨系 439　戰國・周王畿 由
	貨系 440　戰國・周王畿 由
	貨系 442　戰國・周王畿 由
	秦新 293　戰國・秦 由
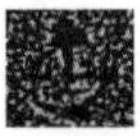	“懸書”解 WT1　K2：159　春秋・三晉 卑（俾）母（無）又（有）由（冑）後

晁*

	陶錄 2・554・1　戰國・齊 東酷里晁□
	陶錄 2・554・2　戰國・齊 東酷里晁□
	陶錄 2・554・3　戰國・齊 東酷里晁□

兩

	貨系 2457 背　戰國・趙、魏 家陽/兩•十三
	貨系 2466 背　戰國・趙 下邮（曲）陽/兩
	貨系 2469 背　戰國・趙 上専（博）/十九•兩
	貨系 2471 背　戰國・趙 下専（博）/十五•兩
	貨系 2473 背　戰國・趙 梠/廿•兩
	貨系 4089　戰國・秦 兩甾（錙）
	貨系 4284　戰國・秦 半兩
	貨系 4294　戰國・秦 半兩
	貨系 4298　戰國・秦 半兩
	二十 149. 二-GP-0097　戰國・楚 兩
	璽考 190.6　戰國・楚 兩
	秋淵・詛楚文・郭集　戰國・秦 兩邦若壹
	巫咸・詛楚文・郭集　戰國・秦 兩邦若壹
	亞駝・詛楚文・郭集　戰國・秦 兩邦若壹

㒳

	陶錄 2・390・1　戰國・齊 楚𩫏巷㒳里鄙
	陶錄 2・390・2　戰國・齊 楚𩫏巷㒳里鄙
	陶錄 2・390・3　戰國・齊 楚𩫏巷㒳里□
	陶錄 2・391・1　戰國・齊 楚𩫏巷㒳里曽
	陶錄 2・391・2　戰國・齊 楚𩫏□㒳里□

	陶錄 2・391・3　戰國・齊 楚亭巷𣆀里𡧢
	新齊 0659　戰國・齊 楚亭巷𣆀里□
	新齊 0660　戰國・齊 楚亭巷𣆀里隻（獲）

网

	璽彙 239.2459　戰國・三晉 㝏（郭）网

𦋼

	風過耳 026　戰國・秦 亭（郭）𦋼
	秦印風 130 頁　戰國・秦 賈𦋼

罟

	璽彙 93.0708　戰國・三晉 長罟
	璽彙 178.1729　戰國・三晉 事（史）罟
	珍戰 142　戰國・三晉 𨛫（董）罟
	礜編　戰國晚期・中山 監罟又（囿）臣公乘旻（得）守丘
	作原・石鼓文・郭集　春秋・秦 𢓊=（秩秩）直（攸）罟
	璽彙 379.4126　戰國・燕 𦊱（古）昌
	璽彙 379.4129　戰國・燕 𦊱（古）瓔

	陶錄 2・285・2　戰國・齊 里□□𦋺（罟）
	陶錄 2・48・1　戰國・齊 右𣪘□巷尚畢里季𦋺（罟）
	陶錄 2・48・2　戰國・齊 右𣪘□巷尚畢里季𦋺（罟）
	陶錄 2・48・4　戰國・齊 右𣪘□巷尚畢里季𦋺（罟）
	新齊 0349　戰國・齊 左𣪘□巷尚畢里季𦋺（罟）
	陶錄 4・137・1　戰國・燕 区𦋺（罟）
	陶錄 4・137・2　戰國・燕 区𦋺（罟）

羅

	璽彙 338.3647　戰國・楚 郘（呂）羅
	珍戰 105　戰國・三晉 羅子
	秦新 1434　戰國・秦 東武羅
	璽彙 72.0456　戰國・三晉 王䍜（羅）
	璽彙 181.1768　戰國・三晉 事（史）䍜（羅）

罵

	盛世 088　戰國・待考 陸罵信鉨
	侯馬一八五：一　春秋・三晉 罵頞（沒）□之身及丌（其）孫=（子孫）

𠬛*

	璽彙 45.0265　戰國・齊 郕（掖）坌𠬛鉨（璽）
	璽彙 54.0312　戰國・齊 鋁（錤）聞（門）坌𠬛
	璽彙 58.0336　戰國・齊 武弫（強）坌𠬛鉨（璽）

哭*

	新封泥彙 2333　戰國・秦 哭原府印

覓*

	璽彙 322.3459　戰國・三晉 畀覓

罬*

	璽彙 251.2613　戰國・待考 □罬

覆

	璽彙 69.0418　戰國・三晉 王覆
	璽彙 356.3850　戰國・燕 公孫覆
	璽類 482.13　戰國・待考 王覆
	印戰 47.2　戰國・待考 殷緇□覆鉨（璽）

帥

	秦印風 236 頁　戰國・秦 帥
	侯馬一六：三　春秋・三晉 不帥從□書之言
	作原・石鼓文・郭集　春秋・秦 帥（率）皮（彼）阪□

帶

	港印 170　戰國・楚 帶
	秦印風 106 頁　戰國・秦 帶錯
	璽彙 507.5574　戰國・燕 公孫□
	陶錄 6・81・6　戰國・秦 帶
	璽彙 187.1834　戰國・三晉 事（史）紼（帶）
	璽彙 273.2871　戰國・三晉 屛紼（帶）
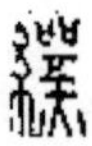	璽彙 358.3870　戰國・燕 公孫紼（帶）
	璽彙 373.4060　戰國・三晉 下沱紼（帶）
	珍戰 37　戰國・三晉 騭（乘馬）紼（帶）

常

	陶錄 2・548・3　戰國・齊 孟常匋（陶）里賞

	陶錄 2・549・2　戰國・齊 孟常匋（陶）里纓
	陶錄 2・549・3　戰國・齊 孟常匋（陶）里人埍
	陶錄 2・550・1　戰國・齊 孟常匋（陶）里人迓
	陶錄 2・550・2　戰國・齊 孟常匋（陶）里人迓
	陶錄 2・551・2　戰國・齊 孟常匋（陶）里人㹀
	陶錄 2・551・3　戰國・齊 孟常匋（陶）里諱
	陶錄 2・552・2　戰國・齊 孟常匋（陶）里……
	夕藏 Ⅱ 08-1-1　戰國・齊 孟常匋（陶）里安
	夕藏 Ⅱ 08-2-1　戰國・齊 孟常匋（陶）里人迓
	夕藏 Ⅱ 08-2-2　戰國・齊 孟常匋（陶）里人迓
	夕藏 Ⅱ 08-3-1　戰國・齊 孟常匋（陶）里……
	新齊 1175　戰國・齊 孟常匋（陶）里人迓
	新齊 1177　戰國・齊 孟常圜里□□
	新齊 1179　戰國・齊 孟常圜里可
	會稽刻石・秦銘刻選　秦代 以立恆常
	會稽刻石・秦銘刻選　秦代 常治無極
	璽彙 153.1429　戰國・三晉 宋常（常）

飾

	會稽刻石・秦銘刻選　秦代 內飾詐謀
	會稽刻石・秦銘刻選　秦代 飾省宣義
	秋淵・詛楚文・郭集　戰國・秦 飾（飭）甲底（砥）兵
	巫咸・詛楚文・郭集　戰國・秦 飾（飭）甲底（砥）兵
	亞駝・詛楚文・郭集　戰國・秦 飾（飭）甲底（砥）兵

帚

	璽彙 27.0158　戰國・燕 帚昜（陽）鑄帀（師）鉨（璽）
	璽林 12.1　戰國・燕 帚昜（陽）都鉨（璽）

帑

	新封泥彙 2158　戰國・秦 御府帑府
	新封泥彙 2167　戰國・秦 御府帑府

布

	貨系 1443　戰國・魏 分布
	貨系 1446　戰國・魏 分布

	秋淵・詛楚文・郭集　戰國・秦 使其宗祝邵（詔）鼛布（㑢）憝（檄）
	亞駝・詛楚文・郭集　戰國・秦 使其宗祝邵（詔）鼛布（㑢）憝（檄）

帛

	璽彙 129.1140　戰國・燕 高帛
	璽彙 325.3495　戰國・燕 帛生居
	璽彙 514.5652　戰國・燕 帛退（徙）
	陶錄 2・84・4　戰國・齊 蒦圆南里匋（陶）者帛吾
	陶錄 7・12・3　戰國・待考 護貞帛
	汧殹・石鼓文・郭集　春秋・秦 帛（白）魚皪=（皪皪）
	汧殹・石鼓文・郭集　春秋・秦 黄帛（白）其鰟（魴）

皪*

	汧殹・石鼓文・郭集　春秋・秦 帛（白）魚皪=（皪皪）

白

	貨系 3864　戰國・中山 成白（柏）
	貨系 3865　戰國・中山 成白（柏）
	貨系 3870　戰國・中山 成白（柏）
	燕下都 192　戰國・趙 白（柏）刀/田
	燕下都 193　戰國・趙 白（柏）刀
	鶴廬 39.6　戰國・待考 白生
	秦印風 201 頁　戰國・秦 張白
	秦印風 214 頁　戰國・秦 白更
	璽彙 292.3099　戰國・三晉 白羊帶
	璽彙 332.3583　戰國・三晉 白羊齒
	璽彙 431.4739　戰國・三晉 白（百）萬金
	璽彙 437.4814　戰國・待考 又（有）千白（百）萬
	篆彙 1690.1　戰國・待考 白綠氏
	秦新 1712　戰國・秦 咸白里公
	秦新 1850　戰國・秦 咸白里公
	侯馬二〇三：一一　春秋・三晉 白（伯）父叔父
	侯馬九六：八　春秋・三晉 白（伯）父
	侯馬探八②：二　春秋・三晉 及丌（其）白（伯）父叔父兄弟孫=（子孫）
	瑯琊臺刻石・秦銘刻選　秦代 臣請具刻詔書金石刻因明白矣

	繹山刻石・秦銘刻選　秦代 臣請具刻詔書金石刻因明白矣
	戰國題銘（中）　戰國・待考 □□白多□禱（櫺）□□□

宗

	璽彙 48.0282　戰國・齊 右逃（遂）文宗訐（信）鈢（璽）
	璽類 37.8　戰國・齊 右稟（廩）迺宗𥡴鈢（璽）

㡀

	貨系 1350　戰國・魏 桼（梁）正㡀（幣）百尚（當）寽
	貨系 1363　戰國・魏 桼（梁）正㡀（幣）百尚（當）寽
	貨系 1364　戰國・魏 桼（梁）正㡀（幣）百尚（當）寽
	貨系 1366　戰國・魏 桼（梁）正㡀（幣）百尚（當）寽
	貨系 1367　戰國・魏 桼（梁）正㡀（幣）百尚（當）寽
	貨系 1368　戰國・魏 桼（梁）正㡀（幣）百尚（當）寽
	貨系 1369　戰國・魏 桼（梁）正㡀（幣）百尚（當）寽
	先秦編 215　戰國・魏 桼（梁）正㡀（幣）百尚（當）寽

敝

	印粹 2.1　戰國・齊 敝墜（陵）右司馬敀鈢（璽）
	秋淵・詛楚文・郭集　戰國・秦 唯是秦邦之嬴眾敝賦、鞈（襘）輸（褕）棧輿
	巫咸・詛楚文・郭集　戰國・秦 唯是秦邦之嬴眾敝賦、鞈（襘）輸（褕）棧輿
	亞駝・詛楚文・郭集　戰國・秦 唯是秦邦之嬴眾敝賦、鞈（襘）輸（褕）棧輿

⿱艹㡀

	璽類 269.12　戰國・待考 成⿱艹㡀
	璽林 31.2　戰國・待考 成⿱艹㡀

卷八

人

	錢典 26　戰國・三晉 □人
	三晉 56　戰國・趙 藿人/五
	三晉 56　戰國・趙 藿人/六
	先秦編 361　戰國・趙 藿人
	先秦編 600　戰國・趙 白（柏）人刀
	港印 37　戰國・三晉 宅它人
	鑒菁 19.36　戰國・待考 臤（賢）士人
	秦印風 222 頁　戰國・秦 徐非人
	盛世 024　戰國・待考 襄安夫人
	璽彙 163.1550　戰國・三晉 孫雩（越）人
	璽彙 477.5266　戰國・三晉 寺人
	璽彙 503.5553　戰國・燕 𨑹都封人
	新封泥彙 0586　戰國・秦 募人丞印
	陶錄 2・171・4　戰國・齊 中蒦圆里人纓
	陶錄 2・172・3　戰國・齊 中隻圆里人□
	陶錄 2・182・2　戰國・齊 蒦圆匋（陶）里人孨
	陶錄 2・186・3　戰國・齊 蒦圆匋（陶）里人□
	陶錄 2・191・3　戰國・齊 蒦圆匋（陶）里人陞（升）
	陶錄 2・192・1　戰國・齊 蒦圆匋（陶）里人陞（升）
	陶錄 2・230・1　戰國・齊 蒦圆匋（陶）里人逸
	陶錄 2・244・2　戰國・齊 蒦圆匋（陶）里人□
	陶錄 2・251・3　戰國・齊 蒦圆匋（陶）里人楊
	陶錄 2・257・1　戰國・齊 匋（陶）里人□
	陶錄 2・299・1　戰國・齊 王卒左巷城圆□岳里人曰旻（得）
	陶錄 2・434・4　戰國・齊 高閭豆里人匋（陶）者曰□
	陶錄 2・466・2　戰國・齊 豆里人□
	陶錄 2・466・3　戰國・齊 豆里人□

	陶錄 2・468・3　戰國・齊 豆里人□
	陶錄 2・469・2　戰國・齊 豆里人□
	陶錄 2・540・1　戰國・齊 子裒里人賁
	陶錄 2・540・3　戰國・齊 子裒里人賁
	陶錄 2・541・3　戰國・齊 子裒里人賁
	陶錄 2・542・2　戰國・齊 子裒里人賁
	陶錄 2・561・1　戰國・齊 酷里人匋（陶）者眗
	陶錄 2・561・4　戰國・齊 酷里人匋（陶）者□
	陶錄 2・564・2　戰國・齊 西酷里人同㫃
	陶錄 2・60・3　戰國・齊 蒦圆南里人憢
	陶錄 2・67・1　戰國・齊 蒦圆南里人□
	陶錄 2・71・1　戰國・齊 蒦圆南里人紨
	陶錄 2・79・3　戰國・齊 蒦圆南里人螽（㲋）
	陶錄 2・82・3　戰國・齊 蒦圆南里人猍
	陶錄 2・86・2　戰國・齊 蒦圆南里人□
	陶錄 4・212・6　戰國・燕 人

	陶錄 5・82・2　戰國・三晉、兩周 人
	陶錄 6・331・2　戰國・秦 大人
	陶錄 6・331・3　戰國・秦 大人
	陶錄 7・18・4　戰國・待考 □人
	新齊 0802　戰國・齊 蒦圆南里人奠
	侯馬六七：二〇　春秋・三晉 或閳宗人兄弟
	侯馬六七：二四　春秋・三晉 宗人
	侯馬六七：六　春秋・三晉 而或閳宗人兄弟或內（納）室者
	侯馬六七：四二　春秋・三晉 宗人兄弟
	侯馬六七：四一　春秋・三晉 宗人[兄]弟
	侯馬一〇五：三　春秋・三晉 眾人佘（怨）死
	會稽刻石・秦銘刻選　秦代 人樂同則

保

	珍戰 2　戰國・楚 述（遂）保之鉩（璽）
	會稽刻石・秦銘刻選　秦代 嘉保泰平

仁

	風過耳 349　戰國・秦 忠仁思士
	古萃 51.8　戰國・楚 王仁
	集成 56.5　戰國・待考 王仁
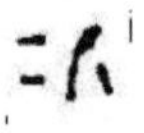	秦印風 243 頁　戰國・秦 忠仁思士
	秦印風 243 頁　戰國・秦 忠仁思士
	秦印風 252 頁　戰國・秦 仁士
	秦印風 252 頁　戰國・秦 交仁必可
	盛世 247　戰國・秦 仁
	璽彙 129.1149　戰國・齊 高堃忏（信）鉨（璽）
	璽彙 220.2239　戰國・齊 鄗齒忏（信）鉨（璽）
	璽彙 501.5537　戰國・齊 禾（和）忏（信）君鉨（璽）
	璽類 71.14　戰國・待考 □郯忏（信）鉨（璽）
	璽類 270.10　戰國・待考 交仁
	侯馬一：三六　春秋・三晉 仁敢不半（披）丌（其）復（腹）心㠯（以）事丌（其）宔（主）
	侯馬一：四一　春秋・三晉 仁柳侃敢不侑閛（披）丌（其）復（腹）心台（以）事嘉
	陶錄 2・702・1　戰國・齊 □□忏（信）鉨（璽）
	書璽 1038　戰國・楚 㤞（信）金
	璽彙 312.3345　戰國・三晉 㤞（信）坾（璽）
	陶錄 2・107・1　戰國・齊 繇巷大匋（陶）里㤞（仁）
	新齊 0938　戰國・齊 繇巷大圚里㤞（仁）

仕

	璽彙 156.1463　戰國・齊 墬（陳）仕
	璽類 271.6　戰國・齊 紀仕

佩

	新封泥彙 0683　戰國・秦 尚佩府印

傑

	璽彙 325.3501　戰國・楚 爯傑

仲

	秦印風 137 頁　戰國・秦 和仲印
	秦印風 218 頁　戰國・秦 仲山賀

倓

	璽彙 335.3616　戰國・楚 倓鉨（璽）

偖

	新齊 0893　戰國・齊 中蒦圜王偖
	新齊 0895　戰國・齊 中蒦圜王偖

僓

	秦印風 126 頁　戰國・秦 楊僓
	秦新 1801　戰國・秦 咸亭涇里僓器
	陶錄 6・5・1　戰國・秦 咸亭涇里僓器
	陶錄 6・5・2　戰國・秦 咸亭涇里僓器

僑

	璽彙 54.0308　戰國・燕 左軒僑頁壯

侗

	集印卷六 26.8　戰國・待考 君（尹）侗
	璽彙 140.1270　戰國・三晉 半侗
	璽彙 201.2010　戰國・三晉 鄆（董）侗
	璽彙 268.2806　戰國・燕 譁（南郭）侗
	陶錄 2・659・3　戰國・齊 蒦圜匋（陶）里王侗

傲

	會稽刻石・秦銘刻選　秦代 貪戾慠（傲）猛

佗

	風過耳 289　戰國・秦 卻佗
	魯安 105.288　戰國・三晉 肖（趙）佗
	秦印風 114 頁　戰國・秦 耿佗
	秦印風 208 頁　戰國・秦 李佗
	璽彙 114.0968　戰國・三晉 肖（趙）佗
	璽彙 166.1585　戰國・齊 邾（朱）佗
	璽彙 212.2145　戰國・三晉 邯佗
	璽彙 339.3659　戰國・楚 醋猶佗
	璽類 376.9　戰國・秦 鮮于佗
	陶錄 4・182・4　戰國・燕 佗坸
	陶錄 5・8・3　戰國・三晉、兩周 呂佗

何

	十選 10.2　戰國・待考 □何
	十選 69.7　戰國・齊 公孫何
	璽彙 246.2547　戰國・三晉 何復
	陶錄 2・268・2　戰國・齊 北里何
	陶錄 2・268・3　戰國・齊 北里何
	陶錄 2・268・4　戰國・齊 北里何
	陶錄 2・362・1　戰國・齊 楚𩫖巷蔵（苴）里何
	陶錄 2・362・2　戰國・齊 □𩫖巷□□何
	陶錄 2・362・4　戰國・齊 楚𩫖巷蔵（苴）里何
	陶錄 2・564・3　戰國・齊 西酷里陳何

儋

	風過耳 179　戰國・秦 張儋

備

	璽彙 247.2562　戰國・楚 備鈢（璽）
	璽類 274.1　戰國・齊 王備

傅

	秦印風 106 頁　戰國・秦 傅枚
	秦印風 174 頁　戰國・秦 傅廣秦
	盛世 231　戰國・待考 傅慶

倚

	秦印風 93 頁　戰國・秦 憲倚
	十鐘 38.9　戰國・待考 □□倚
	璽彙 136.1232　戰國・燕 喬倚

佴

	港印 51　戰國・三晉 孫佴
	秦印風 159 頁　戰國・秦 靳募學佴
	璽彙 83.0590　戰國・齊 王佴
	璽彙 330.3561　戰國・齊 爐佴

傾

	會稽刻石・秦銘刻選　秦代 輿舟不傾

付

	新出研 WT4 K5：11 春秋・三晉 敢不付㥿（敷）丌（其）中（忠）心

伍

	璽彙 23.0135 戰國・楚 伍官之鉩（璽）

敚

	璽彙 318.3407 戰國・三晉 □敚（微）
	侯馬一：五三 春秋・三晉 迷敚敢不半（披）丌（其）腹心㠯（以）事丌（其）宔（主）
	馬薦・石鼓文・郭集 春秋・秦 敚＝（微微）雉□

作

	泰山刻石・秦銘刻選 秦代 作制明[法]
	繹山刻石・秦銘刻選 秦代 功戰日作

借

	璽彙 267.2805 戰國・燕 䇺（南郭）借

侵

	會稽刻石・秦銘刻選 秦代 外來侵邊

儥

	璽彙 339.3661 戰國・楚 產（顔）儥

傒

	秦印風 33 頁 戰國・秦 邦傒（侯）
	陶錄 6・379・1 戰國・秦 諸傒（侯）黔首大安

僅

	璽彙 341.3690 戰國・齊 僅父齎鉩（璽）

代

	秦印風 27 頁 戰國・秦 代馬丞印
	書璽 657 戰國・秦 代市
	陶錄 6・403・1 戰國・秦 代市
	陶錄 6・403・2 戰國・秦 代市
	吳人・石鼓文・郭集 春秋・秦 勿竈勿代

佁

	侯馬一九四：一 春秋・三晉 石佁□敢不閛（披）丌（其）腹（腹）心㠯（以）事……

便

	秦新 1446　戰國・秦 闌陵居貲便里不更牙

任

	風過耳 094　戰國・秦 任長
	風過耳 096　戰國・秦 任□
	吉璽 6.30　戰國・燕 長任
	秦印風 184 頁　戰國・秦 任脩
	秦印風 204 頁　戰國・秦 任説
	秦印風 67 頁　戰國・秦 任黑
	秦印風 81 頁　戰國・秦 任欣
	璽彙 247.2559　戰國・燕 任椮
	秦新 1873　戰國・秦 任
	秦新 3149　戰國・秦 任巨利
	會稽刻石・秦銘刻選　秦代 審別職任

俗

	秦印風 103 頁　戰國・秦 王俗
	秦印風 82 頁　戰國・秦 衷俗
	璽彙 515.5664　戰國・楚 俗瓔
	會稽刻石・秦銘刻選　秦代 宣省習俗
	會稽刻石・秦銘刻選　秦代 大治濯俗

俾

	秦印風 146 頁　戰國・秦 趙俾
	陶錄 5・68・3　戰國・三晉、兩周 俾
	秋淵・詛楚文・郭集　戰國・秦 禮俾（卑）介老，將之目（以）自救也
	巫咸・詛楚文・郭集　戰國・秦 禮俾（卑）介老，將之以自救殹
	亞駝・詛楚文・郭集　戰國・秦 禮俾（卑）介老，將之以自救殹

使

	二十 64. 二-SP-0078　戰國・燕 使（史）郾
	秦新 2977　戰國・秦 周天子使卿大夫辰來致文武之酢（胙）
	會稽刻石・秦銘刻選　秦代 陰通閒（間）使
	秦駰玉版研究　戰國・秦 使明神智（知）吾情
	秋淵・詛楚文・郭集　戰國・秦 使其宗祝邵（詔）鼛布（佈）憝（檄）

	亞駝・詛楚文・郭集　戰國・秦 使其宗祝邵（詔）鼛布（佈）憝（檄）

傳

	秦印風 25 頁　戰國・秦 傳舍之印
	璽彙 49.0288　戰國・楚 鄖□洰傳鉨（璽）
	璽彙 82.0583　戰國・齊 王傳
	鶴廬 66.5　戰國・待考 王逋（傳）
	璽彙 34.0203　戰國・楚 逋（傳）遈（徙）之鉨（璽）

仔

	璽類 163.4　戰國・待考 韓仔

伹

	璽彙 1.0003　戰國・燕 涱（長）坪（平）君伹室鉨（璽）

倍

	會稽刻石・秦銘刻選　秦代 六王專倍
	秋淵・詛楚文・郭集　戰國・秦 敢數楚王熊相之倍盟犯詛
	巫咸・詛楚文・郭集　戰國・秦 敢數楚王熊相之倍盟犯詛
	亞駝・詛楚文・郭集　戰國・秦 敢數楚王熊相之倍盟犯詛

偏

	秦印風 175 頁　戰國・秦 宋偏

倀

	鶴廬 83.3　戰國・待考 倀信
	璽彙 347.3756　戰國・楚 倀妝
	璽類 280.12　戰國・待考 倀僋

佃

	璽彙 245.2541　戰國・三晉 佃書
	璽彙 246.2542　戰國・三晉 佃它人
	珍戰 93　戰國・三晉 隋佃

侈

	秦印風 224 頁　戰國・秦 王侈

佝

	陶錄 2・313・2　戰國・齊 □□章巷□匋（陶）里佝
	陶錄 2・313・3　戰國・齊 左南章巷□□里佝
	陶錄 2・313・4　戰國・齊 □□章□□匋（陶）里佝

	新齊 0970　戰國・齊 □南章巷□圚里佝

偃

	秦印風 161 頁　戰國・秦 侯偃
	秦印風 177 頁　戰國・秦 張偃
	秦印風 192 頁　戰國・秦 夏侯偃
	陶録 5・73・2　戰國・三晉、兩周 吳偃

傷

	風過耳 269　戰國・秦 何傷
	風過耳 271　戰國・秦 胡傷
	璽彙 80.0561　戰國・三晉 王胡（毋）敡（傷）
	璽彙 302.3221　戰國・楚 可（何）敡（傷）
	璽考 172.4　戰國・楚 敡（傷）□之鉨（璽）
	陶録 5・33・4　戰國・三晉、兩周 系（奚）敭（傷）

伏

	二十 139.二-GP-0007　戰國・燕 昜（陽）安都王伏鍴（瑞）
	璽彙 63.0361　戰國・燕 單佑都市王伏鍴（瑞）
	璽彙 364.3947　戰國・燕 王生赤伏
	璽彙 505.5562　戰國・燕 䢼（中陽）都吳（虞）王伏
	璽彙 507.5566　戰國・燕 魯伏
	璽彙 508.5582　戰國・燕 鄬（齊）伏
	陶録 4・136・1　戰國・燕 □□□□□□□王伏匋（陶）人佋
	陶録 4・181・1　戰國・燕 王伏鍴（瑞）
	陶録 4・21・3　戰國・燕 無中市王伏
	陶録 4・211・1　戰國・燕 □城都王伏鍴（瑞）
	陶録 4・211・2　戰國・燕 □□都□王伏鍴（瑞）
	陶録 4・41・4　戰國・燕 匋（陶）攻（工）伏

係

	風過耳 215　戰國・秦 夫₌（大夫）係
	港印 24　戰國・三晉 𤔲（司馬）係
	秦印風 108 頁　戰國・秦 趙係
	秦印風 220 頁　戰國・秦 張係
	秦印風 68 頁　戰國・秦 王係

	璽彙 97.0758　戰國・燕 長係
	秦新 11　戰國・秦 宮係
	秦新 14　戰國・秦 宮係
	秦新 15　戰國・秦 宮係
	秦新 16　戰國・秦 係
	秦新 17　戰國・秦 宮係
	秦新 18　戰國・秦 宮係
	秦新 21　戰國・秦 係
	秦新 22　戰國・秦 係
	秦新 23　戰國・秦 係
	秦新 24　戰國・秦 係
	秦新 25　戰國・秦 係
	秦新 26　戰國・秦 係
	秦新 27　戰國・秦 係
	秦新 29　戰國・秦 係
	秦新 30　戰國・秦 係
	秦新 32　戰國・秦 係
	秦新 574　戰國・秦 寺係
	璽彙 276.2912　戰國・三晉 文是傒（係）
	璽彙 305.3255　戰國・三晉 昨傒（奚）昜（傷）

伐

	貨系 452　戰國・周王畿 伐
	貨系 454　戰國・周王畿 伐
	貨系 455　戰國・周王畿 伐
	港續 139.246　戰國・待考 伐
	璽考 331.5　戰國・燕 司馬伐
	侯馬七五：八　春秋・三晉 閔（藺）伐及丌（其）孫=（子孫）
	侯馬三：二〇　春秋・三晉 閔（藺）伐之孫=（子孫）
	秋淵・詛楚文・郭集　戰國・秦 欲剗伐我社稷
	秋淵・詛楚文・郭集　戰國・秦 伐威我百姓
	巫咸・詛楚文・郭集　戰國・秦 欲剗伐我社稷
	巫咸・詛楚文・郭集　戰國・秦 伐威我百姓

	亞駝・詛楚文・郭集　戰國・秦 欲剗伐我社稷
	繹山刻石・秦銘刻選　秦代 討伐亂逆

但

	風過耳 276　戰國・秦 家但
	盛世 229　戰國・待考 趙但

咎

	三晉 78　戰國・趙 咎奴
	三晉 78　戰國・趙 咎奴
	燕下都 242　戰國・趙 咎奴
	燕下都 242　戰國・趙 咎奴
	燕下都 242　戰國・趙 咎奴
	燕下都 244　戰國・趙 咎奴
	璽彙 9.0049　戰國・趙 咎（皋）郎（狼）左黽（司馬）
	璽彙 328.3531　戰國・楚 咎（皋）鞎
	秦駰玉版研究　戰國・秦 □咎=既□

弔

	訒存 134.2　戰國・待考 中弔（叔）
	陝新 87.564　戰國・三晉 中弔（叔）弍（飭）
	璽彙 246.2549　戰國・三晉 弔（叔）陸
	璽彙 319.3428　戰國・三晉 大（太）弔（叔）註
	璽考 327.5　戰國・三晉 弔（叔）中悈
	侯馬八八：一三　春秋・三晉 丌（其）白（伯）父弔（叔）父兄弟孫=（子孫）
	侯馬探八②：二　春秋・三晉 及丌（其）白（伯）父弔（叔）父兄弟孫=（子孫）
	侯馬一七九：一八　春秋・三晉 及白（伯）父弔（叔）父
	侯馬一七九：一九　春秋・三晉 丌（其）白（伯）父弔（叔）父兄弟
	侯馬一五六：二三　春秋・三晉 及丌（其）白（伯）父弔（叔）父兄弟孫=（子孫）
	侯馬一五六：一九　春秋・三晉 比痣及丌（其）子乙及白（伯）父弔（叔）父

佋

	陶錄 2・643・1　戰國・齊 令乍（作）佋（韶）埴
	陶錄 2・643・2　戰國・齊 令乍（作）佋（韶）埴
	陶錄 2・643・3　戰國・齊 圞（滿）乍（作）佋（韶）埴

仔*

	溫縣簡報 T1 坎 1：2279　春秋・三晉 軓（韓）傆（仔）敢不㦨＝（蒸蒸）鼂（焉）
	新出研 WT4　K6：315　春秋・三晉 軓（韓）傆（仔）

仗*

	盛世 183　戰國・待考 仗

佑*

	璽彙 52.0297　戰國・燕 單佑都市鉨（璽）
	璽彙 63.0361　戰國・燕 單佑都市王伏鍴（瑞）
	陶錄 2・226・1　戰國・齊 蒦圆匋（陶）里王佑
	陶錄 2・226・3　戰國・齊 蒦圆匋（陶）里王佑
	陶錄 2・226・4　戰國・齊 蒦圆匋（陶）里王佑
	陶錄 2・227・2　戰國・齊 蒦圆匋（陶）里王佑

佐*

	新封泥彙 1283　戰國・秦 佐弋丞印
	新封泥彙 1286　戰國・秦 佐弋丞印

㑌*

	璽考 334.2　戰國・三晉 蒚（司馬）㑌

佳*

	璽彙 145.1337　戰國・燕 衛佳
	璽彙 269.2820　戰國・燕 韓（南郭）佳
	陶錄 4・18・1　戰國・燕 左匋（陶）肙（尹）鑵疋哭鍴左匋（陶） 倈湯殷國左匋（陶）攻（工）佳

佢*

	璽彙 311.3326　戰國・燕 奠（鄭）佢
	新齊 0282　戰國・齊 佢

侄*

	新齊 0106　戰國・齊 葉陞（陳）㝵（得）参侄
	新齊 0107　戰國・齊 葉陞（陳）㝵（得）参侄
	新齊 0200　戰國・齊 陞（陳）匽再侄
	新泰齊陶 2002XYY⑤W：125　戰國・齊 □匽□侄
	新泰齊陶 2002XYY⑤W：28　戰國・齊 葉陳㝵（得）□侄
	新泰齊陶 2002XYY⑤W：30　戰國・齊 □□□参侄

	新泰齊陶 2002XYY⑤W：31　戰國・齊 □□□□俓
	新泰齊陶 LFL：3　戰國・齊 葉陳□參俓
	新泰齊陶 LFL：4　戰國・齊 □陳㝵（得）參俓

俥*

	璽類 279.6　戰國・待考 韓（南郭）俥
	篆彙 1617.6　戰國・待考 韓（南郭）俥

俈*

	璽彙 246.2550　戰國・楚 俈（造）府（府）

⿰亻辛*

	陶錄 4・60・4　戰國・燕 匋（陶）攻（工）⿰亻辛
	陶錄 6・22・2　戰國・秦 咸鄙里⿰亻辛

⿰亻酉*

	陶錄 2・13・1　戰國・齊 誾阴（間）陞（陳）㝵（得）平陵縣廩 豆⿰亻酉臧□□

偖*

	璽彙 330.3552　戰國・楚 緣（樂）偖（書）程
	陶錄 5・21・3　戰國・三晉、兩周 事（史）偖

倕*

	秦新 1799　戰國・秦 咸亭東里倕器
	秦新 1806　戰國・秦 咸亭東里倕器

俫*

	陶錄 4・10・1　戰國・燕 廿三年十月右……俫剸段戠右……
	陶錄 4・11・1　戰國・燕 右匋（陶）肙（尹）□……俫剸段戠右 匋（陶）攻（工）湯
	陶錄 4・14・3　戰國・燕 左匋（陶）……俫……
	陶錄 4・18・1　戰國・燕 左匋（陶）肙（尹）鐠疋哭鍴左匋（陶） 俫湯段國左匋（陶）攻（工）佳
	陶錄 4・18・2　戰國・燕 左匋（陶）肙（尹）鐠……左匋（陶） 俫……
	陶錄 4・2・2　戰國・燕 十七年八月右陶尹俫
	陶錄 4・210・2　戰國・燕 廿□年三月……左陶俫湯
	陶錄 4・210・3　戰國・燕 十八年十二月右陶尹俫
	陶錄 4・3・1　戰國・燕 十七年十月左匋(陶)肙(尹)左匋(陶) 俫□由段室
	陶錄 4・4・2　戰國・燕 □七年九月左陶尹俫川
	陶錄 4・5・1　戰國・燕 廿一年八月右匋（陶）肙（尹）俫疾段 戠右匋（陶）攻（工）湯
	陶錄 4・6・1　戰國・燕 廿一年八月右……俫疾段……

	陶錄 4・6・3　戰國・燕 廿一年……倈疾
	陶錄 4・7・1　戰國・燕 廿二年正月左陶尹左陶倈湯
	陶錄 4・9・2　戰國・燕 廿二年八月……倈疾……
	陶錄 4・9・4　戰國・燕 十八年十二月右匋（陶）君（尹）倈敨 㲃戠

偒*

	璽彙 57.0330　戰國・齊 始偒鉨（璽）

⿰亻臽*

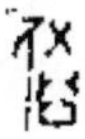	璽彙 77.0523　戰國・三晉 王⿰亻臽
	璽考 225.10　戰國・三晉 肖（趙）⿰亻臽

⿰亻命*

	吉璽 3.8　戰國・三晉 ⿰亻命（伶）㐰（信）車瑪
	璽彙 320.3437　戰國・三晉 留守⿰亻命（令）

假*

	鶴廬 136.1　戰國・齊 宋假
	璽彙 342.3705　戰國・齊 假㲃□鉨（璽）

⿰亻杳*

	陶錄 5・70・4　戰國・三晉、兩周 ⿰亻杳□

偪*

	秋淵・詛楚文・郭集　戰國・秦 以偪（逼）衙（吾）邊競（境）
	新出研 WT1　K17：131　春秋・三晉 㠯（以）校（徼）宔（主）偪（福）者
	亞駝・詛楚文・郭集　戰國・秦 以偪（逼）衙（吾）邊競（境）

偳*

	湖印 39.1　戰國・楚 郱偳
	璽彙 166.1586　戰國・齊 郲（朱）偳

⿰亻宜*

	璽彙 332.3580　戰國・楚 女⿰亻宜

⿰亻苗*

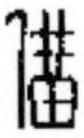	璽彙 246.2545　戰國・三晉 ⿰亻苗（莿）胙

⿰亻𠔉*

	璽彙 174.1683　戰國・三晉 奇⿰亻𠔉

倌*

	風過耳 089　戰國・秦 秦倌

偯*

	港續 55. 78　戰國・待考 偯憙

⿰亻留*

	貨系 1807　戰國・趙 平⿰亻留（原）
	貨系 1808　戰國・趙 平⿰亻留（原）
	貨系 1809　戰國・趙 平⿰亻留（原）
	錢典 83　戰國・趙 平⿰亻留（原）
	燕下都 233　戰國・趙 平⿰亻留（原）

⿰亻屖*

	秦新 183　戰國・秦 ⿰亻屖

⿰亻員*

	陶錄 2・708・1　戰國・齊 ⿰亻員
	陶錄 2・708・2　戰國・齊 ⿰亻員
	陶錄 2・708・3　戰國・齊 ⿰亻員
	陶錄 2・708・5　戰國・齊 ⿰亻員
	陶錄 2・708・6　戰國・齊 ⿰亻員

⿰亻冒*

	璽彙 103. 0834　戰國・三晉 長⿰亻冒

倅*

	璽彙 59. 0337　戰國・楚 倅（卒）府（府）

⿰亻敷*

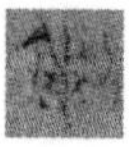	新出研 WT4　K5：12　春秋・三晉 敢不□⿰亻敷（敷）丌（其）中（忠）心台（以）事而宔（主）
	新出研 WT4　K5：15　春秋・三晉 敢不□⿰亻敷（敷）丌（其）中（忠）心㠯（以）事而宔（主）倝（韓）竣

儞*

	陶錄 4・29・2　戰國・燕 右宮儞

⿰亻魯*

	二十 13. 二-SY-0041　戰國・齊 ⿰亻魯加
	璽類 280. 12　戰國・待考 倀⿰亻魯

⿰亻盇*

	夕藏 II 05-14-1　戰國・齊 蒦圆南里⿰亻盇

傴*

	陶錄 6・19・3　戰國・秦 咸郿里傴

真

	貨系 339　戰國・周王畿 真
	貨系 341　戰國・周王畿 真
	貨系 343　戰國・周王畿 真
	貨系 344　戰國・周王畿 真
	陶錄 6・404・3　戰國・秦 真□河陽
	鑾車・石鼓文・郭集　春秋・秦 真弓孔碩

化

	貨系 456　戰國・周王畿 化
	陶錄 2・116・1　戰國・齊 繇巷大匋（陶）里化
	陶錄 2・116・2　戰國・齊 繇巷大匋（陶）里化
	陶錄 2・116・4　戰國・齊 繇巷大匋（陶）里化
	陶錄 2・129・4　戰國・齊 大匋（陶）里化
	陶錄 2・140・3　戰國・齊 大蒦圖里匋（陶）化
	夕藏 II 05-30-1　戰國・齊 繇巷大匋（陶）里化
	會稽刻石・秦銘刻選　秦代 咸化廉清

匕

	貨系 947 背　戰國・趙 晉昜（陽）/匕
	璽彙 518.5706　戰國・齊 輔匕（弼）斁封（邦）
	陶錄 1・27・5　戰國以前・待考 匕
	侯馬三：一九　春秋・三晉 匕（比）寽及丌（其）孫=（子孫）
	侯馬三：一九　春秋・三晉 中者（都）匕（比）弜（強）
	侯馬一九四：一一　春秋・三晉 匕（比）直（德）及丌（其）孫=（子孫）

頃

	盛世 174　戰國・待考 趙頃
	陶錄 6・52・1　戰國・秦 咸邑如頃
	陶錄 6・52・2　戰國・秦 咸邑如頃
	陶錄 6・52・3　戰國・秦 咸邑如頃

印

	貨系 400　戰國・待考 印

	侯馬二〇〇：二五　春秋・三晉 而敢不盡從嘉之明（盟）
	侯馬二〇〇：六九　春秋・三晉 盡從嘉之明（盟）
	侯馬二〇〇：三九　春秋・三晉 而敢不盡從□之明
	侯馬二〇〇：四二　春秋・三晉 而敢不盡從□之明（盟）
	侯馬二〇〇：一五　春秋・三晉 而敢不盡從嘉之明（盟）
	侯馬九八：六　春秋・三晉 而敢不盡從嘉之明（盟）
	侯馬九二：二八　春秋・三晉 而敢不盡從嘉之明（盟）
	侯馬六七：二　春秋・三晉 敢不逵（率）從此明（盟）質之言
	侯馬六七：二五　春秋・三晉 敢不逵（率）從此明（盟）質之言
	侯馬六七：四四　春秋・三晉 逵（率）從此明（盟）質之言
	侯馬六七：五二　春秋・三晉 敢不逵（率）從此明（盟）質之言
	侯馬六七：一七　春秋・三晉 敢不逵（率）從
	侯馬六七：一三　春秋・三晉 敢不逵（率）從明（盟）愿（質）之言
	侯馬三：五　春秋・三晉 而敢[不盡]從嘉之[盟]
	侯馬三：一　春秋・三晉 而敢不盡從嘉之明（盟）
	侯馬一：三二　春秋・三晉 而敢不盡從嘉之明（盟）
	侯馬一：五六　春秋・三晉 而敢不盡從
	侯馬一：一八　春秋・三晉 不盡從嘉之明（盟）
	侯馬一：一三　春秋・三晉 而敢不盡從[嘉]之[盟]
	侯馬一九八：一三　春秋・三晉 ……從嘉之明（盟）
	侯馬一六：一三　春秋・三晉 而敢不盡從嘉之明（盟）
	侯馬一五六：一五　春秋・三晉 而敢不盡從嘉[之盟]

并

	璽彙 194.1925　戰國・燕 并□
	陶錄 6・339・1　戰國・秦 廿六年[皇帝]盡并兼天下
	陶錄 6・347・2　戰國・秦 廿六年皇帝盡并兼[天下]
	陶錄 6・353・4　戰國・秦 并兼天[下]
	陶錄 6・354・1　戰國・秦 并兼天[下]
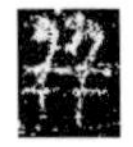	陶錄 6・354・2　戰國・秦 并兼天[下]
	陶錄 6・355・1　戰國・秦 并兼天下
	陶錄 6・355・2　戰國・秦 并兼天下
	陶錄 6・355・3　戰國・秦 并兼天下

	陶錄 6・358・2　戰國・秦 皇帝盡并兼天下
	陶錄 6・473・2　戰國・秦 并兼[天]下
	會稽刻石・秦銘刻選　秦代 皇帝并（併）宇
	泰山刻石・秦銘刻選　秦代 初并[天下]

比

	貨系 4188　戰國・楚 四比/堂（當）忻
	貨系 4189　戰國・楚 四比/堂（當）忻
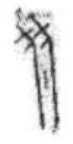	錢典 249　戰國・楚 橈比堂（當）忻/七展
	錢典 250　戰國・楚 橈比堂（當）忻/七展
	先秦編 277　戰國・楚 四比/堂（當）忻
	璽彙 289.3067　戰國・三晉 比明（中月）
	璽彙 289.3068　戰國・三晉 比猚
	璽彙 486.5377　戰國・待考 比
	新封泥彙 1345　戰國・秦 比陽丞印
	陶錄 4・204・1　戰國・燕 比迓
	侯馬八八：一　春秋・三晉 比……

	侯馬八五：二八　春秋・三晉 比痍之子孫
	侯馬二〇三：一　春秋・三晉 比痍
	侯馬九八：三　春秋・三晉 比直（德）及丌（其）子孫
	侯馬九八：三〇　春秋・三晉 比痁（痍）及子孫
	侯馬九二：二二　春秋・三晉 比痍之孫=（子孫）
	侯馬九二：三二　春秋・三晉 比直（德）及丌（其）子孫
	侯馬九二：三四　春秋・三晉 比[德]
	侯馬九二：四五　春秋・三晉 比……
	侯馬九二：五　春秋・三晉 比欸及子孫
	侯馬九二：五　春秋・三晉 比直（德）
	侯馬九二：一六　春秋・三晉 比痍之子孫
	侯馬九六：八　春秋・三晉 比歍
	侯馬九一：三　春秋・三晉 比痍
	侯馬七九：三　春秋・三晉 比痍及丌（其）子乙
	侯馬七九：三　春秋・三晉 中都比喿
	侯馬七九：一一　春秋・三晉 比痍

	侯馬七七：八　春秋・三晉 比直（德）及丌（其）子
	侯馬七七：九　春秋・三晉 比[痥]
	侯馬七五：三　春秋・三晉 比敓（痥）之子孫
	侯馬七五：一　春秋・三晉 比痥
	侯馬三：二　春秋・三晉 比痥之孫=（子孫）
	侯馬三：二　春秋・三晉 比悳（德）及丌（其）孫=（子孫）
	侯馬三：二〇　春秋・三晉 比□及丌（其）孫=（子孫）
	侯馬三：二〇　春秋・三晉 中都比[強]……
	侯馬三：三　春秋・三晉 比悳（德）及丌（其）孫=（子孫）
	侯馬三：五　春秋・三晉 比直（德）及丌（其）孫=（子孫）
	侯馬三：一　春秋・三晉 比直（德）及丌（其）孫=（子孫）
	侯馬三：一二　春秋・三晉 比[痥]之孫=（子孫）
	侯馬三：一三　春秋・三晉 比直（德）及其孫=（子孫）
	侯馬探八②：二　春秋・三晉 比痥及丌（其）子乙
	侯馬探八②：二　春秋・三晉 比德及丌（其）孫=（子孫）
	侯馬探八②：二　春秋・三晉 中都比弜（弫）之孫=（子孫）

	侯馬探八②：一　春秋・三晉 比痥之子孫
	侯馬一八：一　春秋・三晉 比木
	侯馬一八五：二　春秋・三晉 比直（德）及孫=（子孫）
	侯馬一九八：二三　春秋・三晉 比……
	侯馬一九八：二一　春秋・三晉 比痥之子孫
	侯馬一九八：九　春秋・三晉 比悳（德）
	侯馬一九八：五　春秋・三晉 比痥之子孫
	侯馬一九四：九　春秋・三晉 比痥
	侯馬一九四：四　春秋・三晉 比痥之孫=（子孫）
	侯馬一九四：四　春秋・三晉 比直（德）丌（其）孫=（子孫）
	侯馬一九四：一一　春秋・三晉 中都比弫之孫=（子孫）
	侯馬一九五：二　春秋・三晉 比……
	侯馬一九五：四　春秋・三晉 比痥
	侯馬一九五：一　春秋・三晉 比悳（德）及丌（其）孫=（子孫）
	侯馬一六：八　春秋・三晉 比痥之子
	侯馬一六：二六　春秋・三晉 比□及丌（其）孫=（子孫）

	侯馬一六：二五　春秋・三晉 比痜之子孫
	侯馬一六：三六　春秋・三晉 比直（德）及亓（其）孫=（子孫）
	侯馬一六：三四　春秋・三晉 比直（德）及亓（其）孫=（子孫）
	侯馬一六：一八　春秋・三晉 比……
	侯馬一六：一六　春秋・三晉 比[痜]之子孫
	侯馬一六：一五　春秋・三晉 比悳（德）及亓（其）孫=（子孫）
	侯馬一七九：一　春秋・三晉 比悳（德）及亓（其）孫=（子孫）
	侯馬一七九：一一　春秋・三晉 比痜之子孫
	侯馬一七九：一一　春秋・三晉 [及]亓（其）
	侯馬一五二：三　春秋・三晉 比[德]
	侯馬一五二：五　春秋・三晉 比直（德）及其子
	侯馬一五二：一　春秋・三晉 比痜之子孫
	侯馬一五六：二九　春秋・三晉 比𢓊（寽）及亓（其）孫=（子孫）
	侯馬一五六：二〇　春秋・三晉 比直（德）及亓（其）孫=（子孫）
	侯馬一五六：二〇　春秋・三晉 比木之孫=（子孫）
	侯馬一五六：二三　春秋・三晉 比木及亓（其）孫=（子孫）

	侯馬一五六：二一　春秋・三晉 比木之孫=（子孫）
	侯馬一五六：九　春秋・三晉 比悳（德）
	侯馬一五六：三　春秋・三晉 比悳（德）及亓（其）孫=（子孫）
	侯馬一五六：一九　春秋・三晉 比悳（德）及亓（其）孫=（子孫）
	侯馬一五六：一三　春秋・三晉 比痜
	侯馬一五六：一五　春秋・三晉 比悳（德）
	侯馬一五三：一　春秋・三晉 比直（德）

北

	貨系 1596　戰國・趙 北屈
	貨系 1604　戰國・趙 北笄（箕）
	錢典 91　戰國・趙 北屈
	三晉 113　戰國・趙 北屈
	三晉 113　戰國・趙 北屈
	三晉 113　戰國・趙 北屈
	燕下都 237　戰國・趙 北亓（箕）
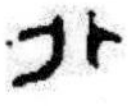	吉璽 2.6　戰國・三晉 北陸（陸）埴（官）

	書璽 574　戰國・三晉 北坿（府）
	璽彙 59.0339　戰國・楚 北孚東曲
	璽彙 292.3096　戰國・三晉 北坿（府）
	璽彙 307.3274　戰國・燕 北宮受
	新封泥彙 0140　戰國・秦 北宮工丞
	陶錄 2・269・4　戰國・齊 北里五
	陶錄 2・273・2　戰國・齊 北里五
	陶錄 2・303・3　戰國・齊 王卒左𣪘□圆北里五
	陶錄 6・102・4　戰國・秦 北
	陶錄 6・158・1　戰國・秦 北
	陶錄 6・158・2　戰國・秦 北
	陶錄 6・158・5　戰國・秦 北
	陶錄 6・223・1　戰國・秦 北司
	陶錄 6・224・5　戰國・秦 北司
	陶錄 6・224・6　戰國・秦 北司
	陶錄 6・225・6　戰國・秦 北司
	陶錄 6・456・1　戰國・秦 北
	陶錄 6・468・1　戰國・秦 北司
	陶錄 6・468・3　戰國・秦 北司
	夕藏 II 04-35-6　戰國・齊 北里壬
	新齊 0031　戰國・齊 北亭陸（陳）喜僕
	新齊 0057　戰國・齊 北亭□□□
	新泰齊陶 2002XYY⑤W：174　戰國・齊 北□□□□
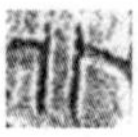	新泰齊陶 2002XYY⑤W：60　戰國・齊 北亭陸（陳）喜繮
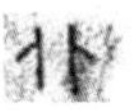	新泰齊陶 2002XYY⑤W：85　戰國・齊 北□□□□
	吴人・石鼓文・郭集　春秋・秦 𢦏（載）西𢦏（載）北

冀

	風過耳 275　戰國・秦 冀同
	秦印風 140 頁　戰國・秦 冀駢
	新封泥彙 1597　戰國・秦 冀□
	秦新 1351　戰國・秦 冀稺（稚）
	陶錄 6・318・1　戰國・秦 冀□

	陶錄 6・318・2　戰國・秦 冀□

丘

	貨系 241　戰國・周王畿 丘
	貨系 39 背　戰國・周王畿 少曲市南/丘
	齊幣 189 背　戰國・齊 齊夻（大）刀（刀）/丘
	秦印風 201 頁　戰國・秦 閭丘勝
	秦印風 23 頁　戰國・秦 灋（廢）丘左尉
	璽彙 56.0324　戰國・魏 桼（漆）丘亩（廩）俞
	璽彙 157.1476　戰國・楚 陳（陳）章丘
	璽彙 309.3301　戰國・三晉 奠（鄭）□丘
	璽彙 320.3433　戰國・三晉 虐（吾）丘痣
	璽彙 370.4013　戰國・齊 閱（閭）丘觜（觜）
	璽彙 485.5365　戰國・待考 丘
	璽考 52.4　戰國・齊 雝丘鬪（關）鉨（璽）
	新封泥彙 1494　戰國・秦 灋（廢）丘丞印
	玉萃 26.1　戰國・楚 丘思（懼）
	秦新 1344　戰國・秦 廢丘□
	陶錄 1・56・1　戰國以前・待考 丏丘□
	陶錄 2・395・1　戰國・齊 丘齊巷漆彫里旻（得）
	陶錄 2・397・1　戰國・齊 丘齊鈖（盆）里王逋（通）
	陶錄 2・397・4　戰國・齊 丘齊鈖（盆）里王□
	陶錄 2・398・4　戰國・齊 丘齊鈖（盆）里王商
	陶錄 2・407・1　戰國・齊 丘齊辛里之者（胡）
	陶錄 2・407・3　戰國・齊 丘齊辛里之缶
	陶錄 2・409・2　戰國・齊 丘齊平里□□
	陶錄 2・51・1　戰國・齊 膚丘巷
	陶錄 2・652・1　戰國・齊 膚丘巷
	陶錄 6・322・2　戰國・秦 □丘□□
	夕藏 II 03-1-1　戰國・齊 丘齊巷桼（漆）彫（雕）里旻（得）
	夕藏 II 03-1-2　戰國・齊 丘齊巷桼（漆）彫（雕）里旻（得）
	新齊 0980　戰國・齊 曹不□叡丘巷
	陶錄 2・395・3　戰國・齊 丘齊□桼（漆）彫（雕）里□

	侯馬叢考續　春秋・三晉 閃（藺）重
	侯馬三：二二　春秋・三晉 重[癰]
	侯馬三：一九　春秋・三晉 重（董）□及丌（其）孫=（子孫）
	侯馬一：二六　春秋・三晉 重敢不閈（披）丌（其）[腹]心㠯（以）[事]丌（其）[主]
	侯馬一五六：二二　春秋・三晉 邯鄲重（董）政及孫=（子孫）
	侯馬一五六：二〇　春秋・三晉 邯鄲重（董）政之孫=（子孫）

量

	陶錄 6・339・1　戰國・秦 乃詔丞相狀綰灋度量則，不壹歉疑者，皆明壹之
	陶錄 6・367・2　戰國・秦 灋度量則
	陶錄 6・368・1　戰國・秦 [乃]詔丞相狀綰灋度量則
	陶錄 6・370・2　戰國・秦 灋度量[則]
	陶錄 6・372・1　戰國・秦 灋度量則
	陶錄 6・372・2　戰國・秦 乃詔丞相狀綰灋度量則
	陶錄 6・470・1　戰國・秦 [乃詔丞]相狀綰灋度量則
	陶錄 6・471・2　戰國・秦 [灋度]量[則]

臥

	新封泥彙 1779　戰國・秦 尚臥
	新封泥彙 1780　戰國・秦 尚臥

監

	港印 46　戰國・三晉 監筡
	吉璽 10.52　戰國・待考 監譙
	集印卷六 26.7　戰國・齊 監坤
	璽彙 211.2125　戰國・三晉 監郕
	璽彙 278.2928　戰國・三晉 監裹
	璽彙 279.2938　戰國・三晉 監猲
	釁編　戰國晚期・中山 監罟又（囿）臣公乘旻（得）守丘

臨

	新封泥彙 0577　戰國・秦 臨晉丞印
	秦新 110　戰國・秦 咸陽高櫟陽重臨晉□安邑□
	陶錄 6・306・2　戰國・秦 臨晉翏
	陶錄 6・306・3　戰國・秦 臨晉翏

	陶録 6・306・4　戰國・秦 臨晉翏
	陶録 6・402・4　戰國・秦 臨亭
	會稽刻石・秦銘刻選　秦代 秦聖臨國
	秋淵・詛楚文・郭集　戰國・秦 以臨加我
	泰山刻石・秦銘刻選　秦代 皇帝臨立（位）
	巫咸・詛楚文・郭集　戰國・秦 以臨加我
	亞駝・詛楚文・郭集　戰國・秦 以臨加我

身

	港續 92.151　戰國・三晉 長身（信）
	秦印風 228 頁　戰國・秦 方言身（信）
	陝新 197.1676　戰國・待考 中（忠）身（信）
	天選 32.2　戰國・待考 中（忠）身（信）
	天選 32.3　戰國・待考 敬身（信）
	璽彙 63.0364　戰國・燕 昜（陽）文（門）身（信）鍴（瑞）
	璽彙 125.1101　戰國・三晉 高身
	璽彙 201.2008　戰國・三晉 鄞（董）身
	璽彙 228.2336　戰國・三晉 韓身
	璽彙 233.2396　戰國・三晉 柏身
	璽彙 258.2689　戰國・待考 中（忠）身（信）
	璽彙 258.2696　戰國・待考 中（忠）身（信）
	璽彙 259.2698　戰國・待考 中（忠）身（信）
	璽彙 259.2702　戰國・待考 中（忠）身（信）
	璽彙 271.2843　戰國・三晉 馬身
	璽彙 422.4642　戰國・齊 中（忠）身（信）
	璽彙 425.4672　戰國・三晉 長身（信）
	璽彙 445.4909　戰國・三晉 上之㠯（以）身（信）
	璽彙 518.5704　戰國・待考 敬身（信）
	璽類 243.11　戰國・待考 安身
	璽類 286.9　戰國・待考 厶（私）身之上
	新璽 60　戰國・待考 貴身
	新璽 62　戰國・待考 中（忠）身（信）
	侯馬八八：一二　春秋・三晉 司寇結及丌（其）……之身

	侯馬二〇三：九　春秋・三晉 ……嘉之身及丌（其）[子孫]
	侯馬三：二三　春秋・三晉 頫（沒）嘉之身
	侯馬一五八：一　春秋・三晉 [頫（沒）]嘉之身
	侯馬一五六：二五　春秋・三晉 𠹭頫（沒）嘉之身及孫=（子孫）
	侯馬一五六：一九　春秋・三晉 絹頫（沒）嘉之身

殷

	常博 1.5　戰國・待考 殷丁
	風過耳 162　戰國・秦 殷得
	風過耳 166　戰國・秦 殷詃
	秦印風 227 頁　戰國・秦 殷難
	秦印風 73 頁　戰國・秦 殷買臣
	璽彙 294.3128　戰國・齊 殷狀
	印戰 47.2　戰國・待考 殷牆□覆鉨（璽）
	璽彙 249.2581　戰國・三晉 殷賸
	璽彙 249.2582　戰國・三晉 殷買
	璽類 374.2　戰國・待考 殷谿
	璽彙 249.2578　戰國・三晉 塈（殷）糧

衣

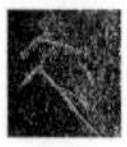	秦新 111　戰國・秦 咸陽衣
	秦新 116　戰國・秦 咸陽衣
	秦新 137　戰國・秦 咸衣
	秦新 2796　戰國・秦 衣
	陶錄 6・137・3　戰國・秦 咸衣

衫

	秋淵・詛楚文・郭集　戰國・秦 衫以齋盟
	巫咸・詛楚文・郭集　戰國・秦 衫以齋盟
	亞駝・詛楚文・郭集　戰國・秦 衫以齋盟

表

	璽彙 510.5610　戰國・三晉 長表

襲

	瑯琊臺刻石・秦銘刻選　秦代 今襲號而金石刻辭不稱始皇帝
	繹山刻石・秦銘刻選　秦代 今襲號而金石刻辭不稱始皇帝

祛

	璽考 318.7　戰國・三晉 騎（乘馬）祛

褎

	璽彙 305.3258　戰國・三晉 冶褎（袖）
	璽彙 309.3308　戰國・三晉 袵褎（袖）

裹

	秦印風 233 頁　戰國・秦 裹
	璽彙 142.1295　戰國・三晉 申裹
	璽彙 161.1528　戰國・三晉 孔裹
	璽彙 179.1742　戰國・三晉 事（史）裹
	珍戰 89　戰國・待考 瘏裹

褢

	古萃 194.10　戰國・待考 褢
	鑒菁 220. 附録 5　戰國・待考 褢（懷）胄
	珍戰 113　戰國・三晉 𣪘褢
	陶錄 5・104・1　戰國・三晉、兩周 褢

袑

	秦印風 191 頁　戰國・秦 王袑

褆

	秦印風 136 頁　戰國・秦 王褆
	秦印風 168 頁　戰國・秦 秦褆

袳

	璽彙 499.5534　戰國・待考 袳

裔

	盛世 217　戰國・待考 裔許

袁

	璽類 43.4　戰國・楚 袁𢊁（府）之鈢（璽）

襄

	貨系 1093　戰國・趙 襄成（城）/十七
	貨系 1094　戰國・趙 襄成（城）/十八
	貨系 4050　戰國・魏 襄陰（陰）
	貨系 4053　戰國・魏 襄陰（陰）

	三晉 101　戰國・韓、趙 攘（襄）垣
	先秦編 363　戰國・趙 襄成（城）
	璽彙 1.0004　戰國・三晉 郈襄君
	璽彙 147.1358　戰國・三晉 孟襄
	璽彙 366.3976　戰國・三晉 寍（空桐）襄
	璽類 443.3　戰國・待考 襄宋之鉨（璽）
	玉萃 23.2　戰國・三晉 襄安君

被

	秦範卷二 7.5　戰國・三晉 公孫被
	秦印風 124 頁　戰國・秦 蘇被
	秦印風 201 頁　戰國・秦 王更被
	璽彙 146.1350　戰國・三晉 孟被
	會稽刻石・秦銘刻選　秦代 被澤無疆

衷

	風過耳 038　戰國・秦 郝衷
	秦印風 141 頁　戰國・秦 瑣衷
	秦印風 60 頁　戰國・秦 趙衷

衦

	璽彙 75.0493　戰國・燕 王衦
	璽彙 326.3510　戰國・待考 衦晨

補

	秦印風 48 頁　戰國・秦 補□

裼

	鑒菁 13.25　戰國・三晉 卒（狄）匜
	璽考 294.4　戰國・三晉 △乙裼(狄)
	侯馬九八：一五　春秋・三晉 裼（狄）敢不閈（披）其腹心㠯（以）[事]……
	侯馬三：一八　春秋・三晉 裼(狄)[敢]不閈(披)丌(其)腹心……丌（其）宔（主）

褐

	秦印風 29 頁　戰國・秦 右褐府印

衰

	秦印風 150 頁　戰國・秦 衰

卒

	二十 77. 二-SP-0173　戰國・齊 王卒□
	陶錄 2・293・2　戰國・齊 王卒左敀㓨圆櫝（櫃）里坐
	陶錄 2・295・4　戰國・齊 王卒左敀㓨圆櫝（櫃）里坐
	陶錄 2・296・1　戰國・齊 王卒左敀㓨圆櫝（櫃）里坐
	陶錄 2・297・4　戰國・齊 王卒左敀……
	陶錄 2・298・3　戰國・齊 王卒左敀㓨圆櫝（櫃）里土
	陶錄 2・301・2　戰國・齊 王卒左敀㓨圆櫝（櫃）里五
	陶錄 2・303・3　戰國・齊 王卒左敀□圆北里五
	陶錄 2・304・1b　戰國・齊 王卒左敀昌里人五
	璽彙 7.0042　戰國・楚 司馬䘚（卒）鉨（璽）
	璽彙 504.5560　戰國・楚 公䘚（卒）之四

褚

	盛世 193　戰國・待考 褚丘

製

	陶錄 6・319・3　戰國・秦 □□工製

袄*

	璽彙 294.3126　戰國・三晉 弗袄
	璽彙 357.3865　戰國・三晉 公孫袄

袱*

	璽彙 368.4000　戰國・三晉 門枷袱

袀*

	鑒菁 22.43　戰國・待考 □袀

袙*

	港印 95　戰國・楚 塦（陳）袙

袮*

	璽彙 300.3194　戰國・三晉 亯（亯于）袮

衺*

	陶錄 2・526・1　戰國・齊 衺子里乙
	陶錄 2・526・2　戰國・齊 衺子里
	陶錄 2・527・2　戰國・齊 子衺子里曰乙
	陶錄 2・527・3　戰國・齊 子衺子里曰乙

	陶錄 2・527・4 戰國・齊 子裒子里曰乙
	陶錄 2・528・1 戰國・齊 子裒子里曰乙
	陶錄 2・529・1 戰國・齊 子裒里人𡉉
	陶錄 2・530・1 戰國・齊 裒子里㝵（得）
	陶錄 2・534・2 戰國・齊 裒子里曰匽乘
	陶錄 2・535・3 戰國・齊 裒子里曰匽乘
	陶錄 2・537・1 戰國・齊 裒子里曰匽乘
	陶錄 2・537・2 戰國・齊 裒子里脬
	陶錄 2・538・1 戰國・齊 裒子里脬
	陶錄 2・538・3 戰國・齊 裒子里脬
	陶錄 2・538・4 戰國・齊 裒子里脬
	陶錄 2・539・1 戰國・齊 子裒里人㒸
	陶錄 2・539・3 戰國・齊 子裒里人㒸
	陶錄 2・539・4 戰國・齊 子裒里人㒸
	陶錄 2・540・1 戰國・齊 子裒里人㒸
	陶錄 2・540・2 戰國・齊 子裒里人㒸
	陶錄 2・540・3 戰國・齊 子裒里人㒸
	陶錄 2・540・4 戰國・齊 子裒里人㒸
	陶錄 2・541・1 戰國・齊 子裒里人㒸
	陶錄 2・541・2 戰國・齊 子裒里人㒸
	陶錄 2・541・4 戰國・齊 子裒里人㒸
	陶錄 2・542・1 戰國・齊 子裒里人㒸
	陶錄 2・542・2 戰國・齊 子裒里人㒸
	陶錄 2・542・3 戰國・齊 子裒里人㒸
	陶錄 2・542・4 戰國・齊 子裒里人㒸
	陶錄 2・544・3 戰國・齊 裒子西里人馬㕓
	陶錄 2・545・1 戰國・齊 子裒子里曰賹
	陶錄 2・545・3 戰國・齊 子裒子里曰賹
	陶錄 2・546・1 戰國・齊 子裒子里曰賹
	陶錄 2・546・2 戰國・齊 子裒子里曰賹
	陶錄 2・546・4 戰國・齊 子裒□里人□㕓
	陶錄 2・547・2 戰國・齊 子裒子里人曰□索

	陶錄 2・671・1　戰國・齊 褭子里旻（得）
	夕藏 Ⅱ 09-2-2　戰國・齊 褭子里曰匿乘
	夕藏 Ⅱ 09-4-2　戰國・齊 子褭里人貪
	夕藏 Ⅱ 09-7-1　戰國・齊 褭子里旻（得）
	新齊 1187　戰國・齊 子褭里人貪
	新齊 1188　戰國・齊 子褭里人貪
	新齊 1198　戰國・齊 褭子里旻（得）

亶*

	珍戰 25　戰國・三晉 司工（空）亶

裷*

	璽彙 229.2344　戰國・三晉 韓裷

裏*

	璽考 288.8　戰國・三晉 長裏

聚*

	璽彙 297.3160　戰國・三晉 新聚坿（府）
	璽類 149.6　戰國・待考 盍聚

褑*

	侯馬八八：一　春秋・三晉 而敢或覍（變）改助及褑（奐）
	侯馬二〇〇：二七　春秋・三晉 而敢或覍（變）改助及褑（奐）
	侯馬二〇三：四　春秋・三晉 褑（奐）
	侯馬七五：一　春秋・三晉 助及褑（奐）
	侯馬三：一　春秋・三晉 而敢或覍（變）改助及褑（奐）
	侯馬三：一五　春秋・三晉 [變]改助及褑（奐）
	侯馬一：九三　春秋・三晉 敢或覍（變）改助及褑（奐）
	侯馬一：六六　春秋・三晉 而敢或覍（變）改助及褑（奐）
	侯馬一九八：二　春秋・三晉 助及褑（奐）
	侯馬一六：三五　春秋・三晉 褑（奐）
	侯馬一六：一四　春秋・三晉 而敢或□□助及褑（奐）
	侯馬一五六：二　春秋・三晉 而敢或覍（變）改助及褑（奐）
	侯馬一五六：一二　春秋・三晉 褑（奐）

隊*

	璽彙 77.0516　戰國・三晉 王隊

	璽彙 195.1936　戰國・三晉 [illegible]（原）[illegible]

裸*

	璽彙 335.3613　戰國・三晉 □裸

[illegible]*

	璽彙 150.1394　戰國・三晉 宋[illegible]

[illegible]*

	漢叢 80.4　戰國・待考 [illegible]生□
	璽彙 274.2889　戰國・待考 [illegible]楢

求

	盛世 094　戰國・待考 犴求相奴（如）
	璽彙 372.4048　戰國・三晉 犴求迲（去）痯
	新齊 1353　戰國・齊 求
	車工・石鼓文・郭集　春秋・秦 君子之求
	秋淵・詛楚文・郭集　戰國・秦 求蔑灋（廢）皇天上帝及大神氒（厥） 湫之卹祠、圭玉、羲（犧）牲
	巫咸・詛楚文・郭集　戰國・秦 求蔑灋（廢）皇天上帝及不（丕）顯大 神巫咸之卹祠、圭玉、羲（犧）牲
	亞駝・詛楚文・郭集　戰國・秦 求蔑灋（廢）皇天上帝及不（丕）顯大 神亞駝之卹祠、圭玉、羲（犧）牲

裘

	玉萃 17.3　戰國・待考 [illegible]裘

老

	璽彙 171.1646　戰國・楚 左老
	璽彙 307.3283　戰國・三晉 □老軜（駕）
	璽彙 427.4693　戰國・三晉 敬老
	璽類 90.11　戰國・待考 父老
	侯馬一：四九　春秋・三晉 老敢不半（披）丌（其）腹心台（以） 事丌（其）宔（主）
	秋淵・詛楚文・郭集　戰國・秦 禮俾（卑）介老，將之𠔁（以）自救也
	巫咸・詛楚文・郭集　戰國・秦 禮俾（卑）介老，將之𠔁（以）自救殹
	亞駝・詛楚文・郭集　戰國・秦 禮俾（卑）介老，將之𠔁（以）自救殹

耆

	秦印風 139 頁　戰國・秦 王耆

耇

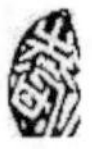	秦印風 133 頁　戰國・秦 趙部耇

壽

	三晉 54　戰國・趙 壽险（陰）/□
	三晉 54　戰國・趙 壽险（陰）
	三晉 54　戰國・趙 壽险（陰）/一
	三晉 54　戰國・趙 壽险（陰）/六
	三晉 55　戰國・趙 壽险（陰）/十一
	三晉 55　戰國・趙 壽险（陰）/六
	先秦編 357　戰國・趙 壽险（陰）
	風過耳 066　戰國・秦 李壽
	港印 121　戰國・三晉 善壽
	秦印風 179 頁　戰國・秦 郭壽
	秦印風 191 頁　戰國・秦 李壽者
	陝新 203. 1747　戰國・三晉 善壽
	璽彙 55. 0315　戰國・楚 □壽鉨（璽）
	璽彙 121. 1049　戰國・三晉 肖（趙）壽（壽）
	璽彙 191. 1889　戰國・燕 城壽
	璽彙 244. 2518　戰國・三晉 犴壽
	璽彙 340. 3676　戰國・齊 公芯壽
	璽彙 414. 4540　戰國・三晉 善壽
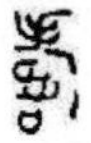	璽彙 414. 4542　戰國・三晉 善壽
	璽彙 414. 4544　戰國・三晉 善壽
	璽彙 424. 4663　戰國・三晉 君壽
	璽彙 424. 4666　戰國・三晉 君壽
	璽彙 426. 4688　戰國・三晉 福壽
	璽考 305. 7　戰國・燕 公孫壽
	玉萃 11. 3　戰國・待考 君壽
	秦新 1803　戰國・秦 咸亭沙壽□器
	陶錄 2・150・2　戰國・齊 大蒦圆壽所□
	陶錄 2・150・3　戰國・齊 大蒦圆壽所□
	陶錄 6・3・1　戰國・秦 咸亭沙壽□器
	夕藏 Ⅱ 05-65-2　戰國・齊 大蒦圆壽所爲
	秦墓石磬　春秋・秦 沬（眉）壽無疆

考

	賓釋　戰國・待考 高考
	盛世 003　戰國・待考 考廎（府）
	會稽刻石・秦銘刻選　秦代 考驗事實

孝

	鶴廬 116.2　戰國・待考 皇孝
	秦印風 250 頁　戰國・秦 孝
	璽類 5.7　戰國・待考 王□孝
	繹山刻石・秦銘刻選　秦代 孝道顯明

者*

	鶴廬 1.2　戰國・齊 者（胡）毋公訐（信）鉩（璽）
	陶錄 2・407・1　戰國・齊 丘齊辛里之者（胡）
	陶錄 2・407・3　戰國・齊 丘齊辛里之者（胡）
	陶錄 2・407・4　戰國・齊 丘齊辛里之者（胡）
	新齊 0579　戰國・齊 丘齊辛里之者（胡）
	新齊 0580　戰國・齊 丘齊辛里之者（胡）
	新齊 0581　戰國・齊 丘齊辛里之者（胡）

毛

	秦印風 216 頁　戰國・秦 毛遂
	璽彙 304.3247　戰國・燕 毛鄭
	印展 22　戰國・三晉 毛馭（御）厶（私）坎（璽）
	秦新 1084　戰國・秦 宮毛
	秦新 1086　戰國・秦 宮毛
	秦新 1161　戰國・秦 宮毛
	秦新 1167　戰國・秦 宮毛
	秦新 3085　戰國・秦 宮毛
	秦新 3092　戰國・秦 宮毛
	秦新 3097　戰國・秦 宮毛
	秦新 3101　戰國・秦 宮毛
	秦新 3102　戰國・秦 宮毛
	秦新 3103　戰國・秦 宮毛
	秦新 3114　戰國・秦 宮毛

	秦新 589　戰國・秦 宮毛
	秦新 590　戰國・秦 宮毛

居

	國輯 19.1　戰國・待考 賈居
	秦印風 251 頁　戰國・秦 安居
	璽彙 186.1832　戰國・三晉 事（史）居
	璽彙 325.3495　戰國・燕 帛生居
	新封泥彙 1608　戰國・秦 居室丞印
	珍戰 92　戰國・待考 庚牧居
	秦新 1279　戰國・秦 居室
	秦新 1432　戰國・秦 東武東閒居貲不更□
	秦新 1436　戰國・秦 東武居貲上造慶忌
	秦新 1442　戰國・秦 □氏居貲公士富
	秦新 1443　戰國・秦 楊氏居貲武德公士契必
	陶錄 4・22・4　戰國・燕 右宮居□
	陶錄 6・293・1　戰國・秦 闌陵居貲便里不更牙

	陶錄 6・293・2　戰國・秦 楊氏居貲大子
	陶錄 6・295・1　戰國・秦 平陰居貲北游公士滕

眉

	秦印風 152 頁　戰國・秦 眉
	秦印風 89 頁　戰國・秦 眉印
	盛世 173　戰國・待考 條眉

展

	盛世 230　戰國・待考 李展

屆

	風過耳 015　戰國・秦 笵（范）屆
	秦印風 127 頁　戰國・秦 上官屆

展

	貨系 4176 背　戰國・楚 橈比堂（當）忻/七展
	貨系 4178 背　戰國・楚 橈比堂（當）忻/七展
	貨系 4179 背　戰國・楚 橈比堂（當）忻/七展
	錢典 249 背　戰國・楚 橈比堂（當）忻/七展

	錢典 250 背　戰國・楚 橈比堂（當）忻/七展
	天津 176 背　戰國・楚 橈比堂（當）忻/七展
	天津 180 背　戰國・楚 橈比堂（當）忻/七展

尼

	侯馬二〇〇：二三　春秋・三晉 而敢又（有）志復[趙]尼及其子孫
	侯馬二〇〇：六〇　春秋・三晉 [趙]尼
	侯馬二〇〇：三三　春秋・三晉 而敢又（有）志[復]肖（趙）尼及丌（其）子孫于[晉]邦之墬（地）者
	侯馬二〇〇：一六　春秋・三晉 趙尼
	侯馬二〇〇：一四　春秋・三晉 而敢又（有）志朡（復）趙尼及丌（其）子孫于晉邦之墬（地）者
	侯馬一：六七　春秋・三晉 [而]敢又（有）志復趙尼及丌（其）子孫于晉邦之墬（地）者
	侯馬一：一四　春秋・三晉 又（有）志復趙尼及丌（其）子孫于晉邦之墬（地）者
	侯馬一六：二〇　春秋・三晉 而敢又（有）志復趙尼
	侯馬一六：三〇　春秋・三晉 而敢又（有）志復趙尼及丌（其）子孫
	侯馬一五六：二　春秋・三晉 復趙尼及丌（其）子孫
	侯馬一五六：一　春秋・三晉 而敢又（有）志復趙尼及丌（其）孫=（子孫）

屠

	秦印風 196 頁　戰國・秦 屠行
	魏石 41.6　戰國・待考 屠□

屋

	璽彙 3.0015　戰國・燕 夏屋都司徒
	璽彙 296.3143　戰國・三晉 屋猶
	璽彙 502.5546　戰國・燕 夏屋都户（尉）

屏

	秦印風 78 頁　戰國・秦 楊屏

屓*

	秦印風 157 頁　戰國・秦 屓半

尾

	三晉 129　戰國・三晉 尾尋
	璽彙 364.3941　戰國・燕 尾生
	陶錄 2・647・1　戰國・齊 尾利

屬

	秦印風 39 頁　戰國・秦 屬印
	新封泥彙 1803　戰國・秦 屬邦之印

屈

	貨系 1599　戰國・趙 北屈
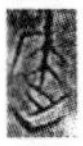	貨系 1603　戰國・趙 北屈
	三晉 113　戰國・趙 北屈
	三晉 113　戰國・趙 北屈
	三晉 113　戰國・趙 北屈
	三晉 113　戰國・趙 北屈
	風過耳 093　戰國・秦 屈騰
	秦印風 124 頁　戰國・秦 楊屈
	璽彙 334. 3599　戰國・楚 屈娼（如）
	陶錄 6・162・1　戰國・秦 屈
	陶錄 6・162・2　戰國・秦 屈
	陶錄 6・162・3　戰國・秦 屈
	陶錄 6・162・4　戰國・秦 屈

舟

	璽彙 323. 3476　戰國・燕 下上舟
	璽彙 496. 5500　戰國・待考 舟
	陶錄 1・63・3　戰國以前・待考 舟
	會稽刻石・秦銘刻選　秦代 輿舟不傾
	霝雨・石鼓文・郭集　春秋・秦 舫舟囟逮
	霝雨・石鼓文・郭集　春秋・秦 隹（維）舟以行

俞

	先秦編 355　戰國・趙 俞（榆）即（次）
	燕下都 212　戰國・趙 俞（榆）即（次）半/二
	璽彙 209. 2108　戰國・三晉 弜（弓）俞頭
	璽彙 310. 3316　戰國・三晉 俞谷
	侯馬八八：一四　春秋・三晉 俞自質于……
	侯馬九一：五　春秋・三晉 敢俞（偷）出入于趙尼[之所]
	侯馬七五：八　春秋・三晉 敢俞（偷）出入于肖（趙）尼[之所]

	侯馬一八五：八　春秋・三晉 敢俞（偷）出入
	侯馬一七九：二〇　春秋・三晉 敢俞（偷）出入于趙[尼之所]
	侯馬一七九：一四　春秋・三晉 敢俞（偷）出入
	侯馬一五六：二〇　春秋・三晉 敢俞（偷）出入于趙尼之所

船

	秦印風 146 頁　戰國・秦 船虞
	新封泥彙 0227　戰國・秦 都船丞印
	新封泥彙 1482　戰國・秦 都船丞印
	秦新 1338　戰國・秦 都船兵
	秦新 886　戰國・秦 都船工疕
	陶錄 6・257・2　戰國・秦 都船工疕
	陶錄 6・466・1　戰國・秦 都船掩

艫

	湖印 39.9　戰國・楚 登（鄧）艫（艫）訐（信）鉨（璽）

舫

	霝雨・石鼓文・郭集　春秋・秦 舫舟囟逮

般

	書璽 1237　戰國・待考 般目
	新封泥彙 1731　戰國・秦 弄右般印
	新封泥彙 1733　戰國・秦 弄右般印

服

	秦墓石磬　春秋・秦 即服……

舦*

	璽彙 300.3196　戰國・待考 重（童）舦

方

	秦印風 228 頁　戰國・秦 方言身（信）
	璽彙 365.3957　戰國・燕 東方□・□
	秦新 2932　戰國・秦 楊毋方
	秦新 2932　戰國・秦 毋方
	陶錄 2・169・4　戰國・齊 中蒦圜里東方悿（疑）
	陶錄 4・30・3　戰國・燕 左宮方
	霝雨・石鼓文・郭集　春秋・秦 □于水一方

	秦墓石磬　春秋・秦 四方穆=（穆穆）
	秦駰玉版研究　戰國・秦 東方又（有）士姓（生）

兒

	風過耳 180　戰國・秦 張兒
	秦印風 107 頁　戰國・秦 王兒
	璽彙 478.5276　戰國・待考 兒

允

	鑾車・石鼓文・郭集　春秋・秦 遊（吾）□允異
	秦墓石磬　春秋・秦 允樂子〈孔〉煌
	秦墓石磬　春秋・秦 允龢又（有）靁（靈）殸（磬）

兑

	貨系 552　戰國・周王畿 兑
	陶錄 5・73・1　戰國・三晉、兩周 □兑之□

充

	盛世 249　戰國・待考 充坨（地）廣邦

兄

	貨系 190　戰國・待考 兄
	璽彙 234.2400　戰國・三晉 椘（楚）兄
	侯馬八五：三五　春秋・三晉 勿畧兄弟
	侯馬六七：二九　春秋・三晉 宗人兄弟
	侯馬六七：三八　春秋・三晉 宗人兄弟
	侯馬六七：四二　春秋・三晉 宗人兄弟

兢

	秦印風 64 頁　戰國・秦 張兢
	秦印風 68 頁　戰國・秦 笱兢

皃

	風過耳 283　戰國・秦 貌贊
	秦印風 144 頁　戰國・秦 貌突
	盛世 177　戰國・待考 趙貌

覍

	侯馬二〇〇：二五　春秋・三晉 而敢或覍（變）改助及奐

	侯馬二〇〇：六六　春秋・三晉 而敢或覍（變）改助[及奐]
	侯馬二〇〇：三　春秋・三晉 而敢或覍（變）改助及奐
	侯馬二〇〇：三三　春秋・三晉 而[敢]或覍（變）改助及奐
	侯馬二〇〇：四九　春秋・三晉 而敢或覍（變）改助及[奐]
	侯馬二〇〇：四〇　春秋・三晉 敢或覍（變）改助及奐
	侯馬二〇〇：四七　春秋・三晉 覍（變）改助及……
	侯馬二〇〇：一七　春秋・三晉 [而]敢或覍（變）改助及奐
	侯馬二〇〇：一三　春秋・三晉 敢或覍（變）改助及奐
	侯馬二〇〇：一五　春秋・三晉 而敢或覍（變）改助及奐
	侯馬九八：一　春秋・三晉 而敢或覍（變）改助及褑（奐）
	侯馬九二：二二　春秋・三晉 而敢或覍（變）改助及[奐]
	侯馬九二：三〇　春秋・三晉 宻覍敢不閛（披）丌（其）[腹心]
	侯馬七九：一一　春秋・三晉 覍（變）改
	侯馬七七：九　春秋・三晉 而敢或覍（變）[改]
	侯馬三：一　春秋・三晉 而敢或覍（變）改助及褑（奐）
	侯馬三：一七　春秋・三晉 而敢或覍（變）改助及褑（奐）

	侯馬一：二四　春秋・三晉 而敢或覍（變）改助及奐
	侯馬一：二一　春秋・三晉 [而]敢或覍（變）改助及奐
	侯馬一：三五　春秋・三晉 敢或覍（變）改助及奐
	侯馬一：五二　春秋・三晉 而敢或覍（變）改
	侯馬一：五六　春秋・三晉 而敢或覍（變）改
	侯馬一九八：五　春秋・三晉 而敢或覍（變）改助及奐
	侯馬一九五：一　春秋・三晉 而敢或覍（變）改助[及]褑（奐）
	侯馬一六：三八　春秋・三晉 而敢或覍（變）改助及奐
	侯馬一七九：一一　春秋・三晉 而敢或覍（變）改[助]及[奐]
	侯馬一五六：九　春秋・三晉 而敢或覍（變）改助及[奐]
	侯馬一五六：四　春秋・三晉 而敢或覍（變）改助及褑（奐）
	侯馬一五六：一　春秋・三晉 而敢或覍（變）改助及奐
	璽彙 161.1523　戰國・三晉 孔覍
	釋玉璜箴銘　戰國・中山 上覍（變）下甦（動）

先

	古萃 79.2　戰國・待考 先身

	璽彙 271.2845　戰國・三晉 馬先
	璽彙 331.3569　戰國・三晉 胡女（毋）先
	侯馬三四〇：一　春秋・三晉 先……
	侯馬一：六〇　春秋・三晉 先[敢]不……
	秦駰玉版研究　戰國・秦 壹璧先之
	秋淵・詛楚文・郭集　戰國・秦 昔我先王君穆公及楚成王
	雙劍誃　戰國・待考 古（姑）先（洗）齊厚左十
	雙劍誃　戰國・待考 古（姑）先（洗）右六
	巫咸・詛楚文・郭集　戰國・秦 昔我先王君穆公及楚成王
	亞駝・詛楚文・郭集　戰國・秦 昔我先王君穆公及楚成王

積

	秦印風 107 頁　戰國・秦 王積
	秦印風 118 頁　戰國・秦 積
	秦印風 121 頁　戰國・秦 積
	秦新 2109　戰國・秦 咸重成積
	秦新 2113　戰國・秦 咸重成積
	秦新 919　戰國・秦 楊工積
	秦新 93　戰國・秦 宮積
	秦新 94　戰國・秦 宮積
	秦新 95　戰國・秦 宮積

見

	侯馬三：二四　春秋・三晉 見之于行道
	侯馬一八：五　春秋・三晉 見之行[道]而弗殺者
	侯馬一九四：一二　春秋・三晉 閔（藺）伐見之行道
	侯馬一五六：一九　春秋・三晉 絹見之行道而弗殺

視

	先秦編 22　戰國・楚 視金四朱（銖）
	秦印風 126 頁　戰國・秦 張視
	秦印風 199 頁　戰國・秦 巍（魏）視
	秦印風 206 頁　戰國・秦 陳視
	璽考 203.5　戰國・楚 臧（臧）視（視）
	侯馬二〇〇：六五　春秋・三晉 [吾]君丌（其）明[殛]視之

	侯馬二〇〇：七一　春秋・三晉 盧（吾）君丌（其）盟（明）[殛]視之
	侯馬二〇〇：五三　春秋・三晉 [吾]君丌（其）明亟（殛）視之
	侯馬一：二〇　春秋・三晉 盧（吾）君丌（其）明口視之
	侯馬八五：三五　春秋・三晉 其明亟（殛）硯（視）之
	侯馬二〇〇：八　春秋・三晉 盧（吾）君其明亟（殛）硯（視）之
	侯馬二〇〇：二九　春秋・三晉 盧（吾）[君其]明亟（殛）硯（視）[之]
	侯馬二〇〇：二〇　春秋・三晉 盧（吾）君丌（其）明亟（殛）硯（視）之
	侯馬二〇〇：二七　春秋・三晉 [吾]君丌（其）明亟（殛）硯（視）之
	侯馬二〇〇：二三　春秋・三晉 盧（吾）君其明亟（殛）硯（視）之
	侯馬一：二九　春秋・三晉 君丌（其）明亟（殛）硯（視）之
	侯馬一：六　春秋・三晉 盧（吾）君丌（其）明遖（殛）硯（視）之
	侯馬一：七三　春秋・三晉 丌（其）明口硯（視）之
	侯馬一五六：一　春秋・三晉 盧（吾）君丌（其）明褔（殛）硯（視）之
	溫縣簡報 T1 坎 1：137　春秋・三晉 [諦]慖（殛）硯（視）[之]
	溫縣簡報 T1 坎 1：3216　春秋・三晉 啻（諦）亟（殛）硯（視）女（汝）
	溫縣簡報 T1 坎 1：3863　春秋・三晉 帝（諦）慖（殛）硯（視）女（汝）
	新出研 WT1　K1：3105　春秋・三晉 啻（諦）亟（殛）眂（視）女（汝）
	侯馬六七：二〇　春秋・三晉 明褔（殛）覭<硯（視）>之
	侯馬六七：一四　春秋・三晉 明褔（殛）覭<硯（視）>之

覽

	會稽刻石・秦銘刻選　秦代 周覽遠方

覺

	璽彙 170.1641　戰國・秦 呂覺

親

	璽彙 327.3521　戰國・齊 虘（吾）親
	璽彙 427.4702　戰國・三晉 親壽
	璽類 296.5　戰國・待考 口親
	秦新 199　戰國・秦 咸陽親
	秦新 200　戰國・秦 咸陽親
	秋淵・詛楚文・郭集　戰國・秦 親印大沈氒（厥）湫而質焉
	巫咸・詛楚文・郭集　戰國・秦 親印不（丕）顯大神巫咸而質焉
	亞駝・詛楚文・郭集　戰國・秦 親印不（丕）顯大神亞駝而質焉

覜

	璽考 175.6　戰國・楚 迵（通）敂（捕）覜（盜）則（賊）

現

	珍戰 31　戰國・楚 公孫現

覞*

	侯馬一八五：二　春秋・三晉 君覞之

欽

	陶録 6・4・2　戰國・秦 咸陽安欽

欨

	珍戰 145　戰國・待考 匽欨

歕

	風過耳 165　戰國・秦 殷歕

歇

	風過耳 273　戰國・秦 忌歇
	璽彙 191.1883　戰國・三晉 豊（禮）歇

歡

	顧印 38.10　戰國・待考 事（史）歡
	璽彙 239.2467　戰國・三晉 枱（臺）歡
	璽考 288.9　戰國・三晉 長歡

欣

	秦印風 81 頁　戰國・秦 任欣
	秦印風 84 頁　戰國・秦 王欣
	秦新 1846　戰國・秦 咸郚里欣
	秦新 1853　戰國・秦 咸陽下欣
	秦新 2661　戰國・秦 咸郚里欣
	秦新 2662　戰國・秦 咸郚里欣
	秦新 2663　戰國・秦 咸郚里欣
	秦新 2665　戰國・秦 咸郚里欣

款

	秦印風 208 頁　戰國・秦 李款

欲

	璽彙 292.3098　戰國・三晉 欲安
	秦駰玉版研究　戰國・秦 欲事天埅（地）、四亟（極）、三光、山川、神示（祇）、五祀、先祖
	秋淵・詛楚文・郭集　戰國・秦 將欲復其賘（兇）速（迹）
	巫咸・詛楚文・郭集　戰國・秦 將欲復其賘（兇）速（迹）
	亞駝・詛楚文・郭集　戰國・秦 將欲復其賘（兇）速（迹）

歈

	秦印風 144 頁　戰國・秦 蕫（董）歈
	秦印風 147 頁　戰國・秦 蕫（董）歈
	秦印風 226 頁　戰國・秦 楊歈
	秦印風 74 頁　戰國・秦 中歈

欽

	秦印風 190 頁　戰國・秦 李欽（欽）

歊

	秦印風 119 頁　戰國・秦 歊

歐

	秦範卷二 16.8　戰國・秦 穌（蘇）歐牛
	秦印風 176 頁　戰國・秦 芥歐
	璽彙 128.1132　戰國・三晉 高歐
	璽彙 296.3148　戰國・三晉 乍（作）歐
	珍戰 57　戰國・三晉 王歐
	秦新 1928　戰國・秦 □東□歐
	秦新 884　戰國・秦 都歐
	秦新 890　戰國・秦 都歐

歜

	風過耳 281　戰國・秦 椋歜
	秦印風 204 頁　戰國・秦 楊歜
	秦印風 85 頁　戰國・秦 矦歜

欶

	陶錄 6・151・1　戰國・秦 小欶

欲

	風過耳 233　戰國・秦 欲

歉

	陶録 6・365・2　戰國・秦 [不]壹歉疑者，皆明壹之
	陶録 6・368・2　戰國・秦 不壹歉疑者
	陶録 6・369・1　戰國・秦 不壹歉疑者
	陶録 6・370・4　戰國・秦 不壹歉[疑者]
	陶録 6・371・1　戰國・秦 不壹歉疑者，皆明壹之
	陶録 6・372・1　戰國・秦 不壹歉疑者
	陶録 6・374・2　戰國・秦 [不]壹歉疑者
	陶録 6・375・1　戰國・秦 [不壹]歉疑者

欬

	集釋 141.1　戰國・秦 李欬
	秦印風 167 頁　戰國・秦 張欬
	秦印風 187 頁　戰國・秦 茀欬
	秦印風 48 頁　戰國・秦 橋（喬）欬
	秦新 63　戰國・秦 宮欬
	秦新 64　戰國・秦 宮欬
	秦新 65　戰國・秦 宮欬
	秦新 66　戰國・秦 宮欬
	秦新 67　戰國・秦 宮欬
	秦新 68　戰國・秦 宮欬
	秦新 71　戰國・秦 宮欬
	秦新 74　戰國・秦 宮欬

歙

	秦印風 77 頁　戰國・秦 趙歙

次

	秦印風 137 頁　戰國・秦 李次非
	車工・石鼓文・郭集　春秋・秦 其來大次

欺

	秦印風 220 頁　戰國・秦 干欺
	秦印風 235 頁　戰國・秦 欺

卷九

頁

	璽彙 54.0308　戰國·燕 左軒僑頁壯
	秦新 1660　戰國·秦 咸重成頁

頭

	集釋 248.19　戰國·三晉 穌（蘇）頭
	秦印風 176 頁　戰國·秦 郭頭
	璽彙 111.0933　戰國·三晉 肖（趙）頭
	璽彙 209.2108　戰國·三晉 邵（弓）俞頭
	秦新 1360　戰國·秦 安邑工頭

顏

	秦印風 157 頁　戰國·秦 顔（顏）何
	秦印風 210 頁　戰國·秦 顔（顏）昭

頌

	秦新 2750　戰國·秦 咸□里頌

顯

	秦印風 87 頁　戰國·秦 趙顯（願）
	秦印風 95 頁　戰國·秦 王顯（願）

顛

	風過耳 040　戰國·秦 侯顛
	秦印風 89 頁　戰國·秦 杜顛
	秦新 1041　戰國·秦 寺顛
	秦新 1246　戰國·秦 大顛
	秦新 800　戰國·秦 大顛
	秦新 801　戰國·秦 大顛

頂

	璽彙 508.5580　戰國·待考 頂
	玉存 8.39　戰國·待考 墜（陳）頂

⿰飠頁

	秦印風 102 頁　戰國・秦 史⿰飠頁

碩

	秦印風 196 頁　戰國・秦 臣碩
	鑾車・石鼓文・郭集　春秋・秦 真弓孔碩

⿰礻頁

	秦印風 129 頁　戰國・秦 □⿰礻頁

⿰黑頁

	風過耳 126　戰國・秦 王⿰黑頁
	秦印風 159 頁　戰國・秦 南⿰黑頁

⿺走頁

	璽彙 137.1234　戰國・燕 喬⿰王頁（⿺走頁）
	璽彙 137.1244　戰國・燕 喬⿰王頁（⿺走頁）

順

	秦新 1081　戰國・秦 宮順
	會稽刻石・秦銘刻選　秦代 莫不順令
	泰山刻石・秦銘刻選　秦代 男女體順

頓

	新封泥彙 2550　戰國・秦 南頓丞印

頡

	璽彙 196.1948　戰國・齊 郐（徐）頡

⿰犭頁

	璽彙 354.3824　戰國・齊 司馬⿰犭頁

頛

	秦印風 159 頁　戰國・秦 張頛
	秦印風 163 頁　戰國・秦 郭頛
	陶錄 4・28・3　戰國・燕 左宮頛

頗

	秦印風 236 頁　戰國・秦 頗
	秦新 100　戰國・秦 宮頗
	秦新 102　戰國・秦 頗
	秦新 99　戰國・秦 宮頗

顫

	秦印風 115 頁　戰國・秦 任顫
	秦印風 19 頁　戰國・秦 顫里典
	秦印風 59 頁　戰國・秦 楊顫
	璽彙 303.3232　戰國・秦 顫里典
	秦新 1367　戰國・秦 當陽顫

煩

	陶錄 6・457・3　戰國・秦 宮煩

須

	秦印風 51 頁　戰國・秦 陰須

顯

	風過耳 193　戰國・秦 張顯
	侯馬六七：五二　春秋・三晉 不（丕）顯岳[嶽]公大[冢]
	侯馬六七：一　春秋・三晉 不（丕）顯岳（嶽）公大冢
	秋淵・詛楚文・郭集　戰國・秦 告于不（丕）顯大神氒（厥）湫
	巫咸・詛楚文・郭集　戰國・秦 告于不（丕）顯大神巫咸
	亞駝・詛楚文・郭集　戰國・秦 告于不（丕）顯大神亞駝

頎*

	風過耳 203　戰國・秦 趙頎
	秦印風 218 頁　戰國・秦 朱頎
	秦新 3262　戰國・秦 頎

⿰乞頁*

	秦印風 133 頁　戰國・秦 ⿰乞頁印

⿰殳頁*

	侯馬三：二五　春秋・三晉 ⿰殳頁（沒）嘉之[身]
	侯馬三：二一　春秋・三晉 侯敢不⿰殳頁（沒）嘉之身及丌（其）孫=（子孫）
	侯馬一八：二　春秋・三晉 不⿰殳頁（沒）
	侯馬一九四：一二　春秋・三晉 ⿰殳頁（沒）嘉之身及孫=（子孫）
	侯馬一五六：二二　春秋・三晉 ⿰殳頁（沒）□之身及孫=（子孫）
	侯馬一五六：二〇　春秋・三晉 ⿰殳頁（沒）嘉之身
	侯馬一五六：二一　春秋・三晉 ⿰殳頁（沒）嘉之身
	侯馬一五六：一九　春秋・三晉 ⿰殳頁（沒）嘉之身

⿺乇頁*

	秦新 2944　戰國・秦 ⿺乇頁辰

⿰正頁*

	陶錄 2・653・4　戰國・齊 繇巷中匋（陶）里⿰正頁
	新齊 0194　戰國・齊 陳（陳）⿰正頁
	新齊 0197　戰國・齊 陳（陳）⿰正頁
	新泰齊陶 2002XYY⑤W：151　戰國・齊 陳（陳）⿰正頁
	新泰齊陶 2002XYY⑤W：152　戰國・齊 陳（陳）⿰正頁
	新泰齊陶 HBCS：94　戰國・齊 陳（陳）⿰正頁

⿰出頁*

	港續 31.29　戰國・燕 長⿰出頁

⿰舟頁*

	璽彙 243.2516　戰國・燕 𥏫⿰舟頁

頪*

	鶴廬 97.4　戰國・待考 周頪

顡*

	秦印風 102 頁　戰國・秦 顡印
	秦印風 139 頁　戰國・秦 任顡
	秦印風 234 頁　戰國・秦 顡

顜*

	璽彙 358.3869　戰國・燕 公孫顜

丏

	貨系 2929　戰國・燕 千丏（萬）
	貨系 3581 背　戰國・燕 明/右丏
	貨系 3582　戰國・燕 右丏
	貨系 3587 背　戰國・燕 明/右丏
	貨系 3632 背　戰國・燕 明/右丏
	貨系 519　戰國・周王畿 丏
	二十 9. 二-SY-0005　戰國・燕 丏之□
	十學 82.7　戰國・待考 千丏（萬）
	璽彙 3.0016　戰國・燕 丏城都司徒

	璽彙 408.4469 戰國・待考 千丏（萬）
	璽彙 408.4473 戰國・燕 千丏（萬）
	璽彙 409.4476 戰國・燕 千丏（萬）
	鴨選 5.3 戰國・待考 千丏（萬）
	陶錄 1・56・1 戰國以前・待考 丏丘□
	港印 175 戰國・待考 丏
	港印 176 戰國・待考 丏
	璽彙 338.3648 戰國・楚 百丏（萬）

首

	璽考 134.1 戰國・三晉 首陽
	陶錄 6・339・1 戰國・秦 諸侯黔首大安
	陶錄 6・353・2 戰國・秦 [諸侯]黔首大安
	陶錄 6・356・1 戰國・秦 諸侯黔首[大安]
	陶錄 6・363・2 戰國・秦 諸[侯]黔首大安
	陶錄 6・364・3 戰國・秦 諸侯黔首大安
	陶錄 6・365・1 戰國・秦 [諸侯]黔首大安
	陶錄 6・366・1 戰國・秦 諸侯黔首大安
	陶錄 6・366・3 戰國・秦 [諸侯]黔首大安
	陶錄 6・379・1 戰國・秦 諸倏（侯）黔首大安
	會稽刻石・秦銘刻選 秦代 黔首齊莊
	會稽刻石・秦銘刻選 秦代 黔首脩（修）絜（潔）

誓

	璽彙 296.3153 戰國・燕 焦誓（誓）
	璽彙 507.5573 戰國・燕 誓（誓）让（上）
	璽彙 513.5641 戰國・燕 男誓（誓）
	陶錄 4・10・1 戰國・燕 廿三年十月右……倈誓（誓）𣪘戠右……
	陶錄 4・11・1 戰國・燕 右匋（陶）肴（尹）□……倈誓（誓）𣪘戠右匋（陶）攻（工）湯
	陶錄 4・2・1 戰國・燕 十六年十月左匋（陶）肴（尹）倈臃𣪘相室左匋（陶）攻（工）誓（誓）

縣

	泥集 3.15 戰國・齊 □縣
	璽類 417.5 戰國・齊 平陸（陵）縣左稟（廩）鉨（璽）
	陶錄 2・13・1 戰國・齊 誾閉（間）陸（陳）旻（得）平陵縣廩豆佰臧□□

迺

	風過耳 092　戰國・秦 秦迺

脩

	秦印風 250 頁　戰國・秦 脩（修）身
	秦印風 25 頁　戰國・秦 脩（修）武庫印
	秦印風 30 頁　戰國・秦 脩故亭印
	璽彙 53.0302　戰國・魏 脩（修）武鄙（縣）史
	會稽刻石・秦銘刻選　秦代 黔首脩（修）絜（潔）

彫

	陶錄 2・395・2　戰國・齊 丘齊巷桼（漆）彫（雕）里旻（得）
	陶錄 2・395・3　戰國・齊 丘齊□桼（漆）彫（雕）里□
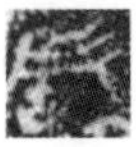	夕藏 Ⅱ 03-1-2　戰國・齊 丘齊巷桼（漆）彫（雕）里旻（得）
	新齊 0572　戰國・齊 丘齊巷桼（漆）彫（雕）里旻（得）

弱

	風過耳 204　戰國・秦 趙弱
	秦印風 78 頁　戰國・秦 闞弱
	秦新 678　戰國・秦 右弱
	秦新 679　戰國・秦 右弱
	秦新 681　戰國・秦 右弱

文

	貨系 162　戰國・周王畿 文
	貨系 163　戰國・周王畿 文
	貨系 164　戰國・周王畿 文
	貨系 2803　戰國・中山 文
	貨系 628　戰國・待考 卲文
	燕下都 197 背　戰國・趙 邪/文
	燕下都 218　戰國・趙 文陽
	燕下都 218　戰國・趙 文陽/二
	風過耳 223　戰國・秦 文
	漢原 244.6　戰國・待考 穌（蘇）文
	秦印風 46 頁　戰國・秦 文姝
	天選 38.4　戰國・待考 文

	秦新 1465　戰國・秦 左司高瓦
	秦新 1471　戰國・秦 左司高瓦
	秦新 670　戰國・秦 右司空眛
	秦新 694　戰國・秦 左司
	秦新 707　戰國・秦 左司
	秦新 710　戰國・秦 左司
	秦新 973　戰國・秦 左司高瓦
	陶錄 6・190・2　戰國・秦 左司涓瓦
	陶錄 6・191・1　戰國・秦 左司□瓦
	陶錄 6・191・2　戰國・秦 左司□瓦
	陶錄 6・192・3　戰國・秦 左司□瓦
	陶錄 6・195・1　戰國・秦 右司空嬰
	陶錄 6・195・4　戰國・秦 右司空嬰
	陶錄 6・196・2　戰國・秦 右司空係
	陶錄 6・200・1　戰國・秦 左司空
	陶錄 6・200・2　戰國・秦 左司空

	陶錄 6・200・3　戰國・秦 左司空
	陶錄 6・201・1　戰國・秦 左司空
	陶錄 6・201・2　戰國・秦 左司空
	陶錄 6・201・3　戰國・秦 左司空
	陶錄 6・203・1　戰國・秦 左司空
	陶錄 6・203・3　戰國・秦 左司空
	陶錄 7・12・4　戰國・待考 大司徒□
	陶錄 7・7・3　戰國・待考 司□□
	侯馬九三：一　春秋・三晉 司寇結及丌（其）孫₌（子孫）
	侯馬七五：八　春秋・三晉 司寇結及丌（其）孫₌（子孫）
	侯馬三：二〇　春秋・三晉 司寇鸞之孫₌（子孫）
	侯馬三：二三　春秋・三晉 司寇結之孫₌（子孫）
	侯馬三：二一　春秋・三晉 司寇結及孫₌（子孫）
	侯馬一九四：四　春秋・三晉 司寇結及孫于晉邦之墜（地）者
	侯馬一九四：一一　春秋・三晉 司寇鸞之孫₌（子孫）
	侯馬一九五：二　春秋・三晉 司寇結

	侯馬一七九：一四　春秋・三晉 司寇
	侯馬一五六：二〇　春秋・三晉 司寇結之孫=（子孫）
	侯馬一五六：二四　春秋・三晉 司寇鸒之孫=（子孫）
	侯馬一五六：二四　春秋・三晉 司寇結及丌（其）孫=（子孫）
	侯馬一五六：二五　春秋・三晉 司寇鸒之孫=（子孫）
	侯馬一五六：二五　春秋・三晉 司寇結及丌（其）孫=（子孫）
	侯馬一五六：二一　春秋・三晉 司寇鸒之孫=（子孫）

台亅*

	璽彙 371.4029　戰國・齊 敦（淳）于台亅
	新齊 1244　戰國・齊 □台亅所爲圓□

卩

	璽彙 438.4826　戰國・三晉 王之上士 卩（節）
	璽考 140.6　戰國・三晉 王之上士 卩（節）

令

	秦印風 104 頁　戰國・秦 令狐臣
	秦印風 198 頁　戰國・秦 令狐寅
	西泠 13.3　戰國・燕 司馬令
	樂只 34.1　戰國・待考 □□□□令之鉨（璽）
	陶錄 2・643・1　戰國・齊 令乍（作）佋（韶）埧
	陶錄 2・643・2　戰國・齊 令乍（作）佋（韶）埧
	陶錄 2・643・4　戰國・齊 令司樂乍（作）太室埧
	侯馬三：八　春秋・三晉 [定]宮平寺（畤）之令（命）
	侯馬一六：二　春秋・三晉 定宮平畤之令（命）
	會稽刻石・秦銘刻選　秦代 莫不順令
	秦駰玉版研究　戰國・秦 句（苟）令小子駰之病日复

卲

	貨系 628　戰國・待考 卲文
	貨系 629　戰國・待考 卲文
	貨系 630　戰國・待考 卲文
	貨系 631　戰國・待考 卲文
	璽彙 324.3486　戰國・楚 卲（昭）奮
	璽類 304.2　戰國・齊 宋卲

	玉萃 28.3　戰國・楚 卲（昭）申
	侯馬一五六：二三　春秋・三晉 卲坓（型）及丌（其）孫=（子孫）
	侯馬一五六：一九　春秋・三晉 卲塱（型）之孫=（子孫）
	秋淵・詛楚文・郭集　戰國・秦 使其宗祝卲（詔）鼛布（佈）憝（檄）
	巫咸・詛楚文・郭集　戰國・秦 使其宗祝卲（詔）鼛布（佈）憝（檄）
	亞駝・詛楚文・郭集　戰國・秦 使其宗祝卲（詔）鼛布（佈）憝（檄）

卻

	風過耳 289　戰國・秦 卻佗

刉*

	貨系 3795 背　戰國・齊 明/鄘□刉

卭*

	陶錄 5・4・3　戰國・三晉、兩周 □卭

印

	風過耳 327　戰國・秦 和印
	秦印風 163 頁　戰國・秦 趙相如印
	秦印風 198 頁　戰國・秦 御（御）印
	秦印風 25 頁　戰國・秦 北私庫印
	新封泥彙 1542　戰國・秦 漢中底印
	陶錄 6・424・6　戰國・秦 亭印
	秋淵・詛楚文・郭集　戰國・秦 親印大沈氒（厥）湫而質焉
	巫咸・詛楚文・郭集　戰國・秦 親印不（丕）顯大神巫咸而質焉
	亞駝・詛楚文・郭集　戰國・秦 親印不（丕）顯大神亞駝而質焉

卿

	盛世 225　戰國・待考 卿
	璽彙 107.0874　戰國・齊 長卿
	新封泥彙 2374　戰國・秦 沱卿
	秦新 2977　戰國・秦 周天子使卿大夫辰來致文武之酢（胙）
	陶錄 6・440・4　戰國・秦 王卿

鄉*

	璽彙 346.3742　戰國・齊 東鄉（鄉）瘛鉨（璽）

辟

	璽彙 247.2556　戰國・楚 辟山

	秦新 2722　戰國·秦 咸臣西辟
	會稽刻石·秦銘刻選　秦代 行爲辟方

匀

	貨系 2006　戰國·趙 土匀
	貨系 2008　戰國·趙 土匀
	貨系 2016　戰國·待考 □匀
	三晉 72　戰國·趙 土匀
	三晉 72　戰國·趙 土匀
	先秦編 294　戰國·待考 王匀
	先秦編 295　戰國·趙 土匀
	燕下都 279　戰國·趙 土匀
	盛世 006　戰國·待考 匀（鈞）州宦夫₌（大夫）
	璽彙 164.1565　戰國·三晉 湯匀
	璽彙 167.1601　戰國·三晉 鄐（齊）匀
	珍戰 1　戰國·楚 陞（陲）成匀（軍）
	秦新 2593　戰國·秦 匀

旬

	璽彙 304.3243　戰國·三晉 旬㝭
	新封泥彙 1984　戰國·秦 旬陽之丞

冢

	璽類 409.4　戰國·魏 丞（承）匡冢子
	印展 25　戰國·三晉 邾（朱）冢
	陶錄 5·97·1　戰國·三晉、兩周 陽城冢
	侯馬六七：二九　春秋·三晉 不（丕）顯岳（嶽）公大冢
	侯馬六七：二一　春秋·三晉 不（丕）[顯嶽公]大冢
	侯馬六七：四六　春秋·三晉 大冢
	侯馬六七：四七　春秋·三晉 大冢
	侯馬六七：五　春秋·三晉 不（丕）顯岳（嶽）公大冢
	侯馬六七：五六　春秋·三晉 不（丕）[顯嶽公大]冢
	侯馬六七：五三　春秋·三晉 岳（嶽）[公]大冢
	璽彙 326.3508　戰國·齊 水丘塚
	璽彙 516.5678　戰國·齊 者（胡）毋塚

	侯馬叢考續　春秋・三晉 [嶽]公大塚（冢）
	溫縣簡報 T1 坎 1：2279　春秋・三晉 不（丕）㬎（顯）岳（嶽）公大塚（冢）
	溫縣簡報 T1 坎 1：3780　春秋・三晉 不（丕）㬎（顯）岳（嶽）公大塚（冢）
	溫縣簡報 T1 坎 1：3863　春秋・三晉 不（丕）㬎（顯）岳（嶽）公大塚（冢）
	溫縣簡報 T1 坎 1：4499　春秋・三晉 不（丕）顯岳（嶽）公大塚（冢）

苟

	璽彙 309.3309　戰國・待考 苟（敬）身（信）
	璽彙 328.3535　戰國・楚 苟（敬）迩（邇）
	璽彙 388.4227　戰國・三晉 苟（敬）命
	璽彙 490.5425　戰國・三晉 苟（敬）

敬

	秦印風 246 頁　戰國・秦 敬事
	璽彙 168.1617　戰國・三晉 奠（鄭）・岡敬
	璽彙 245.2540　戰國・待考 緣（欒）乙・敬
	璽彙 381.4144　戰國・三晉 敬事
	璽彙 387.4219　戰國・三晉 敬上
	璽彙 387.4220　戰國・三晉 敬上
	璽彙 428.4705　戰國・待考 敬□□
	璽彙 455.5002　戰國・燕 敬
	璽彙 456.5012　戰國・燕 敬
	璽彙 456.5018　戰國・燕 敬
	璽彙 457.5025　戰國・待考 敬
	璽彙 457.5033　戰國・待考 敬
	璽彙 458.5039　戰國・楚 敬訐（信）
	璽彙 459.5047　戰國・待考 敬
	秦新 127　戰國・秦 咸敬
	秦新 133　戰國・秦 咸陽敬
	秦新 135　戰國・秦 咸敬
	秦新 136　戰國・秦 咸敬
	秦新 1863　戰國・秦 敬
	陶錄 6・100・1　戰國・秦 敬事
	會稽刻石・秦銘刻選　秦代 後敬奉灋

	吳人・石鼓文・郭集　春秋・秦 朝夕敬□

鬼

	陶錄 2・562・3　戰國・齊 □酷里鬼
	新齊 0956　戰國・齊 繇巷中圞里鬼
	侯馬三：一九　春秋・三晉 史斐（鬼）及亓（其）孫=（子孫）

醜

	秦印風 113 頁　戰國・秦 醜夫
	秦印風 89 頁　戰國・秦 任醜夫
	秦新 2483　戰國・秦 咸亭𨻰陽醜器
	陶錄 6・12・1　戰國・秦 咸亭𨻰陽醜器
	侯馬八八：六　春秋・三晉 史醜（醜）
	侯馬八五：一〇　春秋・三晉 史醜（醜）及亓（其）孫=（子孫）
	侯馬九八：七　春秋・三晉 [史]醜（醜）及亓（其）孫=（子孫）
	侯馬三：二　春秋・三晉 [史]醜（醜）及亓（其）孫=（子孫）于晉邦之[地者]
	侯馬三：一　春秋・三晉 史醜（醜）及亓（其）孫=（子孫）于晉邦之墬（地）者
	侯馬三：一四　春秋・三晉 史醜（醜）及亓（其）子[孫]
	侯馬五〇：一　春秋・三晉 [史]醜（醜）及亓（其）孫=（子孫）[邦]之[地]者
	侯馬一九八：二　春秋・三晉 史醜（醜）及亓（其）子孫于晉邦[之地]
	侯馬一九四：六　春秋・三晉 史醜（醜）
	侯馬一九五：七　春秋・三晉 史醜（醜）及亓（其）孫=（子孫）
	侯馬一六：三〇　春秋・三晉 史醜（醜）及亓（其）子孫于晉邦之墬（地）者
	侯馬一六：一四　春秋・三晉 史醜（醜）及亓（其）孫=（子孫）于晉邦[之地]
	侯馬一五六：二〇　春秋・三晉 史醜（醜）及亓（其）孫=（子孫）
	侯馬一五六：六　春秋・三晉 史醜（醜）
	侯馬一五六：三　春秋・三晉 史醜（醜）及孫=（子孫）于晉邦之墬（地）者
	侯馬一五六：一　春秋・三晉 史醜（醜）及亓（其）孫=（子孫）于晉邦之墬（地）者

由

	貨系 279　戰國・周王畿 由
	貨系 281　戰國・周王畿 由
	貨系 282　戰國・周王畿 由
	先秦編 109　戰國・周王畿 由
	陶錄 4・3・1　戰國・燕 十七年十月左匋（陶）君（尹）左匋（陶）倈□由段室

	陶錄 4・4・2　戰國・燕 □七年九月左匋（陶）君（尹）倈川由

畏

	秋淵・詛楚文・郭集　戰國・秦 不畏皇天上帝及大沈氒（厥）湫之光列（烈）威神
	巫咸・詛楚文・郭集　戰國・秦 不畏皇天上帝及不（丕）顯大神巫咸之光列（烈）威神
	亞駝・詛楚文・郭集　戰國・秦 不畏皇天上帝及不（丕）顯大神亞駝之光列（烈）威神

禺

	秦印風 80 頁　戰國・秦 楊禺
	璽彙 318.3408　戰國・燕 禺邦身（信）
	新齊 0960　戰國・齊 東酷里圜禺
	侯馬七九：五　春秋・三晉 禺（遇）之……
	侯馬七九：一　春秋・三晉 ……禺（遇）……
	侯馬三：二五　春秋・三晉 閔（藺）伐及孫₌（子孫）禺（遇）之行道而弗[殺]

ム

	貨系 2468 背　戰國・趙 邸陽/ム・兩
	貨系 2903 背　戰國・燕 明/ム
	貨系 3118　戰國・燕 中ム
	貨系 3119　戰國・燕 中ム
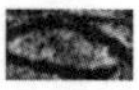	貨系 3120 背　戰國・燕 明/中ム
	貨系 3121 背　戰國・燕 明/中ム
	貨系 3122　戰國・燕 中ム□
	貨系 3323 背　戰國・燕 明/左ム
	貨系 3324　戰國・燕 左ム
	貨系 3325　戰國・燕 左ム
	貨系 3326 背　戰國・燕 明/左ム
	貨系 3375 背　戰國・燕 明/左ム
	貨系 3569　戰國・燕 右六ム
	先秦編 419　戰國・中山、燕 ム
	先秦編 419　戰國・中山、燕 ム
	港續 119.205　戰國・待考 ム（私）公之鉨（璽）
	鑒菁 219. 附錄 5　戰國・待考 中（忠）成（誠）亡（無）ム（私）
	璽彙 338.3653　戰國・楚 尹之ム（私）鉨（璽）
	璽彙 419.4596　戰國・待考 ム（私）尔（璽）

	璽彙 435.4792　戰國・三晉 正行亡（無）厶（私）
	璽彙 439.4835　戰國・三晉 厶（私）公之坎（璽）
	璽彙 439.4838　戰國・三晉 厶（私）公之尔（璽）
	璽彙 503.5550　戰國・齊 厶（私）王之粟
	璽類 444.6　戰國・待考 厶（私）坎（璽）
	新璽 38　戰國・待考 厶（私）公之坎（璽）
	珍戰 184　戰國・待考 厶（私）公之尔（璽）
	陶錄 5・44・4　戰國・三晉、兩周 厶（私）璽
	陶錄 5・71・1　戰國・三晉、兩周 厶（私）官
	新齊 1261　戰國・齊 厶（私）坎（璽）

巍

	風過耳 142　戰國・秦 巍（魏）柏
	風過耳 143　戰國・秦 巍（魏）寅
	秦印風 106 頁　戰國・秦 巍（魏）聞
	秦印風 161 頁　戰國・秦 巍（魏）得之
	秦印風 199 頁　戰國・秦 巍（魏）視
	秦新 105　戰國・秦 宮巍
	陶錄 6・132・4　戰國・秦 宮巍

山

	貨系 1449　戰國・魏 山陽
	貨系 272　戰國・周王畿 山
	貨系 273　戰國・周王畿 山
	貨系 274　戰國・周王畿 山
	錢典 5　戰國・三晉 山陽
	錢典 6　戰國・三晉 山陽
	風過耳 367　戰國・秦 長山
	秦範卷三 13.2　戰國・燕 魴山
	秦印風 140 頁　戰國・秦 成山
	秦印風 215 頁　戰國・秦 王中山
	十六 38.2　戰國・待考 成山
	璽彙 63.0363　戰國・燕 湶（泉）谷山金貞鍴（瑞）
	璽彙 247.2556　戰國・楚 辟山

	璽彙 264.2764　戰國・三晉 君（尹）山
	璽彙 272.2854　戰國・三晉 庚山
	珍戰 104　戰國・三晉 产（危）山
	篆彙 437.13　戰國・燕 魴山
	秦新 1731　戰國・秦 山
	陶錄 4・56・4　戰國・燕 匋（陶）攻（工）山
	陶錄 6・108・1　戰國・秦 麗山飤（食）官左
	陶錄 6・108・2　戰國・秦 麗山飤（食）官左
	陶錄 6・109・1　戰國・秦 麗山飤（食）官右
	陶錄 6・109・2　戰國・秦 麗山飤（食）官右
	陶錄 6・110・1　戰國・秦 麗山飤（食）官右
	陶錄 6・112・3　戰國・秦 …山…廚
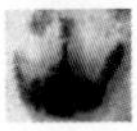	新齊 0165　戰國・齊 陸（陳）中山䏍
	新齊 0169　戰國・齊 陸（陳）中山立𫞮
	新齊 0172　戰國・齊 □□山立□
	新泰齊陶 2002XYY⑤W：132　戰國・齊 陸（陳）中山䏍

	新泰齊陶 HBCS：117　戰國・齊 □□山立□
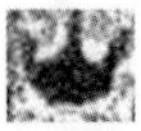	新泰齊陶 HBCS：9　戰國・齊 陸（陳）中山䏍
	泰山刻石・秦銘刻選　秦代 登茲[泰]山
	繹山刻石・秦銘刻選　秦代 登于繹山

嶽

	侯馬六七：二二　春秋・三晉 [丕]顯岳（嶽）公大[冢]
	侯馬六七：六　春秋・三晉 不（丕）顯岳（嶽）公大冢
	侯馬六七：三四　春秋・三晉 [丕]顯岳（嶽）公
	侯馬六七：三一　春秋・三晉 不（丕）[顯]岳（嶽）公大[冢]
	侯馬六七：四五　春秋・三晉 不（丕）㬎（顯）岳（嶽）公大[冢]
	侯馬六七：五三　春秋・三晉 岳（嶽）[公]大冢
	侯馬六七：五四　春秋・三晉 不（丕）[顯]岳（嶽）公[大冢]
	侯馬六七：一四　春秋・三晉 不（丕）顯岳（嶽）[公]大冢
	侯馬叢考續　春秋・三晉 不（丕）㬎（顯）岳（嶽）公
	侯馬一六：三　春秋・三晉 不（丕）顯皇君岳（嶽）公
	溫縣簡報 T1 坎 1：137　春秋・三晉 不（丕）㬎（顯）岳（嶽）公大塚（冢）

	溫縣簡報 T1 坎 1：1845　春秋・三晉 不（丕）㬎（顯）岳（嶽）公大塚（冢）
	溫縣簡報 T1 坎 1：2279　春秋・三晉 不（丕）㬎（顯）岳（嶽）公大塚（冢）
	溫縣簡報 T1 坎 1：3780　春秋・三晉 不（丕）㬎（顯）岳（嶽）公大塚（冢）
	溫縣簡報 T1 坎 1：3863　春秋・三晉 不（丕）㬎（顯）岳（嶽）公大塚（冢）

岡

	璽彙 168.1617　戰國・三晉 奠（鄭）・岡敬

崟

	璽彙 227.2319　戰國・燕 硷（崟）悅
	璽彙 227.2320　戰國・燕 硷（崟）緄

密

	秦印風 113 頁　戰國・秦 莊密
	會稽刻石・秦銘刻選　秦代 聖德廣密

岪

	陶錄 6・462・4　戰國・秦 □岪

崔

	秦新 631　戰國・秦 麗邑五斗崔

嶠

	璽彙 137.1237　戰國・燕 嶠（喬）騆

茁*

	十攀 52.2　戰國・待考 城茁
	璽彙 353.3820　戰國・三晉 司馬茁
	新齊 1414　戰國・齊 茁

⿱弋山*

	陶錄 2・394・2　戰國・齊 楚章巷⿱弋山里腊
	陶錄 2・394・4　戰國・齊 楚□□⿱弋山里□
	夕藏 II 04-12-1　戰國・齊 楚章巷⿱弋山里腊

⿱石山*

	璽彙 327.3518　戰國・三晉 ⿱石山湯（惕）

⿱每山*

	貨系 1238　戰國・魏 ⿱每山（魏）
	貨系 1242　戰國・魏 ⿱每山（魏）/一
	貨系 1243　戰國・魏 ⿱每山（魏）/七

廉

	會稽刻石・秦銘刻選　秦代 咸化廉清

龐

	新封泥彙 1304　戰國・秦 龐應

底

	新封泥彙 0373　戰國・秦 漢中底印
	新封泥彙 1543　戰國・秦 漢中底印
	秋淵・詛楚文・郭集　戰國・秦 以底楚王熊相之多辠（罪）
	秋淵・詛楚文・郭集　戰國・秦 飾（飭）甲底（砥）兵
	巫咸・詛楚文・郭集　戰國・秦 以底楚王熊相之多辠（罪）
	巫咸・詛楚文・郭集　戰國・秦 飾（飭）甲底（砥）兵
	亞駝・詛楚文・郭集　戰國・秦 以底楚王熊相之多辠（罪）
	亞駝・詛楚文・郭集　戰國・秦 飾（飭）甲底（砥）兵

庳

	風過耳 256　戰國・秦 庳周

庇

	陶錄 2・476・4　戰國・齊 豆里庇
	夕藏 II 07-32-1　戰國・齊 豆里庇

庶

	璽彙 300. 3198　戰國・楚 啻（適）庶
	印戰 54. 1　戰國・秦 右庶長之鉨（璽）
	秦新 2977　戰國・秦 大良造庶長游出命曰
	鑾車・石鼓文・郭集　春秋・秦 徒馭（御）孔庶
	汧殹・石鼓文・郭集　春秋・秦 其朐孔庶
	田車・石鼓文・郭集　春秋・秦 多庶趩₌（趩趩）

廔

	秦印風 152 頁　戰國・秦 廔
	璽彙 498. 5521　戰國・待考 廔
	璽彙 512. 5628　戰國・秦 高廔

廢

	新封泥彙 0256　戰國・秦 廢丘丞印

庮

	陶錄 5・77・1　戰國・三晉、兩周 □⿸广貝（庮）

庋*

	書璽 184　戰國・楚 庋

戊*

	璽彙 316.3382　戰國・三晉 戊秦

⿸广曳*

	風過耳 354　戰國・秦 ⿸广曳沽
	集釋 281.22　戰國・三晉 ⿸广曳乙
	盛世 124　戰國・待考 ⿸广曳鳴
	璽彙 271.2848　戰國・三晉 ⿸广曳龙
	璽彙 271.2852　戰國・三晉 ⿸广曳卯
	璽彙 272.2858　戰國・三晉 ⿸广曳玗
	璽彙 272.2865　戰國・三晉 ⿸广曳建
	璽類 154.1　戰國・待考 ⿸广曳匋
	珍戰 134　戰國・三晉 ⿸广曳㕑

廆*

	璽彙 126.1110　戰國・三晉 高廆

⿸广貝*

	鶴廬 67.3　戰國・三晉 成氏⿸广貝（府）
	璽彙 310.3318　戰國・三晉 馬⿸广貝（府）
	璽彙 489.5414　戰國・三晉 又（右）⿸广貝（府）

⿸广复*

	侯馬一：四三　春秋・三晉 閛（披）丌（其）⿸广复（腹）心台（以）事丌（其）宔（主）
	侯馬一九四：三　春秋・三晉 簭（筮）敢不閛（披）丌（其）⿸广⿱复心（腹）心㠯（以）事丌（其）宔（主）
	侯馬一九四：一　春秋・三晉 石似□敢不閛（披）丌（其）⿸广腹（腹）心㠯（以）事[其主]
	侯馬一六：一八　春秋・三晉 埅（坓）敢不半（披）丌（其）⿸广腹（腹）心㠯（以）事丌（其）宔（主）

廁*

	璽彙 56.0324　戰國・魏 桼（漆）丘亩（廩）廁
	璽考 338.9　戰國・三晉 大廁陛（阩）

廓*

	霝雨・石鼓文・郭集　春秋・秦 廓

	鑾車・石鼓文・郭集　春秋・秦 □鄜宣搏

厰

	璽彙 274.2881　戰國・燕 厰（嚴）瓔
	璽類 46.7　戰國・待考 □厰（嚴）毆鉨（璽）

厥

	秦印風 89 頁　戰國・秦 王厥

厲

	賓釋　戰國・待考 厲王之鉨（璽）

厭

	秦印風 112 頁　戰國・秦 王厭

厃

	貨系 543　戰國・周王畿 厃
	貨系 544　戰國・周王畿 厃
	貨系 545　戰國・周王畿 厃
	貨系 546　戰國・周王畿 厃
	湖集 6　戰國・燕 沬□都厃（尉）
	盛世 016　戰國・待考 單父右厃（尉）
	璽彙 20.0118　戰國・燕 徒□都厃（尉）
	璽彙 64.0369　戰國・燕 △□都厃（尉）
	璽彙 298.3170　戰國・三晉 厃（危）晨
	璽彙 463.5106　戰國・燕 厃=（厃厃）
	璽彙 502.5547　戰國・燕 中軍厃（尉）
	璽類 82.8　戰國・三晉 郙采梠（梋）厃（尉）
	珍戰 104　戰國・三晉 厃（危）山
	篆彙 21.13　戰國・三晉 黃生厃（尉）

⿸厂月*

	璽彙 18.0108　戰國・三晉 庚⿸厂月嗇夫
	璽彙 179.1744　戰國・三晉 事（史）⿸厂月

厙*

	新齊 0575　戰國・齊 丘齊平里王厙奭

厊*

	陶錄 2・546・4　戰國・齊 子裒□里人□厊

眉*

	陶錄 2・18・4　戰國・齊 陳眉

屏*

	璽彙 273. 2871　戰國・三晉 屏綁（帶）
	璽彙 273. 2872　戰國・三晉 屏獏

屛*

	璽彙 273. 2875　戰國・三晉 屛旦

雁*

	盛世 093　戰國・待考 利羅（雁）
	璽彙 82. 0580　戰國・齊 王雁（雁）
	璽彙 162. 1545　戰國・三晉 孫羅（雁）
	陶錄 2・16・4　戰國・齊 陸（陳）羅（雁）立事歲廩釜（釜）

屠*

	璽彙 112. 0937　戰國・三晉 肖（趙）屠
	璽彙 235. 2419　戰國・三晉 椁（郭）屠

㕒*

	璽彙 95. 0738　戰國・三晉 長㕒
	璽彙 95. 0739　戰國・三晉 長㕒
	璽彙 179. 1743　戰國・三晉 事（史）㕒
	璽彙 264. 2763　戰國・三晉 君（尹）㕒
	璽考 332. 3　戰國・三晉 司馬（司馬）㕒
	珍戰 134　戰國・三晉 庚㕒

㕧*

	璽彙 17. 0100　戰國・楚 上㕧宣夫₌（大夫）之鉨（璽）
	璽考 150. 4　戰國・楚 㕧（廄）鉨（璽）

㕩*

	璽彙 176. 1711　戰國・三晉 郛（梁）㕩（瘍）

𠩻*

	秦範卷二 13. 10　戰國・三晉 馬迲（去）疽
	璽彙 271. 2842　戰國・三晉 馬黑
	璽彙 271. 2844　戰國・三晉 馬聚

	珍戰 139　戰國・三晉 馬㦡（樂）
	陶錄 5・1・1　戰國・三晉、兩周 馬□
	陶錄 5・2・3　戰國・三晉、兩周 馬□
	陶錄 5・3・1　戰國・三晉、兩周 馬句
	陶錄 5・3・3　戰國・三晉、兩周 馬斤
	陶錄 5・3・4　戰國・三晉、兩周 馬

𠩊*

	璽彙 168.1612　戰國・三晉 曹𠩊

厪*

	陶錄 6・81・4　戰國・秦 厪

厗*

	璽彙 95.0740　戰國・三晉 長厗

㕓*

	侯馬八五：八　春秋・三晉 邘㕓敢不閛（披）丌（其）復（腹）心 目（以）事丌（其）宔（主）

𠪚*

	璽彙 274.2878　戰國・待考 𠪚滬（沮）

𠫅*

	顧印 37.7　戰國・待考 事（史）𠫅
	璽彙 105.0860　戰國・三晉 長縏（牽）犢
	璽彙 112.0940　戰國・三晉 肖（趙）𠫅
	璽彙 240.2481　戰國・三晉 穌（蘇）𠫅
	璽彙 277.2923　戰國・三晉 監𠫅
	璽彙 507.5563　戰國・三晉 肖（趙）𠫅

丸

	璽彙 318.3415　戰國・待考 丸車御

危

	秦新 113　戰國・秦 咸陽危
	陶錄 6・138・1　戰國・秦 咸陽危

石

	貨系 2432　戰國・趙 蘺（離）石/十一
	貨系 2433　戰國・趙 蘺（離）石/十四
	貨系 2445　戰國・趙 蘺（離）石/卅五

	貨系 2447　戰國・趙 蘺（離）石/五十
	貨系 2451　戰國・趙 蘺（離）石/五十八
	貨系 2452　戰國・趙 蘺（離）石/五十九
	貨系 275　戰國・周王畿 石
	集釋 281.15　戰國・三晉 囷石閼
	璽彙 130.1150　戰國・三晉 石龙
	璽彙 130.1152　戰國・三晉 石㚟（焌）
	璽彙 130.1156　戰國・三晉 石媢
	璽彙 131.1163　戰國・三晉 石巻
	璽彙 340.3681　戰國・齊 金石鉨（璽）
	秦新 2525　戰國・秦 咸陽成石
	秦新 2996　戰國・秦 石
	秦新 3148　戰國・秦 石米余
	陶錄 2・18・3　戰國・齊 陳石
	陶錄 2・431・1　戰國・齊 高閭庙石
	陶錄 2・50・4　戰國・齊 思巷□里□石
	陶錄 6・43・1　戰國・秦 咸陽成石
	侯馬一九四：一　春秋・三晉 石佁□敢不閛（披）丌（其）腹（腹）心已（以）事[其主]
	瑯琊臺刻石・秦銘刻選　秦代 金石刻辭
	秋淵・詛楚文・郭集　戰國・秦 箸（書）者（諸）石章（璋）
	巫咸・詛楚文・郭集　戰國・秦 箸（書）者（諸）石章（璋）
	亞駝・詛楚文・郭集　戰國・秦 箸（書）者（諸）石章（璋）
	繹山刻石・秦銘刻選　秦代 請具刻詔書金石刻因明白矣

礜

	秦印風 27 頁　戰國・秦 左礜桃支
	新封泥彙 1258　戰國・秦 左礜桃丞

⿱罒石

	秦新 2715　戰國・秦 咸郿里⿱罒石

磿

	玉萃 19.2　戰國・楚 戜（誅）礰膉

磬

	秦墓石磬　春秋・秦 允龢又（有）霝（靈）殸（磬）

破

	秦印風 53 頁　戰國・秦 張破戎

砙*

	璽彙 70.0434　戰國・三晉 王砙
	璽彙 202.2018　戰國・三晉 郻（董）砙

砠*

	璽彙 488.5406　戰國・待考 砠

硍*

	璽彙 377.4105　戰國・燕 彝（夷）吳（吾）硍

長

	錢典 268　戰國・三晉 長子子
	錢典 269　戰國・三晉 長子
	先秦編 613　戰國・秦 長安
	二十 65.二-SP-0085　戰國・燕 長陞
	風過耳 110　戰國・秦 王長
	港印 107　戰國・三晉 長竘
	鶴廬 67.5　戰國・三晉 長皐
	鶴廬 92.4　戰國・三晉 長學
	鑒菁 10.19　戰國・三晉 長系（奚）昜（傷）
	秦印風 115 頁　戰國・秦 王長
	秦印風 219 頁　戰國・秦 杜長
	秦印風 30 頁　戰國・秦 長平鄉印
	盛世 152　戰國・待考 長榆譕
	璽彙 38.0224　戰國・齊 長金之鉨（璽）
	璽彙 100.0798　戰國・燕 長臧
	璽彙 104.0839　戰國・三晉 長封
	璽彙 107.0883　戰國・燕 長死
	璽彙 331.3568　戰國・燕 長□
	璽彙 364.3949　戰國・燕 長生午
	璽彙 403.4406　戰國・燕 長生
	璽彙 403.4408　戰國・燕 長生
	璽彙 421.4625　戰國・齊 長官

	璽彙 421.4628　戰國・待考 長官
	璽彙 425.4672　戰國・三晉 長身（信）
	璽彙 509.5592　戰國・燕 長生遲（徙）
	璽彙 511.5613　戰國・燕 長寊
	璽彙 517.5690　戰國・燕 長生□
	璽考 279.8　戰國・三晉 長筡
	璽類 195.4　戰國・韓 長邦
	鴨選 32　戰國・三晉 長芉
	陶錄 4・178・1　戰國・燕 止□長
	陶錄 5・28・1　戰國・三晉、兩周 長斤□
	陶錄 5・96・6　戰國・三晉、兩周 長丑
	會稽刻石・秦銘刻選　秦代 德惠攸長
	新出研 WT4　K5：12　春秋・三晉 而尚敢復週（通）與長（張）戌、長（張）瘶
	亞駝・詛楚文・郭集　戰國・秦 及郲、長、婞
	繹山刻石・秦銘刻選　秦代 咸思攸長

裳*

	璽彙 205.2054　戰國・三晉 玍（任）裳

勿

	貨系 516　戰國・周王畿 勿
	貨系 517　戰國・周王畿 勿
	貨系 518　戰國・周王畿 勿
	秦印風 252 頁　戰國・秦 勿半非有
	璽彙 52.0295　戰國・楚 勿正閘（關）鉩（璽）
	珍戰 180　戰國・待考 可㠯（以）正勿（物）
	侯馬八五：三五　春秋・三晉 勿罯兄弟
	侯馬八五：三五　春秋・三晉 勿……之命
	吳人・石鼓文・郭集　春秋・秦 勿竈勿代

昜

	貨系 1376　戰國・魏 言（圁）昜（陽）二釿
	貨系 1378　戰國・魏 言（圁）昜（陽）一釿
	貨系 2462　戰國・趙 南行昜（唐）/兩

	貨系 2463　戰國・趙 南行昜（唐）/十二朱
	貨系 3995　戰國・趙 言（圁）昜（陽）刀
	齊幣 101　戰國・齊 安昜（陽）之夻（大）丌（刀）/中
	齊幣 103　戰國・齊 安昜（陽）之夻（大）丌（刀）/中
	齊幣 147 背　戰國・齊 齊夻（大）丌（刀）/昜（陽）
	齊幣 148 背　戰國・齊 齊夻（大）丌（刀）/昜（陽）
	齊幣 149 背　戰國・齊 齊夻（大）丌（刀）/昜（陽）
	齊幣 87　戰國・齊 安昜（陽）之夻（大）丌（刀）/丌（刀）
	三晉 42　戰國・趙 晉昜（陽）半
	三晉 42　戰國・趙 晉昜（陽）半
	鑒菁 10.19　戰國・三晉 長系（奚）昜（傷）
	璽彙 32.0189　戰國・燕 柤（桐）昜（陽）都叏（遽）星（馹）
	璽彙 59.0338　戰國・楚 建昜（陽）識
	璽彙 133.1196　戰國・楚 周昜（陽）
	璽彙 173.1669　戰國・燕 昜（陽）㕣
	璽彙 173.1674　戰國・三晉 昜（陽）閔（門）

	璽彙 173.1677　戰國・燕 昜（陽）生茞
	璽彙 239.2464　戰國・三晉 椁（郭）胡昜（傷）
	璽考 110.2　戰國・魏 喪（相）昜（陽）官
	璽類 319.9　戰國・燕 武昜（陽）都叏（遽）星（馹）
	陶錄 2・166・2　戰國・齊 中蒦圆里維昜
	陶錄 2・262・3　戰國・齊 昜里人□
	陶錄 2・263・1　戰國・齊 昜里人隻
	陶錄 2・286・2　戰國・齊 安昜……
	陶錄 2・674・2　戰國・齊 酷里昜維
	新齊 0093　戰國・齊 奠昜（陽）陸（陳）旻（得）參朔
	新齊 0096　戰國・齊 奠昜（陽）陸（陳）旻（得）參□
	新泰齊陶 2002XYY⑤W：166　戰國・齊 □昜□□□□
	新泰齊陶 2002XYY⑤W：42　戰國・齊 奠昜（陽）□旻（得）□□
	新泰齊陶 2002XYY⑤W：44　戰國・齊 奠昜（陽）□旻（得）□□
	新泰齊陶 HBCS：101　戰國・齊 奠昜（陽）□旻（得）參朔
	侯馬七七：一六　春秋・三晉 壇昜敢不……

冉

	秦印風 149 頁　戰國・秦 任冉
	秦印風 185 頁　戰國・秦 匋（陶）冉

而

	侯馬二〇〇：二九　春秋・三晉 而敢又（有）志
	侯馬二〇〇：六六　春秋・三晉 而敢又（有）志復趙尼及丌（其）孫=（子孫）于晉邦[之地]者
	侯馬二〇〇：一七　春秋・三晉 而敢不盡從嘉明（盟）
	侯馬一：七四　春秋・三晉 而[敢]……
	侯馬一：五五　春秋・三晉 而……
	侯馬一六：一五　春秋・三晉 而敢有志復[趙]尼及丌（其）孫=（子孫）
	侯馬一五六：二　春秋・三晉 而敢或覍（變）改助及奐（奐）
	田車・石鼓文・郭集　春秋・秦 執而勿射
	溫縣簡報 T1 坎 1：2279　春秋・三晉 而敢與則（賊）爲徒者

豕

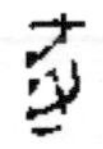	璽彙 136.1224　戰國・燕 喬豕
	璽考 327.4　戰國・三晉 白豕遒
	秦新 3146　戰國・秦 豕
	田車・石鼓文・郭集　春秋・秦 麋豕孔庶

豭

	會稽刻石・秦銘刻選　秦代 夫爲寄豭
	秦駰玉版研究　戰國・秦 羲（犧）豭既美

豢

	秦駰玉版研究　戰國・秦 □□□及羊、豢
	秦駰玉版研究　戰國・秦 □□用貳羲（犧）、羊、豢

豲

	秦印風 149 頁　戰國・秦 王豲
	新封泥彙 1564　戰國・秦 豲部

豦

	二十 116.二-SP-0523　戰國・齊 豦曹
	侯馬九二：三七　春秋・三晉 豦敢不[盡從]嘉之[盟]

豩

	璽彙 154.1447　戰國・三晉 容豩（豩）

卷十

馬

	貨系 1698 戰國・韓 馬雔
	貨系 1699 戰國・韓 馬雔
	貨系 1700 戰國・韓 馬雔
	貨系 1706 戰國・韓 馬雔
	貨系 1708 戰國・韓 馬雔
	先秦編 299 戰國・韓 馬雔
	燕下都 282 戰國・韓 馬雔
	燕下都 282 戰國・韓 馬雔
	秦印風 21 頁 戰國・秦 中司馬印
	秦印風 24 頁 戰國・秦 章廄將馬
	秦印風 25 頁 戰國・秦 左中將馬
	璽彙 11.0063 戰國・齊 王口右司馬鉩（璽）
	璽彙 221.2247 戰國・三晉 邙（亡）馬重（童）
	璽彙 310.3318 戰國・三晉 馬痏（府）
	璽彙 353.3811 戰國・燕 司馬諹（惕）
	璽彙 353.3813 戰國・齊 司馬棱鉩（璽）
	璽彙 353.3820 戰國・三晉 司馬苦
	璽彙 354.3824 戰國・齊 司馬頙
	璽彙 354.3827 戰國・齊 司馬幐
	璽彙 354.3828 戰國・三晉 司馬
	璽彙 501.5538 戰國・楚 司馬之痏（府）
	璽彙 501.5540 戰國・齊 左司馬訇（竘）
	璽彙 501.5542 戰國・齊 右司馬鉩（璽）
	璽類 84.1 戰國・楚 馬龏
	璽林 10.4 戰國・齊 左司馬鉩（璽）
	新封泥彙 0907 戰國・秦 下家馬丞
	珍戰 38 戰國・三晉 子馬紹

	陶錄 2・351・1　戰國・齊 闢（闞）里馬梃
	陶錄 2・351・2　戰國・齊 闢（闞）里馬梃
	陶錄 2・351・3　戰國・齊 闢（闞）里馬梃
	陶錄 2・352・1　戰國・齊 闢（闞）里馬梃
	陶錄 2・352・3　戰國・齊 闢（闞）里馬梃
	陶錄 2・352・4　戰國・齊 闢（闞）里馬梃
	陶錄 2・353・2　戰國・齊 闢（闞）里馬梃
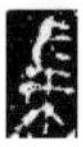	陶錄 2・355・4　戰國・齊 闢（闞）里馬梃
	陶錄 2・358・1　戰國・齊 闢（闞）里馬梃
	陶錄 2・660・4　戰國・齊 中蒦圆里司馬敀旨
	陶錄 2・682・3　戰國・齊 闢（闞）里馬梃
	陶錄 2・702・3　戰國・齊 馬粎（矢）舡壐
	陶錄 2・85・1　戰國・齊 蒦圆南里司馬倘
	陶錄 2・85・2　戰國・齊 蒦圆南里司馬倘
	陶錄 4・31・1　戰國・燕 右宮馬□
	陶錄 6・333・1　戰國・秦 馬
	陶錄 6・404・1　戰國・秦 馬邑市
	陶錄 6・68・2　戰國・秦 □馬
	夕藏 II 04-29-1　戰國・齊 闢（闞）里馬梃
	夕藏 II 04-29-10　戰國・齊 闢（闞）里馬梃
	夕藏 II 04-29-13　戰國・齊 闢（闞）里馬梃
	夕藏 II 04-29-14　戰國・齊 闢（闞）里馬梃
	夕藏 II 04-29-4　戰國・齊 闢（闞）里馬梃
	夕藏 II 04-29-6　戰國・齊 闢（闞）里馬梃
	夕藏 II 04-29-9　戰國・齊 闢（闞）里馬梃
	新齊 0902　戰國・齊 中蒦圆里馬敀旨
	車工・石鼓文・郭集　春秋・秦 遾（吾）馬既同
	侯馬八五：一四　春秋・三晉 馬敢不閛（披）丌（其）復（腹）心目（以）事[丌（其）主]
	侯馬一八五：九　春秋・三晉 馬□馬……馬旃𢀛（至于）……

馬

	侯馬九二：七　春秋・三晉 馬敢[不]……
	侯馬一：七五　春秋・三晉 馬敢不半（披）其復（腹）[心]

馮

	風過耳 017　戰國・秦 馮犯
	風過耳 020　戰國・秦 馮若
	秦印風 116 頁　戰國・秦 馮□
	秦印風 67 頁　戰國・秦 徐馮
	秦新 2965　戰國・秦 馮氏十斗
	秦新 2966　戰國・秦 馮氏十斗
	田車・石鼓文・郭集　春秋・秦 鋚勒馮＝（馮馮）

驅

	璽彙 303.3226　戰國・楚 赤歐（驅）
	車工・石鼓文・郭集　春秋・秦 避（吾）歐（驅）其特
	侯馬一：四〇　春秋・三晉 史歐（驅）彘敢不侑閛（披）丌（其）心台（以）事嘉
	陶錄 7・14・5　戰國・齊 王歐（驅）

馳

	風過耳 081　戰國・秦 橋（喬）駝
	秦印風 235 頁　戰國・秦 駝
	亞駝・詛楚文・郭集　戰國・秦 不畏皇天上帝及不（丕）顯大神亞駝之光列（烈）威神
	亞駝・詛楚文・郭集　戰國・秦 求蔑灋（廢）皇天上帝及不（丕）顯大神亞駝之衈祠、圭玉、羲（犧）牲
	亞駝・詛楚文・郭集　戰國・秦 亦應（膺）受皇天上帝及不（丕）顯大神亞駝之幾靈德賜

騁

	秦印風 173 頁　戰國・秦 李騁

騖

	風過耳 206　戰國・秦 鄭騖
	秦印風 173 頁　戰國・秦 王騖
	秦印風 76 頁　戰國・秦 輔騖

駭

	秦印風 215 頁　戰國・秦 淳于駭

騷

	秦印風 116 頁　戰國・秦 趙騷
	秦印風 129 頁　戰國・秦 騷濁
	秦新 2354　戰國・秦 □騷

駘

	秦印風 158 頁　戰國・秦 莊駘之印
	秦印風 69 頁　戰國・秦 李駘
	璽彙 499.5535　戰國・秦 駘

駔

	風過耳 067　戰國・秦 李駔
	秦印風 147 頁　戰國・秦 王駔
	秦新 1545　戰國・秦 咸郦里駔
	秦新 1550　戰國・秦 咸郦里駔

騶

	陶錄 6・340・1　戰國・秦 騶
	陶錄 6・416・1　戰國・秦 騶
	陶錄 6・416・4　戰國・秦 騶
	陶錄 6・417・1　戰國・秦 騶
	陶錄 6・417・3　戰國・秦 騶
	陶錄 6・418・1　戰國・秦 騶
	陶錄 6・421・4　戰國・秦 騶

馹

	璽彙 375.4075　戰國・三晉 馹正逾（會）
	璽彙 375.4078　戰國・三晉 馹正疷（瘥）
	璽考 337.7　戰國・三晉 馹正戠
	璽類 327.11　戰國・三晉 馹□寅

騰

	風過耳 054　戰國・秦 孔騰
	風過耳 093　戰國・秦 屈騰

驢

	秦印風 66 頁　戰國・秦 王驢

爲*

	璽彙 300.3190　戰國・三晉 爲迲（去）疳
	璽彙 300.3191　戰國・三晉 爲成軋（範）

瑪*

	吉璽 3.8　戰國・三晉 倫（伶）慁（信）車瑪

駐*

	車工・石鼓文・郭集　春秋・秦 遳（吾）馬既駐（阜）

騝*

	田車・石鼓文・郭集　春秋・秦 右驂騝=（騝騝）

騟*

	吾水・石鼓文・郭集　春秋・秦 左驂騟=（騟騟）

鶩*

	璽彙 291. 3087　戰國・齊 鶩達訐（信）鈢（璽）

鷽*

	秦印風 65 頁　戰國・秦 宋鷽

驓*

	馬薦・石鼓文・郭集　春秋・秦 驓=（驓驓）馬薦

驖*

	吾水・石鼓文・郭集　春秋・秦 □驖

鳶

	璽彙 262. 2743　戰國・三晉 盉鳶
	侯馬九一：五　春秋・三晉 巫覡祝史鳶（薦）[瑞]
	侯馬三：二三　春秋・三晉 巫[覡]祝史鳶（薦）[瑞]
	侯馬一九四：六　春秋・三晉 鳶敢不……

薦

	馬薦・石鼓文・郭集　春秋・秦 驓=（驓驓）馬薦
	繹山刻石・秦銘刻選　秦代 上薦高號

灋

	秦印風 23 頁　戰國・秦 灋（廢）丘左尉
	新封泥彙 1497　戰國・秦 灋（廢）丘丞印
	陶錄 6・360・4　戰國・秦 灋度量則
	陶錄 6・367・1　戰國・秦 灋度量則
	陶錄 6・367・2　戰國・秦 灋度量則
	陶錄 6・368・1　戰國・秦 灋度量則
	陶錄 6・469・4　戰國・秦 灋度量則
	陶錄 6・470・1　戰國・秦 灋度量則
	會稽刻石・秦銘刻選　秦代 初平灋式

	秦駰玉版研究　戰國・秦 典灋蘚（鮮）亡
	秦駰玉版研究　戰國・秦 爲刑（形）灋氏（是）
	秋淵・詛楚文・郭集　戰國・秦 求蔑灋（廢）皇天上帝及大神氒（厥）湫之卹祠、圭玉、羲（犧）牲
	巫咸・詛楚文・郭集　戰國・秦 求蔑灋（廢）皇天上帝及不（丕）顯大神巫咸之卹祠、圭玉、羲（犧）牲
	亞駝・詛楚文・郭集　戰國・秦 求蔑灋（廢）皇天上帝及不（丕）顯大神亞駝之卹祠、圭玉、羲（犧）牲
	鶴廬 96.5　戰國・三晉 肖（趙）法（灋）

鹿

	甘印 87.11　戰國・待考 左鹿
	陶錄 2・287・2　戰國・齊 鹿圓東里章
	陶錄 2・609・2　戰國・齊 城圖鹿
	陶錄 2・609・3　戰國・齊 城圖鹿
	陶錄 2・609・4　戰國・齊 城圖鹿
	陶錄 2・610・1　戰國・齊 城圖鹿
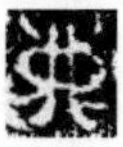	陶錄 2・610・2　戰國・齊 城圖鹿
	陶錄 2・610・3　戰國・齊 城圖鹿
	陶錄 2・611・1　戰國・齊 城圖鹿
	陶錄 2・86・3　戰國・齊 蒦圓南里人鹿
	陶錄 2・96・4　戰國・齊 繇巷大匋（陶）里鹿
	新齊 0622　戰國・齊 楚䢅巷蔵（苴）里鹿
	新齊 0623　戰國・齊 楚䢅巷蔵（苴）里鹿
	新齊 0801　戰國・齊 隻圓南里鹿
	鑾車・石鼓文・郭集　春秋・秦 獸鹿如□
	田車・石鼓文・郭集　春秋・秦 麀鹿雉兔
	吳人・石鼓文・郭集　春秋・秦 鹿□□□

麌

	璽彙 509.5596　戰國・三晉 采遍麌

麋

	璽彙 62.0360　戰國・齊 亡（無）麋
	璽彙 341.3693　戰國・齊 麋奔隹鉨（璽）
	新封泥彙 0584　戰國・秦 麋圈
	戰分 525.3016　戰國・齊 麋紀
	田車・石鼓文・郭集　春秋・秦 麋豕孔庶

麗

	新封泥彙 1673　戰國・秦 麗邑丞印
	秦新 1325　戰國・秦 麗亭
	秦新 1327　戰國・秦 麗市
	秦新 1378　戰國・秦 麗市
	秦新 1381　戰國・秦 麗市
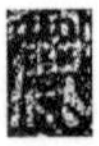	秦新 1431　戰國・秦 麗市
	秦新 3319　戰國・秦 麗市
	秦新 624　戰國・秦 麗山飤（食）官左
	秦新 626　戰國・秦 麗山飤（食）官右
	秦新 627　戰國・秦 麗山飤（食）官左
	秦新 628　戰國・秦 麗山飤（食）官右
	秦新 634　戰國・秦 麗山反
	秦新 636　戰國・秦 麗邑五升
	秦新 638　戰國・秦 麗[邑]丘向

麀

	車工・石鼓文・郭集　春秋・秦 麀鹿速=（速速）
	車工・石鼓文・郭集　春秋・秦 麀鹿趚=（趚趚）

㲋*

	秦印風 108 頁　戰國・秦 莊㲋
	汧殹・石鼓文・郭集　春秋・秦 臠之㲋=（㲋㲋）

兔

	風過耳 368　戰國・秦 長兔
	璽彙 155. 1455　戰國・三晉 陳兔
	璽彙 306. 3273　戰國・三晉 郿（肥）兔
	田車・石鼓文・郭集　春秋・秦 麀鹿雉兔

逸

	璽彙 168. 1616　戰國・三晉 䣊（曹）逸津
	璽彙 252. 2621　戰國・三晉 逸徒
	璽彙 252. 2622　戰國・三晉 逸徒
	璽類 216. 15　戰國・三晉 䣊（曹）逸鄡（縣）

	盛世 008　戰國・待考 逵（逸）□□鉨

犬

	貨系 139　戰國・周王畿 犬
	港續 67.102　戰國・燕 郾（燕）白（伯）犬
	秦印風 47 頁　戰國・秦 牛犬
	陶錄 2・95・1　戰國・齊 繇巷大匋（陶）里犬
	陶錄 2・95・2　戰國・齊 繇巷大匋（陶）里犬
	新齊 0937　戰國・齊 繇巷大圆里犬
	侯馬一：五五　春秋・三晉 犬敢不閛（披）丌（其）腹心㠯（以）事丌（其）宔（主）

狗

	秦印風 22 頁　戰國・秦 弄狗廚印
	秦印風 234 頁　戰國・秦 狗
	璽彙 325.3496　戰國・燕 㝗（良）生狗
	侯馬二〇〇：四〇　春秋・三晉 狗敢不半（披）丌（其）腹心㠯（以）事丌（其）宔（主）
	侯馬一六：三四　春秋・三晉 狗[敢不披]丌（其）[腹]心[以事]丌（其）宔（主）

龙

	集釋 236.8　戰國・三晉 𨛜（巷）龙
	璽彙 65.0373　戰國・三晉 王龙
	璽彙 68.0407　戰國・三晉 王龙
	璽彙 161.1526　戰國・三晉 孫龙
	璽彙 271.2848　戰國・三晉 庚龙

狡

	新封泥彙 0448　戰國・秦 狡士之印

狂

	璽彙 118.1016　戰國・三晉 肖（趙）狂
	璽彙 204.2043　戰國・三晉 邘（于）狂
	璽彙 281.2971　戰國・三晉 胎（閻）狂

猗

	璽彙 103.0826　戰國・三晉 長猗
	璽彙 244.2522　戰國・三晉 猗乍

玃

	秦印風 45 頁　戰國・秦 王玃

奬

	秦印風 177 頁　戰國・秦 杜奬

狾

	璽彙 244. 2518　戰國・三晉 狾壽
	璽彙 244. 2521　戰國・燕 狾章
	璽彙 514. 5656　戰國・三晉 狾梁

狀

	秦印風 48 頁　戰國・秦 王狀
	秦印風 92 頁　戰國・秦 季狀
	璽彙 294. 3128　戰國・齊 殷狀
	陶錄 6・309・4　戰國・秦 □狀瀕
	陶錄 6・311・1　戰國・秦 漆狀
	陶錄 6・339・1　戰國・秦 乃詔丞相狀、綰
	陶錄 6・361・1　戰國・秦 乃詔丞相狀、綰
	陶錄 6・362・1　戰國・秦 乃詔丞相狀、綰
	陶錄 6・367・1　戰國・秦 乃詔丞相狀、綰
	陶錄 6・367・2　戰國・秦 乃詔丞相狀、綰
	陶錄 6・368・1　戰國・秦 乃詔丞相狀、綰
	陶錄 6・372・2　戰國・秦 乃詔丞相狀、綰

狃

	璽彙 244. 2526　戰國・秦 狃欺

犯

	風過耳 017　戰國・秦 馮犯
	秦新 2756　戰國・秦 咸宜□犯
	秋淵・詛楚文・郭集　戰國・秦 敢數楚王熊相之倍盟犯詛
	巫咸・詛楚文・郭集　戰國・秦 敢數楚王熊相之倍盟犯詛
	亞駝・詛楚文・郭集　戰國・秦 敢數楚王熊相之倍盟犯詛

猛

	鶴廬 71. 6　戰國・三晉 盉（猛）怠（怡）
	吉璽 9. 48　戰國・三晉 甘盉（猛）

	璽彙 110.0918　戰國・三晉 肖（趙）猛（猛）
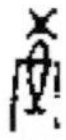	璽彙 165.1579　戰國・三晉 邾（朱）猛（猛）
	會稽刻石・秦銘刻選　秦代 貪戾慠（傲）猛

犺

	風過耳 052　戰國・秦 江犺

戾

	會稽刻石・秦銘刻選　秦代 貪戾慠（傲）猛

獨

	秦印風 140 頁　戰國・秦 楊獨利

⿰犭壐

	秦印風 152 頁　戰國・秦 ⿰犭壐

獵

	車工・石鼓文・郭集　春秋・秦 君子員（云）獵

獲

	秦印風 164 頁　戰國・秦 嬰獲
	秦印風 191 頁　戰國・秦 任獲
	秦印風 86 頁　戰國・秦 橋獲
	陶錄 6・463・4　戰國・秦 降獲
	二十 13.二-SY-0040　戰國・齊 曹隻（獲）
	璽彙 361.3914　戰國・齊 篠（公孫）隻（獲）
	陶錄 2・263・1　戰國・齊 昜里人隻
	陶錄 2・423・1　戰國・齊 塙閔（間）隻（獲）
	陶錄 2・423・3　戰國・齊 塙閔（間）隻（獲）
	陶錄 2・668・1　戰國・齊 塙閔（間）隻（獲）
	陶錄 2・668・2　戰國・齊 塙閔（間）隻（獲）
	陶錄 2・668・3　戰國・齊 塙閔（間）隻（獲）
	夕藏 II 07-9-1　戰國・齊 塙閔（間）隻
	新齊 1011　戰國・齊 塙閔（間）隻（獲）

獻

	秦印風 151 頁　戰國・秦 獻
	璽彙 291.3088　戰國・三晉 善獻
	侯馬六七：三〇　春秋・三晉 弗執弗獻

	侯馬六七：一　春秋・三晉 [弗執]弗獻
	侯馬六七：一六　春秋・三晉 弗[執]弗獻
	侯馬六七：一一　春秋・三晉 ……獻
	繹山刻石・秦銘刻選　秦代 既獻泰成
	侯馬六七：四五　春秋・三晉 ……鬳犬（獻）

獟

	璽彙 125.1095　戰國・三晉 □獟

狂

	顧印 125.3　戰國・三晉 肖（趙）狂
	璽彙 103.0827　戰國・三晉 長狂
	璽彙 103.0829　戰國・三晉 長狂
	璽彙 118.1013　戰國・三晉 肖（趙）狂
	璽彙 185.1817　戰國・三晉 事（史）狂
	侯馬一五二：二　春秋・三晉 敢又（有）志復趙狂及孫=（子孫）
	侯馬一九四：四　春秋・三晉 瘥（狂）夫敢不閛（披）丌（其）復（腹）心㠯（以）事丌（其）宔（主）

類

	秦印風 228 頁　戰國・秦 秦類
	秦印風 94 頁　戰國・齊 胡類

狄

	港續 65.98　戰國・待考 支狄
	璽類 331.13　戰國・待考 狄光
	篆彙 470.11　戰國・待考 狄坪

猶

	港續 60.87　戰國・三晉 兼猶
	璽彙 124.1089　戰國・三晉 侯猶
	璽彙 186.1827　戰國・三晉 事（史）猶
	璽彙 200.1993　戰國・三晉 鄆（董）猶
	璽彙 296.3143　戰國・三晉 屋猶
	侯馬七九：七　春秋・三晉 史猶及[其]孫=（子孫）
	侯馬三：一七　春秋・三晉 史猶及丌（其）孫=（子孫）
	作原・石鼓文・郭集　春秋・秦 □□□猶

狐

	秦印風 198 頁　戰國・秦 令狐寅
	璽彙 367.3986　戰國・三晉 命（令）狐⿰它人=（它人）
	璽彙 367.3987　戰國・三晉 命（令）狐買
	珍戰 33　戰國・三晉 命（令）狐瘁

狷

	新出研 WT4　K6：211　春秋・三晉 群則（賊）夫所不狷者

⿰犭女*

	璽彙 244.2525　戰國・三晉 ⿰犭女粥

⿰犭戈*

	璽彙 100.0799　戰國・三晉 長⿰犭戈

㹠*

	港印 70　戰國・三晉 肖（趙）㹠
	陶錄 5・45・1　戰國・三晉、兩周 㹠
	陶錄 5・45・2　戰國・三晉、兩周 㹠
	陶錄 5・49・6　戰國・三晉、兩周 㲋匋（陶）㹠

狚*

	璽彙 171.1645　戰國・三晉 左狚
	璽彙 230.2358　戰國・三晉 韓狚

⿰犭西*

	璽彙 204.2048　戰國・三晉 邘（于）⿰犭西

⿰犭匠*

	秦印風 153 頁　戰國・秦 ⿰犭匠
	秦印風 69 頁　戰國・秦 楊⿰犭匠

狺*

	璽彙 271.2846　戰國・三晉 馬狺
	璽彙 289.3068　戰國・三晉 比狺

⿰犭孚*

	侯馬一五六：一九　春秋・三晉 比𣪘（鑿）、比⿰犭孚（孚）及丌（其）孫=（子孫）

⿰犭寽*

	集釋 248.20　戰國・三晉 穌（蘇）⿰犭寽
	璽考 249.8　戰國・三晉 長⿰犭寽

	璽類 333.13　戰國・三晉 夏⿰犭昜

⿰犭炎*

	印展 29　戰國・三晉 陳⿰犭炎

猜*

	訒存 67.4　戰國・燕 韓猜
	璽彙 173.1675　戰國・燕 昜（陽）猜

猨*

	新齊 0668　戰國・齊 楚章巷鬭（關）里猨
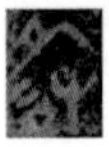	新齊 0669　戰國・齊 楚章巷鬭（關）里猨

⿰犭前*

	陶錄 5・20・1　戰國・三晉、兩周 文是⿰犭前
	陶錄 5・20・2　戰國・三晉、兩周 文是⿰犭前

⿰犭昜*

	港印 15　戰國・三晉 笵（范）⿰犭昜
	璽彙 78.0531　戰國・三晉 王⿰犭昜
	璽彙 118.1014　戰國・三晉 肖（趙）⿰犭昜
	璽彙 210.2113　戰國・三晉 郔（邢）⿰犭昜
	璽彙 210.2114　戰國・三晉 邙⿰犭昜
	璽彙 243.2510　戰國・燕 ⿰犭昜□
	璽彙 366.3974　戰國・三晉 ⿱穴同（空桐）⿰犭昜
	璽考 226.2　戰國・三晉 肖（趙）⿰犭昜
	玉存 9.47　戰國・待考 ⿰犭昜□

獏*

	璽彙 143.1309　戰國・三晉 成獏
	璽彙 273.2872　戰國・三晉 孱獏
	璽考 223.4　戰國・三晉 肖（趙）獏

⿰犭翏*

	璽彙 498.5524　戰國・待考 ⿰犭翏

魌*

	侯馬八五：一八　春秋・三晉 史魌（醜）及丌（其）子[孫]
	侯馬九二：八　春秋・三晉 史魌(醜)及丌(其)子孫于晉邦之[地]

炏

	陶錄 2・24・1　戰國・齊 ……炏……左里段

鼠

	風過耳 274　戰國・秦 莿<薊>鼠

能

	秦印風 74 頁　戰國・秦 能故
	璽類 335.5　戰國・待考 □能之鉨（璽）
	秦駰玉版研究　戰國・秦 能自复如故
	繹山刻石・秦銘刻選　秦代 莫能禁止

熊

	風過耳 159　戰國・秦 楊熊
	秋淵・詛楚文・郭集　戰國・秦 今楚王熊相康回無道
	巫咸・詛楚文・郭集　戰國・秦 敢數楚王熊相之倍盟犯詛
	亞駝・詛楚文・郭集　戰國・秦 敢數楚王熊相之倍盟犯詛

火

	貨系 3393　戰國・燕 左火
	璽彙 314.3364　戰國・三晉 火□

焌

	璽彙 240.2480　戰國・三晉 穌（蘇）⿱⿰⿺⿸⿹
	璽彙 262.2742　戰國・三晉 盇⿱⿰（焌）
	璽考 323.5　戰國・三晉 多□⿱⿰（焌）

烈

	會稽刻石・秦銘刻選　秦代 皇帝休烈
	會稽刻石・秦銘刻選　秦代 從臣誦烈

烝

	秦駰玉版研究　戰國・秦 蜸=（蜸蜸）烝民之事明神

焛

	貨系 2393　戰國・趙 焛（藺）/卅
	貨系 2395　戰國・趙 焛（藺）/卅二
	貨系 2401　戰國・趙 焛（藺）/卅七
	貨系 2404　戰國・趙 焛（藺）/卌二
	貨系 2407　戰國・趙 焛（藺）/卌六

	貨系 2412　戰國・趙 閔（藺）/五十二
	貨系 2413　戰國・趙 閔（藺）/五十二
	貨系 4005　戰國・趙 閔（藺）
	貨系 4065　戰國・趙 閔（藺）
	三晉 71　戰國・趙 閔（藺）
	三晉 71　戰國・趙 閔（藺）
	古萃 128.6　戰國・三晉 閔（藺）□
	鑒菁 11.20　戰國・三晉 閔（藺）莗
	璽彙 255.2655　戰國・三晉 閔（藺）絹（綰）
	侯馬叢考續　春秋・三晉 閔（藺）重
	侯馬七五：八　春秋・三晉 閔（藺）舍之孫₌（子孫）
	侯馬三：二二　春秋・三晉 閔（藺）伐及丌（其）見之行[道]弗殺者
	侯馬三：二六　春秋・三晉 閔（藺）伐及丌（其）孫₌（子孫）夆（逢）之行道不之殺者
	侯馬探八②：二　春秋・三晉 閔（藺）螽（舍）之孫₌（子孫）
	侯馬一七九：一二　春秋・三晉 閔（藺）舍
	侯馬一五六：二二　春秋・三晉 閔（藺）登（發）……之行道弗殺
	侯馬一五六：二〇　春秋・三晉 閔（藺）登（發）之孫₌（子孫）
	侯馬一五六：二六　春秋・三晉 閔（藺）螽（舍）
	侯馬一五六：一九　春秋・三晉 閔（藺）舍之孫₌（子孫）
	新出研 WT4　K6：315　春秋・三晉 閔（藺）綽

⿱臭火

	車工・石鼓文・郭集　春秋・秦 趚₌（趚趚）⿱臭火₌（臭臭）

熄

	會稽刻石・秦銘刻選　秦代 殄熄暴悖

炊

	秦印風 190 頁　戰國・秦 呂炊

尉

	秦印風 27 頁　戰國・秦 高陵右尉
	秦印風 36 頁　戰國・秦 喪尉
	秦印風 36 頁　戰國・秦 喪尉

⿱焦火

	秦印風 219 頁　戰國・秦 焦嬰

	秦印風 55 頁　戰國・秦 焦得

烖

	陶錄 2・757・1　戰國・齊 楚章巷……灾

煌

	秦墓石磬　春秋・秦 允樂子〈孔〉煌
	秦墓石磬　春秋・秦 ……煌穌盄（淑）

爓

	璽彙 152.1423　戰國・三晉 宋熖（爓）
	璽彙 262.2739　戰國・三晉 盍熖（爓）

光

	虹印 182　戰國・待考 孟光
	秦印風 203 頁　戰國・秦 鞏光
	璽類 331.13　戰國・待考 狄光
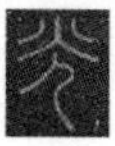	會稽刻石・秦銘刻選　秦代 光陲（垂）休銘
	秦駰玉版研究　戰國・秦 欲事天埅（地）、四亟（極）、三光、山川、神示（祇）、五祀、先祖
	秋淵・詛楚文・郭集　戰國・秦 不畏皇天上帝及大沈厥（厥）湫之光列（烈）威神

炅

	璽彙 199.1978　戰國・三晉 郾（燕）炅

烕

	秋淵・詛楚文・郭集　戰國・秦 伐烕我百姓
	巫咸・詛楚文・郭集　戰國・秦 伐烕我百姓
	亞駝・詛楚文・郭集　戰國・秦 伐烕我百姓

虎*

	璽彙 218.2208　戰國・楚 □虎

臭*

	璽彙 283.2995　戰國・三晉 賈臭

烙*

	秦新 2091　戰國・秦 左烙
	秦新 2105　戰國・秦 左烙
	秦新 861　戰國・秦 宮烙

焜*

	璽彙 302.3218　戰國・三晉 焜瘻

熘*

	繹山刻石・秦銘刻選　秦代 熘（災）害滅除

𤆍*

	秦範卷三 3.6　戰國・三晉 事（史）𤆍

煺*

	璽彙 208.2092　戰國・三晉 郶（巷）煺

焆*

	璽彙 253.2637　戰國・三晉 霝（靈）焆

榦*

	璽彙 374.4065　戰國・三晉 榦（韓）成（城）朝

爐*

	璽彙 165.1571　戰國・楚 絑△

燧*

	秦新 2735　戰國・秦 咸燧里陽
	秦新 2736　戰國・秦 咸燧陽戲

㷆*

	璽彙 330.3561　戰國・齊 㷆佴
	璽彙 339.3665　戰國・齊 㷆佴

炎

	玉萃 28.2　戰國・待考 炎

黑

	秦印風 175 頁　戰國・秦 戴黑
	璽彙 95.0737　戰國・三晉 長黑
	璽彙 363.3934　戰國・齊 臧（臧）孫黑鉨（璽）
	璽彙 366.3967　戰國・三晉 啬（上官）黑
	陶錄 4・14・1　戰國・燕 左匋（陶）君（尹）鑵疋哭鍴左匋（陶）倈湯敀國□□攻黑
	陶錄 4・16・1　戰國・燕 左匋（陶）君（尹）鑵疋哭
	陶錄 4・20・1　戰國・燕 左匋（陶）君（尹）鑵疋
	侯馬九八：二三　春秋・三晉 黑敢[不]……
	溫縣簡報 T1 坎 1：3211　春秋・三晉 黑敢不塈=(蒸蒸)焉中(忠)心事丌(其)宔（主）

黝

	風過耳 138　戰國・秦 王毋黝

點

	璽類 338.8　戰國・楚 罼（畢）點

黭

	秦印風 171 頁　戰國・秦 張黭

黔

	陶録 6・339・1　戰國・秦 諸侯黔首大安
	陶録 6・350・2　戰國・秦 黔首
	陶録 6・353・2　戰國・秦 [諸侯]黔首大安
	陶録 6・354・3　戰國・秦 黔[首]
	陶録 6・356・1　戰國・秦 黔首
	陶録 6・363・2　戰國・秦 諸[侯]黔首大安
	陶録 6・364・1　戰國・秦 黔[首]
	陶録 6・364・2　戰國・秦 黔[首]
	陶録 6・364・3　戰國・秦 諸侯黔首大安
	陶録 6・365・1　戰國・秦 [諸侯]黔首大安
	陶録 6・366・1　戰國・秦 諸侯黔首大安
	陶録 6・379・1　戰國・秦 諸篌（侯）黔首大安
	陶録 6・473・2　戰國・秦 黔[首]
	會稽刻石・秦銘刻選　秦代 黔首脩（修）絜（潔）
	繹山刻石・秦銘刻選　秦代 黔首康定

黕

	秦印風 177 頁　戰國・秦 費黕

黬

	秦印風 106 頁　戰國・秦 □黬
	侯馬一：七六　春秋・三晉 黬敢不閛（披）丌（其）復（腹）[心]

黟

	秦印風 117 頁　戰國・秦 趙黟
	秦印風 170 頁　戰國・秦 符黟

黺*

	陶録 2・176・1　戰國・齊 東蒦圔里公孫黺

	陶錄 2・176・3　戰國・齊 東蒦圆里公孫黝
	陶錄 2・177・3　戰國・齊 東蒦圆里公孫黝
	夕藏 II 05-74-1　戰國・齊 東蒦圆里公孫黝

炙

	璽彙 160.1516　戰國・三晉 孫炙

赤

	貨系 4044　戰國・魏 共屯赤金
	貨系 4045　戰國・魏 共屯赤金
	貨系 4046　戰國・魏 共屯赤金
	三晉 144　戰國・魏 共屯赤金
	風過耳 072　戰國・秦 呂赤
	璽彙 235.2420　戰國・三晉 椁（郭）赤
	璽彙 252.2624　戰國・三晉 □赤

大

	貨系 2532 背　戰國・齊 節（即）𦉜（墨）之夻（大）𠨳（刀）/大行
	貨系 836　戰國・趙 大险（陰）/一
	齊幣 45 背　戰國・齊 節（即）𦉜（墨）之夻（大）𠨳（刀）/大行
	錢典 359　戰國・趙 大阜（陰）/一
	三晉 37　戰國・趙 大险（陰）
	三晉 49　戰國・趙 大险（陰）/十
	鶴廬 4.4　戰國・齊 大司成鉨（璽）
	璽彙 22.0127　戰國・楚 大貨（賨）
	璽彙 313.3350　戰國・三晉 大（太）弔（叔）康
	璽彙 319.3426　戰國・三晉 大成敀
	璽彙 319.3427　戰國・齊 大復慶
	璽彙 416.4560　戰國・三晉 大畐（富）
	璽彙 473.5216　戰國・待考 大
	璽彙 473.5217　戰國・待考 大
	璽彙 509.5590　戰國・楚 大廄（廄）
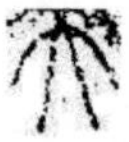	新封泥彙 0170　戰國・秦 大官
	新封泥彙 0176　戰國・秦 大官丞印
	秦新 1268　戰國・秦 大□

	秦新 244　戰國・秦 大遨
	秦新 2977　戰國・秦 大良造
	秦新 570　戰國・秦 大羥
	秦新 800　戰國・秦 大顛
	陶錄 2・703・3　戰國・齊 大中
	陶錄 6・226・1　戰國・秦 大水
	陶錄 6・226・6　戰國・秦 大水
	陶錄 6・228・3　戰國・秦 大水
	陶錄 6・229・1　戰國・秦 大水
	陶錄 6・230・4　戰國・秦 大水
	陶錄 6・231・3　戰國・秦 大水
	陶錄 6・231・6　戰國・秦 大水
	陶錄 6・270・5　戰國・秦 大氏
	陶錄 6・271・2　戰國・秦 大匠
	陶錄 6・271・5　戰國・秦 大匠
	陶錄 6・331・3　戰國・秦 大人

	陶錄 6・357・2　戰國・秦 [諸侯]黔首大安
	陶錄 6・361・2　戰國・秦 大安
	陶錄 6・363・2　戰國・秦 諸[侯]黔首大安
	陶錄 6・364・2　戰國・秦 大[安]
	陶錄 6・366・2　戰國・秦 大安
	陶錄 6・380・2　戰國・秦 斗大半斗
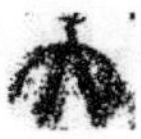	陶錄 6・466・4　戰國・秦 大散
	陶錄 7・12・4　戰國・待考 大司徒□
	車工・石鼓文・郭集　春秋・秦 其來大次
	侯馬六七：三八　春秋・三晉 [嶽]公大冢
	侯馬六七：四八　春秋・三晉 不（丕）[顯岳（嶽）]公大[冢]
	侯馬六七：四六　春秋・三晉 大冢
	侯馬六七：五二　春秋・三晉 不（丕）顯岳[嶽]公大[冢]
	侯馬六七：一六　春秋・三晉 不（丕）顯岳（嶽）公大[冢]
	侯馬六七：一一　春秋・三晉 岳（嶽）公大[冢]
	侯馬叢考續　春秋・三晉 [嶽]公大塚（冢）

	秦駰玉版研究　戰國・秦 吉叉（瑤）以告於嶂（華）大山
	秦駰玉版研究　戰國・秦 而复（覆）華大山之陰陽
	秋淵・詛楚文・郭集　戰國・秦 親印大沈氒（厥）湫而質焉
	秋淵・詛楚文・郭集　戰國・秦 亦應（膺）受皇天上帝及大沈氒（厥）湫之幾靈德賜
	泰山刻石・秦銘刻選　秦代 大義著明
	溫縣簡報 T1 坎 1：137　春秋・三晉 不（丕）㬎（顯）岳（嶽）公大塚（冢）
	溫縣簡報 T1 坎 1：1845　春秋・三晉 不（丕）㬎（顯）岳（嶽）公大塚（冢）
	溫縣簡報 T1 坎 1：2279　春秋・三晉 不（丕）㬎（顯）岳（嶽）公大塚（冢）
	溫縣簡報 T1 坎 1：3216　春秋・三晉 不（丕）㬎（顯）岳（嶽）公大塚（冢）
	溫縣簡報 T1 坎 1：3780　春秋・三晉 不（丕）㬎（顯）岳（嶽）公大塚（冢）
	溫縣簡報 T1 坎 1：3863　春秋・三晉 不（丕）㬎（顯）岳（嶽）公大塚（冢）
	溫縣簡報 T1 坎 1：4499　春秋・三晉 不（丕）顯岳（嶽）公大塚（冢），啻（諦）亟（殛）視（視）女（汝）
	溫縣簡報 T1 坎 1：4585　春秋・三晉 不（丕）㬎（顯）岳（嶽）公大塚（冢）
	吳人・石鼓文・郭集　春秋・秦 □□大祝
	吳人・石鼓文・郭集　春秋・秦 大□
	新出研 WT1　K1：3417　春秋・三晉 不（丕）㬎（顯）岳（嶽）公大塚（冢）

	亞駝・詛楚文・郭集　戰國・秦 以盟大神之威神
	貨系 2604　戰國・齊 齊厺（大）𠩵（刀）/上
	齊幣 107　戰國・齊 安昜（陽）之厺（大）𠩵（刀）/卜
	齊幣 11 背　戰國・齊 齊之厺（大）𠩵（刀）/厺（大）昌
	齊幣 121　戰國・齊 齊厺（大）𠩵（刀）/昌
	齊幣 138　戰國・齊 齊厺（大）𠩵（刀）/𠩵（刀）
	齊幣 19　戰國・齊 齊之厺（大）𠩵（刀）/𠩵（刀）
	齊幣 22　戰國・齊 齊之厺（大）𠩵（刀）/上
	齊幣 23　戰國・齊 齊之厺（大）𠩵（刀）/上
	齊幣 57　戰國・齊 節（即）䁃（墨）之厺（大）𠩵（刀）/上
	齊幣 58　戰國・齊 節（即）䁃（墨）之厺（大）𠩵（刀）/上
	二十 113. 二-SP-0493　戰國・齊 繇巷厺（大）匋里良
	陶錄 2・101・1　戰國・齊 繇[巷]厺（大）匋（陶）里逌（棄）疾
	陶錄 2・102・2　戰國・齊 繇巷厺（大）匋（陶）里□
	陶錄 2・113・4　戰國・齊 繇巷厺（大）匋（陶）里奠
	陶錄 2・117・4　戰國・齊 繇巷厺（大）匋（陶）里悍

	陶錄 2・133・1　戰國・齊 夻（大）匋（陶）里迓
	陶錄 2・133・3　戰國・齊 夻（大）匋（陶）里迓
	陶錄 2・134・1　戰國・齊 夻（大）匋（陶）里迓
	陶錄 2・141・2　戰國・齊 夻（大）蒦圆里匋（陶）者繆
	陶錄 2・141・4　戰國・齊 夻（大）蒦圆里匋（陶）者繆
	陶錄 2・29・3　戰國・齊 夻（大）市
	陶錄 2・90・3　戰國・齊 繇巷夻（大）匋（陶）里癸
	陶錄 2・92・1　戰國・齊 繇巷夻（大）匋（陶）里牙
	陶錄 2・93・1　戰國・齊 繇巷夻（大）匋（陶）里犲
	陶錄 2・94・1　戰國・齊 繇巷夻（大）匋（陶）里安
	陶錄 2・95・1　戰國・齊 繇巷夻（大）匋（陶）里犬
	陶錄 2・96・3　戰國・齊 繇巷夻（大）匋（陶）里岳
	陶錄 2・98・1　戰國・齊 繇巷夻（大）匋（陶）里□
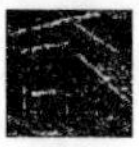	陶錄 5・76・3　戰國・三晉、兩周 夻（大）
	新齊 0884　戰國・齊 夻（大）蒦圆里圆者戠（捷）

奄

	陶錄 6・34・4　戰國・秦 咸原少奄

夸

	風過耳 154　戰國・秦 楊夸
	集釋 85.37　戰國・燕 王夸
	秦印風 154 頁　戰國・秦 臣夸
	秦印風 63 頁　戰國・秦 杜夸
	秦新 1572　戰國・秦 咸郿里夸
	秦新 1830　戰國・秦 咸郿小夸
	陶錄 6・14・1　戰國・秦 咸郿里夸
	陶錄 6・14・2　戰國・秦 咸郿里夸

夷

	秦印風 27 頁　戰國・秦 長夷涇橋
	侯馬一五六：六　春秋・三晉 麻（摩）夷非（彼）[氏]

戴*

	而師・石鼓文・郭集　春秋・秦 滔₌（滔滔）是戴（熾）

亦

	集釋 94.11　戰國·燕 易（陽）亦
	秦新 317　戰國·秦 亦
	秦駰玉版研究　戰國·秦 余亦弗智（知）
	秋淵·詛楚文·郭集　戰國·秦 亦應（膺）受皇天上帝及大沈氒（厥）湫之幾靈德賜
	巫咸·詛楚文·郭集　戰國·秦 亦應（膺）受皇天上帝及不（丕）顯大神巫咸[之]幾靈德賜

夾

	陶錄 6·399·3　戰國·秦 夾（陜）亭

吳

	風過耳 144　戰國·秦 吳痤
	風過耳 145　戰國·秦 吳朔
	鶴廬 99.5　戰國·待考 吳忩
	璽彙 131.1165　戰國·三晉 吳脽
	璽彙 131.1172　戰國·三晉 吳疳
	璽彙 132.1182　戰國·三晉 吳迲（去）疾
	璽彙 132.1183　戰國·楚 吳昜（陽）
	新封泥彙 2348　戰國·秦 吳耳
	印戰 12.5　戰國·燕 鄒（易）都吳（虞）
	陶錄 5·31·3　戰國·三晉、兩周 左吳（虞）
	侯馬一：五七　春秋·三晉 吳明者
	侯馬一：五七　春秋·三晉 吳（吾）君丌（其）明亟（殛）眂（視）之
	吳人·石鼓文·郭集　春秋·秦 吳人憐□

夭

	璽彙 110.0911　戰國·三晉 肖（趙）夭
	璽彙 197.1965　戰國·三晉 郾（燕）夭
	璽彙 350.3774　戰國·三晉 𤔲（司馬）夭
	璽彙 511.5621　戰國·三晉 事（史）夭

喬

	古萃 170.7　戰國·待考 喬痞
	璽彙 28.0163　戰國·楚 喬戒之鉩（璽）
	璽彙 136.1225　戰國·燕 喬兵
	璽彙 136.1226　戰國·燕 喬安

	璽彙 136.1228　戰國・燕 喬寏
	璽彙 136.1230　戰國・燕 喬㡀
	璽彙 136.1231　戰國・燕 喬受
	璽彙 136.1233　戰國・燕 喬□
	璽彙 137.1240　戰國・燕 喬□
	璽彙 137.1244　戰國・燕 喬頊（頙）
	璽彙 509.5591　戰國・燕 喬公
	璽彙 513.5635　戰國・三晉 喬肝
	璽類 342.7　戰國・待考 喬疠
	珍戰 99　戰國・三晉 喬□
	陶錄 6・451・6　戰國・秦 喬里
	侯馬三：二〇　春秋・三晉 趙喬及丌（其）孫=（子孫）
	侯馬一五六：二二　春秋・三晉 肖（趙）喬及孫=（子孫）
	侯馬一五六：二〇　春秋・三晉 趙喬及丌（其）孫=（子孫）
	侯馬一五六：二四　春秋・三晉 趙喬及丌（其）孫=（子孫）
	溫縣簡報 T1 坎 1：3802　春秋・三晉 喬敢不憖（燕）焉中（忠）心事丌（其）宔（主）

奔

	璽彙 341.3693　戰國・齊 廛奔隹鉨（璽）
	霝雨・石鼓文・郭集　春秋・秦 其奔其敿（敔）

交

	風過耳 249　戰國・秦 㾗交
	風過耳 331　戰國・秦 交仁
	集釋 146.2　戰國・楚 金交
	璽彙 89.0669　戰國・三晉 長交
	璽類 343.6　戰國・待考 交□

壺

	秦印風 147 頁　戰國・秦 壺辰
	秦印風 149 頁　戰國・秦 壺□

壹

	秦印風 241 頁　戰國・秦 壹心慎事
	秦印風 245 頁　戰國・秦 中壹
	陶錄 6・365・2　戰國・秦 [不]壹歉疑者

昊

	璽彙 114.0965　戰國・三晉 肖（趙）昊
	秦新 2052　戰國・秦 昊
	秦新 2053　戰國・秦 昊

奕

	秦印風 159 頁　戰國・秦 夫₌（大夫）奕私印

巽

	吉璽 10.54　戰國・三晉 巽買
	西泠 7.1　戰國・待考 巽迢
	璽彙 311.3323　戰國・三晉 巽迢
	璽彙 327.3524　戰國・待考 巽□
	璽類 55.10　戰國・待考 巽迢

夫

	秦印風 213 頁　戰國・秦 毋苦夫
	璽彙 19.0110　戰國・三晉 左邑余（餘）子嗇夫
	璽彙 123.1068　戰國・趙 肖（趙）賹夫句（后）
	璽彙 345.3733　戰國・齊 □夫立鈢（璽）
	篆彙 238.15　戰國・齊 闢（闢）城君夫人訐（信）鈢（璽）
	秦新 1834　戰國・秦 咸郚里夫
	侯馬一九四：四　春秋・三晉 痓（狂）夫敢不閛（披）丌（其）復（腹）心㠯（以）事丌（其）宔（主）
	會稽刻石・秦銘刻選　秦代 夫爲寄豭
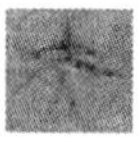	新出研 WT4　K5：12　春秋・三晉 嗇夫

立

	貨系 2656 背　戰國・齊 齊夻（大）朊（刀）/立
	貨系 3689　戰國・燕 右立
	貨系 509　戰國・周王畿 立
	齊幣 161 背　戰國・齊 齊夻（大）朊（刀）/立
	齊幣 162 背　戰國・齊 齊夻（大）朊（刀）/立
	錢典 225　戰國・三晉 立
	璽彙 49.0289　戰國・齊 墜（陳）窦立（莅）事歲安邑京釜（釜）
	璽彙 154.1438　戰國・三晉 富貣立
	璽彙 392.4278　戰國・待考 宜立（位）

	先印 51.6　戰國・齊 齊立邦鉩（璽）
	陶録 2・12・3　戰國・齊 ……□立……釜（釜）
	陶録 2・2・1　戰國・齊 陳（陳）逨（來）立□……
	陶録 2・22・1　戰國・齊 □立……釜（釜）
	陶録 6・339・1　戰國・秦 立號爲[皇帝]
	陶録 6・353・2　戰國・秦 立[號]
	陶録 6・357・3　戰國・秦 立號爲皇[帝]
	陶録 6・358・4　戰國・秦 立[號]
	陶録 6・359・1　戰國・秦 立[號]爲[皇]帝
	陶録 6・361・2　戰國・秦 立號爲[皇帝]
	陶録 6・364・2　戰國・秦 立[號]
	陶録 6・365・1　戰國・秦 立號
	陶録 6・366・2　戰國・秦 立[號]
	夕藏　Ⅰ　03-5-1　戰國・齊 □立□
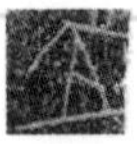	夕藏　Ⅰ　03-6-1　戰國・齊 立
	新齊 0081　戰國・齊 誾閞（間）陳（陳）旻（得）立繮

	新齊 0151　戰國・齊 陳（陳）戢立事僕
	新齊 0205　戰國・齊 陳（陳）朌立事丁
	新齊 0224　戰國・齊 陳（陳）朌立事□
	新泰齊陶 2002XYY⑤W：106　戰國・齊 陳（陳）戢立事僕
	新泰齊陶 2002XYY⑤W：108　戰國・齊 陳（陳）□立事□
	新泰齊陶 2002XYY⑤W：128　戰國・齊 陳（陳）ㄐ立□□
	新泰齊陶 2002XYY⑤W：129　戰國・齊 陳（陳）朌立□僕
	新泰齊陶 2002XYY⑤W：35　戰國・齊 誾閞陳（陳）旻（得）立繮
	新泰齊陶 2002XYY⑤W：38　戰國・齊 □閞（間）陳（陳）旻（得）立僕
	新泰齊陶 HBCS：13　戰國・齊 □□立事□
	新泰齊陶 HBCS：26　戰國・齊 陳（陳）朌立事丁
	新泰齊陶 HBCS：36　戰國・齊 □□立事□
	新泰齊陶 HBCS：43　戰國・齊 陳（陳）□立事□
	新泰齊陶 HBCS：44　戰國・齊 陳（陳）□立事□
	新泰齊陶 HBCS：98　戰國・齊 陳（陳）朌立□□
	新泰齊陶 LFL：9　戰國・齊 陳（陳）戢立事歲

	璽彙 99.0782 戰國・三晉 長迿
	璽彙 99.0784 戰國・三晉 長迿
	璽彙 183.1795 戰國・三晉 事（史）迿
	璽彙 197.1964 戰國・三晉 郾（燕）迿
	璽彙 230.2359 戰國・三晉 倝（韓）迿
	璽彙 285.3018 戰國・三晉 賈迿
	璽彙 285.3019 戰國・三晉 賈迿
	璽考 222.7 戰國・三晉 肖（趙）迿

⿺辶关*

	璽彙 131.1163 戰國・三晉 石⿺辶关

⿺辶色*

	璽彙 157.1482 戰國・三晉 畋⿺辶色

逹*

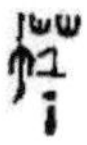	港續 76.119 戰國・三晉 芔壘逹

堂*

	貨系 4176 戰國・楚 橈比堂（當）忻/七展
	貨系 4178 戰國・楚 橈比堂（當）忻/七展
	貨系 4179 戰國・楚 橈比堂（當）忻/七展
	錢典 249 戰國・楚 橈比堂（當）忻/七展
	錢典 250 戰國・楚 橈比堂（當）忻/七展
	陝新 88.566 戰國・待考 堂
	璽彙 490.5421 戰國・待考 堂
	璽彙 490.5422 戰國・待考 堂
	璽考 125.7 戰國・三晉 堂（掌）旗
	璽通 194.455 戰國・趙 上堂（黨）逿（遽）司馬

⿺辶立*

	湖集 4 戰國・燕 ⿺辶立都左司徒鉨（璽）
	陝新 1.001 戰國・燕 ⿺辶立都左司馬段
	璽彙 9.0050 戰國・燕 ⿺辶立都左司馬
	璽彙 32.0186 戰國・燕 ⿺辶立都叟（遽）𩢲（馹）
	璽彙 50.0292 戰國・燕 ⿺辶立都市鉦

	繹山刻石・秦銘刻選　秦代 咸思攸長

慮

	璽彙 334.3606　戰國・三晉 慮臣
	璽彙 301.3212　戰國・三晉 邑（慮）之

心

	貨系 427　戰國・周王畿 心
	二十 57.二-SP-0015　戰國・燕 右宮巨心
	秦印風 241 頁　戰國・秦 壹心慎事
	璽彙 411.4499　戰國・三晉 同心
	璽彙 411.4500　戰國・三晉 同心
	陶錄 2・405・1　戰國・齊 丘齊辛里邾（朱）大心
	新齊 0577　戰國・齊 丘齊辛里邾（朱）大心
	侯馬二〇〇：三六　春秋・三晉 敢不半（披）丌（其）復（腹）心台（以）事丌（其）宔（主）
	侯馬二〇〇：三三　春秋・三晉 敢[不披其]腹心□事丌（其）宔（主）
	侯馬二〇〇：四二　春秋・三晉 敢不半（披）丌（其）腹心台（以）事[其]宔（主）
	侯馬二〇〇：五三　春秋・三晉 敢不半（披）丌（其）復（腹）心
	侯馬二〇〇：一七　春秋・三晉 敢不半（披）丌（其）[腹]心㠯（以）事丌（其）宔（主）
	侯馬二〇〇：一三　春秋・三晉 敢不[披]丌（其）復（腹）心㠯（以）事丌（其）宔（主）
	侯馬九八：一〇　春秋・三晉 同敢不閛（披）其腹心㠯（以）[事其主]
	侯馬九二：一四　春秋・三晉 敢不[披]丌（其）[腹]心
	侯馬三：三　春秋・三晉 秋敢不閛（披）丌（其）腹心㠯（以）事丌（其）宔（主）
	侯馬三：一　春秋・三晉 敿敢不閛（披）丌（其）復（腹）心㠯（以）事丌（其）宔（主）
	侯馬三五：一一　春秋・三晉 復（腹）心
	侯馬五〇：一　春秋・三晉 閛（披）丌（其）腹心㠯（以）事丌（其）宔（主）
	侯馬一：二　春秋・三晉 敢不半（披）丌（其）復（腹）心㠯（以）事其[主]
	侯馬一：九六　春秋・三晉 午敢不閛（披）丌（其）復（腹）心台（以）事丌（其）宔（主）
	侯馬一：三八　春秋・三晉 政敢不半（披）[其腹]心㠯（以）事丌（其）宔（主）
	侯馬一：三〇　春秋・三晉 敢不閛（披）其復（腹）心㠯（以）事其[主]
	侯馬一：一三　春秋・三晉 敢不半（披）其[腹]心㠯（以）事[其]宔（主）
	侯馬一九八：一二　春秋・三晉 安敢不閛（披）丌（其）腹心
	侯馬一九五：一　春秋・三晉 敢不閛（披）丌（其）复（腹）心台（以）事丌（其）宔（主）
	侯馬一六：三〇　春秋・三晉 敢不閛（披）丌（其）膓（腹）心㠯（以）事丌（其）宔（主）

	侯馬一六：一六　春秋・三晉 產敢不閛（披）亓（其）[腹]心目（以）[事]亓（其）宔（主）
	侯馬一五六：二　春秋・三晉 逆敢不閛（披）其復（腹）心台（以）事其宔（主）
	秦駰玉版研究　戰國・秦 已吾复（腹）心以下至于足□之病
	秋淵・詛楚文・郭集　戰國・秦 是繆（戮）力同心
	秋淵・詛楚文・郭集　戰國・秦 外之則冒改厥（厥）心
	溫縣簡報 T1 坎 1：3216　春秋・三晉 午敢不悊₌(蒸蒸)焉中(忠)心事亓(其)宔（主）
	溫縣簡報 T1 坎 1：3780　春秋・三晉 敢不忎₌（蒸蒸）焉中（忠）心事亓（其）宔（主）
	溫縣簡報 T1 坎 1：3797　春秋・三晉 興敢不懯₌(蒸蒸)焉中(忠)心事亓(其)宔（主）
	溫縣簡報 T1 坎 1：3863　春秋・三晉 痦敢不懯₌(蒸蒸)焉中(忠)心事亓(其)[主]
	溫縣簡報 T1 坎 1：4585　春秋・三晉 悊₌（蒸蒸）焉中（忠）心事其宔（主）
	巫咸・詛楚文・郭集　戰國・秦 是繆（戮）力同心
	巫咸・詛楚文・郭集　戰國・秦 外之則冒改厥（厥）心
	新出研 WT1　K14：1367　春秋・三晉 [披其腹]心事亓（其）宔（主）
	亞駝・詛楚文・郭集　戰國・秦 外之則冒改厥（厥）心

息

	璽彙 91.0685　戰國・三晉 長息
	璽彙 130.1151　戰國・三晉 石息
	璽彙 179.1740　戰國・三晉 事（史）息
	珍戰 71　戰國・三晉 鄆（董）息
	侯馬三：一二　春秋・三晉 息敢不閛（披）亓（其）腹心目（以）[事其主]

情

	秦印風 199 頁　戰國・秦 徐情
	會稽刻石・秦銘刻選　秦代 靡有隱情
	秦駰玉版研究　戰國・秦 使明神智（知）吾情

志

	風過耳 194　戰國・秦 張志
	港印 28　戰國・三晉 王志
	秦印風 244 頁　戰國・秦 高志
	璽彙 115.0972　戰國・三晉 肖（趙）志
	璽彙 397.4332　戰國・三晉 旻（得）志
	璽彙 397.4334　戰國・三晉 旻（得）志
	璽彙 412.4517　戰國・楚 呈（逞）志

	璽彙 412.4519　戰國・楚 呈（逞）志
	璽彙 439.4843　戰國・楚 君子又（有）志
	璽彙 515.5670　戰國・楚 志□
	新璽 55　戰國・待考 旻（得）志
	玉存 9.46　戰國・待考 呈（逞）志
	秦新 2760　戰國・秦 □□利志
	侯馬二〇〇：二九　春秋・三晉 而敢又（有）志
	侯馬二〇〇：六六　春秋・三晉 而敢又（有）志復趙尼及丌（其）孫=（子孫）于晉邦[之地]者
	侯馬二〇〇：四二　春秋・三晉 敢又（有）志[復]趙□及丌（其）子孫于晉邦之墜（地）[者]
	侯馬三：一　春秋・三晉 而敢又（有）志復趙尼
	侯馬三：一七　春秋・三晉 敢又（有）志復趙尼及丌（其）子孫
	侯馬一：一七　春秋・三晉 而敢又（有）志復趙尼及丌（其）子孫于晉邦之[地]者
	侯馬一：一三　春秋・三晉 而敢又（有）志
	侯馬一：一四　春秋・三晉 又（有）志復趙尼及丌（其）子孫于晉邦之墜（地）者
	侯馬一五六：一　春秋・三晉 而敢又（有）志復趙尼及丌（其）孫=（子孫）

意

	秦印風 232 頁　戰國・秦 牛如意

悳

	侯馬九八：二　春秋・三晉 [比]悳（德）
	侯馬九八：六　春秋・三晉 比悳（德）及丌（其）子孫
	侯馬三：二　春秋・三晉 比悳（德）及丌（其）孫=（子孫）
	侯馬一九八：九　春秋・三晉 比悳（德）
	侯馬一九八：一九　春秋・三晉 [比]悳（德）及丌（其）孫=（子孫）
	侯馬一九五：一　春秋・三晉 比悳（德）及丌（其）孫=（子孫）
	侯馬一六：二九　春秋・三晉 [比]悳（德）及[其]子孫
	侯馬一六：三〇　春秋・三晉 比悳（德）及丌（其）子孫
	侯馬一六：三七　春秋・三晉 比悳（德）及孫=（子孫）
	侯馬一五六：四　春秋・三晉 比悳（德）及丌（其）子孫
	侯馬一五六：一五　春秋・三晉 比悳（德）及丌（其）[子孫]

應

	秦印風 148 頁　戰國・秦 應駐

	秋淵・詛楚文・郭集　戰國・秦 亦應（膺）受皇天上帝及大沈氒（厥）湫之幾靈德賜
	巫咸・詛楚文・郭集　戰國・秦 亦應（膺）受皇天上帝及不（丕）顯大神巫咸[之]幾靈德賜
	亞駝・詛楚文・郭集　戰國・秦 亦應（膺）受皇天上帝及不（丕）顯大神亞駝之幾靈德賜

慎

	風過耳 338　戰國・秦 慎
	秦印風 241 頁　戰國・秦 壹心慎事
	秦印風 252 頁　戰國・秦 慎原恭敬
	璽彙 253. 2634　戰國・三晉 行𠯑（慎）
	泰山刻石・秦銘刻選　秦代 慎[遵職事]
	璽彙 115. 0973　戰國・三晉 肖（趙）㤈（慎）
	璽彙 201. 2011　戰國・三晉 鄆（董）㤈（慎）
	璽彙 227. 2321　戰國・燕 硷㤈（慎）
	珍戰 95　戰國・三晉 涅㤈（慎）
	璽彙 396. 4322　戰國・三晉 㤠（慎）尔（璽）
	璽彙 449. 4928　戰國・三晉 㤠（慎）
	璽彙 449. 4937　戰國・三晉 㤠（慎）
	璽彙 450. 4942　戰國・三晉 㤠（慎）
	璽彙 451. 4957　戰國・三晉 㤠（慎）
	璽彙 451. 4960　戰國・待考 㤠（慎）
	璽彙 451. 4962　戰國・待考 㤠（慎）
	新璽 84　戰國・待考 㤠（慎）
	陶錄 5・16・3　戰國・三晉、兩周 㤠（慎）
	侯馬六七：二一　春秋・三晉 敢不逵（率）從此明（盟）㤠（質）之言
	侯馬六七：一三　春秋・三晉 敢不逵（率）從明（盟）㤠（質）之言
	侯馬一八五：三　春秋・三晉 既㤠（質）之後

忠

	風過耳 349　戰國・秦 忠仁思士
	鶴廬 26. 3　戰國・楚 忠訐（信）
	璽彙 148. 1370　戰國・三晉 樂忠
	璽彙 322. 3463　戰國・燕 忠身（信）
	璽彙 411. 4504　戰國・楚 忠信
	璽類 316. 11　戰國・三晉 長忠

快

	風過耳 277　戰國・秦 豢快
	風過耳 286　戰國・秦 騏快
	秦印風 105 頁　戰國・秦 橋快
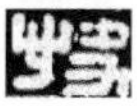	秦印風 62 頁　戰國・秦 李快印

念

	秦印風 242 頁　戰國・秦 相念
	繹山刻石・秦銘刻選　秦代 追念亂世

憲

	秦印風 93 頁　戰國・秦 憲倚
	陶錄 5・7・1　戰國・三晉、兩周 呂憲
	陶錄 5・7・2　戰國・三晉、兩周 呂憲

懃

	二十 16. 二-SY-0067　戰國・楚 宋懃
	秦駰玉版研究　戰國・秦 永懃（歎）憂盩

愿

	風過耳 305　戰國・秦 宗愿
	璽彙 515. 5660　戰國・秦 敬愿

慧

	風過耳 104　戰國・秦 蘇慧
	秦印風 44 頁　戰國・秦 張慧
	璽彙 93. 0715　戰國・三晉 長𢡱（慧）
	璽彙 180. 1753　戰國・三晉 事（史）𢡱（慧）
	珍戰 84　戰國・三晉 𠦪（韓）𢡱（慧）

恢

	風過耳 056　戰國・秦 李恢
	風過耳 270　戰國・秦 恆恢

怡

	鶴盧 71. 6　戰國・三晉 猛（猛）怠（怡）
	璽彙 66. 0384　戰國・三晉 王怠（怡）
	璽彙 115. 0977　戰國・三晉 肖（趙）怠（怡）

	陶錄 2・105・1　戰國・齊 繇巷大匋（陶）里怡
	夕藏 Ⅱ 04-1-2　戰國・齊 楚𩁹巷蔵（苴）里恞（怡）
	夕藏 Ⅱ 04-1-4　戰國・齊 楚𩁹巷蔵（苴）里恞（怡）
	夕藏 Ⅱ 04-1-5　戰國・齊 楚𩁹巷蔵（苴）里恞（怡）
	夕藏 Ⅱ 04-1-6　戰國・齊 楚𩁹巷蔵（苴）里恞（怡）
	夕藏 Ⅱ 04-1-7　戰國・齊 楚𩁹巷蔵（苴）里恞（怡）
	夕藏 Ⅱ 04-1-9　戰國・齊 楚𩁹巷蔵（苴）里恞（怡）

應

	秦印風 220 頁　戰國・秦 任應

慶

	風過耳 213　戰國・秦 夫=（大夫）慶
	港續 58.83　戰國・待考 慶臣
	鶴廬 67.4　戰國・待考 畀慶坏（璽）
 	集釋 152.1　戰國・楚 五慶
	秦印風 121 頁　戰國・秦 慶
	秦印風 212 頁　戰國・秦 淳于慶忌
	盛世 172　戰國・待考 杜慶
	璽彙 40.0236　戰國・齊 瘦（瘻）慶訐（信）鉩（璽）
	璽彙 115.0979　戰國・三晉 肖（趙）慶
	璽彙 174.1685　戰國・三晉 奇慶
	璽彙 229.2340　戰國・三晉 韓慶
	璽彙 229.2341　戰國・三晉 韓慶
	璽彙 290.3070　戰國・三晉 慶沽
	璽彙 319.3427　戰國・齊 大復慶
	璽考 224.8　戰國・三晉 肖（趙）慶
	印展 26　戰國・三晉 椁（郭）慶
	玉存 18.103　戰國・三晉 郘（呂）慶
	珍戰 73　戰國・三晉 �（董）慶
	秦新 139　戰國・秦 咸陽慶
	秦新 140　戰國・秦 慶
	陶錄 2・243・2　戰國・齊 蒦圆匋（陶）里人慶
	陶錄 6・142・4　戰國・秦 咸慶

	陶錄6·296·2　戰國·秦 東武居貲上造慶忌
	陶錄6·441·2　戰國·秦 慶宦

愻

	璽彙100.0801　戰國·三晉 長愻（孫）

恂

	陝新86.545　戰國·三晉 長恖（恂）
	璽彙273.2873　戰國·三晉 屏恖（恂）

懼

	玉萃26.1　戰國·楚 丘愳（懼）
	二十94.二-SP-0323　戰國·齊 蒦圆匋里人㥓（懼）
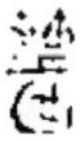	璽彙268.2813　戰國·燕 韓（南郭）㥓（懼）
	璽彙318.3413　戰國·燕 浗馬㥓（懼）
	陶錄2·218·4　戰國·齊 蒦圆匋（陶）里人㥓（懼）

怙

	夕藏 II 07-4-1　戰國·齊 塙閭椇里曰怙
	陶錄2·197·1　戰國·齊 蒦圆匋（陶）里人怘（怙）
	陶錄2·197·2　戰國·齊 蒦圆匋（陶）里人怘（怙）
	陶錄2·197·3　戰國·齊 蒦圆匋（陶）里人怘（怙）
	陶錄2·309·1　戰國·齊 左南臺巷辛匋（陶）里怘（怙）
	陶錄2·68·1　戰國·齊 蒦圆南里人怘（怙）
	陶錄2·68·2　戰國·齊 蒦圆南里人怘（怙）
	陶錄2·69·1　戰國·齊 蒦圆南里人怘（怙）
	陶錄2·69·2　戰國·齊 蒦圆南里人怘（怙）
	陶錄2·69·3　戰國·齊 蒦圆南里人怘（怙）
	陶錄2·69·4　戰國·齊 蒦圆南里人怘（怙）
	新齊1416　戰國·齊 怘（怙）

恃

	珍戰141　戰國·楚 亡（無）恃呈（逞）志
	侯馬九三：三　春秋·三晉 又（有）恃（志）
	侯馬七七：一五　春秋·三晉 又（有）恃（志）
	侯馬一六：三〇　春秋·三晉 而敢又（有）恃（志）復趙尼及丌（其）子孫
	侯馬一五六：四　春秋·三晉 而敢又（有）恃（志）復趙尼及丌（其）子孫

	璽彙 327.3518　戰國・三晉 缶𢡀（惕）

悝

	風過耳 028　戰國・秦 𩫏（郭）悝
	秦印風 95 頁　戰國・秦 賈悝

怳

	璽彙 3.0014　戰國・燕 怳（廣）险（陰）都司徒
	璽彙 91.0693　戰國・燕 長怳
	璽彙 227.2319　戰國・燕 硂怳
	璽彙 362.3919　戰國・燕 公孫怳
	璽考 307.2　戰國・燕 公孖（孫）怳千萩（秋）
	陶錄 4・163・3　戰國・燕 怳

㤩

	侯馬七九：一〇　春秋・三晉 比𢾕（㤩）
	侯馬一八五：七　春秋・三晉 [比]𢾕（㤩）
	侯馬一九四：一一　春秋・三晉 比𢾕（㤩）
	侯馬一九四：一二　春秋・三晉 比諰（㤩）

惑

	璽類 354.10　戰國・齊 公戶惑
	陶錄 2・741・1　戰國・齊 匋（陶）惑
	陶錄 2・741・2　戰國・齊 匋（陶）惑

忌

	風過耳 272　戰國・秦 忌輬
	集釋 270.51　戰國・三晉 𤔲（司馬）忌
	秦印風 162 頁　戰國・秦 楊毋忌
	秦印風 177 頁　戰國・秦 慶忌
	璽彙 243.2506　戰國・三晉 鑵亡（無）忌
	璽彙 250.2596　戰國・三晉 𣲡亡（無）忌
	陶錄 6・296・2　戰國・秦 東武居貲上造慶忌

忿

	秦新 1800　戰國・秦 咸亭涇里忿器

悁

	秦新 150　戰國・秦 越悁

	秦新 153　戰國・秦 悁
	陶錄 6・147・1　戰國・秦 悁□

恚

	陶錄 6・6・1　戰國・秦 咸亭當柳恚器

怨

	侯馬一〇五：三　春秋・三晉 眾人命（怨）死

怒

	秋淵・詛楚文・郭集　戰國・秦 張矜恬（背）怒
	巫咸・詛楚文・郭集　戰國・秦 張矜恬（背）怒
	亞駝・詛楚文・郭集　戰國・秦 張矜恬（背）怒

悔

	秦印風 151 頁　戰國・秦 悔
	璽彙 518.5705　戰國・待考 悔
	侯馬三五：三　春秋・三晉 而敢悔復趙尼[及]……及□所明（盟）者

怛

	新齊 0001　戰國・齊 陳（陳）怛胸
	新齊 0002　戰國・齊 陳（陳）怛胸
	新齊 0012　戰國・齊 陳（陳）怛朔
	新齊 0013　戰國・齊 陳（陳）怛朔
	新齊 0019　戰國・齊 陳（陳）怛京
	新齊 0023　戰國・齊 陳（陳）怛繄（牽）
	新泰齊陶 2002XYY⑤W：136　戰國・齊 陳（陳）怛京
	新泰齊陶 2002XYY⑤W：137　戰國・齊 陳（陳）怛□
	新泰齊陶 2002XYY⑤W：138　戰國・齊 □怛京
	新泰齊陶 2002XYY⑤W：139　戰國・齊 陳（陳）怛朔
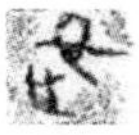	新泰齊陶 2002XYY⑤W：140　戰國・齊 陳（陳）怛朔
	新泰齊陶 2002XYY⑤W：147　戰國・齊 陳（陳）怛□
	新泰齊陶 2002XYY⑤W：148　戰國・齊 陳（陳）怛□
	新泰齊陶 HBCS：119　戰國・齊 陳（陳）怛朔
	新泰齊陶 HBCS：2　戰國・齊 陳（陳）怛臃
	新泰齊陶 HBCS：3　戰國・齊 陳（陳）怛臃
	新泰齊陶 HBCS：7　戰國・齊 □怛朔

	新泰齊陶 HBCS：90　戰國・齊 □怚□

悲

	古萃 166.11　戰國・待考 悲
	璽彙 492.5451　戰國・待考 悲
	璽彙 492.5452　戰國・待考 悲

感

	秦印風 180 頁　戰國・秦 任感

忦

	璽彙 141.1289　戰國・燕 余忦

恙

	盛世 244　戰國・待考 毋恙

惴

	秦印風 100 頁　戰國・秦 馮惴
	秦駰玉版研究　戰國・秦 惴₌（惴惴）小子

恐

	風過耳 278　戰國・秦 恐戲
	新泰齊陶 XNXG：3　戰國・齊 忎（恐）
	新泰齊陶 XNXG：4　戰國・齊 忎（恐）
	新泰齊陶 XNXZ：3　戰國・齊 忎（恐）
	新泰齊陶 XNXZ：4　戰國・齊 忎（恐）

惕

	侯馬一六：三　春秋・三晉 余不敢惕兹（茲）
	璽彙 353.3811　戰國・燕 司馬諹（惕）

惎

	璽彙 479.5289　戰國・待考 忑（惎）
	陶錄 2・145・1　戰國・齊 大蒦圆匋（陶）者忑（惎）
	陶錄 2・145・2　戰國・齊 大蒦圆匋（陶）者忑（惎）
	陶錄 2・145・4　戰國・齊 大蒦圆匋（陶）者忑（惎）
	陶錄 2・146・1　戰國・齊 大蒦圆匋（陶）者忑（惎）
	陶錄 2・146・3　戰國・齊 大蒦圆匋（陶）者忑（惎）
	陶錄 2・146・4　戰國・齊 大蒦圆匋（陶）者忑（惎）
	新齊 0964　戰國・齊 酷里人忑（惎）

	璽彙 138.1247　戰國・燕 喬⿱亓心（惎）
	璽彙 517.5688　戰國・燕 公孫⿱亓心（惎）

憐

	吳人・石鼓文・郭集　春秋・秦 吳人憐□

懲

	璽彙 282.2984　戰國・楚 善愷（懲）

⿰忄卜*

	侯馬九八：二五　春秋・三晉 ⿰忄卜敢不閛（披）其[腹]心

忑*

	璽彙 91.0688　戰國・三晉 長忑
	璽彙 226.2308　戰國・三晉 陽忑
	璽彙 257.2679　戰國・三晉 忑荎（菜）
	璽考 207.2　戰國・三晉 肖（趙）忑
	珍戰 41　戰國・楚 忑劲

态*

	璽彙 91.0687　戰國・三晉 長态
	璽彙 220.2234　戰國・三晉 郘态
	璽彙 236.2424　戰國・三晉 槨（郭）态
	璽彙 275.2890　戰國・三晉 文是态
	璽類 357.1　戰國・待考 孫态（大心）
	秦新 2530　戰國・秦 态
	陶錄 6・98・6　戰國・秦 态
	侯馬二〇〇：二　春秋・三晉 态敢不閛（披）其[腹]心台（以）事其宔（主）

忐*

	陶錄 2・17・1　戰國・齊 陳枳忐左敹（廩）
	陶錄 7・16・1　戰國・齊 翏忐
	陶錄 7・16・2　戰國・齊 翏忐
	陶錄 7・16・3　戰國・齊 翏忐
	陶錄 7・16・4　戰國・齊 翏忐
	新齊 0192　戰國・齊 陳忐
	新齊 1242　戰國・齊 翏忐
	新泰齊陶 2002XYY⑤W：160　戰國・齊 陳忐

⿱川心*

	書璽 1081　戰國・齊 陳（陳）⿱川心（訓）
	璽彙 46. 0275　戰國・楚 競（景）⿱川心（訓）厶（私）鉨（璽）
	璽彙 144. 1326　戰國・齊 武⿱川心（訓）訐（信）鉨（璽）
	璽彙 331. 3570　戰國・齊 邶（部）⿱川心（訓）

忤*

	璽彙 239. 2461　戰國・三晉 椁（郭）忤於
	璽類 124. 7　戰國・待考 胡忤

忬*

	璽考 304. 9　戰國・燕 公孫忬

攸*

	秦新 1811　戰國・秦 左攸
	秦新 1935　戰國・秦 左攸
	秦新 1939　戰國・秦 左攸
	夕藏 II 05-46-1　戰國・齊 蒦圆匋（陶）里人攸

⿱尸心*

	陶錄 4・29・4　戰國・燕 右宫⿱尸心

⿱丞心*

	溫縣簡報 T1 坎 1：1845　春秋・三晉 瀷敢不⿱丞心=〈⿱丞心⿱丞心（蒸蒸）〉焉中（忠）心事丌（其）宔（主）
	溫縣簡報 T1 坎 1：1961　春秋・三晉 昃敢不⿱丞心=（蒸蒸）焉中（忠）心事丌（其）宔（主）
	溫縣簡報 T1 坎 1：2182　春秋・三晉 鄱朔敢不⿱丞心=（蒸蒸）鳥（焉）中（忠）心事丌（其）宔（主）
	溫縣簡報 T1 坎 1：2279　春秋・三晉 軌（韓）佣（仵）敢不⿱丞心=（蒸蒸）鳥（焉）中（忠）心[事其主]
	溫縣簡報 T1 坎 1：2857　春秋・三晉 車父[敢]不⿱丞心=（蒸蒸）焉中（忠）心事其宔（主）
	溫縣簡報 T1 坎 1：3211　春秋・三晉 黑敢不⿱丞心=（蒸蒸）焉中（忠）心事丌（其）宔（主）
	溫縣簡報 T1 坎 1：3780　春秋・三晉 敢不⿱丞心=（蒸蒸）焉中（忠）心事丌（其）宔（主）
	溫縣簡報 T1 坎 1：3797　春秋・三晉 興敢不⿱丞心=（蒸蒸）焉中（忠）心事丌（其）宔（主）
	溫縣簡報 T1 坎 1：3802　春秋・三晉 喬敢不⿱丞心（蒸）焉中（忠）心事丌（其）宔（主）
	溫縣簡報 T1 坎 1：3863　春秋・三晉 痦敢不⿱丞心=（蒸蒸）焉中（忠）心事丌（其）[主]
	溫縣簡報 T1 坎 1：4585　春秋・三晉 不⿱丞心=（蒸蒸）焉中（忠）心事其宔（主）
	新出研 WT1　K1：2667　春秋・三晉 加鼂敢不⿱丞心=（蒸蒸）焉忠（忠心）事丌（其）而宔（主）
	新出研 WT1　K1：3105　春秋・三晉 瘧才鄩敢不⿱丞心=（蒸蒸）焉忠=（忠心）事丌（其）宔（主）

	新出研 WT1　K1：3556　春秋・三晉 敢不⿱⿰山丞心=（蒸蒸）焉中（忠）心事不〈其〉宔（主）
	新出研 WT1　K1：3687　春秋・三晉 欱敢不⿱丞心（蒸）焉忠=（忠心）事丌（其）宔（主）
	新出研 WT1　K1：3690　春秋・三晉 竭敢不⿱丞心=（蒸蒸）焉忠=（忠心）事丌（其）宔（主）
	新出研 WT1　K17：131　春秋・三晉 達事丌（其）宔（主）敢不⿱丞心=（蒸蒸）焉

怐*

	璽彙 57.0326　戰國・楚 青母⿰忄丩（怐）

忡*

	秦駰玉版研究　戰國・秦 忡=（忡忡）反昃（側）

⿱丘心*

	陶錄 2・221・1　戰國・齊 蒦圆匋（陶）里人⿱丘心
	陶錄 2・221・3　戰國・齊 蒦圆匋（陶）里人⿱丘心
	陶錄 2・221・4　戰國・齊 蒦□匋（陶）里人⿱丘心
	陶錄 2・222・3　戰國・齊 蒦圆匋（陶）里人⿱丘心
	陶錄 2・96・1　戰國・齊 繇巷大匋（陶）里⿱丘心
	新齊 0843　戰國・齊 蒦圆圆里人⿱丘心
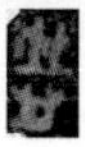	新齊 0844　戰國・齊 蒦圆圆里人⿱丘心

⿱右心*

	鑒菁 12.22　戰國・三晉 ⿱右心相思

恞*

	璽彙 329.3538　戰國・齊 □⿰忄⿱夷土（恞）
	陶錄 2・314・3　戰國・齊 □南䦛巷辛匋（陶）里⿰忄⿱夷土（恞）
	陶錄 2・314・4　戰國・齊 □南䦛巷辛匋（陶）里⿰忄⿱夷土（恞）

⿱宀心*

	集釋 278.4　戰國・三晉 箅⿱宀心
	樂只 22.4　戰國・待考 孫⿱宀心

⿱夳心*

	璽彙 83.0589　戰國・齊 王⿱夳心
	璽彙 337.3634　戰國・齊 □⿱夳心

虑*

	璽彙 321.3447　戰國・燕 虎（盧）酉生虑（慮）

⿱彳心*

	陶錄 2・391・3　戰國・齊 楚䦛巷萳里⿱彳心

	陶錄 2・558・2　戰國・齊 東酷里曰簪[彳心]
	新齊 0169　戰國・齊 陳中山立[彳心]
	新齊 0170　戰國・齊 陞（陳）中山立[彳心]
	新泰齊陶 2002XYY⑤W：130　戰國・齊 □中□立[彳心]
	新泰齊陶 2002XYY⑤W：131　戰國・齊 □中□□[彳心]

恬*

	秋淵・詛楚文・郭集　戰國・秦 張矜恬（背）怒
	巫咸・詛楚文・郭集　戰國・秦 張矜恬（背）怒
	亞駝・詛楚文・郭集　戰國・秦 張矜恬（背）怒

悏*

	璽彙 294.3121　戰國・齊 扙悏

悌*

	盛世 133　戰國・三晉 扈悌

[忄巠]*

	陶錄 2・83・1　戰國・齊 蒦圆南里公孫[忄巠]
	陶錄 2・83・2　戰國・齊 蒦圆南里公孫[忄巠]
	夕藏 II 05-5-1　戰國・齊 蒦圆南里公孫[忄巠]

[阝氺心]*

	港續 45.57　戰國・待考 朱[阝氺心]
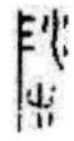	集釋 246.8　戰國・三晉 公孫[阝氺心]
	侯馬七九：三　春秋・三晉 比[阝氺心]、比□……孫₌（子孫）
	侯馬三：二〇　春秋・三晉 比[阝氺心]、比瘨及丌（其）孫₌（子孫）
	侯馬三六：三　春秋・三晉 比[阝氺心]
	侯馬一七九：一七　春秋・三晉 比[阝氺心]
	侯馬一五六：二二　春秋・三晉 比[阝氺心]、比興之孫₌（子孫）
	侯馬一五六：二四　春秋・三晉 比[阝氺心]

[弓心]*

	侯馬探八②：二　春秋・三晉 中都比[弓心]之孫₌（子孫）

悘*

	鶴盧 125.2　戰國・待考 公孫悘
	秦印風 211 頁　戰國・秦 淳于悘

㬰*

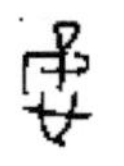	璽彙 91.0686　戰國・三晉 長㬰
	璽彙 250.2590　戰國・三晉 江㬰
	璽彙 307.3278　戰國・三晉 乇㬰

㤯*

	吉璽 3.8　戰國・三晉 倫（伶）㤯（信）車瑀
	璽彙 247.2561　戰國・三晉 㤯（信）
	新璽 88　戰國・三晉 㤯（信）

急*

	璽彙 257.2677　戰國・三晉 急懔

㤜*

	璽彙 151.1404　戰國・三晉 宋㤜
	璽彙 256.2666　戰國・三晉 㤜筡
	璽彙 256.2670　戰國・三晉 㤜疕
	璽彙 256.2673　戰國・三晉 㤜安
	璽彙 257.2674　戰國・三晉 㤜亡（無）鬼（畏）
	璽考 327.5　戰國・三晉 弔（叔）中㤜
	璽類 358.12　戰國・三晉 孫㤜

悕*

	璽彙 147.1356　戰國・三晉 孟悕
	璽彙 153.1426　戰國・三晉 宋悕

怊*

	璽彙 247.2555　戰國・楚 怊（昭）鼻

㤫*

	陶錄 2・252・4　戰國・齊 蒦圆匋（陶）里人㤫

㤲*

	陝新 87.559　戰國・三晉 郵（董）㤲

㥏*

	陶錄 2・175・1　戰國・齊 東蒦圆里人㥏
	陶錄 2・175・2　戰國・齊 東蒦圆里人㥏
	陶錄 2・175・4　戰國・齊 □□圆里人㥏
	夕藏 Ⅱ 05-41-1　戰國・齊 蒦圆匋（陶）里人王㥏

	夕藏 Ⅱ 05-41-2 戰國・齊 蒦圆匋（陶）里人王⿰忄⿱复心

愈*

	璽彙 127.1122 戰國・三晉 高愈

愎*

	侯馬九二：三四 春秋・三晉 [披]丌（其）⿰彳⿱复心（腹）心
	侯馬一：四 春秋・三晉 [披其]愎(腹)心[以]事丌(其)宔(主)

⿰忄冒*

	璽彙 172.1654 戰國・三晉 㘿（左）⿰忄冒裹

⿰忄聿*

	侯馬一：四五 春秋・三晉 而敢不⿰忄聿（盡）從嘉之明（盟）

悆*

	璽彙 351.3794 戰國・三晉 ⿱司馬（司馬）悆

⿰阝悉*

	璽類 478.6 戰國・楚 樂⿰阝悉

⿱弜心*

	侯馬一：九九 春秋・三晉 ⿱弜心（強）梁

⿱析心*

	璽類 358.17 戰國・齊 □⿱析心
	篆彙 258.1 戰國・待考 □絑⿱析心鉨（璽）

恿*

	璽彙 115.0981 戰國・三晉 肖（趙）恿

⿱丞心*

	侯馬二〇〇：一一 春秋・三晉 ⿱丞心敢不閛（披）其腹心台（以）事其宔（主）

慱*

	秦印風 195 頁 戰國・秦 慱方

愷*

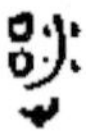	璽彙 315.3381 戰國・待考 □愷

⿱帝心*

	璽彙 264.2768 戰國・三晉 君（尹）⿱帝心
	溫縣簡報 T1 坎 1：2279 春秋・三晉 ⿱帝心（諦）⿱亟心（殛）覞（視）女（汝）
	新出研 WT1 K1：2667 春秋・三晉 ⿱帝心（諦）⿰彳亟（殛）覞（視）女（汝）
	新出研 WT1 K17：131 春秋・三晉 ⿱帝心（諦）⿰忄亟（殛）覞（視）之

悗*

侯馬九二：二六　春秋・三晉
而敢或悗（變）[改]

㦁*

新齊 0353　戰國・齊
□巷陳（陳）㦁左㲹櫝（櫨）均（垢）
釜（釜）

瘱*

新齊 0959　戰國・齊
東酷里□適（棄）瘱（疾）

憢*

陶錄 2・60・2　戰國・齊
蒦圆南里人憢

陶錄 2・60・3　戰國・齊
蒦圆南里人憢

夕藏 II 05-10-1　戰國・齊
蒦圆南里人憢

憁*

侯馬叢考續　春秋・三晉
□敢不憁……

憖*

侯馬一五六：二〇　春秋・三晉
比憖、比瘨之孫=（子孫）

慫*

璽類 72.1　戰國・待考
慫訐（信）

惷*

侯馬八五：一五　春秋・三晉
雩惷敢不閛（披）其腹心台（以）事[其
主]

懌*

璽彙 485.5359　戰國・楚
懌

𢣀*

陶錄 2・543・2　戰國・齊
子裒子里人𢣀

陶錄 2・544・1　戰國・齊
子裒子里人𢣀

陶錄 2・544・2　戰國・齊
子裒子里人𢣀

夕藏 II 09-5-1　戰國・齊
子裒子里人𢣀

懸*

天選 37.2　戰國・待考
懸

璽彙 317.3403　戰國・燕
懸

篋*

秦印風 158 頁　戰國・秦
戎篋

憿*

秋淵・詛楚文・郭集　戰國・秦
使其宗祝邵（詔）鼛布（佈）憿（檄）

	陶錄 6・258・3　戰國・秦 寺水
	陶錄 6・259・3　戰國・秦 寺水
	陶錄 6・259・6　戰國・秦 寺水
	陶錄 6・260・4　戰國・秦 寺水
	陶錄 6・261・2　戰國・秦 寺水
	陶錄 6・261・3　戰國・秦 寺水
	陶錄 6・262・6　戰國・秦 寺水
	陶錄 6・263・2　戰國・秦 寺水
	陶錄 6・284・6　戰國・秦 水
	霝雨・石鼓文・郭集　春秋・秦 于水一方
	吾水・石鼓文・郭集　春秋・秦 遳（吾）水既瀞（清）

河

	璽彙 21.0124　戰國・三晉 堵成（城）河戸（尉）
	新封泥彙 0376　戰國・秦 河內邸丞
	陶錄 6・405・2　戰國・秦 河陽牢
	陶錄 6・407・1　戰國・秦 河市
	陶錄 6・407・3　戰國・秦 河市
	陶錄 6・408・1　戰國・秦 河亭
	陶錄 6・422・4　戰國・秦 河市

江

	風過耳 052　戰國・秦 江犺
	璽彙 250.2590　戰國・三晉 江恳
	璽類 361.5　戰國・秦 江迲（去）疾

沱

	風過耳 220　戰國・秦 沱
	秦印風 166 頁　戰國・秦 呂沱
	秦印風 29 頁　戰國・秦 上林郎沱
	璽彙 124.1086　戰國・三晉 侯沱
	璽彙 373.4057　戰國・三晉 下沱叏（掌鞭）
	璽彙 373.4058　戰國・魏 下沱旗士
	陶錄 5・102・3　戰國・三晉、兩周 廩匋（陶）沱
	陶錄 5・103・3　戰國・三晉、兩周 廩匋（陶）沱

	陶録5·15·4　戰國·三晉、兩周 廩匋（陶）沱
	陶録5·45·5　戰國·三晉、兩周 沱
	陶録5·49·1　戰國·三晉、兩周 廩匋（陶）沱

湔

	貨系2464　戰國·趙 陽湔/十二朱
	天津64　戰國·趙 陽湔/十二朱（銖）
	璽考123.3　戰國·趙 陽湔右旟

溫

	新封泥彙1865　戰國·秦 溫丞之印

沮

	璽彙274.2878　戰國·待考 鄘瀘（沮）

沅

	二十48.二-GY-0024　戰國·楚 沅陽

涇

	秦印風27頁　戰國·秦 長夷涇橋
	陶録6·5·1　戰國·秦 咸亭涇里僨器
	陶録6·5·3　戰國·秦 咸陽涇里忿器
	陶録6·5·4　戰國·秦 咸陽涇里忿器

漢

	新封泥彙1541　戰國·秦 漢中底印

沔

	夕藏Ⅱ 04-13-1　戰國·齊 □章巷□□沔艸
	汧殹·石鼓文·郭集　春秋·秦 汧殹沔₌（沔沔）

汧

	秦新1207　戰國·秦 汧□
	秦新1208　戰國·秦 汧□
	秦新1210　戰國·秦 汧□
	秦新1211　戰國·秦 汧□
	秦新1231　戰國·秦 汧南
	秦新1232　戰國·秦 汧南
	霝雨·石鼓文·郭集　春秋·秦 汧殹洎₌（洎洎）
	汧殹·石鼓文·郭集　春秋·秦 汧殹沔₌（沔沔）

海

	秦印風 20 頁　戰國・秦 南海司空
	吉璽 8.43　戰國・三晉 者毋（海）
	璽彙 63.0362　戰國・燕 東昜（陽）毋（海）澤王伏鍴（瑞）
	璽類 364.1　戰國・楚 毋（海）上腹鉨（璽）

溥

	新封泥彙 1755　戰國・秦 溥導

衍

	秦印風 101 頁　戰國・秦 王衍
	璽類 364.4　戰國・三晉 𤔲（司馬）衍
	秦新 3305　戰國・秦 廣衍

淖

	二十 115.二-SP-0513　戰國・齊 城圖蔵里淖豆
	璽類 364.8　戰國・楚 昜（陽）淖（朝）命（令）鉨（璽）
	陶錄 2・410・3　戰國・齊 塙闞（間）椇里曰淖（潮）
	陶錄 2・411・1　戰國・齊 塙闞（間）椇里曰淖（潮）
	陶錄 2・411・3　戰國・齊 高闞（間）椇里曰淖（潮）
	陶錄 2・412・1　戰國・齊 高闞（間）椇里曰淖（潮）
	陶錄 2・413・1　戰國・齊 高闞（間）椇里曰淖（潮）
	陶錄 2・565・1　戰國・齊 城圖櫝（櫨）里淖（潮）豆
	陶錄 2・565・2　戰國・齊 城圖櫝（櫨）里淖（潮）豆
	陶錄 2・565・3　戰國・齊 城圖櫝（櫨）里淖（潮）豆
	陶錄 2・566・1　戰國・齊 城圖櫝（櫨）里淖（潮）豆
	陶錄 2・566・3　戰國・齊 城圖櫝（櫨）里淖（潮）豆
	陶錄 2・566・4　戰國・齊 城圖櫝（櫨）里淖（潮）豆
	陶錄 2・567・1　戰國・齊 城圖櫝（櫨）里淖（潮）豆
	陶錄 2・567・2　戰國・齊 城圖櫝（櫨）里淖（潮）豆
	陶錄 2・567・3　戰國・齊 城圖櫝（櫨）里淖（潮）豆
	陶錄 2・568・1　戰國・齊 城圖櫝（櫨）里淖（潮）豆
	陶錄 2・672・1　戰國・齊 塙闞（間）椇里曰淖（潮）
	陶錄 2・686・1　戰國・齊 城圖櫝（櫨）里淖（潮）豆
	夕藏 II 02-2-1　戰國・齊 城圖櫝（櫨）里淖（潮）豆

	夕藏 II 02-2-2 戰國・齊 城圖櫝（櫨）里淖（潮）豆
	新齊 0433 戰國・齊 城圖櫝（櫨）里淖（潮）豆
	新齊 0436 戰國・齊 城圖櫝（櫨）里淖（潮）豆
	新齊 0437 戰國・齊 城圖櫝（櫨）里淖（潮）豆
	新齊 0995 戰國・齊 墻闈（閭）棋里曰淖（潮）
	新齊 0997 戰國・齊 墻闈（閭）棋里曰淖（潮）
	新齊 0998 戰國・齊 墻闈（閭）棋里曰淖（潮）
	新齊 0999 戰國・齊 墻闈（閭）棋里曰淖（潮）

滔

	璽彙 118.1009 戰國・三晉 肖（趙）滔
	璽彙 182.1775 戰國・三晉 事（史）滔
	而師・石鼓文・郭集 春秋・秦 滔₌（滔滔）是熼（熾）

涓

	秦新 965 戰國・秦 左司涓瓦

渙

	秦印風 142 頁 戰國・秦 張渙

活

	風過耳 219 戰國・秦 上造沽（活）

泫

	璽彙 182.1777 戰國・三晉 事（史）泫

滂

	霝雨・石鼓文・郭集 春秋・秦 流迄滂₌（滂滂）

汪

	風過耳 109 戰國・秦 汪參
	鶴盧 97.2 戰國・待考 汪戲
	秦印風 64 頁 戰國・秦 汪嬰
	秦印風 87 頁 戰國・秦 汪薺
	璽彙 16.0091 戰國・趙 汪匋（陶）右司工（空）
	秦新 619 戰國・秦 汪
	秦新 620 戰國・秦 汪

況

	盛世 157 戰國・秦 王況之印

浩

	璽彙 162.1537　戰國・三晉 孔浩
	璽彙 164.1559　戰國・楚 孫浩

滕

	陶錄 6・295・1　戰國・秦 平陰居貲北游公士滕
	璽彙 173.1667　戰國・燕 坥（土）滕（滕）
	璽彙 175.1691　戰國・三晉 邘（丁）滕（滕）

潏

	秦新 2977　戰國・秦 取杜才（在）酆邱到潏

波

	璽彙 241.2485　戰國・三晉 穌（蘇）波

浮

	璽彙 118.1006　戰國・三晉 肖（趙）浮

泃

	南博 48.5　戰國・三晉 垍（埴）泃
	璽彙 118.1010　戰國・三晉 肖（趙）泃
	璽彙 152.1416　戰國・三晉 宋泃
	璽彙 207.2074　戰國・三晉 鄡（焦）泃
	璽彙 284.3002　戰國・三晉 賈泃
	侯馬八八：九　春秋・三晉 泃敢……
	新出研 WT4　K6：315　春秋・三晉 倝（韓）泃

清

	秦印風 84 頁　戰國・秦 李清
	璽彙 250.2591　戰國・三晉 清（精）中（忠）
	新齊 0982　戰國・齊 清巷陳□
	會稽刻石・秦銘刻選　秦代 咸化廉清
	泰山刻石・秦銘刻選　秦代 靡不清淨

淵

	汧殹・石鼓文・郭集　春秋・秦 丞₌（烝烝）皮（彼）淖淵
	集釋 270.53　戰國・三晉 禼（司馬）肙（淵）
	璽彙 338.3651　戰國・齊 肙（淵）貜
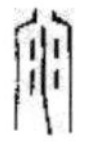	珍戰 68　戰國・三晉 事（史）肙（淵）

滿

	陶錄 6・438・4　戰國・秦 滿攄
	陶錄 6・439・1　戰國・秦 滿攄
	陶錄 6・439・2　戰國・秦 滿攄
	陶錄 6・439・3　戰國・秦 滿存
	陶錄 6・439・4　戰國・秦 滿存

滑

	秦印風 215 頁　戰國・秦 茅乾滑
	秦印風 87 頁　戰國・秦 駱滑

澤

	秦印風 234 頁　戰國・秦 澤
	璽彙 105. 0858　戰國・三晉 長亡（無）澤（斁）
	璽彙 169. 1619　戰國・三晉 鄭澤
	璽彙 208. 2090　戰國・三晉 郘澤
	璽彙 231. 2370　戰國・三晉 韓亡（無）澤（斁）
	會稽刻石・秦銘刻選　秦代 被澤無疆
	繹山刻石・秦銘刻選　秦代 利澤長久

淫

	新封泥彙 1856　戰國・秦 徒淫丞印
	新封泥彙 1857　戰國・秦 徒淫丞印
	會稽刻石・秦銘刻選　秦代 禁止淫泆（佚）
	秋淵・詛楚文・郭集　戰國・秦 淫失（佚）甚亂
	巫咸・詛楚文・郭集　戰國・秦 淫失（佚）甚亂
	亞駝・詛楚文・郭集　戰國・秦 淫失（佚）甚亂

泆

	會稽刻石・秦銘刻選　秦代 禁止淫泆（佚）

淖

	汧殹・石鼓文・郭集　春秋・秦 丞＝（烝烝）皮（彼）淖淵

涅

	貨系 1891　戰國・韓 涅
	貨系 1896　戰國・韓 涅
	貨系 1897　戰國・韓 涅

	貨系 1898　戰國・韓 涅
	三晉 97　戰國・韓 涅
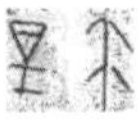	三晉 97　戰國・韓 涅
	先秦編 281　戰國・韓 涅

沙

	秦新 1635　戰國・秦 咸沙里突
	秦新 1636　戰國・秦 咸沙里疢
	秦新 1707　戰國・秦 咸沙里衛
	秦新 1708　戰國・秦 咸沙里衛
	秦新 1804　戰國・秦 咸亭沙里滎器
	秦新 1805　戰國・秦 咸亭沙里滎器
	陶錄 6・3・1　戰國・秦 咸亭沙壽□器
	陶錄 6・3・2　戰國・秦 咸沙□壯

浦

	秦印風 33 頁　戰國・秦 敦浦
	秦印風 33 頁　戰國・秦 留浦

派

	璽彙 102.0818　戰國・三晉 長溫（派）

滎

	秦新 1804　戰國・秦 咸亭沙里滎器
	秦新 1805　戰國・秦 咸亭沙里滎器
	陶錄 5・47・1　戰國・三晉、兩周 滎陽廩
	陶錄 5・47・3　戰國・三晉、兩周 滎陽廩匋（陶）

瀆

	璽彙 250.2594　戰國・三晉 滜（竇）足

渠

	秦印風 212 頁　戰國・秦 陳義渠
	新封泥彙 1503　戰國・秦 方渠除丞
	秦新 1181　戰國・秦 新城義渠

灘

	盛世 011　戰國・待考 灘（漢）東旅鈢（璽）

津

	秦印風 23 頁　戰國・秦 宜陽津印
	璽彙 168.1616　戰國・三晉 鄫（曹）逸津
	璽彙 234.2408　戰國・三晉 榆津
	陶錄 6・288・4　戰國・秦 葆不津
	陶錄 6・288・5　戰國・秦 葆不津
	陶錄 6・288・6　戰國・秦 葆不津

潛

	璽彙 249.2584　戰國・三晉 潛固
	璽彙 249.2585　戰國・三晉 潛劭

淦

	錢典 242　戰國・三晉 淦

砅

	汧殹・石鼓文・郭集　春秋・秦 澫（砅）又（有）鯊（小魚）

休

	陶錄 5・14・2　戰國・三晉、兩周 東休

泱

	風過耳 191　戰國・秦 張泱

濩

	秦印風 160 頁　戰國・秦 濩留

涿

	風過耳 303　戰國・秦 涿窅
	秦印風 222 頁　戰國・秦 涿喜

沈

	秦印風 227 頁　戰國・秦 沈蒙
	秦新 1145　戰國・秦 泰沈
	秦新 3056　戰國・秦 泰沈
	秦新 3058　戰國・秦 泰沈
	秦新 3059　戰國・秦 泰沈
	秦新 3060　戰國・秦 泰沈
	秦新 3065　戰國・秦 泰沈
	秋淵・詛楚文・郭集　戰國・秦 親印大沈氒（厥）湫而質焉

	秦新 3056　戰國・秦 泰沈
	秦新 3058　戰國・秦 泰沈
	秦新 3059　戰國・秦 泰沈
	秦新 3060　戰國・秦 泰沈
	會稽刻石・秦銘刻選　秦代 嘉保泰平
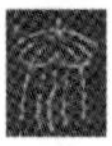	繹山刻石・秦銘刻選　秦代 自泰古始
	陶錄 2・436・4　戰國・齊 高[閭]豆里人匋（陶）者曰日太
	陶錄 2・643・4　戰國・齊 令司樂乍（作）太室埴

澠

	璽彙 48.0287　戰國・燕 柂澠都米粟鉨（璽）
	璽彙 503.5552　戰國・燕 柂澠都吳（遽）星（馹）

泣

	璽彙 152.1417　戰國・三晉 宋泣

渝

	璽彙 42.0251　戰國・燕 渝城乘

滅

	會稽刻石・秦銘刻選　秦代 亂賊滅亡
	繹山刻石・秦銘刻選　秦代 滅六暴強

漕

	璽彙 75.0501　戰國・三晉 王漕

汩

	陶錄 2・408・1　戰國・齊 丘齊辛里王汩㭙逨
	新齊 0578　戰國・齊 丘齊辛里王汩㭙逨（來）

汎*

	璽彙 165.1581　戰國・三晉 邾（朱）汎
	璽彙 203.2032　戰國・三晉 郿（董）汎

洰*

	璽彙 49.0288　戰國・楚 郿□洰傳鉨（璽）

沃*

	秦新 1700　戰國・秦 咸沃里辰
	秦新 1701　戰國・秦 咸沃里辰

	秦新 1704　戰國・秦 咸沃平貪
	秦新 2705　戰國・秦 咸沃里辰
	秦新 2706　戰國・秦 咸沃里辰
	秦新 2707　戰國・秦 咸沃里辰
	秦新 2708　戰國・秦 咸沃里辰
	秦新 2712　戰國・秦 咸沃里辰
	秦新 2717　戰國・秦 咸沃里辰
	陶錄 6・50・1　戰國・秦 咸沃平貪

𣲙*

	璽彙 72.0465　戰國・三晉 王𣲙
	璽彙 205.2061　戰國・三晉 郇（句）𣲙
	珍戰 103　戰國・三晉 产（危）𣲙
	陶錄 7・4・3　戰國・待考 𣲙□

泃*

	璽彙 20.0119　戰國・燕 泃城都产（尉）
	璽彙 62.0359　戰國・燕 泃成（城）
	璽彙 503.5551　戰國・燕 泃城都昊（遽）呈（馹）

泪*

	璽彙 249.2588　戰國・三晉 泪臘
	璽彙 249.2589　戰國・三晉 泪守

沶*

	秦新 1077　戰國・秦 宮沶
	秦新 1169　戰國・秦 宮沶
	秦新 3028　戰國・秦 宮沶
	秦新 3077　戰國・秦 宮沶
	秦新 3078　戰國・秦 宮沶
	秦新 3079　戰國・秦 宮沶
	秦新 3088　戰國・秦 宮沶
	秦新 3090　戰國・秦 宮沶

沐*

	璽彙 502.5545　戰國・燕 沐□都司工（空）
	篆彙 21.11　戰國・燕 沐□都产（尉）

汜*

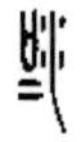	璽彙 250.2595　戰國・三晉 汜㦡（樂）
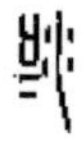	璽彙 250.2596　戰國・三晉 汜亡（無）忌
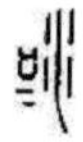	鴨選 29　戰國・三晉 西夫汜

沖*

	侯馬一六：二四　春秋・三晉 沖……其宔（主）

洱*

	璽彙 124.1085　戰國・三晉 侯洱

洀*

	貨系 2284　戰國・魏 洀（州）
	三晉 127　戰國・魏 洀（州）
	三晉 127　戰國・魏 洀（州）
	三晉 127　戰國・魏 洀（州）
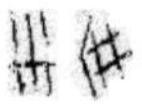	燕下都 265　戰國・魏 洀（州）
	二十 12.二-SY-0031　戰國・三晉 賈洀

泆*

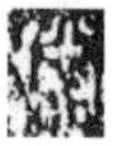	秦新 1619　戰國・秦 咸郿里泆

⿱癶水*

	港印 38　戰國・三晉 弄⿱癶水

浗*

	璽彙 318.3413　戰國・燕 浗馬愳（懼）
	璽彙 341.3688　戰國・燕 浗生異

涚*

	風過耳 053　戰國・秦 靳涚
	秦印風 49 頁　戰國・秦 吳涚

洖*

	秦新 606　戰國・秦 洖邦
	秦新 609　戰國・秦 洖邦

浧*

	貨系 1216　戰國・三晉 盧氏百浧
	貨系 1217　戰國・三晉 盧氏百浧

	貨系 1219　戰國・三晉 盧氏百浧
	貨系 1222　戰國・三晉 百浧
	貨系 1223　戰國・三晉 百浧
	貨系 1228　戰國・三晉 百浧
	先秦編 225　戰國・韓 百浧
	先秦編 226　戰國・韓 盧氏百浧
	集釋 209.15　戰國・三晉 成浧
	珍戰 95　戰國・三晉 浧忎（慎）

淾*

	港續 39.46　戰國・待考 牛淾
	鑒菁 13.24　戰國・三晉 事（史）淾
	璽彙 142.1301　戰國・三晉 胡淾

淘*

	秦範卷三 45.3　戰國・待考 周淘

渫*

	霝雨・石鼓文・郭集　春秋・秦 盈渫濟=（濟濟）

渼*

	秦新 1295　戰國・秦 都共工渼
	秦新 1341　戰國・秦 都共工渼
	陶錄 6・460・3　戰國・秦 □共工渼
	陶錄 7・2・5　戰國・待考 王渼

溞*

	璽彙 312.3334　戰國・三晉 溞柁

洝*

	璽彙 86.0626　戰國・燕 王洝

溤*

	璽彙 237.2437　戰國・三晉 椁（郭）溤

湇*

	印戰 49.5　戰國・齊 右虘（盧）湇（湇）

隊*

	璽彙 86.0628　戰國・齊 王隊

濆*

	秦範卷二 35.8　戰國・燕 訢閔濆
	璽彙 191.1886　戰國・燕 城濆
	篆典 13.1　戰國・待考 子濆

[illegible]*

	秦墓石磬　春秋・秦 [illegible]₌（[illegible][illegible]）氒（厥）商
	秦墓石磬　春秋・秦 [illegible]₌（[illegible][illegible]）氒（厥）商

[illegible]*

	璽彙 306.3266　戰國・三晉 [illegible]匠

流

	璽彙 36.0212　戰國・楚 流飤之鈢（璽）
	霝雨・石鼓文・郭集　春秋・秦 流迄滂₌（滂滂）
	繹山刻石・秦銘刻選　秦代 流血於野
	璽彙 300.3200　戰國・楚 □湋（流）
	璽彙 300.3201　戰國・楚 □湋（流）

涉

	璽彙 264.2758　戰國・燕 馬涉
	玉存 15.84　戰國・待考 黄涉
	秦新 2121　戰國・秦 寺涉
	秦新 2122　戰國・秦 寺涉
	霝雨・石鼓文・郭集　春秋・秦 涉₌（涉涉）

瀕

	新封泥彙 0653　戰國・秦 瀕陽丞印
	新封泥彙 1739　戰國・秦 瀕陽丞印
	新封泥彙 1740　戰國・秦 瀕陽丞印
	秦新 1201　戰國・秦 瀕陽狀
	陶錄 6・302・2　戰國・秦 瀕陽工處
	陶錄 6・302・3　戰國・秦 瀕陽工處
	陶錄 6・309・4　戰國・秦 □狀瀕

川

	貨系 567　戰國・韓 參川釿

	貨系 568　戰國・韓 參川釿
	貨系 569　戰國・韓 參川釿
	貨系 570　戰國・韓 參川釿
	貨系 571　戰國・韓 參川釿
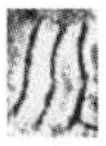	貨系 574　戰國・韓 參川釿
	貨系 577　戰國・韓 參川釿
	先秦編 178　戰國・韓 參川釿
	陶錄 5・90・3　戰國・三晉、兩周 川
	陶錄 6・284・5　戰國・秦 川
	秦駰玉版研究　戰國・秦 欲事天坨（地）、四亟（極）、三光、山川、神示（祇）、五祀、先祖

侃

	璽彙 132.1174　戰國・三晉 吳侃
	侯馬二〇〇：一八　春秋・三晉 侃敢不半（披）丌（其）復（腹）心㠯（以）事丌（其）宔（主）
	侯馬一：四一　春秋・三晉 仁柳侃敢不俌閛（披）丌（其）復（腹）心台（以）事嘉

州

	三晉 59　戰國・三晉 平州/一
	三晉 59　戰國・三晉 平州/一
	三晉 61　戰國・三晉 平州/四
	三晉 61　戰國・三晉 平州/六
	三晉 62　戰國・三晉 平州/十九
	三晉 62　戰國・三晉 平州/十八
	三晉 62　戰國・三晉 平州/廿五
	三晉 62　戰國・三晉 平州/廿五
	三晉 63　戰國・三晉 平州/廿五
	三晉 63　戰國・三晉 平州/卅五
	秦印風 71 頁　戰國・秦 州越
	璽彙 177.1722　戰國・三晉 事（史）州
	鴨選 7　戰國・楚 李是之州
	陶錄 4・25・1　戰國・燕 左宮衣州
	陶錄 4・25・2　戰國・燕 左宮衣州
	陶錄 4・25・4　戰國・燕 □□衣州
	陶錄 5・65・2　戰國・三晉、兩周 州宗

泉

	新封泥彙 1215　戰國・秦 重泉丞印
	新封泥彙 2529　戰國・秦 重泉丞印
	秦新 3152　戰國・秦 橐泉宮當
	秦新 3153　戰國・秦 橐泉宮當
	秦新 3154　戰國・秦 橐泉宮當
	璽彙 63. 0363　戰國・燕 湶（泉）谷山金貞鍴（瑞）
	璽彙 243. 2508　戰國・燕 譥（鑾）湶（泉）

厵

	秦印風 117 頁　戰國・秦 原妥
	秦印風 26 頁　戰國・秦 原都左尉
	秦新 2110　戰國・秦 [咸]原□□
	秦新 2729　戰國・秦 咸原少佁
	秦新 3217　戰國・秦 咸原少角
	陶錄 6・34・3　戰國・秦 咸原少冉
	陶錄 6・34・4　戰國・秦 咸原少奄
	陶錄 6・35・1　戰國・秦 咸原少嬰
	陶錄 6・35・2　戰國・秦 咸原少嬰
	陶錄 6・35・3　戰國・秦 咸原少嬰
	會稽刻石・秦銘刻選　秦代 本原事速（迹）
	璽彙 227. 2316　戰國・三晉 陽源坿（府）

鼏*

	盛世 121　戰國・待考 鼏（原）強
	書璽 656　戰國・三晉 鼏（原）陽坾（市）
	璽彙 58. 0332　戰國・三晉 鼏（原）陽坾（市）
	璽彙 195. 1936　戰國・三晉 鼏（原）㯖
	璽類 346. 5　戰國・三晉 鼏（原）竭
	陶錄 5・86・1　戰國・三晉 鼏（原）陽坾（市）

永

	新封泥彙 1007　戰國・秦 永陵丞印
	新封泥彙 1008　戰國・秦 永巷丞印
	新封泥彙 1010　戰國・秦 永巷丞印

	侯馬七五：八　春秋・三晉 則永亟（殛）眂（視）之
	侯馬三：二一　春秋・三晉 所則永亟（殛）眂（視）女（汝）
	侯馬一九四：一二　春秋・三晉 則永亟（殛）眂（視）之
	侯馬一五六：二二　春秋・三晉 永亟（殛）眂（視）之
	侯馬一五六：二五　春秋・三晉 賊（則）永亟（殛）眂（視）女（汝）
	吾水・石鼓文・郭集　春秋・秦 天子永寍

羕

	秦墓石磬　春秋・秦 又（有）讖（虩）飤羕（漾）
	秦墓石磬　春秋・秦 允樂子……羕

谷

	璽彙 63.0363　戰國・燕 湶（泉）谷山金貞鍴（瑞）
	璽彙 295.3141　戰國・三晉 圭（往）谷
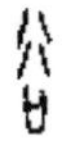	璽彙 320.3434　戰國・三晉 東谷義
	秦新 1273　戰國・秦 宮谷
	秦新 3155　戰國・秦 來谷宮當

谿

	秦印風 37 頁　戰國・秦 谿鄉
	璽類 374.2　戰國・待考 殷谿

凌

	風過耳 059　戰國・秦 李凌
	盛世 212　戰國・待考 呂凌
	盛世 213　戰國・待考 呂凌

冬

	秦印風 192 頁　戰國・秦 王冬可
	璽彙 218.2207　戰國・齊 □冬
	秦新 2977　戰國・秦 冬十壹月辛酉
	秦駰玉版研究　戰國・秦 孟冬枂=（十月）

冶

	貨系 253　戰國・周王畿 冶
	貨系 255　戰國・周王畿 冶
	貨系 256　戰國・周王畿 冶

	貨系 257　戰國・周王畿 冶
	貨系 258　戰國・周王畿 冶
	貨系 3790 背　戰國・齊 明/鄘（莒）冶旻（得）
	貨系 3794 背　戰國・齊 明/鄘冶齊刀
	錢典 1192　戰國・齊 鄘（莒）冶△
	璽彙 305.3258　戰國・三晉 冶褒（袖）

雨

	貨系 1931　戰國・待考 雨
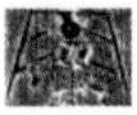	貨系 1932　戰國・待考 雨
	貨系 1933　戰國・待考 雨
	貨系 287　戰國・周王畿 雨
	貨系 288　戰國・周王畿 雨
	璽彙 97.0762　戰國・三晉 長雨
	霝雨・石鼓文・郭集　春秋・秦 □霝雨

雷

	璽彙 342.3694　戰國・楚 雷族睢鉨（璽）

霝

	璽彙 253.2636　戰國・三晉 霝（靈）適
	璽彙 254.2638　戰國・三晉 霝（靈）成（城）弟
	璽彙 254.2639　戰國・三晉 霝（靈）紑
	陶錄 2・735・2　戰國・齊 霝旻（得）
	陶錄 2・735・3　戰國・齊 霝旻（得）
	陶錄 2・735・4　戰國・齊 霝旻（得）
	陶錄 2・735・5　戰國・齊 霝旻（得）
	陶錄 2・735・6　戰國・齊 霝旻（得）
	陶錄 2・736・1　戰國・齊 霝旻（得）
	陶錄 2・736・3　戰國・齊 霝旻（得）
	陶錄 2・736・4　戰國・齊 霝旻（得）
	陶錄 2・736・5　戰國・齊 霝旻（得）
	陶錄 7・2・3　戰國・齊 酷霝
	霝雨・石鼓文・郭集　春秋・秦 □霝雨

⿱雨各

	貨系 1924　戰國・待考 ⿱雨各
	貨系 1926　戰國・待考 ⿱雨各
	三晉 91　戰國・韓 ⿱雨各
	三晉 91　戰國・韓 ⿱雨各
	燕下都 271　戰國・韓 ⿱雨各
	燕下都 271　戰國・韓 ⿱雨各
	漢原 232.1　戰國・三晉 ⿱雨各縈
	璽彙 254.2640　戰國・三晉 ⿱雨各雩
	璽彙 254.2642　戰國・三晉 ⿱雨各証

露

	秦印風 192 頁　戰國・秦 露毋忌

雩

	貨系 290　戰國・周王畿 雩
	甘印 97.4　戰國・三晉 肖（趙）雩
	赫連 3.4　戰國・三晉 王雩
	璽彙 161.1530　戰國・三晉 孔雩
	陶錄 5・108・4　戰國・三晉、兩周 疾雩

需

	貨系 291　戰國・周王畿 需

⿱雨寺*

	侯馬八五：一五　春秋・三晉 ⿱雨寺悳敢不閛（披）其腹心

⿱雨㚘*

	璽彙 302.3217　戰國・楚 肙（肩）⿱雨㚘

霥*

	吾水・石鼓文・郭集　春秋・秦 輸（翰）霥=（霥霥）□

⿱雨鄭*

	珍戰 94　戰國・三晉 粤（平）⿱雨鄭

雲

	錢典 794　戰國・周王畿 雲
	新封泥彙 1280　戰國・秦 左雲夢丞
	新封泥彙 1281　戰國・秦 左雲夢丞

	秦新 3220　戰國・秦 雲市
	秦新 3222　戰國・秦 雲市
	秦新 3225　戰國・秦 雲市
	秦新 3227　戰國・秦 雲市
	秦新 3241　戰國・秦 雲市
	秦新 3242　戰國・秦 雲市
	風過耳 345　戰國・秦 云子思士
	秦印風 244 頁　戰國・秦 云子思士
	璽彙 442. 4877　戰國・秦 云子思士

霒

	璽彙 12. 0068　戰國・趙 侌（陰）埳（館）司寇
	璽彙 144. 1322　戰國・三晉 武侌（陰）
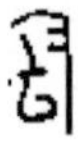	璽彙 297. 3162　戰國・三晉 侌（陰）絹（綰）
	璽彙 297. 3164　戰國・三晉 侌（陰）官
	璽類 257. 6　戰國・待考 瘍侌（陰）

魚

	貨系 2795　戰國・中山 魚
	貨系 2796　戰國・中山 魚
	貨系 2797　戰國・中山 魚
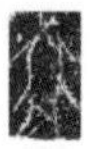	齊幣 458　戰國・齊 魚
	秦印風 176 頁　戰國・秦 張魚
	璽彙 60. 0347　戰國・楚 魚鈢（璽）
	璽彙 81. 0564　戰國・三晉 王魚
	璽類 375. 12　戰國・待考 帮（邢）魚
	陶錄 2・264・2　戰國・齊 蒦圆魚里□□
	陶錄 2・264・3　戰國・齊 蒦圆魚里人貴
	陶錄 2・470・3　戰國・齊 豆里魚生
	陶錄 2・470・4　戰國・齊 豆里魚生
	陶錄 2・472・3　戰國・齊 豆里魚生
	陶錄 2・473・1　戰國・齊 豆里魚生
	陶錄 2・473・3　戰國・齊 豆里魚生

	陶錄 2・473・4　戰國・齊 豆里魚生
	侯馬一五六：三　春秋・三晉 魚（吾）君丌（其）盟（明）殛（殛）覞（視）之
	汧殹・石鼓文・郭集　春秋・秦 帛（白）魚皪₌（皪皪）
	汧殹・石鼓文・郭集　春秋・秦 其魚隹（維）可（何）

鯉

	汧殹・石鼓文・郭集　春秋・秦 鰋鯉處之
	汧殹・石鼓文・郭集　春秋・秦 隹（維）鱮隹（維）鯉

魴

	秦範卷三 13.2　戰國・燕 魴山
	璽彙 261.2728　戰國・燕 魴豎
	篆彙 437.13　戰國・燕 魴山
	汧殹・石鼓文・郭集　春秋・秦 有鰟（魴）有鮊
	汧殹・石鼓文・郭集　春秋・秦 黃帛（白）其鰯（魴）

鱮

	汧殹・石鼓文・郭集　春秋・秦 隹（維）鱮隹（維）鯉

鰋

	汧殹・石鼓文・郭集　春秋・秦 鰋鯉處之

鮮

	秦印風 225 頁　戰國・秦 鮮于何
	璽類 237.8　戰國・待考 鮮于穀
	璽類 376.2　戰國・三晉 子鮮頭鉨（璽）
	汧殹・石鼓文・郭集　春秋・秦 其𥲤氏鮮

鮊

	汧殹・石鼓文・郭集　春秋・秦 有鰟（魴）有鮊（鮊）

鮏

	璽彙 129.1143　戰國・齊 高鮏
	新齊 0771　戰國・齊 蒦圆南里圆者鮏
	新齊 1161　戰國・齊 豆里鮏
	新齊 1162　戰國・齊 豆里鮏

魠*

	璽彙 168.1615　戰國・三晉 䣊（曹）魠

	璽彙 370.4015　戰國・三晉 鮮（鮮）于寏

鮀*

	秦印風 226 頁　戰國・秦 鮀可舍

鮓*

	璽彙 231.2372　戰國・三晉 倝（韓）鮓
	璽彙 284.3006　戰國・三晉 賈鮓

鮭*

	秦印風 166 頁　戰國・秦 鮭匽

鯡*

	秦新 2039　戰國・秦 鯡
	秦新 2041　戰國・秦 鯡

漁

	汧毆・石鼓文・郭集　春秋・秦 君子漁之

龍

	風過耳 069　戰國・秦 龍蓜（茝）
	集釋 267.4　戰國・三晉 帀（師）龍
	盛世 206　戰國・秦 龍印
	璽彙 79.0538　戰國・三晉 王龍
	璽彙 186.1822　戰國・三晉 事（史）龍

靇

	秦墓石磬　春秋・秦 高陽又（有）靇（靈）
	秦墓石磬　春秋・秦 左（佐）以靇（靈）神
	秦墓石磬　春秋・秦 允龢又（有）靇（靈）殸（磬）

非

	貨系 2739　戰國・中山 非
	貨系 2741　戰國・中山 非
	貨系 2742　戰國・中山 非
	貨系 495　戰國・周王畿 非
	貨系 496　戰國・周王畿 非
	貨系 498　戰國・周王畿 非
	先秦編 469　戰國・中山 非/八
	風過耳 048　戰國・秦 賈非子

	秦印風 137 頁　戰國・秦 李次非
	璽彙 147.1365　戰國・齊 孟非字（子）
	陶錄 4・154・1　戰國・燕 非
	陶錄 4・163・4　戰國・燕 非
	侯馬八五：四　春秋・三晉 非敢不閛（披）[其腹心]
	侯馬二〇〇：二〇　春秋・三晉 麻（摩）臺（夷）非（彼）是（氏）
	侯馬一八：二　春秋・三晉 麻（摩）[夷]非（彼）[氏]

靡

	會稽刻石・秦銘刻選　秦代 靡有隱情
	秦駰玉版研究　戰國・秦 而靡又（有）鼎（貞）休
	泰山刻石・秦銘刻選　秦代 靡不清淨

卂

	玉萃 26.4　戰國・待考 卂足

	侯馬一：一三　春秋・三晉 敢不半（披）其[腹]心㠯（以）事[其]宔（主）
	秋淵・詛楚文・郭集　戰國・秦 告于不（丕）顯大神氒（厥）湫
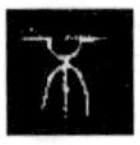	秋淵・詛楚文・郭集　戰國・秦 䓊（吾）不敢曰“可”
	溫縣簡報 T1 坎 1：137　春秋・三晉 不（丕）㬎（顯）岳（嶽）公大塚（冢）
	溫縣簡報 T1 坎 1：1845　春秋・三晉 不（丕）㬎（顯）岳（嶽）公大塚（冢）
	溫縣簡報 T1 坎 1：1961　春秋・三晉 不（丕）㬎（顯）岳（嶽）公大塚（冢）
	溫縣簡報 T1 坎 1：2279　春秋・三晉 不（丕）㬎（顯）岳（嶽）公大塚（冢）
	溫縣簡報 T1 坎 1：2857　春秋・三晉 不（丕）㬎（顯）岳（嶽）[公]
	溫縣簡報 T1 坎 1：3780　春秋・三晉 敢不忢=（蒸蒸）焉中（忠）心事丌（其）宔（主）
	溫縣簡報 T1 坎 1：3780　春秋・三晉 不（丕）㬎（顯）岳（嶽）公大塚（冢）
	溫縣簡報 T1 坎 1：3797　春秋・三晉 不（丕）顯岳（嶽）公大塚（冢）
	溫縣簡報 T1 坎 1：3802　春秋・三晉 不（丕）㬎（顯）岳（嶽）公大塚（冢）
	溫縣簡報 T1 坎 1：3863　春秋・三晉 不（丕）㬎（顯）岳（嶽）公大塚（冢）
	溫縣簡報 T1 坎 1：4499　春秋・三晉 不（丕）顯岳（嶽）公大塚（冢）
	溫縣簡報 T1 坎 1：4585　春秋・三晉 不（丕）㬎（顯）岳（嶽）公大塚（冢）
	巫咸・詛楚文・郭集　戰國・秦 告于不（丕）顯大神巫咸
	巫咸・詛楚文・郭集　戰國・秦 求蔑灋（廢）皇天上帝及不（丕）顯大神巫咸之卹祠、圭玉、羲（犧）牲
	新出研 WT1　K1：3690　春秋・三晉 不（丕）顯岳（嶽）公大𥛱（冢）
	亞駝・詛楚文・郭集　戰國・秦 親印不（丕）顯大神亞駝而質焉
	亞駝・詛楚文・郭集　戰國・秦 求蔑灋（廢）皇天上帝及不（丕）顯大神亞駝之卹祠、圭玉、羲（犧）牲

至

	風過耳 088　戰國・秦 橋（喬）至
	璽彙 444.4905　戰國・待考 王之至上
	璽彙 444.4906　戰國・待考 王之至上
	陶錄 2・650・3　戰國・齊 至右
	陶錄 2・650・4　戰國・齊 奎至
	秦駰玉版研究　戰國・秦 已吾复（腹）心以下至于足□之病

到

	玉萃 13.4　戰國・秦 李到
	秦新 2977　戰國・秦 取杜才（在）酆邱到潏

臺

	貨系 2479　戰國・趙 平臺/厶•十二朱

	風過耳 131　戰國・秦 王臺
	秦印風 186 頁　戰國・秦 李臺
	新封泥彙 1321　戰國・秦 安臺丞印
	秦新 1558　戰國・秦 咸郿里臺
	秦新 1559　戰國・秦 咸郿里臺
	秦新 1563　戰國・秦 咸郿里臺
	秦新 1564　戰國・秦 咸郿里臺
	秦新 1823　戰國・秦 □郿□臺
	陶錄 6・29・4　戰國・秦 咸郿里臺
	侯馬一五六：七　春秋・三晉 臺卯敢不半（披）復（腹）[心]

陘

	璽彙 485.5370　戰國・三晉 陘
	璽彙 486.5371　戰國・三晉 陘
	璽彙 486.5372　戰國・三晉 陘

西

	貨系 1049　戰國・趙 西都/十四
	貨系 4080　戰國・西周 西周
	貨系 4081　戰國・西周 西周
	貨系 58　戰國・周王畿 少曲市西/□
	貨系 60　戰國・周王畿 少曲市西/余
	先秦編 612　戰國・西周 西周
	燕下都 221　戰國・趙 西都
	燕下都 221　戰國・趙 西都
	燕下都 223　戰國・趙 西都/五
	燕下都 223　戰國・趙 西都/廿
	吉璽 12.65　戰國・三晉 西都隆（地）
	秦印風 37 頁　戰國・秦 西鄉
	璽彙 302.3216　戰國・三晉 西臤（敃）
	璽彙 365.3964　戰國・燕 西方齒
	璽考 121.6　戰國・三晉 上西閂（門）
	新封泥彙 1892　戰國・秦 西方中謁
	秦新 1192　戰國・秦 西道

	秦新 1193　戰國・秦 西道
	秦新 1194　戰國・秦 西道
	秦新 1195　戰國・秦 西道
	秦新 1197　戰國・秦 西道
	秦新 1198　戰國・秦 西道
	秦新 1230　戰國・秦 西道
	秦新 1315　戰國・秦 西道
	秦新 2722　戰國・秦 咸臣西辟
	秦新 2963　戰國・秦 西奂蘇氏十斗
	秦新 2964　戰國・秦 西奂蘇氏十斗、十斗
	陶録 2・544・3　戰國・齊 袞子西里人馬厏
	陶録 2・544・4　戰國・齊 袞子西里人馬厏
	陶録 2・564・1　戰國・齊 西酷里匋（陶）□
	陶録 2・564・2　戰國・齊 西酷里人同瓬
	陶録 2・564・3　戰國・齊 西酷里陳何
	陶録 6・465・4　戰國・秦 西處
	侯馬八五：三　春秋・三晉 西敢不閛（披）丌（其）[腹]心吕（以）事其宔（主）
	秦駰玉版研究　戰國・秦 西東若惷
	吳人・石鼓文・郭集　春秋・秦 䣓（載）西䣓（載）北
	秦印風 247 頁　戰國・秦 栖仁

鹵

	秦新 2047　戰國・秦 鹵
	秦新 2638　戰國・秦 鹵
	秦新 3333　戰國・秦 鹵市
	秦新 3335　戰國・秦 鹵市

鹽

	璽考 184.8　戰國・楚 盬（鹽）
	吉璽 1.1　戰國・齊 遅（徙）盬（鹽）之鉨（璽）
	鑒菁 37.72　戰國・待考 盬（鹽）
	璽彙 34.0198　戰國・齊 昜（陽）都邑□遅（徙）盬（鹽）之鉨（璽）
	璽考 55.1　戰國・齊 遅（徙）盬（鹽）之鉨（璽）

盬

	璽彙 330.3558　戰國・齊 盬（盬）抈

戶

	璽類 354.10　戰國・齊 公戶惑
	夕藏 Ⅱ 05-77-1　戰國・齊 左酷右戾（戶）
	湖印 37.3　戰國・楚 郢室愧戾（戶）之鉨（璽）
	新齊 0383　戰國・齊 左酷右戾

戹*

	璽彙 273.2867　戰國・待考 戹戞
	璽彙 273.2868　戰國・三晉 戹坤（市）
	璽彙 273.2869　戰國・楚 戹希

門

	貨系 2477　戰國・趙 北九門/十二朱
	先秦編 376　戰國・趙 北九門/十二朱（銖）
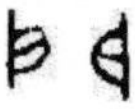	鑒菁 4.7　戰國・三晉 崆（嵷）門
	秦印風 91 頁　戰國・秦 東門脱
	璽彙 29.0168　戰國・楚 南門出鉨（璽）
	璽彙 29.0169　戰國・三晉 上東門尔（璽）
	璽彙 255.2656　戰國・三晉 閔（藺）門
	珍戰 13　戰國・三晉 妟門
	陶錄 2・10・1　戰國・齊 華門陸（陳）棱再左里毀京釜（釜）
	陶錄 2・10・2　戰國・齊 華門陸（陳）棱再左……
	陶錄 2・11・2　戰國・齊 □門陸（陳）□再左里毀京區
	陶錄 2・13・1　戰國・齊 閶閉（閈）陸（陳）旻（得）平陵縣廩豆酉臧□□
	陶錄 2・5・1　戰國・齊 平門內□竇左……毀京□
	陶錄 2・5・2　戰國・齊 平門內陸（陳）竇左里……
	陶錄 2・646・2　戰國・齊 □門陸（陳）竇左里□京豆
	夕藏 Ⅰ 01-4-1　戰國・齊 平門內陸（陳）竇左里毀京區
	新齊 0336　戰國・齊 華門陸（陳）棱再左里毀京釜（釜）
	新齊 0337　戰國・齊 □門陸（陳）□再左里□京區
	新齊 0338　戰國・齊 華門陸（陳）棱再左里毀京區
	新齊 0340　戰國・齊 □門陸（陳）□再左里毀京釜（釜）

	新齊 0342 戰國・齊 □門陸（陳）棱再左里𣪘京斧（釜）
	新齊 0346 戰國・齊 華門陸（陳）棱參左里□□豆
	璽彙 95.0734 戰國・三晉 長閔（門）
	璽彙 29.0170 戰國・三晉 上東閂（門）
	璽考 121.6 戰國・三晉 上西閂（門）
	璽類 282.6 戰國・三晉 北閂（門）

間

	秦印風 168 頁 戰國・秦 郭京間
	秦印風 170 頁 戰國・秦 間枝長左
	陶錄 2・410・3 戰國・齊 墇闓（間）棖里曰淖（潮）
	陶錄 2・411・1 戰國・齊 高闓（間）棖里曰淖（潮）
	陶錄 2・411・4 戰國・齊 墇闓（間）棖里曰淖（潮）
	陶錄 2・414・1 戰國・齊 墇闓（間）棖里曰臑
	陶錄 2・414・3 戰國・齊 墇闓（間）棖里曰臑
	陶錄 2・415・4 戰國・齊 高闓（間）棖里曰臑
	陶錄 2・416・1 戰國・齊 高闓（間）棖里曰臑

	陶錄 2・418・2 戰國・齊 墇闓（間）棖里曰臧（臧）
	陶錄 2・418・3 戰國・齊 高闓（間）棖里曰臧（臧）
	陶錄 2・418・4 戰國・齊 高闓（間）棖里曰臧（臧）
	陶錄 2・419・2 戰國・齊 高闓（間）棖里曰臧（臧）
	陶錄 2・419・3 戰國・齊 高闓（間）棖里曰臧（臧）
	陶錄 2・419・4 戰國・齊 高闓（間）棖里曰臧（臧）
	陶錄 2・420・1 戰國・齊 高闓（間）棖里曰臧（臧）
	陶錄 2・420・2 戰國・齊 高闓（間）棖里曰臧（臧）
	陶錄 2・420・3 戰國・齊 高闓（間）棖里曰臧（臧）
	陶錄 2・421・2 戰國・齊 高闓（間）棖里曰臧（臧）
	陶錄 2・421・3 戰國・齊 高闓（間）棖里曰臧（臧）
	陶錄 2・421・4 戰國・齊 高闓（間）棖里曰臧（臧）
	陶錄 2・669・4 戰國・齊 高闓（間）匋（陶）里曰淖（潮）
	陶錄 2・670・1 戰國・齊 高闓（間）匋（陶）里曰臑
	夕藏 Ⅱ 07-1-1 戰國・齊 墇闓（間）棖里曰臑
	夕藏 Ⅱ 07-1-3 戰國・齊 墇闓（間）棖里曰臑

	新齊 0984 戰國・齊 塙闠（閭）棋里曰臑
	新齊 0985 戰國・齊 塙闠（閭）棋里曰臑
	新齊 0989 戰國・齊 塙闠（閭）棋里曰䐁
	新齊 0990 戰國・齊 塙闠（閭）棋里曰䐁
	新齊 0992 戰國・齊 塙闠（閭）棋里曰臧（臧）
	新齊 0994 戰國・齊 塙闠（閭）棋里曰臧（臧）
	新齊 0995 戰國・齊 塙闠（閭）棋里曰淖（潮）
	新齊 0996 戰國・齊 塙闠（閭）棋里曰淖（潮）
	新齊 0997 戰國・齊 塙闠（閭）棋里曰淖（潮）
	璽彙 370.4013 戰國・齊 閔（閭）丘凿（骴）
	璽彙 370.4014 戰國・齊 閔（閭）丘郢
	陶錄 2・417・2 戰國・齊 高閔（閭）棋里曰怙
	陶錄 2・422・3 戰國・齊 塙閔（閭）棋里曰隻
	陶錄 2・425・3 戰國・齊 高閔（閭）隻
	陶錄 2・430・2 戰國・齊 高閔（閭）不敢
	陶錄 2・432・3 戰國・齊 高閔（閭）丁
	陶錄 2・433・3 戰國・齊 高閔（閭）丁
	夕藏 II 07-4-1 戰國・齊 塙閔（閭）棋里曰怙
	夕藏 II 07-5-1 戰國・齊 塙閔（閭）里迓
	夕藏 II 07-5-3 戰國・齊 塙閔（閭）里迓
	夕藏 II 07-9-1 戰國・齊 塙閔（閭）隻

閻

	秦印風 205 頁 戰國・秦 閻義
	秦印風 232 頁 戰國・秦 趙閻

闕

	秦印風 78 頁 戰國・秦 闕弱

闢

	貨系 2543 背 戰國・齊 節（即）䁶（墨）之夻（大）乇（刀） /闢封
	貨系 2544 背 戰國・齊 節（即）䁶（墨）之夻（大）乇（刀） /闢封
	貨系 2545 背 戰國・齊 節（即）䁶（墨）之夻（大）乇（刀） /闢封
	貨系 2546 背 戰國・齊 節（即）䁶（墨）之夻（大）乇（刀） /闢封
	貨系 4019 戰國・燕 闢封/闢封/闢封

	夕藏 II 04-29-11　戰國・齊 闢（關）里馬㹾
	夕藏 II 04-29-9　戰國・齊 闢（關）里馬㹾
	夕藏 II 04-30-11　戰國・齊 闢（關）里坐
	夕藏 II 04-30-14　戰國・齊 闢（關）里坐
	夕藏 II 04-30-18　戰國・齊 闢（關）里坐
	夕藏 II 04-30-2　戰國・齊 闢（關）里坐
	夕藏 II 04-30-21　戰國・齊 闢（關）里坐
	夕藏 II 04-30-28　戰國・齊 闢（關）里坐
	夕藏 II 04-30-3　戰國・齊 闢（關）里坐
	新齊 0739　戰國・齊 闢（關）里坐
	新齊 0743　戰國・齊 闢（關）里丁
	璽彙 52.0295　戰國・楚 勿正闡（關）鈢（璽）

閹

	秦印風 145 頁　戰國・秦 王閹

閔

	璽彙 221.2244　戰國・三晉 下南閔（門）
	璽彙 247.2563　戰國・三晉 垍（埴）南閔（門）
	璽彙 290.3075　戰國・三晉 昌閔（門）
	璽彙 318.3414　戰國・燕 羊閔䧹
	璽考 121.4　戰國・三晉 下南閔（門）
	陶錄 4・199・4　戰國・燕 □閔

閁*

	璽彙 80.0558　戰國・三晉 王重閁
	璽彙 299.3187　戰國・三晉 匠閁

閅*

	集釋 179.4　戰國・三晉 下閅庫

閇*

	秦印風 214 頁　戰國・秦 郭閇

閗*

	璽彙 110.0916　戰國・三晉 肖（趙）閗
	璽彙 162.1538　戰國・三晉 孔閗

閃*

璽彙 110.0917　戰國・三晉
肖（趙）閃

璽彙 372.4039　戰國・三晉
陽成閃

璽彙 515.5669　戰國・三晉
東方閃

閇*

珍戰 39　戰國・三晉
藿閇（閉）智

閶*

鑒菁 8.14　戰國・三晉
陳閶

闁*

集釋 281.15　戰國・三晉
困石闁

閜*

秦印風 117 頁　戰國・秦
閜廣

閛*

璽彙 85.0610　戰國・燕
王閛

璽彙 261.2723　戰國・三晉
夏閛

闉*

璽彙 199.1982　戰國・三晉
郅闉

閫*

璽彙 291.3086　戰國・三晉
盧（臧）閫

闆*

璽彙 134.1206　戰國・三晉
牛闆

閡*

風過耳 228　戰國・秦
閡

秦印風 97 頁　戰國・秦
䵹（郭）閡

璽彙 74.0483　戰國・三晉
王閡

璽類 385.15　戰國・三晉
王閡

闠*

秦印風 185 頁　戰國・秦
闠延

耳

貨系 539　戰國・周王畿
耳

璽彙 231.2367　戰國・三晉
韓耳

聠*

	璽彙 87.0645　戰國・齊 王生聠
	璽彙 159.1509　戰國・燕 畋生聠

腄*

	釋玉璜箴銘　戰國・中山 上皃（變）下腄（動）

義*

	鶴廬 81.4　戰國・待考 石義
	璽彙 320.3434　戰國・三晉 東谷義

聘*

	二十 65.二-SP-0087　戰國・三晉 鄆（董）聘
	秦範卷三 14.1　戰國・三晉 長聘
	璽彙 121.1042　戰國・三晉 肖（趙）聘

聲*

	璽彙 365.3954　戰國・燕 長生聽（聲）

臣

	陶錄 7・6・2　戰國・待考 臣□

巸

	風過耳 097　戰國・秦 任巸
	璽彙 299.3181　戰國・三晉 巸（熙）豎
	璽彙 299.3183　戰國・三晉 巸（熙）□
	璽彙 299.3185　戰國・三晉 巸（熙）抈
	珍戰 126　戰國・三晉 巸（熙）坨

手

	風過耳 046　戰國・秦 許手

掌

	璽彙 186.1824　戰國・三晉 学（掌）事
	新齊 0385　戰國・齊 右学（掌）客京

拳

	秦印風 150 頁　戰國・秦 拳
	秦印風 56 頁　戰國・秦 李拳
	盛世 171　戰國・待考 令狐拳

揖

	風過耳 296　戰國・秦 揖欣

攘

	三晉 100　戰國・韓、趙 攘（襄）垣
	三晉 100　戰國・韓、趙 攘（襄）垣
	珍戰 47　戰國・三晉 肖（趙）攘
	陶錄 2・438・1　戰國・齊 豆里畣（棄）疾攘
	陶錄 2・438・3　戰國・齊 豆里畣（棄）疾攘
	陶錄 2・439・3　戰國・齊 豆里畣（棄）疾攘
	陶錄 2・674・4　戰國・齊 豆里畣（棄）疾攘
	陶錄 2・675・1　戰國・齊 豆里畣（棄）疾攘
	陶錄 2・675・2　戰國・齊 豆里畣（棄）疾攘
	璽彙 54. 0309　戰國・楚 下鄒（蔡）戠（職）攘（襄）
	璽彙 138. 1251　戰國・楚 黄攘
	璽彙 155. 1459　戰國・楚 塦（陳）攘

搯

	秦印風 87 頁　戰國・秦 王搯

扶

	秦印風 199 頁　戰國・秦 駟扶

操

	秦印風 198 頁　戰國・秦 王操

搏

	鑾車・石鼓文・郭集　春秋・秦 □廓宣搏

據

	秦印風 138 頁　戰國・秦 據丙
	陶錄 6・438・4　戰國・秦 滿據
	陶錄 6・439・1　戰國・秦 滿據

擥

	新封泥彙 1305　戰國・秦 上官擥

把

	秦印風 156 頁　戰國・秦 王把

	秦印風 91 頁　戰國・秦 蔡把

措

	璽彙 198. 1968　戰國・三晉 郾（燕）散（措）
	璽考 49. 1　戰國・齊 右行木散（措）木

掄

	秦印風 152 頁　戰國・秦 掄
	秦印風 178 頁　戰國・秦 李掄

擇

	秦印風 222 頁　戰國・秦 文擇
	秦印風 69 頁　戰國・秦 擇疢

承

	璽彙 192. 1905　戰國・三晉 鄍（縣）丞（丞）
	璽類 409. 4　戰國・魏 丞（承）匡冢子
	珍戰 62　戰國・三晉 事（史）丞（承）
	珍戰 82　戰國・待考 魯生丞（承）
	會稽刻石・秦銘刻選　秦代 天下承風

投

	秦印風 210 頁　戰國・秦 投遷

揚

	陶錄 4・189・1　戰國・燕 敭（揚）
	陶錄 4・189・2　戰國・燕 敭（揚）

舉

	秦新 1618　戰國・秦 咸郿里舉
	陶錄 6・24・3　戰國・秦 咸郿里舉

撟

	秦印風 142 頁　戰國・秦 笵撟
	秦印風 235 頁　戰國・秦 撟

揄

	秦新 1433　戰國・秦 贛揄得

失

	秋淵・詛楚文・郭集　戰國・秦 淫失（佚）甚亂
	巫咸・詛楚文・郭集　戰國・秦 淫失（佚）甚亂

	亞駝・詛楚文・郭集　戰國・秦 淫失（佚）甚亂

拾

	秦印風 207 頁　戰國・秦 茅拾
	秦印風 216 頁　戰國・秦 徐拾
	秦印風 65 頁　戰國・秦 臣拾

援

	秦印風 100 頁　戰國・秦 田援
	璽彙 292.3105　戰國・秦 节（節）援
	秦新 1345　戰國・秦 烏氏援

掩

	秦新 1281　戰國・秦 都船掩

抈

	璽彙 299.3185　戰國・三晉 配（熙）抈
	璽彙 330.3558　戰國・齊 鹽（鹽）抈

捷

	二十 147.二-GP-0078　戰國・齊 截（捷）
	陶錄 2・18・1　戰國・齊 陲（陳）截（捷）
	新齊 0884　戰國・齊 大蒦圆里圆者截（捷）

抆*

	璽彙 294.3120　戰國・齊 抆武
	璽彙 294.3121　戰國・齊 抆㥦

挨*

	璽彙 305.3259　戰國・三晉 挨肩

挹*

	璽彙 186.1833　戰國・三晉 史挹

揌*

	璽彙 186.1830　戰國・三晉 事（史）揌

揇*

	璽彙 308.3287　戰國・三晉 唛（夌）揇

脊

	風過耳 267　戰國・秦 公脊
	古萃 128.4　戰國・秦 恆脊

	秦印風 60 頁　戰國・秦 李脊
	璽彙 507.5569　戰國・秦 史脊
	盛世 104　戰國・三晉 郚（范）脨（脊）尔（鉩）
	璽彙 134.1208　戰國・三晉 牛脨（脊）
	璽彙 178.1730　戰國・三晉 事（史）脨（脊）
	璽彙 511.5622　戰國・三晉 事（史）院脨（脊）

女

	貨系 1431　戰國・魏 高女（奴）一釿
	貨系 1432　戰國・魏 高女（奴）一釿
	貨系 1433　戰國・魏 高女（奴）一釿
	秦印風 208 頁　戰國・秦 黿女
	璽彙 81.0565　戰國・燕 王相女（如）
	璽彙 189.1859　戰國・三晉 事（史）相女（如）
	璽彙 204.2041　戰國・三晉 鄆（董）相女（如）
	璽彙 298.3171　戰國・三晉 产（危）女
	璽彙 332.3580　戰國・楚 女信
	璽彙 339.3663　戰國・燕 女□銴
	新封泥彙 2555　戰國・秦 女賁丞印
	鴨選 15　戰國・三晉 宋相女（如）
	珍戰 32　戰國・三晉 文是目（相）女（如）
	陶錄 2・274・2　戰國・齊 □里女
	新齊 1408　戰國・齊 女
	侯馬二〇三：六　春秋・三晉 ……女（汝）
	侯馬三：二一　春秋・三晉 所則永亟（殛）閱（視）女（汝）
	侯馬一六：三　春秋・三晉 女嘉之□□夫=（大夫）卓……
	侯馬一五六：二一　春秋・三晉 則永亟（殛）閱（視）女（汝）
	會稽刻石・秦銘刻選　秦代 男女絜（潔）誠
	泰山刻石・秦銘刻選　秦代 男女體順
	溫縣簡報 T1 坎 1：1845　春秋・三晉 臺（諦）極（殛）閱（視）女（汝）
	溫縣簡報 T1 坎 1：2279　春秋・三晉 意（諦）愆（殛）閱（視）女（汝）
	溫縣簡報 T1 坎 1：3211　春秋・三晉 臺（諦）極（殛）閱（視）女（汝）
	溫縣簡報 T1 坎 1：3780　春秋・三晉 臺（諦）極（殛）閱（視）女（汝）

	溫縣簡報 T1 坎 1：3802　春秋・三晉 𡉚（諦）遌（殛）睍（視）女（汝）
	戰國題銘（中）　戰國・待考 □□□□□女

姓

	風過耳 074　戰國・秦 呂姓
	秦駰玉版研究　戰國・秦 東方又（有）士姓（生）
	秋淵・詛楚文・郭集　戰國・秦 伐威我百姓
	巫咸・詛楚文・郭集　戰國・秦 伐威我百姓

姜

	魏石 38.5　戰國・待考 姜截
	璽彙 141.1293　戰國・三晉 姜□
	秦新 1447　戰國・秦 嫋（鄒）上造姜

姚

	風過耳 224　戰國・秦 姚
	秦印風 105 頁　戰國・秦 姚攀
	秦印風 174 頁　戰國・秦 姚疌
	秦印風 51 頁　戰國・秦 姚廣

	盛世 168　戰國・待考 姚氏私印
	陶錄 6・107・1　戰國・秦 □姚

嫁

	會稽刻石・秦銘刻選　秦代 有子而嫁

婚

	秋淵・詛楚文・郭集　戰國・秦 絆以婚姻
	巫咸・詛楚文・郭集　戰國・秦 絆以婚姻
	亞駝・詛楚文・郭集　戰國・秦 絆以婚姻

姻

	秋淵・詛楚文・郭集　戰國・秦 絆以婚姻
	巫咸・詛楚文・郭集　戰國・秦 絆以婚姻
	亞駝・詛楚文・郭集　戰國・秦 絆以婚姻

妻

	魏石 12.2　戰國・三晉 夆（餘子）妻君王罜
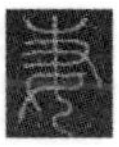	會稽刻石・秦銘刻選　秦代 妻爲逃嫁

	陶錄 2・374・1　戰國・齊 楚章巷蔵（苴）里姛（始）
	陶錄 2・375・1　戰國・齊 楚章巷蔵（苴）里姛（始）
	陶錄 2・376・1　戰國・齊 楚章巷蔵（苴）里姛（始）
	陶錄 2・376・2　戰國・齊 楚章巷蔵（苴）里姛（始）
	陶錄 2・376・3　戰國・齊 楚章巷蔵（苴）里姛（始）
	陶錄 2・684・1　戰國・齊 楚章巷蔵（苴）里姛（始）
	新齊 0588　戰國・齊 楚章巷蔵（苴）里姛（始）
	新齊 0591　戰國・齊 楚章巷蔵（苴）里姛（始）
	新齊 0592　戰國・齊 楚章巷蔵（苴）里姛（始）
	新齊 0593　戰國・齊 楚章巷蔵（苴）里姛（始）
	新齊 0594　戰國・齊 楚章巷蔵（苴）里姛（始）
	新齊 0595　戰國・齊 楚章巷蔵（苴）里姛（始）

媚

	秦印風 66 頁　戰國・秦 蘇媚

好

	秦印風 214 頁　戰國・秦 張好
	秦新 1215　戰國・秦 好時□□
	車工・石鼓文・郭集　春秋・秦 避（吾）車既好
	二十 100. 二-SP-0380　戰國・齊 于孖（好）

孌

	璽彙 66. 0386　戰國・三晉 王戀（孌）
	璽彙 257. 2676　戰國・三晉 戀（欒）睪（釋）之

媱

	秦印風 82 頁　戰國・秦 楊媱

嬛

	璽彙 117. 1004　戰國・三晉 肖（趙）嬛

媿

	秦印風 218 頁　戰國・秦 胡秀媿

委

	璽彙 227. 2315　戰國・三晉 陽匧（委）坿（府）
	秦新 3136　戰國・秦 委
	陶錄 6・105・1　戰國・秦 委

媃

	秦印風 64 頁　戰國・秦 田媃

如

	秦印風 163 頁　戰國・秦 趙相如印
	璽彙 362.3924　戰國・齊 猣（公孫）相如鉨（璽）
	秦新 1132　戰國・秦 新城如虖
	秦新 1930　戰國・秦 咸邑如戊
	秦新 2484　戰國・秦 右如
	陶錄 6・52・1　戰國・秦 咸邑如頃
	陶錄 6・52・2　戰國・秦 咸邑如頃
	陶錄 6・52・3　戰國・秦 咸邑如頃
	陶錄 6・75・2　戰國・秦 如
	陶錄 6・75・3　戰國・秦 如
	鑾車・石鼓文・郭集　春秋・秦 獸鹿如□
	秦駰玉版研究　戰國・秦 能自复如故
	泰山刻石・秦銘刻選　秦代 如後嗣爲之者
	繹山刻石・秦銘刻選　秦代 如後嗣爲之者

旻

	珍戰 13　戰國・三晉 旻門

婧

	秦印風 134 頁　戰國・秦 王婧
	侯馬一：四二　春秋・三晉 敢不侑閛（披）[其腹心]
	侯馬一：四一　春秋・三晉 仁柳侃敢不侑閛（披）丌（其）復（腹）心台（以）事嘉

嬰

	風過耳 087　戰國・秦 橋（喬）嬰
	秦印風 164 頁　戰國・秦 嬰獲
	秦印風 205 頁　戰國・秦 王嬰
	秦印風 64 頁　戰國・秦 汪嬰
	陶錄 6・264・1　戰國・秦 寺嬰
	陶錄 6・35・1　戰國・秦 咸原少嬰
	陶錄 6・35・2　戰國・秦 咸原少嬰
	陶錄 6・35・3　戰國・秦 咸原少嬰

妒

	貨系 2475　戰國・趙 妬（石）邑/十七•兩

媄

	秦新 2719　戰國・秦 咸□里妖（媄）

媮

	陶録 6・451・5　戰國・秦 周媮

娃

	璽彙 210. 2120　戰國・三晉 毣(毛）娃

婁

	璽彙 327. 3522　戰國・楚 婁□
	璽彙 339. 3662　戰國・燕 婁悳（惎）

娷

	秦印風 131 頁　戰國・秦 娷

媿

	湖印 37. 3　戰國・楚 郢室愧宊（戶）之鉨（璽）
	璽彙 31. 0183　戰國・楚 鄄閈（閒）愧夫₌（大夫）鉨（璽）
	璽彙 194. 1924　戰國・燕 并愧

㚧*

	璽彙 284. 3001　戰國・三晉 賈㚧
	璽類 392. 9　戰國・待考 賈㚧

妻*

	陶録 4・29・3　戰國・燕 右宮妻

妥*

	秦印風 193 頁　戰國・秦 韓妥
	盛世 199　戰國・待考 張妥
	璽彙 287. 3044　戰國・三晉 毎（魏）妥

妐*

	璽彙 32. 0190　戰國・燕 妐（容）成（城）都柄鄕左

媢*

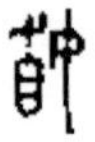	璽彙 130. 1156　戰國・三晉 石媢

媞*

	秦範卷三 30. 8　戰國・待考 王媞

妺*

	璽彙 276. 2902　戰國・三晉 文是妺

婡*

	秦印風 46 頁　戰國・秦 文婡

婒*

	秦新 2864　戰國・秦 邑里□婒

媢*

	國輯 14. 3　戰國・三晉 比媢

媱*

	秦印風 163 頁　戰國・秦 郭媱

婸*

	秦新 3139　戰國・秦 婸

媇*

	秋淵・詛楚文・郭集　戰國・秦 幽約（約）媇（親）戚
	秋淵・詛楚文・郭集　戰國・秦 及郗、長、媇
	巫咸・詛楚文・郭集　戰國・秦 幽約（約）媇（親）戚
	巫咸・詛楚文・郭集　戰國・秦 及郗、長、媇
	亞駝・詛楚文・郭集　戰國・秦 幽約（約）媇（親）戚
	亞駝・詛楚文・郭集　戰國・秦 及郗、長、媇

媧*

	璽類 398. 2　戰國・待考 孔媧

嬇*

	陶錄 6・133・3　戰國・秦 宮嬇

嬫*

	陶錄 6・147・2　戰國・秦 咸嬫
	陶錄 6・147・3　戰國・秦 咸嬫
	陶錄 6・147・4　戰國・秦 嬫

毋

	風過耳 344　戰國・秦 日敬毋治
	秦印風 187 頁　戰國・秦 毋坨（地）
	秦印風 213 頁　戰國・秦 毋苦夫
	秦印風 251 頁　戰國・秦 毋智

	秦新 1329　戰國・秦 寺工毋死
	秋淵・詛楚文・郭集　戰國・秦 毋相爲不利
	巫咸・詛楚文・郭集　戰國・秦 毋相爲不利
	亞駝・詛楚文・郭集　戰國・秦 毋相爲不利

民

	秦印風 239 頁　戰國・秦 民樂
	秦印風 239 頁　戰國・秦 宜民和眾
	秦印風 31 頁　戰國・秦 安民正印
	秦駰玉版研究　戰國・秦 竪=（竪竪）烝民之事明神

弗

	璽彙 266. 2786　戰國・待考 君（尹）弗
	璽彙 294. 3126　戰國・三晉 弗祆
	侯馬六七：四七　春秋・三晉 而……弗……
	侯馬六七：五七　春秋・三晉 而弗……
	侯馬六七：一六　春秋・三晉 弗[執]
	侯馬六七：一六　春秋・三晉 弗獻

	秦駰玉版研究　戰國・秦 眾人弗智（知）

弋

	璽彙 294. 3124　戰國・三晉 弋踏
	新封泥彙 1283　戰國・秦 佐弋丞印
	秦新 2000　戰國・秦 弋
	陶錄 6・81・1　戰國・秦 弋
	陶錄 6・81・2　戰國・秦 弋

也

	秦印風 47 頁　戰國・秦 印也
	秦駰玉版研究　戰國・秦 余無辠（罪）也
	秋淵・詛楚文・郭集　戰國・秦 禮俾（卑）介老，將之目（以）自救也
	繹山刻石・秦銘刻選　秦代 其於久遠也

氏

	貨系 1952　戰國・待考 □氏
	貨系 734　戰國・趙 兹（茲）氏/一
	貨系 737　戰國・趙 兹（茲）氏/五

	錢典 252　戰國・韓 郐（綸）氏
	三晉 100　戰國・魏 鄠氏
	三晉 115　戰國・魏 皮氏
	三晉 46　戰國・趙 丝（茲）氏半/廿
	三晉 46　戰國・趙 丝（茲）氏半/六
	三晉 99　戰國・魏 鄠氏
	燕下都 271　戰國・魏 鄠氏
	風過耳 225　戰國・秦 匽氏
	秦印風 59 頁　戰國・秦 張氏
	盛世 026　戰國・待考 相氏家印
	十六 2.4　戰國・待考 職曲氏之鉨（璽）
	璽彙 193.1906　戰國・齊 鄤氏鉨（璽）
	璽彙 246.2543　戰國・三晉 佃氏胩
	璽彙 312.3335　戰國・三晉 餌（館）氏𠂙（尉）
	璽彙 441.4860　戰國・三晉 可㠯（以）正氏
	秦新 1237　戰國・秦 烏氏工昌

	秦新 1345　戰國・秦 烏氏援
	秦新 2930　戰國・秦 李氏九斗二參
	秦新 2964　戰國・秦 西奐蘇氏十斗、十斗
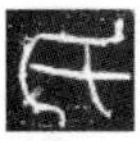	秦新 3121　戰國・秦 隱成呂氏缶容十斗
	秦新 3123　戰國・秦 隱成呂氏缶容十斗
	陶錄 5・107・4　戰國・三晉、兩周 格氏
	陶錄 5・41・1　戰國・三晉、兩周 格氏左司工（空）
	陶錄 5・41・2　戰國・三晉、兩周 格氏右司工（空）
	陶錄 5・41・3　戰國・三晉、兩周 格氏右司工（空）
	陶錄 5・41・4　戰國・三晉、兩周 格氏
	陶錄 5・41・6　戰國・三晉、兩周 格氏
	陶錄 6・292・2　戰國・秦 □氏居貲公士富
	陶錄 6・293・2　戰國・秦 楊氏居貲大子
	陶錄 6・294・2　戰國・秦 楊氏居貲武德公士契必
	陶錄 6・324・1　戰國・秦 華成靳氏五斗
	陶錄 6・325・3　戰國・秦 北□呂氏缶容十斗

	璽彙 12.0071　戰國・三晉 戰丘司寇
	繹山刻石・秦銘刻選　秦代 功戰日作

戲

	風過耳 278　戰國・秦 恐戲
	甘印 65.4　戰國・待考 王戲
	鶴廬 97.2　戰國・待考 汪戲
	秦印風 80 頁　戰國・秦 王戲
	璽彙 130.1157　戰國・三晉 石戲
	璽彙 181.1765　戰國・三晉 事（史）戲
	璽彙 297.3154　戰國・三晉 戲昁（市）
	璽考 239.7　戰國・三晉 宋戲
	秦新 1677　戰國・秦 咸陽巨戲
	秦新 1678　戰國・秦 咸陽巨戲
	秦新 2736　戰國・秦 咸翏陽戲
	新出研 WT4　K6：212　春秋・三晉 麻戲
	新出研 WT4　K6：315　春秋・三晉 麻戲

或

	璽類 214.17　戰國・待考 郹域之鈢（璽）
	璽類 442.6　戰國・齊 長或坾（璽）
	陶錄 1・43・1　戰國以前・待考 或
	陶錄 1・43・2　戰國以前・待考 或
	侯馬八八：二　春秋・三晉 而或覍（變）改助及寏（奂）
	侯馬二〇〇：八　春秋・三晉 而敢或覍（變）改助及奂
	侯馬二〇〇：二七　春秋・三晉 而敢或覍（變）改助及襖（奂）
	侯馬二〇〇：六〇　春秋・三晉 ……或……
	侯馬二〇〇：六五　春秋・三晉 [敢]或
	侯馬二〇〇：四二　春秋・三晉 敢或
	侯馬二〇〇：四九　春秋・三晉 而敢或覍（變）改助及[奂]
	侯馬二〇〇：四〇　春秋・三晉 敢或覍（變）改助及奂
	侯馬二〇〇：四三　春秋・三晉 ……或……
	侯馬二〇〇：四一　春秋・三晉 而敢或覍（變）改
	侯馬二〇〇：一六　春秋・三晉 敢或覍（變）[改]助[及奂]

	侯馬二〇〇：一七　春秋・三晉 敢或兗（變）改助及奐
	侯馬二〇〇：一三　春秋・三晉 敢或兗（變）改助及奐
	侯馬九八：一六　春秋・三晉 敢或
	侯馬九二：二四　春秋・三晉 而敢或兗（變）改[助]
	侯馬九二：六　春秋・三晉 而敢或兗（變）改助及奐
	侯馬九二：三〇　春秋・三晉 敢或兗（變）[改]
	侯馬九六：四　春秋・三晉 而敢或兗（變）[改]
	侯馬六七：三六　春秋・三晉 敢或內（納）室[者]
	侯馬六七：五八　春秋・三晉 ……或……
	侯馬六七：五六　春秋・三晉 尚敢或
	侯馬六七：一五　春秋・三晉 或內（納）室者
	侯馬六七：一五　春秋・三晉 或內（納）室者
	侯馬七七：一〇　春秋・三晉 或兗（變）改助及褑（奐）
	侯馬三：八　春秋・三晉 而敢或兗（變）改助及奐
	侯馬三：二〇　春秋・三晉 而或復入（納）之于晉邦之墬（地）者
	侯馬三：六　春秋・三晉 而敢或兗（變）改助及奐

	侯馬三：五　春秋・三晉 而敢或兗（變）改[助及]奐
	侯馬三：一　春秋・三晉 而敢或兗（變）改助及褑（奐）
	侯馬三：一二　春秋・三晉 敢或兗（變）改助及奐
	侯馬三：一〇　春秋・三晉 而敢或[變]改
	侯馬三：一七　春秋・三晉 而敢或兗（變）改助及褑（奐）
	侯馬三五：四　春秋・三晉 [敢]或兗（變）改
	侯馬一：八二　春秋・三晉 而敢或兗（變）改助及[奐]
	侯馬一：八四　春秋・三晉 而敢或兗（變）改助[及奐]
	侯馬一：二八　春秋・三晉 而敢或兗（變）改助及奐
	侯馬一：二四　春秋・三晉 而敢或兗（變）改助及奐
	侯馬一：三〇　春秋・三晉 而敢或兗（變）改
	侯馬一：三四　春秋・三晉 [敢]或兗（變）改
	侯馬一：三一　春秋・三晉 而敢或兗（變）改助及奐
	侯馬一：四九　春秋・三晉 而[敢]或兗（變）改
	侯馬一：四〇　春秋・三晉 而敢或兗（變）改助及奐
	侯馬一：五六　春秋・三晉 而敢或兗（變）改

	侯馬一：一〇四　春秋・三晉 而敢或[變]改助及奐
	侯馬一九八：五　春秋・三晉 而敢或貟（變）改助及奐
	侯馬一九四：一〇　春秋・三晉 而敢或[變改]
	侯馬一九四：一一　春秋・三晉 而或復入（納）之于晉邦之中者
	侯馬一九五：一　春秋・三晉 而敢或貟（變）改助[及]褀（奐）
	侯馬一六：二九　春秋・三晉 ……或……
	侯馬一六：二一　春秋・三晉 [敢]或貟（變）改助及褀（奐）
	侯馬一六：五　春秋・三晉 而[敢]或[變]改助及[奐]
	侯馬一六：一二　春秋・三晉 而敢或貟（變）[改]助及褀（奐）
	侯馬一七九：一四　春秋・三晉 而或復入（納）之于晉邦之墜（地）者
	侯馬一五六：二一　春秋・三晉 而或復入（納）之于晉邦之[墜（地）] 者
	侯馬一五六：九　春秋・三晉 而敢或貟（變）改助及[奐]
	侯馬一五六：四　春秋・三晉 而敢或貟（變）改助及褀（奐）
	侯馬一五六：一九　春秋・三晉 而或復入（納）之于晉邦之墜（地）者
	霝雨・石鼓文・郭集　春秋・秦 或陰或陽
	秦墓石磬　春秋・秦 或教自上

戮

	秋淵・詛楚文・郭集　戰國・秦 刑（刑）戮孕婦
	巫咸・詛楚文・郭集　戰國・秦 刑（刑）戮孕婦
	亞駝・詛楚文・郭集　戰國・秦 刑（刑）戮孕婦

武

	貨系 1012　戰國・趙 武安
	貨系 1013　戰國・趙 武安/一
	貨系 1024　戰國・趙 武安/九
	貨系 165　戰國・周王畿 武
	貨系 166　戰國・周王畿 武
	貨系 598　戰國・周王畿 武
	貨系 604　戰國・周王畿 武
	貨系 615　戰國・周王畿 武
	貨系 616　戰國・周王畿 武
	三晉 51　戰國・趙 武安/二
	風過耳 148　戰國・秦 武欣

	鶴廬 99.1　戰國・三晉 武臯
	秦印風 186 頁　戰國・秦 武慶
	秦印風 25 頁　戰國・秦 脩（修）武庫印
	秦印風 31 頁　戰國・秦 武柏私府
	璽彙 144.1322　戰國・三晉 武侌（陰）
	璽彙 144.1323　戰國・楚 武倉
	璽彙 144.1326　戰國・齊 武⿱川心（訓）訐（信）鉨（璽）
	璽彙 180.1757　戰國・三晉 事（史）武
	璽彙 324.3483　戰國・齊 □武
	璽考 98.4　戰國・三晉 武憲司寇
	璽類 395.5　戰國・三晉 丌（綦）母（毋）武
	璽類 469.1　戰國・待考 武官訐（信）鉨（璽）
	玉萃 8.1　戰國・待考 安武君
	珍戰 79　戰國・三晉 武翾
	珍戰 146　戰國・待考 武哉
	篆彙 795.18　戰國・待考 歓武

	秦新 1163　戰國・秦 武
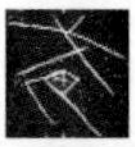	秦新 1432　戰國・秦 東武東閒居貲不更□
	秦新 1434　戰國・秦 東武羅
	秦新 1435　戰國・秦 東武袾（遂）贛楡扆
	秦新 1436　戰國・秦 東武居貲上造慶忌
	秦新 1443　戰國・秦 楊氏居貲武德公士契必
	秦新 1840　戰國・秦 咸武都□
	秦新 2948　戰國・秦 武南
	秦新 2977　戰國・秦 周天子使卿大夫辰來致文武之酢（胙）
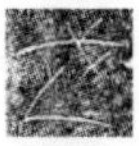	陶錄 2・52・1　戰國・齊 膚丘巷武昌里
	陶錄 6・414・4　戰國・秦 東武市
	陶錄 6・414・5　戰國・秦 東武市
	陶錄 6・414・6　戰國・秦 東武市
	譽編　戰國晚期・中山 武□不
	繹山刻石・秦銘刻選　秦代 武義直方
	戰國題銘（中）　戰國・待考 □不登□□□□□□齊六□□巫武平 □□□□□里

戠

	湖印 37.4　戰國・楚 中戠（職）室鉨（璽）
	璽彙 26.0154　戰國・齊 戠（職）內帀（師）鉨（璽）
	璽彙 35.0205　戰國・楚 戠（職）歲之鉨（璽）
	璽彙 54.0309　戰國・楚 下鄡（蔡）戠（職）攘（禳）
	璽彙 346.3750　戰國・楚 方正戠（職）壴（鑄）
	璽類 77.1　戰國・待考 鄷（曹）戠
	璽類 403.17　戰國・待考 倝（韓）戠

戜*

	陶錄 2・111・1　戰國・齊 繇巷大匋（陶）里戜

找*

	璽彙 324.3479　戰國・齊 找疆政鉨（璽）

⿰壴戈*

	西泠 1.7　戰國・待考 孔⿰壴戈

⿰来戈*

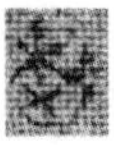	新出研 WT4　K6：212　春秋・三晉 㠯（以）膚（皆）⿰柔戈（仇）痘則（賊） 夫
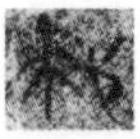	新出研 WT4　K6：250　春秋・三晉 台（以）膚（皆）⿰来戈（仇）痘則（賊） 夫
	新出研 WT4　K6：315　春秋・三晉 㠯（以）膚（皆）⿰柔戈（仇）痘則（賊） 夫

鼓*

	港續 57.81　戰國・待考 郶（巷）鼓
	璽彙 230.2356　戰國・三晉 韓鼓

戟*

	璽彙 231.2373　戰國・三晉 戟（韓）粱
	璽彙 232.2374　戰國・三晉 戟（韓）㛸

戳*

	侯馬一六：一七　春秋・三晉 戳敢不閛（披）其腹心台（以）[事其] 宔（主）

戚

	秦印風 216 頁　戰國・秦 兇戚
	璽彙 85.0615　戰國・齊 王亡（無）戚
	秋淵・詛楚文・郭集　戰國・秦 幽約（約）婇（親）戚
	巫咸・詛楚文・郭集　戰國・秦 幽約（約）婇（親）戚
	亞駝・詛楚文・郭集　戰國・秦 幽約（約）婇（親）戚

我

	貨系 448　戰國・周王畿 我
	貨系 449　戰國・周王畿 我
	貨系 450　戰國・周王畿 我
	貨系 451　戰國・周王畿 我
	新封泥彙 2472　戰國・秦 徒我丞印
	而師・石鼓文・郭集　春秋・秦 古我來□
	秦駰玉版研究　戰國・秦 爲我戚憂
	秋淵・詛楚文・郭集　戰國・秦 昔我先王君穆公及楚成王
	秋淵・詛楚文・郭集　戰國・秦 以臨加我
	秋淵・詛楚文・郭集　戰國・秦 欲剗伐我社稷
	秋淵・詛楚文・郭集　戰國・秦 伐威我百姓
	秋淵・詛楚文・郭集　戰國・秦 且復略我邊城
	巫咸・詛楚文・郭集　戰國・秦 昔我先王君穆公及楚成王
	巫咸・詛楚文・郭集　戰國・秦 以臨加我
	巫咸・詛楚文・郭集　戰國・秦 欲剗伐我社稷
	巫咸・詛楚文・郭集　戰國・秦 伐威我百姓
	巫咸・詛楚文・郭集　戰國・秦 且復略我邊城
	亞駝・詛楚文・郭集　戰國・秦 昔我先王君穆公及楚成王
	亞駝・詛楚文・郭集　戰國・秦 以臨加我
	亞駝・詛楚文・郭集　戰國・秦 欲剗伐我社稷
	亞駝・詛楚文・郭集　戰國・秦 伐威我百姓
	亞駝・詛楚文・郭集　戰國・秦 且復略我邊城
	作原・石鼓文・郭集　春秋・秦 導□我嗣

義

	風過耳 209　戰國・秦 周義
	集釋 245.9　戰國・三晉 旂（祁）義□
	秦印風 171 頁　戰國・秦 張義
	璽彙 127.1115　戰國・三晉 高義
	璽彙 210.2119　戰國・三晉 毜(毛）義
	璽彙 510.5606　戰國・三晉 長義
	璽類 405.11　戰國・待考 舒義

	陶錄 6・303・4　戰國・秦 新城義□
	陶錄 6・304・2　戰國・秦 新城義渠
	會稽刻石・秦銘刻選　秦代 飭省宣義
	泰山刻石・秦銘刻選　秦代 大義箸明
	繹山刻石・秦銘刻選　秦代 武義直方

琴

	秦印風 70 頁　戰國・秦 琴□

瑟

	璽彙 47.0279　戰國・楚 童（鍾）弃（離）京鉨（璽）
	璽考 151.2　戰國・楚 中弃（瑟）府（府）廷客鉨（璽）

直

	秦印風 43 頁　戰國・秦 直璽
	盛世 100　戰國・待考 陽成直
	璽彙 93.0707　戰國・三晉 長直
	璽彙 172.1662　戰國・三晉 士直
	秦新 1690　戰國・秦 咸直里繚
	秦新 1691　戰國・秦 咸直里繚
	秦新 3219　戰國・秦 咸直里章
	陶錄 6・30・1　戰國・秦 咸直里章
	陶錄 6・31・1　戰國・秦 咸直里績
	侯馬八八：三　春秋・三晉 比兓之子孫比直（德）及丌（其）子孫
	侯馬八五：二　春秋・三晉 比直（德）及丌（其）孫₌（子孫）
	侯馬九二：四六　春秋・三晉 比直（德）及丌（其）子孫
	侯馬九二：五　春秋・三晉 比直（德）
	侯馬七七：六　春秋・三晉 比直（德）[及]丌（其）孫₌（子孫）
	侯馬三：三　春秋・三晉 比直（德）及丌（其）孫₌（子孫）
	侯馬三：五　春秋・三晉 比直（德）及丌（其）孫₌（子孫）
	侯馬三：一　春秋・三晉 比直（德）及丌（其）孫₌（子孫）
	侯馬三：一六　春秋・三晉 比直（德）及丌（其）孫₌（子孫）
	侯馬三六：四　春秋・三晉 [比]直（德）
	侯馬探八②：一　春秋・三晉 比直（德）及丌（其）子孫
	侯馬一九八：一四　春秋・三晉 比直（德）

	侯馬一六：一四　春秋・三晉 比直（德）及丌（其）孫=（子孫）
	侯馬一五二：一　春秋・三晉 比直（德）
	侯馬一五六：二五　春秋・三晉 比直（德）及丌（其）孫=（子孫）
	侯馬一五六：三　春秋・三晉 比直（德）及丌（其）孫=（子孫）
	侯馬一五六：一　春秋・三晉 比直（德）及丌（其）孫=（子孫）
	侯馬一五六：一七　春秋・三晉 比直（德）及丌（其）子孫
	繹山刻石・秦銘刻選　秦代 武義直方

亡

	貨系 2482　戰國・趙 余亡/十•十二朱
	港續 114.195　戰國・待考 正行亡（無）厶（私）
	鶴廬 21.4　戰國・待考 正行亡（無）曲
	秦印風 169 頁　戰國・秦 樂亡奴
	陝新 198.1690　戰國・待考 亡（無）厶（私）
	璽彙 149.1385　戰國・三晉 樂亡（無）忌
	璽彙 243.2506　戰國・三晉 韊亡（無）忌
	璽彙 433.4768　戰國・三晉 正行亡（無）曲
	璽彙 435.4791　戰國・三晉 正行亡（無）厶（私）
	璽彙 517.5694　戰國・待考 亡（無）厶（私）
	侯馬六七：二〇　春秋・三晉 亡峑（夷）非（彼）是（氏）
	侯馬六七：四七　春秋・三晉 亡峑（夷）非（彼）[氏]
	侯馬六七：五二　春秋・三晉 亡峑（夷）非（彼）是（氏）
	侯馬六七：一四　春秋・三晉 亡峑（夷）非（彼）是（氏）
	秦駰玉版研究　戰國・秦 典灋蘚（鮮）亡
	珍戰 81　戰國・三晉 迒（亡）慶

乍

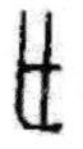	港續 71.110　戰國・三晉 鬲（司馬）乍
	璽彙 177.1715　戰國・三晉 事（史）乍
	新璽 86　戰國・待考 乍（作）
	陶錄 2・643・3　戰國・齊 圞（湍）乍（作）佋（韶）埍
	作原・石鼓文・郭集　春秋・秦 乍（作）邍乍（作）□
	作原・石鼓文・郭集　春秋・秦 乍（作）邍乍（作）□

無

	二十 139.二-GP-0008　戰國・燕 余無都鍴（瑞）
	秦印風 206 頁　戰國・秦 王無
	陶錄 4・21・1　戰國・燕 余無都鍴（瑞）
	侯馬一〇五：二　春秋・三晉 無卹之斡子
	會稽刻石・秦銘刻選　秦代 被澤無疆
	會稽刻石・秦銘刻選　秦代 殺之無辠（罪）
	秦墓石磬　春秋・秦 龤（紳）用無疆
	秦駰玉版研究　戰國・秦 若明神不□丌（其）行而無辠（罪）□友□

匃

	秦印風 231 頁　戰國・秦 王匃
	秦新 2173　戰國・秦 匃
	秦新 2424　戰國・秦 匃
	秦新 2426　戰國・秦 匃
	秦新 2427　戰國・秦 匃
	秦新 2428　戰國・秦 匃
	秦新 2430　戰國・秦 匃
	秦新 2432　戰國・秦 匃
	秦新 2501　戰國・秦 匃
	秦新 2510　戰國・秦 匃

區

	璽彙 40.0239　戰國・楚 區夫相鉨（璽）敬
	璽彙 481.5312　戰國・待考 區
	璽類 169.5　戰國・待考 朱區
	陶錄 2・167・2　戰國・齊 中蒦圆里區□
	陶錄 2・28・1　戰國・齊 大市區罂
	陶錄 2・28・2　戰國・齊 大市區罂
	陶錄 2・3・3　戰國・齊 內郭陸（陳）齎参立事左里毀京區
	陶錄 2・30・4　戰國・齊 市區
	陶錄 2・39・1　戰國・齊 公區大蒦圆壽所□
	陶錄 2・44・1　戰國・齊 主區
	陶錄 2・44・2　戰國・齊 主區

	陶錄 2・44・3 戰國・齊 主區
	陶錄 2・45・1 戰國・齊 主區
	陶錄 2・45・3 戰國・齊 主區
	陶錄 2・45・4 戰國・齊 主區
	陶錄 2・8・1 戰國・齊 王孫陞（陳）棱再左里敀京區
	夕藏 Ⅰ 01-3-1 戰國・齊 公區蒦圆匋（陶）里人岳
	夕藏 Ⅰ 01-3-2 戰國・齊 公區
	夕藏 Ⅰ 01-3-3 戰國・齊 公區
	夕藏 Ⅰ 01-4-1 戰國・齊 平門内陞（陳）齎左里敀京區
	新齊 0338 戰國・齊 華門陞（陳）棱再左里敀京區
	新齊 0380 戰國・齊 主區
	侯馬一：四六 春秋・三晉 區牛敢不半（披）丌（其）腹心㠯（以）事丌（其）宔（主）
	璽彙 326.3509 戰國・楚 區驪

匽

	風過耳 225 戰國・秦 匽氏
	秦印風 166 頁 戰國・秦 鮭匽
	陶錄 5・20・3 戰國・三晉、兩周 匽謹
	夕藏 Ⅱ 04-7-1 戰國・齊 楚᪽巷蔵（苴）里匽
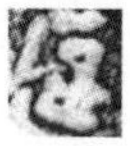	夕藏 Ⅱ 04-7-2 戰國・齊 楚᪽巷蔵（苴）里匽
	新齊 0199 戰國・齊 陞（陳）匽再䏋
	新齊 0200 戰國・齊 陞（陳）匽再侳
	新泰齊陶 2002XYY⑤W：119 戰國・齊 陞（陳）匽再□
	新泰齊陶 2002XYY⑤W：125 戰國・齊 □匽□侳
	秦墓石磬 春秋・秦 天子匽（宴）喜

医

	鶴廬 103.4 戰國・三晉 長勹医厶（私）尔（璽）
	陝新 1.005 戰國・燕 信城医

匹

	錢典 535 戰國・周王畿 匹

匠

	璽彙 40.0234 戰國・齊 卑（裨）𤖯（將）匠芻訐（信）鉨（璽）
	璽彙 299.3180 戰國・三晉 匠繯

	璽彙 299.3187 戰國・三晉 匠囙
	新封泥彙 0195 戰國・秦 大匠丞印
	新封泥彙 1411 戰國・秦 大匠
	新封泥彙 1412 戰國・秦 大匠丞印
	秦新 1007 戰國・秦 大匠
	秦新 1266 戰國・秦 大匠
	秦新 1331 戰國・秦 大匠
	秦新 2541 戰國・秦 大匠
	秦新 2799 戰國・秦 大匠乙
	秦新 2812 戰國・秦 大匠
	秦新 2813 戰國・秦 大匠
	秦新 2814 戰國・秦 大匠
	秦新 3272 戰國・秦 大匠

匡

	璽類 409.4 戰國・魏 氶（承）匡冢子
	印戰 20.3 戰國・三晉 下匡取水

⿷匚子*

	璽彙 306.3266 戰國・三晉 灤⿷匚子

⿷匚壬*

	陶錄 4・138・1 戰國・燕 左⿷匚壬

⿷匚文*

	璽彙 299.3179 戰國・三晉 ⿷匚文和

⿷匚心*

	鑒菁 13.25 戰國・三晉 ⿰爫犬（狄）⿷匚心

⿷匚屮*

	璽彙 237.2434 戰國・三晉 椁（郭）⿷匚屮

⿷匚由*

	璽彙 94.0719 戰國・三晉 長⿷匚由
	璽彙 140.1274 戰國・三晉 半⿷匚由
	璽彙 174.1681 戰國・三晉 奇⿷匚由
	璽彙 180.1750 戰國・三晉 事（史）⿷匚由
	珍戰 135 戰國・三晉 庚⿷匚由

⿷匚邑*

	賓釋　戰國・待考 ⿷匚邑雖
	璽彙 242.2502　戰國・燕 軨生⿷匚邑

⿷匚豕*

	陶錄 2・534・2　戰國・齊 𧛫子里曰⿷匚豕乘
	陶錄 2・534・3　戰國・齊 𧛫子里曰⿷匚豕乘
	陶錄 2・535・1　戰國・齊 𧛫子里曰⿷匚豕乘
	陶錄 2・535・2　戰國・齊 𧛫子里曰⿷匚豕乘
	陶錄 2・535・3　戰國・齊 𧛫子里曰⿷匚豕乘
	陶錄 2・537・1　戰國・齊 𧛫子里曰⿷匚豕乘
	陶錄 2・670・3　戰國・齊 𧛫子里曰⿷匚豕乘
	夕藏 Ⅱ 09-2-2　戰國・齊 𧛫子里曰⿷匚豕乘

⿷匚坐*

	璽彙 299.3186　戰國・三晉 ⿷匚坐疒

⿷匚昜*

	璽彙 301.3208　戰國・三晉 茸⿷匚昜
	璽類 409.11　戰國・待考 𩏂（南郭）⿷匚昜

⿷匚豆*

	甘印 64.1　戰國・燕 ⿷匚豆去疾
	璽彙 84.0602　戰國・燕 王⿷匚豆
	璽彙 356.3856　戰國・燕 公孫⿷匚豆
	陶錄 4・41・2　戰國・燕 匋（陶）攻（工）⿷匚豆

⿷匚馬*

	珍戰 145　戰國・待考 ⿷匚馬欨

⿷匚堇*

	秦新 2024　戰國・秦 ⿷匚堇
	秦新 2027　戰國・秦 ⿷匚堇

⿷匚袁*

	璽彙 172.1655　戰國・三晉 番⿷匚袁

⿷匚⿰阝馬*

	璽彙 318.3410　戰國・燕 栗市（師）⿷匚⿰阝馬
	璽彙 327.3514　戰國・燕 羊閔⿷匚⿰阝馬

	璽類 368.6　戰國・燕 湯匵

曲

	貨系 43　戰國・周王畿 少曲市南/正
	貨系 58　戰國・周王畿 少曲市西/□
	貨系 63　戰國・周王畿 少曲□□
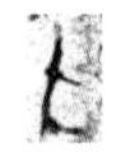	貨系 970　戰國・趙 昜（陽）曲/二
	貨系 972　戰國・趙 陽曲/二
	錢典 348　戰國・趙 曲・曲
	錢典 348　戰國・趙 曲・曲
	錢典 796　戰國・周王畿 少曲市南
	三晉 52　戰國・趙 昜（陽）曲
	秦印風 26 頁　戰國・秦 曲陽左尉
	十六 2.4　戰國・待考 職曲氏之鉨（璽）
	璽彙 227.2317　戰國・趙 曲陽
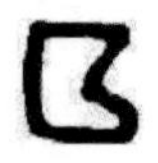	璽彙 433.4768　戰國・三晉 正行亡（無）曲
	璽彙 433.4771　戰國・三晉 正行亡（無）曲
	璽彙 434.4786　戰國・三晉 正行亡（無）曲
	璽彙 441.4865　戰國・楚 可目（以）正曲
	璽彙 446.4923　戰國・三晉 又（有）上下曲生
	璽考 294.3　戰國・三晉 少曲絫
	新璽 22　戰國・待考 可目（以）正曲
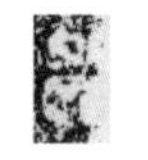	“懸書”解 WT1　K2：159　春秋・三晉 所徒敢爲紑書于小（少）曲者

甾

	貨系 4083　戰國・秦 兩甾（錙）
	貨系 4084　戰國・秦 兩甾（錙）
	貨系 4085　戰國・秦 兩甾（錙）
	貨系 4089　戰國・秦 兩甾（錙）
	先秦編 613　戰國・秦 兩甾（錙）

瓦

	秦新 1456　戰國・秦 左司高瓦
	秦新 1459　戰國・秦 左司高瓦
	秦新 1461　戰國・秦 左司高瓦

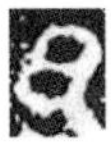	秦新 1465　戰國・秦 左司高瓦
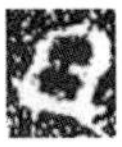	秦新 1468　戰國・秦 左司高瓦
	秦新 1474　戰國・秦 左司悁瓦
	秦新 1486　戰國・秦 左司悁瓦
	秦新 1508　戰國・秦 左司□瓦
	秦新 1517　戰國・秦 左司□瓦
	秦新 1518　戰國・秦 左司□瓦
	秦新 970　戰國・秦 左司高瓦
	秦新 973　戰國・秦 左司高瓦
	秦新 975　戰國・秦 左司高瓦
	秦新 976　戰國・秦 左司高瓦
	秦新 977　戰國・秦 左司高瓦
	陶錄 5・4・2　戰國・三晉、兩周 中茦（策）瓦

甄

	盛世 149　戰國・待考 甄鈞

甗

	陶錄 1・44・1　戰國以前・待考 甗

弓

	秦印風 36 頁　戰國・秦 弓舍
	璽彙 295.3139　戰國・三晉 弓襄
	秦新 2653　戰國・秦 弓
	車工・石鼓文・郭集　春秋・秦 騂=（騂騂）角弓
	而師・石鼓文・郭集　春秋・秦 弓矢孔庶
	鑾車・石鼓文・郭集　春秋・秦 真弓孔碩
	田車・石鼓文・郭集　春秋・秦 秀（搯）弓寺射

張

	風過耳 178　戰國・秦 張腄
	風過耳 184　戰國・秦 張季
	風過耳 194　戰國・秦 張志
	湖印 39.5　戰國・楚 張女
	秦印風 171 頁　戰國・秦 張義

孫

	古萃 145.1　戰國・待考 孫寊
	魯安 106.292　戰國・待考 孫文玉
	璽彙 160.1514　戰國・三晉 孫赤
	璽彙 160.1519　戰國・三晉 孫畫
	璽彙 161.1522　戰國・三晉 孫忎（慎）
	璽彙 161.1525　戰國・三晉 孫砙
	璽彙 163.1554　戰國・燕 孫乘
	璽彙 163.1555　戰國・三晉 孫忑
	璽彙 163.1557　戰國・楚 孫鄏
	璽彙 164.1562　戰國・齊 孫坴（陵）託（信）鉨（璽）
	璽彙 164.1563　戰國・齊 孫忎（慎）託（信）鉨（璽）
	璽彙 359.3888　戰國・三晉 公孫□
	璽考 307.8　戰國・三晉 公孫誁
	璽類 414.6　戰國・待考 樂孫
	璽類 415.16　戰國・待考 孫宋
	篆彙 368.18　戰國・齊 臧（臧）孫□鉨（璽）
	陶錄 2・176・1　戰國・齊 東蒦圆里公孫黝
	陶錄 2・176・3　戰國・齊 東蒦圆里公孫黝
	陶錄 2・177・1　戰國・齊 東蒦圆里公孫黝
	陶錄 2・280・2　戰國・齊 東匋（陶）里公孫綤
	陶錄 2・4・3　戰國・齊 王孫陲（陳）齎左……
	陶錄 2・5・3　戰國・齊 王孫□逵左……京崟（釜）
	陶錄 2・555・2　戰國・齊 東酷里公孫□
	陶錄 2・555・4　戰國・齊 東酷里公孫□
	陶錄 2・8・2　戰國・齊 王孫陲（陳）棱□事歲左……京區
	陶錄 2・8・4　戰國・齊 王孫陲（陳）棱立事歲左……
	陶錄 2・9・2　戰國・齊 王孫陲（陳）□再左□毁……
	陶錄 5・17・2　戰國・三晉、兩周 孫于□
	陶錄 5・25・4　戰國・三晉、兩周 不孫
	侯馬八八：四　春秋・三晉 史醜（醜）及丌（其）子孫
	侯馬八五：一九　春秋・三晉 ……之孫

	侯馬八五：一一　春秋・三晉 比直（德）及丌（其）子孫
	侯馬二〇〇：八　春秋・三晉 而敢又（有）志復肖（趙）尼及其子孫于晉邦之墜（地）者
	侯馬二〇〇：二四　春秋・三晉 [趙]尼及丌（其）子孫于[晉邦之]墜（地）者
	侯馬二〇〇：二五　春秋・三晉 而敢又（有）志復肖（趙）尼[及其]子孫于晉邦之墜（地）[者]
	侯馬二〇〇：三九　春秋・三晉 而敢又（有）志復肖（趙）尼及丌（其）子孫于晉邦之墜（地）者
	侯馬二〇〇：四六　春秋・三晉 又（有）志[復]趙尼[及其]子孫
	侯馬二〇〇：四一　春秋・三晉 而敢又（有）志復趙尼及丌（其）子孫于晉邦之墜（地）者
	侯馬二〇〇：一七　春秋・三晉 而敢又（有）志復趙尼及丌（其）子孫于[晉]邦之墜（地）者
	侯馬二〇〇：一三　春秋・三晉 [有]志復趙尼及丌（其）子孫于晉邦之墜（地）者
	侯馬九八：一〇　春秋・三晉 比直（德）及其子孫
	侯馬九二：二九　春秋・三晉 子孫
	侯馬九二：一三　春秋・三晉 及比痝之子孫
	侯馬七七：七　春秋・三晉 子孫
	侯馬七五：八　春秋・三晉 閔（藺）伐及丌（其）孫=（子孫）
	侯馬七五：七　春秋・三晉 而敢又（有）志復趙尼及丌（其）子孫
	侯馬三：二　春秋・三晉 而敢又（有）志[復]趙尼及丌（其）子孫=

	侯馬三：一五　春秋・三晉 ……孫
	侯馬四九：一　春秋・三晉 比□及丌（其）子孫
	侯馬一：四〇　春秋・三晉 而敢又（有）志復趙尼之子孫于晉邦之墜（地）[者]
	侯馬一九八：三　春秋・三晉 子孫
	侯馬一九四：四　春秋・三晉 司寇鬻之孫
	侯馬一六：二一　春秋・三晉 史醜（醜）及丌（其）子孫于晉邦之墜（地）者
	侯馬一六：三〇　春秋・三晉 比痝之子孫
	侯馬一六：三〇　春秋・三晉 �之子孫
	侯馬一六：一四　春秋・三晉 史醜（醜）及丌（其）孫=（子孫）
	侯馬一七九：五　春秋・三晉 子孫
	侯馬一五二：一　春秋・三晉 子孫于晉邦之墜（地）[者]
	侯馬一五六：一一　春秋・三晉 趙歅之子孫
	秋淵・詛楚文・郭集　戰國・秦 枼（世）萬子孫
	巫咸・詛楚文・郭集　戰國・秦 枼（世）萬子孫
	亞駝・詛楚文・郭集　戰國・秦 枼（世）萬子孫
	秦駰玉版研究　戰國・秦 枼（世）萬子孫

	璽類 463.1　戰國・待考 紀鼾
	秦新 1819　戰國・秦 咸郿里紀
	陶錄 6・328・1　戰國・秦 紀是（氏）
	陶錄 7・7・1　戰國・待考 紀□谿（蛪）
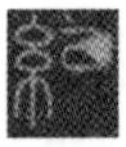	繹山刻石・秦銘刻選　秦代 以箸經紀
	璽彙 80.0560　戰國・三晉 王紀不
	璽彙 139.1264　戰國・三晉 卜紀不

纇

	璽彙 311.3331　戰國・三晉 □纇

給

	集釋 85.36　戰國・燕 王給
	璽彙 200.1998　戰國・三晉 鄆（董）給
	先印 109.2　戰國・燕 王給
	漢原 129.7　戰國・待考 王絵（給）
	秦範卷二 8.5　戰國・三晉 宗絵（給）
	璽類 423.7　戰國・待考 王絵（給）

續

	璽彙 251.2604　戰國・三晉 繂（續）竘
	璽彙 251.2605　戰國・三晉 繂（續）柧
	璽彙 44.0262　戰國・齊 堯相賡鉨（璽）

紹

	虹印 63　戰國・齊 十四年十一月帀（師）紹
	集釋 222.19　戰國・三晉 梁成紹
	璽彙 98.0770　戰國・三晉 長紹
	璽彙 187.1835　戰國・三晉 事（史）紹
	璽彙 233.2387　戰國・三晉 旂（祁）紹
	璽彙 255.2660　戰國・三晉 閈紹
	珍戰 38　戰國・三晉 子馬紹

綎

	璽彙 495.5485　戰國・楚 綎

紆

	璽彙 250.2600　戰國・三晉 紆午

	璽類 419.1　戰國・待考 紆成

繚

	陶錄 6・31・1　戰國・秦 咸直里繚
	陶錄 6・31・2　戰國・秦 咸直里繚
	陶錄 6・31・3　戰國・秦 咸直里繚

纏

	風過耳 021　戰國・秦 甘纏

繞

	陶錄 2・515・1　戰國・齊 豆里繞
	陶錄 2・515・2　戰國・齊 豆里繞
	陶錄 2・515・3　戰國・齊 豆里繞
	陶錄 2・516・1　戰國・齊 豆里繞
	陶錄 2・516・2　戰國・齊 豆里繞
	陶錄 2・516・3　戰國・齊 豆里繞
	陶錄 2・516・4　戰國・齊 豆里繞
	陶錄 2・517・1　戰國・齊 豆里繞
	陶錄 2・517・2　戰國・齊 豆里繞
	陶錄 2・517・4　戰國・齊 豆里繞
	陶錄 2・518・1　戰國・齊 豆里繞
	陶錄 2・676・1　戰國・齊 豆里繞
	夕藏 Ⅱ 07-27-1　戰國・齊 豆里繞
	夕藏 Ⅱ 07-27-2　戰國・齊 豆里繞

繯

	璽彙 141.1288　戰國・燕 余繯
	璽彙 299.3180　戰國・三晉 匠繯
	璽考 336.9　戰國・三晉 睪（馬適）繯
	璽類 419.5　戰國・三晉 成繯
	侯馬四九：二　春秋・三晉 郾繯敢不閛（披）亓（其）復（腹）心㠯（以）事亓（其）宔（主）

結

	侯馬八八：一二　春秋・三晉 司寇結及亓（其）[子孫]
	侯馬二〇三：一〇　春秋・三晉 司寇結
	侯馬九六：八　春秋・三晉 司寇結及亓（其）[子孫]

	侯馬七九：三　春秋・三晉 [司]寇結
	侯馬三：二〇　春秋・三晉 司寇結及丌（其）孫=（子孫）
	侯馬三：二一　春秋・三晉 司寇結及孫=（子孫）
	侯馬一九四：五　春秋・三晉 [司]寇結及其孫=（子孫）
	侯馬一九四：一一　春秋・三晉 司寇結之孫=（子孫）
	侯馬一九五：二　春秋・三晉 司寇結
	侯馬一九五：一　春秋・三晉 司寇結及丌（其）孫=（子孫）于晉邦之墜（地）者
	侯馬一五六：二四　春秋・三晉 司寇結及丌（其）孫=（子孫）

縪

	璽彙 255.2654　戰國・齊 □縪
	璽彙 341.3692　戰國・齊 □生縪

終

	貨系 474　戰國・待考 終
	天選 33.4　戰國・待考 恁（慎）終
	璽彙 145.1332　戰國・楚 臧（臧）終古
	璽彙 452.4970　戰國・三晉 恁（慎）終
	新齊 1246　戰國・齊 有終豆
	新齊 1247　戰國・齊 有終豆
	新齊 1248　戰國・齊 有終豆

繒

	陶錄 6・436・4　戰國・秦 萿繒
	陶錄 6・436・5　戰國・秦 萿繒
	陶錄 6・436・6　戰國・秦 萿繒
	陶錄 6・437・1　戰國・秦 萿繒
	陶錄 6・449・1　戰國・秦 曹繒
	陶錄 6・449・2　戰國・秦 曹繒
	陶錄 6・452・3　戰國・秦 萿繒

練

	陶錄 6・443・3　戰國・秦 練更
	陶錄 6・443・4　戰國・秦 練更
	陶錄 6・452・4　戰國・秦 練更
	陶錄 7・15・3　戰國・待考 練鬪（鬭）

	陶錄 7・15・4　戰國・待考 練闘（關）

䋛

	篆彙 258.1　戰國・待考 □䋛恖鉩（璽）

絹

	秦印風 221 頁　戰國・秦 橋絹

絑

	璽彙 164.1568　戰國・楚 絑□
	璽彙 165.1573　戰國・楚 絑緌（纓）

綰

	秦印風 85 頁　戰國・秦 橋（喬）綰
	陶錄 6・360・2　戰國・秦 [乃]詔丞相[狀]綰
	陶錄 6・360・4　戰國・秦 [丞相狀]綰
	陶錄 6・361・1　戰國・秦 乃詔丞相狀綰
	陶錄 6・367・1　戰國・秦 [乃]詔丞相狀綰灋度量則
	陶錄 6・367・2　戰國・秦 [乃詔丞]相狀綰灋度量則
	陶錄 6・368・1　戰國・秦 [乃]詔丞相狀綰灋度量則
	陶錄 6・372・1　戰國・秦 [乃詔丞]相狀綰灋度量則
	陶錄 6・470・1　戰國・秦 [乃詔丞]相狀綰灋度量則
	陶錄 6・470・2　戰國・秦 [乃]詔[丞]相狀綰[灋]度量[則]
	集釋 278.7　戰國・三晉 郗絽（綰）
	鑒菁 220. 附錄 2　戰國・三晉 侯絽（綰）
	璽彙 149.1379　戰國・三晉 樂絽（綰）
	璽彙 263.2755　戰國・三晉 郚絽（綰）
	璽考 278.3　戰國・三晉 長絽（綰）

纓

	陶錄 2・208・1　戰國・齊 蒦圆匋（陶）里人纓
	陶錄 2・208・3　戰國・齊 蒦圆匋（陶）里人纓
	陶錄 2・209・1　戰國・齊 蒦圆匋（陶）里人纓
	陶錄 2・209・2　戰國・齊 蒦圆匋（陶）里人纓
	陶錄 2・209・3　戰國・齊 蒦圆匋（陶）里人纓
	陶錄 2・210・1　戰國・齊 蒦圆匋（陶）里人纓
	夕藏 II 05-52-1　戰國・齊 蒦圆匋（陶）里人纓

	陶錄 2・171・3　戰國・齊 中蒦圆里人纓
	陶錄 2・549・1　戰國・齊 孟常匋（陶）里纓
	陶錄 2・549・2　戰國・齊 孟常匋（陶）里纓
	璽彙 165.1573　戰國・楚 絑緄（纓）
	璽彙 512.5623　戰國・楚 墜（陳）緄（纓）

紻

	璽彙 351.3786　戰國・三晉 司（司馬）紻
	璽彙 494.5478　戰國・楚 紻
	璽考 263.7　戰國・三晉 長紻

紳

	十鐘 39.1　戰國・楚 甹（平）緍（紳）
	璽彙 195.1932　戰國・楚 登（鄧）緍（紳）
	秦墓石磬　春秋・秦 龖（紳）用無疆
	秦墓石磬　春秋・秦 龖（紳）用無疆
	秦墓石磬　春秋・秦 龖（紳）用無疆
	吳人・石鼓文・郭集　春秋・秦 □□龖=（紳紳）

綬

	珍戰 97　戰國・三晉 高綬
	陶錄 6・24・4　戰國・秦 咸郿里綬

組

	秦新 1817　戰國・秦 咸郿里組
	璽彙 362.3921　戰國・齊 㒒（公孫）纑（組）鍚

緺

	璽彙 128.1134　戰國・三晉 高緺

纕

	貨系 2317　戰國・燕 纕（襄）坪（平）
	貨系 2322　戰國・燕 纕（襄）坪（平）
	貨系 2323　戰國・燕 纕（襄）坪（平）
	貨系 2326　戰國・燕 纕（襄）坪（平）/左
	璽彙 75.0499　戰國・燕 王纕
	璽彙 220.2240　戰國・燕 郹（吳）纕

縫

	秋淵・詛楚文・郭集　戰國・秦 縴（縫）以婚姻
	巫咸・詛楚文・郭集　戰國・秦 縴（縫）以婚姻
	亞駝・詛楚文・郭集　戰國・秦 縴（縫）以婚姻

緱

	秦印風 158 頁　戰國・秦 姚緱

縈

	漢原 232.1　戰國・三晉 零縈
	璽彙 229.2338　戰國・三晉 韓縈
	璽彙 372.4046　戰國・三晉 陽成縈
	璽考 117.1　戰國・韓 縈昜（陽）氏馬

絭

	風過耳 277　戰國・秦 絭快
	盛世 224　戰國・秦 絭
	陶錄 6・8・1　戰國・秦 咸亭郿里絭器

縢

	璽彙 354.3827　戰國・齊 司馬縢
	璽類 421.9　戰國・齊 止者縢
	新齊 1207　戰國・齊 子裒子里人曰縢
	鑒菁 11.21　戰國・三晉 肖（趙）絭（縢）

維

	璽彙 38.0225　戰國・齊 維□京之鉨（璽）
	璽彙 303.3231　戰國・楚 言維
	璽類 394.11　戰國・待考 維天母坊（市）
	陶錄 2・674・2　戰國・齊 酷里昜維

緐

	璽彙 307.3276　戰國・三晉 緐諯
	陶錄 4・28・2　戰國・燕 左宮緐

纆

	陶錄 2・216・2　戰國・齊 蒦圖匋（陶）里人纆
	新齊 0027　戰國・齊 北章陸（陳）喜纆

	新齊 0081　戰國・齊 閭閅（閒）陸（陳）㝵（得）立繮
	新齊 0159　戰國・齊 □戠□事繮
	新泰齊陶 2002XYY⑤W：113　戰國・齊 □□□事繮
	新泰齊陶 2002XYY⑤W：114　戰國・齊 □□□事繮
	新泰齊陶 2002XYY⑤W：164　戰國・齊 □□繮□……
	新泰齊陶 2002XYY⑤W：60　戰國・齊 北𩫖陸（陳）喜繮
	新泰齊陶 2002XYY⑤W：61　戰國・齊 北𩫖□□繮
	新泰齊陶 2002XYY⑤W：63　戰國・齊 □□□喜繮
	新泰齊陶 HBCS：121　戰國・齊 □□□□繮

絹

	侯馬一五六：一九　春秋・三晉 絹自質君所
	侯馬一五六：一九　春秋・三晉 絹見之行道而弗殺□

綮

	書璽 1065　戰國・楚 綮

緦

	璽類 421.12　戰國・三晉 長緦

緰

	侯馬七九：三　春秋・三晉 敢緰（偷）出入趙尼[之所]
	侯馬探八②：二　春秋・三晉 敢緰（偷）出入于肖（趙）尼之所
	侯馬一五六：二四　春秋・三晉 敢緰（偷）出入于趙尼[之所]

絜

	會稽刻石・秦銘刻選　秦代 男女絜（潔）誠
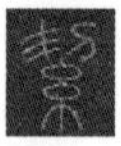	會稽刻石・秦銘刻選　秦代 黔首脩（修）絜（潔）

繆

	陶錄 2・141・1　戰國・齊 大蒦圆里匋（陶）者繆
	陶錄 2・141・2　戰國・齊 大蒦圆里匋（陶）者繆
	陶錄 2・141・3　戰國・齊 大蒦圆里匋（陶）者繆
	陶錄 2・141・4　戰國・齊 大蒦圆里匋（陶）者繆
	陶錄 2・142・2　戰國・齊 大蒦圆里匋（陶）者繆
	新齊 0874　戰國・齊 大蒦圆里圖者繆
	秋淵・詛楚文・郭集　戰國・秦 是繆（戮）力同心
	巫咸・詛楚文・郭集　戰國・秦 是繆（戮）力同心

	新出研 WT4 K5：12 春秋・三晉 左右繆（勠）力爲一
	亞駝・詛楚文・郭集 戰國・秦 是繆（戮）力同心

綏

	璽彙 152.1414 戰國・三晉 宋綏

彝

	天選 30.4 戰國・燕 □遣彝坔（璽）
	璽彙 377.4108 戰國・燕 彝（夷）吳（吾）□
	璽彙 378.4116 戰國・燕 彝（夷）吳（吾）角
	璽彙 378.4118 戰國・燕 彝（夷）吳（吾）生駶
	璽彙 379.4123 戰國・燕 彝（夷）吳（吾）大
	璽彙 508.5583 戰國・燕 彝（夷）吳（吾）旦
	璽類 403.10 戰國・燕 彝（夷）吳（吾）武

紋*

	璽彙 333.3596 戰國・楚 紋鉨（璽）
	璽考 185.2 戰國・楚 紋垣

紩*

	璽彙 38.0226 戰國・齊 紩□之鉨（璽）

絚*

	璽彙 511.5614 戰國・燕 長絚

紱*

	陶錄 2・750・1 戰國・齊 叚里紱

絣*

	魏石 36.3 戰國・待考 絣筿
	璽彙 364.3943 戰國・燕 王生絣

綫*

	璽彙 504.5558 戰國・三晉 綫梁公鉨（璽）

欱*

	新出研 WT1 K1：3687 春秋・三晉 欱敢不忢（蒸）焉忠=（忠心）事亓（其）宔（主）

綾*

	秦新 1569 戰國・秦 咸郿里綾

紼*

	十選 10.7　戰國・待考 紼喜

紽*

	璽彙 75.0495　戰國・三晉 王紽
	璽彙 120.1040　戰國・三晉 肖（趙）紽
	璽彙 168.1614　戰國・三晉 鄁（曹）紽

結*

	璽彙 251.2607　戰國・楚 結□

絧*

	鶴盧 113.4　戰國・待考 絧下
	璽彙 371.4033　戰國・齊 敦（淳）于絧訐（信）

絉*

	“懸書”解 WT1　K2：159　春秋・三晉 所徒敢爲絉書于小（少）曲者

紵*

	陶錄 5・65・1　戰國・三晉、兩周 此丌母紵（紵）牆（醬）□

絴*

	璽彙 325.3498　戰國・燕 絴閔（門）鄌（齊）
	璽彙 375.4074　戰國・三晉 絴陽慶
	璽類 384.12　戰國・燕 絴閔（門）建

綐*

	侯馬二〇〇：四九　春秋・三晉 綐敢不[披其腹心以事]丌（其）宔（主）
	侯馬七五：八　春秋・三晉 鬳（薦）綐（瑞）
	侯馬三：二〇　春秋・三晉 而所敢不而巫覡祝史[薦]綐（瑞）
	侯馬一八：一　春秋・三晉 [巫覡]祝史[薦]綐（瑞）
	侯馬一六：二二　春秋・三晉 綐敢不閛（披）丌（其）复（腹）心目（以）事丌（其）宔（主）
	侯馬一七九：一四　春秋・三晉 所敢不巫覡祝史鬳（薦）綐（瑞）

綇*

	璽彙 251.2606　戰國・燕 綇斫

綕*

	璽彙 98.0768　戰國・三晉 長綕
	璽彙 397.4339　戰國・三晉 旻（得）綕（志）

⿰糸余*

	璽彙 245.2532　戰國・齊 訐⿰糸余
	璽彙 249.2580　戰國・三晉 壂（殷）中⿰糸余
	璽彙 281.2962　戰國・三晉 甹（平）⿰糸余

縛*

	璽類 425.8　戰國・待考 縛筡

緋*

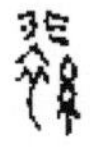	璽彙 193.1908　戰國・三晉 垩（采）緓（緋）

綷*

	陶錄 5・9・2　戰國・楚 呂綷

綸*

	璽彙 75.0498　戰國・三晉 王綸（紷）
	璽彙 285.3020　戰國・三晉 賈綸（紷）

給*

	璽彙 226.2307　戰國・三晉 陽給

⿰糸來*

	秦新 2349　戰國・秦 王⿰糸來

綻*

	璽彙 152.1415　戰國・三晉 宋綻
	璽類 424.7　戰國・待考 □綻

⿰糸禺*

	璽彙 250.2601　戰國・三晉 ⿰糸禺臣

⿰糸封*

	陶錄 2・71・1　戰國・齊 蒦⿴囗昜南里人⿰糸封
	陶錄 2・71・2　戰國・齊 蒦⿴囗昜南里人⿰糸封
	陶錄 2・71・3　戰國・齊 蒦⿴囗昜南里人⿰糸封
	陶錄 2・71・4　戰國・齊 蒦⿴囗昜南里人⿰糸封
	陶錄 2・86・1　戰國・齊 蒦⿴囗昜南里人⿰糸封

⿰糸羿*

	陶錄 2・280・2　戰國・齊 東匋（陶）里公孫⿰糸羿

縯*

	璽彙 339.3660　戰國・齊 族墜（陵）縯（縯）鉩（璽）

⿰糹雁*

	湖印 41.1　戰國・楚 長訐（信）侯⿰糹雁
	璽彙 82.0584　戰國・齊 王⿰糹雁
	璽彙 495.5480　戰國・楚 ⿰糹雁

繿*

	璽彙 133.1189　戰國・三晉 周繿
	璽彙 252.2623　戰國・三晉 □繿

繰*

	璽彙 98.0772　戰國・三晉 長繰
	璽彙 169.1622　戰國・三晉 鄭繰

縷*

	侯馬一九八：三　春秋・三晉 丞相臣縷犢敢不閛（披）[其腹心]

⿰糹雁*

	璽類 358.7　戰國・待考 恢⿰糹雁

繛

	璽彙 75.0496　戰國・三晉 王綽
	璽彙 277.2920　戰國・三晉 文是綽
	璽彙 508.5575　戰國・三晉 陽成綽
	新出研 WT4　K6：212　春秋・三晉 閔（藺）綽
	新出研 WT4　K6：315　春秋・三晉 閔（藺）綽

⿰素爰

	風過耳 008　戰國・秦 堇（堇）緩
	湖印 38.7　戰國・楚 陽（陽）緩
	秦印風 96 頁　戰國・秦 趙緩
	陶錄 2・327・1　戰國・齊 楚章巷關（關）里緩
	陶錄 2・327・3　戰國・齊 楚章巷關（關）里緩
	陶錄 2・327・4　戰國・齊 楚章巷關（關）里緩
	陶錄 2・328・1　戰國・齊 楚章巷□里緩
	陶錄 2・328・2　戰國・齊 楚章巷□里緩
	陶錄 2・328・3　戰國・齊 □□□關（關）里緩

	陶錄 2・329・2　戰國・齊 楚章巷闕（關）里綏

轡

	鑾車・石鼓文・郭集　春秋・秦 六轡騺□

绛

	璽彙 256.2662　戰國・三晉 閆（門）絲（绛）

率

	會稽刻石・秦銘刻選　秦代 率眾自強

虫

	璽彙 94.0729　戰國・三晉 長虫

蚖

	風過耳 119　戰國・秦 王蚖
	風過耳 198　戰國・秦 趙蚖
	秦印風 67 頁　戰國・秦 連蚖
	陶錄 6・440・1　戰國・秦 王蚖
	陶錄 6・440・2　戰國・秦 王蚖

蟜

	風過耳 121　戰國・秦 王蟜
	秦印風 236 頁　戰國・秦 蟜

蛬

	侯馬二〇〇：六六　春秋・三晉 蟲（蛬）敢不閛（披）丌（其）[腹]心 目（以）事丌（其）宔（主）

蠆

	侯馬九二：二〇　春秋・三晉 蠿（蠆）敢不閛（披）丌（其）腹心目 （以）事丌（其）宔（主）

強

	貨系 2342　戰國・燕 右明辞弘（強）
	貨系 2343　戰國・燕 右明辞弘（強）
	風過耳 037　戰國・秦 郝強
	顧印 48.2　戰國・齊 長弘（強）
	秦印風 86 頁　戰國・秦 步強
	璽彙 330.3553　戰國・齊 央弘（強）
	侯馬六七：四二　春秋・三晉 弘（強）自今目（以）[往]
	侯馬三：一九　春秋・三晉 中者（都）匕（比）弘（強）

	侯馬一五六：二六　春秋・三晉 中者（都）比弘（強）
	會稽刻石・秦銘刻選　秦代 率眾自強
	繹山刻石・秦銘刻選　秦代 滅六暴強

蜀

	璽彙 72.0461　戰國・三晉 王蜀
	璽彙 313.3346　戰國・燕 勻蜀金
	新封泥彙 0741　戰國・秦 蜀大府丞
	車工・石鼓文・郭集　春秋・秦 射其豣蜀

蠲

	風過耳 201　戰國・秦 趙蠲
	風過耳 202　戰國・秦 趙蠲

蠪

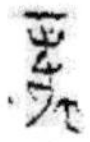	集釋 276.7　戰國・三晉 成公蠪
	秦印風 229 頁　戰國・秦 江蠪
	璽彙 261.2730　戰國・三晉 蠪痔

螇

	盛世 117　戰國・待考 牛螇（螇）

蛻

	陶錄 2・109・1　戰國・齊 繇巷大匋（陶）里蠿（蛻）
	陶錄 2・147・1　戰國・齊 大蒦圆匋（陶）者蠿（蛻）
	陶錄 2・148・3　戰國・齊 大蒦圆匋（陶）者蠿（蛻）
	陶錄 2・148・4　戰國・齊 大蒦圆匋（陶）者蠿（蛻）
	陶錄 2・149・1　戰國・齊 □□圆匋（陶）者蠿（蛻）
	陶錄 2・149・2　戰國・齊 大蒦圆匋（陶）者蠿（蛻）
	夕藏 Ⅱ 05-24-1　戰國・齊 繇巷大匋（陶）里蠿（蛻）

蜚

	新出研 WT4　K6：315　春秋・三晉 蠚（蜚）敢不閛（披）中（忠）心奉事 其宔（主）竣

蜒*

	璽彙 324.3489　戰國・燕 蜒瘲

蛆*

	二十 64.二-SP-0076　戰國・燕 蛆之戎

	璽彙 311.3322　戰國・待考 蚯己
	璽彙 321.3452　戰國・燕 蚯生猲悅

蛪*

	二十 14.二-SY-0049　戰國・齊 螽（蛪）
	二十 14.二-SY-0051　戰國・齊 蒦圆南里螽（蛪）
	陶録 2・662・1　戰國・齊 蒦圆南里人螽（蛪）
	陶録 2・77・3　戰國・齊 蒦圆南里人螽（蛪）
	陶録 2・78・1　戰國・齊 蒦圆南里人螽（蛪）
	陶録 2・79・1　戰國・齊 蒦圆南里人螽（蛪）
	陶録 2・79・4　戰國・齊 蒦圆南里人螽（蛪）
	陶録 7・7・2　戰國・待考 紀□螽（蛪）
	新齊 0780　戰國・齊 蒦圆南里人螽（蛪）
	新齊 0781　戰國・齊 蒦圆南里人螽（蛪）
	新齊 0783　戰國・齊 蒦圆南里人螽（蛪）
	新齊 0785　戰國・齊 蒦圆南里人螽（蛪）
	新齊 0786　戰國・齊 蒦圆南里人螽（蛪）

蜸*

	秦駰玉版研究　戰國・秦 蜸₌（蜸蜸）烝民之事明神

蛤*

	璽彙 79.0548　戰國・三晉 王蝨（蛤）
	侯馬探八②：二　春秋・三晉 閔（藺）蝨（舍）之孫₌（子孫）
	侯馬一八五：一　春秋・三晉 閔（藺）蝨（舍）之孫₌（子孫）
	侯馬一五六：二六　春秋・三晉 閔（藺）蝨（舍）之[子孫]

蜡*

	風過耳 254　戰國・秦 蜡
	秦印風 153 頁　戰國・秦 蜡
	秦印風 99 頁　戰國・秦 王蜡

蠐*

	璽彙 78.0536　戰國・三晉 王迹（蠐）
	璽彙 187.1842　戰國・三晉 事（史）迹（蠐）
	璽彙 252.2615　戰國・三晉 徒迹（蠐）
	珍戰 238　戰國・三晉 迹（蠐）

蠡

	秦印風 96 頁　戰國・秦 脊蠡

蝨*

	新出研 WT1　K1：2667　春秋・三晉 加蝨敢不忎₌（蒸蒸）焉忠（忠心）事丌（其）而宔（主）

蠱*

	璽考 289.3　戰國・三晉 蠱鄦
	璽考 289.4　戰國・三晉 蠱蒼

鼆*

	璽彙 279.2944　戰國・三晉 鼆□
	璽彙 279.2945　戰國・三晉 鼆□
	珍戰 110　戰國・三晉 鼆旦

蠹

	璽彙 356.3845　戰國・燕 公孫蜚

蟲

	侯馬一〇五：一　春秋・三晉 ……詛蟲……

風

	會稽刻石・秦銘刻選　秦代 天下承風

它

	秦印風 121 頁　戰國・秦 它
	秦印風 221 頁　戰國・秦 蓳（董）它人
	十摹 253.6　戰國・待考 它
	璽彙 246.2542　戰國・三晉 佃它人
	璽彙 326.3511　戰國・楚 穆它人
	譽編　戰國晚期・中山 它睘
	譽編　戰國晚期・中山 它玉虎
	譽編　戰國晚期・中山 它珩₌（玉珩）

聑*

	璽彙 154.1446　戰國・三晉 容聑

黽

	秦印風 192 頁　戰國・秦 王黽
	秦印風 99 頁　戰國・秦 笵黽

黽

	風過耳 258　戰國・秦 黽敉（赦）
	風過耳 287　戰國・秦 啟黽
	秦印風 123 頁　戰國・秦 黽譊
	秦印風 185 頁　戰國・秦 李黽

卵

	集印卷六 31.7　戰國・待考 悊（慎）卵
	璽考 335.2　戰國・三晉 卵人鄁（齊）
	秦新 1876　戰國・秦 卵

二

	貨系 1373　戰國・魏 宅二釿
	貨系 1376　戰國・魏 言（圁）昜（陽）二釿
	貨系 2459 背　戰國・趙 安陽/十二朱•十二
	貨系 2464 背　戰國・趙 陽湔/十二朱
	貨系 2474 背　戰國・趙 梠/厶•十二朱
	侯馬二〇〇：六六　春秋・三晉 卑不守二宮者
	侯馬一：五五　春秋・三晉 卑不守二宮者
	侯馬一五六：七　春秋・三晉 三〈二〉宮之命
	侯馬一五六：三　春秋・三晉 卑不守二宮者
	溫縣簡報 T1 坎 1：3802　春秋・三晉 十二月乙未
	璽彙 376.4095　戰國・燕 喬生□式（二）

亟

	侯馬一：二六　春秋・三晉 盧（吾）君丌（其）明𠄞（殛）晛（視）之
	秦駰玉版研究　戰國・秦 欲事天埅（地）、四亟（極）、三光、山川、神示（祇）、五祀、先祖
	侯馬八五：三五　春秋・三晉 其明亟（殛）晛（視）之
	侯馬二〇〇：二九　春秋・三晉 明亟（殛）晛（視）[之]
	侯馬二〇〇：二〇　春秋・三晉 盧（吾）君丌（其）明亟（殛）晛（視）之
	侯馬二〇〇：二三　春秋・三晉 盧（吾）君其明亟（殛）晛（視）之
	侯馬二〇〇：六二　春秋・三晉 盧（吾）君丌（其）明亟（殛）[視之]
	侯馬六七：四六　春秋・三晉 明亟（殛）晛（視）之
	侯馬六七：一〇　春秋・三晉 明亟（殛）晛（視）之

恆

	風過耳 270　戰國・秦 恆恢
	盛世 160　戰國・秦 李恆私印
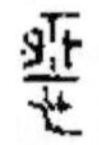	璽彙 257.2675　戰國・三晉 恆昌
	璽彙 518.5700　戰國・楚 恆
	會稽刻石・秦銘刻選　秦代 以立恆常

亘

	鑒菁 23.44　戰國・三晉 亘唯

竺

	新齊 0281　戰國・齊 竺采之王口
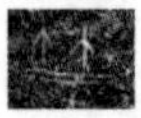	新泰齊陶 HBCS：132　戰國・齊 竺禾口……
	侯馬一：七　春秋・三晉 竺都敢不半（披）其復（腹）心台（以）事其宔（主）

凡

	璽彙 493.5461　戰國・三晉 凡

土

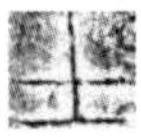	貨系 2610 背　戰國・齊 齊杏（大）氐（刀）/土
	齊幣 170 背　戰國・齊 齊杏（大）氐（刀）/土
	三晉 72　戰國・趙 土匀
	三晉 72　戰國・趙 土匀
	三晉 72　戰國・趙 土匀
	三晉 72　戰國・趙 土匀
	先秦編 295　戰國・趙 土匀
	璽彙 195.1931　戰國・楚 登（鄧）土
	璽彙 270.2837　戰國・燕 鄿（南郭）生土
	璽類 429.12　戰國・待考 土生口
	陶錄 2・495・4　戰國・齊 豆里土
	陶錄 2・497・1　戰國・齊 豆里土
	陶錄 2・497・4　戰國・齊 豆里土
	陶錄 2・599・3　戰國・齊 城圖土豆
	陶錄 2・599・4　戰國・齊 城圖土豆
	陶錄 2・601・1　戰國・齊 城圖土
	陶錄 2・601・2　戰國・齊 城圖土

	陶錄 2・601・3　戰國・齊 城圜土
	陶錄 2・601・4　戰國・齊 城圜土
	陶錄 2・602・1　戰國・齊 城圜土
	陶錄 2・602・4　戰國・齊 城圜土
	陶錄 4・175・2　戰國・燕 土
	陶錄 4・182・1　戰國・燕 右土
	陶錄 4・192・6　戰國・燕 土
	陶錄 4・198・6　戰國・燕 土
	陶錄 4・200・6　戰國・燕 土
	夕藏 Ⅱ 02-11-1　戰國・齊 城圜土
	繹山刻石・秦銘刻選　秦代 分土建邦

地

	秦印風 187 頁　戰國・秦 毋坨（地）
	盛世 249　戰國・待考 充坨（地）廣邦
	秦駰玉版研究　戰國・秦 欲事天坨（地）、四亟（極）、三光、山川、神示（祇）、五祀、先祖
	璽彙 214.2163　戰國・三晉 郜亡（無）墬（地）

	璽彙 262.2737　戰國・三晉 宵（姑陶）墬（地）
	侯馬二〇〇：二二　戰國・三晉 而[敢]又（有）志復趙尼及丌（其）子孫于晉邦之墬（地）者
	侯馬八五：三　春秋・三晉 晉邦之墬（地）
	侯馬二〇〇：二八　春秋・三晉 而敢[有]志復趙尼及丌（其）子孫于晉邦之墬（地）者
	侯馬二〇〇：六三　春秋・三晉 [晉邦]之墬（地）者
	侯馬二〇〇：三八　春秋・三晉 而敢又（有）[趙]尼及丌（其）子孫于[晉]邦之墬（地）者
	侯馬二〇〇：三九　春秋・三晉 而敢又（有）志復肖（趙）尼及丌（其）子孫于晉邦之墬（地）者
	侯馬二〇〇：三五　春秋・三晉 [晉]邦之墬（地）
	侯馬二〇〇：三一　春秋・三晉 而敢又（有）志復趙尼于及[其]子子〈孫〉于晉邦之墬（地）
	侯馬二〇〇：五〇　春秋・三晉 墬（地）
	侯馬二〇〇：一〇　春秋・三晉 而敢又（有）志復趙尼及其子孫于晉邦之墬（地）者
	侯馬二〇〇：一六　春秋・三晉 晉邦之墬（地）
	侯馬二〇〇：一三　春秋・三晉 [有]志復趙尼及丌（其）子孫于晉邦之墬（地）者
	侯馬九二：二二　春秋・三晉 晉邦之墬（地）
	侯馬九二：四一　春秋・三晉 [晉邦]之墬（地）
	侯馬三：二八　春秋・三晉 晉邦之墬（地）

	侯馬三：二六　春秋・三晉 ……墬（地）
	侯馬三五：一一　春秋・三晉 [晉]邦之墬（地）
	侯馬一：六七　春秋・三晉 [而]敢又（有）志復趙尼及丌（其）子孫于晉邦之墬（地）者
	侯馬一：六四　春秋・三晉 而敢又（有）志復趙尼及丌（其）孫=（子孫）于[晉邦]之墬（地）者
	侯馬一：七　春秋・三晉 而敢又（有）志復趙尼其孫子于晉邦之墬（地）者
	侯馬一：三二　春秋・三晉 及丌（其）孫=（子孫）于晉邦之墬（地）者
	侯馬一：三九　春秋・三晉 而[敢]又（有）志[復]趙尼及丌（其）子孫于晉邦之墬（地）者
	侯馬一：五七　春秋・三晉 而[敢]又（有）志復趙尼及丌（其）[子孫]于晉邦之墬（地）者
	侯馬一：一一　春秋・三晉 而敢又（有）志復趙尼及其子孫于晉邦之墬（地）
	侯馬一九五：一　春秋・三晉 司寇結及丌（其）孫=（子孫）于晉邦之墬（地）者
	侯馬一六：八　春秋・三晉 史醜（魗）及丌（其）子孫于晉邦之墬（地）者
	侯馬一六：七　春秋・三晉 [史]醜（魗）及丌（其）子孫[于晉邦]之墬（地）者
	侯馬一六：三三　春秋・三晉 晉邦之墬（地）
	侯馬一六：一八　春秋・三晉 史醜（魗）及丌（其）孫=（子孫）于晉邦之墬（地）者
	侯馬一六：一三　春秋・三晉 晉邦之墬（地）
	侯馬一五二：一　春秋・三晉 晉邦之墬（地）

	侯馬一五六：四　春秋・三晉 史醜（魗）及丌（其）孫=（子孫）于晉邦之墬（地）者
	侯馬一五六：一五　春秋・三晉 醜（魗）及丌（其）子孫于[晉邦]之墬（地）者
	侯馬七五：四　春秋・三晉 晉邦之隊（地）
	侯馬三五：六　春秋・三晉 [晉邦]之隊（地）
	古萃 74.3　戰國・三晉 西都隆（地）
	吉璽 12.65　戰國・三晉 西都隆（地）
	鑒菁 10.18　戰國・三晉 鄭隆（地）
	璽彙 116.0992　戰國・三晉 肖（趙）隆（地）
	秦印風 180 頁　戰國・秦 趙坨（地）
	秦印風 229 頁　戰國・秦 馬坨（地）
	璽彙 183.1793　戰國・三晉 事（史）埭（地）
	璽彙 272.2862　戰國・三晉 庚埭（地）
	璽彙 158.1493　戰國・三晉 畋隊（地）
	璽彙 276.2911　戰國・三晉 文是隊（地）
	侯馬九一：五　春秋・三晉 或復入（納）之于晉邦之墬（地）者
	侯馬一五六：三　春秋・三晉 史醜(魗)及孫=(子孫)于晉邦之墬(地)者

坪

	貨系 2324　戰國・燕 纕（襄）坪（平）/左
	貨系 2325　戰國・燕 纕（襄）坪（平）/左
	貨系 2329　戰國・燕 坪（平）陰（陰）
	貨系 2330　戰國・燕 坪（平）险（陰）
	貨系 2331　戰國・燕 坪（平）险（陰）
	貨系 2332　戰國・燕 坪（平）陰（陰）
	貨系 2333　戰國・燕 坪（平）险（陰）
	先秦編 289　戰國・燕 坪（平)险（陰）
	璽彙 1.0003　戰國・燕 踿（長）坪（平）君佀室鉨（璽）
	璽彙 3.0013　戰國・燕 坪（平）陰（陰）都司徒
	璽彙 245.2534　戰國・楚 計坪
	璽彙 504.5556　戰國・燕 坪（平）峹（陰）都鉨（璽）
	玉存 20.114　戰國・待考 坪（平）痔
	篆彙 470.11　戰國・待考 狄坪
	陶錄 4・177・1　戰國・燕 □坪□

均

	秦新 2480　戰國・秦 咸故倉均

壤

	三晉 122　戰國・韓、趙 壤（襄）险（陰）
	燕下都 266　戰國・韓、趙 壤（襄）险（陰）

塙

	秦範卷四 3.3　戰國・秦 芊塙
	璽類 432.7　戰國・待考 吳塙
	珍戰 17　戰國・三晉 □塙（高）都
	陶錄 2・410・3　戰國・齊 塙闠（間）椇里曰淖（潮）
	陶錄 2・411・1　戰國・齊 塙闠（間）椇里曰淖（潮）
	陶錄 2・413・3　戰國・齊 塙闠（間）椇里曰賹
	陶錄 2・414・1　戰國・齊 塙闠（間）椇里曰臑
	陶錄 2・414・2　戰國・齊 塙闠（間）椇里曰臑
	陶錄 2・414・3　戰國・齊 塙闠（間）椇里曰臑
	陶錄 2・414・4　戰國・齊 塙闠（間）椇里曰臑

	陶録 2・415・1　戰國・齊 塙闇（閭）椇里曰臚
	陶録 2・416・2　戰國・齊 塙闇（閭）椇里曰臚
	陶録 2・418・1　戰國・齊 塙闇（閭）椇里曰臧（臧）
	陶録 2・418・2　戰國・齊 塙闇（閭）椇里曰臧（臧）
	陶録 2・421・2　戰國・齊 塙闇（閭）椇里曰臧（臧）
	陶録 2・422・1　戰國・齊 塙闇（閭）椇里曰臧（臧）
	陶録 2・423・3　戰國・齊 塙閱（閭）隻（獲）
	陶録 2・424・3　戰國・齊 塙閱（閭）隻（獲）
	陶録 2・425・4　戰國・齊 塙閱（閭）隻（獲）
	陶録 2・427・2　戰國・齊 塙閱（閭）賹
	陶録 2・430・1　戰國・齊 塙閱（閭）不敢
	陶録 2・430・4　戰國・齊 塙閱（閭）不敢
	陶録 2・435・1　戰國・齊 塙閱（閭）豆里人匋（陶）者曰礜（譽）
	陶録 2・672・1　戰國・齊 塙闇（閭）椇里曰滰（潮）
	夕藏 II 07-1-1　戰國・齊 塙闇（閭）椇里曰腷
	夕藏 II 07-1-4　戰國・齊 塙闇（閭）椇里曰腷
	夕藏 II 07-2-1　戰國・齊 塙闇（閭）椇里曰賹
	夕藏 II 07-2-3　戰國・齊 塙闇（閭）椇里曰賹
	夕藏 II 07-5-1　戰國・齊 塙閱（閭）里迓
	夕藏 II 07-5-3　戰國・齊 塙閱（閭）里迓
	夕藏 II 07-6-1　戰國・齊 塙閱（閭）旬石
	夕藏 II 07-7-1　戰國・齊 塙□不□
	夕藏 II 07-8-2　戰國・齊 塙閱（閭）賹
	新齊 0983　戰國・齊 塙闇（閭）椇里曰臚
	新齊 0986　戰國・齊 塙闇（閭）椇里曰臚
	新齊 0989　戰國・齊 塙闇（閭）椇里曰賹
	新齊 0990　戰國・齊 塙閱（閭）椇里曰賹
	新齊 0992　戰國・齊 塙闇（閭）椇里曰臧（臧）
	新齊 0994　戰國・齊 塙闇（閭）椇里曰臧（臧）
	新齊 0999　戰國・齊 塙闇（閭）椇里曰滰（潮）
	新齊 1006　戰國・齊 塙閱（閭）賹
	新齊 1008　戰國・齊 塙閱（閭）賹

	新齊 1009　戰國・齊 塙閱（閭）賹
	新齊 1011　戰國・齊 塙閱（閭）隻（獲）
	新齊 1012　戰國・齊 塙閱（閭）隻（獲）
	新齊 1020　戰國・齊 塙（高）閱（閭）里善

坦

	璽彙 311.3328　戰國・齊 墰（坦）尚

埴

	璽類 350.10　戰國・燕 武城埴（置）呈（馹）

坴

	二十 46.二-GY-0002　戰國・魏 平坴（陸）

投

	集釋 280.4　戰國・三晉 投痒
	鑒菁 20.39　戰國・三晉 投辿
	珍戰 115　戰國・三晉 投康

基

	二十 17.二-SY-0078　戰國・楚 墜（陳）丌（基）訐（信）鉩（璽）

垣

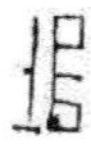	貨系 1611　戰國・韓、趙 襄垣
	貨系 1614　戰國・韓、趙 襄垣
	貨系 1615　戰國・韓、趙 襄垣
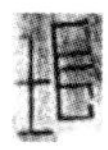	貨系 1634　戰國・韓、趙 襄垣/六
	貨系 1637　戰國・韓、趙 襄垣/五十
	貨系 4026　戰國・魏 垣
	貨系 4028　戰國・魏 垣
	三晉 100　戰國・韓、趙 襄垣
	三晉 144　戰國・魏 垣
	秦印風 78 頁　戰國・秦 垣□
	璽考 111.3　戰國・魏 垣余（餘）子宫

堵

	璽彙 144.1328　戰國・楚 臧（臧）堵
	陶錄 2・4・1　戰國・齊 堵門……賫……段……
	陶錄 2・653・1　戰國・齊 因堵□賫再……段京□

	璽類 51.1　戰國・齊 左司徒訐（信）鉨（璽）
	璽類 71.12　戰國・待考 左僕訐（信）鉨（璽）
	璽類 443.3　戰國・待考 襄宋之鉨（璽）
	鴨選 1　戰國・齊 盧成君鉨（璽）
	鴨選 4　戰國・楚 魰（漁）鉨（璽）
	印粹 6.1　戰國・齊 王膚（盧）堉（堉）鉨（璽）
	印戰 49.4　戰國・楚 □王之鉨（璽）
	印戰 54.1　戰國・秦 右庶長之鉨（璽）
	戰分 114.643　戰國・齊 右膚（盧）□草翌鉨（璽）
	珍戰 2　戰國・楚 述（遂）保之鉨（璽）
	陶錄 2・358・2　戰國・齊 闁（關）里丘鉨（璽）
	陶錄 2・702・1　戰國・齊 □□忓（信）鉨（璽）
	陶錄 2・702・3　戰國・齊 馬粎（矢）舭璽
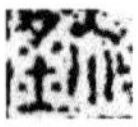	陶錄 2・702・4　戰國・齊 東巷垄鉨（璽）
	陶錄 4・202・3　戰國・燕 坓（型）匋（陶）之鉨（璽）
	陶錄 4・211・4　戰國・燕 湯都司徒鉨（璽）

	陶錄 5・97・4　戰國・三晉、兩周 坊（市）人之鉨（璽）
	陶錄 7・12・1　戰國・待考 陽疢之鉨（璽）
	陶錄 7・12・2　戰國・待考 陽疢之鉨（璽）
	陶錄 7・19・1　戰國・待考 蔵（苴）眾□陞垄鉨（璽）
	鶴廬 42.3　戰國・待考 坎（璽）
	集印卷六 29.9　戰國・待考 曲坎（璽）
	璽彙 175.1690　戰國・楚 丁歆信坎（璽）
	璽彙 312.3340　戰國・三晉 巳坎（璽）
	璽彙 362.3927　戰國・三晉 公孫犀坎（璽）
	璽彙 419.4606　戰國・三晉 曲坎（璽）
	璽彙 420.4608　戰國・三晉 曲坎（璽）
	璽彙 421.4619　戰國・待考 厶（私）坎（璽）
	璽彙 475.5247　戰國・待考 坎（璽）
	璽彙 476.5251　戰國・待考 坎（璽）
	玉萃 12.1　戰國・待考 坎（璽）
	陶錄 2・218・3　戰國・齊 蒦圆匋（陶）里人坎（璽）

	陶錄 2・23・1　戰國・齊 左敷（廩）□坽（璽）
	陶錄 5・44・4　戰國・三晉、兩周 厶（私）坽（璽）
	陶錄 5・44・5　戰國・三晉、兩周 厶（私）坽（璽）
	新齊 1261　戰國・齊 厶（私）坽（璽）
	天選 30.4　戰國・待考 □遺率坴（璽）
	璽彙 34.0199　戰國・齊 遅（徙）盧（鹽）之坴（璽）
	二十 46.二-GY-0005　戰國・燕 會埾□鉢<鉩（璽）>
	璽彙 11.0064　戰國・齊 右司馬鉢<鉩（璽）>

墨

	齊幣 48　戰國・齊 節（即）墨之杏（大）爪（刀）/杏（大）昌
	璽彙 494.5477　戰國・齊 墨
	璽類 133.3　戰國・齊 節墨之丌坤（市）士

垸

	泥集 5.19　戰國・趙 詉（信）叁（垸）

型

	陶錄 4・202・3　戰國・燕 坓（型）匋（陶）之鉩（璽）
	陶錄 5・53・3　戰國・三晉、兩周 坓（型）
	侯馬七九：三　春秋・三晉 [邵]坓（型）之孫₌（子孫）
	侯馬三：二五　春秋・三晉 邵坓（型）及丌（其）孫₌（子孫）
	侯馬探八②：二　春秋・三晉 詔（邵）坓（型）之孫₌（子孫）
	侯馬一五六：二〇　春秋・三晉 邵坓（型）及丌（其）孫₌（子孫）

城

	貨系 1073　戰國・趙 亲（新）城
	貨系 1688　戰國・三晉 陽城
	燕下都 228　戰國・趙 辛（新）城
	燕下都 244　戰國・魏 巠（隰）城
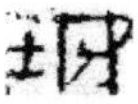	二十 141.二-GP-0023　戰國・待考 陽城
	風過耳 260　戰國・秦 城北
	璽彙 143.1310　戰國・趙 成（城）彊（疆）
	璽彙 191.1886　戰國・燕 城瀆
	璽彙 191.1887　戰國・燕 城匠
	璽彙 372.4047　戰國・韓 陽城冡

	夕藏 II 02-4-32　戰國・齊 城圙楚
	夕藏 II 02-4-41　戰國・齊 城圙楚
	夕藏 II 02-4-46　戰國・齊 城圙楚
	夕藏 II 02-4-48　戰國・齊 城圙楚
	夕藏 II 02-4-5　戰國・齊 城圙楚
	夕藏 II 02-5-18　戰國・齊 城圙咈
	夕藏 II 02-5-28　戰國・齊 城圙咈
	夕藏 II 02-5-40　戰國・齊 城圙咈
	新齊 0446　戰國・齊 城圙罤
	新齊 0499　戰國・齊 城圙咈
	新齊 0502　戰國・齊 城圙咈
	璽彙 228.2329　戰國・三晉 陞（城）舍
	璽類 478.8　戰國・待考 事（史）陞（城）

坿

	鶴廬 98.6　戰國・三晉 喪（桑）閔（門）坿（府）
	鑒菁 218.附錄 6　戰國・趙 咎（皋）郎（狼）鄡（縣）南坿（府）

	璽彙 227.2315　戰國・三晉 陽�（委）坿（府）
	璽彙 228.2332　戰國・三晉 阡陰（陰）坿（府）
	璽彙 321.3442　戰國・趙 堂（當）成（城）坿（府）
	珍戰 20　戰國・待考 郶（郤）坿（府）

墠

	鴨選 24　戰國・三晉 墠

垢

	璽彙 304.3239　戰國・齊 坸（垢）閔（間）郿
	新齊 0353　戰國・齊 □巷陞（陳）愆左設櫝（櫝）坸（垢） 釜（釜）
	陶錄 7・3・1　戰國・待考 右司工（空）圵（垢）

堋

	璽彙 344.3720　戰國・楚 堙（堋）酉訐（信）鉨（璽）

場

	璽彙 17.0099　戰國・楚 上場（唐）行宦夫=（大夫）鉨（璽）
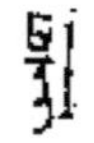	璽彙 248.2566　戰國・三晉 場羊（騂）鼻

圭

	秦印風 120 頁　戰國・秦 圭加
	璽類 448.8　戰國・待考 圭加
	秦駰玉版研究　戰國・秦 学=（小子）駰敢以芥（玠）圭、吉璧
	秋淵・詛楚文・郭集　戰國・秦 求蔑灋（廢）皇天上帝及大神氒（厥）湫之卹祠、圭玉、羲（犧）牲
	溫縣簡報 T1 坎 1：1845　春秋・三晉 圭命自今㠯（以）㞷（往）
	巫咸・詛楚文・郭集　戰國・秦 求蔑灋（廢）皇天上帝及不（丕）顯大神巫咸之卹祠、圭玉、羲（犧）牲
	亞駝・詛楚文・郭集　戰國・秦 求蔑灋（廢）皇天上帝及不（丕）顯大神亞駝之卹祠、圭玉、羲（犧）牲

坈*

	陶録 2・679・4　戰國・齊 坈□

坊*

	鶴廬 115.3　戰國・待考 藥坊

坐*

	錢典 793　戰國・周王畿 坐
	璽彙 46.0273　戰國・齊 □□坐鉨（璽）
	璽彙 58.0336　戰國・齊 武弜（強）坐嬰鉨（璽）
	陶録 2・294・2　戰國・齊 王卒左毁臧圖櫝（櫨）里坐
	陶録 2・295・3　戰國・齊 王卒左毁臧圖櫝（櫨）里坐
	陶録 2・340・4　戰國・齊 闢（關）里坐
	陶録 2・342・4　戰國・齊 闢（關）里坐
	陶録 2・450・1　戰國・齊 豆里坐
	陶録 2・452・2　戰國・齊 豆里坐
	陶録 2・455・4　戰國・齊 豆里坐
	陶録 2・461・3　戰國・齊 豆里坐
	陶録 2・462・2　戰國・齊 豆里坐
	陶録 2・743・6　戰國・齊 坐
	陶録 2・744・4　戰國・齊 坐
	陶録 2・744・6　戰國・齊 坐
	陶録 4・155・1　戰國・燕 坐
	夕藏 Ⅱ 04-20-2　戰國・齊 楚章巷闢（關）里坐
	夕藏 Ⅱ 07-19-39　戰國・齊 豆里坐
	夕藏 Ⅱ 07-19-44　戰國・齊 豆里坐

	夕藏 II 07-19-6　戰國・齊 豆里坐
	夕藏 II 07-19-7　戰國・齊 豆里坐
	新齊 1285　戰國・齊 坐

坴*

	二十 14. 二-SY-0050　戰國・齊 子坴子璽

圣*

	貨系 4153　戰國・楚 圣（錘）朱（銖）
	貨系 4154　戰國・楚 圣（錘）朱（銖）
	貨系 4156　戰國・楚 圣（錘）朱（銖）

星*

	璽彙 32. 0188　戰國・燕 閔（啟）昜（陽）都昊（遽）星（馹）
	璽彙 503. 5551　戰國・燕 泃城都昊（遽）星（馹）
	璽類 319. 9　戰國・燕 武昜（陽）都昊（遽）星（馹）

圣*

	古萃 68. 3　戰國・楚 日圣
	湖印 39. 2　戰國・楚 黃圣之鉨（璽）

垪*

	璽彙 94. 0720　戰國・三晉 長垪
	璽彙 248. 2567　戰國・三晉 垪復

垬*

	二十 10. 二-SY-0010　戰國・三晉 巷（恭）
	璽彙 467. 5147　戰國・三晉 巷（恭）
	璽彙 467. 5150　戰國・三晉 巷（恭）
	珍戰 234　戰國・三晉 巷（恭）

垧*

	顧印 48. 6　戰國・三晉 長垧
	盛世 108　戰國・待考 右行垧
	璽彙 119. 1021　戰國・三晉 肖（趙）垧
	璽考 227. 5　戰國・三晉 肖（趙）垧

蚰*

	秦印風 102 頁　戰國・秦 駱毋蚰

臺*

	壐彙 360.3901　戰國・燕 公孫臺
	“懸書”解 WT1　K2：159　春秋・三晉 亡臺（夷）非（彼）氏
	侯馬二〇〇：二八　春秋・三晉 虘（吾）君丌（其）明亟（殛）睍（視）之，麻（摩）臺（夷）非（彼）氏
	侯馬二〇〇：二〇　春秋・三晉 麻（摩）臺（夷）非（彼）是（氏）
	侯馬二〇〇：六六　春秋・三晉 麻（摩）臺（夷）非（彼）是（氏）
	侯馬二〇〇：六五　春秋・三晉 麻（摩）臺（夷）非（彼）是（氏）
	侯馬二〇〇：三　春秋・三晉 麻（摩）臺（夷）非（彼）是（氏）
	侯馬二〇〇：三八　春秋・三晉 麻（摩）臺（夷）非（彼）是（氏）
	侯馬三：二六　春秋・三晉 麻（摩）臺（夷）非（彼）是（氏）
	侯馬三：一三　春秋・三晉 麻（摩）臺（夷）非（彼）是（氏）
	侯馬一：一六　春秋・三晉 麻（摩）臺（夷）非（彼）是（氏）
	侯馬一：一四　春秋・三晉 麻（摩）臺（夷）非（彼）是（氏）
	侯馬一六：三　春秋・三晉 麻（摩）臺（夷）[彼氏]
	侯馬一六：一〇　春秋・三晉 麻（摩）臺（夷）[彼氏]
	侯馬一六：一三　春秋・三晉 麻（摩）臺（夷）非（彼）是（氏）
	侯馬一七九：八　春秋・三晉 ……臺（夷）……
	侯馬一七九：一八　春秋・三晉 麻（摩）臺非（彼）是（氏）
	侯馬一五二：五　春秋・三晉 麻（摩）臺（夷）非（彼）是（氏）
	侯馬一五六：三　春秋・三晉 麻（摩）臺（夷）非（彼）是（氏）
	侯馬一五六：一　春秋・三晉 麻（摩）臺（夷）非（彼）是（氏）
	侯馬一五三：一　春秋・三晉 麻（摩）臺（夷）非（彼）[氏]
	溫縣簡報 T1 坎 1：1845　春秋・三晉 麻（摩）臺（夷）非（彼）是（氏）
	溫縣簡報 T1 坎 1：2279　春秋・三晉 麻（摩）臺（夷）非（彼）是（氏）
	溫縣簡報 T1 坎 1：3863　春秋・三晉 麻（摩）臺（夷）非（彼）是（氏）
	溫縣簡報 T1 坎 1：4499　春秋・三晉 麻（摩）臺（夷）非（彼）是（氏）
	新出研 WT1　K1：3865　春秋・三晉 麻（摩）臺（夷）非（彼）是（氏）

坒*

	壐彙 362.3923　戰國・齊 𢀜（公孫）坒彸

涇*

	汧殹・石鼓文・郭集　春秋・秦 涇₌（涇涇）趞₌（博博）

坙*

	貨系 1487　戰國・魏 坙（隰）成（城）
	貨系 1488　戰國・魏 坙（隰）成（城）
	貨系 1489　戰國・魏 坙（隰）成（城）
	三晉 71　戰國・魏 坙（隰）成（城）/二
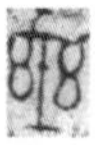	三晉 71　戰國・魏 坙（隰）成（城）
	燕下都 244　戰國・魏 坙（隰）城
	燕下都 244　戰國・魏 坙（隰）城
	璽彙 129.1149　戰國・齊 高坙忓（信）鉨（璽）

⿰土去*

	侯馬一：五七　春秋・三晉 [定]宮平⿰土去（⿰阝寺）之命

埰*

	新齊 1258　戰國・齊 □埰□左□□

坴*

	璽彙 28.0164　戰國・楚 葙（湘）坴（陵）莫囂（敖）
	璽彙 35.0209　戰國・待考 鄗（鄗）坴（陵）之鉨（璽）
	璽彙 164.1562　戰國・齊 孫坴（陵）訐（信）鉨（璽）
	陶錄 2・560・4　戰國・齊 東酷里坴咎丘惌
	陶錄 2・702・4　戰國・齊 東巷坴璽
	陶錄 7・19・1　戰國・待考 蔽（苴）眾□⿰阝呈坴璽
	新齊 1022　戰國・齊 塙閱（間）豆里人圖者曰坴
	新齊 1023　戰國・齊 高閱（間）豆里人圖者曰坴

⿰土官*

	吉璽 2.6　戰國・三晉 北陸（陸）⿰土官（官）
	魯安 102.279　戰國・三晉 北陸（陸）⿰土官（官）
	璽彙 175.1696　戰國・三晉 亭垍（⿰土官）遀
	璽彙 227.2314　戰國・三晉 陽垍（⿰土官）陞
	璽彙 247.2564　戰國・三晉 垍（⿰土官）胙
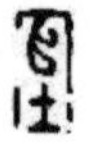	璽考 110.4　戰國・三晉 北陸（陸）⿰土官（官）

埕*

	湖印 39.7　戰國・楚 張埕
	璽彙 35.0204　戰國・楚 埕⿰或阝（國）之鉨（璽）

	璽彙 509.5589　戰國・齊 張坓

⿰土冒*

	陶錄 2・549・3　戰國・齊 孟常匋（陶）里人⿰土冒
	陶錄 2・549・4　戰國・齊 孟常匋（陶）里人⿰土冒

⿰土昔*

	鶴廬 71.5　戰國・待考 事（史）⿰土昔（昔）
	璽彙 248.2568　戰國・三晉 ⿰土昔（昔）閒

⿵門土*

	璽彙 256.2662　戰國・三晉 ⿵門土（門）⿰糹系（絆）

⿱采土*

	璽彙 193.1907　戰國・三晉 ⿱采土（采）筥（附）
	璽彙 193.1911　戰國・三晉 ⿱采土（采）澤

堹*

	璽彙 358.3880　戰國・燕 公孫生堹
	璽考 307.7　戰國・燕 公孖（孫）堹

堣*

	璽彙 477.5267　戰國・三晉 堣

⿰土夅*

	法書全集　戰國晚期・中山 ⿰土夅（⿰扌夅）行（珩）與趙子，匽（燕）吉

墨*

	侯馬二〇〇：一九　春秋・三晉 而敢或覍（變）改墨及奐

⿱𡗗土*

	鶴廬 68.4　戰國・待考 秦⿱𡗗土
	璽彙 170.1630　戰國・三晉 秦⿱𡗗土

塉*

	印粹 6.1　戰國・齊 王虘（盧）墒（塉）鉨（璽）

塤*

	陶錄 2・643・1　戰國・齊 令乍（作）佋（韶）塤
	陶錄 2・643・2　戰國・齊 令乍（作）佋（韶）塤
	陶錄 2・643・3　戰國・齊 圑（满）乍（作）佋（韶）塤
	陶錄 2・643・4　戰國・齊 令司樂乍（作）太室塤

	秦印風 177 頁　戰國・秦 郝野
	璽彙 368.3995　戰國・三晉 東坙（野）苋（蔞）
	秦新 118　戰國・秦 咸陽野
	秦新 128　戰國・秦 咸野
	陶錄 6・142・1　戰國・秦 咸陽野
	陶錄 6・142・2　戰國・秦 咸野
	繹山刻石・秦銘刻選　秦代 流血於野
	璽彙 43.0252　戰國・楚 䊛坙埜（野）鈢（璽）
	璽彙 368.3992　戰國・三晉 東埜（野）䢵（市）
	新封泥彙 2010　戰國・秦 壄（野）王丞印
	新封泥彙 2012　戰國・秦 壄（野）王丞印
	新封泥彙 2023　戰國・秦 壄（野）王丞印

田

	貨系 3941　戰國・趙 田
	齊幣 387 背　戰國・齊 明/田
	錢典 1063 背　戰國・齊 明/田
	燕下都 192 背　戰國・趙 白（柏）刀/田
	二十 46.二-GY-0007　戰國・三晉 又（右）工和田
	風過耳 065　戰國・秦 李田
	秦印風 130 頁　戰國・秦 田閼
	秦印風 23 頁　戰國・秦 泰上寖左田
	秦印風 26 頁　戰國・秦 左田之印
	秦印風 26 頁　戰國・秦 公主田印
	新封泥彙 1665　戰國・秦 藍田丞印
	玉萃 7.5　戰國・齊 田市（師）坐□
	秦新 2999　戰國・秦 田
	陶錄 1・48・1　戰國以前・待考 田
	陶錄 4・119・4　戰國・燕 匋（陶）田
	陶錄 4・27・1　戰國・燕 左宮田左
	陶錄 6・456・3　戰國・秦 田
	陶錄 6・86・1　戰國・秦 田
	陶錄 6・86・2　戰國・秦 田

	陶錄 6・86・3　戰國・秦 田
	陶錄 6・86・4　戰國・秦 田
	陶錄 6・86・5　戰國・秦 田
	陶錄 6・86・6　戰國・秦 田
	田車・石鼓文・郭集　春秋・秦 田車孔安

畸

	秦印風 189 頁　戰國・秦 司馬畸
	秦印風 94 頁　戰國・秦 趙畸

晦

	璽彙 61.0349　戰國・魏 千畝（畝）左軍

畦

	璽考 162.6　戰國・楚 畦（畦）宮
	璽考 162.7　戰國・楚 畦（畦）宮

時

	新封泥彙 0375　戰國・秦 好時丞印
	秦新 1215　戰國・秦 好時□□

略

	秋淵・詛楚文・郭集　戰國・秦 且復略我邊城
	亞駝・詛楚文・郭集　戰國・秦 且復略我邊城
	繹山刻石・秦銘刻選　秦代 群臣誦略

當

	風過耳 299　戰國・秦 支當
	秦印風 64 頁　戰國・秦 王當
	秦新 1367　戰國・秦 當陽顫
	秦新 1683　戰國・秦 □亭當□□[器]
	秦新 3156　戰國・秦 竹泉宮當
	陶錄 6・281・5　戰國・秦 楊當
	陶錄 6・317・1　戰國・秦 當陽克
	陶錄 6・6・1　戰國・秦 咸亭當柳恚器

留

	貨系 1668　戰國・韓 屯留
	貨系 1669　戰國・韓 屯留

	貨系 1670　戰國・韓 屯留
	貨系 1678　戰國・待考 留邑
	貨系 480　戰國・周王畿 留
	貨系 482　戰國・周王畿 留
	貨系 483　戰國・周王畿 留
	貨系 484　戰國・周王畿 留
	三晉 92　戰國・韓 屯留
	三晉 92　戰國・韓 屯留
	古萃 199.3　戰國・待考 □留
	秦印風 33 頁　戰國・秦 留浦
	璽彙 197.1960　戰國・三晉 郾（燕）留
	璽彙 273.2870　戰國・三晉 屏留
	璽彙 485.5360　戰國・楚 留
	陶錄 6・152・1　戰國・秦 談留
	陶錄 6・152・3　戰國・秦 談留

畜

	秦印風 165 頁　戰國・秦 蓳（董）畜
	璽彙 196.1953　戰國・齊 郐（徐）□畜

⿱付田*

	璽考 108.6　戰國・三晉 韓氏⿱付田

疆

	璽彙 217.2204　戰國・齊 郲（裘）疆
	璽彙 324.3479　戰國・齊 戕疆政鉨（璽）
	璽類 453.11　戰國・齊 墜（陳）疆
	秦墓石磬　春秋・秦 龤（紳）用無疆
	秦墓石磬　春秋・秦 龤（紳）用無疆

黃

	貨系 709　戰國・三晉 □□□黃釿
	集釋 143.8　戰國・楚 黃□
	盛世 004　戰國・待考 黃金之鉨
	璽彙 94.0728　戰國・三晉 長黃

	璽彙 138.1249　戰國・楚 黃子
	璽彙 138.1257　戰國・楚 黃鑄
	璽彙 507.5565　戰國・楚 黃呀
	玉萃 19.4　戰國・楚 黃痤
	珍戰 77　戰國・三晉 黃貣
	汧殹・石鼓文・郭集　春秋・秦 黃帛（白）其鱌（魴）

男

	璽彙 513.5641　戰國・燕 男剸
	新璽 15　戰國・三晉 男牙
	會稽刻石・秦銘刻選　秦代 男女絜（潔）誠
	會稽刻石・秦銘刻選　秦代 男秉義程
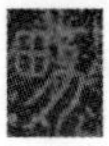	泰山刻石・秦銘刻選　秦代 男女體順
	璽彙 314.3362　戰國・燕 男蒃

力

	集釋 244.38　戰國・三晉 韓力
	秦印風 156 頁　戰國・秦 高政力
	璽彙 109.0909　戰國・三晉 肖（趙）力
	璽彙 178.1736　戰國・三晉 事（史）力
	會稽刻石・秦銘刻選　秦代 負力而驕
	秋淵・詛楚文・郭集　戰國・秦 是繆（戮）力同心
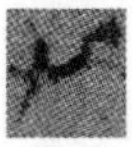	新出研 WT4　K5：12　春秋・三晉 左右繆（勠）力爲一
	新出研 WT4　K5：13　春秋・三晉 左右繆（勠）力爲一

功

	篆彙 750.1　戰國・待考 梁□□都嗣（司）馬滄軍□功之鉨（璽）
	會稽刻石・秦銘刻選　秦代 群臣誦功
	琅琊臺刻石・秦銘刻選　秦代 不稱成功盛德
	繹山刻石・秦銘刻選　秦代 不稱成功[盛德]

勑

	璽彙 310.3312　戰國・三晉 勑梠（棺）

勥

	盛世 121　戰國・待考 壯（原）㢡（勥）
	璽彙 114.0969　戰國・三晉 肖（趙）㢡（強）

	璽彙 77.0525　戰國・三晉 王㢽（強）
	璽彙 256.2671　戰國・三晉 恢㢽（強）
	璽考 249.5　戰國・三晉 長㢽（強）

勁

	秦印風 44 頁　戰國・秦 趙勁
	璽彙 104.0843　戰國・三晉 長勁

勉

	會稽刻石・秦銘刻選　秦代 和安敦勉

勝

	秦印風 201 頁　戰國・秦 閭丘勝
	秦印風 154 頁　戰國・秦 勝
	秦印風 202 頁　戰國・秦 馮勝
	盛世 236.1　戰國・秦 馮勝
	璽彙 113.0947　戰國・三晉 肖（趙）勑（勝）
	璽彙 215.2180　戰國・三晉 郟（英）勑（勝）
	璽考 334.3　戰國・三晉 駋（司馬）勑（勝）

	珍戰 147　戰國・楚 事（史）勑（勝）

勶

	秦印風 209 頁　戰國・秦 任勶（勶）
	秦印風 217 頁　戰國・秦 趙勶（勶）
	璽彙 367.3983　戰國・待考 空桐勶

動

	繹山刻石・秦銘刻選　秦代 威動（動）四極

加

	盛世 009　戰國・待考 加芳賓鉩
	璽彙 139.1260　戰國・楚 黄加
	璽彙 174.1680　戰國・三晉 奇加
	璽類 377.8　戰國・待考 龍加
	秋淵・詛楚文・郭集　戰國・秦 以臨加我
	巫咸・詛楚文・郭集　戰國・秦 以臨加我
	新出研 WT1　K1：2667　春秋・三晉 加楅敢不悉＝（悉悉）焉忠（忠心）事丌（其）而宔（主）
	亞駝・詛楚文・郭集　戰國・秦 以臨加我

飭

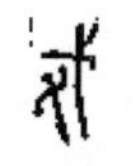	璽彙 111.0930　戰國・三晉 肖（趙）式（飭）
	璽彙 226.2313　戰國・三晉 陽式（飭）
	璽彙 514.5658　戰國・三晉 柸（楚）式（飭）
	璽考 312.1　戰國・三晉 右行式（飭）
	璽類 404.3　戰國・三晉 長式（飭）
	鴨選 40　戰國・三晉 高式（飭）

募

	秦印風 159 頁　戰國・秦 新募學佴

劥*

	璽彙 145.1331　戰國・楚 臧（臧）劥
	璽彙 246.2552　戰國・楚 卲（昭）劥

甹*

	璽彙 70.0439　戰國・三晉 王甹
	璽彙 151.1406　戰國・三晉 宋甹
	璽彙 204.2047　戰國・三晉 邘（于）甹

助*

	侯馬八五：三四　春秋・三晉 [變]改助及𧝝（奐）
	侯馬八五：一一　春秋・三晉 [變]改助及𧝝（奐）
	侯馬二〇〇：二九　春秋・三晉 而敢或覍（變）改助及奐
	侯馬二〇〇：六六　春秋・三晉 而敢或覍（變）改助[及奐]
	侯馬二〇〇：七　春秋・三晉 而敢或敓（變）改助[及]奐
	侯馬二〇〇：七一　春秋・三晉 敢或覍（變）改賀及奐
	侯馬二〇〇：三九　春秋・三晉 而敢或覍（變）改助及奐
	侯馬二〇〇：三五　春秋・三晉 [變改]助及奐
	侯馬二〇〇：四六　春秋・三晉 [變]改助及奐
	侯馬二〇〇：一〇　春秋・三晉 而敢或覍（變）改勛（助）及𧝝（奐）
	侯馬二〇〇：一六　春秋・三晉 敢或覍（變）[改]助[及奐]
	侯馬九八：二二　春秋・三晉 [變]改助[及奐]
	侯馬九二：二　春秋・三晉 而敢或覍（變）改賀（助）及奐
	侯馬九二：二二　春秋・三晉 而敢或覍（變）改助及[𧝝（奐）]
	侯馬七七：六　春秋・三晉 [變改]助及奐

	侯馬三：三　春秋・三晉 而敢[或]鴪（變）改助及奂
	侯馬三五：一一　春秋・三晉 [變]改助及[奂]
	侯馬一：八五　春秋・三晉 而敢或鴪（變）[改]助[及奂]
	侯馬一：八一　春秋・三晉 而敢或鴪（變）改助[及]奂
	侯馬一：二〇　春秋・三晉 助及[奂]
	侯馬一：七　春秋・三晉 而敢或鴪（變）[改]助及奂
	侯馬一：五七　春秋・三晉 而敢或鴪（變）改助及奂
	侯馬一九八：二　春秋・三晉 助及襖（奂）
	侯馬一九四：四　春秋・三晉 而敢或鴪（變）改助及襖（奂）
	侯馬一六：二　春秋・三晉 而[敢或變]改助及奂
	侯馬一六：四　春秋・三晉 而敢或[變改]助及[奂]
	侯馬一六二：二　春秋・三晉 助及奂
	侯馬一五六：四　春秋・三晉 而敢或鴪（變）改助及襖（奂）
	侯馬一五三：一　春秋・三晉 而敢或鴪（變）改助及襖（奂）

劭*

	港印 15　戰國・三晉 劭（范）猲
	璽彙 298.3166　戰國・三晉 劭（范）厩
	璽彙 298.3169　戰國・三晉 劭（范）居

劻*

	璽彙 298.3168　戰國・三晉 劭（范）劻
	璽彙 512.5632　戰國・三晉 賈劻

勅*

	鶴廬 7.2　戰國・齊 吾丘勅
	璽彙 203.2026　戰國・三晉 鄞（董）勅
	璽彙 238.2452　戰國・三晉 椁（郭）勅

勑*

	璽彙 218.2213　戰國・三晉 礹（嚴）勑

勁*

	珍戰 41　戰國・楚 忑勁

勬*

	虹印 15　戰國・待考 勬（養）迹（璽）

房*

	璽考 316.5　戰國・三晉 侯（緱）氏房

勀*

	璽彙 149.1383　戰國・三晉 樂勀
	璽彙 249.2585　戰國・三晉 潛勀

𠢸*

	璽彙 279.2940　戰國・三晉 監𠢸
	璽考 249.6　戰國・三晉 長𠢸

勪*

	侯馬八五：一二　春秋・三晉 史勪（喬）敢不閛（披）丌（其）復（腹）心台（以）事丌（其）宔（主）
	侯馬一五六：二三　春秋・三晉 趙勪（喬）及丌（其）孫₌（子孫）

勘*

	書璽 1036　戰國・待考 茀勘

勪*

	侯馬三：一八　春秋・三晉 趙勪（喬）及丌（其）孫₌（子孫）
	侯馬一九四：一一　春秋・三晉 趙勪及丌（其）孫₌（子孫）
	侯馬一五六：二五　春秋・三晉 趙勪（喬）及丌（其）孫₌（子孫）
	侯馬一五六：一九　春秋・三晉 肖（趙）勪（喬）及丌（其）孫₌（子孫）

𦾢*

	璽彙 114.0966　戰國・三晉 肖（趙）𦾢

㽾*

	璽彙 265.2776　戰國・三晉 君（尹）㽾

勴*

	侯馬八五：一〇　春秋・三晉 而敢或覍（變）改勴（助）[及奐]
	侯馬九八：二六　春秋・三晉 覍（變）改勴（助）及奐
	侯馬九二：一二　春秋・三晉 而敢或覍（變）改勴（助）及奐

𠡦

	璽彙 72.0460　戰國・三晉 王𠡦
	璽類 11.1　戰國・待考 藿𠡦

卷十四

金

	貨系 2020　戰國・待考 □金
	貨系 2961 背　戰國・燕 明/金
	貨系 4044　戰國・魏 共屯赤金
	貨系 4045　戰國・魏 共屯赤金
	貨系 4046　戰國・魏 共屯赤金
	先秦編 22　戰國・楚 視金四朱（銖）
	楚典 425.4　戰國・楚 㐰（信）金
	風過耳 336　戰國・秦 千金
	秦印風 251 頁　戰國・秦 萬金
	陝新 205.1769　戰國・待考 宜千金
	璽彙 313.3346　戰國・燕 匀蜀金
	璽彙 323.3469　戰國・待考 塙金
	璽彙 344.3728　戰國・齊 金□訐（信）鉨（璽）
	璽彙 415.4558　戰國・三晉 又（有）金
	璽彙 489.5410　戰國・待考 金
	璽類 141.9　戰國・待考 可成金
	秦新 2969　戰國・秦 金
	陶錄 2・31・4　戰國・齊 ……□……市……金
	泰山刻石・秦銘刻選　秦代 請具刻詔書金石刻，因明白矣
	繹山刻石・秦銘刻選　秦代 金石刻盡始皇帝所爲也
	繹山刻石・秦銘刻選　秦代 請具刻詔書金石刻，因明白矣

銅

	新封泥彙 1855　戰國・秦 銅鞮丞印

鐵

	新封泥彙 0880　戰國・秦 鐵官丞印

鍇

	秦印風 155 頁　戰國・秦 張鍇

	秦印風 201 頁　戰國・秦 王鍇

鋻

	田車・石鼓文・郭集　春秋・秦 鋻勒馮=（馮馮）

鏤

	璽彙 341.3687　戰國・齊 營鏤

銑

	風過耳 170　戰國・秦 尹銑

鑄

	貨系 2271　戰國・三晉 鑄一
	貨系 2273　戰國・三晉 鑄一
	貨系 2274　戰國・三晉 鑄
	貨系 2275　戰國・三晉 鑄
	貨系 2276　戰國・三晉 鑄
	璽彙 27.0158　戰國・燕 帚昜（陽）鑄帀（師）鉨（璽）
	璽彙 27.0159　戰國・燕 郻（易）鑄帀（師）鉨（璽）
	璽彙 27.0161　戰國・楚 鑄巽客鉨（璽）
	璽彙 138.1252　戰國・楚 黄鑄
	璽彙 327.3516　戰國・楚 高鑄
	侯馬一六：五　春秋・三晉 鑄敢不半（披）其[腹]心㠯（以）事其宔（主）

鍾

	港續 49.66　戰國・待考 鍾固
	璽類 418.8　戰國・待考 鍾□鉨（璽）
	雙劍誃　戰國・待考 介（夾）鍾右八

鉛

	鑒菁 218. 附錄 1　戰國・楚 欽鉛

錯

	秦印風 106 頁　戰國・秦 帶錯
	秦印風 118 頁　戰國・秦 錯
	秦新 864　戰國・秦 宮錯
	陶錄 6・239・1　戰國・秦 宮錯

鑿

	侯馬八八：一三　春秋・三晉 比鑿

	侯馬九三：一　春秋・三晉 邶（比）鑿
	侯馬七九：三　春秋・三晉 比鑿、比徥（䢅）及丌（其）孫=（子孫）
	侯馬三：二〇　春秋・三晉 比鑿、比䢅及丌（其）孫=（子孫）
	侯馬一八五：四　春秋・三晉 比鑿及丌（其）孫=（子孫）
	侯馬一九四：一一　春秋・三晉 比鑿及丌（其）子孫
	侯馬一七九：一八　春秋・三晉 比鑿
	侯馬一五六：二二　春秋・三晉 比鑿、比徥（䢅）及丌（其）孫=（子孫）
	侯馬一五六：二七　春秋・三晉 比鑿、比徥（䢅）及丌（其）孫=（子孫）
	侯馬一五六：二一　春秋・三晉 比鑿、比䢅及丌（其）孫=（子孫）

錢

	璽彙 497.5505　戰國・齊 錢

銍

	秦印風 20 頁　戰國・秦 銍粟將印

鉗

	風過耳 076　戰國・秦 毛鉗

鍰

	貨系 4264　戰國・楚 鍰

鈞

	風過耳 011　戰國・秦 段鈞
	秦印風 85 頁　戰國・秦 賈鈞
	盛世 149　戰國・待考 甄鈞

鐸

	璽彙 331.3571　戰國・秦 □鐸

鎗

	秦墓石磬　春秋・秦 氒（厥）音□=鎗=（鎗鎗）

鈒

	璽彙 358.3875　戰國・三晉 公孫鈒

鑾

	鑾車・石鼓文・郭集　春秋・秦 □□鑾車

劉

	秦印風 215 頁　戰國・秦 劉鄉

	秦新 2300　戰國・秦 劉

鉅

	秦印風 220 頁　戰國・秦 隗鉅

鈍

	璽彙 227.2324　戰國・三晉 陰鈍

銘

	會稽刻石・秦銘刻選　秦代 光陲（垂）休銘

釓*

	璽彙 146.1346　戰國・三晉 孟釓
	璽類 460.10　戰國・三晉 成釓

鉽*

	璽彙 303.3237　戰國・三晉 鉽邸（邸）都

鈇*

	璽考 176.3　戰國・楚 羊鈇遊（旅）鉩（璽）

虘*

	貨系 3009　戰國・燕 外虘
	貨系 3010　戰國・燕 外虘
	貨系 3011　戰國・燕 外虘
	貨系 3013　戰國・燕 外虘
	貨系 3035 背　戰國・燕 明/外虘乙
	璽彙 288.3057　戰國・燕 虘（盧）比

鋀*

	璽彙 50.0292　戰國・燕 𨒅都市鋀

鍌*

	二十 110.二-SP-0469　戰國・齊 不薈（邗）坤（市）鍌昜（唐）攻（工）市（師）鉩（璽）
	二十 14.二-SY-0050　戰國・齊 子夻子鍌
	璽彙 62.0355　戰國・齊 鄿□坤（市）鍌
	璽類 39.4　戰國・齊 右里段鍌
	璽類 379.7　戰國・齊 不篬（邗）坤（市）鍌
	陶録 2・24・4　戰國・齊 左里段鍌
	陶録 2・25・1　戰國・齊 左里段鍌
	陶録 2・28・1　戰國・齊 大市區鍌

	陶錄 2・28・2　戰國・齊 大市區鋻
	陶錄 2・28・3　戰國・齊 大市區鋻
	陶錄 2・28・4　戰國・齊 大市區鋻
	陶錄 2・29・2　戰國・齊 大市□鋻
	陶錄 2・32・1　戰國・齊 不蓍（邧）坤（市）鋻
	陶錄 2・32・2　戰國・齊 不蓍市鋻
	陶錄 2・32・3　戰國・齊 不蓍（邧）市鋻
	陶錄 2・32・4　戰國・齊 不蓍坤（市）鋻
	陶錄 2・33・1　戰國・齊 不蓍（邧）市鋻
	陶錄 2・35・3　戰國・齊 □墜（陵）坤（市）木鋻
	新齊 0355　戰國・齊 不蓍（邧）市鋻
	新齊 0356　戰國・齊 不蓍（邧）坤（市）鋻
	新齊 0358　戰國・齊 大市區鋻

錤*

	璽彙 4.0019　戰國・齊 鋖（錤）司徒帀（師）
	璽彙 54.0312　戰國・齊 鋖（錤）聞（門）坐叟

鋇*

	秦墓石磬　春秋・秦 不廷鋇（鎮）□
	秦墓石磬　春秋・秦 ……廷鋇（鎮）滯（靖）

鍴*

	二十 48. 二-GY-0021　戰國・燕 □市□鍴（瑞）
	璽彙 63.0363　戰國・燕 湶（泉）谷山金貞鍴（瑞）
	璽彙 63.0364　戰國・燕 昜（陽）文（門）身（信）鍴（瑞）
	璽考 89.1　戰國・燕 武郎（垣）都市鍴（瑞）
	陶錄 4・14・1　戰國・燕 左匋（陶）君（尹）鑪疋哭鍴左匋（陶）俫湯敀國□□攻黑
	陶錄 4・16・3　戰國・燕 ……鑪疋哭鍴□湯敀國
	陶錄 4・18・1　戰國・燕 左匋（陶）君（尹）鑪疋哭鍴左匋（陶）俫湯敀國左匋（陶）攻（工）佳
	陶錄 4・21・1　戰國・燕 余無都鍴（瑞）
	陶錄 4・21・2　戰國・燕 陽安都王伏鍴（瑞）
	陶錄 4・211・1　戰國・燕 □城都王伏鍴（瑞）
	陶錄 4・211・3　戰國・燕 日庚都王伏鍴（瑞）

鈎*

	璽彙 106.0864　戰國・燕 長不鈎（敬）

鉼*

	璽彙 280.2957　戰國・三晉 甹（平）鉼

鋈*

	璽彙 306.3268　戰國・三晉 鋈（劉）旗

鉁*

	侯馬三：二　春秋・三晉 鉁敢不閛（披）亓（其）復（腹）心吕（以）事亓（其）宔（主）

鎱*

	璽彙 125.1090　戰國・三晉 侯鎱

鐶*

	集釋 89.4　戰國・燕 高鐶
	璽彙 290.3072　戰國・三晉 鐶□

鑍*

	璽彙 335.3618　戰國・楚 鑍慧

鐯*

	陶錄 4・13・1　戰國・燕 左匋（陶）君（尹）鐯疋哭鍴左匋（陶）……□匋（陶）攻（工）牖
	陶錄 4・16・1　戰國・燕 左匋（陶）君（尹）鐯疋哭
	陶錄 4・16・3　戰國・燕 ……鐯疋哭鍴□湯眨國
	陶錄 4・20・1　戰國・燕 左匋（陶）君（尹）鐯疋

鐓*

	璽彙 339.3666　戰國・齊 敚亡（無）鐓（斁）

幵

	貨系 1608　戰國・趙 幵陽
	貨系 1610　戰國・趙 幵陽

勺

	貨系 2675　戰國・中山 勺
	貨系 2676　戰國・中山 勺
	先秦編 441　戰國・燕 勺
	先秦編 441　戰國・燕 勺
	鶴廬 103.4　戰國・三晉 長勺匜厶（私）尔（璽）

處

	貨系 2487　戰國・趙 辛處/十二朱
	秦範卷四 29.6　戰國・待考 左處
	秦印風 184 頁　戰國・秦 楊高處
	璽彙 296.3145　戰國・三晉 弄處
	秦新 1235　戰國・秦 頻陽工處
	秦新 1316　戰國・秦 西處
	秦新 1821　戰國・秦 咸安處捍
	秦新 185　戰國・秦 咸處
	秦新 930　戰國・秦 頻陽工處
	汧殹・石鼓文・郭集　春秋・秦 鰋鯉處之

且

	風過耳 294　戰國・秦 徇且
	秦新 1570　戰國・秦 咸鄙里且
	陶錄 6・441・4　戰國・秦 孫且
	秦墓石磬　春秋・秦 ……皇且（祖）目（以）……
	秋淵・詛楚文・郭集　戰國・秦 且復略我邊城
	巫咸・詛楚文・郭集　戰國・秦 且復略我邊城

俎

	秦印風 49 頁　戰國・秦 王俎私印

斤

	貨系 3136　戰國・燕 中斤
	貨系 3137　戰國・燕 中斤
	貨系 3138 背　戰國・燕 明/中斤
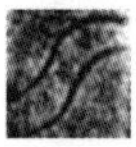	貨系 3139 背　戰國・燕 明/中斤
	貨系 3140 背　戰國・燕 明/中斤
	貨系 524　戰國・周王畿 斤
	貨系 525　戰國・周王畿 斤
	陶錄 5・28・1　戰國・三晉、兩周 長斤□
	陶錄 5・3・3　戰國・三晉、兩周 馬斤

斫

	璽彙 251.2606　戰國・燕 緭斫

釿

	貨系 1284　戰國・魏 安邑一釿
	貨系 1374　戰國・魏 □二釿
	貨系 1375　戰國・魏 □二釿
	貨系 1378　戰國・魏 言（圁）昜（陽）一釿
	貨系 1390　戰國・魏 陝一釿
	貨系 1425　戰國・魏 甫（蒲）反（坂）一釿
	燕下都 196　戰國・趙 北丝（茲）釿
	燕下都 196　戰國・趙 北丝（茲）釿
	燕下都 196　戰國・趙 北丝（茲）釿
	璽彙 281. 2963　戰國・三晉 寽（平）釿
	璽類 463. 1　戰國・待考 紀釿
	侯馬八五：一三　春秋・三晉 一釿敢不[披]丌（其）腹心

所

	港續 138. 244　戰國・待考 所
	璽彙 333. 3586　戰國・楚 所興
	陶錄 2・150・4　戰國・齊 大蒦圆壽所□
	侯馬二〇三：九　春秋・三晉 所敢不
	侯馬二〇三：三　春秋・三晉 所明（盟）者
	侯馬二〇三：一一　春秋・三晉 所敢不巫
	侯馬七九：五　春秋・三晉 所敢
	侯馬三：二一　春秋・三晉 質于所
	侯馬一〇五：二　春秋・三晉 入于中行寅及邯（比）之所
	侯馬一〇五：三　春秋・三晉 所敢
	侯馬一七九：一四　春秋・三晉 自質于君所
	侯馬一五六：二二　春秋・三晉 所不之……
	侯馬一五六：二一　春秋・三晉 罴（繹）之于皇君之所
	繹山刻石・秦銘刻選　秦代 金石刻盡始皇帝所爲也
	作原・石鼓文・郭集　春秋・秦 爲所斿（游）夒（優）

斯

	盛世 161　戰國・待考 公段尊斯
	泰山刻石・秦銘刻選　秦代 丞相臣斯、臣去疾、御史夫₌（大夫）臣德昧死言

	繹山刻石・秦銘刻選　秦代 丞相臣斯、臣去疾、御史夫₌（大夫）臣德昧死言

斮

	璽彙 104.0847　戰國・三晉 長斮
	璽類 463.3　戰國・待考 王斮

新

	秦印風 158 頁　戰國・秦 新道
	璽彙 47.0281　戰國・楚 墜（陳）之新都
	璽類 463.6　戰國・待考 季新
	秦新 1183　戰國・秦 新城邦
	秦新 1187　戰國・秦 新城邦
	陶錄 6・303・2　戰國・秦 新城邦
	陶錄 6・304・2　戰國・秦 新城義渠
	陶錄 6・304・3　戰國・秦 新城義渠
	陶錄 6・426・2　戰國・秦 新梁市久
	陶錄 6・50・4　戰國・秦 咸新安盼
	陶錄 7・14・1　戰國・秦 新陸
	侯馬七五：八　春秋・三晉 及丌（其）新君弟孫₌（子孫）
	侯馬三：二四　春秋・三晉 新君弟孫₌（子孫）
	侯馬探八②：二　春秋・三晉 阩（升）及丌（其）新君弟孫₌（子孫）
	侯馬一九四：一一　春秋・三晉 丌（其）新君弟孫₌（子孫）
	侯馬一五六：二〇　春秋・三晉 踐（足）及新君弟孫₌（子孫）
	侯馬一五六：二五　春秋・三晉 踐（足）及丌（其）新君弟孫₌（子孫）
	侯馬一五六：一九　春秋・三晉 隥（登）及丌（其）新君弟孫₌（子孫）
	秋淵・詛楚文・郭集　戰國・秦 述（遂）取衙（吾）邊城新郢
	巫咸・詛楚文・郭集　戰國・秦 述（遂）取衙（吾）邊城新郢
	亞駝・詛楚文・郭集　戰國・秦 述（遂）取衙（吾）邊城新郢

圻*

	貨系 4168　戰國・楚 圻
	貨系 4169　戰國・楚 圻
	錢典 249　戰國・楚 槐比堂（當）圻/七展
	錢典 250　戰國・楚 槐比堂（當）圻/七展
	天津 176　戰國・楚 槐比堂（當）圻/七展

听*

	璽彙 37.0221　戰國・楚 听述（遂）之鉩（璽）

䣛*

	璽彙 30.0175　戰國・齊 豖母䣛（司）關

斗

	貨系 129　戰國・周王畿 斗
	貨系 131　戰國・周王畿 斗
	貨系 132　戰國・周王畿 斗
	璽彙 123.1069　戰國・三晉 肖勳器容一斗
	秦新 1173　戰國・秦 麗山茜府一斗二升
	秦新 1858　戰國・秦 斗正
	秦新 2938　戰國・秦 樂定王氏九斗
	秦新 2939　戰國・秦 樂定王氏九斗
	秦新 2940　戰國・秦 南陽趙氏十斗
	秦新 2964　戰國・秦 西奂蘇氏十斗、十斗
	秦新 3244　戰國・秦 平里一石二斗
	秦新 631　戰國・秦 麗邑五斗崔
	陶錄 5・57・6　戰國・三晉、兩周 半斗
	陶錄 6・111・1　戰國・秦 □官□反（飯）一斗
	陶錄 6・324・1　戰國・秦 華成靳氏五斗
	陶錄 6・325・1　戰國・秦 隱成呂氏缶容十斗
	陶錄 6・325・2　戰國・秦 隱成呂氏缶容十斗
	陶錄 6・325・3　戰國・秦 北□呂氏缶容十斗
	陶錄 6・326・3　戰國・秦 隱成呂氏缶容十斗
	陶錄 6・328・3　戰國・秦 趙氏十斗
	陶錄 6・328・5　戰國・秦 樂……斗

魁

	風過耳 280　戰國・秦 魁山
	新封泥彙 1310　戰國・秦 王魁私印

升

	秦新 635　戰國・秦 麗邑九升
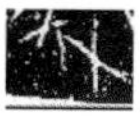	秦新 636　戰國・秦 麗邑五升

輕

	璽彙 321.3445　戰國・趙 武陽翌（輕）兵

輿

	新封泥彙 2592　戰國・秦 平輿丞印
	新封泥彙 2598　戰國・秦 平輿丞印
	會稽刻石・秦銘刻選　秦代 輿舟不傾
	秋淵・詛楚文・郭集　戰國・秦 唯是秦邦之贏眾敝賦、輡（襘）輸（褕）棧輿
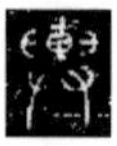	巫咸・詛楚文・郭集　戰國・秦 唯是秦邦之贏眾敝賦、輡（襘）輸（褕）棧輿
	亞駝・詛楚文・郭集　戰國・秦 唯是秦邦之贏眾敝賦、輡（襘）輸（褕）棧輿

輅

	璽彙 241.2492　戰國・三晉 輅寘

軎

	秦新 924　戰國・秦 軎
	陶錄 6・277・1　戰國・秦 軎

輡

	璽彙 242.2497　戰國・三晉 帕（輡）堂（上）
	璽彙 242.2498　戰國・三晉 帕（輡）都埅（地）
	璽彙 242.2500　戰國・楚 帕（輡）僕（僕）

載

	璽類 440.11　戰國・楚 戠（職）材（載）之鉩（璽）
	會稽刻石・秦銘刻選　秦代 各載其名

軍

	秦印風 168 頁　戰國・秦 吳軍
	璽彙 16.0095　戰國・齊 痼（將）軍之鉩（璽）
	璽彙 21.0126　戰國・燕 左軍户（尉）鍴（瑞）
	璽彙 61.0349　戰國・魏 千畋（畝）左軍
	璽彙 519.5708　戰國・秦 軍市
	璽類 465.12　戰國・楚 亞牆（將）軍鉩（璽）
	玉存 6.29　戰國・待考 軍
	陶錄 4・139・1　戰國・燕 左軍
	秦駰玉版研究　戰國・秦 故告大□大將軍

範

	璽彙 195.1941　戰國・三晉 郤（徐）軳（範）
	璽彙 224.2286　戰國・燕 範（范）坐
	璽彙 300.3191　戰國・三晉 焉成軳（範）
	璽類 227.5　戰國・三晉 肖（趙）軳（範）

輪

	秋淵・詛楚文・郭集　戰國・秦 變輸盟剌（約）
	巫咸・詛楚文・郭集　戰國・秦 變輸盟剌（約）
	亞駝・詛楚文・郭集　戰國・秦 變輸盟剌（約）

軌

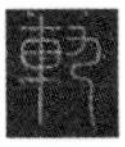	會稽刻石・秦銘刻選　秦代 皆遵軌度

輀

	珍戰 100　戰國・三晉 賦輜（輀）

輔

	風過耳 266　戰國・秦 輔驁
	秦印風 76 頁　戰國・秦 輔驁
	璽彙 518.5706　戰國・齊 輔匕（弼）斁封（邦）
	侯馬八八：一　春秋・三晉 輔痣（瘉）敢[不披]丌（其）[腹]心
	璽彙 242.2496　戰國・三晉 較（輔）封

䡅*

	會稽刻石・秦銘刻選　秦代 寴（親）䡅（巡）天下
	繹山刻石・秦銘刻選　秦代 寴（親）䡅（巡）遠方

𨊻*

	風過耳 012　戰國・秦 段𨊻
	璽彙 147.1363　戰國・燕 孟𨊻

𨋍*

	澂存 18.2　戰國・三晉 長𨋍

𨋕*

	璽類 467.6　戰國・三晉 郘𨋕

輅*

	侯馬一：六九　春秋・三晉 輅[敢]不半（披）丌（其）[腹心]㠯（以）事丌（其）宔（主）

	新齊 0332　戰國・齊 平陵陣（陳）旻（得）不□主畚（釜）
	璽彙 27.0156　戰國・齊 清坴（陵）□戠（職）笸帀（師）
	璽彙 228.2330　戰國・齊 坴（陵）悳
	印粹 2.1　戰國・齊 敝坴（陵）右司馬晵鉨（璽）

陰

	貨系 1417　戰國・魏 陰晉一釿
	貨系 1422　戰國・魏 陰晉半釿
	錢典 271　戰國・魏 陰晉一釿
	先秦編 219　戰國・魏 陰晉半釿
	風過耳 075　戰國・秦 呂陰
	秦印風 161 頁　戰國・秦 呂陰
	秦印風 51 頁　戰國・秦 陰�φ
	珍戰 121　戰國・三晉 陰鰍
	秦新 1444　戰國・秦 平陰居貲北游公士滕
	陶錄 6・403・4　戰國・秦 襄陰市
	陶錄 6・462・2　戰國・秦 陰□

	會稽刻石・秦銘刻選　秦代 陰通閒（間）使
	鑾車・石鼓文・郭集　春秋・秦 遽涇陰陽
	秦駰玉版研究　戰國・秦 而复（覆）華大山之陰陽
	貨系 2329　戰國・燕 坪（平）陰（陰）
	貨系 2331　戰國・燕 坪（平）陰（陰）
	貨系 2332　戰國・燕 坪（平）陰（陰）
	三晉 122　戰國・韓、趙 壤（襄）陰（陰）
	三晉 37　戰國・趙 大陰（陰）
	三晉 50　戰國・趙 大陰（陰）
	三晉 54　戰國・趙 壽陰（陰）
	三晉 54　戰國・趙 壽陰（陰）/一
	三晉 54　戰國・趙 壽陰（陰）/六
	先秦編 289　戰國・燕 坪（平)陰（陰）
	璽彙 13.0077　戰國・趙 襄陰（陰）司寇
	璽彙 295.3133　戰國・三晉 平陰（陰）
	璽考 107.8　戰國・三晉 坪（平）陰（陰）坿（府）

	璽彙 3. 0013　戰國・燕 坪（平）陰（陰）都司徒
	璽彙 9. 0052　戰國・燕 怳（廣）陰（陰）都左司馬
	璽彙 15. 0085　戰國・燕 坪（平）陰（陰）都司工（空）
	貨系 875　戰國・趙 大阜<陰（陰）>/一
	錢典 359　戰國・趙 大阜<陰（陰）>/一

陽

	貨系 1740　戰國・韓、趙 平陽
	貨系 1763　戰國・韓、趙 平陽
	貨系 1960　戰國・魏 盧（虞）陽
	貨系 2066　戰國・趙 安陽
	貨系 2073　戰國・趙 安陽
	貨系 2076　戰國・趙 安陽
	貨系 2077　戰國・趙 安陽
	貨系 2098　戰國・趙 安陽
	貨系 2458　戰國・趙 安陽/兩・十二
	貨系 2464　戰國・趙 陽湔/十二朱
	貨系 2467　戰國・趙 下邮（曲）陽/十一・十二朱
	貨系 2468　戰國・趙 邸陽/厶・兩
	錢典 165　戰國・韓 宜陽
	三晉 116　戰國・魏 盧（虞）陽
	三晉 85　戰國・韓、趙 平陽
	三晉 85　戰國・韓、趙 平陽
	先秦編 623　戰國・趙 安陽/安陽
	先秦編 623 背　戰國・趙 安陽/安陽
	吉出 149. 228　戰國・待考 劭（范）陽
	秦印風 23 頁　戰國・秦 宜陽津印
	秦印風 27 頁　戰國・秦 利陽右尉
	秦印風 80 頁　戰國・秦 陽□
	書璽 656　戰國・三晉 纂（原）陽坤（市）
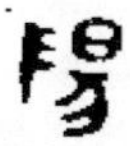	璽彙 29. 0171　戰國・三晉 埴陽門
	璽彙 58. 0332　戰國・三晉 纂（原）陽坤（市）
	璽彙 226. 2308　戰國・三晉 陽忑

	璽彙 304.3240　戰國・三晉 恆陽
	璽考 123.1　戰國・魏 上陽守
	印展 4　戰國・魏 陰（合）陽坿（府）
	秦新 114　戰國・秦 咸陽危
	秦新 118　戰國・秦 咸陽野
	秦新 1206　戰國・秦 鄓陽共
	秦新 1228　戰國・秦 茝陽工癸
	秦新 1673　戰國・秦 咸陽巨臣
	秦新 1802　戰國・秦 咸亭陽安吉器
	秦新 190　戰國・秦 咸陽
	秦新 2668　戰國・秦 咸陽巨巻
	秦新 2677　戰國・秦 咸陽巨巻
	秦新 2736　戰國・秦 咸𨻰陽戲
	秦新 309　戰國・秦 咸陽□忌
	陶錄 6・138・4　戰國・秦 咸陽秸
	陶錄 6・308・1　戰國・秦 茝陽癸
	陶錄 6・405・2　戰國・秦 河陽牢
	陶錄 6・425・4　戰國・秦 □陽亭久
	陶錄 6・458・2　戰國・秦 宜陽昌
	陶錄 6・465・1　戰國・秦 泥陽
	陶錄 7・12・2　戰國・待考 陽延之璽
	侯馬一九五：七　春秋・三晉 㴞陽……復（腹）[心以]事丌（其）宔（主）
	霝雨・石鼓文・郭集　春秋・秦 或陰或陽
	秦墓石磬　春秋・秦 高陽又（有）靈（靈）
	湖印 38.7　戰國・楚 𨺅（陽）緩
	先印 28.3　戰國・楚 𨺅（陽）郦之述（遂）

陸

	魯安 102.279　戰國・三晉 北陸（陸）埴（官）
	秦印風 84 頁　戰國・秦 陸都
	璽彙 227.2318　戰國・齊 陸（陸）□
	陶錄 4・184・1　戰國・燕 陸
	陶錄 6・409・2　戰國・秦 安陸市亭

	陶錄 6・409・3　戰國・秦 安陸市亭
	陶錄 7・14・1　戰國・秦 新陸

阿

	貨系 2489　戰國・趙 阿/廿•十二朱
	璽彙 55. 0317　戰國・楚 坪（平）阿
	璽彙 116. 0993　戰國・三晉 肖（趙）阿
	新封泥彙 1746　戰國・秦 平阿禁印
	璽彙 55. 0313　戰國・齊 平�櫃（阿）左稟（廩）
	印戰 20. 2　戰國・齊 平坘（阿）左稟（廩）

阪

	作原・石鼓文・郭集　春秋・秦 帥（率）皮（彼）阪□

隗

	秦印風 116 頁　戰國・秦 隗周
	秦印風 136 頁　戰國・秦 張隗
	秦印風 79 頁　戰國・秦 隗芺（笑）

陜

	秦新 1148　戰國・秦 陜禮
	秦新 2536　戰國・秦 咸閭里陜

降

	新封泥彙 0446　戰國・秦 降丞之印
	新封泥彙 0447　戰國・秦 降丞之印
	秦新 1142　戰國・秦 降[獲]
	陶錄 6・317・2　戰國・秦 降高
	陶錄 6・402・2　戰國・秦 降亭
	陶錄 6・463・3　戰國・秦 降高
	陶錄 6・463・4　戰國・秦 降獲

陀

	繹山刻石・秦銘刻選　秦代 陀及五帝

陸

	璽彙 246. 2549　戰國・三晉 弔（叔）阹（陸）
	篆彙 29. 14　戰國・待考 陸□之鉨（璽）

防

	會稽刻石·秦銘刻選　秦代 防隔內外
	璽彙 145.1334　戰國·燕 衛埅（防）
	璽彙 228.2326　戰國·燕 埅（防）纕

陘

	風過耳 083　戰國·秦 橋（喬）陘
	秦新 690　戰國·秦 左司陘瓦
	秦新 693　戰國·秦 左司陘瓦
	秦新 981　戰國·秦 左司陘瓦
	秦新 982　戰國·秦 左司陘瓦
	秦駰玉版研究　戰國·秦 丌（其）名曰陘

隔

	會稽刻石·秦銘刻選　秦代 防隔內外
	泰山刻石·秦銘刻選　秦代 昭隔內外

隱

	秦印風 112 頁　戰國·秦 李隱
	秦印風 122 頁　戰國·秦 隱
	秦新 3121　戰國·秦 隱成呂氏缶容十斗
	秦新 3122　戰國·秦 隱成呂氏缶容十斗
	秦新 3123　戰國·秦 隱成呂氏缶容十斗
	會稽刻石·秦銘刻選　秦代 靡有隱情

隈

	湖印 39.10　戰國·楚 隈□訐（信）

陝

	貨系 1390　戰國·魏 陝一釿
	貨系 1391　戰國·魏 陝一釿
	貨系 1392　戰國·魏 陝一釿
	貨系 1403　戰國·魏 陝一釿
	貨系 1404　戰國·魏 陝一釿
	貨系 1408　戰國·魏 陝半釿
	先秦編 223　戰國·魏 陝半釿
	陶錄 6·399·1　戰國·秦 陝市

阮

	陶錄 7・10・2　戰國・待考 阮

陳

	貨系 4261　戰國・楚 墜（陳）爯
	貨系 4262　戰國・楚 墜（陳）爯
	風過耳 004　戰國・秦 陳宼
	秦印風 56 頁　戰國・秦 陳萌
	盛世 132　戰國・待考 陳惁
	璽彙 155. 1451　戰國・三晉 陳戲
	璽彙 155. 1452　戰國・三晉 陳玉
	璽彙 155. 1455　戰國・三晉 陳兔
	璽彙 156. 1470　戰國・齊 陳潘
	璽彙 320. 3439　戰國・燕 旃（旅）墜（陳）坾（璽）
	印展 29　戰國・三晉 陳狄
	會稽刻石・秦銘刻選　秦代 顯陳舊章
	會稽刻石・秦銘刻選　秦代 善否陳前
	書璽 187　戰國・楚 墜（陳）迁
	璽彙 155. 1458　戰國・楚 墜（陳）山
	璽彙 156. 1462　戰國・齊 墜（陳）□
	璽彙 156. 1468　戰國・齊 墜（陳）王
	璽彙 156. 1472　戰國・齊 墜（陳）巡（訓）
	璽彙 157. 1476　戰國・楚 墜（陳）章丘
	璽彙 512. 5623　戰國・楚 墜（陳）綅（纓）
	珍戰 143　戰國・楚 墜（陳）□
	陶錄 2・10・3　戰國・齊 華門墜（陳）棱再左里敀京區
	陶錄 2・11・3　戰國・齊 陲（陳）棱□敀京□
	陶錄 2・13・2　戰國・齊 平墜（陵）陲（陳）旻（得）不□主畬（釜）
	陶錄 2・14・3　戰國・齊 平墜（陵）陲（陳）旻（得）不□主畬（釜）
	陶錄 2・15・4　戰國・齊 ……陲（陳）旻（得）
	陶錄 2・17・2　戰國・齊 陲（陳）棈三立事歲右稟畬（釜）
	陶録 2・18・3　戰國・齊 陲（陳）石
	陶錄 2・20・1　戰國・齊 陲（陳）□……事……

	新泰齊陶 HBCS：104　戰國・齊 平隂（陊）陲（陳）旻（得）
	新泰齊陶 HBCS：5　戰國・齊 平除（陊）陲（陳）旻（得）
	新泰齊陶 HBCS：6　戰國・齊 平除（陊）陲（陳）旻（得）

陎*

	集釋 160.6　戰國・楚 陎囷頁

阹*

	田車・石鼓文・郭集　春秋・秦 遯（吾）戎止阹

阽*

	侯馬一六：一〇　春秋・三晉 阽八[敢]不閛（披）丌（其）復（腹） 心吕（以）事丌（其）宔（主）

陆*

	侯馬二〇〇：二〇　春秋・三晉 定宮平陆之命
	侯馬二〇〇：二五　春秋・三晉 定宮平陆之命
	侯馬二〇〇：六五　春秋・三晉 [定宮平]陆之命
	侯馬二〇〇：三一　春秋・三晉 定宮平陆之命
	侯馬二〇〇：四〇　春秋・三晉 定宮平陆之命
	侯馬二〇〇：四七　春秋・三晉 定宮平陆[之命]
	侯馬二〇〇：一七　春秋・三晉 定宮平陆之命
	侯馬九八：一六　春秋・三晉 [定宮]平陆之命
	侯馬三：六　春秋・三晉 定宮平陆之命
	侯馬三五：二　春秋・三晉 定宮平陆之命
	侯馬一：九　春秋・三晉 定宮平陆之命
	侯馬一：四九　春秋・三晉 定宮平陆之命
	侯馬一：五二　春秋・三晉 [定]宮平陆之命
	侯馬一：五五　春秋・三晉 定[宮]平陆之命
	侯馬一：一六　春秋・三晉 定宮平陆之命
	侯馬一九八：一〇　春秋・三晉 [定宮]平陆[之命]
	侯馬一九四：四　春秋・三晉 定宮平陆之命
	侯馬一五六：三　春秋・三晉 而敢又（有）陆（志）復趙尼及丌（其） 孫₌（子孫）
	侯馬一五六：一　春秋・三晉 定宮平陆之命

陑*

	璽彙 32.0191　戰國・燕 剛陰（陰）都信陑（陑）左

⿰阝巨*

	璽彙 77.0519　戰國・燕 王⿰阝⿱巨土（⿰阝巨）
	璽彙 270.2835　戰國・燕 䵂（南郭）⿰阝⿱巨土（⿰阝巨）

陆*

	侯馬一九八：一三　春秋・三晉 定宮平陆（⿰阝寺）[之命]
	侯馬一五六：一一　春秋・三晉 定宮平陆（⿰阝寺）[之命]

⿰阝里*

	陶錄 6・193・1　戰國・秦 左司⿰阝里瓦
	陶錄 6・193・2　戰國・秦 左司⿰阝里瓦
	陶錄 6・193・4　戰國・秦 左司⿰阝里瓦

⿰阝呈*

	陶錄 7・19・1　戰國・待考 蔵（苴）罘□⿰阝呈坴璽

陭*

	璽彙 58.0333　戰國・楚 陭門述（遂）

⿰阝兒*

	璽彙 511.5622　戰國・三晉 事（史）⿰阝兒脨（脊）
	陶錄 5・76・4　戰國・三晉、兩周 陧（⿰阝兒）禾

⿰阝罔*

	璽彙 2.0011　戰國・燕 ⿰阝⿱罔土（⿰阝罔）险（陰）都司徒
	璽彙 36.0215　戰國・燕 ⿰阝⿱罔土（⿰阝罔）险（陰）都清左

⿰阝妻*

	田車・石鼓文・郭集　春秋・秦 ⿺辶吾（吾）㠯（以）⿰阝妻（隮）于邍

⿰阝关*

	璽類 442.3　戰國・齊 廩⿰阝关□舍坾（璽）

⿰阝盍*

	印展 4　戰國・魏 ⿰阝盍（合）陽坿（府）

⿰阝⿱⿰夫夫土*

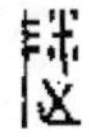	璽彙 149.1380　戰國・三晉 樂⿰阝⿱⿰夫夫土

隧*

	港印 11　戰國・楚 周隧

⿰阝高*

	璽彙 103.0830　戰國・燕 長隓（隋）

⿰阝敢*

	陶錄 2・184・1a 戰國・齊 蒦⿴囗昜匋（陶）里人⿰阝敢
	陶錄 2・184・1b 戰國・齊 蒦⿴囗昜匋（陶）里人⿰阝敢
	陶錄 2・185・1 戰國・齊 蒦⿴囗昜匋（陶）里人⿰阝敢
	陶錄 2・185・2 戰國・齊 蒦⿴囗昜匋（陶）里人⿰阝敢
	陶錄 2・185・3 戰國・齊 蒦⿴囗昜匋（陶）里人⿰阝敢
	陶錄 2・185・4 戰國・齊 蒦⿴囗昜匋（陶）里人⿰阝敢
	新齊 0856 戰國・齊 蒦⿴囗昜⿴囗昜里人⿰阝敢

厽

	港續 17.1 戰國・趙 厽（三）枱（臺）司寇
	璽彙 53.0305 戰國・趙 厽（三）枱（臺）在（士）宧
	璽考 147.6 戰國・楚 鄰（沅）坴（陵）侯厽（三）鉩（璽）

絫

	風過耳 238 戰國・秦 絫

四

	貨系 2387 背 戰國・趙 閔（藺）/廿四
	貨系 2426 背 戰國・趙 蓠（離）石/四
	貨系 2433 背 戰國・趙 蓠（離）石/十四
	貨系 3708 戰國・燕 右四
	貨系 4070 戰國・秦 一珠重一兩十四
	貨系 4186 戰國・楚 四比/四比/堂（當）忻/堂（當）忻
	貨系 4189 戰國・楚 四比/堂（當）忻
	先秦編 277 戰國・楚 四比/堂（當）忻
	虹印 63 戰國・齊 十四年十一月帀（師）紹
	魏石 3.5 戰國・待考 四達訐（信）鉩（璽）
	璽彙 55.0316 戰國・楚 西州巨（渠）四
	尊集 302.3 戰國・楚 四水癹（發）
	秦新 1769 戰國・秦 十四
	秦新 180 戰國・秦 稺（稚）十四
	秦新 345 戰國・秦 四
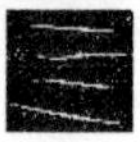	秦新 347 戰國・秦 四
	秦新 357 戰國・秦 四

	秦新 358　戰國・秦 四
	秦新 479　戰國・秦 十四
	秦新 481　戰國・秦 十四
	秦新 483　戰國・秦 十四
	秦新 484　戰國・秦 十四
	秦新 509　戰國・秦 四一
	秦新 510　戰國・秦 四三
	秦新 521　戰國・秦 五四
	秦新 528　戰國・秦 六四
	陶錄 4・1・1　戰國・燕 十六年四月右匋（陶）君（尹）俫敓叚 戠右匋（陶）攻（工）徒
	陶錄 6・179・1　戰國・秦 三四
	陶錄 6・179・2　戰國・秦 三四
	陶錄 6・180・2　戰國・秦 四五
	陶錄 6・180・4　戰國・秦 五四
	陶錄 6・181・1　戰國・秦 四四
	陶錄 6・181・1　戰國・秦 四四
	陶錄 6・181・2　戰國・秦 四四
	陶錄 6・181・2　戰國・秦 四四
	陶錄 6・181・3　戰國・秦 四五
	陶錄 6・181・4　戰國・秦 四五
	陶錄 6・182・1　戰國・秦 四四
	陶錄 6・186・2　戰國・秦 二四
	秦墓石磬　春秋・秦 四方穆=（穆穆）
	秦駰玉版研究　戰國・秦 路車四馬
	繹山刻石・秦銘刻選　秦代 威動（動）四極

卌*

	貨系 2406 背　戰國・趙 閔（藺）/卌六
	貨系 2407 背　戰國・趙 閔（藺）/卌六
	貨系 2408 背　戰國・趙 閔（藺）/卌八
	貨系 2409 背　戰國・趙 閔（藺）/卌八
	燕下都 208 背　戰國・趙 丝（茲）氏半/卌四
	燕下都 221 背　戰國・趙 平匋/卌一

	燕下都 221 背　戰國・趙 平匋/卌五
	秦新 1135　戰國・秦 卌五
	秦新 505　戰國・秦 卌一
	秦新 506　戰國・秦 卌
	秦新 507　戰國・秦 卌二
	秦新 515　戰國・秦 卌九

綴

	璽彙 155.1460　戰國・齊 墜（陳）綴
	璽彙 327.3519　戰國・齊 麇綴
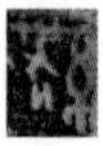	新齊 0799　戰國・齊 蒦圆南里綴

亞

	集釋 217.47　戰國・三晉 孫亞
	璽類 465.12　戰國・楚 亞牆（將）軍鉨（璽）
	篆彙 43.5　戰國・三晉 孫亞
	新齊 1398　戰國・齊 亞
	亞駝・詛楚文・郭集　戰國・秦 告于不（丕）顯大神亞駝
	亞駝・詛楚文・郭集　戰國・秦 不畏皇天上帝及不（丕）顯大神亞駝之光列（烈）威神
	亞駝・詛楚文・郭集　戰國・秦 亦應（膺）受皇天上帝及不（丕）顯大神亞駝之幾靈德賜
	作原・石鼓文・郭集　春秋・秦 亞（猗）箬（儺）其華

五

	貨系 2359 背　戰國・趙 閔（藺）/五
	貨系 2419 背　戰國・趙 閔（藺）/六十五
	貨系 2445 背　戰國・趙 蘺（離）石/卅五
	貨系 2447 背　戰國・趙 蘺（離）石/五十
	貨系 2448 背　戰國・趙 蘺（離）石/五十五
	貨系 2448 背　戰國・趙 蘺（離）石/五十五
	貨系 2449 背　戰國・趙 蘺（離）石/五十五
	貨系 2451 背　戰國・趙 蘺（離）石/五十八
	錢典 374 背　戰國・趙 平匋/五
	三晉 50 背　戰國・趙 大陰（陰）/廿五
	三晉 52 背　戰國・趙 武平/五
	集釋 152.1　戰國・楚 五慶

	鑒菁 2.4　戰國・楚 五師廎（府）
	璽彙 61.0353　戰國・三晉 句犢（瀆）五都□□
	璽彙 291.3082　戰國・三晉 五同
	璽彙 291.3084　戰國・楚 五昜（陽）
	秦新 3048　戰國・秦 五
	秦新 392　戰國・秦 五
	秦新 393　戰國・秦 五
	秦新 394　戰國・秦 五
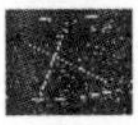	秦新 400　戰國・秦 五
	秦新 485　戰國・秦 十五
	秦新 631　戰國・秦 麗邑五斗崔
	陶錄 1・13・1　戰國以前・待考 五
	陶錄 1・24・4　戰國以前・待考 五
	陶錄 2・269・4　戰國・齊 北里五
	陶錄 2・273・1　戰國・齊 北里五
	陶錄 2・303・1　戰國・齊 王卒左𣪘□圆北里五
	陶錄 2・338・3　戰國・齊 闁（關）里五
	陶錄 4・113・3　戰國・燕 五觳匋（陶）□
	陶錄 4・182・2　戰國・燕 五
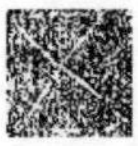	陶錄 4・200・1　戰國・燕 五
	陶錄 5・100・2　戰國・三晉、兩周 五
	陶錄 5・84・4　戰國・三晉、兩周 五
	陶錄 5・94・1　戰國・三晉、兩周 陽城五
	陶錄 5・95・1　戰國・三晉、兩周 陽城五
	陶錄 6・140・2　戰國・秦 咸五
	陶錄 6・178・4　戰國・秦 三五
	陶錄 6・180・2　戰國・秦 四五
	陶錄 6・180・3　戰國・秦 五五
	陶錄 6・181・4　戰國・秦 四五
	陶錄 6・183・1　戰國・秦 五七
	陶錄 6・184・3　戰國・秦 五十九
	陶錄 6・54・3　戰國・秦 □里士五越

	夕藏 II 04-36-1 戰國・齊 北里五
	夕藏 II 04-36-7 戰國・齊 北里五
	夕藏 II 04-36-8 戰國・齊 北里五
	夕藏 II 07-14-1 戰國・齊 豆里壬五
	夕藏 II 07-22-7 戰國・齊 豆里五
	新齊 1259 戰國・齊 □五
	新齊 1370 戰國・齊 五
	新齊 1375 戰國・齊 五
	侯馬三〇三：一 春秋・三晉 癸二仝五
	秦駰玉版研究 戰國・秦 欲事天埊（地）、四亟（極）、三光、山川、神示（祇）、五祀、先祖
	溫縣簡報 T1 坎 1：1961 春秋・三晉 十五年
	繹山刻石・秦銘刻選 秦代 陀及五帝

六

	貨系 2406 背 戰國・趙 閃（藺）/卌六
	貨系 4112 戰國・齊 賹六朊（刀）
	齊幣 306 戰國・齊 賹六朊（刀）
	齊幣 314 戰國・齊 賹六朊（刀）
	齊幣 451 戰國・齊 □六
	三晉 121 背 戰國・韓 馬雝/六
	三晉 61 背 戰國・三晉 平州/六
	先秦編 451 戰國・燕 六
	先秦編 451 戰國・燕 六
	秦新 408 戰國・秦 六
	秦新 528 戰國・秦 六四
	陶錄 4・104・1 戰國・燕 平左六瞉
	陶錄 4・198・2 戰國・燕 六
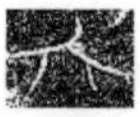	陶錄 6・177・1 戰國・秦 十六
	陶錄 6・182・3 戰國・秦 六十
	陶錄 6・182・4 戰國・秦 十六
	陶錄 6・183・4 戰國・秦 六六
	陶錄 6・186・1 戰國・秦 十六八
	陶錄 6・339・1 戰國・秦 廿六年[皇帝]盡并兼天下

	陶錄 6・347・1　戰國・秦 廿六年皇帝盡并兼[天下]
	陶錄 6・376・1　戰國・秦 廿六年[皇帝盡]并兼天下
	陶錄 6・469・1　戰國・秦 廿六[年]
	新齊 1238　戰國・齊 六辛攻里□
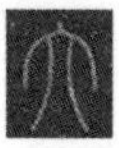	會稽刻石・秦銘刻選　秦代 六合之中
	鑾車・石鼓文・郭集　春秋・秦 六轡騖□
	泰山刻石・秦銘刻選　秦代 廿六年
	戰國題銘（中）　戰國・待考 □不韲□□□□□□齊六□□巫武平□□□□□里

七

	貨系 2590　戰國・齊 七
	貨系 3289 背　戰國・燕 明/左七
	貨系 3291 背　戰國・燕 明/左七
	貨系 82　戰國・周王畿 七
	錢典 250 背　戰國・楚 橈比堂（當）忻/七展
	三晉 57 背　戰國・趙 西都/十七
	璽彙 482.5333　戰國・待考 七月
	秦新 1743　戰國・秦 七
	秦新 416　戰國・秦 七
	秦新 417　戰國・秦 七
	秦新 418　戰國・秦 七
	秦新 420　戰國・秦 七
	秦新 488　戰國・秦 十七
	秦新 489　戰國・秦 十七
	陶錄 1・37・2　戰國以前・待考 七
	陶錄 1・5・1　戰國以前・待考 七
	陶錄 4・200・3　戰國・燕 七
	陶錄 4・212・1　戰國・燕 七
	陶錄 5・87・3　戰國・三晉、兩周 七
	陶錄 5・88・4　戰國・三晉、兩周 七
	陶錄 5・88・6　戰國・三晉、兩周 七
	陶錄 6・183・1　戰國・秦 五七
	陶錄 6・186・3　戰國・秦 十七八

	會稽刻石・秦銘刻選　秦代 卅有七年
	秦駰玉版研究　戰國・秦 請□□用牛羲（犧）貳、亓（其）齒七

九

	貨系 2452 背　戰國・趙 蔿（離）石/五十九
	貨系 2469 背　戰國・趙 上専（博）/十九•兩
	貨系 2477　戰國・趙 北九門/十二朱
	貨系 983 背　戰國・趙 昜（陽）邑/九
	先秦編 426　戰國・燕 九
	先秦編 427　戰國・燕 九
	先秦編 427　戰國・燕 九八
	燕下都 220 背　戰國・趙 平匋/廿九
	二十 143. 二-GP-0039　戰國・齊 杏（大）坤（市）九月
	風過耳 163　戰國・秦 殷九印
	璽彙 316. 3384　戰國・燕 九單辻（上）
	璽彙 489. 5407　戰國・待考 九
	秦新 439　戰國・秦 九
	秦新 440　戰國・秦 九
	秦新 441　戰國・秦 九
	秦新 442　戰國・秦 九
	秦新 443　戰國・秦 九
	秦新 444　戰國・秦 九
	秦新 515　戰國・秦 卌九
	秦新 537　戰國・秦 九十
	秦新 635　戰國・秦 麗邑九升
	陶錄 5・82・3　戰國・三晉、兩周 九
	陶錄 6・106・1　戰國・秦 九
	陶錄 6・177・4　戰國・秦 十九
	陶錄 6・184・3　戰國・秦 五十九

禽

	鑾車・石鼓文・郭集　春秋・秦 迪（陳）禽□□

离

	貨系 2425　戰國・趙 蔿（離）石/三

	貨系 2430　戰國・趙 蘺（離）石/八
	貨系 2433　戰國・趙 蘺（離）石/十四
	貨系 2438　戰國・趙 蘺（離）石/廿一
	貨系 2439　戰國・趙 蘺（離）石/廿一
	貨系 2443　戰國・趙 蘺（離）石/廿七
	貨系 2445　戰國・趙 蘺（離）石/卅五
	貨系 2447　戰國・趙 蘺（離）石/五十
	貨系 2448　戰國・趙 蘺（離）石/五十五
	貨系 2453　戰國・趙 蘺（離）石/六十
	燕下都 228　戰國・趙 蘺（離）石
	璽彙 294.3119　戰國・三晉 蘺（離）平
	玉萃 6.2　戰國・待考 司蘺（離）

萬

	秦印風 249 頁　戰國・秦 萬歲
	璽彙 408.4466　戰國・三晉 千萬
	璽彙 408.4471　戰國・待考 千萬
	璽彙 410.4493　戰國・秦 萬歲
	璽彙 435.4793　戰國・待考 宜又（有）千萬
	璽彙 435.4794　戰國・待考 宜又（有）千萬
	璽彙 435.4798　戰國・待考 宜又（有）千萬
	璽彙 436.4809　戰國・三晉 宜又（有）百萬
	璽彙 437.4814　戰國・待考 又（有）千白（百）萬
	珍戰 239　戰國・三晉 萬
	會稽刻石・秦銘刻選　秦代 兼聽萬事
	秦駰玉版研究　戰國・秦 枼（世）萬子孫
	秋淵・詛楚文・郭集　戰國・秦 枼（世）萬子孫
	巫咸・詛楚文・郭集　戰國・秦 枼（世）萬子孫
	亞駝・詛楚文・郭集　戰國・秦 枼（世）萬子孫
	繹山刻石・秦銘刻選　秦代 世無萬數

禹

	鑒菁 34.67　戰國・三晉 禹
	十六 41.4　戰國・待考 禹

	璽彙 465.5124　戰國・三晉 禹
	璽彙 491.5438　戰國・待考 禹
	新璽 79　戰國・待考 禹
	珍戰 229　戰國・三晉 禹
	秦新 1964　戰國・秦 左禹
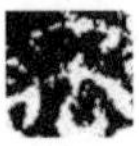	秦新 1965　戰國・秦 左禹
	秦新 1973　戰國・秦 左禹
	秦新 2381　戰國・秦 左禹

獸

	二十 18. 二-SY-0088　戰國・楚 成（城）父獸宋
	鑾車・石鼓文・郭集　春秋・秦 獸鹿如□

甲

	風過耳 147　戰國・秦 武甲
	秦印風 147 頁　戰國・秦 楊甲
	秦印風 91 頁　戰國・秦 趙甲
	秦新 1047　戰國・秦 宮甲
	秦新 1048　戰國・秦 宮甲
	秦新 1049　戰國・秦 宮甲
	秦新 1896　戰國・秦 甲
	秦新 1915　戰國・秦 甲匄
	秦新 290　戰國・秦 甲
	秦新 313　戰國・秦 甲
	秦新 3131　戰國・秦 甲乙己
	陶錄 6・253・1　戰國・秦 宮甲
	侯馬一六：三　春秋・三晉 甲寅
	會稽刻石・秦銘刻選　秦代 數勤（動）甲兵
	秦墓石磬　春秋・秦 隹（惟）四年八（八月）初吉甲申
	秦墓石磬　春秋・秦 四……初吉甲……
	亞駝・詛楚文・郭集　戰國・秦 飾（飭）甲底（砥）兵
	戰國題銘（中）　戰國・待考 甲午

乙

	貨系 3736 背　戰國・燕 明/右乙

	貨系 3737 背　戰國・燕 明/右乙
	貨系 980 背　戰國・趙 陽曲/乙
	齊幣 260 背　戰國・齊 齊杏（大）丮（刀）/乙
	燕下都 60 背　戰國・燕 明/乙
	集釋 281.22　戰國・三晉 庚乙
	秦印風 230 頁　戰國・秦 馬乙
	陶錄 1・38・3　戰國以前・待考 邴乙
	陶錄 2・137・2　戰國・齊 大蒦圖匋（陶）者乙
	陶錄 2・526・1　戰國・齊 裛子里乙
	陶錄 2・528・4　戰國・齊 子裛里乙□
	陶錄 4・143・4　戰國・燕 乙
	陶錄 4・144・2　戰國・燕 乙
	陶錄 4・144・6　戰國・燕 乙
	陶錄 6・103・1　戰國・秦 乙
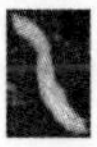	夕藏 Ⅱ 09-3-1　戰國・齊 子裛子里曰乙
	新齊 0885　戰國・齊 大蒦圆圆者乙

	侯馬二〇三：一一　春秋・三晉 ……乙
	溫縣簡報 T1 坎 1：1961　春秋・三晉 十二月乙未
	溫縣簡報 T1 坎 1：2182　春秋・三晉 十五年十二月乙未
	溫縣簡報 T1 坎 1：2279　春秋・三晉 乙未
	溫縣簡報 T1 坎 1：4499　春秋・三晉 十二月乙未

乾

	秦印風 215 頁　戰國・秦 茅乾滑

亂

	風過耳 084　戰國・秦 橋（喬）亂
	會稽刻石・秦銘刻選　秦代 亂賊滅亡
	秋淵・詛楚文・郭集　戰國・秦 淫失（佚）甚亂
	巫咸・詛楚文・郭集　戰國・秦 淫失（佚）甚亂
	亞駝・詛楚文・郭集　戰國・秦 淫失（佚）甚亂
	繹山刻石・秦銘刻選　秦代 討伐亂逆
	繹山刻石・秦銘刻選　秦代 追念亂世

丙

	貨系 102　戰國・周王畿 丙
	貨系 103　戰國・周王畿 丙
	貨系 104　戰國・周王畿 丙
	貨系 105　戰國・周王畿 丙
	貨系 106　戰國・周王畿 丙
	風過耳 149　戰國・秦 郘（閭）丙
	璽彙 96.0747　戰國・燕 長丙
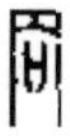	璽彙 176.1710　戰國・三晉 郛（梁）丙
	秦新 1272　戰國・秦 宮丙
	秦新 273　戰國・秦 丙
	陶錄 6・444・1　戰國・秦 丙鄧
	陶錄 6・444・3　戰國・秦 丙鄧
	陶錄 6・444・4　戰國・秦 丙鄧
	侯馬九二：一二　春秋・三晉 宗丙敢不閛(披)亓(其)[腹]心㠯(以) 事亓（其）[主]
	吾水・石鼓文・郭集　春秋・秦 日隹（維）丙申

丁

	貨系 3854 背　戰國・趙 甘（邯）丹（鄲）/丁
	二十 89. 二-SP-0277　戰國・齊 高□丁
	璽彙 174.1689　戰國・燕 丁□
	璽彙 220.2241　戰國・三晉 鄁（鑿）丁
	璽彙 445.4908　戰國・待考 丁日日心
	秦新 221　戰國・秦 丁未
	陶錄 2・432・1　戰國・齊 高閥（閭）丁
	陶錄 2・433・1　戰國・齊 高閭丁
	陶錄 2・433・2　戰國・齊 高閭丁
	陶錄 4・157・4　戰國・燕 丁
	陶錄 6・165・4　戰國・秦 丁
	陶錄 6・248・3　戰國・秦 宮丁
	夕藏 Ⅰ 02-1-1　戰國・齊 陸（陳）□立事丁
	夕藏 Ⅰ 02-2-1　戰國・齊 □肐□□丁
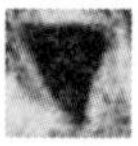	新齊 0178　戰國・齊 陸（陳）□立事丁

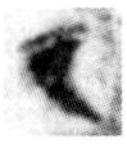	新齊 0205　戰國・齊 陸（陳）貯立事丁
	新齊 0743　戰國・齊 闢（關）里丁
	新泰齊陶 HBCS：26　戰國・齊 陸（陳）貯立事丁
	新泰齊陶 LFL：2　戰國・齊 □□立事丁

戊

	貨系 107　戰國・周王畿 戊
	璽彙 92.0703　戰國・三晉 長戊
	璽彙 305.3253　戰國・待考 □戊
	璽彙 354.3821　戰國・燕 司馬戊
	秦新 1930　戰國・秦 咸邑如戊
	秦新 2807　戰國・秦 宮戊
	秦新 3277　戰國・秦 宮戊
	陶錄 1・59・3　戰國以前・待考 戊女
	陶錄 6・168・2　戰國・秦 戊
	夕藏 Ⅱ 05-57-2　戰國・齊 蒦圆匋（陶）里曰戊
	新齊 0868　戰國・齊 蒦圆圆里曰戊

成

	貨系 169　戰國・周王畿 成
	貨系 170　戰國・周王畿 成
	貨系 174　戰國・周王畿 成
	貨系 177　戰國・周王畿 成
	貨系 3870　戰國・中山 成白（柏）
	三晉 54　戰國・趙 辛（新）成（城）
	三晉 71　戰國・魏 巠（陘）成（城）/二
	先秦編 316　戰國・趙 辛（新）成（城）
	鶴廬 60.2　戰國・待考 事（史）成
	鑒菁 6.11　戰國・三晉 侯成
	秦印風 165 頁　戰國・秦 成玉人
	秦印風 201 頁　戰國・秦 陽成安
	璽彙 30.0179　戰國・楚 樂成（城）里鉨（璽）
	璽彙 143.1308　戰國・三晉 成喿
	璽彙 143.1311　戰國・三晉 成睢

	陶錄 2・309・1　戰國・齊 左南郭巷辛匋（陶）里𢡟（怙）
	陶錄 2・309・2　戰國・齊 □南郭巷辛□里坐
	陶錄 2・310・3　戰國・齊 左南……辛匋（陶）……
	陶錄 2・312・3　戰國・齊 左南郭巷辛匋（陶）里賹
	陶錄 2・313・1　戰國・齊 左南郭巷辛匋（陶）里佝
	陶錄 2・405・1　戰國・齊 丘齊辛里邾（朱）大心
	陶錄 2・407・4　戰國・齊 丘齊辛里之缶
	陶錄 2・408・1　戰國・齊 丘齊辛里王泪絲逨
	夕藏 II 06-1-1　戰國・齊 左南郭巷辛圖里賹
	新齊 0971　戰國・齊 左南郭巷辛圖里恷（疑）
	溫縣簡報 T1 坎 1：3211　春秋・三晉 辛酉
	溫縣簡報 T1 坎 1：3780　春秋・三晉 辛酉
	溫縣簡報 T1 坎 1：3797　春秋・三晉 辛酉
	溫縣簡報 T1 坎 1：3863　春秋・三晉 辛酉
	溫縣簡報 T1 坎 1：4585　春秋・三晉 辛酉

辠

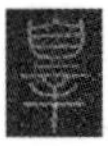	會稽刻石・秦銘刻選　秦代 殺之無辠（罪）
	秋淵・詛楚文・郭集　戰國・秦 以底楚王熊相之多辠（罪）
	巫咸・詛楚文・郭集　戰國・秦 以底楚王熊相之多辠（罪）
	亞駝・詛楚文・郭集　戰國・秦 以底楚王熊相之多辠（罪）

辜

	巫咸・詛楚文・郭集　戰國・秦 內之則虣（暴）虐（虐）不辜
	亞駝・詛楚文・郭集　戰國・秦 內之則虣（暴）虐（虐）不辜

辥

	璽彙 222. 2261　戰國・三晉 辥庚
	璽彙 224. 2281　戰國・楚 薛（薛）義
	璽彙 224. 2282　戰國・燕 薛（薛）弔（強）

辝

	貨系 2342　戰國・燕 右明辝弔（強）
	貨系 2343　戰國・燕 右明辝弔（強）

辭

	瑯琊臺刻石・秦銘刻選　秦代 今襲號而金石刻辭不稱始皇帝
	繹山刻石・秦銘刻選　秦代 今襲號而金石刻辭不稱始皇帝

辯

	風過耳 230　戰國・秦 辯

壬

	貨系 117　戰國・周王畿 壬
	貨系 118　戰國・周王畿 壬
	貨系 119　戰國・周王畿 壬
	貨系 120　戰國・周王畿 壬
	貨系 121　戰國・周王畿 壬
	璽彙 150. 1393　戰國・三晉 宋壬
	璽類 234. 5　戰國・待考 壬生齊
	續齊 35. 3　戰國・三晉 鄴（范）壬
	陶錄 2・275・4　戰國・齊 北里壬
	陶錄 2・276・4　戰國・齊 北里壬
	陶錄 2・282・3　戰國・齊 葴（苴）里壬
	夕藏 II 04-35-1　戰國・齊 北里壬
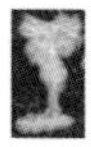	夕藏 II 04-35-2　戰國・齊 北里壬
	夕藏 II 04-35-3　戰國・齊 北里壬
	夕藏 II 04-35-4　戰國・齊 北里壬
	夕藏 II 04-35-5　戰國・齊 北里壬
	夕藏 II 04-35-6　戰國・齊 北里壬
	夕藏 II 04-35-7　戰國・齊 北里壬
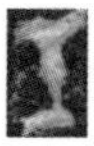	夕藏 II 04-35-8　戰國・齊 北里壬
	夕藏 II 07-14-1　戰國・齊 豆里壬五
	法書全集　戰國晚期・中山 壬申

癸

	秦印風 61 頁　戰國・秦 癸㹊
	璽彙 194. 1929　戰國・楚 登（鄧）癸
	璽彙 367. 3988　戰國・三晉 夏侯癸
	新璽 5　戰國・三晉 鄗（司馬）癸

	侯馬一：八五　春秋・三晋 子孫
	侯馬一：六　春秋・三晋 而敢又（有）志復趙尼及丌（其）子孫于晉邦之墜（地）
	侯馬一：四二　春秋・三晋 子孫
	侯馬一：五六　春秋・三晋 又（有）志復趙口及其子[孫]
	侯馬一：一〇五　春秋・三晋 而[敢]又（有）[志]復趙尼及丌（其）子孫于晉邦之墜（地）者
	侯馬一：一〇一　春秋・三晋 又（有）志[復趙]尼及丌（其）子孫于晉邦之墜（地）者
	侯馬一：一六　春秋・三晋 而敢又（有）志復趙尼及丌（其）子孫于晉邦之墜（地）者
	侯馬一：一七　春秋・三晋 而敢又（有）志復趙尼及丌（其）子孫于晉邦之[地]者
	侯馬一：一三　春秋・三晋 ……子……
	侯馬一：一四　春秋・三晋 又（有）志復趙尼及丌（其）子孫于晉邦之墜（地）者
	侯馬一九八：四　春秋・三晋 而敢又（有）志復趙尼及[其]子孫
	侯馬一六：二三　春秋・三晋 比直（德）及丌（其）子孫
	侯馬一五二：一　春秋・三晋 子孫于晉邦之墜（地）
	侯馬一五六：一九　春秋・三晋 比痥及丌（其）子乙及白（伯）父弔（叔）父
	會稽刻石・秦銘刻選　秦代 子不得母
	霝雨・石鼓文・郭集　春秋・秦 君子
	秋淵・詛楚文・郭集　戰國・秦 枼（世）萬子孫
	巫咸・詛楚文・郭集　戰國・秦 枼（世）萬子孫
	吾水・石鼓文・郭集　春秋・秦 天子永寍
	譽編　戰國晚期・中山 趄子
	亞駝・詛楚文・郭集　戰國・秦 枼（世）萬子孫

孕

	秋淵・詛楚文・郭集　戰國・秦 荆（刑）戮孕婦
	巫咸・詛楚文・郭集　戰國・秦 荆（刑）戮孕婦
	亞駝・詛楚文・郭集　戰國・秦 荆（刑）戮孕婦

字

	璽彙 489.5412　戰國・待考 字

季

	風過耳 019　戰國・秦 馮季
	風過耳 184　戰國・秦 張季
	秦印風 83 頁　戰國・秦 趙季
	秦印風 92 頁　戰國・秦 季狀

	印展 21　戰國・三晉 韓季
	陶録 2・48・1　戰國・齊 右敀□巷尚畢里季賠（罟）
	陶録 2・48・4　戰國・齊 右敀□巷尚畢里季賠（罟）
	陶録 6・449・3　戰國・秦 季蒼
	陶録 6・449・4　戰國・秦 季蒼
	新齊 0349　戰國・齊 左敀□巷尚畢里季賠（罟）

孟

	精私 12.8　戰國・三晉 孟躳（信）
	璽彙 146.1343　戰國・三晉 孟畫
	璽彙 146.1344　戰國・三晉 孟皐
	璽彙 146.1345　戰國・三晉 孟墬（地）
	璽彙 146.1348　戰國・燕 孟安
	璽彙 146.1352　戰國・三晉 孟芊
	璽彙 146.1353　戰國・三晉 孟月
	璽彙 147.1356　戰國・三晉 孟悕
	璽彙 147.1359　戰國・齊 孟徒
	璽彙 147.1362　戰國・三晉 孟闞
	璽彙 313.3348　戰國・三晉 孟子
	陶録 2・548・3　戰國・齊 孟常匋（陶）里賞
	陶録 2・548・4　戰國・齊 孟常匋（陶）里賞
	陶録 2・549・1　戰國・齊 孟常匋（陶）里纓
	陶録 2・549・2　戰國・齊 孟常匋（陶）里纓
	陶録 2・549・3　戰國・齊 孟常匋（陶）里人坩
	陶録 2・550・2　戰國・齊 孟常匋（陶）里人迓
	陶録 2・550・4　戰國・齊 孟常匋（陶）里興□
	陶録 2・551・1　戰國・齊 孟常匋（陶）里人㙷
	陶録 2・551・3　戰國・齊 孟常匋（陶）里諄
	陶録 2・552・1　戰國・齊 孟常匋（陶）里人□
	陶録 2・667・3　戰國・齊 孟常匋（陶）里人迓
	夕藏 Ⅱ 08-1-1　戰國・齊 孟常匋（陶）里安
	新齊 1174　戰國・齊 孟常匋（陶）里人迓
	新齊 1175　戰國・齊 孟常匋（陶）里人迓

	新齊 1179　戰國・齊 孟常圜里可
	侯馬一：二二　春秋・三晉 而敢[不]盡[從]子趙孟之明（盟）
	秦駰玉版研究　戰國・秦 孟冬切=（十月）

孽

	風過耳 370　戰國・秦 瘍孽

存

	陶錄 6・439・3　戰國・秦 滿存
	陶錄 6・439・4　戰國・秦 滿存

疑

	秦印風 169 頁　戰國・秦 李疑
	秦印風 179 頁　戰國・秦 李疑
	陶錄 6・365・2　戰國・秦 不壹歉疑者，皆明壹之
	陶錄 6・368・2　戰國・秦 不壹歉疑者
	陶錄 6・370・1　戰國・秦 不壹歉疑者
	陶錄 6・370・3　戰國・秦 [歉]疑
	陶錄 6・371・1　戰國・秦 不壹歉疑者，皆明壹之
	陶錄 6・373・1　戰國・秦 不壹[歉]疑者，皆明壹之
	陶錄 6・373・2　戰國・秦 不壹歉疑者
	陶錄 6・374・1　戰國・秦 [歉]疑
	陶錄 6・472・2　戰國・秦 不壹[歉]疑者
	陶錄 6・473・1　戰國・秦 不壹歉疑者，皆明壹之
	陶錄 2・131・2　戰國・齊 大匋（陶）里㑜（疑）
	陶錄 2・169・1　戰國・齊 中蒦圆里東方㑜（疑）
	陶錄 2・169・2　戰國・齊 中蒦圆里東方㑜（疑）
	陶錄 2・169・4　戰國・齊 中蒦圆里東方㑜（疑）
	新齊 0971　戰國・齊 左南𩫖巷辛圆里㑜（疑）
	陶錄 2・547・4　戰國・齊 子㥯（疑）子里□
	璽彙 337.3643　戰國・楚 夏㥯（疑）

⿰古子*

	鶴廬 110.5　戰國・待考 韓⿰古子
	璽彙 231.2363　戰國・三晉 倝（韓）⿰古子
	璽彙 371.4025　戰國・齊 敦（淳）于⿰古子

香*

	璽彙 263.2755　戰國・三晉 香絽（縮）
	璽彙 263.2756　戰國・三晉 香絽（縮）

觧*

	陶錄 2・523・1　戰國・齊 豆里觧□

㛐*

	侯馬三五：六　春秋・三晉 㛐敢不……明（盟）

斈*

	璽彙 199.1985　戰國・三晉 郙（董）斈

斆*

	璽彙 179.1739　戰國・三晉 事（史）斆
	璽彙 194.1919　戰國・三晉 杜斆

孨

	集釋 201.45　戰國・三晉 高孨
	鑒菁 220. 附錄 3　戰國・三晉 高孨
	陶錄 2・182・1　戰國・齊 蒦圆匋（陶）里人孨
	陶錄 2・182・3　戰國・齊 □圆匋（陶）里人孨
	陶錄 2・182・4　戰國・齊 蒦圆匋（陶）里人孨
	夕藏 Ⅱ 05-51-1　戰國・齊 蒦圆匋（陶）里人孨

孴

	鶴廬 91.5　戰國・三晉 孴武
	珍戰 119　戰國・三晉 孴行

毓

	秦駰玉版研究　戰國・秦 余毓子氒（厥）惑

丑

	貨系 128　戰國・周王畿 丑
	貨系 3612 背　戰國・燕 明/右丑
	先秦編 79　戰國・周王畿 丑
	璽彙 224.2285　戰國・燕 範丑
	印展 31　戰國・三晉 侯丑
	陶錄 4・15・3　戰國・燕 右匋（陶）攻（工）丑
	陶錄 4・189・4　戰國・燕 丑

	陶錄 5・96・6　戰國・三晉、兩周 長丑
	侯馬一六：三　春秋・三晉 乙丑

羞

	秦印風 21 頁　戰國・秦 中行羞府
	新封泥彙 1074　戰國・秦 御羞丞印

寅

	顧印 62. 1　戰國・楚 王子寅鉨（璽）
	秦印風 75 頁　戰國・秦 臣寅
	璽彙 355. 3841　戰國・燕 公孫寅
	秦新 3198　戰國・秦 大寅
	陶錄 5・29・4　戰國・三晉、兩周 □寅
	陶錄 6・253・3　戰國・秦 宮寅
	陶錄 7・13・2　戰國・待考 紭寅
	陶錄 7・13・3　戰國・待考 紭寅
	新齊 1417　戰國・齊 寅
	侯馬八五：三一　春秋・三晉 寅[敢]……
	侯馬一六：三　春秋・三晉 甲寅

卯

	貨系 3614　戰國・燕 右卯
	先秦編 457　戰國・燕 卯
	秦印風 138 頁　戰國・秦 筂卯
	璽彙 354. 3832　戰國・三晉 司寇卯
	秦新 1172　戰國・秦 卯
	秦新 2286　戰國・秦 匄卯
	侯馬九八：一三　春秋・三晉 卯敢不閛（披）丌（其）腹心㠯（以）事丌（其）宔（主）
	侯馬一：七二　春秋・三晉 卯敢不半（披）其[腹]心㠯（以）事其宔（主）
	侯馬一五六：七　春秋・三晉 臺卯敢不半（披）復（腹）[心]

辰

	秦印風 147 頁　戰國・秦 壺辰
	秦印風 227 頁　戰國・秦 潘辰
	秦新 1700　戰國・秦 咸沃里辰
	秦新 1701　戰國・秦 咸沃里辰

	秦新 2705　戰國・秦 咸沃里辰
	秦新 2707　戰國・秦 咸沃里辰
	秦新 2708　戰國・秦 咸沃里辰
	秦新 2717　戰國・秦 咸沃里辰
	秦新 2978　戰國・秦 周天子使卿大夫辰來致文武之酢（胙）
	陶錄 6・163・4　戰國・秦 辰

巳

	貨系 3605　戰國・燕 右巳
	貨系 3606　戰國・燕 右巳
	漢叢 66.4　戰國・三晉 長疾巳（已）
	秦印風 156 頁　戰國・秦 臣巳
	璽彙 218.2209　戰國・齊 郈亡（無）巳（已）
	璽彙 312.3340　戰國・三晉 巳坏（璽）
	秦新 305　戰國・秦 巳

㠯

	貨系 267　戰國・周王畿 㠯（以）
	貨系 40 背　戰國・周王畿 少曲市南/㠯（以）
	璽彙 440.4852　戰國・楚 可㠯（以）正下
	璽彙 441.4861　戰國・楚 可㠯（以）正民
	新璽 26　戰國・待考 可㠯（以）正日
	珍戰 188　戰國・待考 可㠯（以）正下
	陶錄 5・109・3　戰國・三晉、兩周 十一年㠯（以）逨（來）
	陶錄 5・38・1　戰國・三晉、兩周 十一年㠯（以）逨（來）・京
	陶錄 5・38・3　戰國・三晉、兩周 十一年㠯（以）逨（來）・京
	陶錄 5・38・4　戰國・三晉、兩周 十一年㠯（以）逨（來）・京
	車工・石鼓文・郭集　春秋・秦 弓玆（茲）㠯（以）寺
	侯馬二〇〇：一七　春秋・三晉 敢不半（披）丌（其）[腹]心㠯（以）事丌（其）宔（主）
	侯馬九八：一四　春秋・三晉 嗌敢不閛（披）其[腹]心㠯（以）[事]丌（其）宔（主）
	侯馬九二：四七　春秋・三晉 玉敢不閛（披）其腹心㠯（以）事其宔（主）
	侯馬六七：二　春秋・三晉 自今㠯（以）𡉚（往）
	侯馬六七：二七　春秋・三晉 自今㠯（以）𡉚（往）
	侯馬三：三　春秋・三晉 秋敢不閛（披）丌（其）腹心㠯（以）事丌（其）宔（主）

	侯馬三：一七　春秋・三晉 [披其腹]心吕（以）事丌（其）宔（主）
	侯馬三四〇：一　春秋・三晉 吕（以）是
	侯馬一：八四　春秋・三晉 徒敢不半（披）丌（其）復（腹）心吕（以）事丌（其）宔（主）
	侯馬一：六五　春秋・三晉 趙□敢不半（披）丌（其）[腹]心吕（以）事丌（其）宔（主）
	侯馬一：三五　春秋・三晉 敢不半（披）丌（其）復（腹）心吕（以）事丌（其）宔（主）
	侯馬一：一三　春秋・三晉 敢不半（披）其[腹]心吕（以）事[其]宔（主）
	侯馬一：一五　春秋・三晉 敢不半（披）丌（其）[腹]心吕（以）事□□
	侯馬一九八：一　春秋・三晉 可敢不半（披）丌（其）復（腹）心吕（以）事丌（其）宔（主）
	侯馬一九四：九　春秋・三晉 [披]丌（其）[腹]心吕（以）事丌（其）宔（主）
	侯馬一六：三三　春秋・三晉 穌敢[不]閈（披）丌（其）腹心吕（以）事丌（其）[主]
	侯馬一五六：一二　春秋・三晉 吕（以）事丌（其）[主]
	霝雨・石鼓文・郭集　春秋・秦 隹（維）舟吕（以）行
	秦墓石磬　春秋・秦 四方吕（以）鼏（宓）平
	秦駰玉版研究　戰國・秦 孛=（小子）駰敢吕（以）芥（玠）圭、吉璧、
	秋淵・詛楚文・郭集　戰國・秦 吕（以）偪（逼）徆（吾）邊競（境）
	溫縣簡報 T1 坎 1：1845　春秋・三晉 圭命自今吕（以）坣（往）

	巫咸・詛楚文・郭集　戰國・秦 袗吕（以）齋盟
	巫咸・詛楚文・郭集　戰國・秦 吕（以）臨加我
	新出研 WT4　K6：160　春秋・三晉 結敢不閈（披）其中（忠）心吕（以）奉事其宔（主）
	亞駝・詛楚文・郭集　戰國・秦 吕（以）底楚王熊相之多辠（罪）
	亞駝・詛楚文・郭集　戰國・秦 絆吕（以）婚姻
	亞駝・詛楚文・郭集　戰國・秦 袗吕（以）齋盟
	亞駝・詛楚文・郭集　戰國・秦 吕（以）臨加我
	秦印風 204 頁　戰國・秦 武以
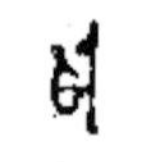	璽彙 277.2916　戰國・三晉 文是以
	會稽刻石・秦銘刻選　秦代 以立恆常
	繹山刻石・秦銘刻選　秦代 以開爭理

午

	貨系 133　戰國・周王畿 午
	貨系 134　戰國・周王畿 午
	齊幣 364　戰國・齊 午
	先秦編 449　戰國・燕 午

	秦印風 104 頁　戰國・秦 張午
	璽彙 134.1201　戰國・楚 周午訏（信）
	璽彙 289.3059　戰國・三晉 向午
	璽彙 356.3851　戰國・燕 公孫午
	璽彙 364.3949　戰國・燕 長生午
	秦新 117　戰國・秦 咸陽午
	秦新 1657　戰國・秦 咸高里午
	秦新 186　戰國・秦 午
	秦新 3271　戰國・秦 午
	陶錄 4・107・4　戰國・燕 匋（陶）攻（工）午瞉
	陶錄 4・109・1　戰國・燕 四吉匋（陶）工午
	陶錄 4・172・1　戰國・燕 午
	陶錄 4・172・4　戰國・燕 午
	陶錄 4・80・4　戰國・燕 匋（陶）攻（工）午
	陶錄 4・96・3　戰國・燕 匋（陶）工午
	陶錄 6・234・2　戰國・秦 左午

	陶錄 6・234・3　戰國・秦 右午
	侯馬一：九六　春秋・三晉 午敢不閛（披）丌（其）復（腹）心台（以）事丌（其）宔（主）
	溫縣簡報 T1 坎 1：3216　春秋・三晉 午敢不悊（蒸蒸）焉中（忠）心事丌（其）宔（主）
	戰國題銘（中）　戰國・待考 甲午

未

	錢典 603　戰國・周王畿 未
	風過耳 244　戰國・秦 未
	秦印風 160 頁　戰國・秦 高未央
	璽彙 490.5420　戰國・待考 未
	秦新 1106　戰國・秦 未
	秦新 1115　戰國・秦 未
	秦新 603　戰國・秦 安未
	秦新 616　戰國・秦 未
	秦新 914　戰國・秦 未
	陶錄 6・266・1　戰國・秦 安未
	陶錄 6・291・5　戰國・秦 未

	陶錄 6・453・3　戰國・秦 丁未
	溫縣簡報 T1 坎 1：2182　春秋・三晉 十五年十二月乙未
	溫縣簡報 T1 坎 1：2279　春秋・三晉 乙未
	溫縣簡報 T1 坎 1：4499　春秋・三晉 十二月乙未
	新出研 WT1　K1：3417　春秋・三晉 十二月乙未
	戰國題銘（中）　戰國・待考 乙未

申

	三晉 32　戰國・趙 申
	風過耳 043　戰國・秦 狐申
	集釋 205.44　戰國・三晉 賈申
	秦印風 98 頁　戰國・秦 殷申
	璽彙 142.1297　戰國・三晉 申□
	璽彙 295.3137　戰國・齊 申之
	璽彙 338.3646　戰國・燕 軺（範）申
	璽類 491.6　戰國・待考 救申
	玉萃 28.3　戰國・楚 卲（昭）申
	秦新 1927　戰國・秦 咸陽成申
	秦新 2524　戰國・秦 咸陽成申
	陶錄 6・163・1　戰國・秦 申
	陶錄 6・163・2　戰國・秦 申
	陶錄 6・163・3　戰國・秦 申
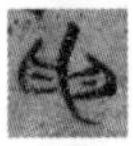	法書全集　戰國晚期・中山 壬申
	秦墓石磬　春秋・秦 隹（惟）四年佾（八月）初吉甲申
	吾水・石鼓文・郭集　春秋・秦 日隹（維）丙申

酉

	集釋 145.15　戰國・楚 墜（陳）文酉
	盛世 207　戰國・待考 馮酉
	璽彙 207.2081　戰國・三晉 郼（焦）酉
	璽彙 319.3419　戰國・三晉 枰酉都
	璽類 491.14　戰國・待考 王酉
	秦新 2977　戰國・秦 冬十壹月辛酉
	陶錄 6・440・3　戰國・秦 王酉

	溫縣簡報 T1 坎 1：3211 春秋・三晉 辛酉
	溫縣簡報 T1 坎 1：3780 春秋・三晉 辛酉
	溫縣簡報 T1 坎 1：3802 春秋・三晉 辛酉
	溫縣簡報 T1 坎 1：3863 春秋・三晉 辛酉
	溫縣簡報 T1 坎 1：4585 春秋・三晉 辛酉

酷

	陶錄 2・553・2 戰國・齊 東酷里孟喜
	陶錄 2・556・1 戰國・齊 東酷里公孫□
	陶錄 2・557・4 戰國・齊 東酷里□
	陶錄 2・559・3 戰國・齊 東酷里安
	陶錄 2・561・1 戰國・齊 酷里人匋（陶）者眗
	陶錄 2・562・1 戰國・齊 酷里人匋（陶）者□章
	陶錄 2・563・2 戰國・齊 酷里隻
	陶錄 2・563・3b 戰國・齊 西酷里……
	陶錄 2・564・1 戰國・齊 西酷里匋（陶）□
	陶錄 2・564・3 戰國・齊 西酷里陳何
	陶錄 2・674・2 戰國・齊 酷里昜維
	陶錄 7・2・3 戰國・齊 酷需
	夕藏 Ⅱ 05-77-1 戰國・齊 左酷右㞑（戶）
	新齊 0383 戰國・齊 左酷右㞑
	新齊 0959 戰國・齊 東酷里□適（棄）痵（疾）
	新齊 0961 戰國・齊 東酷里□□
	新齊 0962 戰國・齊 東酷里□□
	新齊 0964 戰國・齊 酷里人忈（惎）

酖

	璽彙 1.0001 戰國・楚 王右酷（酖）鉨（璽）

醫

	秦印風 226 頁 戰國・秦 醫從
	秦印風 73 頁 戰國・秦 醫疕
	新封泥彙 0857 戰國・秦 泰醫丞印

莤

	秦新 1173 戰國・秦 麗山莤府一斗二升

酢

	秦新 2977　戰國・秦 周天子使卿大夫辰來致文武之酢（胙）

醬

	璽彙 16.0093　戰國・趙 南宮牆（將）行
	璽類 465.12　戰國・楚 亞牆（將）軍鈢（璽）
	印展 3　戰國・趙 咎（皋）郎（狼）牆（將）行
	陶錄 5・65・1　戰國・三晉、兩周 此丌母紵（紵）牆（醬）□
	釁編　戰國晚期・中山 丌（其）臼牆（醬）覭（賈）
	璽彙 30.0177　戰國・齊 醬（將）杊迲（如）闟（關）
	璽彙 40.0234　戰國・齊 卑（裨）醬（將）匠芻訐（信）鈢（璽）
	陶錄 2・16・1　戰國・齊 陸（陳）醬（醬）左稟釜（釜）

酞*

	璽彙 209.2100　戰國・三晉 邴酞

酓*

	二十 111.二-SP-0475　戰國・齊 齊公氏之酓（飲）器
	璽彙 317.3395　戰國・齊 酓節

醬*

	陶錄 2・558・1　戰國・齊 東酷里曰醬忑
	陶錄 2・558・2　戰國・齊 東酷里曰醬忑

醋*

	璽彙 339.3659　戰國・楚 醋猶佗

醶*

	陶錄 4・170・1　戰國・燕 醶

顗*

	璽彙 81.0569　戰國・三晉 顗

醵*

	璽彙 208.2096　戰國・齊 邿（寺）醵

酋

	璽彙 477.5268　戰國・楚 酋

尊

	盛世 161　戰國・待考 公殹尊斯
	璽彙 197.1956　戰國・齊 郤（徐）尊訐（信）鈢（璽）

戊

	璽彙 33.0197　戰國・楚 司戊之鉨（璽）
	璽彙 275.2897　戰國・三晉 文是戊
	玉存 8.43　戰國・楚 吳戊
	秦新 1116　戰國・秦 戊
	新出研 WT4　K5：12　春秋・三晉 而尚敢復迵（通）與長（張）戊、長（張）瘝

亥

	貨系 109　戰國・周王畿 亥
	璽彙 323.3468　戰國・三晉 亥匋
	璽彙 331.3564　戰國・三晉 文亥
	璽彙 488.5398　戰國・待考 亥
	新出研 WT1　K1：3858　春秋・三晉 亥敢不𢘑=（蒸蒸）焉中（忠）心事丌（其）宔（主）

合文

它人

	璽彙 132.1175　戰國・三晉 吳臥（它人）

中陽

	璽彙 505.5562　戰國・燕 𨛭（中陽）都吳（虞）王伏

畜月

	陝新 87.560　戰國・三晉 鄞（董）朞（畜月）
	璽彙 143.1312　戰國・三晉 成朞（畜月）
	璽彙 371.4034　戰國・三晉 鄓（邯鄲）朞（畜月）
	璽彙 511.5618　戰國・三晉 肖（趙）朞（畜月）
	璽考 279.10　戰國・三晉 長朞（畜月）

又日

	璽彙 112.0941　戰國・三晉 肖（趙）沓（又日）

上官

	璽彙 366.3967　戰國・三晉 𡩣（上官）黑
	璽彙 366.3971　戰國・三晉 𡩣（上官）夋
	璽考 291.4　戰國・三晉 𡩣（上官）罟
	璽類 469.8　戰國・三晉 𡩣（上官）夋
	篆典彩版 3.3　戰國・待考 𡩣（上官）疾

亯于

	璽彙 300.3194　戰國・三晉 亭（亯于）祢
	璽彙 300.3195　戰國・三晉 亭（亯于）旗
	璽彙 370.4024　戰國・楚 亭（亯于）𠈌（僕）

夷陽

	璽彙 246.2548　戰國・三晉 𠪚=（夷陽）子
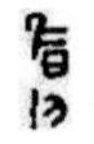	璽彙 255.2652　戰國・三晉 𠪚（夷陽）郾

右車

	甘印 53.5　戰國・待考 事（史）軲（右車）
	顧印 37.8　戰國・三晉 事（史）軲（右車）

	顧印 38.1　戰國・待考 事（史）軲（右車）
	秦範卷三 3.5　戰國・待考 事（史）軲（右車）
	璽彙 103.0835　戰國・三晉 長軲（右車）
	璽彙 286.3024　戰國・三晉 賈軲（右車）
	璽彙 376.4088　戰國・三晉 睪（馬適）軲（右車）
	璽彙 516.5682　戰國・齊 □軲（右車）鉩（璽）

戈吾

	璽彙 368.3994　戰國・三晉 東陽戲=（戈吾）

疾首

	璽彙 228.2331　戰國・三晉 阩瘖（疾首）

邯鄲

	集釋 276.4　戰國・三晉 鄿（邯鄲）瘐
	璽彙 371.4034　戰國・三晉 鄿（邯鄲）朝（畓月）
	璽彙 371.4035　戰國・三晉 鄿（邯鄲）暲
	璽彙 372.4037　戰國・三晉 鄿（邯鄲）㝵（得）臣
	璽考 322.5　戰國・三晉 鄿=（邯鄲）遛

	鴨選 48　戰國・三晉 鄿（邯鄲）瘐
	侯馬探八②：二　春秋・三晉 鄿（邯鄲）郵（董）政之孫=（子孫）
	侯馬探八②：二　春秋・三晉 鄿（邯鄲）郵（董）政之孫=（子孫）
	侯馬一八：四　春秋・三晉 鄿=（邯鄲）
	侯馬一九四：一一　春秋・三晉 鄿=（邯鄲）[董]政之孫=（子孫）
	侯馬一七九：一五　春秋・三晉 鄿=（邯鄲）
	侯馬一五六：二三　春秋・三晉 鄿=（邯鄲）郵（董）政及丌（其）孫=（子孫）
	侯馬一五六：一九　春秋・三晉 鄿=（邯鄲）郵（董）政之孫=（子孫）

乘丘

	璽考 318.2　戰國・燕 䨏（乘丘）□

鮮于

	璽彙 370.4022　戰國・三晉 鱻=（鮮于）巡

乘徒

	璽考 318.1　戰國・三晉 䞓（乘徒）堂（上）

大夫

	風過耳 033　戰國・秦 韓夫=（大夫）

	風過耳 212　戰國・秦 夫=（大夫）固
	風過耳 213　戰國・秦 夫=（大夫）慶
	風過耳 214　戰國・秦 夫=（大夫）同
	風過耳 215　戰國・秦 夫=（大夫）係
	風過耳 307　戰國・秦 皇夫=（大夫）
	泥集 1.3　戰國・楚 郗宦夫=（大夫）鈢（璽）
	秦印風 159 頁　戰國・秦 夫=（大夫）奕私印
	秦印風 50 頁　戰國・秦 夫=（大夫）肆
	秦印風 54 頁　戰國・秦 鄭夫=（大夫）
	盛世 159　戰國・待考 季夫（大夫）建
	璽彙 17.0099　戰國・楚 上場（唐）行宦夫=（大夫）鈢（璽）
	璽彙 17.0100　戰國・楚 上厝宦夫=（大夫）之鈢（璽）
	璽彙 18.0105　戰國・三晉 行夫=（大夫）
	璽彙 18.0106　戰國・三晉 卜夫=（大夫）
	璽彙 18.0107　戰國・三晉 夫=（大夫）
	璽彙 507.5572　戰國・秦 夫=（大夫）肄

	璽考 49.5　戰國・齊 食□夫=（大夫）□鈢（璽）
	璽考 164.5　戰國・楚 郲厚行宦夫=（大夫）鈢（璽）
	璽類 439.3　戰國・楚 上場（唐）行宦夫=（大夫）鈢（璽）
	印戰 26.3　戰國・齊 苹夫=（大夫）之鈢（璽）
	珍戰 18　戰國・三晉 卜夫=（大夫）
	侯馬一六：三　春秋・三晉 夫=（大夫）□
	瑯琊臺刻石・秦銘刻選　秦代 五夫=（大夫）楊樛
	瑯琊臺刻石・秦銘刻選　秦代 丞相臣斯、臣去疾、御史夫=（大夫）臣德昧死言
	瑯琊臺刻石・秦銘刻選　秦代 丞相臣斯、臣去疾、御史夫=（大夫）臣德昧死言
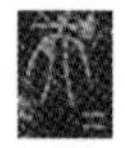	繹山刻石・秦銘刻選　秦代 丞相臣斯、臣去疾、御史夫=（大夫）臣德昧死言

馬童

	珍戰 88　戰國・三晉 賈（賙）䭴（馬童）

淳于

	魯安 105.289　戰國・三晉 䵐（淳于）甬
	天選 8.4　戰國・三晉 䵐（淳于）邦
	璽彙 370.4023　戰國・三晉 䵐（淳于）蒼

去疾

	璽考 289.6　戰國・齊 辛疾=（去疾）

姑陶

	陝新 87.562　戰國・三晉 宵（姑陶）安
	璽彙 262.2735　戰國・三晉 宵（姑陶）不脂
	璽彙 262.2736　戰國・三晉 宵（姑陶）屖
	璽彙 262.2737　戰國・三晉 宵（姑陶）墜（地）

中月

	璽彙 72.0463　戰國・三晉 王朙（中月）
	璽彙 289.3067　戰國・三晉 比朙（中月）
	璽彙 312.3336　戰國・三晉 □朙（中月）

工師

	璽考 315.2　戰國・三晉 帀(工師)虎

五鹿

	港續 33.34　戰國・三晉 肖（趙）麀（五鹿）
	璽彙 72.0458　戰國・三晉 王麀（五鹿）
	璽彙 181.1764　戰國・三晉 事（史）麀（五鹿）
	璽彙 209.2103　戰國・三晉 郪麀（五鹿）
	璽彙 264.2762　戰國・三晉 肙（尹）麀（五鹿）
	璽彙 307.3275　戰國・三晉 麀（五鹿）忎（慎）

相里

	璽考 312.7　戰國・三晉 橿（相里）樓（相如）

稷月

	璽彙 264.2767　戰國・三晉 肙（尹）腰（稷月）
	璽彙 278.2934　戰國・三晉 監腰（稷月）
	璽考 237.8　戰國・三晉 肖（趙）腰（稷月）
	璽考 282.1　戰國・三晉 長腰（禝月）
	新璽 12　戰國・三晉 長腰（禝月）

空桐

	璽彙 366.3972　戰國・三晉 窩=（空桐）脂
	璽彙 366.3973　戰國・三晉 窩（空桐）羝
	璽彙 366.3974　戰國・三晉 窩（空桐）猲

	璽彙 366.3975　戰國・三晉 窹（空桐）聞
	璽彙 366.3976　戰國・三晉 窹（空桐）襄
	璽彙 367.3977　戰國・三晉 窹（空桐）瘧
	璽彙 367.3978　戰國・三晉 窹（空桐）訑
	璽彙 367.3979　戰國・三晉 窹（空桐）釛
	璽彙 367.3980　戰國・三晉 窹（空桐）脩
	璽彙 367.3982　戰國・三晉 窹（空桐）淺（淺）
	璽類 101.6　戰國・三晉 窹（空桐）皮
	璽類 334.5　戰國・三晉 窹（空桐）鵑

南郭

	常博 1.9　戰國・待考 䡣（南郭）騎
	二十 12.二-SY-0033　戰國・燕 鼎䡣（南郭）
	國輯 15.2　戰國・待考 䡣（南郭）魯
	漢原 230.1　戰國・待考 䡣（南郭）詁
	鶴盧 80.6　戰國・待考 䡣（南郭）徒
	鶴盧 104.2　戰國・燕 䡣（南郭）喜
	鶴盧 136.6　戰國・待考 䡣（南郭）□
	虹印 85　戰國・待考 䡣（南郭）□
	吉璽 6.28　戰國・待考 䡣（南郭）邦
	天選 7.4　戰國・燕 䡣（南郭）□
	璽彙 9.0053　戰國・燕 䡣（南郭）佑左司馬
	璽彙 267.2794　戰國・燕 䡣（南郭）午
	璽彙 267.2795　戰國・燕 䡣（南郭）奇
	璽彙 267.2796　戰國・燕 䡣（南郭）午
	璽彙 267.2797　戰國・燕 䡣（南郭）耳
	璽彙 267.2798　戰國・燕 䡣（南郭）城
	璽彙 267.2799　戰國・燕 䡣（南郭）受
	璽彙 267.2800　戰國・燕 䡣（南郭）匿
	璽彙 267.2801　戰國・燕 䡣（南郭）詯
	璽彙 267.2802　戰國・燕 䡣（南郭）□
	璽彙 267.2803　戰國・燕 䡣（南郭）瘕
	璽彙 267.2805　戰國・燕 䡣（南郭）借

	璽彙 268.2806　戰國・燕 ⿰南章（南郭）侗
	璽彙 268.2807　戰國・燕 ⿰南章（南郭）□
	璽彙 268.2808　戰國・燕 ⿰南章（南郭）諫
	璽彙 268.2809　戰國・燕 ⿰南章（南郭）詁
	璽彙 268.2810　戰國・燕 ⿰南章（南郭）弜（強）
	璽彙 268.2811　戰國・燕 ⿰南章（南郭）張
	璽彙 268.2812　戰國・燕 ⿰南章（南郭）疾
	璽彙 268.2815　戰國・燕 ⿰南章（南郭）脎
	璽彙 268.2816　戰國・燕 ⿰南章（南郭）羿（旗）
	璽彙 268.2817　戰國・燕 ⿰南章（南郭）羿（旗）
	璽彙 269.2818　戰國・燕 ⿰南章（南郭）至
	璽彙 269.2819　戰國・燕 ⿰南章（南郭）達
	璽彙 269.2820　戰國・燕 ⿰南章（南郭）佳
	璽彙 269.2821　戰國・燕 ⿰南章（南郭）市
	璽彙 269.2822　戰國・燕 ⿰南章（南郭）躬（身）
	璽彙 269.2823　戰國・燕 ⿰南章（南郭）生骨

	璽彙 269.2824　戰國・燕 ⿰南章（南郭）生□
	璽彙 269.2825　戰國・燕 ⿰南章（南郭）生返
	璽彙 269.2826　戰國・燕 ⿰南章（南郭）罰
	璽彙 269.2828　戰國・燕 ⿰南章（南郭）生让（上）
	璽彙 269.2829　戰國・燕 ⿰南章（南郭）生膌
	璽彙 270.2830　戰國・燕 ⿰南章（南郭）張
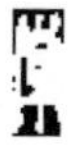	璽彙 270.2832　戰國・燕 ⿰南章（南郭）□
	璽彙 270.2833　戰國・燕 ⿰南章（南郭）退
	璽彙 270.2834　戰國・燕 ⿰南章（南郭）得
	璽彙 270.2835　戰國・燕 ⿰南章（南郭）陞（阽）
	璽彙 270.2836　戰國・燕 ⿰南章（南郭）□
	璽彙 270.2837　戰國・燕 ⿰南章（南郭）生土
	璽彙 512.5630　戰國・燕 ⿰南章（南郭）壽
	璽類 73.8　戰國・燕 ⿰南章（南郭）諫
	璽類 279.6　戰國・待考 ⿰南章（南郭）倲
	璽類 409.11　戰國・待考 ⿰南章（南郭）匽

	篆彙 1617.6　戰國・待考 𩏂（南郭）俥
	尊集 302.6　戰國・待考 𩏂（南郭）昌

桐木

	珍戰 36　戰國・三晉 桐=（桐木）角

馬適

	璽彙 375.4079　戰國・三晉 䮞=（馬適）貴（貴）
	璽彙 375.4080　戰國・三晉 䮞=（馬適）朿（迹）
	璽彙 375.4081　戰國・三晉 䮞（馬適）堂（上）
	璽彙 375.4082　戰國・三晉 䮞（馬適）畀坸（璽）
	璽彙 375.4083　戰國・三晉 䮞（馬適）巡
	璽彙 375.4084　戰國・三晉 䮞（馬適）竘
	璽彙 376.4085　戰國・三晉 䮞（馬適）憲
	璽彙 376.4086　戰國・三晉 䮞（馬適）衰
	璽彙 376.4087　戰國・三晉 䮞（馬適）午
	璽彙 376.4088　戰國・三晉 䮞（馬適）軲（右車）
	璽考 336.9　戰國・三晉 䮞（馬適）繯
	璽林 41.12　戰國・待考 䮞（馬適）□

司馬

	二十 10.二-SY-0018　戰國・三晉 𩡶（司馬）樣
	二十 11.二-SY-0019　戰國・趙 𩡶（司馬）𤻮（癠）
	二十 46.二-GY-0008　戰國・魏 單父左𩡶（司馬）
	港續 71.110　戰國・三晉 𩡶（司馬）乍
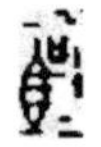	漢叢 78.9　戰國・三晉 𩡶（司馬）迲（去）疾
	漢叢 98.3　戰國・三晉 𩡶（司馬）從
	集釋 270.51　戰國・三晉 𩡶（司馬）忌
	集釋 270.52　戰國・三晉 𩡶（司馬）朔
	集釋 270.53　戰國・三晉 𩡶（司馬）䏼
	十擧 76.9　戰國・待考 𩡶（司馬）□
	書璽 1169　戰國・三晉 𩡶（司馬）弦
	璽彙 4.0024　戰國・齊 𩡶（司馬）之鉨（璽）
	璽彙 8.0044　戰國・三晉 左桲（郭）𩡶（司馬）
	璽彙 8.0045　戰國・三晉 疋茖𩡶（司馬）

	璽彙 9.0049　戰國・趙 咎（皋）郎（狼）左⿱司馬（司馬）
	璽彙 10.0056　戰國・三晉 右⿱司馬（司馬）
	璽彙 10.0057　戰國・三晉 右⿱司馬（司馬）
	璽彙 349.3763　戰國・三晉 ⿱司馬（司馬）荓
	璽彙 349.3764　戰國・三晉 ⿱司馬（司馬）荓
	璽彙 349.3765　戰國・三晉 ⿱司馬（司馬）采（秀）
	璽彙 349.3766　戰國・三晉 ⿱司馬（司馬）堂
	璽彙 349.3767　戰國・三晉 ⿱司馬（司馬）巳
	璽彙 349.3768　戰國・三晉 ⿱司馬（司馬）夋
	璽彙 349.3769　戰國・三晉 ⿱司馬=（司馬）爰
	璽彙 349.3771　戰國・三晉 ⿱司馬（司馬）㔺
	璽彙 349.3772　戰國・三晉 ⿱司馬（司馬）安
	璽彙 350.3773　戰國・三晉 ⿱司馬（司馬）参
	璽彙 350.3774　戰國・三晉 ⿱司馬（司馬）天
	璽彙 350.3775　戰國・三晉 ⿱司馬（司馬）叡
	璽彙 350.3776　戰國・三晉 ⿱司馬（司馬）佗

	璽彙 350.3777　戰國・三晉 ⿱司馬（司馬）粥
	璽彙 350.3778　戰國・三晉 ⿱司馬（司馬）㕡
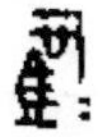	璽彙 350.3779　戰國・三晉 ⿱司馬（司馬）㕡
	璽彙 350.3780　戰國・三晉 ⿱司馬（司馬）高
	璽彙 350.3781　戰國・三晉 ⿱司馬（司馬）軵
	璽彙 350.3782　戰國・三晉 ⿱司馬（司馬）子
	璽彙 350.3783　戰國・三晉 ⿱司馬（司馬）坴（堂）
	璽彙 350.3784　戰國・三晉 ⿱司馬（司馬）跪
	璽彙 351.3785　戰國・三晉 ⿱司馬=（司馬）吠
	璽彙 351.3786　戰國・三晉 ⿱司馬（司馬）紻
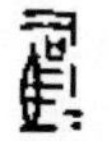	璽彙 351.3787　戰國・三晉 ⿱司馬（司馬）□
	璽彙 351.3788　戰國・三晉 ⿱司馬（司馬）期
	璽彙 351.3789　戰國・三晉 ⿱司馬（司馬）臓
	璽彙 351.3790　戰國・三晉 ⿱司馬=（司馬）綵
	璽彙 351.3791　戰國・三晉 ⿱司馬（司馬）秎
	璽彙 351.3792　戰國・三晉 ⿱司馬（司馬）螀（螃）

	璽彙 351.3793　戰國・三晉 𩡷（司馬）耶
	璽彙 351.3794　戰國・三晉 𩡷（司馬）惢
	璽彙 351.3795　戰國・三晉 𩡷（司馬）猲
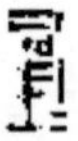	璽彙 351.3796　戰國・三晉 𩡷（司馬）聶（䀹）
	璽彙 352.3797　戰國・三晉 𩡷（司馬）惢
	璽彙 352.3797　戰國・三晉 𩡷（司馬）嗌（益）土
	璽彙 352.3798　戰國・燕 𩡷（司馬）瓔
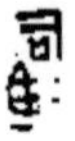	璽彙 352.3799　戰國・三晉 𩡷（司馬）佁
	璽彙 352.3800　戰國・三晉 𩡷（司馬）痞
	璽彙 352.3801　戰國・三晉 𩡷（司馬）癰
	璽彙 352.3802　戰國・三晉 𩡷（司馬）疷（城）
	璽彙 352.3803　戰國・三晉 𩡷（司馬）逜
	璽彙 352.3805　戰國・三晉 𩡷（司馬）疛
	璽彙 352.3806　戰國・三晉 𩡷（司馬）瘣
	璽彙 352.3807　戰國・三晉 𩡷（司馬）痟
	璽彙 352.3808　戰國・三晉 𩡷（司馬）痒

	璽彙 353.3809　戰國・三晉 𩡷（司馬）瘄
	璽彙 353.3810　戰國・三晉 𩡷（司馬）□
	璽彙 353.3812　戰國・三晉 𩡷（司馬）飧（餐）
	璽彙 353.3815　戰國・三晉 𩡷（司馬）配（熙）
	璽彙 353.3816　戰國・燕 𩡷（司馬）□
	璽彙 353.3817　戰國・三晉 𩡷（司馬）獏（莫）臣
	璽彙 353.3818　戰國・三晉 𩡷（司馬）斬羅
	璽彙 354.3829　戰國・三晉 𩡷（司馬）
	璽彙 502.5543　戰國・燕 泃城都右𩡷（司馬）
	璽彙 508.5586　戰國・三晉 𩡷（司馬）迲（去）疾
	璽考 93.5　戰國・三晉 右𩡷（司馬）
	璽考 94.1　戰國・三晉 右𩡷（司馬）
	璽考 94.2　戰國・三晉 左𩡷（司馬）
	璽考 330.4　戰國・三晉 𩡷（司馬）□
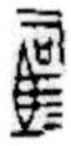	璽考 330.5　戰國・三晉 𩡷₌（司馬）餞
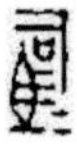	璽考 332.2　戰國・三晉 𩡷（司馬）從

	璽考 332.3 戰國・三晉 ⿹司馬（司馬）厩
	璽考 332.6 戰國・三晉 ⿹司馬（司馬）疋
	璽考 332.7 戰國・三晉 ⿹司馬（司馬）隼（觿）
	璽考 333.2 戰國・三晉 ⿹司馬（司馬）藋
	璽考 333.5 戰國・三晉 ⿹司馬（司馬）紹
	璽考 333.6 戰國・三晉 ⿹司馬（司馬）鄐
	璽考 333.9 戰國・三晉 ⿹司馬（司馬）誒
	璽考 334.1 戰國・三晉 ⿹司馬（司馬）戠
	璽考 334.10 戰國・三晉 ⿹司馬（司馬）餎（饋）
	璽考 334.2 戰國・三晉 ⿹司馬（司馬）伓
	璽考 334.3 戰國・三晉 ⿹司馬（司馬）朕力（勝）
	璽考 334.6 戰國・三晉 ⿹司馬（司馬）豎
	璽考 334.7 戰國・三晉 ⿹司馬=（司馬）良
	璽考 334.8 戰國・三晉 ⿹司馬（司馬）萦（葛）
	璽考 334.9 戰國・三晉 ⿹司馬（司馬）孚□
	璽類 76.10 戰國・三晉 ⿹司馬=（司馬）訕
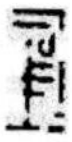	璽類 190.14 戰國・三晉 ⿹司馬（司馬）聶
	璽類 281.4 戰國・三晉 ⿹司馬（司馬）從
	璽類 364.4 戰國・三晉 ⿹司馬（司馬）衍
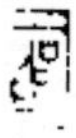	新璽 5 戰國・三晉 ⿹司馬（司馬）癸
	鴨選 46 戰國・三晉 ⿹司馬（司馬）朔
	玉萃 6.3 戰國・三晉 ⿹司馬（司馬）從
	珍戰 26 戰國・三晉 ⿹司馬（司馬）蜍（虫余）
	珍戰 27 戰國・三晉 ⿹司馬（司馬）聖
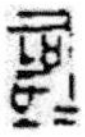	篆彙 1649.11 戰國・三晉 ⿹司馬（司馬）玉

公孫

	二十 13.二-SY-0042 戰國・齊 ⿰公孫（公孫）犭昜訢（信）鉨（璽）
	鶴廬 7.3 戰國・齊 ⿰公孫（公孫）隻（獲）
	十學 68.5 戰國・齊 ⿰公孫（公孫）邦
	璽彙 358.3877 戰國・三晉 ⿰公孫（公孫）䧹（鵑）
	璽彙 360.3896 戰國・齊 ⿰公孫（公孫）□
	璽彙 361.3907 戰國・三晉 ⿰公孫（公孫）倉

	璽彙 361.3912　戰國·齊 𨙾（公孫）□
	璽彙 361.3914　戰國·齊 𨙾（公孫）隻（獲）
	璽彙 361.3915　戰國·齊 𨙾（公孫）脊
	璽彙 362.3918　戰國·齊 𨙾（公孫）□
	璽彙 362.3921　戰國·齊 𨙾（公孫）繐（組）鍚
	璽彙 362.3922　戰國·齊 𨙾（公孫）安訐（信）鉨（璽）
	璽彙 362.3923　戰國·齊 𨙾（公孫）坒敀
	璽彙 362.3924　戰國·齊 𨙾（公孫）相如鉨（璽）
	璽彙 362.3925　戰國·齊 𨙾（公孫）冢鉨（璽）
	璽彙 484.5347　戰國·待考 𨙾（公孫）
	璽彙 517.5687　戰國·齊 𨙾（公孫）矦
	璽考 306.8　戰國·齊 𨙾（公孫）京
	璽考 307.3　戰國·齊 𨙾（公孫）奠訐（信）鉨（璽）
	璽考 307.5　戰國·齊 𨙾（公孫）同
	璽考 307.6　戰國·齊 𨙾（公孫）㚇鉨（璽）
	先印 106.9　戰國·待考 𨙾（公孫）隻（獲）

	珍戰 29　戰國·三晉 𨙾（公孫）昌

餘子

	魏石 12.2　戰國·三晉 㝑（餘子）妻君王罕
	璽彙 83.0594　戰國·三晉 王㝑（餘子）
	璽彙 165.1574　戰國·楚 絑㝑（餘子）
	璽彙 169.1627　戰國·三晉 鄭㝑（餘子）
	玉萃 18.2　戰國·待考 畋㝑₌（餘子）

相如

	璽考 312.7　戰國·三晉 㯹（相里）㮌（相如）
	璽類 111.11　戰國·待考 陽成㮌（相如）

掌鞭

	璽彙 315.3380　戰國·三晉 𡭊（掌鞭）㽃
	璽彙 373.4057　戰國·三晉 下沱𡭊（掌鞭）

五月

	璽彙 72.0462　戰國·三晉 王𦜮（五月）
	璽彙 168.1613　戰國·三晉 郙（曹）𦜮（五月）

司空

	璽彙 219.2227　戰國・韓 掷（制）司（司空）
	璽考 97.1　戰國・三晉 右司（司空）

乘馬

	璽彙 369.4008　戰國・三晉 䮳（乘馬）章
	璽彙 369.4009　戰國・三晉 䮳（乘馬）暲
	璽考 318.7　戰國・三晉 䮳（乘馬）祛
	先印 90.2　戰國・三晉 䮳（乘馬）李（餘子）
	先印 90.2　戰國・三晉 䮳（乘馬）子
	珍戰 37　戰國・三晉 䮳（乘馬）縛（帶）

虫余

	珍戰 26　戰國・三晉 駉（司馬）蜍（虫余）

釿月

	璽彙 187.1841　戰國・三晉 事（史）鈅（釿月）

鄻邑

	璽彙 211.2131　戰國・三晉 鄻（鄻邑）司馬

子孫

	侯馬八八：一二　春秋・三晉 及丌（其）孫=（子孫）
	侯馬二〇〇：六六　春秋・三晉 而敢又（有）志復趙尼及丌（其）孫=（子孫）于晉邦[之地]者
	侯馬七九：七　春秋・三晉 ……及孫=（子孫）
	侯馬七九：三　春秋・三晉 兄弟孫=（子孫）
	侯馬七九：三　春秋・三晉 ……坓（型）之孫=（子孫）
	侯馬七五：一　春秋・三晉 孫=（子孫）
	侯馬三：二　春秋・三晉 趞歀之孫=（子孫）
	侯馬三：二八　春秋・三晉 趙勪（喬）及丌（其）孫=（子孫）
	侯馬三：三　春秋・三晉 ……之孫=（子孫）
	侯馬三：一三　春秋・三晉 比直（德）及其孫=（子孫）
	侯馬一八：五　春秋・三晉 ……之孫=（子孫）
	侯馬一七九：一三　春秋・三晉 趞口之孫=（子孫）
	侯馬一五六：二二　春秋・三晉 肖（趙）喬及孫=（子孫）
	侯馬一五六：二〇　春秋・三晉 司寇結之孫=（子孫）
	侯馬一五六：二七　春秋・三晉 [比]木之孫=（子孫）

	侯馬一五六：二七　春秋・三晉 趙勮……鄞（董）政之孫=（子孫）
	侯馬一五六：二三　春秋・三晉 比木及丌（其）孫=（子孫）
	侯馬一五六：二三　春秋・三晉 肖（趙）朱及丌（其）孫=（子孫）
	侯馬一五六：二四　春秋・三晉 比痥之子丌（其）白（伯）父叔父兄弟孫=（子孫）
	侯馬一五六：二一　春秋・三晉 比諰（愆）、比瘨及丌（其）孫=（子孫）
	侯馬一五六：二一　春秋・三晉 隥（登）及丌（其）新君弟孫=（子孫）
	侯馬一五六：二一　春秋・三晉 趙朱之孫=（子孫）
	侯馬一五六：二一　春秋・三晉 邵埅（型）及丌（其）孫=（子孫）
	侯馬一五六：二一　春秋・三晉 趙喬及丌（其）孫=（子孫）
	侯馬一五六：二一　春秋・三晉 郙詨之孫=（子孫）
	侯馬一五六：二一　春秋・三晉 邯邢（鄲）鄞（董）政之孫=（子孫）
	侯馬一五六：二一　春秋・三晉 閔（藺）舍之孫=（子孫）
	侯馬一五六：二一　春秋・三晉 趞鋥之孫=（子孫）
	侯馬一五六：二一　春秋・三晉 鄞（董）瘫及丌（其）孫=（子孫）
	侯馬一五六：二一　春秋・三晉 史醜（醜）及丌（其）孫=（子孫）
	侯馬一五六：二一　春秋・三晉 司寇鸞之孫=（子孫）

	侯馬一五六：二一　春秋・三晉 司寇結及丌（其）孫=（子孫）
	侯馬一五六：二一　春秋・三晉 及丌（其）孫=（子孫）
	侯馬一五六：二一　春秋・三晉 閔（藺）伐之孫=（子孫）
	侯馬一五六：九　春秋・三晉 孫=（子孫）
	侯馬一五六：九　春秋・三晉 比痥之孫=（子孫）
	侯馬一五六：六　春秋・三晉 孫=（子孫）
	侯馬一五六：三　春秋・三晉 比痥之孫=（子孫）
	侯馬一五六：三　春秋・三晉 比悳（德）及丌（其）孫=（子孫）
	侯馬一五六：三　春秋・三晉 □歍之孫=（子孫）
	侯馬一五六：三　春秋・三晉 史醜（醜）及孫=（子孫）于晉邦之墜（地）者
	侯馬一五六：三　春秋・三晉 史醜（醜）及孫=（子孫）于晉邦之墜（地）者
	侯馬一五六：四　春秋・三晉 史醜（醜）及丌（其）孫=（子孫）于晉邦之墜（地）者
	侯馬一五六：一　春秋・三晉 比痥之子孫比直（德）及丌（其）孫=（子孫）
	侯馬一五六：一　春秋・三晉 趞鋥之孫=（子孫）
	侯馬一五六：一　春秋・三晉 史醜（醜）及丌（其）孫=（子孫）于晉邦之墜（地）者
	侯馬一五六：一　春秋・三晉 史醜（醜）及丌（其）孫=（子孫）于晉邦之墜（地）者

	侯馬一五六：一二　春秋・三晉 比悳（德）及丌（其）孫=（子孫）
	侯馬一五六：一九　春秋・三晉 及孫=（子孫）
	侯馬一五六：一九　春秋・三晉 比痝及丌（其）子乙及白（伯）父弔（叔）父[兄]弟孫=（子孫）
	侯馬一五六：一九　春秋・三晉 比悳（德）及丌（其）孫=（子孫）
	侯馬一五六：一九　春秋・三晉 比嗀（鑿）、比狩（守）及丌（其）孫=（子孫）
	侯馬一五六：一九　春秋・三晉 中都比強之孫=（子孫）
	侯馬一五六：一九　春秋・三晉 比木及丌（其）孫=（子孫）
	侯馬一五六：一九　春秋・三晉 比諰（葸）、比瘨及丌（其）孫=（子孫）
	侯馬一五六：一九　春秋・三晉 趴（足）及新君弟孫=（子孫）
	侯馬一五六：一九　春秋・三晉 隥（登）及丌（其）新君弟孫=（子孫）
	侯馬一五六：一九　春秋・三晉 肖（趙）朱之孫=（子孫）
	侯馬一五六：一九　春秋・三晉 卲埅（型）之孫=（子孫）
	侯馬一五六：一九　春秋・三晉 肖（趙）喬力（喬）及丌（其）孫=（子孫）
	侯馬一五六：一九　春秋・三晉 郙詨之孫=（子孫）
	侯馬一五六：一九　春秋・三晉 鄖=（邯鄲）郵（董）政之孫=（子孫）
	侯馬一五六：一九　春秋・三晉 閔（藺）舍之孫=（子孫）

	侯馬一五六：一九　春秋・三晉 趙口之孫=（子孫）
	侯馬一五六：一九　春秋・三晉 郵（董）癰及孫=（子孫）
	侯馬一五六：一九　春秋・三晉 史醜（醜）及丌（其）孫=（子孫）
	侯馬一五六：一九　春秋・三晉 司寇結及丌（其）孫=（子孫）
	侯馬一五六：一九　春秋・三晉 及孫=（子孫）
	侯馬一五六：一九　春秋・三晉 閔（藺）伐及孫=（子孫）
	侯馬一五六：一〇　春秋・三晉 比直（德）及丌（其）孫=（子孫）
	侯馬一五六：一〇　春秋・三晉 趙趴之孫=（子孫）
	侯馬一五六：一〇　春秋・三晉 史醜（醜）及丌（其）孫=（子孫）
	侯馬一五六：一六　春秋・三晉 子孫=（子孫）
	侯馬一五六：一七　春秋・三晉 孫=（子孫）
	侯馬一五六：一七　春秋・三晉 比直（德）及丌（其）子孫
	侯馬一五三：一　春秋・三晉 醜（醜）及丌（其）子孫于晉邦之墜（地）者
	侯馬一五四：一　春秋・三晉 趙趴之孫=（子孫）
	侯馬一五四：一　春秋・三晉 趙趴之孫=（子孫）

之所

	侯馬三：二八　春秋・三晉 ……斎=（之所）
	侯馬三：二五　春秋・三晉 繹之于皇君斎=（之所）
	侯馬一五六：二〇　春秋・三晉 敢俞（偷）出入于趙尼斎=（之所）
	侯馬一五六：一九　春秋・三晉 繹（繹）之于皇君斎=（之所）

至于

	侯馬一八五：九　春秋・三晉 ……馬旃𦤎=（至于）……

忠心

	新出研 WT1　K1：2667　春秋・三晉 加聶敢不忎=（蒸蒸）焉忠（忠心）事丌（其）而宔（主）
	新出研 WT1　K1：3105　春秋・三晉 癋才鄪敢不忎=（蒸蒸）焉忠=（忠心）事丌（其）宔（主）
	新出研 WT1　K1：3687　春秋・三晉 欿敢不忎（蒸）焉忠=（忠心）事丌（其）宔（主）
	新出研 WT1　K1：3690　春秋・三晉 竭敢不忎=（蒸蒸）焉忠=（忠心）事丌（其）宔（主）
	新出研 WT1　K1：3865　春秋・三晉 □敢不忎=（蒸蒸）焉忠=（忠心）事丌（其）宔（主）

它玉

	疊編　戰國晚期・中山 玙=（它玉）褱（環）
	疊編　戰國晚期・中山 玙=（它玉）
	疊編　戰國晚期・中山 玙=（它玉）
	疊編　戰國晚期・中山 玙=（它玉）
	疊編　戰國晚期・中山 玙=（它玉）褱（環）
	疊編　戰國晚期・中山 玙=（它玉）□=
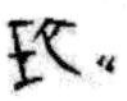	疊編　戰國晚期・中山 侯玙=（它玉）虎
	疊編　戰國晚期・中山 玙=（它玉）虎
	疊編　戰國晚期・中山 玙=（它玉）
	疊編　戰國晚期・中山 玙=（它玉）八
	疊編　戰國晚期・中山 集玙=（它玉）

玉環

	疊編　戰國晚期・中山 它環=（玉環）

玉虎

	疊編　戰國晚期・中山 琥=（玉虎）

玉珩

	疊編　戰國晚期・中山 珩=（玉珩）
	疊編　戰國晚期・中山 它珩=（玉珩）

小魚

	汧殹・石鼓文・郭集　春秋・秦 澫（砅）又（有）衾=（小魚）

二日

	作原・石鼓文・郭集　春秋・秦 旨=（二日）尌□

五日

	作原・石鼓文・郭集　春秋・秦 □□吾=（五日）

小大

	而師・石鼓文・郭集　春秋・秦 尖=（小大）具□

八月

	秦墓石磬　春秋・秦 隹（惟）四年肏（八月）初吉甲申
	秦駰玉版研究　戰國・秦 肏（八月）

小子

	秦駰玉版研究　戰國・秦 又（有）秦曾孫孮=（小子）駰曰
	秦駰玉版研究　戰國・秦 惴惴孮=（小子）
	秦駰玉版研究　戰國・秦 惴惴孮=（小子）
	秦駰玉版研究　戰國・秦 孮=（小子）駰敢以芥（玠）圭、吉璧
	秦駰玉版研究　戰國・秦 句（苟）令孮=（小子）駰之病日复

十月

	秦駰玉版研究　戰國・秦 孟冬㣅=（十月）

附录

1

	貨系 137　戰國・待考 △
	貨系 138　戰國・待考 △

2

	貨系 3145　戰國・燕 中△
	貨系 3146　戰國・燕 中△
	貨系 3147　戰國・燕 中△

3

	貨系 3153　戰國・燕 中△
	貨系 3154　戰國・燕 中△
	貨系 3155　戰國・燕 中△

4

	貨系 1871　戰國・待考 王△
	貨系 1872　戰國・待考 △□

5

	貨系 2005　戰國・待考 □△
	貨系 2015　戰國・待考 △勻
	貨系 2016　戰國・待考 △勻
	貨系 2017　戰國・待考 △勻
	貨系 2018　戰國・待考 △爻
	貨系 2020　戰國・待考 △金

6

	貨系 2223　戰國・趙 貝△
	貨系 2224　戰國・趙 貝△
	貨系 2226　戰國・趙 貝△
	貨系 2227　戰國・趙 貝△
	貨系 2230　戰國・趙 貝△
	貨系 2231　戰國・趙 貝△

	貨系 2232　戰國・趙 貝△
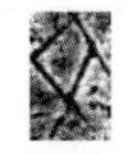	貨系 2233　戰國・趙 貝△
	貨系 2234　戰國・趙 貝△
	貨系 2235　戰國・趙 貝△
	貨系 2236　戰國・趙 貝△
	貨系 2237　戰國・趙 貝△
	貨系 2238　戰國・趙 貝△
	貨系 2239　戰國・趙 貝△
	貨系 2240　戰國・趙 貝△
	貨系 2241　戰國・趙 貝△
	貨系 2242　戰國・趙 貝△
	貨系 2243　戰國・趙 貝△
	貨系 2244　戰國・趙 貝△
	貨系 2245　戰國・趙 貝△
	貨系 2246　戰國・趙 貝△
	貨系 2247　戰國・趙 貝△
	貨系 2248　戰國・趙 貝△
	貨系 2249　戰國・趙 貝△
	貨系 2252　戰國・待考 貝△
	貨系 2255　戰國・待考 □△
	錢典 26　戰國・三晉 △人
	錢典 65　戰國・三晉 毌△

7

	齊幣 254 背　戰國・齊 齊夻（大）朊（刀）/△
	齊幣 256 背　戰國・齊 齊夻（大）朊（刀）/△

8

	貨系 2334　戰國・燕 △昌
	貨系 2335　戰國・燕 △昌
	貨系 2336　戰國・燕 △昌
	貨系 2337　戰國・燕 △昌
	貨系 2338　戰國・燕 △昌
	貨系 2339　戰國・燕 △昌

9

	貨系 2745 戰國・中山 △
	貨系 2746 戰國・中山 △
	貨系 2747 戰國・中山 △
	貨系 2748 戰國・中山 △
	貨系 2749 戰國・中山 △
	貨系 2750 戰國・中山 △

10

	貨系 2701 戰國・中山 △
	貨系 2702 戰國・中山 △
	先秦編 487 戰國・燕 △
	先秦編 489 戰國・燕 △

11

	貨系 4272 戰國・楚 △
	貨系 4273 戰國・楚 △
	貨系 4274 戰國・楚 △

12

	貨系 3349 背 戰國・燕 明/左△
	貨系 3350 背 戰國・燕 明/左△
	貨系 3351 戰國・燕 左△
	貨系 3472 戰國・燕 左中△
	貨系 3616 戰國・燕 右△

13

	貨系 3148 背 戰國・燕 明/中△
	貨系 3200 戰國・燕 中△
	貨系 3201 戰國・燕 中△
	貨系 3203 背 戰國・燕 明/中△
	貨系 3204 背 戰國・燕 明/中△
	貨系 3256 戰國・燕 中昌△

14

	貨系 2829 戰國・中山 △
	貨系 497 戰國・周王畿 △

15

	貨系 2798　戰國・中山 △
	貨系 2799　戰國・中山 △
	貨系 2800　戰國・中山 △

16

	貨系 2757　戰國・中山 △
	貨系 2758　戰國・中山 △
	貨系 2760　戰國・中山 △
	貨系 2761　戰國・中山 △

17

	貨系 2777　戰國・中山 △
	貨系 2778　戰國・中山 △
	貨系 2779　戰國・中山 △
	貨系 2838　戰國・中山 △
	貨系 2839　戰國・中山 △
	貨系 2840　戰國・中山 △

18

	貨系 2854　戰國・中山 △
	貨系 2855　戰國・中山 △

19

	貨系 3156　戰國・燕 中△
	貨系 3215 背　戰國・燕 明/中△
	貨系 3383　戰國・燕 左△
	貨系 3384　戰國・燕 左△

20

	貨系 2751　戰國・中山 △
	貨系 2752　戰國・中山 △
	貨系 2753　戰國・中山 △
	貨系 2754　戰國・中山 △
	貨系 2755　戰國・中山 △

21

	貨系 4091　戰國・齊 △□

	貨系 4092　戰國・齊 □△

22

	貨系 2720　戰國・中山 △
	貨系 2721　戰國・中山 △

23

	齊幣 441　戰國・齊 △
	齊幣 452　戰國・齊 △

24

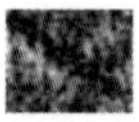	貨系 2944 背　戰國・燕 明/△二
	貨系 2945 背　戰國・燕 明/△一

25

	貨系 2832　戰國・中山 △
	貨系 2833　戰國・中山 △

26

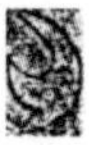	貨系 2864　戰國・中山 △
	貨系 2865　戰國・中山 △

27

	貨系 2870　戰國・中山 △
	貨系 2871　戰國・中山 △
	貨系 2930　戰國・燕 △
	貨系 3476　戰國・燕 △左乙

28

	貨系 228　戰國・待考 △

29

	貨系 336　戰國・待考 △

30

	貨系 372　戰國・待考 △

31

	貨系 429　戰國・周王畿 △

32

	貨系 430　戰國・周王畿 △

33

貨系 500　戰國・待考
△

34

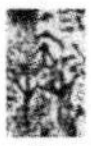

貨系 506　戰國・周王畿
△

35

貨系 508　戰國・周王畿
△

36

貨系 512　戰國・待考
△

37

貨系 1839　戰國・待考
△陽

38

貨系 1848　戰國・待考
△

39

貨系 1872　戰國・待考
□△

40

貨系 1952　戰國・待考
△氏

41

貨系 2002　戰國・待考
王△

42

貨系 2004　戰國・待考
△□

43

貨系 2004　戰國・待考
□△

44

貨系 2005　戰國・待考
△□

45

貨系 2022　戰國・待考
△

46

貨系 2255　戰國・待考
△□

47

貨系 2263　戰國・待考
△昜

48

貨系 2279　戰國・待考
△

49

貨系 2282 戰國・待考
△□

50

貨系 2282 戰國・待考
□△

51

貨系 2481 戰國・趙
△/十二朱

52

貨系 2488 戰國・趙
△/二•十二朱

53

貨系 2495 戰國・齊
△

54

貨系 2684 戰國・中山
△

55

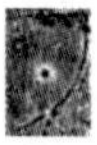

貨系 2710 戰國・中山
△

56

貨系 2719 戰國・中山
△

57

貨系 2724 戰國・中山
△

58

貨系 2738 戰國・中山
△

59

貨系 2769 戰國・中山
△

60

貨系 2775 戰國・中山
△

61

貨系 2776 戰國・中山
△

62

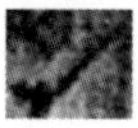

貨系 2780 戰國・中山
△

63

貨系 2781 戰國・中山
△

64

貨系 2821 戰國・中山
△

65

貨系 2831　戰國・中山
△

66

貨系 2834　戰國・中山
△

67

貨系 2835　戰國・中山
△

68

貨系 2836　戰國・中山
△

69

貨系 2837　戰國・中山
△

70

貨系 2847　戰國・中山
△

71

貨系 2848　戰國・中山
△

72

貨系 2849　戰國・中山
△

73

貨系 2851　戰國・中山
△

74

貨系 2852　戰國・中山
△

75

貨系 2858　戰國・中山
△

76

貨系 2859　戰國・中山
△

77

貨系 2866　戰國・中山
△

78

貨系 2867　戰國・中山
△

79

貨系 2868　戰國・中山
△

80

貨系 2869　戰國・中山
△

81

貨系 2872 戰國・中山
△

82

貨系 2873 戰國・中山
△

83

貨系 2933 戰國・燕
△

84

貨系 2936 戰國・燕
△

85

貨系 2937 戰國・燕
△

86

貨系 2938 戰國・燕
△

87

貨系 2939 戰國・燕
△

88

貨系 2940 戰國・燕
△□□

89

貨系 2940 戰國・燕
□□△

90

貨系 2940 戰國・燕
□△□

91

貨系 2941 戰國・燕
△

92

貨系 2947 戰國・燕
△

93

貨系 2948 戰國・燕
△

94

貨系 2963 戰國・燕
△

95

貨系 2982 戰國・燕
△行

96

貨系 2986 戰國・燕
△

97

貨系 2987　戰國・燕
△

98

貨系 2988　戰國・燕
△

99

貨系 2999　戰國・燕
△

100

貨系 3000　戰國・燕
△

101

貨系 3177　戰國・燕
中△

102

貨系 3181　戰國・燕
中△

103

貨系 3216　戰國・燕
中△

104

貨系 3220　戰國・燕
中△十

105

貨系 3221　戰國・燕
中△

106

貨系 3268　戰國・燕
中△

107

貨系 3269　戰國・燕
中△

108

貨系 3352　戰國・燕
左△

109

貨系 3386　戰國・燕
左△

110

貨系 3401　戰國・燕
左△

111

貨系 3462　戰國・燕
左△

112

貨系 3470　戰國・燕
左中△

113

貨系 3473　戰國・燕
左中△

114

貨系 3477　戰國・燕
△左

115

貨系 3495　戰國・燕
右△

116

貨系 3555　戰國・燕
右△二

117

貨系 3594　戰國・燕
右△

118

貨系 3610　戰國・燕
右△

119

貨系 3611　戰國・燕
右△

120

貨系 3626　戰國・燕
右△

121

貨系 4275　戰國・楚
△再

122

貨系 4277　戰國・楚
壽△

123

貨系 3645　戰國・燕
右△

124

貨系 3646　戰國・燕
右△

125

貨系 3676　戰國・燕
右△

126

貨系 3681　戰國・燕
右△

127

貨系 3683　戰國・燕
右△

128

貨系 3688　戰國・燕
右△

129

	貨系 3761　戰國・燕 右内△

130

	貨系 3859　戰國・趙 △

131

	貨系 3860　戰國・趙 △

132

	貨系 3875　戰國・趙 △/十一

133

	貨系 3877　戰國・趙 △

134

	貨系 3973　戰國・趙 △

135

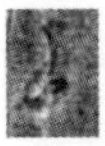	貨系 3974　戰國・趙 △/□

136

	貨系 3975　戰國・趙 △/乙

137

	貨系 4020　戰國・燕 △

138

	貨系 4172　戰國・楚 △

139

	齊幣 450　戰國・齊 △

140

	齊幣 455　戰國・齊 △

141

	齊幣 457　戰國・齊 △

142

	天津 442　戰國・趙 西刀△□

143

	天津 442　戰國・趙 西刀□△

144

	天津 443　戰國・趙 西△□□

145

天津 443　戰國・趙
西□△□

146

天津 443　戰國・趙
西□□△

147

燕下都 279　戰國・三晉
△□

148

燕下都 279　戰國・三晉
□△

149

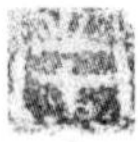

燕下都 305　戰國・三晉
△

150

三晉 34　戰國・趙
△□□黃釿

151

三晉 34　戰國・趙
□△□黃釿

152

三晉 34　戰國・趙
□□△黃釿

153

三晉 34　戰國・趙
△□□黃釿

154

三晉 34　戰國・趙
□△□黃釿

155

三晉 34　戰國・趙
□□△黃釿

156

三晉 128　戰國・三晉
△陽

157

三晉 129　戰國・三晉
△

158

三晉 129　戰國・三晉
△

159

三晉 129　戰國・三晉
△□

160

三晉 129　戰國・三晉
□△

161

三晉 131　戰國・三晉
△

162

錢典 1　戰國・三晉
△□

163

錢典 1　戰國・三晉
□△

164

錢典 136　戰國・三晉
△/七

165

錢典 148　戰國・三晉
△□

166

錢典 148　戰國・三晉
□△

167

錢典 151　戰國・三晉
△

168

錢典 256　戰國・三晉
△

169

錢典 329　戰國・趙
△

170

錢典 409　戰國・三晉
△

171

錢典 659　戰國・周王畿
△

172

錢典 672　戰國・周王畿
△

173

錢典 680　戰國・周王畿
△

174

錢典 769　戰國・周王畿
△

175

錢典 789　戰國・周王畿
△

176

錢典 1076　戰國・齊
△

209

先秦編 501　戰國・燕
△

210

先秦編 510　戰國・中山
△

211

先秦編 511　戰國・中山
△乙

212

先秦編 511　戰國・中山
△

213

先秦編 512　戰國・中山
△

214

先秦編 512　戰國・中山
△

215

先秦編 513　戰國・中山
△

216

先秦編 513　戰國・中山
△

217

先秦編 514　戰國・中山
△

218

貨系 58 背　戰國・周王畿
少曲市西/△

219

貨系 3112 背　戰國・燕
明/中△

220

貨系 3113 背　戰國・燕
明/△□

221

貨系 3113 背　戰國・燕
明/□△

222

貨系 3117 背　戰國・燕
明/中△

223

貨系 3149 背　戰國・燕
明/中△

224

貨系 3150 背　戰國・燕
明/中△

225

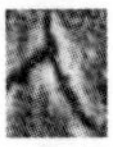

貨系 3157 背　戰國・燕
明/中△

226

貨系 3158 背　戰國・燕
明/中△

227

貨系 3159 背　戰國・燕
明/中△

228

貨系 1949 背　戰國・待考
鄓/△

229

貨系 2307 背　戰國・燕
安昜（陽）/右△

230

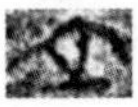

貨系 2645 背　戰國・齊
齊夻（大）邒（刀）/△

231

貨系 2646 背　戰國・齊
齊夻（大）邒（刀）/△

232

貨系 2901 背　戰國・燕
明/△

233

貨系 2922 背　戰國・燕
明/△

234

貨系 2924 背　戰國・燕
明/△

235

貨系 2946 背　戰國・燕
明/△

236

貨系 2950 背　戰國・燕
明/△

237

貨系 2956 背　戰國・燕
明/二△

238

貨系 2957 背　戰國・燕
明/△

239

貨系 2964 背　戰國・燕
明/△

240

貨系 2985 背　戰國・燕
明/△

241

貨系 2989 背　戰國・燕
行/△

242

貨系 2991 背　戰國・燕
明/△

243

貨系 2992 背　戰國・燕
明/文△

244

貨系 3001 背　戰國・燕
明/△

245

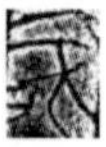

貨系 3002 背　戰國・燕
明/△□

246

貨系 3002 背　戰國・燕
明/□△

247

貨系 3003 背　戰國・燕
明/△

248

貨系 3005 背　戰國・燕
明/△

249

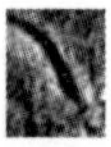

貨系 3060 背　戰國・燕
明/中△

250

貨系 3171 背　戰國・燕
明/中△

251

貨系 3199 背　戰國・燕
明/中△

252

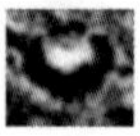

貨系 3213 背　戰國・燕
明/中△

253

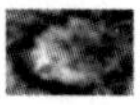

貨系 3214 背　戰國・燕
明/中△

254

貨系 3218 背　戰國・燕
明/中△

255

貨系 3219 背　戰國・燕
明/中△

256

貨系 3258 背　戰國・燕
明/中昌△

257

貨系 3259 背　戰國・燕
明/中昌△

258

貨系 3267 背　戰國・燕
明/中△

259

貨系 3353 背　戰國・燕
明/左△

260

貨系 3354 背　戰國・燕
明/左△

261

貨系 3382 背　戰國・燕
明/左△

262

貨系 3390 背　戰國・燕
明/左△

263

貨系 3391 背　戰國・燕
明/左△

264

貨系 3392 背　戰國・燕
明/左△

265

貨系 3396 背　戰國・燕
明/左△

266

貨系 3617 背　戰國・燕
明/右△

267

貨系 3636 背　戰國・燕
明/右△

268

貨系 3647 背　戰國・燕
明/右△

269

貨系 3667 背　戰國・燕
明/右△

270

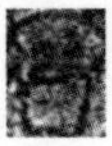

貨系 3670 背　戰國・燕
明/右△

271

貨系 3674 背　戰國・燕
明/右△

272

貨系 3679 背　戰國・燕
明/右△

273

貨系 3680 背　戰國・燕
明/右△

274

貨系 3682 背　戰國・燕
明/右△

275

貨系 3784 背　戰國・齊
明/鄘冶△

276

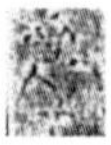

貨系 3785 背　戰國・齊
明/鄘冶△

277

貨系 3788 背　戰國・齊
明/鄘冶□△

278

貨系 3789 背　戰國・齊
明/鄘（莒）冶△□

279

貨系 3842 背　戰國・趙
甘（邯）丹（鄲）/△

280

貨系 3843 背　戰國・趙
甘（邯）丹（鄲）/△

281

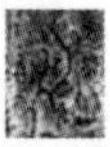

貨系 3844 背　戰國・趙
甘（邯）丹（鄲）/△

282

貨系 3846 背　戰國・趙
甘（邯）丹（鄲）/△

283

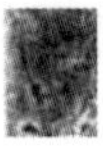

貨系 3856 背　戰國・趙
甘（邯）丹（鄲）/△

284

貨系 3857 背　戰國・趙
甘（邯）丹（鄲）/△

285

貨系 3925 背　戰國・趙
白（柏）刀/△

286

貨系 3926 背　戰國・趙
白（柏）刀/△

287

貨系 3927 背　戰國・趙
白（柏）刀/△

288

貨系 3928 背　戰國・趙
白（柏）刀/△

289

貨系 3929 背　戰國・趙
白（柏）刀/△

290

貨系 3938 背　戰國・趙
白（柏）刀/△

291

貨系 3939 背　戰國・趙
白（柏）刀/△

292

貨系 3951 背　戰國・趙
白（柏）刀/△

293

貨系 3952 背　戰國・趙
白（柏）刀/△

294

貨系 3953 背　戰國・趙
白（柏）刀/△

295

貨系 3954 背　戰國・趙
白（柏）刀/△

296

貨系 3955 背　戰國・趙
白（柏）刀/△

297

貨系 3956 背　戰國・趙
白（柏）刀/△

298

貨系 3963 背　戰國・趙
白（柏）刀/△

299

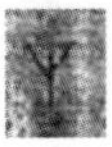
貨系 3964 背　戰國・趙
白（柏）刀/△

300

貨系 3965 背　戰國・趙
白（柏）刀/△

301

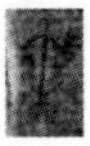
貨系 3966 背　戰國・趙
白（柏）刀/△

302

貨系 3968 背　戰國・趙
白（柏）刀/△

303

貨系 3969 背　戰國・趙
白（柏）刀/△

304

貨系 3970 背　戰國・趙
白（柏）刀/△□

305

貨系 3970 背　戰國・趙
白（柏）刀/□△

306

貨系 3971 背　戰國・趙
白（柏）刀/△

307

貨系 3972 背　戰國・趙
白（柏）刀/△

308

貨系 3974 背　戰國・趙
□/△

309

貨系 3987 背　戰國・趙
白（柏）刀/△

310

貨系 3988 背　戰國・趙
白（柏）刀/△

311

貨系 3990 背　戰國・趙
白（柏）刀/△

312

齊幣 111 背　戰國・齊
安昜（陽）之杏（大）玐（刀）/△

齊幣 112 背　戰國・齊
安昜（陽）之杏（大）玐（刀）/△

313

齊幣 191 背　戰國・齊
齊杏（大）玐（刀）/△

314

齊幣 196 背　戰國・齊
齊杏（大）玐（刀）/△

315

齊幣 208 背　戰國・齊
齊杏（大）玐（刀）/△

316

齊幣 250 背　戰國・齊
齊杏（大）玐（刀）/△

317

齊幣 257 背　戰國・齊
齊杏（大）玐（刀）/△

318

齊幣 261 背　戰國・齊
齊杏（大）玐（刀）/△

齊幣 262 背　戰國・齊
齊杏（大）玐（刀）/△

齊幣 263 背　戰國・齊
齊杏（大）玐（刀）/△

齊幣 35 背　戰國・齊
齊之杏（大）玐（刀）/△

319

齊幣 264 背　戰國・齊
齊夻（大）朓（刀）/△

320

齊幣 265 背　戰國・齊
齊夻（大）朓（刀）/△

321

齊幣 266 背　戰國・齊
齊夻（大）朓（刀）/△

322

齊幣 267 背　戰國・齊
齊夻（大）朓（刀）/△

323

齊幣 276 背　戰國・齊
齊返邦張（長）夻（大）朓（刀）/十△

324

齊幣 287 背　戰國・齊
節（即）䁼（墨）夻（大）朓（刀）/□△

325

齊幣 287 背　戰國・齊
節（即）䁼（墨）夻（大）朓（刀）/△□

326

齊幣 289 背　戰國・齊
節（即）䁼（墨）夻（大）朓（刀）/△

327

齊幣 347 背　戰國・齊
明/鄺△□

328

齊幣 347 背　戰國・齊
明/鄺□△

329

齊幣 392 背　戰國・齊
明/△

330

齊幣 417 背　戰國・齊
簄△/簄△/簄△

331

天津 95 背　戰國・趙
褱成（城）/△

332

燕下都 185 背　戰國・趙
甘（邯）丹（鄲）/△

333

燕下都 208 背　戰國・趙
兹（兹）氏半/△

334

燕下都 232 背　戰國・趙
平匋/△

335

	三晉 48 背　戰國・趙 邪/△

336

	三晉 54 背　戰國・趙 壽险（陰）/△

337

	錢典 347 背　戰國・趙 曲/△

338

	錢典 435 背　戰國・三晉 邪/△

339

	錢典 864 背　戰國・齊 齊返邦張（長）夻（大）乇（刀）/□△

340

	錢典 963 背　戰國・齊 齊夻（大）乇（刀）/△本

341

	錢典 1010 背　戰國・齊 節（即）墨之夻（大）乇（刀）/△昌

342

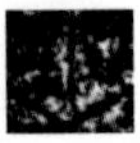	貨系 2674　戰國・中山 △

343

	貨系 3796　戰國・齊 鄘△□

344

	貨系 3796　戰國・齊 鄘□△

345

	貨系 2661 背　戰國・齊 齊夻（大）乇（刀）/△

346

	貨系 3792 背　戰國・齊 明/鄘冶△

347

	貨系 3795 背　戰國・齊 明/鄘△刕

348

	貨系 3797 背　戰國・齊 明/平陽冶△

349

	貨系 2225　戰國・趙 貝△
	貨系 2228　戰國・趙 貝△
	貨系 2229　戰國・趙 貝△

350

	貨系 1866　戰國・待考 △
	貨系 1867　戰國・待考 △
	貨系 1868　戰國・待考 △
	貨系 1869　戰國・待考 △
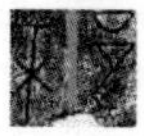	貨系 1870　戰國・待考 △
	三晉 123　戰國・三晉 △

351

	貨系 1311　戰國・魏 △二釿
	貨系 1312　戰國・魏 △二釿
	貨系 1313　戰國・魏 △二釿
	貨系 1314　戰國・魏 △二釿
	貨系 1315　戰國・魏 △二釿

352

	璽考 245.4　戰國・三晉 宋△
	璽林 35.7　戰國・待考 宋△

353

	璽彙 493.5463　戰國・三晉 □△
	璽彙 493.5464　戰國・三晉 □△

354

	璽彙 484.5355　戰國・待考 △
	璽彙 484.5356　戰國・待考 △

355

	璽彙 493.5463　戰國・三晉 △□
	璽彙 493.5464　戰國・三晉 △□

356

	璽類 178.6　戰國・待考 棼△鉨（璽）

357

	二十 149.二-GP-0093　戰國・楚 △
	二十 149.二-GP-0094　戰國・楚 △
	璽考 190.7　戰國・楚 △

358

	璽彙 428.4708　戰國・待考 □△
	璽彙 428.4709　戰國・待考 □△

359

	港續 144.255　戰國・待考 △
	陝新 85.529　戰國・待考 □△尔（璽）
	璽彙 492.5444　戰國・待考 △
	璽彙 493.5462　戰國・三晉 △
	璽彙 494.5469　戰國・三晉 △
	新璽 41　戰國・待考 △□之尔（璽）
	珍戰 230　戰國・三晉 △

360

	璽彙 428.4708　戰國・待考 △□
	璽彙 428.4709　戰國・待考 △□

361

	風過耳 371　戰國・秦 □必△正
	陝新 203.1751　戰國・待考 □正△尔（璽）

362

	風過耳 371　戰國・秦 △必□正
	陝新 203.1751　戰國・待考 △正□尔（璽）

363

	鶴廬 90.1　戰國・三晉 肖（趙）△
	璽彙 72.0454　戰國・三晉 王△
	璽彙 72.0455　戰國・三晉 王△
	璽彙 127.1116　戰國・三晉 高△
	璽彙 187.1843　戰國・三晉 事（史）△
	璽彙 228.2337　戰國・三晉 韓△
	璽彙 351.3787　戰國・三晉 𠭯（司馬）△
	璽類 8.5　戰國・待考 王△

364

	鶴廬 90.2　戰國・三晉 胡女△
	璽彙 66.0388　戰國・三晉 王△

	璽彙 66.0389　戰國・三晉 王△
	璽彙 91.0692　戰國・三晉 長△
	璽彙 110.0914　戰國・三晉 肖（趙）△
	璽彙 110.0915　戰國・三晉 肖（趙）△
	璽彙 160.1521　戰國・三晉 孔△
	璽彙 201.2012　戰國・三晉 郵（董）△
	璽彙 275.2895　戰國・三晉 文是△
	璽彙 511.5619　戰國・三晉 肖（趙）△

365

	璽彙 428.4703　戰國・待考 敬□△
	璽彙 428.4704　戰國・待考 敬□△
	璽彙 428.4705　戰國・待考 敬□△
	璽彙 428.4706　戰國・待考 敬□△
	璽彙 428.4707　戰國・待考 敬□△

366

	璽彙 493.5459　戰國・三晉 △
	璽彙 493.5460　戰國・三晉 △

367

	璽彙 484.5357　戰國・待考 △
	璽彙 484.5358　戰國・待考 △

368

	璽彙 428.4703　戰國・待考 敬△□
	璽彙 428.4704　戰國・待考 敬△□
	璽彙 428.4705　戰國・待考 敬△□
	璽彙 428.4706　戰國・待考 敬△□
	璽彙 428.4707　戰國・待考 敬△□

369

	風過耳 352　戰國・秦 △余
	璽彙 248.2571　戰國・三晉 △□
	璽彙 248.2572　戰國・三晉 △恢
	璽彙 311.3331　戰國・三晉 △額
	珍戰 122　戰國・三晉 △迲（去）痯

	珍戰 129　戰國・三晉 △䰠

370

	港續 54.76　戰國・待考 △
	港續 60.88　戰國・待考 △子

371

	璽彙 84.0603　戰國・齊 王△
	璽彙 196.1947　戰國・齊 郐（徐）△

372

	璽彙 369.4003　戰國・三晉 丌（綦）母（毋）△
	璽彙 510.5599　戰國・三晉 肖（趙）△
	璽考 279.5　戰國・三晉 長△

373

	璽彙 319.3424　戰國・燕 △生□
	璽彙 492.5445　戰國・待考 △

374

	璽彙 323.3471　戰國・待考 △子

	璽彙 335.3613　戰國・三晉 △褓

375

	秦印風 234 頁　戰國・秦 △

376

	秦印風 234 頁　戰國・秦 △

377

	秦印風 226 頁　戰國・秦 韓△馬

378

	秦印風 225 頁　戰國・秦 上官△

379

	秦印風 224 頁　戰國・秦 薛△

380

	秦印風 214 頁　戰國・秦 王△

381

	秦印風 211 頁　戰國・秦 吳△

382

	秦印風 209 頁　戰國・秦 韓△

383

	秦印風 200 頁　戰國・秦 妾△

384

	秦印風 200 頁　戰國・秦 樂△

385

	秦印風 190 頁　戰國・秦 王狐△

386

	秦印風 190 頁　戰國・秦 公△籍

387

	秦印風 183 頁　戰國・秦 巍（魏）△

388

	秦印風 182 頁　戰國・秦 王△

389

	秦印風 165 頁　戰國・秦 李△

390

	秦印風 162 頁　戰國・秦 賈力△

391

	秦印風 130 頁　戰國・秦 任△
	秦印風 157 頁　戰國・秦 王△

392

	秦印風 149 頁　戰國・秦 壺△

393

	秦印風 129 頁　戰國・秦 △頑
	秦印風 146 頁　戰國・秦 楊△

394

	秦印風 146 頁　戰國・秦 檀△

395

	秦印風 141 頁　戰國・秦 公子△

396

	秦印風 140 頁　戰國・秦 季△

429

盛世 110　戰國・待考
遬△

430

盛世 107　戰國・待考
△禾

431

盛世 101　戰國・待考
事△黑

432

盛世 096　戰國・待考
司馬△

433

盛世 091　戰國・待考
陸（陳）△

434

盛世 090　戰國・待考
△

435

盛世 084　戰國・待考
△

436

盛世 017　戰國・待考
左武萃長△

437

風過耳 264　戰國・秦
△夫

438

風過耳 252　戰國・秦
△謷

439

風過耳 251　戰國・秦
△□

440

風過耳 251　戰國・秦
□△

441

風過耳 245　戰國・秦
△

442

風過耳 096　戰國・秦
任△

443

風過耳 079　戰國・秦
橋（喬）△

444

風過耳 068　戰國・秦
連△

445

	賓釋　戰國・待考 王△

446

	賓釋　戰國・待考 □△

447

	集釋 285.1　戰國・三晉 △音

448

	集釋 281.21　戰國・三晉 庚△

449

	集釋 240.3　戰國・三晉 邗△
	珍戰 80　戰國・三晉 攻△

450

	集釋 235.17　戰國・三晉 子柏△

451

	集釋 220.6　戰國・三晉 呂△

452

	集釋 179.2　戰國・三晉 固陽郲△

453

	集釋 161.8　戰國・楚 △師（市）

454

	集釋 143.8　戰國・楚 黃△

455

	集釋 141.3　戰國・楚 李△

456

	璽彙 340.3677　戰國・齊 卑△貼
	篆彙 1403.8　戰國・三晉 大△賈

457

	篆彙 258.1　戰國・待考 △絑愁鉨（璽）

458

	篆彙 128.11　戰國・待考 公行△□

459

篆彙 128.11 戰國・待考
公行□△

460

篆彙 29.14 戰國・待考
陸△之鉨（璽）

461

璽彙 159.1508 戰國・燕
畋雝△鉨（璽）

篆彙 23.1 戰國・待考
中△之鉨（璽）

462

二十 152.二-GP-0125 戰國・楚
門△販

463

二十 140.二-GP-0016 戰國・待考
滎陽△

464

二十 68.二-SP-0113 戰國・燕
事（史）△

465

二十 50.二-GY-0041 戰國・楚
昜都△鉨（璽）

466

二十 48.二-GY-0021 戰國・燕
△市□鍴（瑞）

467

二十 48.二-GY-0021 戰國・燕
□市△鍴（瑞）

468

二十 19.二-SY-0097 戰國・楚
黃△

469

二十 16.二-SY-0065 戰國・楚
曲昜（陽）君△

470

二十 15.二-SY-0058 戰國・楚
△

471

二十 13.二-SY-0045 戰國・楚
左△鉨（璽）

472

二十 13.二-SY-0039 戰國・齊
竝麋奔△

473

鶴廬 136.6 戰國・待考
韛（南郭）△

474

二十 11.二-SY-0027　戰國·三晉
文△

475

二十 11.二-SY-0023　戰國·趙
長△

476

二十 10.二-SY-0012　戰國·待考
△

477

二十 9.二-SY-0005　戰國·燕
丏之△

478

集印卷六 30.5　戰國·待考
高△

479

集印卷六 19.1　戰國·齊
△賈訏（信）鉩（璽）

480

港續 69.106　戰國·待考
氏△

481

港續 63.94　戰國·待考
△□

482

港續 58.84　戰國·待考
玄△

483

港續 54.75　戰國·待考
邦△

484

港續 47.62　戰國·待考
黃△

485

港續 30.28　戰國·燕
長△

486

港續 25.18　戰國·待考
王△

487

甘印 101.6　戰國·待考
△□台

488

甘印 101.6　戰國·待考
□△台

489

甘印 71.5　戰國·待考
△安

490

虹印 181　戰國・待考
章△

491

虹印 5　戰國・待考
△公□訐（信）鉨（璽）

492

虹印 5　戰國・待考
□公△訐（信）鉨（璽）

493

顧印 49.6　戰國・三晉
長△

494

顧印 38.5　戰國・待考
事（史）△

495

尊集 302.2　戰國・待考
事（史）△

496

鑒菁 218. 附錄 4　戰國・楚
△□之鉨（璽）

497

鑒菁 218. 附錄 4　戰國・楚
□△之鉨（璽）

498

南博 49.4　戰國・待考
畋△

499

侯地 269.1　戰國・魏
△□右禁（麓）

500

侯地 269.1　戰國・魏
□△右禁（麓）

501

國輯 15.4　戰國・三晉
郳（范）△

502

璽類 485.4　戰國・待考
辛△

503

璽類 468.15　戰國・待考
△官之鉨（璽）

504

璽彙 3.0018　戰國・燕
沬△都司徒

璽彙 10.0055　戰國・燕
沬△都左司馬

璽彙 502.5545　戰國・燕
沬△都司工（空）

	篆彙 21.11 戰國・燕 泺△都𠂆（尉）

505

	璽彙 4.0022 戰國・燕 大司徒長伏△

506

	璽彙 12.0069 戰國・三晉 △奴司寇

507

	璽彙 13.0075 戰國・三晉 △司寇

508

	璽彙 25.0144 戰國・楚 高△官鉨（璽）

509

	璽彙 27.0156 戰國・齊 清塦（陵）△戠（職）筲帀（師）

510

	璽彙 33.0195 戰國・齊 畢△左𣪘

511

	璽彙 34.0198 戰國・齊 昜（陽）都邑△遅（徙）盧（鹽）之鉨（璽）

512

	璽彙 37.0219 戰國・楚 △成（城）之鉨（璽）

513

	璽彙 38.0225 戰國・齊 維△京之鉨（璽）

514

	璽彙 39.0232 戰國・齊 璋△郙□訢（信）鉨（璽）

515

	璽彙 40.0238 戰國・齊 △穖（秣）訢（信）鉨（璽）

516

	璽彙 41.0240 戰國・齊 △公子訢（信）鉨（璽）

517

	璽彙 41.0241 戰國・齊 □△訢（信）鉨（璽）
	璽彙 42.0247 戰國・齊 □△訢（信）鉨（璽）

518

	璽彙 41.0242 戰國・齊 △隻（獲）訢（信）鉨（璽）
	璽類 358.17 戰國・齊 △惁

519

璽彙 41.0243　戰國・齊
蕬不△鉩（璽）

520

璽彙 41.0244　戰國・齊
□△訏（信）鉩（璽）

521

璽彙 41.0245　戰國・齊
△□訏（信）鉩（璽）

522

璽彙 41.0245　戰國・齊
□△訏（信）鉩（璽）

523

璽彙 45.0264　戰國・楚
栞（梧）△公鉩（璽）

524

璽彙 45.0267　戰國・楚
羊△之出鉩（璽）

525

璽彙 45.0269　戰國・楚
号<号（鄵）>昜（陽）△鉩（璽）

526

璽彙 46.0273　戰國・齊
△□坐鉩（璽）

527

璽彙 46.0273　戰國・齊
□△坐鉩（璽）

528

璽彙 48.0284　戰國・待考
△□□鉩（璽）

529

璽彙 48.0284　戰國・待考
□△□鉩（璽）

530

璽彙 48.0284　戰國・待考
□□△鉩（璽）

531

璽彙 49.0288　戰國・楚
鄌△洰傳鉩（璽）

532

璽彙 53.0303　戰國・三晉
△都兼鄖（縣）

533

璽彙 54.0311　戰國・楚
高△串（關）

534

璽彙 55.0315　戰國・楚
△壽鉩（璽）

535

璽彙 56.0321　戰國・三晉
△□鼎□

536

璽彙 56.0321　戰國・三晉
□△鼎□

537

璽彙 56.0321　戰國・三晉
□□鼎△

538

璽彙 56.0322　戰國・齊
□△㯳（徙）盧（鹽）金鉨（璽）

539

璽彙 58.0331　戰國・齊
姉△鉨（璽）

540

璽彙 58.0334　戰國・齊
△聞（門）坐□

541

璽彙 59.0342　戰國・齊
△□敬鉨（璽）

542

璽彙 59.0342　戰國・齊
□△敬鉨（璽）

543

璽彙 62.0356　戰國・三晉
△□□鉨（璽）

544

璽彙 62.0356　戰國・三晉
□△□鉨（璽）

545

璽彙 62.0356　戰國・三晉
□□△鉨（璽）

546

璽彙 62.0358　戰國・楚
△鉨（璽）

547

璽彙 63.0366　戰國・燕
毋△都鍴（瑞）

548

璽彙 73.0474　戰國・齊
王△

549

璽彙 74.0489　戰國・三晉
王△

550

璽彙 76.0513　戰國・三晉
王△

551

	璽彙 79.0546　戰國・齊 王△

552

	璽彙 79.0547　戰國・三晉 王△

553

	璽彙 82.0578　戰國・齊 王△

554

	璽彙 85.0614　戰國・燕 王△

555

	璽彙 86.0624　戰國・齊 王△

556

	璽彙 86.0629　戰國・齊 王△

557

	璽彙 86.0630　戰國・齊 王△
	璽彙 86.0631　戰國・齊 王△

558

	璽彙 87.0637　戰國・燕 王△

559

	璽彙 88.0647　戰國・楚 王△計（信）

560

	璽彙 93.0714　戰國・三晉 長△

561

	璽彙 104.0842　戰國・三晉 長△

562

	璽彙 104.0844　戰國・三晉 長△

563

	璽彙 104.0846　戰國・燕 長△

564

	璽彙 120.1035　戰國・三晉 肖（趙）△

565

	璽彙 120.1036　戰國・三晉 肖（趙）△

566

	璽彙 121.1048　戰國・三晉 肖（趙）△

567

	璽彙 125.1096　戰國・三晉 侯△

568

	璽彙 125.1099　戰國・三晉 高△

569

	璽彙 129.1148　戰國・齊 高咤△鉨（璽）

570

	璽彙 133.1193　戰國・三晉 周△

571

	璽彙 134.1209　戰國・三晉 牛△
	璽彙 215.2175　戰國・齊 □△

572

	璽彙 135.1219　戰國・齊 牛△

573

	璽彙 136.1233　戰國・燕 喬△

574

	璽彙 137.1236　戰國・燕 喬△

575

	璽彙 138.1256　戰國・楚 黃△

576

	璽彙 140.1275　戰國・三晉 半△

577

	璽彙 141.1293　戰國・三晉 姜△

578

	璽彙 144.1329　戰國・楚 臧（臧）△

579

	璽彙 147.1355　戰國・三晉 孟△

580

	璽彙 157.1478　戰國・齊 陳（陳）△訢（信）鉨（璽）

581

	璽彙 157.1479　戰國・齊 陞（陳）高△鈢（璽）

582

	璽彙 157.1484　戰國・三晉 畋△
	璽彙 200.1991　戰國・三晉 郵（董）△

583

	璽彙 161.1532　戰國・三晉 孫△

584

	璽彙 164.1568　戰國・楚 絑△

585

	璽彙 165.1570　戰國・楚 絑△

586

	璽彙 165.1572　戰國・楚 絑△

587

	璽彙 170.1638　戰國・三晉 呂□△

588

	璽彙 171.1649　戰國・楚 左△

589

	璽彙 174.1686　戰國・三晉 畸△

590

	璽彙 174.1688　戰國・燕 丁△

591

	璽彙 178.1734　戰國・三晉 事（史）△

592

	璽彙 188.1856　戰國・三晉 事（史）△・千（信）在（士）

593

	璽彙 189.1867　戰國・楚 事（史）△

594

	璽彙 190.1876　戰國・三晉 和△

595

	璽彙 192.1901　戰國・齊 邢（邢）△

596

璽彙 195.1930　戰國・楚
登（鄧）△

597

璽彙 195.1939　戰國・三晉
△罕（戰）之

598

璽彙 196.1949　戰國・齊
郐（徐）△

599

璽彙 196.1950　戰國・齊
郐（徐）△

600

璽彙 203.2033　戰國・三晉
郌（董）△

601

璽彙 205.2057　戰國・齊
玨（任）△

602

璽彙 207.2079　戰國・三晉
鄦（焦）△

603

璽彙 208.2086　戰國・待考
鄦（魚）△

604

璽彙 208.2089　戰國・三晉
郄（狄）△

605

璽彙 208.2097　戰國・齊
邾△

606

璽彙 211.2127　戰國・三晉
郘△

607

璽彙 214.2168　戰國・三晉
郑（范）△

608

璽彙 215.2175　戰國・齊
△□

609

璽彙 216.2193　戰國・齊
△余

610

璽彙 217.2203　戰國・齊
郘（部）△

611

璽彙 217.2205　戰國・齊
郗△

612

璽彙 218.2206　戰國・齊
⿰疋阝（疋）△

613

璽彙 218.2215　戰國・三晉
△平

614

璽彙 218.2217　戰國・三晉
△戮

615

璽彙 219.2220　戰國・齊
□△

616

璽彙 219.2222　戰國・燕
△�

617

璽彙 220.2237　戰國・燕
△纕

618

璽彙 223.2276　戰國・三晉
蕗（露）△

619

璽彙 224.2278　戰國・楚
某（梅）△

620

璽彙 225.2290　戰國・楚
芋咎△

621

璽彙 225.2298　戰國・三晉
△肟

622

璽彙 226.2302　戰國・三晉
□△

623

璽彙 226.2303　戰國・齊
宗（宗）△

624

璽彙 226.2304　戰國・楚
芒△

625

璽彙 227.2318　戰國・齊
陸（陸）△

626

璽彙 228.2328　戰國・三晉
陛（邢）△

627

璽彙 234.2409　戰國・三晉
△策

628

璽彙 239.2458　戰國・三晉
椁（郭）△

629

璽彙 241.2488　戰國・三晉
穌（蘇）△

630

璽彙 242.2499　戰國・楚
輨（管）△

631

璽彙 243.2509　戰國・燕
䜌（鑾）△

632

璽彙 244.2527　戰國・待考
□△

633

璽彙 245.2533　戰國・燕
△疤

634

璽彙 250.2597　戰國・待考
洎（涫）△

635

璽彙 251.2609　戰國・待考
△□

636

璽彙 251.2609　戰國・待考
□△

637

璽彙 251.2610　戰國・齊
紀△

638

璽彙 251.2613　戰國・待考
△罬

639

璽彙 252.2618　戰國・三晉
△隊（地）

640

璽彙 252.2624　戰國・三晉
△赤

641

璽彙 255.2654　戰國・齊
△纕

642

璽彙 261.2727　戰國・三晉
魚△

643

璽彙 318.3411　戰國・待考
分虐△

644

	璽彙 263.2751　戰國・燕 㕯（獻）△右

645

	璽彙 265.2778　戰國・三晉 肎（尹）△

646

	璽彙 266.2792　戰國・燕 △□
	璽彙 266.2793　戰國・燕 △佳

647

	璽彙 269.2824　戰國・燕 䣓（南郭）生△

648

	璽彙 270.2836　戰國・燕 䣓（南郭）△
	璽彙 336.3628　戰國・楚 □△

649

	璽彙 273.2877　戰國・三晉 △□

650

	璽彙 273.2877　戰國・三晉 □△

651

	璽彙 274.2879　戰國・三晉 △期

652

	璽彙 274.2882　戰國・待考 △慶

653

	璽彙 279.2944　戰國・三晉 鹽△

654

	璽彙 279.2945　戰國・三晉 鹽△

655

	璽彙 280.2956　戰國・三晉 粤（平）△

656

	璽彙 281.2968　戰國・三晉 粤（平）△

657

	璽彙 282.2979　戰國・三晉 脂（閻）△

658

	璽彙 283.2993　戰國・三晉 賈△

659

	璽彙 283.2997　戰國・三晉 賈△

660

	璽彙 286.3028　戰國・齊 周△

661

	璽彙 287.3034　戰國・楚 賦△

662

	璽彙 288.3054　戰國・三晉 魋（魏）△

663

	璽彙 289.3062　戰國・三晉 寍（賨）△

664

	璽彙 290.3072　戰國・三晉 鍰△

665

	璽彙 293.3109　戰國・三晉 △盗（螬）

666

	璽彙 293.3111　戰國・三晉 △沓

667

	璽彙 296.3151　戰國・三晉 △讓
	璽彙 296.3152　戰國・三晉 △復

668

	璽彙 299.3189　戰國・燕 雎△

669

	璽彙 300.3200　戰國・楚 △湋（流）
	璽彙 300.3201　戰國・楚 △湋（流）

670

	璽彙 301.3210　戰國・三晉 △相

671

	璽彙 304.3241　戰國・三晉 △旻（得）

672

	璽彙 304.3246　戰國・三晉 △鮓

673

	璽彙 304.3249　戰國・燕 △□

674

	璽彙 306.3267　戰國・燕 △張

675

	璽彙 308.3293　戰國・待考 △向

676

	璽彙 309.3298　戰國・三晉 △遊

677

	璽彙 309.3299　戰國・三晉 △唐

678

	璽彙 309.3301　戰國・三晉 奠（鄭）△丘

679

	璽彙 310.3317　戰國・燕 △悅

680

	璽彙 311.3324　戰國・三晉 賓△

681

	璽彙 311.3325　戰國・待考 △弜（強）

682

	璽彙 311.3329　戰國・三晉 喬△

683

	璽彙 311.3330　戰國・待考 取△

684

	璽彙 312.3336　戰國・三晉 △明（中月）

685

	璽彙 312.3342　戰國・三晉 △奇

686

	璽彙 313.3347　戰國・燕 夭疌（租）秦△

687

	璽彙 313.3356　戰國・燕 翏生△

688

	璽彙 313.3357　戰國・三晉 △書

689

	璽彙 314.3359　戰國・待考 □△

690

璽彙 314.3360　戰國・待考
△丁

691

璽彙 314.3361　戰國・待考
△□

692

璽彙 314.3364　戰國・三晉
火△

693

璽彙 314.3369　戰國・待考
△事

694

璽彙 315.3375　戰國・三晉
△言

695

璽彙 316.3392　戰國・待考
△則（眗）

696

璽彙 317.3394　戰國・三晉
△□

697

璽彙 317.3397　戰國・待考
△慶

698

璽彙 317.3405　戰國・待考
△曼

699

璽彙 318.3406　戰國・待考
□△

700

璽彙 318.3407　戰國・三晉
△散（微）

701

璽彙 318.3409　戰國・三晉
羌△

702

璽彙 319.3424　戰國・燕
□生△

703

璽彙 320.3441　戰國・待考
△□鉨（璽）

704

璽彙 320.3441　戰國・待考
□△鉨（璽）

705

璽彙 321.3444　戰國・楚
△夏

706

璽彙 322. 3458　戰國・待考
△邦

707

璽彙 322. 3460　戰國・待考
△遀

708

璽彙 322. 3462　戰國・待考
□△

709

璽彙 322. 3465　戰國・待考
△□

710

璽彙 323. 3466　戰國・燕
△□・千萩（秋）

711

璽彙 323. 3466　戰國・燕
□△・千萩（秋）

712

璽彙 323. 3470　戰國・待考
△子

713

璽彙 324. 3480　戰國・待考
△䜌（䜌）

714

璽彙 324. 3481　戰國・待考
□△

715

璽彙 324. 3482　戰國・待考
△君

716

璽彙 324. 3483　戰國・齊
△武

717

璽彙 325. 3491　戰國・待考
□△

718

璽彙 325. 3492　戰國・待考
△張

719

璽彙 325. 3497　戰國・燕
智生△

720

璽彙 326. 3512　戰國・待考
△訐（信）

721

璽彙 327. 3522　戰國・楚
婁△

722

璽彙 327.3523　戰國・楚
畢（畢）△

723

璽彙 327.3524　戰國・待考
爂△

724

璽彙 328.3532　戰國・待考
□△

725

璽彙 328.3534　戰國・待考
△□

726

璽彙 328.3534　戰國・待考
□△

727

璽彙 330.3550　戰國・燕
△□

728

璽彙 330.3551　戰國・齊
△僕

729

璽彙 330.3557　戰國・待考
□△

730

璽彙 330.3557　戰國・待考
□△

731

璽彙 330.3560　戰國・齊
堂△

732

璽彙 331.3566　戰國・待考
□△

733

璽彙 331.3567　戰國・齊
甘△

734

璽彙 331.3571　戰國・秦
△鍔

735

璽彙 331.3572　戰國・待考
△□

736

璽彙 331.3572　戰國・待考
□△

737

璽彙 331.3573　戰國・齊
不敦（廩）△

738

璽彙 332.3574　戰國・楚
郗△

739

璽彙 332.3575　戰國・齊
△□

740

璽彙 332.3575　戰國・齊
□△

741

璽彙 332.3576　戰國・齊
△□

742

璽彙 332.3576　戰國・齊
□△

743

璽彙 332.3577　戰國・待考
△□

744

璽彙 332.3582　戰國・待考
△行

745

璽彙 333.3591　戰國・待考
△□

746

璽彙 333.3591　戰國・待考
□△

747

璽彙 333.3594　戰國・待考
□△

748

璽彙 333.3597　戰國・待考
△□

749

璽彙 334.3598　戰國・齊
△璽

750

璽彙 334.3602　戰國・楚
牛△

751

璽彙 334.3604　戰國・齊
△旻（得）

752

璽彙 334.3608　戰國・待考
□△

753

璽彙 335.3614　戰國・待考
□△

754

璽彙 335.3615　戰國・楚
龍△

755

璽彙 335.3621　戰國・待考
△

756

璽彙 336.3623　戰國・待考
羞△

757

璽彙 336.3628　戰國・楚
△□

758

璽彙 336.3630　戰國・待考
△□

759

璽彙 336.3630　戰國・待考
□△

760

璽彙 337.3635　戰國・待考
△□

761

璽彙 337.3635　戰國・待考
□△

762

璽彙 337.3639　戰國・待考
△□

763

璽彙 337.3639　戰國・待考
□△

764

璽彙 338.3649　戰國・待考
△□

765

璽彙 338.3652　戰國・待考
△□

766

璽彙 338.3652　戰國・待考
□△

767

璽彙 338.3656　戰國・秦
爽△

768

璽彙 339.3664　戰國・齊
△□□

769

璽彙 339.3664　戰國・齊
□△□

770

	璽彙 156.1462　戰國・齊 陞（陳）△
	璽彙 293.3112　戰國・齊 藤（滕）△
	璽彙 333.3589　戰國・齊 □□△
	璽彙 339.3664　戰國・齊 □□△
	璽彙 360.3896　戰國・齊 Ⅰ徐（公孫）△

771

	璽彙 339.3668　戰國・待考 △□

772

	璽彙 339.3668　戰國・待考 □△

773

	璽彙 340.3670　戰國・楚 畬△

774

	璽彙 341.3682　戰國・齊 鄺△

775

	璽彙 341.3685　戰國・齊 △圉（固）

776

	璽彙 341.3686　戰國・待考 △□□

777

	璽彙 341.3689　戰國・齊 △腜

778

	璽彙 341.3691　戰國・齊 △胡安鉨（璽）

779

	璽彙 341.3692　戰國・齊 △生緙

780

	璽彙 342.3695　戰國・齊 △庚訐（信）鉨（璽）

781

	璽彙 342.3703　戰國・楚 周△訐（信）鉨（璽）
	璽彙 345.3741　戰國・楚 周△訐（信）鉨（璽）

782

	璽彙 342.3705　戰國・齊 俶設△鉨（璽）

783

壐彙 343.3712　戰國・齊
□△信鉩（壐）

784

壐彙 343.3715　戰國・齊
△□訐（信）鉩（壐）

785

壐彙 344.3722　戰國・齊
△登訐（信）鉩（壐）

786

壐彙 345.3739　戰國・待考
△壽

787

壐彙 345.3740　戰國・齊
△□□鉩（壐）

788

壐彙 345.3740　戰國・齊
□□△鉩（壐）

789

壐彙 346.3745　戰國・楚
不（丕）負△鉩（壐）

790

壐彙 349.3762　戰國・三晉
司徒△

791

壐彙 354.3823　戰國・燕
司馬△

792

壐彙 358.3876　戰國・燕
公孫△

793

壐彙 359.3890　戰國・三晉
公孫△

794

壐彙 361.3912　戰國・齊
觢（公孫）△

795

壐彙 363.3932　戰國・齊
脹（長）孫△

796

壐彙 363.3937　戰國・齊
窒孫△

797

壐彙 363.3940　戰國・齊
正孫△鉩（壐）

798

壐彙 364.3950　戰國・燕
長生△

799

	吉璽 8.41　戰國・待考 樂△
	璽彙 368.3989　戰國・三晉 夏后△

800

	璽彙 372.4044　戰國・三晉 陽成△

801

	璽彙 379.4124　戰國・燕 㚋（夷）吳（吾）△

802

	璽彙 380.4138　戰國・燕 肖（趙）△

803

	璽彙 388.4224　戰國・三晉 上△坲（市）

804

	璽彙 427.4694　戰國・待考 行△

805

	璽彙 445.4916　戰國・三晉 上□□△

806

	璽彙 472.5211　戰國・待考 △

807

	璽彙 482.5324　戰國・待考 △

808

	璽彙 486.5375　戰國・三晉 △

809

	璽彙 486.5379　戰國・待考 △□

810

	璽彙 487.5384　戰國・待考 △

811

	璽彙 487.5391　戰國・待考 △

812

	璽彙 487.5394　戰國・待考 △

813

	璽彙 488.5395　戰國・待考 △

814

璽彙 488.5396　戰國・待考
△

815

璽彙 488.5402　戰國・待考
△

816

璽彙 490.5428　戰國・待考
△

817

璽彙 491.5432　戰國・待考
△

818

璽彙 491.5437　戰國・待考
△

819

璽彙 492.5443　戰國・待考
△

820

璽彙 492.5447　戰國・待考
△

821

璽彙 492.5449　戰國・待考
△

822

璽彙 494.5468　戰國・三晉
△

823

璽彙 494.5473　戰國・三晉
△

824

璽彙 494.5474　戰國・待考
△

825

璽彙 495.5481　戰國・待考
△

826

璽彙 495.5483　戰國・三晉
△

827

璽彙 496.5495　戰國・待考
△

828

璽彙 496.5502　戰國・齊
△

829

璽彙 497.5513　戰國・待考
△

830

璽彙 497.5514　戰國・待考
△

831

璽彙 498.5516　戰國・待考
△

832

璽彙 498.5518　戰國・楚
△

833

璽彙 498.5520　戰國・待考
△

834

璽彙 498.5523　戰國・待考
△

835

璽彙 499.5530　戰國・待考
△

836

璽彙 504.5557　戰國・齊
△之訐（信）鉨（璽）

837

璽彙 510.5604　戰國・楚
△訐（信）之鉨（璽）

838

璽彙 511.5612　戰國・三晉
長△

839

璽彙 513.5644　戰國・齊
畋△

840

璽彙 514.5648　戰國・楚
五△

841

璽彙 515.5667　戰國・待考
△石

842

璽彙 515.5670　戰國・楚
志△

843

璽彙 516.5676　戰國・齊
△慶

844

璽彙 516.5677　戰國・齊
△祜（适）

845

璽彙 516.5681　戰國・齊
還△鉨（璽）

846

璽彙 517.5690　戰國·燕
長生△

847

璽考 59.1　戰國·齊
辛宧△坤（市）粆

848

璽考 66.2　戰國·齊
爻圜昜里王不△一千

849

璽考 66.3　戰國·齊
日里△

850

璽考 69.7　戰國·齊
△□之鉨（璽）

851

璽考 69.7　戰國·齊
□△之鉨（璽）

852

璽考 83.4　戰國·燕
△□都左司馬

853

璽考 83.4　戰國·燕
□△都左司馬

854

璽考 102.4　戰國·三晉
△奴司寇

855

璽考 147.3　戰國·楚
都（著）君之△

856

璽考 172.3　戰國·楚
△善之鉨（璽）

857

璽考 180.3　戰國·楚
△族鉨（璽）

858

璽考 187.7　戰國·楚
南△

859

璽考 190.2　戰國·楚
門△貶

860

璽考 190.3　戰國·楚
△販

861

璽考 191.3　戰國·楚
□△

862

	璽考 192.6　戰國・楚 △

863

	璽考 205.2　戰國・三晉 肖（趙）△

864

	璽考 206.9　戰國・三晉 肖（趙）△

865

	璽考 208.1　戰國・三晉 肖（趙）△

866

	璽考 208.3　戰國・三晉 肖（趙）△□

867

	璽考 208.3　戰國・三晉 肖（趙）□△

868

	璽考 239.2　戰國・楚 宋△

869

	璽考 247.3　戰國・韓 長△

870

	璽考 295.2　戰國・三晉 公僉（斂）△

871

	璽考 306.4　戰國・燕 公孫△

872

	璽考 315.1　戰國・三晉 丌（綦）毋（毋）△

873

	璽考 318.2　戰國・燕 乘丘（乘丘）△

874

	璽考 323.4　戰國・三晉 多□△

875

	璽考 323.5　戰國・三晉 多△臭（焌）

876

	璽彙 307.3282　戰國・三晉 △胡剔（傷）
	璽考 328.6　戰國・三晉 俞首△

877

璽考 334.9　戰國・三晉
㕞（司馬）孚△

878

璽考 338.8　戰國・燕
大敢△

879

珍戰 40　戰國・待考
曲宮□△

880

珍戰 151　戰國・三晉
㒼（魏）△臣□

881

珍戰 171　戰國・待考
王□敬△

882

珍戰 178　戰國・待考
□正△尔（璽）

883

珍戰 212　戰國・三晉
中△

884

鑒菁 3.6　戰國・三晉
△陽府（府）

885

鑒菁 22.43　戰國・待考
△衲

886

湖集 6　戰國・燕
沶△都𠂤（尉）

887

山新 166　戰國・齊
紀之△巨

888

山新 170　戰國・待考
郐（徐）△訏（信）鉨（璽）

戰分 145.821　戰國・齊
郐（徐）△訏（信）鉨（璽）

889

樂只 1.3　戰國・待考
△成之鉨（璽）

890

樂只 1.4　戰國・待考
盧△訏（信）鉨（璽）

891

樂只 2.3　戰國・待考
王△

892

欒只 25.1　戰國・待考
椁（郭）△

893

欒只 34.1　戰國・待考
△□□□令之鉨（璽）

894

欒只 34.1　戰國・待考
□△□□令之鉨（璽）

895

欒只 34.1　戰國・待考
□□△□令之鉨（璽）

896

印戰 47.2　戰國・待考
殷腦△覆鉨（璽）

897

印戰 49.4　戰國・楚
△王之鉨（璽）

898

魏石 12.4　戰國・齊
蒦圆匋（陶）里△

899

鶴廬 5.2　戰國・待考
司馬△鉨（璽）

900

鶴廬 6.1　戰國・燕
△都左司馬

901

鶴廬 7.1　戰國・待考
金△

902

鶴廬 7.4　戰國・待考
△齎訐（信）鉨（璽）

903

鶴廬 8.4　戰國・待考
△□帀（師）鉨（璽）

904

十擧 32.8　戰國・待考
事（史）△

905

十擧 57.2　戰國・待考
孔△

906

璽林 41.12　戰國・待考
𩡧（馬適）△

907

吉璽 10.50　戰國・待考
△適

908

十六 7.2　戰國・待考
孫△

909

十六 9.6　戰國・待考
△訦毆鉨（璽）

910

十六 10.1　戰國・待考
□中△鉨（璽）

911

十六 10.2　戰國・待考
疐△訐（信）鉨（璽）

912

十六 11.1　戰國・待考
中（仲）△訐（信）鉨（璽）

913

十六 12.5　戰國・待考
△□鉨（璽）

914

十六 13.4　戰國・待考
郐（徐）疾△

915

古萃 147.8　戰國・待考
孫△鉨（璽）

916

古萃 162.7　戰國・待考
△

917

古萃 199.3　戰國・待考
△留

918

鶴盧 65.3　戰國・待考
王△

919

鶴盧 65.4　戰國・待考
王△

920

鶴盧 69.3　戰國・待考
左△

921

鶴盧 75.6　戰國・待考
△叜

922

鶴盧 86.1　戰國・燕
中行△

923

鶴盧 89.4　戰國・齊
△不□

924

鶴廬 89.4　戰國・齊
□不△

925

鶴廬 96.2　戰國・待考
襄成（城）△庫

926

鶴廬 96.4　戰國・待考
監△

927

鶴廬 100.5　戰國・待考
王△

928

鶴廬 116.4　戰國・待考
左△

929

港印 42　戰國・三晉
吳△

930

鴨選 12　戰國・待考
丁△人

931

楚典 427.4　戰國・楚
奠（鄭）△

932

陝新 85.529　戰國・待考
△□尔（璽）

933

陝新 87.556　戰國・待考
郖（恆）△

934

故目 52.257　戰國・待考
墜（陳）埅（陵）□丘△

935

泥集 4.17　戰國・待考
訟（詒）△

936

戰分 165.944　戰國・齊
旓△訐（信）鉨（璽）

937

十選 10.2　戰國・待考
△何

938

天選 7.4　戰國・燕
𩫏（南郭）△

939

天選 29.1　戰國・三晉
△□坿（府）

940

天選 30.4 戰國・待考
△遣率坴（璽）

941

湖印 39.10 戰國・楚
隈△訐（信）

942

玉存 9.47 戰國・待考
猲△

943

玉存 19.105 戰國・待考
△司畫

944

先印 94.7 戰國・待考
△□鉨（璽）

945

先印 114.2 戰國・待考
甘余△

946

璽類 5.7 戰國・待考
王△孝

947

璽類 6.5 戰國・待考
王△

948

璽類 8.11 戰國・待考
中△訐（信）鉨（璽）

949

璽類 15.2 戰國・楚
苛△

950

璽類 25.5 戰國・待考
公孫△鉨（璽）

951

璽類 27.8 戰國・待考
余△

952

璽類 37.9 戰國・待考
右劚選△□熿□之鉨（璽）

953

璽類 37.9 戰國・待考
右劚選□△熿□之鉨（璽）

954

璽類 37.9 戰國・待考
右劚選□□熿△之鉨（璽）

955

璽類 42.9 戰國・齊
啺（唐）△

956

璽類 46.7　戰國・待考
△厥（嚴）歐鉨（璽）

957

璽類 49.4　戰國・待考
正孫△鉨（璽）

958

璽類 71.14　戰國・待考
△邸忓（信）鉨（璽）

959

璽類 75.4　戰國・待考
緣（樂）△

960

璽類 77.5　戰國・待考
詒（詒）△

961

璽類 118.7　戰國・待考
羊△

962

璽類 120.11　戰國・待考
□△

963

璽類 130.1　戰國・待考
△荆（荊）

964

璽類 130.9　戰國・待考
△罰

965

璽類 138.7　戰國・三晉
武△左旟

966

璽類 140.6　戰國・三晉
曹△

967

璽類 159.6　戰國・燕
良都△亩（廩）左

968

璽類 176.9　戰國・待考
椁（郭）△

969

璽類 193.2　戰國・待考
△賠

970

璽類 203.10　戰國・待考
郐（徐）△訐（信）鉨（璽）

971

璽類 206.12　戰國・待考
郻△訐（信）鉨（璽）

972

	璽類 219. 11　戰國・待考 巷△

973

	璽類 226. 9　戰國・待考 旃（祁）△

974

	璽類 228. 11　戰國・待考 △參

975

	璽類 233. 14　戰國・待考 △齊

976

	璽類 285. 4　戰國・待考 重（童）△

977

	璽類 296. 5　戰國・待考 △親

978

	璽類 316. 13　戰國・三晉 長△

979

	璽類 343. 6　戰國・待考 交△

980

	璽類 371. 3　戰國・燕 △□卲洵□市之坏（璽）

981

	璽類 384. 1　戰國・待考 關△之鉨（璽）

982

	璽類 402. 10　戰國・待考 △武

983

	璽類 418. 8　戰國・待考 鍾△鉨（璽）

984

	璽類 429. 12　戰國・待考 土生△

985

	璽類 438. 6　戰國・待考 △都關市之鉨（璽）

986

	璽類 442. 3　戰國・齊 麇陕△舍坏（璽）

987

	璽彙 166. 1589　戰國・齊 郲（朱）△訐（信）鉨（璽）

988

	鶴廬 103.1　戰國・待考 △
	璽彙 331.3562　戰國・楚 皇△

989

	鶴廬 18.2　戰國・待考 △
	璽彙 468.5166　戰國・待考 △
	璽彙 469.5171　戰國・待考 △
	續齊 47.4　戰國・待考 △

990

	璽彙 486.5379　戰國・待考 □△

991

	秦印風 105 頁　戰國・秦 任△

992

	鶴廬 8.4　戰國・待考 □△市（師）鈢（璽）

993

	陝新 86.548　戰國・待考 孫△

994

	秦印風 129 頁　戰國・秦 王△

995

	二十 145.二-GP-0056　戰國・齊 △平

996

	二十 66.二-SP-0095　戰國・燕 椁（郭）△

997

	璽彙 325.3500　戰國・燕 △思

998

	篆彙 29.13　戰國・楚 □△之鈢（璽）

999

	璽彙 206.2068　戰國・楚 邦△

1000

	二十 104.二-SP-0420　戰國・齊 △歊

1001

	璽彙 328.3536　戰國・楚 △省

1002

	賓釋　戰國・待考 郏△
	二十 59. 二-SP-0030　戰國・燕 司寇△

1003

	璽彙 193. 1917　戰國・三晉 郌（采）△

1004

	珍戰 106　戰國・待考 △赤

1005

	泥集 5. 20　戰國・待考 △□□鉨（璽）

1006

	秦印風 189 頁　戰國・秦 公△私印

1007

	璽彙 11. 0063　戰國・齊 王△右司馬鉨（璽）

1008

	璽彙 169. 1625　戰國・三晉 鄭△

1009

	二十 9. 二-SY-0002　戰國・燕 △生坾（璽）

1010

	篆彙 29. 13　戰國・楚 △□之鉨（璽）

1011

	璽彙 250. 2598　戰國・齊 △郢

1012

	璽彙 317. 3400　戰國・待考 鄅（董）△

1013

	五千 99. 29　戰國・楚 △

1014

	璽彙 188. 1847　戰國・三晉 事（史）△

1015

	魯安 105. 287　戰國・三晉 肈△

1016

	璽彙 330. 3556　戰國・楚 △旻（得）

1017

	璽彙 377.4107　戰國・燕 彝（夷）吳（吾）△
	璽彙 377.4108　戰國・燕 彝（夷）吳（吾）△

1018

	集釋 87.44　戰國・燕 長△

1019

	魏石 9.6　戰國・齊 □△譚鉨（璽）
	璽彙 347.3755　戰國・齊 邢（邢）△蔵（苴）鉨（璽）

1020

	璽彙 26.0155　戰國・齊 △昜（陽）逃（遂）帀（師）鉨（璽）

1021

	璽彙 56.0322　戰國・齊 △□槖（徙）盧（鹽）金鉨（璽）

1022

	吉續 235.3　戰國・燕 東章（郭）△
	十六 14.4　戰國・燕 公□△
	璽彙 261.2724　戰國・燕 夏△
	璽彙 266.2792　戰國・燕 □△
	璽彙 320.3440　戰國・三晉 多関△
	璽彙 353.3816　戰國・燕 䣂（司馬）△

1023

	璽彙 96.0751　戰國・三晉 長△

1024

	璽彙 107.0879　戰國・三晉 長△

1025

	漢叢 80.4　戰國・待考 桼生△

1026

	璽彙 263.2747　戰國・燕 虞（獻）△

1027

	十擧 43.5　戰國・待考 △齊立
	璽彙 216.2187　戰國・齊 △賜訐（信）鉨（璽）

1028

	陝新 86.550　戰國・待考 高△

	璽彙 210.2111　戰國・楚 邗△

1029

	璽彙 507.5568　戰國・三晉 奠（鄭）△

1030

	璽彙 315.3381　戰國・待考 △愷

1031

	璽考 295.2　戰國・三晉 公僉（斂）△

1032

	璽彙 239.2468　戰國・三晉 梠（臺）△

1033

	璽彙 97.0756　戰國・燕 長△
	璽彙 173.1670　戰國・燕 昜（陽）△
	璽考 261.6　戰國・燕 長△

1034

	璽彙 218.2207　戰國・齊 △冬

1035

	十六 15.4　戰國・待考 △

1036

	璽彙 199.1984　戰國・三晉 郢△

1037

	鑒菁 26.51　戰國・三晉 事君必△

1038

	秦印風 74 頁　戰國・秦 △華

1039

	璽彙 490.5419　戰國・三晉 △
	璽類 81.12　戰國・待考 △

1040

	璽彙 47.0280　戰國・楚 右△政鉨（璽）

1041

	璽彙 307.3279　戰國・三晉 百△

1042

	新璽 17　戰國・三晉 士獿

1043

	璽彙 516. 5682　戰國・齊 △軲（右車）鈢（璽）

1044

	璽彙 107. 0880　戰國・燕 長△
	璽彙 331. 3568　戰國・燕 長△
	璽彙 365. 3957　戰國・燕 東方△・□
	璽彙 365. 3957　戰國・燕 東方□・△

1045

	璽彙 147. 1357　戰國・三晉 孟△

1046

	秦印風 78 頁　戰國・秦 垣△

1047

	秦印風 43 頁　戰國・秦 脩△

1048

	賓釋　戰國・待考 △

1049

	璽類 18. 3　戰國・待考 △白（伯）伊之鈢（璽）

1050

	二十 111. 二-SP-0474　戰國・齊 △公之豆

1051

	璽考 249. 1　戰國・三晉 長△

1052

	集釋 222. 18　戰國・三晉 梁（梁）△

1053

	二十 9. 二-SY-0004　戰國・燕 △

1054

	璽彙 379. 4121　戰國・燕 彝（夷）吳（吾）△

1055

	篆彙 385. 7　戰國・楚 △官之鈢（璽）

1056

	書璽 290　戰國・齊 左敷（廩）△坧（璽）
	璽考 43.4　戰國・齊 左靣（盧）△鉨（璽）

1057

	璽彙 324.3488　戰國・燕 剢（剔）生△

1058

	璽彙 146.1349　戰國・三晉 孟△

1059

	璽彙 482.5328　戰國・待考 △

1060

	璽彙 243.2513　戰國・燕 猲△

1061

	璽彙 480.5303　戰國・待考 △

1062

	鶴廬 136.3　戰國・三晉 肖（趙）△
	璽彙 65.0372　戰國・三晉 王□

1063

	秦印風 158 頁　戰國・秦 笣（范）佡子△

1064

	風過耳 173　戰國・秦 張△

1065

	秦印風 45 頁　戰國・秦 王△

1066

	港印 191　戰國・待考 △

1067

	秦印風 230 頁　戰國・秦 萬△

1068

	璽彙 455.5000　戰國・待考 △

1069

	賓釋　戰國・楚 △□
	璽彙 218.2208　戰國・楚 □虔

1070

	璽彙 483.5335　戰國・齊 △
	璽彙 483.5336　戰國・齊 △

1071

	港續 135.237　戰國・待考 △

1072

	璽彙 499.5529　戰國・楚 △

1073

	二十 145.二-GP-0057　戰國・齊 祭△

1074

	二十 116.二-SP-0519　戰國・齊 城圖△

1075

	璽彙 339.3663　戰國・燕 女△埜

1076

	虹印 185　戰國・三晉 肖（趙）△

1077

	璽彙 137.1242　戰國・燕 喬△
	璽彙 141.1291　戰國・燕 余△
	璽彙 304.3249　戰國・燕 □△
	璽彙 330.3550　戰國・燕 □△
	璽彙 358.3873　戰國・燕 公孫△

1078

	璽彙 142.1297　戰國・三晉 申△

1079

	秦印風 162 頁　戰國・秦 △印

1080

	璽彙 194.1921　戰國・三晉 杜△
	璽彙 194.1922　戰國・三晉 杜△

1081

	秦印風 193 頁　戰國・秦 任△

1082

璽彙 206. 2066　戰國・楚
邦△

1083

璽彙 299. 3183　戰國・三晉
配（熙）△

1084

璽彙 360. 3895　戰國・燕
公孫△

1085

璽考 221. 6　戰國・三晉
肖（趙）△

1086

璽考 249. 2　戰國・三晉
長△

1087

魏石 9. 6　戰國・齊
□△譚鉨（璽）

1088

風過耳 174　戰國・秦
張△

1089

風過耳 248　戰國・秦
△竈

1090

璽彙 249. 2579　戰國・三晉
敀△

1091

秦印風 66 頁　戰國・秦
衛閿

1092

秦印風 77 頁　戰國・秦
尹△

1093

秦印風 84 頁　戰國・秦
程△

1094

秦印風 85 頁　戰國・秦
李△

1095

秦印風 103 頁　戰國・秦
狐△印

1096

秦印風 132 頁　戰國・秦
△秦

1097

秦印風 171 頁　戰國・秦
韓△

1098

	山新 171　戰國・齊 墜（陳）△

1099

	璽彙 296.3146　戰國・三晉 △迪

1100

	風過耳 099　戰國・秦 榮△

1101

	港續 53.73　戰國・三晉 毎（魏）△

1102

	港印 138　戰國・待考 △□
	璽彙 325.3490　戰國・待考 △□

1103

	港印 138　戰國・待考 □△
	璽彙 325.3490　戰國・待考 □△

1104

	古萃 128.6　戰國・三晉 閔（藺）△

1105

	鶴廬 53.6　戰國・待考 番△

1106

	山新 155　戰國・燕 彝（夷）吳（吾）△
	璽彙 268.2807　戰國・燕 𩏂（南郭）△

1107

	盛世 099　戰國・三晉 弔（叔）△眚

1108

	盛世 154　戰國・待考 上里中△

1109

	盛世 192　戰國・待考 夤△

1110

	十六 10.1　戰國・待考 △中□鉨（璽）

1111

	璽彙 64.0369　戰國・燕 △□都𡰥（尉）

1112

壐彙 64.0369　戰國・燕
△□都产（尉）

1113

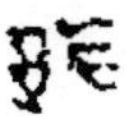
壐彙 64.0369　戰國・燕
△□都产（尉）

1114

壐彙 154.1448　戰國・三晉
安△

1115

壐彙 156.1473　戰國・齊
塦（陳）△

1116

壐彙 218.2216　戰國・燕
郢△

1117

壐彙 220.2236　戰國・楚
△訓

1118

壐彙 252.2623　戰國・三晉
△繼

1119

壐彙 263.2746　戰國・燕
鬳（獻）△

壐類 380.15　戰國・待考
西方△

1120

壐彙 315.3374　戰國・三晉
△悚

1121

壐彙 327.3515　戰國・燕
嵬（魏）△

壐彙 510.5607　戰國・燕
長△

1122

壐彙 336.3632　戰國・燕
單△

1123

壐彙 338.3657　戰國・秦
△啟

1124

壐彙 426.4682　戰國・待考
弁△

1125

壐類 335.5　戰國・待考
△能之鉩（壐）

1126

珍戰 6　戰國・楚
△革

1127

	珍戰 124　戰國・三晉 右△

1128

	港續 74.116　戰國・三晉 陽成△

1129

	璽彙 44.0259　戰國・齊 右廪（盧）△草䇂鉨（璽）
	戰分 114.643　戰國・齊 右廪（盧）△草䇂鉨（璽）

1130

	璽彙 268.2814　戰國・燕 倝（韓）△

1131

	璽彙 281.2969　戰國・三晉 △郜

1132

	璽彙 303.3233　戰國・齊 △□鉨（璽）

1133

	璽彙 329.3546　戰國・燕 △誎

1134

	璽彙 337.3634　戰國・齊 △枩

1135

	璽彙 428.4710　戰國・待考 △

1136

	風過耳 276　戰國・秦 家但

1137

	秦印風 189 頁　戰國・秦 將束

1138

	璽彙 491.5442　戰國・待考 △

1139

	璽彙 512.5626　戰國・楚 孫□△

1140

	秦印風 86 頁　戰國・秦 李△

1141

	璽彙 68.0416　戰國・三晉 王△

1142

	璽彙 220.2233　戰國・三晉 △同

1143

	璽彙 221.2246　戰國・楚 △□

1144

	璽彙 151.1402　戰國・三晉 宋△
	璽彙 201.2013　戰國・三晉 郖（董）△

1145

	璽彙 308.3290　戰國・三晉 △興

1146

	二十 14.二-SY-0048　戰國・三晉 邯鄲△鉨
	璽彙 181.1770　戰國・三晉 事（史）△□
	璽彙 181.1770　戰國・三晉 事（史）□△

1147

	集釋 258.17　戰國・三晉 䍧（魏）△

1148

	璽彙 216.2191　戰國・齊 △己
	璽彙 216.2192　戰國・齊 △亥

1149

	璽彙 293.3117　戰國・三晉 桊△

1150

	璽彙 252.2625　戰國・三晉 △□

1151

	璽彙 218.2211　戰國・三晉 △乙

1152

	璽考 294.4　戰國・三晉 △乙采(狄)

1153

	璽彙 219.2226　戰國・魏 △亩（廩）訒
	璽彙 221.2245　戰國・韓 △蒼（倉）

1154

	璽彙 138.1255　戰國・齊 黃△

1155

	璽彙 303.3233　戰國・齊 □△鉨（璽）

1156

	秦新 925　戰國・秦 △
	秦新 926　戰國・秦 △

1157

	秦新 2007　戰國・秦 △

1158

	秦新 2067　戰國・秦 △
	秦新 2068　戰國・秦 △
	秦新 2069　戰國・秦 △

1159

	秦新 2262　戰國・秦 △
	秦新 2263　戰國・秦 △

1160

	秦新 2314　戰國・秦 △
	秦新 2315　戰國・秦 △

1161

	秦新 2467　戰國・秦 △
	秦新 2468　戰國・秦 △
	秦新 2604　戰國・秦 △

1162

	秦新 224　戰國・秦 △□

1163

	秦新 224　戰國・秦 □△

1164

	秦新 225　戰國・秦 △

1165

	秦新 302　戰國・秦 △

1166

	秦新 316　戰國・秦 △

1167

陶錄 4・178・1　戰國・燕
止△長

1168

陶錄 4・192・4　戰國・燕
△

1169

秦新 872　戰國・秦
宮△

1170

陶錄 5・8・1　戰國・三晉、兩周
呂△

1171

秦新 922　戰國・秦
△□

1172

秦新 927　戰國・秦
△

1173

秦新 1288　戰國・秦
△□

1174

秦新 1438　戰國・秦
東武□△

1175

秦新 1832　戰國・秦
咸陽平△

1176

秦新 1857　戰國・秦
姚△

1177

秦新 1865　戰國・秦
△

1178

陶錄 2・101・4　戰國・齊
繇巷大匋（陶）里△

1179

陶錄 2・284・2　戰國・齊
△里

1180

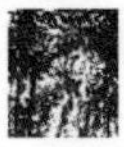

秦新 110　戰國・秦
咸陽高櫟陽重臨晉△安邑□

1181

秦新 110　戰國・秦
咸陽高櫟陽重臨晉□安邑△

1182

秦新 3316　戰國・秦
咸原少△

	秦新 3318 戰國·秦 咸原少△

1183

	秦新 1498 戰國·秦 左司△瓦
	秦新 1499 戰國·秦 左司△瓦
	秦新 1500 戰國·秦 左司△瓦
	秦新 1501 戰國·秦 左司△瓦
	秦新 1502 戰國·秦 左司△瓦
	秦新 1503 戰國·秦 左司△瓦
	秦新 1504 戰國·秦 左司△瓦
	秦新 1505 戰國·秦 左司△瓦
	秦新 1506 戰國·秦 左司△瓦
	秦新 1507 戰國·秦 左司△瓦
	秦新 1508 戰國·秦 左司△瓦
	秦新 1509 戰國·秦 左司△瓦
	秦新 1510 戰國·秦 左司△瓦
	秦新 1511 戰國·秦 左司△瓦
	秦新 1512 戰國·秦 左司△瓦
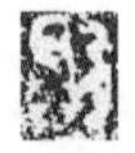	秦新 1513 戰國·秦 左司△瓦
	秦新 1514 戰國·秦 左司△瓦
	秦新 1515 戰國·秦 左司△瓦
	秦新 1516 戰國·秦 左司△瓦
	秦新 1517 戰國·秦 左司△瓦
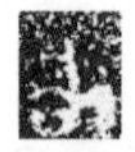	秦新 1518 戰國·秦 左司△瓦
	秦新 1519 戰國·秦 左司△瓦
	秦新 1520 戰國·秦 左司△瓦
	秦新 1521 戰國·秦 左司△瓦
	秦新 551 戰國·秦 左司△瓦
	秦新 552 戰國·秦 左司△瓦
	秦新 553 戰國·秦 左司△瓦
	秦新 554 戰國·秦 左司△瓦
	秦新 555 戰國·秦 左司△瓦
	秦新 556 戰國·秦 左司△瓦

	秦新 557　戰國・秦 左司△瓦
	秦新 558　戰國・秦 左司△瓦
	秦新 974　戰國・秦 左司△瓦

1184

	秦新 1118　戰國・秦 △
	秦新 901　戰國・秦 △
	秦新 902　戰國・秦 △
	秦新 903　戰國・秦 △

1185

	秦新 1050　戰國・秦 宮△
	秦新 1051　戰國・秦 宮△
	秦新 1052　戰國・秦 宮△
	秦新 1053　戰國・秦 宮△
	秦新 1054　戰國・秦 宮△
	秦新 1055　戰國・秦 宮△
	秦新 1056　戰國・秦 宮△
	秦新 1057　戰國・秦 宮△
	秦新 1058　戰國・秦 宮△
	秦新 1059　戰國・秦 宮△
	秦新 1060　戰國・秦 宮△
	秦新 1061　戰國・秦 宮△
	秦新 1062　戰國・秦 宮△
	秦新 1063　戰國・秦 宮△
	秦新 1064　戰國・秦 宮△
	秦新 1065　戰國・秦 宮△
	秦新 1066　戰國・秦 宮△
	秦新 1103　戰國・秦 宮△
	秦新 1110　戰國・秦 宮△
	秦新 1170　戰國・秦 宮△
	秦新 3061　戰國・秦 宮△
	秦新 3062　戰國・秦 宮△
	秦新 3063　戰國・秦 宮△

	秦新 3064 戰國·秦 宮△
	秦新 3067 戰國·秦 宮△
	秦新 3068 戰國·秦 宮△
	秦新 3069 戰國·秦 宮△
	秦新 3070 戰國·秦 宮△
	秦新 3071 戰國·秦 宮△
	秦新 3072 戰國·秦 宮△
	秦新 3073 戰國·秦 宮△
	秦新 3074 戰國·秦 宮△
	秦新 3075 戰國·秦 宮△
	秦新 3076 戰國·秦 宮△
	秦新 584 戰國·秦 宮△
	秦新 858 戰國·秦 宮△
	秦新 859 戰國·秦 宮△
	秦新 860 戰國·秦 宮△
	秦新 862 戰國·秦 宮△

1186

	秦新 2042 戰國·秦 △
	秦新 2043 戰國·秦 △
	秦新 2044 戰國·秦 △
	秦新 2337 戰國·秦 △
	秦新 2478 戰國·秦 △
	秦新 2612 戰國·秦 △

1187

	秦新 1207 戰國·秦 汧△
	秦新 1208 戰國·秦 汧△
	秦新 1209 戰國·秦 汧△
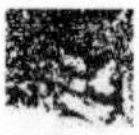	秦新 1210 戰國·秦 汧△
	秦新 1211 戰國·秦 汧△
	秦新 1212 戰國·秦 □△

1188

	夕藏 II 09-18-1 戰國·齊 井△

	夕藏 II 09-18-2 戰國・齊 井△
	夕藏 II 09-18-3 戰國・齊 井△

1189

	陶錄 2・466・2 戰國・齊 豆里人△
	陶錄 2・466・3 戰國・齊 豆里人△
	陶錄 2・466・4 戰國・齊 豆里人△
	陶錄 2・467・1 戰國・齊 豆里人△
	陶錄 2・467・2 戰國・齊 豆里人△
	陶錄 2・467・3 戰國・齊 豆里人△
	陶錄 2・467・4 戰國・齊 豆里人△
	陶錄 2・468・1 戰國・齊 豆里人△
	陶錄 2・468・2 戰國・齊 豆里人△
	陶錄 2・468・3 戰國・齊 豆里人△
	陶錄 2・468・4 戰國・齊 △□□□
	陶錄 2・469・1 戰國・齊 豆里人△
	陶錄 2・469・2 戰國・齊 豆里人△
	陶錄 2・469・3 戰國・齊 豆里人△
	陶錄 2・469・4 戰國・齊 豆里人△
	夕藏 II 07-12-1 戰國・齊 豆里人△
	夕藏 II 07-12-2 戰國・齊 豆里人△
	夕藏 II 07-12-3 戰國・齊 豆里人△
	夕藏 II 07-12-4 戰國・齊 豆里人△

1190

	陶錄 2・13・2 戰國・齊 平墜（陵）陸（陳）旻（得）不△主畬（釜）
	陶錄 2・14・1 戰國・齊 平墜（陵）陸（陳）旻（得）不△主畬（釜）
	陶錄 2・14・2 戰國・齊 平墜（陵）陸（陳）旻（得）不△主畬（釜）
	陶錄 2・14・3 戰國・齊 平墜（陵）陸（陳）旻（得）不△主畬（釜）
	陶錄 2・14・4 戰國・齊 平墜（陵）陸（陳）旻（得）不△主畬（釜）
	新齊 0332 戰國・齊 平陵陸（陳）旻（得）不△主畬（釜）

1191

	陶錄 2・717・4 戰國・齊 △
	陶錄 2・717・5 戰國・齊 △

陶錄 2・717・6　戰國・齊
△

1192

秦新 2030　戰國・秦
△

1193

秦新 2618　戰國・秦
咸郿里△

1194

夕藏 Ⅱ 10-6-1　戰國・齊
△

夕藏 Ⅱ 10-6-4　戰國・齊
△

新齊 1292　戰國・齊
△

1195

陶錄 2・292・1　戰國・齊
辛里△析

陶錄 2・292・2　戰國・齊
辛里△析

陶錄 2・292・3　戰國・齊
辛里△析

1196

陶錄 4・54・1　戰國・燕
匋（陶）攻（工）△

陶錄 4・54・2　戰國・燕
匋（陶）攻（工）△

1197

新齊 0215　戰國・齊
陳△

1198

陶錄 7・7・1　戰國・待考
紀△螽（蛪）

1199

陶錄 5・103・5　戰國・三晉、兩周
△

1200

夕藏 Ⅱ 07-6-2　戰國・齊
△間匋石

1201

陶錄 6・297・2　戰國・秦
東武東間居貲不更△

1202

陶錄 5・40・4　戰國・三晉、兩周
京△

陶錄 5・40・5　戰國・三晉、兩周
京△

1203

新齊 0961　戰國・齊
東酷里△□

新齊 0962　戰國・齊
東酷里△□

1204

	陶錄 1・1・3　戰國以前・待考 △

1205

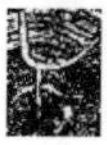	陶錄 5・90・5　戰國・三晉、兩周 △

1206

	陶錄 4・113・1　戰國・燕 五轂匋（陶）△
	陶錄 4・113・3　戰國・燕 五轂匋（陶）△

1207

	陶錄 1・59・1　戰國以前・待考 △

1208

	陶錄 2・547・4　戰國・齊 子湰（疑）子里△

1209

	陶錄 6・249・1　戰國・秦 宮△
	陶錄 6・249・2　戰國・秦 宮△
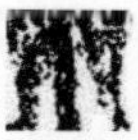	陶錄 6・249・3　戰國・秦 宮△
	陶錄 6・249・4　戰國・秦 宮△
	陶錄 6・250・1　戰國・秦 宮△
	陶錄 6・250・2　戰國・秦 宮△
	陶錄 6・250・3　戰國・秦 宮△
	陶錄 6・250・4　戰國・秦 宮△

1210

	陶錄 6・232・1　戰國・秦 右△
	陶錄 6・232・2　戰國・秦 右△
	陶錄 6・232・3　戰國・秦 右△
	陶錄 6・232・4　戰國・秦 右△

1211

	陶錄 6・448・1　戰國・秦 △讓
	陶錄 6・448・2　戰國・秦 △讓
	陶錄 6・448・3　戰國・秦 △讓

1212

	陶錄 2・651・1　戰國・齊 △丘

1213

	新齊 0769　戰國・齊 蒦圆南里圆者△

1214

	陶錄 4・185・3　戰國・燕 △
	陶錄 4・185・4　戰國・燕 △

1215

	陶錄 2・132・1　戰國・齊 大匋（陶）里△
	陶錄 2・132・2　戰國・齊 大匋（陶）里△
	陶錄 2・132・3　戰國・齊 大匋（陶）里△
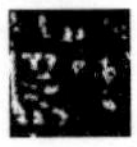	陶錄 2・132・4　戰國・齊 大匋（陶）里△

1216

	秦新 1268　戰國・秦 大△

1217

	秦新 1448　戰國・秦 𦋐△楷（賁）□□不更滕

1218

	陶錄 4・203・1　戰國・燕 逕
	陶錄 4・203・2　戰國・燕 △

1219

	陶錄 2・168・1　戰國・齊 中蒦圆里司馬句△
	陶錄 2・168・2　戰國・齊 □蒦圆里司□句△
	陶錄 2・168・3　戰國・齊 中蒦圆里司馬句△
	陶錄 2・256・1　戰國・齊 大蒦圆里匋（陶）生△

1220

	陶錄 2・198・1　戰國・齊 蒦圆匋（陶）里人△
	陶錄 2・198・2　戰國・齊 蒦圆匋（陶）里人△
	陶錄 2・198・3　戰國・齊 蒦圆匋（陶）里人△
	陶錄 2・198・4　戰國・齊 蒦圆匋（陶）里人△
	陶錄 2・199・1　戰國・齊 蒦圆匋（陶）里人△
	陶錄 2・199・2　戰國・齊 蒦圆匋（陶）里人△
	陶錄 2・199・3　戰國・齊 蒦圆匋（陶）里人△
	陶錄 2・199・4　戰國・齊 蒦圆匋（陶）里人△
	夕藏 Ⅱ 05-45-1　戰國・齊 □圆□里□△

	新齊 0822　戰國・齊 蒦圆圆里人△

1221

	陶錄 7・13・6　戰國・待考 右△五

1222

	陶錄 4・180・1　戰國・燕 △三十

1223

	新齊 0982　戰國・齊 清巷陳△

1224

	夕藏 II 05-31-1　戰國・齊 □巷□△里舒

1225

	秦新 874　戰國・秦 向△
	秦新 876　戰國・秦 向△

1226

	秦新 250　戰國・秦 △
	秦新 251　戰國・秦 △
	秦新 252　戰國・秦 △
	陶錄 6・167・1　戰國・秦 △
	陶錄 6・167・3　戰國・秦 △

1227

	陶錄 2・48・1　戰國・齊 右段△巷尚畢里季罷（罟）
	陶錄 2・48・2　戰國・齊 右段△巷尚畢里季罷（罟）
	陶錄 2・48・3　戰國・齊 右段△巷尚畢里季罷（罟）
	陶錄 2・48・4　戰國・齊 右段△巷尚畢里季罷（罟）
	陶錄 2・49・1　戰國・齊 右段△巷尚畢里季罷（罟）
	陶錄 2・49・2　戰國・齊 □段△□尚畢□季罷（罟）
	陶錄 2・49・3　戰國・齊 右段△巷榮里□眔□

1228

	陶錄 2・262・3　戰國・齊 昜里人△
	新齊 0745　戰國・齊 闢（關）里△

1229

	陶錄 7・18・4　戰國・待考 △人

1230

	秦新 2062 戰國・秦 右△
	秦新 2063 戰國・秦 右△

1231

	陶錄 1・59・2 戰國以前・待考 △

1232

	陶錄 6・218・1 戰國・秦 左水△

1233

	陶錄 2・152・1 戰國・齊 繇巷中圖里△
	陶錄 2・152・2 戰國・齊 繇巷中匋（陶）里△
	陶錄 2・152・3 戰國・齊 繇巷中匋（陶）里△
	陶錄 2・152・4 戰國・齊 繇巷中匋（陶）里△
	陶錄 2・153・1 戰國・齊 □□中匋（陶）里△
	陶錄 2・174・4 戰國・齊 □蒦圖里□□△
	陶錄 2・658・1 戰國・齊 繇巷中匋（陶）里△

1234

	秦新 1438 戰國・秦 東武△□

1235

	陶錄 2・279・1 戰國・齊 中里△
	陶錄 2・279・3 戰國・齊 中里△
	夕藏 II 09-14-1 戰國・齊 中里△

1236

	新齊 0961 戰國・齊 東酷里□△
	新齊 0962 戰國・齊 東酷里□△

1237

	新齊 1393 戰國・齊 △

1238

	夕藏 II 10-14-1 戰國・齊 △

1239

	陶錄 2・23・1 戰國・齊 左敹（廩）△璽
	陶錄 2・23・2 戰國・齊 左倉△璽

1240

	秦新 1972　戰國・秦 右△
	秦新 2083　戰國・秦 右△
	秦新 2369　戰國・秦 右△
	秦新 2370　戰國・秦 右△
	秦新 2371　戰國・秦 右△
	秦新 2372　戰國・秦 右△
	秦新 2373　戰國・秦 右△
	秦新 2534　戰國・秦 △

1241

	陶錄 2・519・1　戰國・齊 豆里△
	陶錄 2・519・2　戰國・齊 豆里△
	陶錄 2・519・3　戰國・齊 豆里△
	陶錄 2・519・4　戰國・齊 豆里△
	陶錄 2・520・1　戰國・齊 豆里△
	陶錄 2・520・2　戰國・齊 豆里△

1242

	陶錄 1・1・1　戰國以前・待考 △
	陶錄 1・1・2　戰國以前・待考 △
	陶錄 1・1・4　戰國以前・待考 △
	陶錄 1・2・1　戰國以前・待考 △
	陶錄 1・2・2　戰國以前・待考 △
	陶錄 1・2・3　戰國以前・待考 △

1243

	秦新 1872　戰國・秦 △

1244

	陶錄 2・437・1　戰國・齊 高閭豆里化公△

1245

	陶錄 6・405・3　戰國・秦 △

1246

	秦新 256　戰國・秦 △

1247

	陶錄 1・25・3　戰國以前・待考 △
	陶錄 1・26・6　戰國以前・待考 △
	陶錄 1・30・4　戰國以前・待考 △
	陶錄 1・30・8　戰國以前・待考 △

1248

	秦新 3147　戰國・秦 大△
	陶錄 6・329・2　戰國・秦 大△

1249

	秦新 1568　戰國・秦 咸鄏里△

1250

	秦新 1440　戰國・秦 博昌居此（賞）△里不更余

1251

	秦新 1639　戰國・秦 咸完里△
	秦新 1640　戰國・秦 咸完里△
	秦新 1641　戰國・秦 咸完里△
	秦新 1642　戰國・秦 咸完里△
	秦新 1643　戰國・秦 咸完里△
	秦新 1644　戰國・秦 咸完里△
	秦新 1645　戰國・秦 咸完里△
	秦新 1646　戰國・秦 咸完里△
	秦新 1647　戰國・秦 咸完里△
	秦新 1648　戰國・秦 咸完里△
	秦新 1649　戰國・秦 咸完里△
	秦新 1650　戰國・秦 咸完里△
	秦新 1651　戰國・秦 咸完里△
	秦新 1652　戰國・秦 □□里△
	秦新 1653　戰國・秦 咸完里△
	秦新 1654　戰國・秦 咸完里△
	秦新 1655　戰國・秦 咸完里△

1252

	陶錄 7・19・4　戰國・待考 公子□王△

1253

	秦新 2284　戰國・秦 △
	秦新 2285　戰國・秦 △
	秦新 2290　戰國・秦 △
	秦新 2291　戰國・秦 △
	秦新 2292　戰國・秦 △
	秦新 2587　戰國・秦 △
	秦新 2588　戰國・秦 △
	秦新 2589　戰國・秦 △
	秦新 2590　戰國・秦 △

1254

	秦新 222　戰國・秦 △十
	秦新 223　戰國・秦 △
	秦新 253　戰國・秦 △

1255

	秦新 1328　戰國・秦 △昆

1256

	陶錄 2・76・2　戰國・齊 □□南里匋（陶）者△
	陶錄 2・76・3　戰國・齊 蒦圜南里匋（陶）者△
	陶錄 2・76・4　戰國・齊 □□南里匋（陶）者△
	陶錄 2・99・2　戰國・齊 繇巷大匋（陶）里△
	夕藏 Ⅱ 05-4-1　戰國・齊 蒦圜南里匋（陶）者△

1257

	秦新 1970　戰國・秦 左△
	秦新 1971　戰國・秦 左△
	秦新 2563　戰國・秦 右△
	陶錄 6・65・5　戰國・秦 左△
	陶錄 6・65・6　戰國・秦 左△

1258

	陶錄 2・97・4　戰國・齊 繇巷大□□□△

1259

	新齊 0214　戰國・齊 陳△

	陶錄 4・148・5　戰國・燕 △
	陶錄 4・148・6　戰國・燕 △
	陶錄 4・149・1　戰國・燕 △
	陶錄 4・149・2　戰國・燕 △
	陶錄 4・149・3　戰國・燕 △
	陶錄 4・149・4　戰國・燕 △
	陶錄 4・149・5　戰國・燕 △
	陶錄 4・149・6　戰國・燕 △
	陶錄 4・150・1　戰國・燕 △
	陶錄 4・150・2　戰國・燕 △
	陶錄 4・150・3　戰國・燕 △
	陶錄 4・150・4　戰國・燕 △
	陶錄 4・150・5　戰國・燕 △
	陶錄 4・150・6　戰國・燕 △
	陶錄 4・151・1　戰國・燕 △
	陶錄 4・151・2　戰國・燕 △

	陶錄 4・151・3　戰國・燕 △
	陶錄 4・151・4　戰國・燕 △
	陶錄 4・151・5　戰國・燕 △
	陶錄 4・151・6　戰國・燕 △
	陶錄 4・152・1　戰國・燕 △
	陶錄 4・152・2　戰國・燕 △
	陶錄 4・152・3　戰國・燕 △
	陶錄 4・152・4　戰國・燕 △
	陶錄 4・152・5　戰國・燕 △
	陶錄 4・152・6　戰國・燕 △
	陶錄 4・153・1　戰國・燕 △
	陶錄 4・153・2　戰國・燕 △
	陶錄 4・153・3　戰國・燕 △
	陶錄 4・153・4　戰國・燕 △
	陶錄 4・153・5　戰國・燕 △
	陶錄 4・153・6　戰國・燕 △

1280

	秦新 2223　戰國・秦 △
	秦新 2224　戰國・秦 △
	秦新 2225　戰國・秦 △
	秦新 2230　戰國・秦 △

1281

	秦新 957　戰國・秦 右△
	陶錄 6・233・3　戰國・秦 右△
	陶錄 6・233・4　戰國・秦 右△
	陶錄 6・234・1　戰國・秦 右△

1282

	夕藏 Ⅰ 02-1-1　戰國・齊 陞（陳）△立事丁
	新齊 0173　戰國・齊 陞（陳）△立事□
	新齊 0174　戰國・齊 陞（陳）△□事僕
	新齊 0175　戰國・齊 陞（陳）△立事僕
	新齊 0176　戰國・齊 陞（陳）△事僕
	新齊 0177　戰國・齊 陞（陳）△立事丁
	新齊 0178　戰國・齊 陞（陳）△立事丁
	新齊 0179　戰國・齊 陞（陳）△立事丁
	新齊 0181　戰國・齊 陞（陳）△立事脐
	新齊 0182　戰國・齊 陞（陳）△立事□
	新齊 0183　戰國・齊 陞（陳）△□事脐
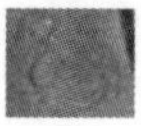	新齊 0185　戰國・齊 陳△□□□
	新齊 0187　戰國・齊 陞（陳）△立事□
	新齊 0189　戰國・齊 陞（陳）△立事脐
	新齊 0190　戰國・齊 陞（陳）△□□□
	新泰齊陶 2002XYY⑤W：100　戰國・齊 □△事僕
	新泰齊陶 2002XYY⑤W：89　戰國・齊 陞（陳）△立事丁
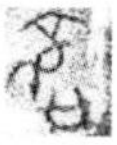	新泰齊陶 2002XYY⑤W：90　戰國・齊 陞（陳）△立事丁
	新泰齊陶 2002XYY⑤W：92　戰國・齊 □△□□丁
	新泰齊陶 2002XYY⑤W：97　戰國・齊 陞（陳）△立事脐
	新泰齊陶 2002XYY⑤W：98　戰國・齊 □△□□□

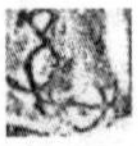	新泰齊陶 2002XYY⑤W：99　戰國・齊 □△□□賹
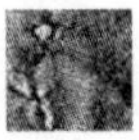	新泰齊陶 HBCS：1　戰國・齊 陞（陳）△立事賹
	新泰齊陶 HBCS：133　戰國・齊 □△□僕
	新泰齊陶 HBCS：80　戰國・齊 陞（陳）△□□□
	新泰齊陶 HBCS：96　戰國・齊 □△□□□
	新泰齊陶 HBCS：97　戰國・齊 陞（陳）△立事僕
	新泰齊陶 HBCS：99　戰國・齊 □△□事丁
	新泰齊陶 LFL：2　戰國・齊 □△立事丁

1283

	陶錄 2・236・1　戰國・齊 蒦圆匋（陶）里曰△
	陶錄 2・663・2　戰國・齊 蒦圆匋（陶）里曰△

1284

	陶錄 2・241・1　戰國・齊 蒦圆匋（陶）里△寠

1285

	陶錄 2・257・3　戰國・齊 匋（陶）里人△

1286

	陶錄 2・261・3　戰國・齊 圆里匋（陶）△
	陶錄 2・261・4　戰國・齊 圆里王△

1287

	陶錄 2・390・3　戰國・齊 楚章巷蔺里△
	陶錄 2・390・4　戰國・齊 楚章巷蔺里△

1288

	陶錄 2・607・1　戰國・齊 城圆△
	陶錄 2・607・2　戰國・齊 城圆△
	陶錄 2・607・3　戰國・齊 城圆△
	陶錄 2・607・4　戰國・齊 城圆△
	陶錄 2・608・1　戰國・齊 城圆△
	陶錄 2・608・2　戰國・齊 城圆△
	陶錄 2・608・3　戰國・齊 城圆△
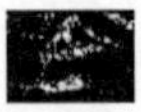	陶錄 2・608・4　戰國・齊 城圆△
	夕藏 II 02-13-1　戰國・齊 城圆△

	夕藏 II 02-13-3 戰國・齊 城圖△
	夕藏 II 02-13-4 戰國・齊 城圖△

1289

	陶錄 2・626・1 戰國・齊 城圖△
	陶錄 2・626・2 戰國・齊 城圖△
	陶錄 2・626・3 戰國・齊 城圖△
	陶錄 2・626・4 戰國・齊 城圖△
	陶錄 2・627・1 戰國・齊 城圖△
	陶錄 2・627・2 戰國・齊 城圖△
	陶錄 2・627・3 戰國・齊 城圖△
	陶錄 2・627・4 戰國・齊 城圖△
	陶錄 2・628・1 戰國・齊 城圖△
	陶錄 2・628・2 戰國・齊 城圖△
	陶錄 2・628・3 戰國・齊 城圖△
	陶錄 2・628・4 戰國・齊 城圖△
	陶錄 2・629・1 戰國・齊 城圖△
	陶錄 2・629・2 戰國・齊 城圖△
	陶錄 2・629・4 戰國・齊 城圖△
	陶錄 2・688・4 戰國・齊 城圖△
	夕藏 II 02-7-1 戰國・齊 城圖△
	夕藏 II 02-7-2 戰國・齊 城圖△
	夕藏 II 02-7-3 戰國・齊 城圖△
	夕藏 II 02-7-4 戰國・齊 城圖△
	夕藏 II 02-7-5 戰國・齊 城圖△
	夕藏 II 02-7-6 戰國・齊 城圖△

1290

	陶錄 2・649・1 戰國・齊 △胴

1291

	陶錄 4・103・4 戰國・燕 二觳上工△

1292

	陶錄 4・137・3 戰國・燕 生△

1293

陶錄 4・170・6　戰國・燕
△

1294

陶錄 4・174・6　戰國・燕
△

1295

陶錄 4・51・2　戰國・燕
匋（陶）攻（工）△

陶錄 4・52・3　戰國・燕
匋（陶）攻（工）△

1296

陶錄 4・59・3　戰國・燕
匋（陶）攻（工）△

1297

陶錄 4・84・4　戰國・燕
匋（陶）攻（工）△

陶錄 4・86・3　戰國・燕
匋（陶）攻（工）△

1298

陶錄 6・111・1　戰國・秦
□官△反（飯）一斗

1299

陶錄 6・287・1　戰國・秦
△

1300

陶錄 6・314・4　戰國・秦
昃△

1301

陶錄 7・2・4　戰國・待考
右△

1302

陶錄 7・3・3　戰國・待考
△□毗

1303

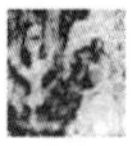

夕藏 II 05-2-1　戰國・齊
蒦圆南里匋（陶）者△

1304

夕藏 II 10-12-1　戰國・齊
△

1305

夕藏 II 10-13-2　戰國・齊
△

1306

新齊 1239　戰國・齊
圆里圆△

1307

新齊 1422　戰國・齊
△

1308

	陶録 4・211・1　戰國・燕 △城都王伏鍴（瑞）

1309

	陶録 4・42・1　戰國・燕 匋（陶）攻（工）△
	陶録 4・42・2　戰國・燕 匋（陶）攻（工）△

1310

	秦新 2335　戰國・秦 □

1311

	秦新 680　戰國・秦 右△
	秦新 949　戰國・秦 右△

1312

	陶録 2・18・2　戰國・齊 塦（陳）△

1313

	陶録 4・3・1　戰國・燕 十七年十月左匋(陶)君(尹)左匋(陶)倈△由毀室

1314

	侯馬一：八五　春秋・三晉 △敢不半（披）丌（其）[腹]心针（以）事丌（其）宔（主）
	侯馬一八五：七　春秋・三晉 △自質于君[所]

1315

	侯馬三：二五　春秋・三晉 △自質于……
	侯馬三：二五　春秋・三晉 △頞（沒）嘉之[身]

1316

	侯馬一：二〇　春秋・三晉 𧆞（吾）君丌（其）明△視之

1317

	侯馬一：三五　春秋・三晉 △敢不半（披）丌（其）復（腹）心㠯（以）事丌（其）宔（主）

1318

	侯馬一：四二　春秋・三晉 △敢不侑閛（披）……

1319

	侯馬一：四八　春秋・三晉 邡△敢不半（披）丌（其）△心㠯（以）事丌（其）宔（主）

1320

	侯馬一：五四　春秋・三晉 △瘍敢不半（披）丌（其）[腹心]㠯（以）事丌（其）宔（主）

1321

	侯馬一：六三　春秋・三晉 △敢不閛（披）丌（其）復（腹）心㠯（以）事[其主]

1322

侯馬一：六五　春秋・三晉
趙△敢不半（披）丌（其）[腹]心㠯（以）事丌（其）宔（主）

1323

侯馬一：八七　春秋・三晉
△臣敢不半（披）丌（其）腹心㠯（以）事丌（其）宔（主）

1324

侯馬二〇〇：二五　春秋・三晉
侯△敢不半（披）丌（其）復（腹）心台（以）事丌（其）宔（主）

1325

侯馬二〇〇：三三　春秋・三晉
△敢[不披其]腹心□事丌（其）宔（主）

1326

侯馬二〇〇：五七　春秋・三晉
△敢不半（披）[其腹心]㠯（以）[事]丌（其）宔（主）

1327

侯馬二〇〇：五八　春秋・三晉
每△敢不半（披）丌（其）[復（腹）]心㠯（以）事丌（其）宔（主）

1328

侯馬二〇〇：六九　春秋・三晉
△敢不半（披）丌（其）复（腹）心㠯（以）事[其主]

1329

侯馬二〇〇：七〇　春秋・三晉
△敢□□丌（其）[腹心以]事丌（其）宔（主）

1330

侯馬一六：一二　春秋・三晉
△敢不閛（披）丌（其）復（腹）心㠯（以）事丌（其）宔（主）

1331

侯馬一六：二三　春秋・三晉
△敢不閛（披）丌（其）[腹]心㠯（以）事[其]宔（主）

1332

侯馬八五：一〇　春秋・三晉
△蒐敢不閛（披）丌（其）復（腹）心㠯（以）事丌（其）宔（主）

1333

侯馬八五：二一　春秋・三晉
△敢不閛（披）[其腹心]

1334

侯馬九二：一一　春秋・三晉
……△明（盟）者

1335

侯馬九二：一五　春秋・三晉
△敢不閛（披）丌（其）復（腹）心

1336

侯馬九二：二四　春秋・三晉
△敢不閛（披）丌（其）復（腹）心㠯（以）事丌（其）宔（主）

1337

侯馬九二：三六　春秋・三晉
△敢不

1338

侯馬九二：四一　春秋・三晉
△敢不閛（披）[其腹心]

1339

侯馬九二：四二　春秋・三晉
△敢不閛（披）丌（其）腹[心]

1340

侯馬九二：四四　春秋・三晉
……及△子……

1341

侯馬九八：一　春秋・三晉
△敢不閛（披）丌（其）腹心㠯（以）事丌（其）宔（主）

1342

侯馬九八：一七　春秋・三晉
□△敢不閛（披）其[腹心]

1343

侯馬九八：一八　春秋・三晉
……比△之……

1344

侯馬九八：二〇　春秋・三晉
△徒敢不閛（披）[其腹心]

1345

侯馬九八：二二　春秋・三晉
△……

1346

侯馬一五四：一　春秋・三晉
□△敢不閛（披）[其腹心]

1347

侯馬一五六：四　春秋・三晉
△敢不閛（披）丌（其）膤（腹）心台（以）事丌（其）宔（主）

1348

侯馬一五六：一三　春秋・三晉
△敢……

1349

侯馬一八〇：一　春秋・三晉
△敢不閛（披）其[腹心]

1350

侯馬一九四：一　春秋・三晉
石似△敢不閛（披）丌（其）腹（腹）心㠯（以）事[其主]

1351

侯馬八六：一　春秋・三晉
△自質于君所

1352

侯馬九三：一　春秋・三晉
△自質于……

1353

侯馬一〇五：二　春秋・三晉
無卹之韓子所不△奉……

1354

侯馬一八五：九　春秋・三晉
馬△馬……馬旃𢍏=（至于）……

1355

溫縣簡報 T1 坎 1：3780　春秋・三晉
△敢不𢚩=(蒸蒸)焉中(忠)心事丌(其)宔（主）

1356

新出研 WT1　K1：3556　春秋・三晉
△敢不𢚩=(蒸蒸)焉中(忠)心事不〈其〉宔（主）

1357

新出研 WT1　K14：572　春秋・三晉
總而敢△=焉中（忠）心事丌（其）[主]

1358

侯馬叢考續　春秋・三晉
△

1359

秦駰玉版研究　戰國・秦
若明神不△丌（其）行而無辠（罪）□友□

1360

秦駰玉版研究　戰國・秦
以△□咎

1361

秦駰玉版研究　戰國・秦
以□△咎

1362

秦駰玉版研究　戰國・秦
□咎=既△

1363

侯馬一〇五：一　春秋・三晉
……△而敢……

1364

秦墓石磬　春秋・秦
氒（厥）音△=鎗=（鎗鎗）

1365

秦駰玉版研究　戰國・秦
已吾复（腹）心以下至于足△之病

1366

新出研 WT1　K14：636　春秋・三晉
△事丌（其）宔（主）

1367

侯馬二〇〇：一五　春秋・三晉
△敢不半(披)其腹心㠯(以)事丌(其)宔（主）

主要參考文獻

（按姓名音序排列）

白於藍：《古璽印文字考釋（四篇）》，《考古與文物》1999 年第 3 期。

白於藍：《釋袌——兼谈秀、采一字分化》，《中國古文字研究》第一輯，吉林大學出版社，1999 年。

白於藍：《說“綏”》，《中國國家博物館館刊》2015 年第 1 期。

白於藍：《簡帛古書通假字大系》，福建人民出版社，2017 年。

白於藍、麥茵茵：《釋中山器胤嗣圓壺銘文中的“仩”字》，《三峽論壇》2020 年第 5 期。

白於藍、周悅：《古璽印文字考釋二例》，《出土文獻》第十四輯，中西書局，2019 年。

曹錦炎：《釋“㚔”——兼釋續、瀆、竇、鄭》，《史學集刊》1983 年第 3 期。

曹錦炎：《釋楚國的幾方烙印》，《江漢考古》1994 年第 2 期。

曹錦炎：《關於真山出土的“上相邦璽”》，《故宮博物院院刊》1999 年第 2 期。

曹錦炎、吳振武：《關於〈爰釿兩考〉一文的商榷》，《社會科學戰綫》1980 年第 4 期。

陳光田：《戰國璽印分域研究》，岳麓書社，2009 年。

陳　劍：《上博竹書“葛”字小考》，《中國文字研究》第八輯，大象出版社，2007 年。

陳　劍：《說石鼓文的“㯱”字》，《文字與解釋：學術交流會論文集》，中西書局，2015 年。

陳　劍：《甲骨金文用為“遊”之字補說》，《出土文獻與古文字研究》第八輯，上海古籍出版社，2019 年。

陳斯鵬：《楚璽“謹交”“謹通捕”考釋——兼釋包山楚簡“謹客”》，《古文字研究》第三十二輯，中華書局，2018 年。

董蓮池：《古文字無傾頭形“夭”字說》，《古文字研究》第二十六輯，中華書局，2006 年。

董蓮池、徐善飛：《戚姬簋的“戚”字研究兼說〈說文〉中的“戚”》，《中國文字研究》第二十二輯，上海書店出版社，2015 年。

段　凱：《“彖”字補說》，《出土文獻》第十五輯，中西書局，2019 年。

段　凱：《傳抄古文與出土文獻互證三則》，《古文字研究》第三十三輯，中華書局，2020 年。

郭永秉：《秦駰玉版銘文考釋中的幾個問題》，《古代中國：傳統與變革》第一輯，復旦大學出版社，2005 年。

郭永秉：《睡虎地秦簡字詞考釋兩篇》，《出土文獻與古文字研究》第三輯，復旦大學出版社，2010 年。

郭永秉：《談古文字中的“要”字和從“要”之字》，《古文字研究》第二十八輯，中華書局，2010 年。

郭永秉：《“京”、“亭”、“亳”獻疑》，《出土文獻》第五輯，中西書局，2014 年。

何景成、盛立雙：《天津靜海出土陶文選釋》，《中國文字研究》第三十輯，社會科學文獻出版社，2019 年。

何琳儀：《古璽雜識》，《遼海文物學刊》1986 年第 2 期。

何琳儀:《古璽雜識續》,《古文字研究》第十九輯，中華書局，1992 年。
何琳儀:《古璽雜釋再續》,《中國文字》新十七輯，藝文印書館社，1993 年。
何琳儀:《句吳王劍補釋——兼釋冢、主、幵、丂》,《第二屆國際中國古文字學研究會論文集》，香港中文大學中國語言及文學系，1993 年。
何琳儀:《戰國官印雜識》,《印林》1995 年第 16 卷第 2 期。
何琳儀:《戰國古文字典——戰國文字聲系》，中華書局，1998 年。
何琳儀:《楚官璽雜識》,《南京師範大學學報》2002 年第 1 期。
何琳儀:《古幣叢考》，安徽大學出版社，2002 年。
何琳儀、黃德寬:《說蔡》,《東南文化》1999 年第 5 期。
黃德寬:《古文字譜系疏證》，商務印書館，2007 年。
黃德寬:《新出戰國楚簡〈詩經〉異文二題》,《中原文化研究》2017 年第 5 期。
黃德寬:《釋古文字中的“杪”及相關字》,《漢字漢語研究》2021 年第 1 期。
黃盛璋:《關於侯馬盟書的主要問題》,《中原文物》1981 年第 2 期。
黃盛璋:《齊璽“左桁廪木”、“左（右）桁正木”與“桁”即秦文“衡”字對應，決疑解難——秦統一後，六國被罷廢文字與對應的秦文字研究，為試解戰國失傳、難認文字提出一條新途徑》,《古文字研究》第二十二輯，中華書局，2000 年。
黃錫全:《古文字與古貨幣文集》，文物出版社，2009 年。
黃錫全:《“京”字弧襠布及相關問題》,《中國錢幣》2015 年第 2 期。
賴炳偉:《〈石鼓文〉字數考》,《古文字研究》第二十二輯，中華書局，2000 年。
李家浩:《試論戰國時期楚國的貨幣》,《考古》1973 年第 3 期。
李家浩:《釋“弁”》,《古文字研究》第一輯，中華書局，1979 年。
李家浩:《戰國邙布考》,《古文字研究》第三輯，中華書局，1980 年。
李家浩:《戰國貨幣文字中的“㒿”和“比”》,《中國語文》1980 年第 5 期。
李家浩:《戰國時代的“冢”字》,《語言學論叢》第七輯，商務印書館，1981 年。
李家浩:《楚國官印考釋（四篇）》,《江漢考古》1984 年第 2 期。
李家浩:《戰國於疋布考》,《中國錢幣》1986 年第 4 期。
李家浩:《楚國官印考釋（兩篇）》,《語言研究》1987 年第 1 期。
李家浩:《從戰國“忠信”印談古文字中的異讀現象》,《北京大學學報（哲學社會科學版）》1987 年第 2 期。
李家浩:《戰國官印考釋（二篇）》,《文物研究》第七輯，黃山書社，1991 年。
李家浩:《戰國貨幣考（七篇）》,《中國錢幣學會成立十周年紀念文集》，中國金融出版社，1992 年。
李家浩:《戰國官印考釋兩篇》,《于省吾教授百年誕辰紀念論文集》，吉林大學出版社，1996 年。
李家浩:《燕國“洀谷山金鼎瑞”補釋》,《中國文字》新二十四期，藝文印書館，1998 年。
李家浩:《秦駰玉版銘文研究》,《北京大學中國古文獻研究中心集刊》第二輯，北京燕山出版社，2001 年。
李家浩:《戰國官印“尚路璽”考釋》,《揖芬集：張政烺先生九十華誕紀念文集》，社會科學文獻出版社，2002 年。

李家浩:《戰國官印考釋三篇》,《出土文獻研究》第六輯，上海古籍出版社，2004年。
李家浩:《戰國幵陽布考》,《古文字研究》第二十五輯，中華書局，2004年。
李家浩:《關於〈詛楚文〉“輡輸”的釋讀》,《中國語言學》第一輯，山東教育出版社，2008年。
李家浩:《談戰國官印中的“旟”》,《紀念徐中舒先生誕辰110周年國際學術研討會論文集》,巴蜀書社，2010年。
李　零:《戰國鳥書箴銘帶鉤考釋》,《古文字研究》第八輯，中華書局，1983年。
李守奎:《楚璽文字六考》,《古文字研究》第二十五輯，中華書局，2004年。
李天虹:《由嚴倉楚簡看戰國文字資料中“才”、“圣”兩字的釋讀》,《簡帛》第九輯，上海古籍出版社，2014年。
李學勤:《山東陶文的發現和著錄》,《齊魯學刊》1982年第5期。
李學勤:《論博山刀》,《中國錢幣》1986年第3期。
李學勤:《燕齊陶文叢論》,《上海博物館集刊》第六輯，上海古籍出版社，1992年。
李學勤:《秦玉牘索隱》,《故宮博物院院刊》2000年第2期。
林　澐:《豊豐辨》,《古文字研究》第十二輯，中華書局，1985年。
林　澐:《釋古璽中從朿的兩個字》,《古文字研究》第十九輯，中華書局，1992年。
林　澐:《“夭租丞印”封泥與“夭租薉君”銀印考》,《揖芬集：張政烺先生九十華誕紀念文集》,社會科學文獻出版社，2002年。
林　澐:《古文字學簡論》，中華書局，2012年。
林　澐:《豊豐再辨》,《古文字研究》第三十二輯，中華書局，2018年。
劉　剛:《釋戰國文字中的“縫”》,《古文字研究》第三十三輯，中華書局，2020年。
劉洪濤、全慧:《戰國“厶敬”璽考釋》,《中國文字研究》第二十七輯，上海書店出版社，2018年。
劉　雲:《戰國文字考釋三則》,《戰國文字研究的回顧與展望》，中西書局，2017年。
劉　釗:《釋戰國“右騎將”璽》,《史學集刊》1994年第3期。
劉　釗:《〈香港中文大學文物館藏印集〉釋文訂補》,《中國文字》新二十四期，藝文印書館，1998年。
劉　釗:《古文字考釋叢稿》，岳麓書社，2005年。
劉　釗:《秦“敬老思少”成語璽考釋》,《古文字研究》第二十七輯，中華書局，2008年。
劉　釗:《“癟”字源流考》,《第二十屆中國文字學國際學術研討會論文集》，台灣中山大學中國文學系，2009年。
劉　釗:《關於秦印姓名的初步考察》,《出土文獻與傳世典籍的詮釋：紀念譚樸森先生逝世兩周年國際學術探討會論文集》，上海古籍出版社，2010年。
劉　釗:《齊國文字“主”字補證》,《出土文獻與古文字研究》第三輯，復旦大學出版社，2010年。
劉　釗:《古璽格言璽考釋一則》,《出土文獻》第二輯，中西書局，2011年。
劉　釗:《關於幾組戰國格言璽的解釋》,《中華文史論叢》2012年第3期。
劉　釗:《從秦“交仁”等印談秦文字以“仁”為“信”的用字習慣》,《出土文獻與古文字研究》第八輯，上海古籍出版社，2019年。

劉志基:《也說"龗"字兼論"內"式飾筆之來由》,《中國文字研究》第二十一輯，上海書店出版社，2015年。
牛新房:《古璽文字考釋(三則)》,《中國文字研究》第十三輯，大象出版社，2010年。
裘錫圭:《戰國貨幣考(十二篇)》,《北京大學學報(哲學社會科學版)》1978年第2期。
裘錫圭:《戰國文字中的"市"》,《考古學報》1980年第3期。
裘錫圭:《戰國璽印文字考釋三篇》,《古文字研究》第十輯，中華書局，1983年。
裘錫圭:《釋"建"》,《古文字研究》第十七輯，中華書局，1989年。
裘錫圭:《"諸侯之旅"等印考釋》,《文物研究》第六輯，黃山書社，1990年。
裘錫圭:《"司馬聞""聞司馬"考》,《古文字論集》，中華書局，1992年。
裘錫圭:《古璽印考釋四篇》,《文博研究論集》，上海古籍出版社，1992年。
裘錫圭:《關於石鼓文的時代問題》,《傳統文化與現代化》1995年第1期。
裘錫圭:《戰國文字釋讀二則》,《于省吾教授百年誕辰紀念論文集》，吉林大學出版社，1996年。
裘錫圭:《談談"成白"刀》,《中國錢幣論文集》第三輯，中國金融出版社，1998年。
裘錫圭:《詛楚文"亞駝"考》,《文物》1998年第4期。
裘錫圭:《先秦古書中的錢幣名稱》,《中國錢幣論文集》第四輯，中國金融出版社，2002年。
裘錫圭:《齊量制補說》,《中國史研究》2019年第1期。
裘錫圭:《關於高明先生所說的他與朱德熙先生之間的一段往事——紀念朱德熙先生百年誕辰》,《出土文獻》2020年第1期。
裘錫圭、李家浩:《戰國平陽刀幣考》,《中國錢幣》1988年第2期。
山西省文物工作委員會侯馬工作站:《"侯馬盟書"注釋四種》,《文物》1975年第5期。
施謝捷:《河北出土古陶文字零釋》,《文物春秋》1996年第2期。
施謝捷:《古陶文考釋三篇》,《古漢語研究》1997年第3期。
施謝捷:《古璽印文字叢考(十篇)》,《南京師大學報(社會科學版)》1998年第1期。
施謝捷:《陝西出土秦陶文字叢釋》,《考古與文物》1998年第2期。
石小力:《據清華簡考證侯馬盟書的"趙尼"——兼說侯馬盟書的時代》,《中山大學學報(社會科學版)》2018年第1期。
石志廉:《戰國古璽考釋十種》,《中國歷史博物館館刊》第二期，文物出版社，1980年。
湯餘惠:《楚璽兩考》,《江漢考古》1984年第2期。
湯餘惠:《略論戰國文字形體研究中的幾個問題》,《古文字研究》第十五輯，中華書局，1986年。
湯志彪:《戰國陶璽文字考釋十六則》,《考古與文物》2019年第6期。
湯志彪:《說溫縣盟書中的綱字》,《古文字研究》第三十三輯，中華書局，2020年。
湯志彪:《先秦璽印研究四則》,《中國文字研究》第三十三輯，華東師範大學出版社，2021年。
田　煒:《古璽探研》，華東師範大學出版社，2010年。
田　煒:《璽印人名考(兩篇)》,《出土文獻與傳世典籍的詮釋:紀念譚樸森先生逝世兩周年國際學術探討會論文集》，上海古籍出版社，2010年。
田　煒:《戰國璽印自名解》,《中山大學學報(社會科學版)》2013年第6期。

塗白奎:《〈石鼓文•汧沔篇〉釋讀三則》,《古文字研究》第二十二輯,中華書局,2000 年。
王建軍、郝本性:《溫縣盟書釋字研究的新進展》,《古文字研究》第三十三輯,中華書局,2020 年。
王守功、許淑珍:《臨菑後李齊國陶文》,《揖芬集:張政烺先生九十華誕紀念文集》,社會科學文獻出版社,2002 年。
王　偉:《秦文字釋讀劄記(四則)》,《出土文獻》第五輯,中西書局,2014 年。
王　偉:《秦璽印封泥文字研究三題》,《考古與文物》2016 年第 2 期。
魏克彬:《侯馬與溫縣盟書中的"岳公"》,《文物》2010 年第 10 期。
魏克彬:《溫縣盟書 WT5K14 盟書補釋:說"䢅"字》,《出土文獻與傳世典籍的詮釋:紀念譚樸森先生逝世兩周年國際學術探討會論文集》,上海古籍出版社,2010 年。
魏宜輝:《說"建"》,《古文字研究》第二十五輯,中華書局,2004 年。
魏宜輝:《盟書文字研究二題》,《中國文字研究》第二十二輯,上海書店出版社,2015 年。
魏宜輝:《談古文字"叟""鬼"之辨及相關問題》,《出土文獻與古文字研究》第八輯,上海古籍出版社,2019 年。
鄔可晶:《說古文字裏舊釋"陶"之字》,《文史》2018 年第 3 期。
鄔可晶:《戰國時代寫法特殊的"曷"的字形分析,並說"敨"及其相關問題》,《出土文獻與古文字研究》第七輯,上海古籍出版社,2018 年。
鄔可晶、郭永秉:《從楚文字"原"的異體談到三晉的原地與原姓》,《出土文獻》第十一輯,中西書局,2017 年。
吳良寶:《古幣三辨》,《古文字研究》第二十四輯,中華書局,2002 年。
吳良寶:《空首布"軹"地考》,《古文字研究》第二十五輯,中華書局,2004 年。
吳良寶:《中國東周時期金屬貨幣研究》,社會科學文獻出版社,2005 年。
吳良寶:《戰國地名"膚施"、"慮虒"及相關問題》,《文史》2017 年第 2 期。
吳振武:《戰國貨幣銘文中的"刀"》,《古文字研究》第十輯,中華書局,1983 年。
吳振武:《古璽合文考(十八篇)》,《古文字研究》第十七輯,中華書局,1989 年。
吳振武:《戰國璽印中的"虞"和"衡鹿"》,《江漢考古》1991 年第 3 期。
吳振武:《談戰國貨幣銘文中的"曲"字》,《中國錢幣》1993 年第 2 期。
吳振武:《古璽辨偽二例》,《文物》1993 年第 11 期。
吳振武:《釋雙劍誃舊藏燕"外司聖鍴"璽》,《于省吾教授百年誕辰紀念論文集》,吉林大學出版社,1996 年。
吳振武:《古璽姓氏考(複姓十五篇)》,《出土文獻研究》第三輯,中華書局,1998 年。
吳振武:《釋三方收藏在日本的中國古代官印》,《中國文字》新二十四期,藝文印書館,1998 年。
吳振武:《戰國文字中一種值得注意的構形方式》,《漢語史學報》第三輯,上海教育出版社,2003 年。
吳振武:《〈古璽文編〉校訂》,人民美術出版社,2010 年。
吳振武:《談齊"左掌客亭"陶璽——從構形上解釋戰國文字中舊釋為"亳"的字應是"亭"字》,《社會科學戰綫》2012 年第 12 期。
吳振武:《關於戰國"某某金璽"的一個解釋》,《簡帛》第九輯,上海古籍出版社,2014 年。

吳振武、于閏儀、劉爽:《吉林大學文物室藏古陶文》,《史學集刊》2004 年第 4 期。
蕭　毅:《"中清"璽考》,《古文字研究》第二十七輯，中華書局，2008 年。
徐寶貴:《石鼓文考釋四篇》,《社會科學戰綫》2007 年第 6 期。
徐寶貴:《石鼓文整理研究》，中華書局，2008 年。
徐寶貴:《石鼓文考釋兩篇》,《中國文字學報》第五輯，商務印書館，2014 年。
徐俊剛:《非簡帛類戰國文字通假材料的整理與研究》，吉林大學 2018 年博士學位論文，指導教師：吳良寶教授。
徐在國:《〈讀古陶文記〉箋證》,《出土文獻與傳世典籍的詮釋：紀念譚樸森先生逝世兩周年國際學術探討會論文集》，上海古籍出版社，2010 年。
徐在國:《〈陶文字典〉中的釋字問題》,《出土文獻》第二輯，中西書局，2011 年。
徐在國:《古陶文字考釋四則》,《出土文獻》第三輯，中西書局，2012 年。
徐在國:《讀呂金成新著〈夕惕藏陶〉》,《海岱學刊》第十五輯，齊魯書社，2015 年。
徐在國:《古陶文著錄與研究綜述》,《貴州師範大學學報（社會科學版）》2016 年第 2 期。
葉其峰:《戰國官璽的國別及有關問題》,《故宮博物院院刊》1981 年第 3 期。
張世超:《侯馬載書盟主新考》,《中國文字學報》第五輯，商務印書館，2014 年。
張振謙:《新泰陶文考》,《河北大學學報（哲學社會科學版）》2010 年第 4 期。
張振謙:《燕、齊文字考釋兩則》,《古文字研究》第二十九輯，中華書局，2012 年。
張振謙:《燕璽複姓"夷吾"考》,《中國文字學報》第四輯，商務印書館，2012 年。
張振謙:《燕陶文考釋兩則》,《古文字研究》第三十三輯，中華書局，2020 年。
趙平安:《戰國文字中的鹽字及相關問題研究》,《考古》2004 年第 8 期。
趙平安:《論燕國文字中的所謂"都"當為"鄒（縣）"字》,《語言研究》2006 年第 4 期。
趙平安:《秦西漢印章研究》，上海古籍出版社，2012 年。
趙平安:《"京"、"亭"考辨》,《復旦學報（社會科學版）》2013 年第 4 期。
趙平安:《試釋戰國璽印封泥中的"祈父"》,《文物》2021 年第 8 期。
周　波:《中山王器銘文補釋》,《出土文獻與古文字研究》第三輯，復旦大學出版社，2010 年。
周　波:《戰國銘文分域研究》，上海古籍出版社，2019 年。
朱德熙:《壽縣出土楚器銘文研究》,《歷史研究》1954 年第 1 期。
朱德熙:《戰國記容銅器刻辭考釋四篇》,《語言學論叢》第二輯，上海教育出版社，1959 年。
朱德熙:《戰國匋文和璽印文字中的"者"字》,《古文字研究》第一輯，中華書局，1979 年。
朱德熙:《古文字考釋四篇》,《古文字研究》第八輯，中華書局，1983 年。
朱德熙:《釋桁》,《古文字研究》第十二輯，中華書局，1985 年。
朱德熙:《戰國文字資料裏所見的廄》,《出土文獻研究》，文物出版社，1985 年。
朱德熙:《古文字考釋三篇》,《出土文獻與古文字研究》第五輯，上海古籍出版社，2013 年。
朱德熙、裘錫圭:《關於侯馬盟書的幾點補釋》,《文物》1972 年第 8 期。
朱德熙、裘錫圭:《戰國文字研究（六種）》,《考古學報》1972 年第 1 期。
朱德熙、裘錫圭:《戰國銅器銘文中的食官》,《文物》1973 年第 12 期。
朱德熙、裘錫圭:《戰國時代的"料"和秦漢時代的"半"》,《文史》第八輯，中華書局，1980 年。

筆畫檢字表

五畫

六畫

七畫

【一】

九畫

十畫

十一畫

十三畫

【一】